Gonzalo Blumel

LA VUELTA LARGA

Crónica personal de la crisis de octubre

Prólogo de Joaquín Fermandois

EDICIONES UNIVERSIDAD CATÓLICA DE CHILE
Vicerrectoría de Comunicaciones y Extensión Cultural
Av. Libertador Bernardo O'Higgins 390, Santiago, Chile.

editorialedicionesuc@uc.cl
www.ediciones.uc.cl

LA VUELTA LARGA
Crónica personal de la crisis de octubre
Gonzalo Blumel

© Inscripción Nº 2023-A-5040
Derechos reservados
Mayo 2023
ISBN N° 978-956-14-3128-7
ISBN digital N° 978-956-14-3129-4

Diseño: Paulina Oliva
Imagen de portada: Palacio de la Moneda desde el aire.
CC BY 2.0

CIP-Pontificia Universidad Católica de Chile
Blumel MacIver, Gonzalo Fernando, autor.

La vuelta larga: crónica personal de la crisis de octubre /
Gonzalo Fernando Bumel MacIver.

1. 18 de octubre, 2019 (Estallido social)
2. Movimientos sociales - Chile - 2019-
3. Chile - Política y gobierno - 2019-
I. t.
2023   322.440983 + DDC23   RDA

Gonzalo Blumel

LA VUELTA LARGA

**Crónica personal
de la crisis de octubre**

Prólogo de Joaquín Fermandois

EDICIONES UC

Contenido

Para los de siempre...

"Está allí, en toda su majestad, en toda
su gloria y su miseria, sus congojas en mi
mente, y sus alegrías. Como yo lo viví, y no
como me contaron que fue".

Sergio Ramírez,
Adiós muchachos

"El incesante olvido engullirá todo, a no ser
que le opongamos el esfuerzo abnegado de
registrar todo lo que fue".

Irene Vallejo,
El infinito en un junco

Prólogo.
Testimonio desde la acción y el recuerdo razonado

Joaquín Fermandois

Existía un lento pero seguro proceso de descomposición del ambiente público, una creciente indiferencia ante las instituciones y el sentido de su existencia. Se experimentaba una vuelta hacia lo privado, no como un proceso de libertad interior o de autorrealización. Porque, al mismo tiempo, crecía la vociferación por demandar esto y aquello, siempre más y más. Como en tantas circunstancias, lo justo se combinaba con una actitud colectiva de niñito mimado que afectó mucho al país. Florecía una plétora de demandas de identidad en verdadera explosión de individualidades, enmascaradas como expresiones colectivas o colectivistas. ¿Cómo sucedió? Primero, habrá que referirse muy esquemáticamente a sus rasgos principales.

El éxito del *advertising* en cuanto sociedad adquisitiva se independizó de otros aspectos que lo podrían colocar en un puesto relativamente razonable y pasó a adquirir una dinámica autónoma, reforzando la mentalidad reivindicacionista a todo trance. Más que la desigualdad en sí misma, fue esta la verdadera contribución del liberalismo económico radical —que quizás sería mejor designarlo como paneconomicismo— a las raíces del Estallido. A ello se le añadió el avance imparable, en Chile con un terreno fértil, de la contracultura que, con un estilo de Weimar, desmonta todo lo que se encuentra a su paso; en todo caso, lo deja erosionado para cuando arribe el sismo. No se trata solo de que la contracultura afecte la alta cultura, sino que la primera difumina toda noción de las fronteras entre el gran arte y el pensamiento, por una parte, y por la otra una mentalidad colectiva cuyos sentimientos estéticos desconocen toda raíz previa, incluso aquella que las hizo posible. La procacidad penetró los intersticios de las mismas actitudes sociales.

Un tercer elemento que contribuyó a esta preparación —retrospectivamente nos damos cuenta de ello— fue la creciente ingobernabilidad del país. Ello, no en el sentido de que haya arribado alguna especie de Estado fallido, si bien se avanzó en esa dirección todavía desde bastante lejos. Lo que sucedió fue que los gobiernos pudieron ir desempeñando, cada vez menos, una estrategia y acción que pudiese proyectar mejorías en tantos ámbitos en donde actúa el Estado y la administración pública. En torno al 2010 empieza a hacerse visible este fango que entorpece la vida pública. Tanto el cambio político como una coyuntura —un botón de muestra, el terremoto del 2010 y el colapso por algunas horas de la capacidad del Estado de confrontarlo— pueden ser considerados como las marcas que señalan el inicio de este proceso. Quizás fue el inicio del declive de los "30 años", cifra que llegaría a ser tan emblemática a raíz del Estallido. El reemplazo de la coalición de centroizquierda por una de centroderecha, impecable acto democrático medio siglo después del triunfo de la última candidatura de la derecha clásica en Chile (1958), parecía otorgar flexibilidad y renovación al sistema político.

Tanto por la menor experiencia política de la derecha en Chile, como de una ira, incentivada con algo de artificio desde el mundo de las artes y de las letras, a pesar de una extraordinaria capacidad de gestión en todos aquellos aspectos prácticos y de emergencia que ocurrirían en la década que continuó, las experiencias de las dos administraciones de centroderecha no mostraron una renovación estratégica. Como una fatalidad, la misma frustración se apoderó también de la segunda administración Bachelet y algo de este desengaño se observa al momento de escribir estas líneas en un contexto distinto. El movimiento del 2011, que por algunas semanas mantuvo acorralado al gobierno de Sebastián Piñera, y que quizás se volatilizó por un accidente, parecía una señal, aunque contenida a los pocos meses. En realidad, tendría futuro, eso sí con seguridad no encaminado a las metas autoproclamadas.

La estabilidad de los primeros veinte años de la nueva democracia chilena tuvo muchas causas. Una no menor fue que la centroderecha en general colaboró decididamente con las coaliciones de centroizquierda, no siempre en todos los aspectos del programa de los respectivos gobiernos, intentando resguardar el sistema institucional y la nueva configuración entre Estado y sociedad. En realidad, todos se sentían bastante bien en esta situación. Cuando se dio el cambio político en la segunda década del siglo XXI, la situación cambió. Es cierto que la administración de Piñera carecía de un aliento político para dar un sentido a su gestión. Sin embargo, independientemente de ello, la clase política de oposición mostró una intolerancia y un sentido de crítica radical, dentro de las reglas del juego del Estado de derecho. Michelle Bachelet es elegida por segunda vez Presidenta con enorme mayoría, aunque en el parlamento la situación no era la misma, no estando en minoría tampoco. Y a fines del 2017 Piñera nuevamente es elegido por gran mayoría. Por causas muy distintas, ambos gobiernos tropiezan con la creciente ingobernabilidad cotidiana del país, por aquello que solo se puede calificar como una especie de cáncer contra la lealtad ante las entrañas del orden institucional. Nada de ello quitaba que, sin experimentar ese brinco a devenir en una democracia desarrollada moderna —ningún país latinoamericano lo ha logrado—, el progreso, si bien más lento, era universalmente reconocido.

Entretanto, arribó a Chile ese acontecimiento magno del Estallido de una intensidad antes no vista, ni tampoco con antecedentes en sociedades contemporánea; no por la intensidad combinada con la persistencia por meses, aminorada por el Acuerdo del 15 de noviembre y silenciada por la pandemia. Logró, además, arrojar al país a una aventura institucional que solo se ha aplacado al cabo de casi tres años de delirio.

Al comienzo parecía ser solo la intensificación de manifestaciones que sucedían en las semanas de antes del 18 de octubre, de por sí bastante problemáticas por la violencia y por el impacto en la educación pública, ante lo cual no había suficiente escándalo. La tarde de ese viernes se produjo un fenómeno de otra envergadura.

En parte planificado por grupos con vocación rebelde y/o revolucionaria, en gran medida por un fenómeno de mímesis que arrastra a las masas enardecidas, envalentonadas y transfiguradas por una sensación de ser portadoras de un futuro inminente y glorioso —viejo tema de la sociedad humana, expresado con mucha fuerza verbal en la modernidad—, se transformó en un alzamiento urbano que paralizó la ciudad. Comenzó por la destrucción de dos docenas de estaciones de metro y luego, siguiendo en un fenómeno de orgía colectiva que alcanzó a los grandes almacenes, en el curso de las semanas y de los meses, se añadieron los incendios de edificios públicos, iglesias, bibliotecas, y también los monumentos con recuerdos del pasado republicano y colonial. Se llegó a incluir cuarteles policiales y hasta militares, en demostración de un instinto de rebelión que iba más allá del pueblo chileno, y refleja un instinto que ocasionalmente emerge a la acción en esas circunstancias extrañas pero recurrentes, donde la indolencia se asocia con la acción directa.

Una segunda característica del Estallido es que a partir del día siguiente, el 19 de octubre, se extendió como reguero de pólvora al país entero, abarcando con diversos grados de violencia —en todo caso, casi siempre más intensa que lo que se había visto en otros casos— a todas las ciudades, no solo las grandes, sino que las medianas y a veces las pequeñas. La tercera característica fue la persistencia de las protestas, con algunas curvas de intensidad, y otras que parecían disminuir su furia, pero que solo descansaban para renovar su fuerza. La violencia extrema estaba combinada con multitudes de marchas bastante pacíficas. Una de tremendo simbolismo fue la del millón doscientos mil participantes (o menos) del 25 de octubre, que tuvo un enorme impacto emocional. Sin embargo, desde el mundo de las marchas no emergía un distanciamiento o una condena hacia la violencia, sino que más bien esta se dirigía contra la fuerza pública, en especial contra los carabineros que fueron el pato de la boda. Estos sí se desplegaron en batallas campales casi siempre no letales, con los manifestantes, lo que casi inevitablemente produjo ciertas situaciones desgraciadas. En cuanto a las fuerzas armadas, la poca claridad de los alcances de su autoridad y los antecedentes de condena a su personal hicieron que la intervención de esta fuera marginal en el aplacamiento de la violencia. Algo se insinuaba en marzo del 2020 cuando el arribo de la pandemia la acalló en lo superficial, pero no el encantamiento del país por un año y medio más.

Porque la tercera característica del ahora llamado "Estallido" fue que capturó emociones e imaginación de una amplia mayoría del país, quizás de dos tercios del mismo, que persistió hasta que comenzó a marchitarse en la segunda mitad del 2021. Esta mayoría tuvo alguna correlación con la pirámide social, aunque alcanzó profundamente también estratos medios y hasta altos. Sobre todo, tuvo un componente generacional y parecía revivir la grieta ideológica de los años de la Unidad Popular y de algunos periodos del régimen militar, de una división del país en dos bandos irreconciliables; más bien, de dos contra uno. Asimismo, amistades y familias se dividieron, lo que dio una connotada patología social a este magno acontecimiento.

La cuarta característica, la persistencia, lo distingue de otros estallidos análogos, aunque más acotados, como el Bogotazo de 1948 y el Caracazo de 1989; incluso de las rebeliones urbanas en Estados Unidos en los años 1960 y comienzos de los 1970.

La quinta característica —quizás la más discutida—, fue su carencia de líderes, de manera que el gobierno ni siquiera tenía la esperanza de tener interlocutores. Esto choca contra la realidad de una aparente organización detrás del Estallido. Desde luego, estuvo la quema de las estaciones de metro, como muchas manifestaciones de violencia que dejaban ver coordinación simultánea para lugares diferentes, así como técnicas aprendidas para anular violentamente la acción policial. Pienso que muchas de estas acciones corresponden a autoorganizaciones que aparecen en estas circunstancias dramáticas, ya sea de manera pacífica como tras algunas catástrofes; o de manera combativa, como los enfrentamientos de los dos bandos en los años de la Unidad Popular o de la participación de las protestas de mediados la década de 1980. Es un problema sobre el cual en realidad hemos pensado poco.

Para el tema del libro que aquí prologo, lo fundamental es comprender ese momento de la historia de Chile en que el gobierno se vio de espaldas contra la pared por tanto tiempo, abandonado por su propia gente, que en general quería mano firme sin saber mucho qué significaba y sobre todo qué implicaba. También en un fenómeno nada de raro en la psicología humana, gran parte de las autoridades electas y de los representantes parlamentarios, como los de otras autoridades con algún grado de respetabilidad pública, se sintieron o capturadas o muy atemorizadas moralmente por el Estallido. Se sumaron de palabra y por omisión, condenando de la boca para afuera la violencia, aunque en general culpando a la fuerza pública, que también tenía alguna responsabilidad principalmente porque nadie estaba preparado para algo de este tipo, en lo cual extrañamente hubo muchos heridos y relativamente pocos fallecidos, media docena por acción no culposa de agentes del Estado. No cabe duda de que en su intimidad la mayoría de ellos estaba atemorizada u horrorizada por la posibilidad de lo que significaría para ellos mismos un derrumbe institucional.

Por algunos meses parecía que solo la fuerza pública, Carabineros principalmente, y el equipo directivo de La Moneda, apoyado por una minoría del laberíntico mundo de los medios, redes sociales, a decir verdad —que pedía mano firme—, constituyen las únicas barreras de contención de un derrumbe institucional y de una verdadera Revolución política. Me parece que no sería exagerado pensar que el escenario tenía algunas analogías con Petrogrado en 1917. Tres años después, al momento de escribir estas líneas y con un país pacificado en más de un sentido, parece una afirmación temeraria. Nunca, sin embargo, sabemos lo que sucederá. El futuro constituye una síntesis indiscernible entre el azar y el resultado de nuestras decisiones y acciones. A fines del 2019 no era imposible ni desencaminado conjeturar una salida radicalizada, que ni siquiera tendría analogía con la caída de Fernando de la Rúa en Argentina en diciembre del 2001. En Chile las fuerzas antisistema tenían un potencial adquirido, una energía cinética que las propulsaba por sobre las fuerzas paralizadas de contención institucional, aquellas que no fueran la Presidencia de la República. Si esta trastabillaba, podía caer.

La Presidencia estaba ante un dilema, acuciante y a la vez histórico. Podemos discutir de cuán interiorizado estaba el Presidente de la historia de Chile y del mundo. De lo que no cabía duda era de que percibía con claridad que se jugaba su papel en la historia, en la Gran Historia del país. El intento, que fue exitoso a medias, de lograr una negociación con las diversas fuerzas políticas y sociales para hallar una puerta de salida institucional a la situación, sin que mediara un colapso encubierto, que sin duda repercutiría en todos ellos, al final tuvo que afectar su proyecto de gestión económica, que llevaría a un mayor grado de desarrollo. Pero había evitado caer en la eterna crisis latinoamericana. En cambio, si fallaba, lo que estaba bastante dentro de las probabilidades, habría sido el agente que abrió las compuertas a una corriente imparable y devastadora. La alternativa era una salida de fuerza —como la que insinuó De Gaulle en 1968 en un dilema con algún parecido al chileno— que habría llevado ineluctablemente a ampliarla, quizá creando una calma parecida a "la paz de los cementerios", con consecuencias impredecibles, ominosas en todo caso. De fracasar en la primera, sería el "Kerensky chileno", apelativo que ha resonado en nuestra historia (es cuestionable que a ese nombre pueda reducirse el triunfo bolchevique con su golpe de Estado en 1917, pero la tradición oral es otra cosa); de emplear el segundo, mano firme, estaban el fantasma de Punta Peuco y las ganas de algunos sectores de oposición de ver humillado al Presidente.

Como se sabe, al final se impuso el camino a la persistencia en defender las instituciones y (limitadamente) el orden público, y otorgar un cauce constitucional y sin ruptura al sistema político, junto con acuerdos parciales para asistencia a la población en momento de cuasi paralización de la economía. No surgió ni de la noche a la mañana ni es que no tuviera múltiples retrocesos y pequeños accidentes en el camino. Su historia es bastante accidentada y a ratos parecía que el país se iría de todas maneras hacia una catástrofe, aunque fuese de manera paulatina. Aventada por ahora esta última posibilidad, lo podemos mirar como el triunfo inevitable de la tendencia del país hacia el orden. Esta es solo una mirada retrospectiva.

En el presente libro tenemos un testimonio que es un recuerdo, lo que clásicamente se llama *memorias*. De uno de sus actores de primera fila desde el palacio de la Moneda. Viene a ser un documento inestimable para comprender desde uno de los tantos ángulos el corazón del problema. Un lector quisiera haber visto más de la idea general del proyecto final del gobierno, que tenía que frustrarse por la combinación de Estallido con pandemia, pero que debiera sostener una idea política. Para la circunstancia acotada, el libro, que no ahorra mostrar conflictos dentro del gobierno como de confesar errores en los procedimientos, constituye una pieza destacada en esa construcción del pasado que es al mismo tiempo una guía de las posibilidades del futuro.

Desde el corazón del Gobierno, quien había sido un joven egresado de estudiante de Ingeniería Civil de la Pontificia Universidad Católica de Chile, con estudios de posgrado en la misma especialidad (con mención en medio ambiente) y continuados por una combinación de economía con estudios sociales en la Universidad de Birmingham, en lo fundamental juntó su formación de ingeniero con una curiosidad por las ideas y las ciencias sociales. Ello lo impulsó a la política. La explicación de ese camino no muy común, aunque la ha compartido con un puñado de otros jóvenes de las derechas chilenas post régimen militar, por ahora solo se puede relacionar con su vida, un caso particular.

Nacido en 1978, pertenece a la cohorte que por sensibilidad de época se identifica con el momento que emerge alrededor del 2000, a pesar de que difícilmente podríamos pensarlo como el típico *millennial*. Casi totalmente lo contrario. Quizá por circunstancias de vida o por esas elecciones un tanto misteriosas o por decisiones de la fortuna, también pertenece a la minoría para la cual el interés en la cosa pública le es algo natural. Se sospecha que no va a desaparecer de su vida, cualquiera que vaya a ser el derrotero que tome después de estos años azarosos. Quizás por formación, desde adolescente tuvo inquietudes sociales, tal como aparece en la parte autobiográfica del libro. Cierto, por parte de madre proviene de una cierta estirpe política, aunque, en nuestros días, ¡cuántos descendientes de la antigua clase política brillan por su desinterés por lo público! Por parte de padre tiene no lejana ascendencia mapuche, lo que seguramente debe desconcertar a los amigos de las consignas, tan abundantes en el Chile actual. En realidad, pareciera que lo habita un factor moral y soñador de la vida, que alcanza a algunos, que nunca se va a extinguir en una parte de la juventud. Este fragmento comienza a interesarse en lo que desde hace más de dos mil años se ha llamado la cosa pública, un sentido de pregunta y de preguntarse a sí mismo, sin el cual una sociedad abierta no puede existir. Se compartan o no sus elecciones políticas y sus opiniones, su sola existencia al igual que en otros sectores del elenco político, es una de las escasas garantías que existen de que la democracia podría pervivir.

Desde sus años universitarios se ocupó de labores sociales en un sentido amplio de la palabra. Parece ser que una experiencia como secretario de planificación de la municipalidad de Futrono lo convirtió en una especie de camino de Damasco de su trayectoria. Es probable que todo haya sido más incremental. En cierta manera cayó en las redes de una centroderecha planificadora, lo que no quiere decir que esta no manifieste inquietudes que van más allá del memorando. Su talento llamó la atención tanto del presidente Piñera como de alguno de los suyos, colaborando con el entonces ministro Cristián Larroulet en la primera administración, y el último año en una asesoría directa de la Presidencia en el llamado Segundo Piso. Desde el 2014 no dejó el alero de Piñera, desde la Fundación Avanza Chile y en el programa de la nueva candidatura para el 2017. Los pormenores que aparecen en el libro son fascinantes para un historiador, en especial si pretende entender el manejo de equipo, los conflictos personales y la tensión entre ideas y realidades.

Tras el triunfo resonante en la segunda vuelta —el libro es avaro en referirse a la campaña y a la frustración con los resultados de la primera vuelta— el autor llegó a ser Ministro Secretario General de la Presidencia (Segpres), encargado de las vitales relaciones con el Congreso. Llegó a ser de los ministros mejor evaluados, un hombre en su primera madurez, en torno a los 40 años. Algo de la historia del joven maravilla. En eso se le dejó caer el Estallido y el impulso del Octubrismo, una reminiscencia no casual de la Revolución rusa. Y debe conocer de todos los vaivenes y dobleces de la vida política y de la administración del Estado. A los diez días del Estallido se convierte en Ministro del Interior y por nueve meses será la pieza clave para sostener una mínima gobernabilidad y actor central del acuerdo por una nueva Constitución, el famoso Acuerdo del 15 de Noviembre, que abrió paso al proceso electoral más pletórico de la historia de Chile. Contra lo que parecía en un comienzo, hasta el momento ha logrado por sus virtudes —y por otras razones, los vaivenes del humor de los humanos— encauzar una crisis que parecía final, hasta que las cosas se calmaron y hasta que los sentimientos se revirtieron. Salió del gabinete por necesidades tanto de interlocución como de equilibrios y discusiones dentro de la coalición gobernante, donde había descontento con una actitud que consideraban entreguista del ministro, y porque el frenesí del momento parecía desgastar a todas las figuras.

Un capítulo especial y vergonzoso fue el de las acusaciones constitucionales, nueve en este breve tiempo que siguió al Estallido, de las que el mismo Presidente fue víctima, aunque haya salido airoso. La tentación por derribar al gobierno afloró desde un primer momento. Como era una rebelión sin líderes, quienes se sumaron a ella como los comunistas, sin haberla originado, lo demandaron al instante. El resto como que dudaba, muchos sabiendo que con esa actitud debilitaban fatalmente la estructura de gobernanza, incluyendo la posición de ellos mismos. A pesar de asistir a instancias de diálogo con el gobierno y las fuerzas que lo acompañaban, algunos actores como el Colegio Médico y el Colegio de Profesores, que adquirieron relevancia por la pandemia, no ocultaban su ánimo de soliviantar a la población para que cayera el gobierno, estableciendo demandas absolutas e imposibles de cumplir, el primero; y medidas aniquiladoras para la educación, el segundo, como se ha visto después. Ironía, estadísticas internacionales mostraban a Chile como ejemplo de estrategia exitosa. El consuelo es que en muchas democracias el debate en torno a la pandemia fue todo menos racional.

Las reflexiones del autor tienen un sabor amargo, aunque no todo aparece de un tono tan oscuro. Muestra cómo podía conversar sistemáticamente con algunos dirigentes y parlamentarios de oposición. Para un partido que ha dado tumbos, la Democracia Cristiana, muestra una faceta que no estaba tan clara, que es uno que siempre estuvo dispuesto a conversar y negociar con el gobierno en orden a lograr acuerdos estabilizadores. Las acusaciones constitucionales, en cambio, comenzando aquella contra el Intendente de la Región Metropolitana, Felipe Guevara, representaban un juego con el fuego:

Por más que se argumente que el recurso ha venido mutando en una instancia de control político, el trasfondo asociado a las acusaciones "haber cometido un ilícito constitucional, ser destituido y quedar inhabilitado por cinco años de cualquier cargo o función pública" las ha terminado convirtiendo en un verdadero circo romano, donde no existe ponderación de argumentos ni deliberación racional alguna. Una especie de reality show de la política, exacerbado por las redes sociales y los matina-

*les, donde la gran mayoría de los parlamentarios, de derecha o de izquierda, depen-
diendo del lado de la historia en que se encuentren, aprovechan su minuto de gloria
para despedazar a la víctima de turno. De justicia tiene poco y nada.*

También asoma el dolor de cabeza de esa conjunción de rebelión con la posición
de los medios —más bien, de sus figuras públicas— por no aparecer críticos, sino
que siempre criticar solapada o abiertamente a la fuerza pública —necesitada de
reformas, pero que fue el último sostén de la civilización en la circunstancia acotada— como al responsable de la violencia, mientras algún director de museo las
acusaba de manera más o menos explícita a pesar de la abrumadora evidencia de
quienes los vandalizaban. Era la hora también de las figuras estelares que, lanza en
ristre, las emprendían contra las autoridades, provistas del poder que por un tiempo
le otorgaban las masas:

*Cada vez más, las sesiones de la mesa se fueron transformando en un monólogo de
(Izkia) Siches, quien llegaba a cada reunión premunida de un extenso petitorio de
medidas que debíamos acoger en su totalidad. No había términos medios. Como
ello no siempre ocurría, la tensión se fue acumulando, lo que en la práctica significó
el inicio de un desagradable periodo de enfrentamientos públicos entre el Gobierno
y el Colegio Médico, carga que tuve que asumir en subsidio debido a la magra asistencia de los equipos del Minsal a las sesiones de la Mesa Social, quienes con razón
perdieron la paciencia al poco andar. No estaban los tiempos para polémicas inútiles ni, mucho menos, frivolidades.*

Como también la mecánica de la rebelión misma, personificada en la "primera línea",
con evidente práctica paramilitar, de guerra irregular o subversiva, donde sobresale
la estrategia política, frente a la cual los gobiernos muchas veces quedan desconcer-
tados y dan palos de ciego:

*La fórmula era la misma de siempre. Protestas, barricadas, cortes de tránsito, apari-
ción de Carabineros, enfrentamientos, matinales, redes sociales, denuncias de abusos policiales y, cómo no, un eslogan único para la refriega ("Tenemos hambre").
Luego de eso, una ola de críticas al Gobierno, espoleada con entusiasmo por los
parlamentarios del PC y del FA.*

A la figura del presidente Piñera se le vierten algunas críticas por sus errores, y quizás no aparece en toda su centralidad, a pesar de que fue quien, en despliegue de
energía por momentos titánica, con su estrategia surgida al hilo de la improvisación
y la táctica, que es uno de sus brillos, contribuyó decisivamente a un desenlace hasta
ahora tolerable.

El libro, ¿viene a ser una apología? Las hay cerriles, necias, de indigente espesor intelectual. Y hay testimonios —el del autor lo es— que iluminan la escena, abiertos a la comprensión de hechos y fenómenos, de actuaciones y motivaciones, y que no carecen de autocrítica. Claramente la de Gonzalo Blumel pertenece a esta segunda categoría.

El autor, en valiosas reflexiones finales, deja ver cierto desencanto por las limitaciones de la vida y la acción pública. Entre los ideales y la realización aparece una distancia demasiado grande. Sin haberla explicado latamente, aparece de manera callada, a veces asomando por ahí y por allá, una fe en la misma acción pública y en las posibilidades de mejorar la calidad de vida de la sociedad.

Santiago, mayo de 2023.

Antes de comenzar

Gonzalo Blumel

Para tranquilidad del lector, este libro no incurre en la tentación de instalar otra teoría más sobre el estallido social. Tampoco tiene la pretensión de dar una explicación acabada (¿es eso acaso posible?) sobre lo ocurrido en el país durante los largos días y meses en que vivimos la mayor crisis política y social en casi medio siglo. De lo que aquí se trata es de entregar solo una crónica personal, un modesto y pormenorizado relato que recoge mi experiencia en esos acontecimientos como ministro del Gobierno del presidente Sebastián Piñera. Porque esta crónica yo la viví, no me la contaron.

Desde el inicio de su segundo mandato y hasta los primeros días de la revuelta, ejercí como titular de la Secretaría General de la Presidencia. A partir del 28 de octubre del 2019, pasé a desempeñarme como ministro del Interior y Seguridad Pública, cargo que ejercí hasta el 28 de julio del año siguiente, cuando hice abandono del Gobierno.

El título de este relato apunta al dilema que, según como lo veo, tuvo ante sí el Gobierno tras la crisis que generó el estallido. Las opciones eran básicamente dos.

La vuelta corta consistía en eludir el problema político de fondo para conseguir, antes que nada, el restablecimiento del orden público, al precio que fuera, apelando —puesto que no había otra alternativa— a los estados de excepción y al uso de la fuerza, encargando el manejo de la crisis a las Fuerzas Armadas. Esa solución, que habría militarizado las calles y, seguramente, dado lugar a enfrentamientos graves, a muertes y heridos, a mi juicio no hubiera hecho otra cosa que agravar la situación. Peor que eso, también habría hipotecado, con nuevos traumas y desencuentros, nuestra convivencia cívica por las próximas dos o tres décadas. Tal como ha ocurrido en Chile antes. Tal como ha ocurrido en la región. Los ejemplos abundan.

La vuelta larga consistió en la búsqueda de una salida política al conflicto, sobre la base de un acuerdo ampliamente consensuado. Este camino, que fue el que tomamos, ha sido mucho más prolongado y ripioso de lo que supusimos. En parte por la fatiga de nuestro sistema democrático, pero también por la pandemia del coronavirus, hecho no menor que extendió los plazos más allá de las previsiones iniciales. El diseño institucional, en todo caso, consultó la trabajosa negociación de un acuerdo por la paz y una nueva Constitución, el cual, como se sabe, no trajo la paz inmediata ni tampoco la Constitución que el país esperaba. Supuso además un plebiscito de entrada y una elección de convencionales, que tuvo lugar con graves distorsiones a los principios básicos de la democracia representativa. El recorrido consultó asimismo —nunca deberíamos olvidarlo— una accidentada y vergonzosa instalación de la Convención Constitucional. Demandó después un año completo de funcionamiento de dicho órgano, instancia que fue capturada por facciones radicalizadas que terminaron por desfondar el proceso. Todo culminó con un histórico plebiscito de salida, el del 4 de septiembre del 2022, con una participación y un resultado que no dejó dudas respecto de la voluntad mayoritaria del país.

La paz sigue estando pendiente y de la nueva Constitución todavía nada, aunque ya se inició un segundo proceso constituyente con la elección, al cierre de esta edición, de los integrantes del Consejo Constitucional que habrá de redactarla y proponerla al país. ¿Significa que todo fue en vano? ¿Significa que el país quedó donde mismo? ¿Significa que toda la experiencia del acuerdo y de la convención posterior fue tiempo perdido y dinero tirado al mar?

Este libro cree que no y plantea que la vuelta larga describió una curva de aprendizaje que, así y todo, constituyó una experiencia valiosa para Chile. Asume que el país de octubre del 2019 era en muchos sentidos un mejor país que el actual (de partida, era más expectable y con mayores niveles de bienestar para todos), pero no más sensato ni tampoco más maduro en términos democráticos. Asume que algo aprendimos en esos meses de ruido y furia. Y asume también que nada de lo vivido fue en vano porque, luego de tanta violencia, de tanto ideologismo y de tanta fascinación con el rupturismo, los chilenos tenemos hoy un compromiso mayor con la democracia, una percepción menos sesgada de la importancia del diálogo político y de los acuerdos, y una valoración más equilibrada de lo mucho que Chile ha ganado en las últimas décadas en bienestar, inclusión, igualdad de oportunidades y reconocimiento a la dignidad de las personas.

Doloroso y todo, el aprendizaje valió la pena: cayeron muchos mitos, recuperamos (en parte) la sensatez, se desinflaron montones de quimeras y quedó al desnudo la legión de santonas y santones de una refundación que —menos mal— nunca fue. El país pasó página a otro capítulo de su historia y lo hizo votando. Resolviendo sus problemas no como en 1973, sino como en 1988, con un lápiz y un papel. Y lo más importante de todo, quiero creer, fue que el uso de la violencia como medio de acción política quedó erradicado, al menos por un tiempo, del sentir mayoritario del país.

Aunque suene paradójico, puede que nuestra democracia hoy se encuentre debilitada, mas no nuestras convicciones democráticas. Hoy Chile es más noviembrista que octubrista. Es más moderado que extremo. Es más reformista que revolucionario.

Por supuesto, faltaría a la verdad si dijera que yo sabía cómo y cuándo esta vuelta iba a terminar. Eso siempre es imposible saberlo. Así es la política, así es la historia. Lo que sí podemos dar por cierto es que en democracia la negociación es preferible a la confrontación, que los cambios graduales son preferibles a las refundaciones, que la violencia como medio es intolerable, que el caos perjudica sobre todo a los más débiles y que no hay democracia digna de ese nombre sin cumplimiento de la ley y

sin respeto por las instituciones que la sostienen. Yo me atuve a estas convicciones.
Y desde este lado del puente, con el río todavía corriendo, al final pareciera que la
vuelta fue menos larga de lo que pensábamos. Y también menos costosa de lo que
pudo haber sido.

Santiago de Chile, mayo de 2023.

Últimas horas

Sabía que ese sería mi último día en La Moneda. Aun así, la jornada partió como de costumbre: despertador a las 5:30, lectura inmediata del reporte policial de la madrugada, revisión cruzada de la prensa y desayuno frugal con mi mujer, Paulina, y mis tres hijos, antes de salir a toda prisa hacia el Palacio. Así fue la gran mayoría de mis mañanas. Era mi rutina diaria desde que asumí en forma inesperada como ministro del Interior y Seguridad Pública nueve meses antes. Nueve meses en que el tiempo histórico superó largamente en velocidad y espesor al tiempo cronológico. Porque pocos momentos de nuestra historia pueden compararse con la increíble secuencia de sucesos que vivimos en ese breve periodo: el estallido social y de violencia del 18 de octubre de 2019, el posterior acuerdo constitucional del 15 de noviembre, la pandemia del coronavirus que aterrizó en Chile el 3 de marzo de 2020 y la profunda crisis económica que dejó su paso por el país. Un libreto telúrico y una secuencia inmisericorde de eventos y adversidades que golpeó al país con una inclemencia pocas veces vista hasta entonces.

Con todo, esa mañana no sentí nada particularmente especial. Ni cansancio ni fastidio. Tampoco enojo ni decepción. A lo sumo, algo de nostalgia. Después de todo, la tarea fundamental que se me había encomendado, que era evitar un quiebre democrático, ya era un hecho casi zanjado. La República seguía en pie. Y lo que venía ahora era algo natural, quizás duro, pero necesario. Es cierto que en política se requiere tener la piel gruesa. Yo creía no tenerla y tal vez terminé desarrollándola. Eso explica la cuota de impavidez con que me alistaba para mi propio funeral político. Porque ese 28 de julio de 2020 iba a salir del Gobierno. En pocas horas más dejaría de ser ministro. En cierto sentido era una liberación. En otro, una derrota. Pero, sobre todo, era un hecho inevitable. Por lo mismo, no cabía otra opción que aceptar el rotundo peso de la realidad.

Irónicamente, el último reporte policial no daba cuenta de ningún incidente relevante de orden público, lo que no dejaba de tener algo de sarcasmo considerando las persistentes y, la mayor de las veces, malintencionadas críticas que recibí por mi gestión en este frente desde los sectores más duros de mi propia coalición. Cuando asumí la jefatura del gabinete el 28 de octubre del 2019, apenas diez días después del estallido, tuvimos una de las jornadas más violentas desde el inicio de la crisis. Fueron cerca de cien eventos graves, según las estadísticas policiales, entre barricadas, saqueos e incendios a lo largo de todo el país. Luego, estos hechos fueron descendiendo gradualmente con el paso del tiempo. Que el día de mi salida no registráramos ningún evento grave era al mismo tiempo irónico, tranquilizador y también miserable. Una suerte de ensañamiento entre las implacables lógicas de la política y el rigor de los hechos.

Tal como lo habíamos conversado el viernes anterior con el presidente Sebastián Piñera, ese martes se realizaría el cambio de gabinete. El Gobierno, la coalición y los partidos llevaban meses de conflicto, algunos larvados y otros abiertamente manifiestos. Este era un factor que estaba haciendo ruido y torpedeaba la marcha del Ejecutivo. Que aquello estuviera ocurriendo en medio de las circunstancias más difíciles enfrentadas por cualquier administración en al menos medio siglo no solo era algo grave, también era una irresponsabilidad mayor. Desde fines de la Unidad Popular que el país no veía un oficialismo tan caótico y fragmentado. En los gobiernos de la Concertación y la Nueva Mayoría se vivieron episodios complejos, pero nada se comparaba al desbande de esos días.

Esa dinámica —recurrente, desgastadora, vergonzosa— no podía continuar. Era urgente enmendarla. La fragilidad institucional en que nos encontrábamos, exacerbada por una izquierda pendenciera e irresponsable, cuyo propósito manifiesto era propiciar la caída del Presidente y su gobierno, estaba generando un cuadro de inestabilidad alarmante. De persistir los cabezazos y desencuentros, íbamos a poner en riesgo al menos tres cosas vitales para el país: el plebiscito constitucional, la vía institucional que diseñamos para superar pacíficamente la crisis de octubre; la extenuante lucha contra el coronavirus, que no daba todavía señales de ceder; y las medidas reactivadoras de la economía, que a esas alturas acumulaba casi dos millones de empleos perdidos desde el inicio de la pandemia.

El clima de fronda terminó de cristalizarse días antes, cuando la Cámara de Diputados, a raíz del impacto del covid-19, aprobó una reforma constitucional que permitía el retiro, sin ninguna condición, del 10% de los fondos de pensiones. Dicha iniciativa, que burlaba la Constitución vigente y generaba un daño irreparable al ahorro previsional de los trabajadores, provenía de los sectores más radicalizados de la oposición e, increíblemente, no solo tuvo el apoyo de parlamentarios díscolos de Chile Vamos: también fue respaldada por los principales liderazgos de la centroderecha, incluyendo las figuras presidenciales mejor posicionadas del sector, quienes no dudaron en darle soporte a una iniciativa que tenía en la calle y en las encuestas viento a favor.

El episodio del 10% fue el factor que terminó por convencerme. Debíamos realizar un cambio de gabinete que permitiese alinear a las fuerzas de gobierno. Así se lo había planteado de manera muy resuelta al presidente Piñera unas semanas antes y, más formalmente, la tarde del viernes 24 de julio, cuando le presenté una propuesta de ajuste ministerial acorde a las necesidades políticas del contexto en que nos encontrábamos. "Nunca un gobierno ha sido encabezado en sus carteras fundamentales por ministros que militen en los partidos más pequeños de la coalición", le argumenté, mientras él me miraba en silencio desde el otro lado de su escritorio. Sabía que no compartía mi diagnóstico y conocía su reticencia a los cambios de gabinete, más cuando estos venían forzados por las circunstancias, pero también sabía que entendía la lógica fría y racional del planteamiento. *Realpolitik,* en su máxima expresión. Nunca lograríamos las lealtades mínimas de los partidos históricos de la derecha, la Unión Demócrata Independiente (UDI) y Renovación Nacional (RN), mientras la conducción política y económica gubernamental, que se concentra por norma en las carteras de Interior y Hacienda, estuviese en manos de ministros de Evópoli, el socio minoritario de la coalición. Por lo mismo, no había muchas más vueltas que darle. El cambio era ineludible.

Si bien el tema del gabinete era el foco principal de la prensa, analistas políticos y opinólogos de ocasión, decidí mantener mi agenda como de costumbre. Tras salir de mi casa, como todos los martes, me dirigí a las oficinas del Alto Mando de Carabineros, donde tenía programado realizar junto al subsecretario del Interior, Juan Francisco Galli, nuestro balance semanal de seguridad pública, rutina que habíamos instaurado cuatro meses atrás fruto de las falencias observadas durante el estallido social, periodo en que el Estado hizo agua por todos lados en ese frente.

Terminamos el punto de prensa alrededor de las ocho de la mañana. Las preguntas de los periodistas apostados en las estrechas instalaciones policiales de calle Zenteno en su mayoría se habían referido a temas relacionados con la pandemia, aunque hacia el final de la pauta vino lo inevitable. "Ministro, ¿vamos a tener cambio de gabinete?", me lanzó desde el fondo de la sala un reportero con *look* de estudiante en práctica que empuñaba un micrófono de Radio Biobío. Con el curso de los días el rumor se había vuelto incontenible. "Ese tema es atribución exclusiva del Presidente. Muchas gracias". Era preferible eludir la pregunta y terminar el punto de prensa antes de que la ronda de medios se nos fuera de las manos.

Regresamos caminando a La Moneda con Juan Francisco, quien se había vuelto en esos meses un compañero de ruta leal e infatigable. Sería la última vez que haríamos ese breve trayecto. Era una mañana típicamente invernal, de esas en que no amanece nunca. Un marco frío y gris, en el que sobresalían imponentes la gran bandera de la Alameda, la Plaza de la Ciudadanía, el frontis del Ministerio de Defensa y la majestuosa fachada neoclásica del palacio de gobierno. Fue una caminata silenciosa, emotiva, que la hicimos durar todo lo posible.

Apenas traspasé el portal de Morandé 80, subí al segundo piso a reunirme con el Presidente, acompañado por Claudio Alvarado, quien también, por razones muy parecidas a las mías, había decidido dar un paso al costado como ministro Secretario General de la Presidencia (Segpres). Teníamos que terminar de afinar los detalles finales del cambio de gabinete. No podía quedar ningún cabo suelto. Lo sabía por experiencia propia: hasta los diseños mejor concebidos pueden desmoronarse a último minuto cuando no quedan bien amarrados.

Repasamos una vez más los nombres de los que llegaban, sus cualidades y puntos débiles, en particular estos últimos, que en política suelen ser más decisivos que las virtudes. Víctor Pérez (UDI) llegaría a Interior, Jaime Bellolio (UDI) a la Secretaría General de Gobierno (Segegob), Mario Desbordes (RN) a Defensa y Andrés Allamand (RN) a Relaciones Exteriores. Además, Cristián Monckeberg (RN) pasaría de Desarrollo Social a la Segpres y Karla Rubilar (independiente), de la Segegob a Desarrollo Social. Eran todos nombres probados e identificados con los partidos tradicionales del sector, vinculados ya sea a las directivas o a sus respectivas disidencias. El objetivo del ajuste era uno solo: cohesionar al sector y terminar de una buena vez con los rencores y conflictos que hace meses venían desangrándonos. Era un problema que envenenaba tanto la relación entre el Gobierno y Chile Vamos, como entre las distintas facciones de la UDI y RN, cuyas pugnas internas comprometían la conducción gubernamental. En adelante, la coalición no tendría excusas para las rencillas, los populismos y el discolaje. Era un gabinete para apaciguar a RN y la UDI, tal como aseguraría *La Segunda* en su edición de esa tarde.

Mientras esperábamos al Presidente en la antesala de su oficina, volví a hacerme la pregunta que llevaba semanas rondándome. ¿Era ineludible el cambio? Quizás, no. ¿Había una alternativa distinta? Tal vez. El mandatario sin duda podría haber golpeado la mesa y ratificado a su equipo ministerial, el que venía encabezando desde el 28 de octubre de 2019 por un conjunto imposible de circunstancias, pero eso hubiese significado dilatar por un tiempo lo inevitable: en los gobiernos de coalición no es posible lograr la necesaria armonía interna teniendo a las cúpulas de los principales partidos distanciadas de las decisiones centrales de la administración. Nunca en los tiempos de la Concertación, la coalición más exitosa de nuestra historia, el Ministerio del Interior, el centro del poder político en un régimen fuertemente presidencialista como el nuestro, había sido encabezado por un militante del partido más pequeño del Gobierno. Este factor fue fuente de discordia con la dirigencia de la UDI desde el mismo día en que asumí la jefatura del gabinete. Y el Presidente, a quien nunca se le dio bien eso de la relación con los partidos, necesitaba ahora un equipo que le aquietara el frente interno.

Terminamos los ajustes y revisiones a media mañana. Afuera de la oficina del mandatario era un hervidero de asesores. El cambio estaba programado para la una de la tarde. Solo quedaba el momento de las despedidas. La primera ya había tenido lugar la noche anterior, cuando le conté a mi mujer y a mis hijos que iba a salir del Gobierno, algo que no pude hacer al jurar intempestivamente como ministro del Interior. En contra de lo que suponía, la noticia no les causó demasiada alegría. Al menos no como yo lo esperaba. "¿Ya no más, papá?", me preguntó Rosario, mi hija mayor, con un leve dejo de tristeza que jamás habría imaginado. "Quién sabe", fue la respuesta más honesta que atiné a decirle, mientras pensaba en los giros y contragiros de los últimos años: campañas, cargos ministeriales, estallido, pandemia, acuerdos, triunfos y derrotas. Una llegada y una salida.

La despedida con el Presidente y su equipo fue íntima y emotiva. Fueron diez años de trabajo conjunto, siete de los cuales fueron literalmente codo a codo. Primero, como jefe del equipo de asesores presidenciales, el mítico Segundo Piso, en las postrimerías de su primer mandato. A continuación, como director ejecutivo de Avanza Chile, el *think tank* que creamos después de su primer gobierno y que cumplió un rol fundamental para su retorno a La Moneda. Y luego, durante casi dos años y medio, como integrante del gabinete, primero como su interlocutor con el Parlamento y después como líder de su equipo político. Fueron muchos momentos, con éxitos y fracasos nunca definitivos, que se fueron acumulando en el transcurso de una década. Una década en la que me pareció ver a Piñera volverse más vulnerable, menos definitivo en sus certezas y más humano en sus fragilidades.

"Ministro, ¿qué tiene pensado luego de La Moneda?", me preguntó en un tono de aires casi paternales. "¿No le interesa seguir en algo público?".

"Se lo agradezco, Presidente. Así está bien", le contesté.

Me lo había prometido a mí mismo. Cuando me tocara dejar el gabinete, partiría tal como llegué. Sin premios de consuelo ni *ticket* de regreso.

Luego de la despedida presidencial vino el adiós con el equipo ministerial en el Salón Entrepatios, donde me esperaban en completo silencio mis asesores más cercanos, el personal administrativo que trabajaba en Interior y mi escolta policial. En total, unas treinta personas. Un grupo noble y jugado que me acompañó durante las difíciles jornadas de octubre y noviembre. Un equipo a toda prueba, diverso, templado, con una enorme calidad humana, con el que navegamos aguas indescriptiblemente turbulentas y al que me fue uniendo no solo un lazo profesional, sino también afectivo. Creo que la emoción y la tristeza propias de toda despedida no me permitieron transmitirles cuánta gratitud les debía. Intenté esbozar algunas palabras, pero a poco andar el nudo en la garganta lo hizo imposible. Me apoyaron, me aconsejaron y me cuidaron en todo momento mientras cumplía con mis labores ministeriales, la mayor parte de las veces responsabilidades angustiosas y sofocantes. Ser ministro del Interior por regla general es duro e ingrato, como me lo ratificaron varios de mis antecesores. No existen los días buenos. A lo sumo, son menos malos.

Al finalizar, me encerré por última vez en mi oficina. A diferencia de la que tenía en la Segpres, que era acogedora y bien iluminada, esta nunca terminó de convencerme. No muy amplia y sin mayor identidad, parecía un rincón predestinado a los padecimientos. Intenté engañar esas sensaciones acumulando libros y algunos recuerdos familiares, que fui acomodando en las repisas con más voluntarismo que convicción. Eran los objetos que ahora tenía que terminar de embalar, ya que también partirían conmigo, junto con los decretos de nombramiento, la foto oficial del gabinete y una veintena de libretas de notas con apuntes personales, registros que había empezado a acumular sin saber por qué, hacía ya diez años.

Con dos cajas fue suficiente.

Junto a mis colaboradores más cercanos —Pablo Prieto (jefe de gabinete), Andrés Sotomayor (jefe de asesores), Eduardo Riquelme (asesor jurídico)— y mi equipo de prensa —Erick Rojas, Renato Gaggero y Margaret Valenzuela— terminamos de repasar los detalles de la salida: solo quedaba revisar el texto que tenía preparado desde hacía varios días y que leería minutos más tarde desde el Patio de los Cañones.

Hasta que llegó la hora. Con algo de retraso nos reunimos en el Salón O'Higgins junto al resto del gabinete. Los que llegaban, los que seguían y los que nos íbamos. En estas instancias las emociones se adueñan de la mayor parte de los asistentes, aunque nunca de la misma manera. Los que llegan, vienen con una mezcla de ilusión y agobio. Los que siguen, por lo general no ocultan el alivio de haber sobrevivido a la poda. Y los que se van, la mayor parte de las veces, transitan entre el desconcierto y la frustración. En mi caso, solo recuerdo haber sentido un extraño relajo, además de una dosis no menor de curiosidad por experimentar lo que vendría.

Los cuatro ministros que nos íbamos, Claudio Alvarado (Segpres), Teodoro Ribera (RR. EE.), Alberto Espina (Defensa) y yo (Interior), nos dimos un fraternal saludo de despedida. Cosa rara en política, con todos forjé una buena relación de trabajo, especialmente con Claudio Alvarado, un compañero de mil batallas, mi jefe en el primer gobierno de Piñera, mi más leal escudero durante el segundo. Fueron muchos años en los que vivimos de todo.

En cuanto a los cuatro que llegaban, el saludo más afectuoso fue con Jaime Bellolio, a quien conocía desde hacía una década y media, cuando ambos formábamos parte del programa Jóvenes al Servicio de Chile. Con Víctor Pérez y Mario Desbordes hubo saludos cordiales, aunque sin grandes efusividades. Con Andrés Allamand ni siquiera nos miramos. Supongo que el desinterés era mutuo.

Afuera la prensa aguardaba expectante. Hacía ya largos minutos que había comenzado la transmisión en vivo de radios y canales de televisión. Como la pandemia impedía efectuar actos en lugares cerrados, la ceremonia no se realizaría en el tradicional Salón Montt Varas sino en el Patio de los Cañones, que a esa hora lucía repleto y soleado pese a ser pleno invierno. A media mañana sorpresivamente había despejado.

Premunidos de nuestras mascarillas, iniciamos la ceremonia. El reloj marcaba las 13:28. Un rito centenario, breve y republicano, que había vivido, o sobrevivido, en siete ocasiones anteriores. El discurso del Presidente fue, como siempre, claro en propósitos y económico en emociones ("debemos dar paso a una nueva etapa en la relación entre el Gobierno y Chile Vamos", "estamos enfrentando tiempos duros y difíciles", "pido colaboración", "tenemos un deber y una responsabilidad"), palabras que fui recogiendo en trazos desordenados e intermitentes mientras mi cabeza porfiadamente deambulaba de un lado a otro, víctima de fugas atencionales que se disiparon tras una frase del mandatario que me hizo regresar de inmediato al acto: "Quiero agradecer a Gonzalo Blumel, quien durante estos difíciles y duros meses encabezó el Ministerio del Interior en tiempos que exigieron un monumental compromiso, sacrificio y resiliencia". La frase, vine a saberlo después, no estaba en el texto original de la intervención y, apenas la dijo, desató un largo aplauso de los asistentes, algo inédito según los funcionarios más antiguos de palacio, lo que casi termina por desarmarme.

Estaba llegando al final del camino. Un camino que nos había llevado al borde del colapso institucional y que tuvo su momento definitorio en noviembre de 2019, cuando hubo que optar entre enfrentar la crisis de octubre por medio de la fuerza, con todo lo que aquello hubiese significado, o por medio de un acuerdo político entre las principales fuerzas democráticas del país, el cual fue alcanzado luego de dramáticas semanas plagadas de conflictos y enfrentamientos. Acuerdo que no fue perfecto, pero que permitió asegurar la continuidad en vez de la ruptura, la reforma en vez de la revolución, el diálogo en vez de la confrontación, y la paz en vez de la violencia.

Terminada la ceremonia, compartimos un breve café en el Salón Azul del segundo piso, ocasión que el equipo de asesores de la Presidencia aprovechó para proyectar un video con emotivos recuerdos de mis años en el servicio público. Desde Futrono, pequeña comuna del sur de Chile a la que llegué a los 26 años de edad, cargado de ilusiones a asumir un cargo en la planta municipal, hasta la vicepresidencia de la República, donde recalé con 41 años casi por accidente, en medio de la peor crisis de nuestra historia reciente. Las imágenes fueron pasando una tras otra acumulando nostalgias, aunque acusando con demasiada elocuencia el paso del tiempo.

Con eso terminaban los ritos de la despedida. Solo quedaba enfrentar a los medios, que esperaban ansiosos alguna cuña o declaración, con ese morbo propio que tienen los instantes finales de la política, aquellos que se asocian a renuncias, fracasos o caídas.

Salí una vez más al patio. En mi mano llevaba el texto con que cerraría mi ciclo en La Moneda. Dos carillas que resumían veintiocho meses plagados de giros inesperados, circunstancias inverosímiles y exigencias al límite de lo imaginable.

"Hoy enfrentamos un momento crucial y tenemos desafíos que marcarán el destino de nuestra patria… Resolvamos nuestras diferencias pacíficamente, sin violencia. Cuidemos siempre la tolerancia y la deliberación democrática. En esto nos jugamos nuestro futuro y el de nuestros hijos", declaré desde el Patio de los Cañones, en el que sería mi último punto de prensa como ministro.

Después regresé a mi oficina, tomé mis cosas más personales y salí caminando junto a Claudio Alvarado por el acceso que da a la Plaza de la Constitución. Íbamos acompañados por una bulliciosa multitud de funcionarios de Palacio, quienes, liderados por la primera dama, Cecilia Morel, nos hicieron un pasillo de despedida. A partir de ese momento volvía a ser un ciudadano "de a pie". Cargaba únicamente mi vieja mochila, unos pocos recuerdos y, sobre todo, un montón de preguntas.

¿Había valido realmente la pena? ¿Tenía todo esto algún sentido? ¿Cómo diablos había llegado hasta acá? Mientras cruzaba el adoquinado umbral de la puerta de calle Moneda, acumulaba las interrogantes de una larga etapa de mi vida que comenzaba a cerrarse.

Afuera me esperaba Andrés Sotomayor en su auto. Poco antes de subirme, volví por un segundo la vista atrás. El ruido se iba apagando y las imágenes se iban haciendo más distantes. La sede de gobierno retomaría su eterna rutina, yo intentaría recuperar la mía. Fue la última vez que estuve en La Moneda.

Decisiones que marcan

El término del primer mandato del presidente Sebastián Piñera a inicios de 2014 fue cualquier cosa, menos algo tranquilo. Pese a ser el primer gobierno democrático de centroderecha en casi medio siglo, el clima anímico al interior de La Moneda mezclaba la frustración con la premura. El telón estaba a punto de caer y el desafío perentorio de las semanas siguientes era preparar desde todos los ministerios y servicios públicos una transición impecable a las nuevas autoridades, que, dicho sea de paso, no eran del todo nuevas.

Después de cuatro años, Michelle Bachelet volvía a la primera magistratura en gloria y majestad. Había conseguido en la segunda vuelta de diciembre del 2013 el 62% de los votos, lo cual entrañaba, además de una derrota de significativas proporciones para el sector, la apertura de un nuevo ciclo político, dado que esta vez Bachelet venía con un objetivo completamente distinto: traía un programa de reformas bastante más drástico que el de su primer mandato y estaba liderando una coalición de formato inédito en la historia de Chile. En efecto, la Nueva Mayoría era un bloque que integraba un amplio arco de sensibilidades, que iba desde la Democracia Cristiana hasta el Partido Comunista. Por otra parte, era la primera vez desde 1989 que la centroizquierda se había quedado con la mayoría absoluta, tanto de la Cámara de Diputados como del Senado[1]. Esa circunstancia, unida a la pérdida de un millón y medio de votos oficialistas en la elección presidencial, donde obtuvimos el peor resultado electoral desde la anodina candidatura de Arturo Alessandri Besa en 1993, describía un contexto nada estimulante para la centroderecha. No era raro, entonces, que se estuviera desencadenando una avalancha de recriminaciones, críticas cruzadas y *vendettas* dentro del oficialismo, lo que a esas alturas resultaba un cuento viejo: cuando más unidad necesita, la derecha chilena por lo general tiende a canibalizarse. Y, era cosa de revisar la prensa, la temporada de caza de brujas en nuestro sector pasaba por sus mejores días.

Varios otros conflictos empañaban los días finales del Gobierno. Un prolongado paro portuario en San Antonio; el colapso del Registro Civil, uno de los servicios públicos más reñidos con la racionalidad administrativa y que más dolores de cabeza nos dio; e incluso el nuevo Reglamento de Caza, que tenía en estado de convulsión a las organizaciones animalistas. Y pese a varios logros de relevancia histórica, como la reconstrucción del país tras el brutal terremoto de 2010, el rescate de los 33 mineros —hito que tuvo repercusiones globales—, los elevados índices de crecimiento económico o algunas reformas sociales emblemáticas —como la extensión a seis meses del permiso posnatal parental—, la contundente derrota que sufrimos tanto en la elección presidencial como en las parlamentarias estaba pasando la cuenta. Era muy

---

duro entregar la banda presidencial a una coalición opositora. Y era muy duro también salir de La Moneda con una sensación de completa incertidumbre respecto de los días que vendrían.

Un foco adicional de preocupación era el inminente fallo que habría de emitir la Corte Internacional de La Haya para resolver la demanda peruana por la delimitación de las fronteras marítimas de nuestros países. Como en todo proceso judicial, no descartábamos que el tribunal saliera con una sentencia "por la libre", lo que hubiese sido otro motivo de oprobio para el Gobierno. Finalmente, el fallo de La Haya no produjo trastornos significativos e hizo prevalecer, en lo sustantivo, el derecho internacional. Así y todo, los jueces, estableciendo un pésimo precedente, cedieron a la tentación constructivista e impusieron una solución "salomónica" que terminó mordiéndonos un buen pedazo de mar territorial[2].

En lo personal, anímicamente, yo también estaba afectado en esos días. De una u otra manera intuía que me acercaba a un punto de inflexión. Luego de diez años de trabajo ininterrumpido, solo había parado el año que partimos a Inglaterra con mi mujer, Paulina, y mi hija mayor, Rosario, donde cursé un máster en economía en la Universidad de Birmingham, tenía que decidir si lo mío sería las políticas públicas o derechamente la política. Además de los años en que trabajé como secretario de planificación del municipio de Futrono, ya llevaba cuatro años trabajando en los riñones mismos del poder gubernamental, tres a cargo de la División de Estudios de la Segpres y uno como jefe del Segundo Piso, el equipo de asesores presidenciales sobre el que se ha tejido, por buenas y malas razones, una enorme cantidad de mitos y leyendas. No era una trayectoria tan dilatada como para sentirme impedido de abrirme a otros rumbos, pero tampoco era tan irrelevante como para echar toda esa experiencia por la borda, dedicándome a otra cosa. Si llevaba tanto tiempo trabajando en el Estado, era sin duda porque me atraía el servicio público. Y tanto me gustaba que, al margen de esporádicos pasos por la academia —había hecho clases de pregrado y posgrado en varias universidades—, yo hasta el momento no había trabajado ni un solo día en el sector privado.

Correspondía, por lo mismo, pensar a qué me iba a dedicar. No era una preocupación teórica. Con tres hijos pequeños y varias responsabilidades que cumplir, me encontraba en un momento de la vida en que las decisiones podían adquirir ciertos visos de irreversibilidad. Tenía que hacerme cargo de mi futuro. Y estaba en eso, dándole vueltas a dos o tres caminos alternativos que vislumbraba en ese momento,

---

2   El 27 de enero se conoció la resolución de la Corte. El fallo resolvió mantener la frontera marítima vigente desde el Hito 1 en la costa, lo que había sido puesto en disputa por Perú, hasta un punto situado a 80 millas marítimas de distancia, para luego trazar una línea equidistante a las costas de Chile y Perú en dirección sudoeste hasta el límite de las 200 millas marítimas. Fue una decisión "salomónica" que no le dio la razón completa a ninguna de las partes, pero que entregó a Perú un área marítima superior a los 50 mil kilómetros cuadrados que hasta entonces pertenecían a Chile. Tras conocerse el fallo, el presidente Piñera declaró a la prensa que "la Corte Internacional de Justicia de La Haya ha confirmado en lo sustancial los argumentos de la posición chilena".

cuando en una reunión para revisar temas del traspaso del gobierno, el Presidente, sin mayores preámbulos, me dijo: "Le quiero hacer una propuesta". Lo dijo a propósito de nada y con una mirada que quiso darle cierto aire de suspenso a sus palabras.

Estaba sentado en su escritorio, tras una ruma de carpetas, legajos y documentos, como un archivero en su trinchera. Sobre su cabeza colgaba un retrato de Bernardo O'Higgins.

El hombre debajo del retrato

Es un personaje especial Sebastián Piñera. Circulan numerosos perfiles que intentan desentrañarlo y no pretendo poner sobre la mesa otro más. No me interesa. No soy retratista. No creo tener todas las coordenadas para descifrar su carácter. A esas alturas, el 2014, yo creía conocerlo más o menos bien. Después me di cuenta de que no: tenía varias facetas adicionales. Lo concreto en ese momento para mí, sin embargo, era que yo había terminado trabajando con él sin proponérmelo y sin que él, tampoco, hubiera puesto demasiadas fichas en mí. Al menos, no desde el comienzo.

Las cosas, sin embargo, habían ido saliendo así y ahora llegaba el momento de decidir. ¿A qué me dedicaría en los próximos años? ¿Iba a seguir concentrándome en temas de índole pública, emigraría a la academia —que me atraía poco, la verdad— o buscaría algo en el sector privado, donde pensaba que podía encontrar un espacio? ¿Cuál era realmente mi proyecto de vida? Y pensando en mi familia, ¿cuál era nuestro proyecto? Por lo demás, si es que iba a continuar en la arena pública, por decirlo así, ¿lo quería hacer junto al presidente Piñera, que evidentemente intentaría regresar a La Moneda, o más bien convenía buscar otros caminos? ¿Qué margen de autonomía podía tener en el mediano y largo plazo si optaba por continuar a su lado?

Había algo un tanto abrumador en ese cúmulo de dilemas. Seré ingeniero, pero no creo ser del tipo de personas que lo programan todo y son capaces de proyectar su vida en una planilla Excel. Uno sabe a grandes rasgos, de forma más o menos certera, cuáles son las cosas que le gustan y cuáles las que no. A partir de ahí, la cancha queda abierta. Y a poco de cumplir 36 años, edad en la que todavía no se es tan viejo para que todo sea irreversible, pero tampoco tan joven como para volver a partir de cero, tenía que decidir.

A pesar de haber sido el único político de centroderecha que logró llegar a La Moneda en el último medio siglo, el presidente Piñera es un personaje complejo en términos políticos, hasta cierto punto ambiguo y difícil de calificar. Hay pocas dudas de su inteligencia, capacidad de trabajo y dedicación, así como de su genuino compromiso con los intereses superiores del país. Capítulo aparte fue su notable desempeño cuando Chile tuvo que enfrentar el peor terremoto de su historia. No fue por casualidad que la gestión de la emergencia terminó siendo reconocida internacionalmente. Fue, básicamente, porque en La Moneda había alguien que no dejó resguardo por tomar ni emergencia por atender. Algo similar ocurrió con el rescate de los 33 mineros atrapados en las profundidades de la mina San José, hito que alcanzó repercusiones globales inéditas para nuestro país. Precisamente porque me correspondió ser testigo en primera persona de ambos episodios, porque me tocó verlo estudiar hasta tarde y consultar distintas fuentes desde temprano, porque lo vi siempre dos pasos más adelante que todo el resto, no puedo dejar de pensar en la suerte que hubiéramos corrido con un presidente menos enterado de los detalles logísticos y estratégicos que era necesario conjugar para que las cosas resultaran bien. A lo mejor es cierto lo que se dijo tantas veces, en orden a que Piñera tal vez no es el más hábil en el manejo de los conflictos de corte más político, aquellos donde deben primar la empatía y la reflexividad, como ocurrió con las protestas y movilizaciones del 2011 y 2012, periodo de alta convulsión en el país que significó récords de desaprobación y rechazo ciudadano, pero de lo que no cabe duda es que en la gestión de los asuntos de gobierno sabe manejarse como pocos.

Había otro factor adicional no menor en las cuentas que se le cargaban al presidente Piñera. Pocos chilenos han estado expuestos como él a una campaña tan sistemática y persistente, tan prolongada y artera, de descalificaciones y desprestigio. Aunque no es fácil explicar el fenómeno en sí, porque se trata de una laboriosa construcción, parece evidente que a Piñera no se le perdonaba haber logrado sacar a la centroizquierda del Gobierno, luego de veinte años ininterrumpidos de mandato. Al parecer todavía hay sectores en Chile que no aceptan la alternancia en el poder propia de todas las democracias. Peor aún, todavía hay quienes consideran una inmoralidad cualquier gobierno de centroderecha. Y son miles los que juzgan o sienten que la fortuna de Sebastián Piñera, su riqueza patrimonial, constituye un factor resueltamente incompatible con la naturaleza del liderazgo presidencial, no obstante haber ejercido como senador, presidente de partido y presidente de la república, comicios que por lo demás ganó en elecciones limpias, competitivas y transparentes.

Desde luego, mi mirada era muy ajena a las caricaturas construidas por sus enemigos y a las cancelaciones cursadas contra él. Estaba estudiando tercer o cuarto año de Ingeniería Civil en la Universidad Católica cuando tuve la oportunidad de acudir a un encuentro suyo con estudiantes del plantel. Fue a fines de los noventa, cuando intentaba disputarle la candidatura presidencial a quien se perfilaba como la opción más competitiva del sector, el entonces alcalde UDI por Las Condes Joaquín Lavín. Me impresionó su desplante y la rapidez con que razonaba. Todo lo difícil que le resulta a Piñera conectar con las grandes audiencias, tal vez porque ni la emoción ni la empatía son lo suyo, se vuelve una destreza notable cuando le corresponde manejarse en auditorios más reducidos. Allí no solo es brillante. También es rápido, ocurrente e incluso divertido.

Esa era la imagen que yo tenía de él cuando llegué a trabajar a la Segpres en su primer gobierno. Lo veía muy arriba y a mucha distancia, él era el Presidente y yo otro asesor más, y me parecía que su liderazgo encarnaba una derecha distinta, moderna, reformista, plenamente democrática, enteramente libre de las sombras del pinochetismo y con algo que me parecía fundamental, dado el rumbo que estaba tomando Chile: vocación de construir mayorías. Para mí, que venía familiarmente de una matriz conservadora aunque de enorme sentido social, eso, aparte de atractivo, me parecía necesario, puesto que lo único que garantizaba el incombustible inmovilismo de nuestro sector es que la historia, a mediano plazo, nos pasaría por encima.

No creo haberme equivocado. Sebastián Piñera está muy lejos de ser un político perfecto, pero tiene varios rasgos excepcionales. Inteligencia, capacidad de gestión, don de mando y, por decirlo así, gran dominio de los atributos duros del liderazgo. En los blandos, claro, el balance no es tan bueno. Le cuesta generar relaciones profundas y crear espacios perdurables de confianza. A veces puede ser demasiado frío, o demasiado rápido, para juzgar conductas o motivaciones que requieren ir más allá de las primeras impresiones. A veces puede ser excesivamente duro, incluso despectivo en términos intelectuales, y eso tampoco facilita las cosas, especialmente cuando alguien no comparte su estilo. Pero no tiene nada de insensible; al revés, está siempre preocupado del bienestar de quienes trabajan con él, no por obligación sino porque le sale de adentro. Y, a pesar de las campañas de descrédito que ha debido soportar, no conoce ni de lejos el rencor, lo cual es bastante raro en un terreno como la política, cuyos actores a menudo están llenos de listas negras, vetos y cuentas por cobrar.

Bueno, ese era el personaje que me estaba haciendo la propuesta desde el otro lado del escritorio, el hombre debajo del retrato.

Sin vuelta atrás

A partir de marzo de 2014 asumiría la dirección ejecutiva de la fundación donde pensaba radicarse al dejar La Moneda y que, en principio, se llamaría Chile Avanza[3]. Ese era el corazón de la propuesta. Según él mismo me dijo, se trataría de una plataforma, probablemente un *think tank*, donde el propósito era seguir aportando a la discusión pública en su calidad de expresidente. "La idea es realizar estudios, informes y propuestas donde se pueda recoger toda la experiencia de nuestro gobierno". Mi misión, señaló, sería reclutar al equipo ejecutivo, materializar los encargos del directorio y proponer un plan anual de trabajo. "Ahí podremos contar con la colaboración de los exministros y exsubsecretarios", agregó finalmente. Me aseguró además que tendría plena "autonomía" y "recursos" para ejercer mis funciones.

Mentiría si dijera que la oferta no me entusiasmó. Sin embargo, también mentiría si negara que me obligó a enfrentarme a diversos dilemas para los cuales no tenía una respuesta precisa. Aceptar significaba entrar, más que a temas públicos (en medio de los cuales, por lo demás, había navegado por años), derechamente a la actividad política, cuyos códigos me eran más ajenos. No había que ser ingenuo para advertir que si Piñera estaba armando una fundación era porque quería influir y, eventual-

---

3   El nombre hacía alusión a un programa impulsado durante los años 2012 y 2013, cuyo propósito era resaltar los avances de la gestión gubernamental. Finalmente, el centro de estudios llevaría por nombre Avanza Chile, debido a un litigio por el registro de la marca, que había sido inscrita previamente por un particular.

mente, también volver al gobierno en cuatro años más. No era tan raro que alentara este propósito. Michelle Bachelet también lo tuvo, y si los presidentes Frei Ruiz-Tagle y Lagos no volvieron al poder, no fue por falta de ganas, sino de votos, en el caso de Frei, y del apoyo de su partido, el PS, en el caso de Lagos. Así las cosas, asumir la dirección ejecutiva de la nueva fundación comportaba exposición (alta), aliados (pocos), adversarios (muchos) y cantidades de desencuentros con otros liderazgos políticos de nuestro propio sector. No era, por lo mismo, un puesto especialmente apacible.

Los niveles de crispación en la centroderecha ya eran altos cuando, meses antes, a mediados de 2013 el sector tuvo que investir a su candidato presidencial. Después, con el fracaso en la elección presidencial, el cuadro, por supuesto, empeoró. Todo había ocurrido como en una comedia de equivocaciones luego de que el candidato mejor perfilado del oficialismo, el exministro de Minería Laurence Golborne, tuvo que bajar su candidatura a raíz de denuncias por inversiones suyas en paraísos fiscales. Pablo Longueira, líder histórico de la UDI, el abanderado elegido con posterioridad en una primaria con todas las de la ley, donde compitió contra Andrés Allamand, líder histórico de RN, tomó la decisión de renunciar a la candidatura por efecto de un cuadro severo de agotamiento mental, que fue lo que convirtió a Evelyn Matthei en candidata presidencial de emergencia. Mejor ni hablar de la cantidad de damnificados y heridos que dejó esta seguidilla de palos de ciego, pero conviene tener presente este episodio para entender en parte la animosidad con que algunas figuras políticas de peso en el sector miraban a Piñera. Era sobre todo el caso de Andrés Allamand y Manuel José Ossandón, quienes resultaron electos senadores con gran votación en la Región Metropolitana y que lo veían como una amenaza para sus propias aspiraciones presidenciales. Y aquello, en algún momento, podía terminar rebotándome.

Aun aceptando que la mía iba a ser una posición de combate en la arena política, también tenía que considerar si estaba dispuesto a pasar los próximos años de mi vida bajo el alero de Sebastián Piñera.

Por supuesto, sabía en lo que me estaba metiendo y la verdad es que no me disgustaba. Había desarrollado con el Presidente una buena relación de trabajo. No era mi mejor amigo, tampoco una figura paternal bajo cuyo eventual magisterio yo me hubiera formado, sino un jefe, un superior jerárquico, con quien nunca me costó congeniar. Podíamos trabajar juntos sin problema. Aunque Piñera tiene fama de ser un jefe duro, exigente y muy poco paciente, lo que la mayor parte del tiempo podía ser cierto, también es verdad que trabaja como nadie, que le gustan las cosas bien hechas y que tiene un genuino compromiso con Chile. Es más: no me incomodaba su forma de trabajo. Poco enrollada emocionalmente, enfocada en los resultados y con especial énfasis por el interés general del país. Como debe ser.

La otra razón que me hizo aceptar la invitación del Presidente apeló a mi sentido de responsabilidad, puesto que sentí que en ese momento estaba en riesgo una franca demolición política de nuestro sector. Tal como se estaban planteando las cosas por entonces, la izquierda haría lo posible e imposible por evitar el retorno de la centroderecha al gobierno. Los últimos cuatro años habían dejado en claro que sus dirigentes no aceptarían jamás nuestra legitimidad moral y política para dirigir al país. Nos la negaron siempre, apelando a la calle, incluso a la violencia y al desborde del marco institucional, como lo hicieron por acción u omisión durante el periodo de las marchas estudiantiles. Por lo mismo, no tendrían ningún problema en volver a hacerlo. La demolición de Piñera y su legado se convertiría evidentemente en un objetivo central para la Nueva Mayoría. Esta operación constituiría su mejor resguardo para la mantención del poder y, al menos para mí, era un motivo lo bastante poderoso para que reconociera filas, como un soldado más, en la batalla que vendría.

Avanza Chile, parte 1

El inicio de mi gestión en Avanza Chile no estuvo exento de cierta épica franciscana. Al comienzo fue como si mis funciones solo hubieran cambiado de *setting* o decorado. Mi lugar de trabajo ahora era el piso 19 de Apoquindo 3000, búnker histórico del piñerismo, y no el sobrio segundo piso de La Moneda, es cierto. Pero en lo demás la diferencia fue del cielo a la tierra. Poco equipo, recursos mínimos, múltiples contingencias y una hoja de ruta construida sobre las circunstancias.

Después, por supuesto, estas vicisitudes iniciales se fueron progresivamente corrigiendo. No estábamos ahí para gobernar sino básicamente para defender el legado que habíamos dejado, y también para contribuir al diseño de políticas públicas modernas y sensatas. En eso, creo, nunca nos perdimos, por mucho que en las semanas inmediatamente posteriores al traspaso del mando una serie de incidentes hacían tentador entrar al debate chico, que no era nuestro propósito. Lo que nos debía importar era la defensa de realizaciones tales como la reconstrucción y el rescate de los mineros, la recuperación del crecimiento y la caída de los indicadores de pobreza, sin perjuicio de las alertas que comenzamos a emitir desde la fundación en prevención de lo que considerábamos políticas públicas de mala calidad. No necesito insistir en que era el espacio donde me sentía más cómodo.

Como representantes de la administración anterior, teníamos claro que también cargábamos con varios bemoles. Gobernar un país es en gran parte un asunto de aprendizajes y el drama muchas veces es que, justo cuando creemos haber aprendido bastante, el periodo presidencial se acaba. Por lo demás, en los últimos meses las cosas en el Gobierno algo habían mejorado, puesto que las encuestas de opinión pública del cierre del mandato mostraban una creciente receptividad a la gestión presidencial[4]. Quizás por lo mismo, en retrospectiva, nos parecía increíble que no hubiésemos sabido desactivar a tiempo las movilizaciones sociales en Aysén, los con-

---

4   Según la encuesta Adimark correspondiente a enero de 2014, por primera vez en tres años la aprobación (49%) superó a la desaprobación (39%). La evaluación de cierre correspondiente a marzo le daría al mandatario finalmente una aprobación del 50% y una desaprobación del 36%.

flictos ambientales en Freirina y Tocopilla, o el problema del gas en Magallanes. Distinto fue el caso de las movilizaciones estudiantiles, porque ellas correspondieron a una agenda ideológica que iba a manifestarse de todos modos, lo hiciéramos bien o mal en educación, y que de hecho pasó a ser, por la vía del rechazo al lucro y bajo la bandera de la gratuidad de la educación universitaria, el mascarón de proa del programa que ofreció la presidenta Bachelet para su segundo gobierno.

Más de alguno de estos temas estuvo presente en el encuentro que tuvimos en el Parque Tantauco, pocos días después del cambio de mando. Fue una invitación personal del Presidente a su grupo de colaboradores más cercanos, a modo de despedida del Gobierno, donde me correspondió operar hasta cierto punto como productor del evento. Volamos a Puerto Montt y luego nos trasladamos a Inío, extremo sur de Chiloé, donde pasamos un par de días compartiendo anécdotas, guitarreos y caminatas en medio de los tupidos bosques de tepú del sur de la isla. Todo fue muy grato y la instancia tuvo algo de fundacional. Rara vez en el equipo habíamos tenido la oportunidad de compartir opiniones y chascarros en un contexto de completa informalidad y descanso.

La primera sesión de directorio, el estreno en sociedad de Avanza Chile, tuvo lugar el 24 de abril de 2014, un mes después de dejar el Gobierno. Como desde ahí se habían coordinado las campañas presidenciales de 2005 y 2009, a nadie le resultó extraño que el lugar fuese escogido como sede de la nueva fundación. La reunión fue presidida por Andrés Chadwick y todos los directores provenían del gabinete que dejó La Moneda con el Presidente: Cecilia Pérez (Segegob), Evelyn Matthei (Trabajo), Rodrigo Pérez (Minvu), Juan Carlos Jobet (Trabajo), Alfredo Moreno (Cancillería), Roberto Ampuero (Cultura), Loreto Silva (MOP) y Felipe Larraín (Hacienda). La excepción era Magdalena Piñera Morel, la hija mayor del mandatario. Yo asistí en mi calidad de director ejecutivo. Los exministros Jaime Mañalich (Salud) y Cristián Larroulet (Segpres) se excusaron por encontrarse fuera del país.

La reunión fue lo más parecido a un consejo de gabinete, solo que un poco más informal y relajada, aunque con las ritualidades propias de las instancias republicanas. Las ubicaciones, el uso de la palabra e incluso las materias tratadas parecían ser parte de un encuentro ministerial en La Moneda. Los primeros minutos sirvieron para ponernos al día, intercambiar opiniones sobre la contingencia y, sobre todo, botar la energía acumulada luego de un mes fuera del poder. Andrés Chadwick expuso la misión, los objetivos y el organigrama de la fundación, cuyos propósitos formales serían influir en el debate, servir de lugar de encuentro para el sector y participar de la discusión de políticas públicas. "Mejor vida para todos" fue el eslogan escogido para la fundación, el cual buscaba mantener una idea que ya habíamos acuñado durante el gobierno.

Cuando le correspondió hablar a Sebastián Piñera, sus palabras fueron precisas, enérgicas y sin eufemismos: estábamos siendo cuestionados desde todos los frentes por la administración Bachelet y la madre de todas las batallas se estaba dando en el área de la salud. El nuevo gobierno había revertido las concesiones hospitalarias que habían sido adjudicadas o estaban en proceso[5]. También estaba objetando el estado de avance de obras emblemáticas, como el Hospital de Puente Alto, ofensiva a la que se habían sumado figuras del sector, como el alcalde de Puente Alto, Germán Codina, y los senadores de Renovación Nacional Andrés Allamand y Manuel José Ossandón[6]. "Si no defendemos lo que hicimos, nadie más lo va a hacer", dijo el exmandatario al cerrar su intervención.

Después, varios de los presentes tomaron la palabra. En realidad, los embates de la administración entrante venían desde múltiples frentes y prácticamente no había área que no estuviera siendo cuestionada. Las críticas abarcaban la reconstrucción del terremoto de 2010, el estado de la seguridad ciudadana, el funcionamiento del transporte público, la situación de los puertos, el abastecimiento de energía, las ayudas sociales, la política indígena, y la lista crecía con el paso de los días. A ello se sumaba el retiro de una serie de proyectos de ley ingresados al Parlamento durante febrero y marzo, lo cual, si bien no era algo impropio, constituía una suerte de falta al *fair play* legislativo, junto con la puesta en marcha de la "Doctrina Rincón", idea públicamente justificada por la ministra Segpres, Ximena Rincón, que significó la desvinculación masiva de funcionarios gubernamentales provenientes de la era concertacionista. ¿El motivo? No haber renunciado oportunamente a sus cargos al momento de asumir el mando Sebastián Piñera. El intento de polarizar y extremar el escenario político era evidente.

La constatación de estos hechos, naturalmente, enardeció los ánimos. El tono ya se había vuelto muy duro cuando, al finalizar el encuentro, Evelyn Matthei, flanqueada por los nuevos directores de Avanza Chile, declaró a los medios: "Están destruyendo todo". Estaba claro que la guerra iba ser dura.

Avanza Chile, parte 2

Visto a la distancia, el trabajo en Avanza Chile fue muy estimulante, y lo fue desde los inicios. Logramos aglutinar un buen equipo, pequeño y afiatado, para cumplir los propósitos institucionales. Funcionamos con un directorio encabezado por Andrés Chadwick y secundado por Cecilia Pérez como vicepresidenta, quien además cumpliría roles ejecutivos dentro de la organización. Ambos llevarían la relación con los partidos y los medios de comunicación. Yo ejercía como director ejecutivo. Además, había un equipo para el día a día, compuesto por gente que venía trabajando conmigo en La Moneda. Isabel Plá, con quien compartimos en la División de Estudios,

---

5

A poco de asumir, el Gobierno de la presidenta Bachelet dejó sin efecto los procesos de licitación de cinco hospitales concesionados: Sótero del Río, Biprovincial Quillota —Petorca y Provincial Marga Marga (Red Quinta Región)—, y de Curicó, Linares y Chillán (Red Sur). Ver nota de La Tercera del 18 de junio de 2014.

6

Ambos senadores se fotografiaron con sus pares de centroizquierda, Guido Girardi y Carlos Montes, para una dura portada de La Segunda titulada "Senadores de la RM pactan dura fiscalización a herencia de salud de Piñera". Ver La Segunda, 8 de mayo de 2014.

quedó a cargo de un área de contingencia. Andrés Sotomayor, abogado joven y talentoso del equipo de la Segpres, asumió el área legislativa de la fundación. A Raimundo Monge, ingeniero meticuloso y comprometido, le correspondió el área de políticas públicas. Y a ellos se sumaron la periodista Carola Valdés y el abogado Rodrigo Urzúa, los dos, provenientes del Segundo Piso.

En cosa de semanas Avanza Chile estaba operando a *tope*. Cada vez con mayor regularidad nuestras minutas comenzaron a ser conocidas y demandadas por dirigentes, parlamentarios y analistas afines. A primera hora solíamos enviar un informe de contingencia en el que se resumían los principales temas del día. Constituía una suerte de *position paper* que resultaba particularmente útil para quienes tenían que enfrentar a los medios de comunicación. Con el paso de los meses se fue haciendo común escuchar a los parlamentarios replicar los principales mensajes en sus entrevistas matutinas. Era, por lejos, nuestro producto más demandado. Adicionalmente, una o dos veces a la semana enviábamos reportes especializados sobre la agenda legislativa, informes de coyuntura y, cada dos semanas, estudios de mayor alcance y profundidad.

El objetivo primordial era uno solo: defender el legado de nuestro gobierno frente a los embates que arreciaban desde La Moneda. Para ello también debíamos coordinarnos con nuestros parlamentarios y tratar de suministrar ideas e insumos que fortalecieran nuestra posición en el debate nacional. Como siempre, puesto que la gente rara vez cambia, con la mitad de los recursos que se requerían, el Presidente quería que hiciéramos el doble.

Lo más relevante, sin embargo, terminó siendo precisamente aquello que nunca fue discutido. Las minutas, informes y asesorías legislativas al final daban un poco lo mismo. Lo único verdaderamente importante era el rol que el propio Piñera buscaría asumir luego de dejar la presidencia. ¿Sería un exmandatario que tomaría distancia de la contingencia o se mantendría activo y presente? ¿Buscaría alejarse de las reyertas y conflictos de la centroderecha, o intentaría ser parte de dichos debates? ¿Se concentraría en la agenda local o buscaría proyectar un liderazgo en el ámbito internacional? Y, quizás la pregunta más importante de todas, ¿buscaría activamente volver a La Moneda en cuatro años más o dejaría esa decisión, la más trascendente de todas, abierta a las circunstancias y a los imponderables del destino? Estos y otros dilemas se repetían en nuestras conversaciones, sin respuestas concluyentes. Respecto de su futuro rol, Piñera entregaba pocas luces. Se cuidaba, por supuesto. Sabía que cualquier paso en falso podía tener costos altos. Literalmente, *wait and see*.

En el plano personal, lo que más recuerdo de esos primeros tiempos en Avanza Chile es que siempre me sentí, en términos de trabajo, con saldo en contra. La agenda política e informativa todos los días agregaba materias de las cuales debíamos hacernos cargo. A veces era la perspectiva de una acusación constitucional contra alguno de los nuestros, como la que logramos frustrar en contra de Jaime Mañalich a raíz de la situación de los hospitales; otras, enfrentar una mañosa presentación de las cifras de desempeño económico del país durante nuestro periodo, quizás la principal obsesión de las nuevas autoridades. Teníamos que estar siempre alertas y saltando todos los días a la palestra. Fue extenuante porque enfrentamos una vasta y permanente operación política que no tenía otro cometido que anularnos, destruirnos y eliminarnos por anticipado como futura alternativa de gobierno.

Algunas lecciones

La experiencia de Avanza Chile, y ciertamente del Gobierno, nos enseñó varias cosas. La más obvia es que iba a ser muy difícil en el futuro garantizar niveles aceptables de gobernabilidad para el país si nuestro sector no se allanaba de una vez por todas a tomar más en serio a las regiones, quizás uno de los principales flancos de nuestro mandato. Esto, entre otros motivos, explica que hayamos priorizado darle a la fundación una presencia regional potente, particularmente en zonas como Valparaíso, Concepción, Ñuble y Magallanes. Estas estructuras locales se volverían con el tiempo poderosos factores de iniciativa política para la rearticulación de la centroderecha.

Otro tema en el cual tuvimos un aprendizaje valioso fue en reconocer que la derecha había dejado de ser un bloque monolítico y expresivo de una sola sensibilidad, si es que alguna vez fue algo parecido a eso. Es más, nos jugamos por abandonar ese modelo, al que asociábamos efectos corrosivos. Nos parecía mucho más relevante una centroderecha con capacidad de acoger a grupos diversos, toda vez que estuviéramos dispuestos a convivir y a respetarnos unos con otros.

Por supuesto, mirábamos con especial atención el surgimiento de centros de estudios y fundaciones que vinieron a engrosar la densidad intelectual del sector con *papers*, columnas y libros[7], y que participaron en los debates legislativos, en los medios de comunicación e incluso en las sorprendentes movilizaciones surgidas al alero de la sociedad civil que se desataron a partir de la reforma educacional impulsada por el gobierno de Bachelet. A los tres *think tanks* tradicionales del sector —Libertad y Desarrollo, Instituto Libertad (RN) y Fundación Jaime Guzmán (UDI)—, se sumaron otros centros, como Horizontal, ligado a Evópoli; el Instituto de Estudios de la Sociedad (IES) e IdeaPaís, ligados a los sectores socialcristianos; la Fundación Piensa y Ciudadano Austral, de las regiones de Valparaíso y Los Lagos, respectivamente; la Fundación para el Progreso y Cientochenta, de ideas más liberales; y el Instituto Res Publica, de tendencias más conservadoras.

---

7   Durante el periodo se publicó más de una docena de libros de una nueva camada de intelectuales vinculados con los centros de estudios de la centroderecha. Probablemente, el primero de relevancia fue Gobernar con principios (2012), de Pablo Ortúzar y Francisco Javier Urbina. Luego vinieron otros, como La derecha en la Crisis del Bicentenario, de Hugo Herrera (2014); La tiranía de la igualdad, de Axel Kaiser (2015); Subsidiariedad. Más allá del Estado y del Mercado, editado por Pablo Ortúzar (2015); Nos fuimos quedando en silencio, de Daniel Mansuy (2016); y La ilusión constitucional, de Claudio Alvarado (2016).

El fenómeno vino de la mano con la aparición de nuevos intelectuales públicos, como Daniel Mansuy, Hugo Herrera, Pablo Ortúzar y Axel Kaiser, con quienes solía tener interesantes e infructuosas conversaciones, dada la marcada distancia que mantenían con la figura del expresidente. De hecho, ninguno de los intentos de tregua que realicé llegó a puerto. "¿Dónde se postula para calificar como intelectual de derecha?", fue la bienvenida, un tanto ruda, que les dio Piñera en un almuerzo de abuenamiento que organicé en Apoquindo 3000, a mediados de 2014, en el que participaron Mansuy, Ortúzar y Herrera. La idea era llegar a algún grado de entendimiento y mucho antes del postre supe que lo mejor sería olvidar el intento.

A este panorama veníamos a sumarnos con el equipo de Avanza Chile, donde se juntaban ideas y liderazgos transversales vinculados al piñerismo, como era el caso de los UDI Andrés Chadwick e Isabel Plá, los militantes de RN Cecilia Pérez, Claudio Radonich y Juan Francisco Galli, y el resto del *staff*, en su mayoría independientes sin mayor trayectoria política.

Aprendimos también que si la centroderecha no lograba coordinarse y trabajar unida bajo estándares mínimos de lealtad, recuperar el gobierno iba a ser sencillamente un desafío imposible. La eterna disputa al interior de la Alianza[8], que frustró varios de los mejores momentos del Gobierno de Piñera, y que ofreció al país un espectáculo lamentable de personalismos y pequeñeces, ya no daba para más. Luego de cuatro años en el Gobierno, no había *animus societatis* ni relato común, la relación entre los partidos lucía desgastada y con poca o nula capacidad de coordinación política. Por lo mismo, una de nuestras más persistentes líneas de trabajo en la fundación fue ayudar a reconstruir las confianzas, a mitigar las recriminaciones públicas y a resolver los conflictos domésticos al interior de la centroderecha. Para entonces RN había sufrido una dura escisión que le restó una senadora y tres diputados en ejercicio, quienes, en permanente pugna con el presidente del partido, Carlos Larraín, renunciaron a su militancia para formar Amplitud[9]. Y, por otro lado, ya había aparecido en la centroderecha una nueva colectividad, Evolución Política (Evópoli), que desde su

---

8   La Alianza fue la coalición política de centroderecha existente hasta 2015, instancia integrada fundamentalmente por dos partidos: Renovación Nacional (RN) y la Unión Demócrata Independiente (UDI). Sus orígenes se remontan a 1989, cuando fue fundada bajo el nombre de Democracia y Progreso, pasando a llamarse Alianza por Chile en el 2000. Entre 2009 y 2012, en el contexto de la primera candidatura presidencial de Sebastián Piñera, se adoptó el nombre de Coalición por el Cambio, momento en el que se incorporó a otros movimientos políticos, como Chile Primero. Finalmente, para las elecciones de 2013, la UDI y RN adoptarían la denominación Alianza.

9   El 7 de enero de 2014 los diputados RN Karla Rubilar, Joaquín Godoy y Pedro Browne presentaron su renuncia a Renovación Nacional a través de una declaración pública, en la que anunciaron la conformación de un nuevo movimiento liberal denominado Amplitud. Posteriormente se sumaría la senadora por la quinta región Lily Pérez. Finalmente, el 28 de marzo de 2016 se constituyeron como partido político ante el Servicio Electoral.

fundación se planteó como la promesa de una derecha moderna y liberal, libre tanto de las inflexibilidades como de las inercias que traían los partidos tradicionales del sector.

Desde Avanza Chile también asistimos con franca alarma al creciente desprestigio del sistema institucional, declive que se aceleró con fuerza inusitada durante esos años, al punto que en un momento todo el país parecía deslizarse por el tobogán del descrédito, en una espiral de incierto desenlace. Desde poderosas empresas a los altos mandos del mundo uniformado, desde la Iglesia católica a los Tribunales de Justicia y el Ministerio Público, desde el Congreso a los partidos políticos, desde la izquierda a la derecha, desde Carabineros a servicios públicos que parecían tener un prestigio consolidado, como el Servicio de Impuestos Internos, casi no hubo institución que no fuera salpicada por acusaciones, sospechas y evidencias escandalosas de captura, maridaje o corrupción. El derrumbe comenzó con el caso Penta, que sacó a la luz pública oscuros procedimientos de financiamiento irregular de la política, siguió con el caso Caval, un impresentable contubernio de favores y tráfico de influencias que salpicó a la familia presidencial, y continuó con las ecuménicas y opacas ramificaciones del caso SQM, que significó sombras ominosas sobre el financiamiento de las campañas de Eduardo Frei, Sebastián Piñera, Marcos Enríquez-Ominami y Michelle Bachelet.

Un estudio publicado por el CEP en octubre de 2016 ratificó con vehemencia la erosión institucional[10]. La satisfacción con la democracia llegó a mínimos históricos (10%), mientras que la confianza en los partidos (3%), el Congreso (6%), los Tribunales de Justicia (7%), el Ministerio Público (11%) y las empresas privadas (12%); todas, instituciones estructurantes de nuestro entramado político, económico y social, se fue literalmente a piso. Solo parecían salvarse las instituciones uniformadas, como Carabineros (57%), la Policía de Investigaciones (51%) y las Fuerzas Armadas (50%), que al poco andar también terminarían sucumbiendo de una u otra manera.

"Esta es la peor crisis política e institucional que ha tenido Chile", afirmó a mediados de ese año el expresidente Ricardo Lagos. El declive institucional parecía recordarnos que no éramos tan distintos a otros países de la región, como creíamos hasta entonces, privilegiados en términos de riqueza, como Venezuela o Argentina, ahora convertidos en lamentables casos de desarrollo frustrado. La pregunta era si nosotros también iríamos para allá, con una clase política atrincherada y un *establishment* poco confiable para acometer el trabajo de contener la septicemia institucional.

Pero la mayor lección que dejó el desarrollo de la escena pública de esos años —de la cual tomamos nota en Avanza Chile— fue por lejos la del peligro de la embriaguez triunfalista, que significó la aparición de ánimos excluyentes y refundacionales en crecientes sectores de la izquierda chilena. El triunfo de Michelle Bachelet fue tan rotundo que posiblemente la mandataria creyó que podía hacer lo que quisiera con

---

10   Aninat y González (2016), ¿Existe una crisis institucional en el Chile actual?, Centro de Estudios Públicos, Octubre 2016.

el solo despliegue de su voluntad. Contaba con un programa de reformas estructurales que, supuestamente, el país —las mujeres, los jóvenes, las minorías, los marginados, la gente de esfuerzo todavía expuesta a la precariedad y la pobreza— estaba pidiendo a gritos. Tenía mayoría en las dos cámaras del Congreso. Operaba con un gabinete armado a su arbitrio, que describía una laboriosa interacción entre los distintos círculos de confianza que la rodeaban. Había reducido a la oposición a la condición de espectadora y a veces incluso de comparsa. Y, sin embargo, luego de un primer año especialmente exitoso, en el que logró sacar adelante importantes transformaciones como la reforma tributaria o el cambio al sistema binominal, al iniciar su segundo año todo comenzó a desmoronarse. El caso Caval y la trenza de conflictos de interés que este ocultaba terminaron por perforar, de manera irreversible, más que su popularidad, la confianza ciudadana que ella generaba. Ciertamente fue un golpe letal a su relato de campaña, basado en el combate a los abusos y el fin de las desigualdades y privilegios. Perdió el aura y, con ello, la incondicionalidad de su coalición y su incombustible popularidad en las encuestas, lo que se vio agravado por el debilitamiento generalizado de la economía, que nunca más volvió a crecer con la fuerza de los años previos. Los tres últimos años de Bachelet fueron especialmente difíciles. Sacó adelante muchas iniciativas, pero la gran mayoría no funcionó como se esperaba, siendo su principal lastre el deterioro causado a la capacidad del país de generar progreso, cuadro agudizado en buena medida por sus principales reformas.

Bien para el gobierno, mal para el país

En el primer año de su segundo mandato, el gobierno de la Presidenta se anotó tres victorias importantes para su administración. Fueron cambios que no le hicieron bien al país.

La primera victoria fue la reforma educacional, que apuntó a terminar con el lucro en la educación, prohibir en el mediano plazo el copago y poner fin a los mecanismos de selección en escuelas y liceos. Más que por efecto de la oposición de nuestro sector, que estaba en minoría en el Parlamento, la iniciativa generó menos entusiasmo que el previsto en el oficialismo y un resuelto rechazo en diversas organizaciones de la sociedad civil, en especial en los centros de padres y apoderados. Esa reacción se tradujo en un rápido desgaste político que se reflejó en las encuestas, lo que por supuesto desconcertó a La Moneda. El proyecto había sido pensado para cubrir de gloria a la Presidenta, no para exponerla al rechazo ciudadano.

La Moneda siempre pensó que el contundente triunfo presidencial equivalía a un cheque en blanco que la administración podía cobrar donde y como quisiera. Por eso actuó con infinita altanería. El proyecto llegó al Congreso sin ningún tipo de discusión prelegislativa ni de pedagogía política. Para peor, a la hora de defender sus alcances, tanto las campañas comunicacionales como las intervenciones ministeriales pusieron de relieve el resentimiento subyacente y la pulsión de igualar hacia abajo, no hacia arriba. Esto llegó al paroxismo de la torpeza cuando el titular de

Educación del momento, Nicolás Eyzaguirre, defendió la necesidad de bajar de "los patines" a los estudiantes de la educación particular subvencionada como fórmula para emparejar la cancha[11].

Pronto quedó claro que la reforma educacional iba a limitar severamente la capacidad de decisión de los padres, al punto de que ya no serían las familias las que elegirían los establecimientos escolares de sus hijos. En adelante este aspecto sería resuelto por una "tómbola" regulada por el Estado, sustituyendo en el imaginario colectivo la idea del mérito por el azar. El mecanismo generó fuerte rechazo en las comunidades escolares. En octubre de 2014, una marcha organizada por la Confederación de Padres y Apoderados de Colegios Particulares (Confepa), que convocó en la Alameda a cerca de 30 mil personas según Carabineros, se manifestó en forma totalmente pacífica bajo el lema "sí a la reforma, pero no de esta forma". El hecho pilló completamente desprevenido al Gobierno; La Moneda nunca imaginó esta reacción. Era la primera vez en muchísimo tiempo, quizás la única desde la Unidad Popular, que surgía oposición "desde la calle" a un gobierno de izquierda, terreno en el que nunca habían tenido mayores dificultades. Literalmente, ahí siempre jugaban de local.

La reacción ciudadana respecto de la reforma tributaria —la segunda victoria de la administración Bachelet— fue muy parecida. También contradijo las expectativas mayoritarias de los chilenos. Ya sea por los errores comunicacionales[12], por la aridez del debate parlamentario, por la movilización de las agrupaciones de la sociedad civil o por la incidencia de las redes sociales, el apoyo a estas iniciativas transformadoras cayó por debajo del 40% a los pocos meses[13]. Con gran rapidez se fue instalando la idea de que las reformas afectarían negativamente el devenir de las familias

---

11   Las declaraciones corresponden a una entrevista del programa de TVN Estado Nacional del día 15 de junio de 2014. Allí, Eyzaguirre señaló: "Voy a hacer una metáfora, que son siempre peligrosas en esto (...) Lo que tenemos actualmente es, en una cancha enlozada, un competidor corriendo con patines de alta velocidad y otro descalzo. El descalzo es la educación pública. Entonces, me dicen, ¿por qué no entrenas más y le das más comida al que va descalzo? Primero, tengo que bajar al otro de los patines".

12   Un ejemplo de los errores comunicacionales de La Moneda fue un video promocional elaborado por la Secom en apoyo de la reforma tributaria, que señalaba que "los que atacan la reforma tributaria son los poderosos de siempre", lo que causó una fuerte polémica en torno a la iniciativa.

13   Según la encuesta Plaza Pública Cadem, la reforma tributaria cayó de un 52% a un 38% de respaldo entre abril y mayo de 2014, mientras que la reforma educacional cayó de un 60% a 38% entre abril y junio, cifra que alcanzó un 32% en noviembre del mismo año.

por la vía de frenar el dinamismo económico, castigar las oportunidades de mejores empleos y malograr las expectativas de crecimiento de la economía[14]. Fue exactamente lo que ocurrió.

El Gobierno logró aprobar ambos proyectos aprovechando sus mayorías legislativas, aunque en el caso de la reforma tributaria obtuvo el concurso de la centroderecha, que entregó sus votos a cambio de un protocolo de acuerdo, que morigeraba en parte los cambios introducidos por la nueva normativa, mas no sus nocivos efectos sobre la inversión y el crecimiento, lo que comenzaría a notarse en forma casi inmediata. En cosa de meses, el Imacec cayó desde cifras cercanas al 3% a valores inferiores al 1%[15], fenómeno no mediado ni por una recesión mundial ni por un desastre natural.

El acuerdo tributario, alcanzado en el mes de julio de 2014, ocurrió mientras me encontraba en Madrid con Sebastián Piñera y Andrés Chadwick, participando de un seminario de la Fundación FAES, centro de estudios español ligado al Partido Popular. En el encuentro coincidimos con el recién asumido presidente de la UDI, Ernesto Silva, quien debió regresar intempestivamente a Chile en vista de las tratativas impulsadas por el Gobierno durante su ausencia. Su desacuerdo con lo que estaba ocurriendo en Santiago era notorio. Aun así, su regreso fue infructuoso porque, a los pocos días, Gobierno y oposición firmaron un extenso acuerdo tributario para viabilizar la primera reforma estructural de la presidenta Bachelet[16].

Qué duda puede caber a estas alturas de que, por parte de nuestro sector, fue un error político de proporciones. En primer lugar, porque no se necesitaba mucha inteligencia para dar por hecho que la magnitud del alza tributaria, tres puntos porcentuales del Producto Interno Bruto, así como los instrumentos escogidos, fundamentalmente

---

14   Según Plaza Pública de Cadem, la percepción de estancamiento económico pasó de 35% a 55% entre marzo y agosto de 2014. La encuesta del Centro de Estudios Públicos de noviembre de 2014, por su parte, reflejó que la percepción de progreso cayó de 47% a 31% en un año, mientras que la percepción de estancamiento y retroceso aumentó de 51% a 67% en el mismo periodo.

15   Al cierre del Gobierno de Piñera, los Imacec de enero, febrero y marzo fueron de 2,2%, 3,3% y 3%, respectivamente, mientras que en junio, julio y agosto del mismo año las cifras fueron 1%, 0,5% y 0,2%.

16   El acuerdo tributario entre el Gobierno y la oposición se alcanzó durante el segundo trámite constitucional del proyecto de ley en el Senado. Ocurrió luego de haber sido aprobado en mayo de 2014 por la Cámara de Diputados únicamente con votos oficialistas (la iniciativa contó en general con 72 votos a favor y 48 en contra). En el Senado el proyecto de ley fue modificado sustantivamente, aprobándose en general la reforma tributaria el 15 de julio de 2014 por 33 votos a favor, uno en contra y una abstención, siendo despachada en particular el 19 de agosto. Un mes después, el 11 de septiembre, el proyecto fue despachado por la Cámara para su promulgación a ley.

gravámenes sobre el capital, no harían otra cosa que castigar la inversión privada[17], debilitando en el corto plazo el empleo y los salarios, y en el mediano plazo, el principal atributo de la economía chilena: su capacidad de mejorar en forma continua la calidad de vida de la población. Esa cuenta no saldría gratis y más temprano que tarde terminaría siendo cobrada.

El acuerdo también fue una deserción ideológica. Significaba validar con los votos nuestros una reforma que aumentaba agresivamente la carga tributaria, algo que no solo chocaba con las ideas más convencionales de la centroderecha, sino que también serviría para financiar políticas públicas como la gratuidad universitaria, una medida a todas luces regresiva —asignaba más a quienes tenían más— e injusta, pues era mucho más conveniente destinar dichos recursos a la educación preescolar, la principal palanca para emparejar de verdad la cancha de las oportunidades.

Por último, desde un punto de vista táctico, tampoco parecía aconsejable haberse sumado. Si la reforma tributaria resultaba bien, la derecha no obtendría ningún crédito. Las luces se irían con el Gobierno. Y si resultaba mal, que era lo más probable, no tendríamos autoridad moral ni política para reclamar por el desaguisado. No obstante lo anterior, habíamos sido parte de la "cocina" en que se fraguó el acuerdo y las cartas ya estaban echadas. Desde España fue bien poco lo que pudimos hacer. Todos nuestros esfuerzos terminaron siendo estériles. Ya no éramos gobierno, no teníamos partido ni bancada parlamentaria para influir, era poco o nada lo que podíamos hacer.

El episodio sirvió además para constatar la brutal pérdida de poder que habíamos experimentado luego de dejar La Moneda. A diferencia de Bachelet, quien terminó su primer mandato transformada en el factótum de su sector, nosotros estábamos solos y por nuestra cuenta. Quedaba muy claro que la centroderecha no peregrinaría a Apoquindo 3000 para clamar por el regreso de Piñera. El futuro sería cualquier cosa menos algo cierto.

La tercera victoria de la administración Bachelet —un verdadero gol de media cancha— fue la reforma del sistema electoral, promulgada a mediados de 2015.

El "mérito", si es que algo parecido a eso hay en todo este episodio, correspondió al ministro del Interior Rodrigo Peñailillo, quien logró articular una operación política a espaldas de la Alianza, que tuvo como resultado ponerle término al sistema electoral

---

17   Un estudio de Álvaro Cordero y Rodrigo Vergara, del Centro de Estudios Públicos (2020), mostró que el aumento de la tasa corporativa efectivamente tuvo un efecto negativo sobre la inversión privada en Chile. El estudio determinó entonces que un aumento de un punto porcentual del impuesto reduciría entre 0,24% y 0,65% de la inversión en el largo plazo.

binominal[18]. El ministro contó para estos efectos con los votos de los parlamentarios de Amplitud. Ellos creían que de este modo podrían ayudar a perfeccionar nuestra democracia, que efectivamente se había vuelto poco competitiva a raíz de la rigidez del sistema binominal; también, que iban a asegurar la proyección política de su colectividad. Se equivocaron en lo primero, porque el sistema de partidos se atomizó y eso no ha sido jamás bueno para la democracia, y se equivocaron también en lo segundo, puesto que Amplitud pasó de ser una promesa a convertirse en una gran frustración[19]. Al menos para la Alianza, a partir de ese momento Amplitud se transformó en paria, lo que los llevó a conformar una nueva coalición junto a Fuerza Pública, movimiento liderado por el exministro de Hacienda de Michelle Bachelet, Andrés Velasco, y por el exjefe de gabinete de Claudio Orrego, Sebastián Sichel. Nada serio ni perdurable salió de ahí. Buena parte de los problemas estructurales de nuestro actual régimen político provienen de las obsesiones de la centroizquierda con el sistema electoral y de la irresponsabilidad de Amplitud.

Suponer que la democracia, en un régimen presidencialista como el nuestro, puede fortalecerse fragmentando el sistema de partidos es simplemente un disparate. Hoy es muy difícil, sino imposible, que un presidente pueda alcanzar mayorías en el Congreso. Si las alcanza, es muy difícil que pueda mantenerlas, disciplinarlas y ordenarlas. Y si no las alcanza, el país queda a merced de la mayoría parlamentaria de turno, cuyo principal incentivo es bloquear la agenda presidencial fomentando la polarización y el conflicto, lo que a la larga deriva en la esclerosis del sistema democrático y en la frustración de los anhelos ciudadanos. Si Chile hoy se ha vuelto en gran medida ingobernable —y creo que lo es para la izquierda, el centro y la derecha— hay que agradecérselo al gobierno de Bachelet y al oportunismo de Amplitud.

Había llegado el momento

La sensación que tenía a fines de 2016 era que nos aprontábamos a pasar al momento de la acción. Desde que el caso Caval lo hizo entrar en coma, el Gobierno nunca más repuntó y la propia Presidenta previno al país de que "cada día podía ser peor". Estaban superados por completo y eran de no creer los niveles de extravío y confusión. No había que saber mirar debajo del agua, por otra parte, para ver un oficialismo

---

18 El acuerdo, firmado el 30 de junio de 2014, comprometió el respaldo de los parlamentarios de Amplitud al proyecto de ley que pondría término al sistema electoral binominal, iniciativa que establecía un aumento en el número de escaños de 120 a 155 en la Cámara de Diputados y de 38 a 50 en el Senado, una reconfiguración de los distritos y circunscripciones electorales, normas sobre cuotas de género, entre otras modificaciones a la Ley Orgánica Constitucional sobre Votaciones Populares y Escrutinios.

19 Amplitud terminaría disolviéndose tras las elecciones del 2017, luego de no cumplir con las exigencias mínimas contempladas en la ley para su subsistencia (3% de los sufragios válidamente emitidos a nivel parlamentario o, al menos, tres miembros del Congreso Nacional, sean diputados o senadores). Cabe señalar que, salvo Lily Pérez, ninguno de los parlamentarios de Amplitud se presentó a la reelección.

francamente complicado con la perspectiva de tener que elegir a un candidato mínimamente competitivo con el cual dar la cara en la elección presidencial del año
siguiente, porque lo cierto es que no lo tenían.

Yo estaba convencido de haber cumplido un ciclo en Avanza Chile. No dejamos
puerta por golpear ni palanca por accionar para fortalecer vínculos, disipar malen-
tendidos, restaurar confianzas y juntar fuerzas en nuestro sector. La fundación nunca
se quedó callada frente a los grandes temas cuando había que salir a confrontar al
Gobierno. Pero faltaba lo más importante: el *vamos* que debía anteceder a la preparación y al lanzamiento de la campaña presidencial que se avecinaba, y mientras
Sebastián Piñera no lo diera, el único a esas alturas con chances ciertas de ganar la
contienda, me sentía atado de manos. Y el exmandatario seguía por ese entonces
sin dar muchas luces.

Mi preocupación era bastante obvia. Los tiempos de la política son casi siempre acotados y la mayoría de las veces decidir tarde es incluso peor que decidir mal. Mi
temor era que se nos estuviera pasando el momento.

Hacia La Moneda

No había que ser muy sagaz para advertir que Avanza Chile podía terminar siendo la plataforma elegida por Sebastián Piñera para volver a La Moneda. Y precisamente porque siempre lo entendí así, las vacilaciones suyas poco antes de lanzarse por segunda vez a la piscina me desconcertaron.

Es verdad que el escenario político se había transformado y ya no era el de la vez anterior; Chile había cambiado mucho desde 2009. En cierto sentido, todo se había degradado, emporcado, averiado. Aunque estábamos recién en los umbrales de un proceso que terminaría siendo muy corrosivo, era evidente que el país parecía estar perdiendo el rumbo. Sin embargo, en las vísperas de las presidenciales del 2017 no podíamos ni siquiera imaginar lo que vendría después. Íbamos a rodar por la pendiente mucho más lejos y también mucho más abajo. Ya entonces las señales eran claras. Porque todo estaba cayendo: la calidad del debate, el trato entre los actores políticos, los niveles de odiosidad en la discusión pública, la virulencia de las redes sociales, la creciente frivolidad de los medios de comunicación, la responsabilidad de los procesos legislativos, el prestigio de la política, las expectativas de la economía chilena, el creciente mal humor del país...

Quizás sea cierto que el deterioro no necesariamente partió con los escándalos sobre el financiamiento ilegal de la política, cuyo origen se remonta a una serie de denuncias tributarias de menor cuantía de mediados de 2014, que dieron inicio primero al Caso Penta y luego al Caso SQM. Lo concreto, sin embargo, es que a partir de ahí se desató una ola de investigaciones penales y periodísticas que arrastraron a varias de las principales compañías y grupos económicos del país, y salpicaron las candidaturas presidenciales de chincol a jote. Desde el PS hasta la UDI, ninguno de los partidos tradicionales de izquierda o de derecha logró eludir el escándalo, que se tradujo en largas y mediáticas pesquisas judiciales ejecutadas por el Ministerio Público, en cientos de demoledores reportajes y artículos de prensa, en una buena cantidad de políticos investigados y formalizados y, al final, en un puñado de condenas menores sin ninguna proporción con la magnitud de la tormenta. Este aspecto, lejos de serenar las miradas, agudizó aún más el declive y dio la sensación de que todas las instituciones y todo el *establishment* estaban podridos.

Ese es el ruido de fondo de una anécdota particular con Sebastián Piñera que me marcó profundamente. Ocurrió en Perú, una noche de diciembre de 2016. Llevábamos dos días alojándonos en el balneario de Paracas, a 260 kilómetros al sur de Lima, donde fuimos invitados a la Conferencia Anual de Ejecutivos, el encuentro empresarial más importante del país. En aquella instancia —equivalente a la Enade chilena—, Piñera fue el expositor estelar del encuentro, junto con el presidente peruano Pedro Pablo Kuczynski y el exmandatario mexicano Felipe Calderón. El escenario, en principio, no podía ser más auspicioso. La centroderecha chilena había obtenido semanas antes un resonante triunfo en la elección municipal de octubre, resultado inédito desde el retorno a la democracia, que nos dejaba en una situación inmejorable de cara a la elección presidencial del año siguiente[20]. Hubo victorias en comunas emblemáticas, como Santiago, Maipú y La Florida, al igual que en municipios de regiones tradicionalmente considerados bastiones de la izquierda, como Calama, Talcahuano y Punta Arenas. El Gobierno, mientras tanto, iba a los tumbos, con malos números en las encuestas, una coalición cruzada por los conflictos internos, cifras económicas paupérrimas y una agenda de reformas totalmente desdibujada, que a esas alturas las autoridades empujaban más por cumplir que por convicción.

—Presidente —le dije esa noche en Paracas—, dígame *la firme*. Si tuviese que tomar la decisión mañana, ¿usted sería nuevamente candidato?

Por más obvia que fuese, necesitaba hacerle esa pregunta. Eran cerca de las once de la noche, acabábamos de terminar una agotadora jornada de entrevistas y actividades protocolares, lo que nos daba el derecho de compartir una cerveza y un último y reconfortante cigarrillo en el bar de la piscina del hotel, que a esa hora lucía completamente solitaria. Solo nos acompañaba una suave música de fondo y el siempre discreto capitán Pablo Salazar, su escolta permanente de Carabineros, es decir, estábamos sin intermediarios ni interferencias de ninguna especie, a miles de kilómetros de nuestros respectivos hogares. En la complicidad que otorga la intimidad al margen del trabajo cumplido, supuse que no había otra opción que una respuesta franca, sin evasivas de ninguna especie.

Sebastián Piñera, en ese momento, tenía la pista despejada para retornar a La Moneda. Sacaba cómoda ventaja en todos los sondeos presidenciales, contaba con el apoyo mayoritario de la UDI y RN, y estaba claro que la idea no le disgustaba. Por algo esa puerta nunca la había cerrado pese a la resuelta oposición de su familia, que por buenas y entendibles razones rechazaba frontalmente la idea. "De momento, no está en mis planes", era la clásica fórmula que utilizaba siempre para eludir una respuesta concluyente; era el mejor indicio de que aquella posibilidad no estaba descartada. La única nube negra que se le había cruzado en el camino era el Caso Exalmar, polémica surgida luego de que una investigación de Radio Bío-Bío revelara que el exmandatario poseía el 9,1% de la propiedad de la pesquera peruana a través de una de sus sociedades de inversión. La noticia levantó una fuerte arremetida política y judicial liderada por el diputado comunista Hugo Gutiérrez. Esto había golpeado fuerte en el entorno familiar del exmandatario, lo que lo tenía tan enrabiado como frustrado.

---

20   Las elecciones municipales de 2016 permitieron a la centroderecha obtener 146 alcaldías (38,47% de los votos), mientras que la Nueva Mayoría alcanzó 141 (37,06%). En concejales, Chile Vamos obtuvo 919 escaños (35,9%), mientras que la Nueva Mayoría alcanzó 1.207 escaños (47,1%). De todos modos, Chile Vamos ganó en los municipios más grandes del país y consiguió siete de las 16 capitales regionales del país, mientras que la Nueva Mayoría solo se impuso en cinco.

Tras meditarlo algunos segundos, su respuesta fue categórica:

—Por ningún motivo.

Pese a la calurosa y húmeda noche de Paracas, sentí caer sobre mí una pesada onda glacial; literalmente, quedé helado. Llevábamos varios meses embarcados en la preparación de propuestas que sirvieran de base para un eventual programa de gobierno, las que debían ser presentadas en sendos seminarios que se realizarían en pocas semanas más. Habíamos realizado tres giras nacionales en el año, dos con la excusa de las elecciones municipales y una para el lanzamiento de *La historia se escribe hacia adelante*, libro escrito por Mauricio Rojas[21] cuyo tema era el primer gobierno de Piñera. Es decir, enfrentábamos un momento político óptimo para embarcarnos en una nueva campaña presidencial.

—Usted no puede imaginar lo duro que es esto —me dijo a continuación. Luego le dio una última calada a su cigarrillo y apagó la colilla con celeridad—. Ha sido un día duro, señores, así que muchas gracias. Ahora yo me voy a dormir —agregó a modo de cierre. Dicho esto, se paró y se fue raudo a su habitación.

Fue un extraño y fugaz momento de sinceridad brutal, pues Piñera no suele abrirse ante quienes no son sus amigos cercanos. Con Pablo Salazar nos quedamos de una pieza. Si bien era una posibilidad teórica que desistiera de volver a competir, ese escenario no estaba en los cálculos de nadie y muchos menos en los míos. Primero, porque lideraba cómodamente las encuestas de opinión pública, que lo ponían muy por encima de sus potenciales rivales de Chile Vamos y de la izquierda. Según los sondeos conocidos luego de la campaña municipal, en la que él se había involucrado activamente, el 42% creía que sería el próximo Presidente de la República, seguido de lejos por Ricardo Lagos (11%) y Alejandro Guillier (6%)[22]. El resto de los candidatos simplemente no existía. A primera vista parecía carrera ganada, lo que en política siempre es un aliciente a la hora de competir.

También jugaba a su favor el hecho de contar con un conglomerado que parecía estar bastante más cohesionado tras su liderazgo que en otros momentos y, más importante aún, que daba señales de haber aprendido las lecciones del pasado. Por primera vez la derecha se había constituido como una verdadera coalición política, Chile Vamos, sobre una base de partidos más amplia y diversa que la habitual. A la UDI y RN se le habían sumado formalmente Evópoli y el PRI, que esforzadamente habían logrado constituirse como partidos políticos nacionales, luego del refichaje establecido por las nuevas normas electorales legisladas tras el escándalo de las plateas políticas de Penta y SQM. Era una coalición inédita que incluía partidos y movi-

---

21   Académico y político chileno, exintegrante del Movimiento de Izquierda Revolucionaria, quien se labró una exitosa carrera parlamentaria en Suecia durante la década del 2000.

22   Encuesta Plaza Pública, Cadem, 31 de octubre de 2016.

mientos conservadores, liberales y socialcristianos. No solo eso. La nueva estructura surgía de una declaración de principios común, algo inédito en un sector que por lo general tiende a sentirse más cómodo con las metas que con las ideas. La nueva orgánica también contaba con instancias de coordinación y resolución de conflictos a través de un consejo político, que en realidad produjo más ruido que nueces, y un comité ejecutivo que había logrado reunirse semanalmente durante más de un año sin tirarse los platos por la cabeza.

Al otro lado, en cambio, el panorama se veía caótico. Ni la presidenta Bachelet ni sus principales reformas parecían contar con las simpatías de la ciudadanía. Así lo reflejaban las encuestas, al punto de que algunas iniciativas en curso, como los cambios al sistema previsional y el inédito proceso constituyente (lanzado con bombos y platillos en octubre de 2015), estaban atrapados en una telaraña de conflictos y recriminaciones internas de la Nueva Mayoría. Parecía inminente la ruptura entre los sectores moderados de la Democracia Cristiana y el ala dura de la coalición gobiernista, básicamente el PC. Por lo mismo, no fue una gran sorpresa que en las elecciones parlamentarias y presidencial resolvieran llevar candidaturas separadas.

Todo esto ayudaba a explicar el "buen lejos" que parecía estar teniendo la candidatura de Sebastián Piñera. Un *focus group* que encargamos a mediados de año ratificó nuestras intuiciones. Si bien los estudios cualitativos habían arrojado algunos puntos débiles que tendríamos que enfrentar, sobre todo por algunos fallidos eslóganes de su mandato como el "candado a la puerta giratoria" y el "gobierno de excelencia"[23], frases que seguían penando tras haber dejado el poder, quedaba bastante claro que había áreas fuertes que podían servir de puntales para una eventual campaña presidencial: la economía, el empleo y una buena evaluación de lo realizado en episodios como la reconstrucción del terremoto de 2010 y el rescate de los 33 mineros de la mina San José. A eso había que agregarle una positiva percepción sobre los atributos de gestión de Piñera. Lo más común eran comentarios del tipo "Es trabajador", "Persevera, aunque tenga mala suerte" y "Está en terreno", los que se repetían una y otra vez en las conclusiones de los informes que recibimos. Allí, quien destacaba de manera rutilante era Cecilia Morel. Los *focus* revelaron que la ex primera dama era una reserva fundamental en términos de carisma, empatía y humanidad, lo que la transformaba en el complemento perfecto de su marido.

Sin embargo, una percepción de la gente a la que no le presté mucha atención en su momento volvió a mi cabeza después de la inesperada confesión de Paracas. "Se humanizó hacia el final de su gobierno", consignaba una de las tantas menciones registradas en los estudios. Si bien Piñera seguía siendo una máquina de trabajo, una mente racional y eficaz en condiciones óptimas, y ante todo un animal político difícil

---

23 Ambas frases corresponden a compromisos de campaña del 2009. La primera se relacionaba con el aumento de penas para quienes cometían delitos en forma reiterada, de forma de impedirles el término anticipado de sus condenas, mientras que la segunda hacía referencia a la idea de un gobierno de estilo gerencial, de alta eficacia en cuanto a la gestión gubernamental.

de contener, era evidente que ya no tenía ni las ganas ni el ímpetu de la campaña anterior. De una u otra manera, los años, los golpes de la vida o el rigor de la política parecían haberlo cambiado. Fue algo que conversé en más de una ocasión con su hermana, Magdalena "Pichita" Piñera, directora histórica de la Fundación Futuro, y con quien nos habíamos vuelto muy cercanos dado que éramos vecinos de oficina en el piso 19 de Apoquindo 3000. "Sebastián ya no tiene las ganas de antes", me insistía ella, una y otra vez.

Fui testigo de algunos indicios. "Cuando entré a la política a fines de los 80 había más grandeza, mística y sentido país", solía repetirnos el exmandatario, con un dejo de nostalgia, en los tradicionales almuerzos de los martes en Avanza Chile. Piñera era un buen coleccionista de anécdotas. En la sobremesa comúnmente aparecían personajes de la vieja guardia, como Gabriel Valdés, Patricio Aylwin, Jaime Guzmán o Sergio Onofre Jarpa. Sí, la ripiosa contingencia diaria parecía resultarle cada vez menos grata. Quizás por la virulencia de las redes sociales, un fenómeno relativamente nuevo que venía cobrando cada día mayor peso en el debate público, o por la creciente beligerancia de la nueva izquierda aglutinada en el Frente Amplio, el conglomerado surgido al calor de las movilizaciones callejeras cuyo propósito expreso era desplazar a la vieja centroizquierda concertacionista, o tal vez por la suma de ambos factores, el caso era que el exmandatario se veía mucho más cómodo recordando el pasado que proyectando el futuro en una nueva candidatura.

Probablemente el factor más influyente de todos era el rechazo de su núcleo íntimo. Allí la oposición a la idea de volver a La Moneda era monolítica. Piñera es un hombre de familia que, pese a su personalidad frenética e impulsiva, se guiaba en buena medida por los afectos de sus cercanos, algo que, según Cecilia Morel, se había acentuado con la llegada de los nietos. Si bien a lo largo de su extensa trayectoria había tenido que soportar polémicas y ataques durísimos, estos siempre habían dejado al margen a su entorno familiar. En Chile solía existir un código no escrito en política que distinguía la vida pública de la privada. Era un límite infranqueable que raramente se había traspasado. El Caso Caval, que afectó fuertemente a la familia de la presidenta Bachelet, posiblemente movió las fronteras, pero el Caso Exalmar derechamente las pulverizó. La querella presentada por el diputado comunista Hugo Gutiérrez fue dirigida directamente contra su mujer y sus hijos, involucrándolos en las diligencias investigativas. Para Piñera, ese fue un golpe artero. Era una causa judicial enteramente prefabricada y que presumía que, por infames intereses económicos, el Presidente había traicionado bajo cuerda los intereses superiores de Chile. No solo era falso: era, también, más de lo que él podía tolerar. "Cuando la familia es atacada en forma injusta, por supuesto que uno se resiente", nos reconocería luego de que estallara el caso, el cual, meses después, terminaría siendo sobreseído por "falta de motivos plausibles para litigar"[24].

---

24 El 3 de agosto de 2017, el Cuarto Juzgado de Garantía de Santiago acogió la solicitud de sobreseimiento solicitada por la defensa. La Fiscalía condenó en costas al diputado Hugo Gutiérrez por "no haber tenido ningún motivo plausible para litigar". La decisión fue ratificada posteriormente por la Corte de Apelaciones de Santiago.

El retorno desde Paracas a Santiago fue, a lo menos, extraño. Curiosamente, todas las dudas y cavilaciones de Piñera parecieron quedarse en la piscina del hotel. Él retomó su rutina habitual de reuniones y entrevistas en jornadas de trabajo tan concentradas como agotadoras. Mientras tanto, en Avanza Chile seguimos preparando aceleradamente las minutas e insumos necesarios para un eventual programa de gobierno, pese a que, en rigor, no había una decisión tomada ni tampoco una candidatura formal.

Mi propio camino

No obstante haber sido una falsa alarma, porque en definitiva las dudas mostradas en Paracas no tuvieron el más mínimo efecto político ni repercusiones en el trabajo que veníamos realizando, en lo personal me movieron el piso y me obligaron a pensar en todo lo que estaba en juego para mí y mi familia.

Recuerdo haber vuelto de Perú tarde un viernes por la noche, y al llegar a mi casa y encontrarme con Paulina, quien estaba justo ese día de cumpleaños, haberle dicho que nos habíamos quedado sin candidato. "Parece que vamos a tener que preparar un plan B". Ante su incredulidad, mientras le contaba lo que había pasado en la piscina del hotel de Paracas, le comenté sin mucha anestesia que quizás lo mejor sería preparar las maletas para partir fuera de Chile, a Inglaterra, donde siempre habíamos querido regresar. Hablaba en sentido figurado, pero también en concreto, porque hacía rato venía meditando un plan B, aunque siempre pensado para el caso de que perdiéramos la elección y no para la coyuntura de que Piñera decidiera no presentarse.

El plan era partir con nuestros hijos a Londres, a estudiar un máster en Filosofía Política en la London School of Economics, al cual ya había postulado y en donde había sido aceptado. Me gustaba la idea de pasarme un año o dos leyendo y perfeccionándome en algo que también me apasionaba, las ideas, a pesar de que involucraría un esfuerzo no menor, ya que el costo de vida de Inglaterra es altísimo y yo había decidido, como exfuncionario público, no postular a ninguna beca del Estado chileno, sino costear la matrícula y la estadía en parte con mis ahorros, que no eran muchos, y en parte endeudándome con algún crédito bancario.

Lo que me afectó de Paracas fue que yo me sentía parte del corazón de ese proyecto de renovación de la centroderecha que encarnaba Sebastián Piñera. Habíamos trabajado tanto en esa ilusión que era llegar a La Moneda por segunda vez, habíamos hecho un esfuerzo político e intelectual tan grande para reparar las fracturas que quedaron tras el primer mandato, era tanto el empeño que habíamos puesto para concebir un proyecto político de profunda vocación social, y cuando estábamos listos para zarpar, de repente el capitán del buque mostraba dudas sobre el viaje. Yo tenía claro a esas alturas que difícilmente me sumaría a las otras campañas en competencia en la centroderecha. En el caso de la del senador de RN Manuel José Ossandón, probablemente no me invitarían. En el caso de la del diputado de Evopoli Felipe Kast, no contaba con la potencia que necesitábamos para competir contra el oficialismo, que debilitado y todo seguía siendo una fuerza poderosa, por más simpatías que me despertase la apuesta liberal de Chile Vamos.

El momento me hizo replantearme seriamente el papel que quería jugar en la política y me obligó además a hacerme algunas preguntas que hasta ese instante no había zanjado. Porque, ¿qué tan firme era el terreno que estaba pisando si al primer contratiempo corría riesgo la estantería? ¿Qué era lo que en verdad venía buscando y hacia dónde quería ir? Incluso más, ¿quién era yo en realidad, políticamente hablando, y en qué lugar de la centroderecha terminaría si nos quedábamos sin candidato?

Eran preguntas exigentes. No sé si las respondía por completo diciendo que era un estrecho colaborador del presidente Piñera, alguien con vocación pública y de propósitos unitarios en nuestro sector político, un orgulloso ingeniero civil de la Universidad Católica y una de las tantas caras visibles de la nueva generación, de ese contingente de entre 30 y 40 años de edad que se estaba preparando para asumir el día de mañana responsabilidades mayores en la centroderecha.

Sí, todo eso era cierto. Sin embargo, también traía una carga de experiencias y un rodaje biográfico que siempre me hizo sentir un tanto ajeno, o un tanto distante, de los rótulos tradicionales del sector. La mochila de mis vivencias, el camino que había elegido, mi historia de vida, me habían dejado un cúmulo de lecciones que sentía podían ser útiles.

A primera vista aparentemente no era tan distinto. Respondía al prototipo del profesional de centroderecha que egresó de la Universidad Católica, que fue a un colegio del barrio alto y que tuvo un catálogo más bien limitado de experiencias propias de su perfil y de su clase.

Ese modelo, en realidad, nunca terminó de interpretarme. Y nunca fue el mío. Soy hijo de un médico que dedicó toda su vida a la salud pública, tanto en la academia como en hospitales de la capital y de regiones. Mi padre proviene de una familia singular. Su abuelo, Santiago Blumel Leker, fue un misionero alemán capuchino que llegó a Valdivia a fines del siglo XIX y que se enamoró de Rosa Ancán, la hija de un lonko de Boroa con la cual contrajo matrimonio. Los Blumel Ancán formaron una familia de once hijos. Salvo mi abuelo, que se llamaba Juan Bautista, todos mis tíos abuelos llevaban, aparte de su nombre cristiano, otro de origen indígena, obviamente menos visible, como Galvarino, Lautaro, Guacolda, Fresia o Colo-Colo. Eran tiempos donde ser mapuche era sinónimo de discriminación brutal. Mi padre, Juan Enrique, fue el primero de su familia en seguir estudios universitarios. Formado en la Universidad de Chile, su *alma mater* de toda la vida, estaba realizando su último año de medicina en el Hospital Salvador cuando conoció a Leonor, mi madre, que trabajaba como enfermera en el mismo recinto. Ella proviene de una familia bastante más estructurada y tradicional que la de él. El tatarabuelo de mi mamá fue Enrique Mac Iver, el político del notable discurso del Centenario sobre la crisis moral de la República; hijo de un inmigrante escocés que arribó a Chile en los albores de la república; radical, masón y bombero; senador, diputado, ministro de Hacienda y ministro del Interior del presidente Jorge Montt, allá por los agitados y convulsos años posteriores a la guerra civil de 1891. Por el lado materno, la familia de mi madre también se conecta con el presidente José Joaquín Prieto, bajo cuyo gobierno Diego Portales erigió los decenios conservadores. Estas ramificaciones explican, tal vez, la permanente y fundamental presencia que ha tenido la conciencia histórica en mi familia, con la que me crie desde niño. De chico me hicieron ver que el tronco materno de mi familia proviene de la tradición republicana, mientras que el paterno refleja el mestizaje que fraguó la chilenidad.

Apenas se recibió de médico, mi padre le pidió matrimonio a mi madre y así, con el sueño de formar una familia, partieron a Antofagasta, donde realizó el primer año de especialización de medicina interna en los tiempos de la Unidad Popular, según él, en castigo por "momio". Después de unos pocos años allá, también por razones laborales, se movieron a Santiago y luego a Talca. Allí, en mayo de 1978, en el Hospital Regional, nací yo, el mismo año en que fue entronizado Juan Pablo II y en el que casi nos vamos a la guerra con Argentina. Mi primer establecimiento educacional fue el Liceo Blanco Encalada de esa ciudad, de la congregación de La Salle. Fueron años de mucho esfuerzo familiar, sin grandes carencias, pero tampoco abundancias, de veranos largos en la vieja casona Mac Iver de Constitución, ciudad de la que provenía la familia de mi madre.

Hombre de orden, inteligente, creyente, esforzado y trabajólico, que abrazó la medicina casi como un apostolado, mi papá quiso anticiparse al momento en que, de haber continuado en Talca, la familia habría tenido que repartirse entre el Maule y Santiago, cuando nosotros, los hijos, quisiéramos entrar a la universidad. Previendo esa diáspora, se propuso emigrar a Santiago, confiado en que acá ellos iban a poder estabilizarse mejor y en que las oportunidades también serían mayores para la familia.

No fue un traslado de un día para otro. Con los años me fui enterando de lo mucho que costó. En Talca, donde todos los presupuestos eran al justo, su margen de acción era pequeño y se fue viniendo muy de a poco a la capital. Al comienzo logró un cargo de algunas horas en el Hospital Barros Luco, que le significaba tomar el tren de los martes a las dos de la madrugada, para regresar los jueves por la tarde. Los viernes y buena parte del fin de semana la dedicaba a su consulta médica, que constituía el grueso de los ingresos familiares. Al siguiente martes partía de nuevo a Santiago al alba, hasta que se hizo de una plaza estable en el hospital y la familia se mudó definitivamente a la capital, lo que ocurrió en marzo de 1985, coincidentemente con el terremoto que azotó la zona central del país hacia el final de ese verano.

Llegamos a una casa pareada de ladrillos rojos y frondosas enredaderas, que coloreaban alegremente el frontis, pero inundaban los rincones de arañas y toda clase de bichos de sospechosas formas y actitudes. Cómoda, algo resentida por el paso de los años y de espacios precisos —siempre compartimos pieza con mis dos hermanos mayores—, estaba ubicada en un barrio eminentemente residencial cuyas fronteras naturales eran el triángulo que formaban Avenida Kennedy, Américo Vespucio y Vitacura, razón por la cual nos matricularon en el Colegio Parroquial Inmaculada Concepción. El sector, huelga decirlo, no era lo que es ahora. En los 80 todavía ese barrio era de gente de esfuerzo, en su gran mayoría profesionales, aunque también abundaban los adultos mayores ya retirados. La congregación que levantó esa iglesia a comienzos de los 50, los Padres (holandeses) del Sagrado Corazón, lo hizo pensando básicamente en las poblaciones asentadas en los márgenes y barriales del rio Mapocho, que en esos años solía desbordarse sin clemencia alguna. Hoy la esquina de Vitacura con Alonso de Córdova corresponde a uno de los sectores más caros y sofisticados del barrio alto, pero en ese tiempo era otra cosa. No existían los edificios de altura ni mucho menos las elegantes tiendas que actualmente saturan la zona.

El Inmaculada Concepción fue el colegio donde hice toda mi educación básica y su matrícula era un espejo tanto del barrio como del momento que estaba viviendo Chile, favorecido en buena medida por su condición de colegio particular subvencionado, lo que lo convertía en los hechos en un establecimiento gratuito (su mensualidad en esos años era simbólica). Al margen de un buen contingente de padres muy ligados a la parroquia, gran parte de los alumnos eran hijos de choferes, trabajadoras domésticas y jardineros que prestaban servicios en el sector. Otro grupo importante estaba representado por hijos de familias empobrecidas por la crisis económica de los años 82-83, que habían tenido que desertar de colegios caros, arrastradas por las quiebras masivas de la época. Eran mundos muy distintos que convivían sin mayores problemas en paseos, pichangas de fútbol y actividades extraprogramáticas de muy variada índole del colegio. Cuando no era una fiesta malón, era un fin de semana con los scouts; cuando no una actividad religiosa, eran tardes completas arriba de una bicicleta.

Viví esos años en el Inmaculada Concepción con inmenso entusiasmo y alegría. Mis dos hermanos grandes, Juan Enrique y José Ignacio, por los cursos en que estaban, asistían a clases en la jornada de la mañana, mientras que con mi hermana menor, Bernardita, nos correspondía la jornada de la tarde, clases que comenzaban recién a las 14:00, lo que nos dejaba largas horas de vagabundeo infantil durante la primera mitad del día. Aquello nos volvió compañeros inseparables de andanzas y travesuras, lazo que perdura hasta hoy.

Era buen alumno, lo pasaba muy bien, hice grandes amistades y participé en todo lo que se podía participar. Fui scout, integré el coro del colegio, jugué mucho fútbol y acudí a cuanta olimpiada escolar había: lectura, matemáticas, química. Fue ahí cuando comencé a dimensionar los muros y barreras invisibles que oponía la sociedad chilena, sobre todo a los grupos donde lo que prima es el esfuerzo antes que la herencia. De mi colegio jamás había llegado un egresado a Derecho o Medicina de la Universidad Católica. ¿Era porque eran peores alumnos? ¿O era porque la educación más bien reproducía y no alcanzaba a corregir las diferencias de cuna en el proceso formativo?

Al llegar a primero medio mis padres me ofrecieron cambiarme de colegio, precisamente porque querían un establecimiento que me ofreciera un puente más seguro para llegar a la universidad. Era un rito de iniciación familiar hacia la vida adulta: al llegar a la enseñanza media mi papá nos daba a elegir dónde queríamos continuar, en el colegio en que estábamos o en otro mejor. Pensando en la universidad postulé al San Ignacio y al Manquehue, al cual ya se había ido mi hermano mayor. Quedé en ambos. Algo debió ocurrir entremedio, sin embargo, porque habiendo elegido el colegio de los jesuitas, básicamente porque dos de mis mejores amigos del Inmaculada Concepción también habían ido a parar allá, terminé matriculado en el Manquehue. No me quejo. Quedaba más cerca de la casa y si mi hermano ya estaba estudiando allá, entiendo que mis papás hayan optado por la comodidad.

Me gustó el Manquehue. Me gustó la prioridad que tenían los deportes y me gustó aún más el fuerte sentido social que le imprimía al plantel la congregación de los Sagrados Corazones. Aunque no fue exactamente un *shock* adaptarme al estatus de mis nuevos compañeros, sí era ostensible la diferencia respecto de todo lo que había conocido hasta ese momento. Eran otras las exigencias académicas, otras las historias familiares, otros los niveles de vida, otras las casas, las diversiones y los carretes del fin de semana. Para qué hablar de las vacaciones. Para mí, habituado a los veraneos eternos en la vieja casona familiar de Constitución, donde el tiempo parecía detenerse durante los meses de enero y febrero, conocer las playas de Algarrobo o Santo Domingo fue toda una experiencia cargada de adrenalina y novedad.

Volvió a irme bien en el Manquehue. Mis notas se resintieron en un comienzo, pero al cabo de algunos meses pude adaptarme a las mayores exigencias. Nuevamente desarrollé grandes amistades. Hice mucho deporte y participé activamente en los trabajos sociales que el colegio impulsaba en barrios populares de la capital, inspirados en figuras como el sacerdote belga Damián de Veuster, quien dedicó su vida a los leprosos de la isla de Molokai, o su versión local, Esteban Gumucio, quien consagró la suya a las poblaciones de La Granja. Es cierto que el Manquehue no había sido mi primera opción, pero igual llegué a tomarle muchísimo cariño. De todos modos, siempre me mantuve vinculado a mis viejos círculos del Inmaculada Concepción, ya sea participando en el grupo scout o en las actividades de la pastoral juvenil. Ahí me sentía como en casa.

Estaba cursando tercero medio cuando decidí, junto con mi mejor amigo, inscribirme como voluntario para hacer el servicio militar en el Batallón Germania. Fue una experiencia enriquecedora. Teníamos que acuartelarnos todos los sábados en la Escuela Militar, donde recibíamos instrucción, a lo que había que agregar una semana completa de campaña durante el verano en Pichicuy. Me gustó mucho lo que viví por entonces. Aprendí a conocer la cultura del Ejército; sus lógicas, su profesionalismo, su profundo sentido del deber, aunque también pude observar lazos demasiado vivos con un pasado que se negaban a dejar atrás. El servicio además contemplaba algo que para mí no era menor: pagaban. Poco, unos diez mil a quince mil pesos mensuales, pero para mis necesidades no estaba nada de mal. Durante esos años tenía muy presente la obligación de generarme algunos ingresos para solventar mis *puchos*, mi sagrada entrada al estadio los fines de semana para ir a ver a *la católica*, mi botella de pisco de vez en cuando, o alguna inversión como una nueva bicicleta. Por el modo en que había sido criado, era consciente de que no podía endosar esas cuentas a mis papás, quienes por lo demás tampoco me lo ofrecían. En mi casa la regla de oro siempre fue la austeridad de los presupuestos.

Por lo mismo, debía autofinanciarme. Fui empaquetador de supermercado en séptimo básico en el Ekono de Los Cobres de Vitacura. Recuerdo que nuestros compañeros nos miraban con desconfianza a mí y a mi hermano, José Ignacio, porque éramos levemente rubios. Nos decían "los africanos". Al comienzo incluso nos quisieron pegar combos un par de veces. Después nos hicimos amigos y la relación fue buenísima. Me fui dando cuenta de que era bueno para establecer vínculos y acercar posiciones con personas distintas a mí. Volví al verano siguiente, aunque a las pocas semanas me despidieron porque me empezaron a rebelar las reglas abusivas del sistema: no había sueldo base, tampoco contrato o colación, los horarios de trabajo eran interminables y no teníamos posibilidades de realizar exigencia alguna. Después, cuando estaba en tercero medio, trabajé en Falabella empaquetando regalos de Navidad, donde nuevamente pude compartir con compañeros muy humildes y esforzados. Mi primera cotización previsional, de hecho, data de aquella ocasión: la hice en Cuprum. Ahí sí tuve contrato, aunque era bien simbólico en todo caso, con un sueldo base muy por debajo del mínimo salarial. Años después, ya en la universidad, me financiaría haciendo al menos dos ayudantías por semestre.

El Manquehue me sirvió para muchas cosas. Para constatar que tenía capacidades y que podía ser un alumno destacado. Para corregir en parte las deficiencias que traía en mi formación escolar, sobre todo en materia de idiomas: mi inglés era apenas aceptable. Para reconocer que el deporte, sobre todo el fútbol, y la música, además de la literatura, estaban entre lo que más me importaba en la vida. Y quizás lo más relevante, para dar una buena Prueba de Aptitud Académica que me convirtió en puntaje nacional de Historia y que me permitió ingresar a la Pontificia Universidad Católica.

Es curioso. Ese logro me significó un premio de mil dólares por parte de una fundación dedicada a la promoción de la historia, cuyo nombre nunca he vuelto a recordar, y que entregaba anualmente ese reconocimiento al mejor puntaje del país, junto con una beca de la propia universidad para matricularme no en Historia, carrera que me encantaba, sino en Ingeniería Civil, que era lo que yo quería realmente. También me significó una carta de felicitación de Jovino Novoa, por entonces presidente de la UDI, puesto que me entrevistaron en algún medio y se me ocurrió responder sobre mis afinidades políticas, precisando que no militaba en ningún partido pero que si hubiera tenido que hacerlo lo hubiese hecho probablemente en la UDI. Nunca supe bien por qué dije eso. En realidad, los militantes de la UDI eran mis padres, que eran muy activos en política. Más de alguna vez mi papá me llevó a algún consejo general del partido cuando chico. Incluso vi pasar por mi casa a varios próceres de este, como Joaquín Lavín o Juan Antonio Coloma, pues ambos eran parte del estamento profesional del partido. De ellos heredé el gusto por la política, pero no la militancia.

Tal vez porque tenía una biografía en parte distinta a la del gremialista más quími-camente puro de la Universidad Católica, y en parte también porque siempre asumí como un carisma que agradezco la vocación más social que me animaba, heredada paradójicamente de mis padres y de los colegios en que estuve. Por ello nunca me sentí especialmente cómodo en la derecha tradicional chilena. Si bien reconocía la capacidad de convocatoria de la UDI en los sectores populares, lo cierto es que su conservadurismo moral y su cerrado apoyo a la dictadura de Pinochet me hacían mantener cierta distancia. Yo me sentía más liberal y chascón. Y por eso tampoco en Renovación Nacional reconocía domicilio.

De hecho, en la universidad fue la primera vez que quebré políticamente con la derecha. Los primeros dos años voté por los gremialistas, única lista del sector en ese entonces, pero después preferí candidatos independientes o de centro, como la Opción Independiente o la Lista K. Iba a los debates con frecuencia, pero la política universitaria nunca me sedujo. Mi vocación tenía que ver más con la acción, con una veta más social. Me gustaba sobre todo el trabajo comunitario en los campamentos, lo que me llevó a participar durante un par de años en "Emprendedores de Renca", una iniciativa universitaria organizada por estudiantes de la Universidad Católica en la que promovíamos el microemprendimiento al interior de los principales campa-mentos y tomas de esa comuna.

Fue por esos años, en alguno de los encuentros organizados en el patio de mi facul-tad por el centro de alumnos de la Escuela, cuando vi por primera vez en directo a Sebastián Piñera. Fue una charla ante unos quinientos estudiantes, a la que tam-bién asistió el entonces candidato presidencial Ricardo Lagos. Me cayó bien Piñera, hablaba con autoridad. Además, parecía alguien que quería abrir la cancha en la derecha chilena.

Fue una buena etapa, en la que hubo de todo: estudio, fiestas, pololeo —en segundo año nos conocimos con Paulina— trabajos sociales, viajes, trasnochadas y muchas tocatas con mi grupo de música latinoamericana, Huellantú, nombre que evocaba una fusión de conceptos enraizados en el mapudungun y el español ("A la huella del sol"), y en donde predominaban instrumentos folclóricos como el charango, la quena, la zampoña, el tiple y el cuatro venezolano. A tanto llegó mi pasión por la música que hacia el final de la carrera me matriculé en la Escuela de Música Moderna para seguir cursos de formación en guitarra clásica, lo que realicé durante tres años con más entusiasmo que talento.

Lo pasé, obvio, extraordinariamente bien, aunque al costo de convertirme en un alumno del montón. Nunca repetí un ramo, pero me volví un experto en obtener nota cuatro. Sobreviví con no poco esfuerzo ramos coladores como Cálculo I y II, Mecánica Lineal, Electromagnetismo y Ecuaciones Diferenciales. Sin embargo, a mediados de la carrera me di cuenta de que por ese camino no iba a llegar a ninguna parte y que, si quería sacarle provecho en serio a mi veta más social, debía hacer un esfuerzo mayor especialmente en los ramos de especialidad, momento en que opté por Inge-niería Civil Industrial en medioambiente, nueva mención de la malla curricular que llamó profundamente mi atención. Ya para entonces le daba vueltas a la idea de agregar, cuando egresara, un magíster a mi título profesional, cosa que difícilmente iba a poder conseguir con el promedio que tenía hasta entonces. Para ser aceptado había que tener como mínimo un promedio general de cinco. A partir de ese momento volví a ser el buen alumno que siempre había sido. Volví a esforzarme, a tomar los estudios en serio. Gradualmente fui mejorando mis calificaciones y cuando terminé la carrera, me quedé en la Católica cursando un magíster en Ciencias de la Ingeniería, nuevamente con mención en medio ambiente.

Al terminar el magíster seguí trabajando en la universidad como ingeniero de proyectos en el Centro de Medio Ambiente del Departamento de Ingeniería Industrial, que estaba a cargo del profesor que había guiado mi tesis: Luis Cifuentes. A sus cuarenta y tantos años, era —y sigue siendo— un tipo brillante, con una inteligencia filosa a la hora de resolver problemas, que funcionaba a todo motor, aunque emocionalmente podía ser muy duro. Fue un profesor desafiante que me mostró lo que significa el rigor intelectual. Además, fue generoso: me dio la oportunidad de liderar el equipo del Centro de Medio Ambiente, donde yo terminaría por definir mi vocación por las políticas públicas. Con el tiempo se convirtió en mi amigo y no solo me influyó en el plano académico, sino también en el de las ideas. Probablemente con el tiempo se ha ido derechizando, pero por aquel entonces yo lo asociaba más a la centroizquierda, al ala más liberal de la Concertación, interesado en figuras como Andrés Velasco o Claudio Orrego. Para alguien como yo, nutrido en una matriz conservadora, su mirada me obligó a replantearme varios preceptos que daba por descontados.

Decidido a probar suerte en el servicio público, quise postular a Servicio País, programa impulsado por la Fundación Nacional para la Superación de la Pobreza que permitía radicarse durante un año en regiones a cargo de iniciativas de corte más social. La única oferta que encontré para un perfil como el mío, recién egresado de ingeniería, fue un puesto para manejar un relleno sanitario en Coyhaique, lo que me pareció carente de toda épica. Incluso matapasiones. Seguí buscando hasta que un día en el patio de la Escuela vi un pequeño cartel del programa Jóvenes al Servicio de Chile, de la Fundación Jaime Guzmán, que se encargaba de enviar profesionales jóvenes sin mucha experiencia a municipios pequeños a lo largo del país. Un conocido mío había estado en Salamanca, por lo tanto, algo sabía de qué se trataba. Pese a mi desconfianza con el gremialismo, el que por razones familiares tampoco me resultaba tan ajeno, mandé mi currículum y fui aceptado. Entremedio, nos casamos con Paulina. Así, recién casado, llegué al lugar que me cambió la vida: Futrono.

Para alguien interesado en las políticas públicas, llegar a esta localidad idílica a orillas del lago Ranco, a hora y media de Valdivia, era un sueño. Todo estaba por hacerse: caminos rurales, tendidos eléctricos, agua potable, alcantarillados, escuelas, plazas y viviendas. Allí me hice cargo de la Secretaría de Planificación del municipio. Como el equipo era chico y no había recursos para contratar asesores, me tocó hacer literalmente de todo. Armaba los proyectos, los mandaba al consejo regional, los defendía, hablaba con los intendentes y los consejeros para conseguir los fondos y, una vez aprobados, realizaba la inspección técnica durante las ejecuciones. Si bien mi trabajo era eminentemente técnico, también comencé a hacerme cargo de algunas funciones más políticas, pues el alcalde Jorge Tatter, de la UDI, un tipo campechano del sur profundo con una ética del servicio público inquebrantable e incomparable, me alentó al ver que yo tenía dedos para el piano y que además me gustaba. Para él, tener dedos para el piano era ser capaz de hilvanar buenos discursos en público o poder redactar un párrafo en el computador sin quebrarse la cabeza. Fue como un segundo padre para mí: me aguachó y me acompañó en un momento que coincidió con la separación de mis padres luego de treinta años de matrimonio. Fue un golpe muy duro para la familia, especialmente para mi madre, a quien no pude acompañar todo lo que hubiese querido producto de la insalvable distancia. Más allá de eso, fue un tiempo dichoso. Me enamoré del lugar, de su gente y de mi propia familia. Allá Paulina y yo tuvimos a Rosario, nuestra primera hija. Habíamos llegado casi por casualidad a vivir por un año y terminamos quedándonos casi tres.

Curiosamente, en Futrono me tocó conocer en persona a Sebastián Piñera. Él había comprado unas tierras en bahía Coique y en mis funciones municipales tuve que representar los intereses de los futroninos para que la entrada pública a la playa del lago estuviera en regla. De casualidad, su representante resultó ser un conocido mío de la universidad, lo que permitió concordar una buena fórmula de solución. Un día, que estábamos en eso en un café de la zona, llegó Piñera, quien se sentó en nuestra mesa. Yo andaba en busca de apoyos, pues soñábamos con convertir Futrono en un polo de turismo invernal al estilo de San Martín de los Andes. El gran anhelo era abrir un paso internacional hacia Argentina por la misma ruta que usó Pablo Neruda huyendo de la Ley Maldita de Gabriel González Videla, y confié en mis dotes persuasivas para intentar comprometerlo. Piñera, quien en un comienzo estaba leyendo el diario, luego de un rato me preguntó: "Bueno, ¿qué se cuenta en Futrono, don Gonzalo?", apuntándome con una amplia sonrisa. Era la oportunidad que esperaba. No llevaba ni medio minuto vendiéndole mi idea cuando Piñera volvió a su lectura del diario y me despachó con un "Muchas gracias, don Gonzalo". Años después, al contarle esta anécdota, le advertí que yo estaba seguro de que él no se acordaba de aquel momento, de modo que no intentara hacerme creer que sí. "Por supuesto que me acuerdo, don Gonzalo", me respondió con otra amplia sonrisa. Obviamente sigo creyendo que no se acordaba.

En Futrono me di cuenta de que había cambiado definitivamente de domicilio político porque en la elección presidencial del 2005, cuando fue Piñera quien derrotó a Lavín para convertirse en el candidato de la centroderecha que pelearía el balotaje con Michelle Bachelet, voté feliz por su candidatura durante la segunda vuelta. Me gustaba su veta ambientalista del Parque Tantauco, su mayor cercanía con el mundo de la cultura y su posición menos ambigua en derechos humanos; todos, temas alejados de las posición más tradicionales del sector. A ese tipo de derecha no le veía futuro para conquistar la presidencia a través de los votos ni vocación de mayoría suficiente para gobernar. Aquella derecha no me interpelaba ni me seducía.

Futrono me enseñó muchas cosas que después serían gravitantes para entender las dificultades que me presentaría la política. Negociar con un consejo municipal o regional, por ejemplo, no es tan distinto, guardando las proporciones, a intentar llegar a acuerdos en el Parlamento. Al fin y al cabo, las motivaciones humanas son casi siempre las mismas, lo único que cambia son los marcos o los escenarios. Por otra parte, la experiencia allí me mostró en carne viva que la carencia de recursos y las limitaciones impuestas por la falta de oportunidades o redes de apoyo, impactan las libertades de las personas de modos tan profundos que es imposible imaginarlo tanto desde la academia como desde las torres de marfil del poder central. Hay que estar allí. Pude ver el cambio significativo que producen la buena gestión estatal y la dedicación seria y rigurosa en el servicio público. Al llegar, estuve en localidades donde las familias no tenían caminos de acceso, redes sanitarias ni luz eléctrica. Cuando me fui la comuna seguía siendo la misma, pero en cierto sentido también era otra. Muchos vecinos podían prender el interruptor de la luz en sus hogares, contar con alcantarillado y educar a sus hijos en una escuela con instalaciones más dignas y seguras. Pocas veces uno tiene la oportunidad de observar cómo las ideas se materializan en obras que mejoran la calidad de vida de las personas.

El día que me fui de Futrono fue uno de los más tristes de mi vida. Durante el otoño de 2007 fui aceptado para cursar un posgrado en el Reino Unido cuyo inicio de clases tenía fecha perentoria, por lo que no me quedó más opción que partir, solo y anticipadamente, rumbo a mi nueva destinación, Birmingham, ya que Rosario, recién nacida, no tenía edad suficiente para subirse a un avión con vuelo transatlántico. Ella y Paulina se sumarían recién algunas semanas después, cuando los doctores les dieron el visto bueno para embarcarse.

Decidido otra vez a perfeccionar mis herramientas profesionales, inicié un máster en Economía en la Universidad de Birmingham, tradicional casa de estudios localizada en la región de los *Midlands*, el corazón más profundo de Inglaterra. La aventura cumplía con varios pendientes. Primero, nunca había estado en Europa. Fuera de Chile solo había viajado a Cuba, mochileando con Paulina, y también a Perú, Bolivia y Ecuador. Quería vivir en el extranjero, conocer el mundo. Segundo: consideraba que, desde el punto de vista de lo que me interesaba, la economía era quizás la ciencia más dúctil para las políticas públicas y yo podía observar que tenía lagunas en ese frente. Tercero: opté por Inglaterra y no Estados Unidos, porque la formación que había recibido en la Universidad Católica era fundamentalmente influenciada por la tradición académica norteamericana. Por decirlo así, sentía que ya tenía lo suficiente de Friedman y que ahora quería conocer un poco más de Amartya Sen. Todos los propósitos fueron cumplidos. En Birmingham encontré profesores que seguían una línea más desarrollista, influenciados por la *Tercera Vía* británica, que por esos días —pasada la resaca de Tony Blair— vivía sus últimos estertores bajo el mando del primer ministro Gordon Brown.

Pude llevar a cabo mis planes con una Beca Presidente de la República y un crédito de la Corfo. Pero, antes de endeudarme, como la beca solo cubría la mitad de los gastos, logré contactar a Cristián Larroulet, que por entonces dirigía Libertad y

Desarrollo, para ofrecerle un trato: que el *think tank* me ayudara económicamente a cubrir mis estudios a cambio de que a mi retorno yo devolviera la inversión trabajando algunos años ahí. No resultó. Pero quedamos contactados. En 2008 yo estaba terminando el máster y decidiendo si me iba a lanzar a estudiar un doctorado para seguir una veta académica, cuando recibí el llamado de Cristián para que me fuera a trabajar con él. Así entré a trabajar a Libertad y Desarrollo. Ellos estaban a *full* con la campaña presidencial de Piñera y como Larroulet no se lleva bien con los computadores, me pidió que lo ayudara a transcribir el programa de gobierno. Ahí pude aportar, al margen de familiaridad con el teclado, algunas ideas propias y Cristián vio, además, que me manejaba en temas medioambientales, por lo que me llevó a algunas reuniones programáticas con el candidato en Apoquindo 3000. Fue así como tuve la oportunidad de redactar, primero, algunas propuestas concretas como el programa "Un chileno, un árbol", un plan de reforestación masiva para el territorio nacional, y luego derechamente todo el capítulo medioambiental, en el que destacaban ideas novedosas para esa época, como una Ley de Reciclaje y un compromiso país de disminución de la "Huella de Carbono". Obviamente, Piñera nunca recordó que yo era el funcionario de la municipalidad de Futrono con el que había conversado un día en aquel café sureño.

Cuando Piñera ganó la elección presidencial en enero de 2010, comenzaron los verdaderos desafíos. La derecha llegaba al gobierno con el voto popular por primera vez en décadas. Era el momento de comenzar a escribir nuestra propia historia. María Ignacia Benítez, la ministra *in pectore* de Medio Ambiente, me ofreció irme con ella para ser su jefe de gabinete. Eran mis temas, mis dominios. Sin embargo, otra oferta me puso en una encrucijada: Cristián Larroulet me dijo que quería que yo fuese su jefe de gabinete en la Segpres. Varias razones me llevaron a elegir finalmente esta opción: me llevaba bien con Cristián, quien además armó un equipo grato y diverso, donde destacaba gente como Sebastián Soto, abogado, y Claudio Seebach, ingeniero, y donde intuí que mi aporte podía ser más significativo. Muchos de los cuadros venían de la academia y del mundo empresarial, y había mucha teoría dando vuelta, y entonces me di cuenta de que, con mi historia y mi experiencia, yo podía aportar algo diferente y definitivamente más escaso: la práctica. Es decir, todo lo que Futrono me había enseñado.

Por los trajines y polvorines que genera la política, no pasó demasiado tiempo hasta que Cristián Larroulet me movió de su gabinete a liderar el equipo de la División de Estudios de la Segpres, donde redactábamos informes y minutas técnicas que poníamos a disposición de las principales autoridades del Gobierno, partiendo por el Presidente de la República. Ahí fue cuando comencé a recibir los llamados de Piñera, que ante tal o cual dato, me pedía que le explicara mejor lo que habíamos diseñado con un café en su oficina. Eran acalorados debates que me recordaban los desafíos que me imponía Lucho Cifuentes en la Escuela de Ingeniería, en los que Piñera me rebatía los números y yo le rebatía de vuelta sin ningún tipo de timidez o cohibición. Por el contrario, como a veces yo tenía la razón (aunque por lo general le costaba reconocerlo), me terminé ganando su respeto. Tiempo después, me ficharon como representante de la Segpres en un equipo en el que participaba gente de Presidencia y la Segegob, para tratar directamente con el mandatario temas estratégicos y legislativos en reuniones que se realizaban una vez por semana, generalmente los jueves por la tarde. Y cuando María Luisa Brahm dejó su cargo como jefa del Segundo Piso, en marzo del 2013, Piñera me pidió que aceptara reemplazarla.

Me sentía cómodo en el primer gobierno de Sebastián Piñera. Me gustaba ser parte de una centroderecha que supo renovarse, dejar atrás su vocación de trinchera y aspirar a convocar a las mayorías, y que, pagando un alto costo interno, se despercudió de los complejos y estigmas causados por haber apoyado a Augusto Pinochet. Vi en Piñera a un líder, especialmente cuando en agosto de 2013 reconoció que muchos en el sector habían sido *cómplices pasivos* de la dictadura, lo que para mí fue un hecho político decisivo, quizás algo torpe en las formas, pero corajudo en los propósitos. A mi juicio, fue fundamental para terminar de separar aguas con el pinochetismo, algo ineludible para la centroderecha en la que yo creía y en la cual yo tenía puestas muchas esperanzas. Aunque nunca el sector lo reconocerá así, creo que ese momento fue muy importante. Me sentía parte de ese proyecto político que reconfiguró el presidente Piñera. Yo lo había pensado, lo había imaginado y de algún modo era lo que estábamos viviendo. Por lo mismo, en esos días me sumé a un nuevo movimiento político surgido como un apéndice del propio Gobierno, Evópoli, porque creía en una derecha más fresca, liberal, que le diera cabida a una nueva generación de líderes. Y por eso, cuando al final de su mandato me propuso que me fuera con él a Avanza Chile, no dudé en aceptarlo.

Por eso, también, las dudas de Piñera en Paracas me golpearon tan fuerte. Veía que él estaba en un conflicto interno donde la cabeza le indicaba que la suma entre los costos y los beneficios de ser candidato le jugarían en contra. Mi esperanza era que predominara el animal político, el espíritu competitivo que siempre quería llegar hasta el final. Era este Piñera el que podía salvar los muebles, lograr una segunda victoria histórica para la derecha, impedir la continuidad de la Nueva Mayoría y no echar por la borda todo lo que se había construido en esos años.

Vuelta a la trinchera

Una semana después del regreso de Paracas, todo continuó como estaba previsto que continuara. De la conversación en la piscina del hotel nunca más se habló. El episodio quedó aislado en una nube de incertezas. Con Paulina optamos por preparar el paracaídas en caso de que el avión se viniera abajo y, por sanidad mental, yo cerré el tema. Decidí que las cosas tenían que seguir su propio curso, el tiempo diría. Como si aquella conversación nunca hubiera existido. Lo mejor era dar vuelta la hoja y ponernos a trabajar.

Lo que nos estaba esperando en Santiago era lo que llamábamos eufemísticamente la Agenda de Futuro. Esta operación consistía en la puesta en marcha de grupos programáticos que supervisamos en conjunto con Susana Jiménez, economista de Libertad y Desarrollo. El objetivo era configurar un diagnóstico general de cada sector o área de las políticas públicas, así como propuestas específicas para abordar los principales desafíos y carencias detectadas por los equipos. El primer grupo que configuramos fue el económico, con la participación de nuestras voces más autorizadas: Rosanna Costa, Klaus Schmidt-Hebbel, José Ramón Valente, Rodrigo Vergara y Felipe Larraín, entre otras. Cada grupo tenía un coordinador general, que hacía de cara visible del grupo, y un secretario ejecutivo, que por lo general se llevaba el grueso de la pega, registrando las actas y persiguiendo los informes dentro de los plazos establecidos, tarea que recayó fundamentalmente en Carlos Ríos, Isabel Plá y Juan Francisco Galli.

El trabajo se intensificó. Al poco tiempo ya contábamos con equipos de seguridad ciudadana, educación, políticas sociales y pensiones. Posteriormente fuimos ampliándolos según la necesidad, lo que nos demandó una altísima capacidad de multiplicarnos en innumerables reuniones que se realizaban a diario en las oficinas de Apoquindo 3000. Hubo grupos tremendamente comprometidos, como los de medioambiente, ciudad, transportes e infraestructura, cuya frecuencia de reuniones era tan agotadora como estimulante. Por lejos, el equipo más motivado terminó siendo el de bienestar animal, una completa innovación programática integrada en su mayoría por personas vinculadas a diversas ONG surgidas al alero de la Ley de Tenencia Responsable de Mascotas, o animales de compañía, como más de una vez me corrigieron los propios integrantes del grupo, cuya principal causa de lucha era la incorporación de los animales como seres sintientes en el Código Civil.

Pero la tarea que nos tomó más tiempo y cabeza fue la de intentar dar con un relato unificador para el eventual programa. Allí contamos con la colaboración de Lucía Santa Cruz, Roberto Ampuero y Mauricio Rojas. El punto había sido fuente de extensos debates y reflexiones en Avanza Chile durante los últimos años. Había consenso en que el periodo de Piñera había sido eficaz en la gestión, pero débil en el relato. El segundo gobierno de Bachelet venía resultando justamente lo contrario. Necesitábamos alcanzar una adecuada síntesis entre ambas dimensiones. No contar con una épica legitimadora podía ser derechamente riesgoso. Chile se había vuelto en los últimos años un país indócil, complejo y renuente a ser conducido. Sin un relato inspirador y convocante, la anomia política y social que parecía estar dominando la convivencia diaria podía terminar colocándonos en serios aprietos.

¿Cómo interpretar al Chile de entonces? ¿Y qué cauce teníamos que darle? Esas eran nuestras preguntas recurrentes a la hora de buscar un relato. Luego de veinte años de *pax concertacionista*, Chile parecía transitar sin aduanas entre gobiernos de derechas e izquierdas, como queriendo buscar o huir de algo sin propósito claro o definido. Una sociedad aparentemente desorientada, dominada por amplios sectores de estratos medios, sin mucha historia ni tradición común, aunque con grandes expectativas de progreso material, que no dudaban en rechazar lo que antes habían abrazado. Fue esa clase media la que llevó a Bachelet a La Moneda el 2006, la que después no dudó en darle el bastón de mando a Piñera el 2010 y la que, luego, se lo devolvió a la misma Bachelet el 2014. La pregunta ahora era si esa clase media estaba dispuesta entregarle la responsabilidad a Piñera el 2018.

El relato lo empezamos a poner a prueba en la Enade de noviembre de 2017, realizada en el centro de convenciones Casa Piedra. Premunido de un PowerPoint sugerentemente titulado "Despierta Chile", Piñera hizo un repaso de los avances políticos, económicos y sociales de los últimos treinta años, cuya principal característica —apuntó apoyado por una elocuente gráfica— fue el surgimiento de la clase media como sector dominante de la sociedad, periodo en el que pasó del 24% al 60% de la población, según los estudios del Banco Mundial.

Se trataba —afirmó Piñera— de una clase media orgullosa de su trayectoria vital, más independiente y autónoma que la vieja clase media chilena, que había sido hija del liceo y del aparato público. Esta otra era muy consciente de sus avances y con amplias expectativas de seguir progresando, que exigía un trato justo y rechazaba los abusos, con temores fundados a las fatalidades de la vida moderna que podían devolverla a la pobreza y la vulnerabilidad. Una clase media —agregó— que en el último tiempo había sido severamente maltratada por una izquierda que estigmatizaba su opción por los colegios particulares subvencionados y el consumo, como símbolos de arribismo y alienación. "Tenemos que caminar juntos en los episodios adversos de la vida", advirtió Piñera ante la atenta mirada de la concurrencia. Fue el primer esbozo de lo que sería el corazón de nuestro programa de gobierno: asegurarle a la clase media la educación de sus hijos, el acceso al trabajo, la protección contra las enfermedades y los problemas asociados a la vejez, y la seguridad en el hogar y los espacios públicos. Con el tiempo, a este esquema lo terminaríamos llamando Clase Media Protegida.

Junto al diagnóstico anterior, Piñera apuntaló algunas metas y prioridades específicas. Habría que reorientar las reformas de Bachelet, recuperar la economía y la inversión, fortalecer la democracia y las instituciones, lograr mayor colaboración público-privada, recomponer la confianza y la amistad cívica, y avanzar fuerte en ciencia y tecnología. Fue una presentación sólida que concluyó con un largo aplauso. Lamentablemente las notas de prensa posteriores se enfocaron casi por completo en las críticas contra el Gobierno, algo que siempre era motivo de discusiones *ex post*. Nosotros queríamos a Piñera en modo estadista, pero él, en términos boxeriles, era un fajador que gustaba de la refriega y el intercambio duro.

No descarto que hayamos sobredimensionado el tema del relato. Hubo momentos en que casi se convirtió en una obsesión. ¿Por qué a nosotros no nos resultaba lo que a Bachelet parecía salirle tan sencillo? Visto en retrospectiva, quizás colocábamos la carreta delante de los bueyes. He llegado a pensar que de aquello que llamábamos "relato" rara vez se parte. A los relatos en política más bien se llega. Y se llega después de mucho, una vez que eres capaz de dar un testimonio consistente de conducta y de hacer la diferencia en el Gobierno con quienes te antecedieron. Pienso que en nuestro apuro por encontrar la piedra filosofal a veces se nos escapaba esta secuencia.

En busca de orientaciones y respuestas, en todo caso, tocamos varias puertas. Lo que se imponía —nos dijimos— es ir formándonos un diagnóstico acabado sobre la realidad política del país. ¿Cómo? A través de seminarios, discusiones y sobre todo muchas lecturas. Por nuestros escritorios pasaron autores clásicos como Locke, Berlin, Hayek, Popper y Rawls, generalmente a partir de recomendaciones generosas de algunos buenos amigos como Claudio Oliva, académico de la Facultad de Derecho de la Universidad de Valparaíso, y de Lucía Santa Cruz. Leí metódicamente el mamotreto de filosofía política de Leo Strauss y Joseph Cropsey, que son los que leen los estudiantes de doctorado. A tanto llegó el interés por mejorar nuestro arsenal intelectual que estuvimos varios meses siguiendo a través de YouTube el curso de filosofía política de Michael Sandel, de la Universidad de Harvard, para lo cual nos reservamos todos los martes a la hora de almuerzo. En el plano local, nos pasamos tardes completas debatiendo y rebatiendo textos de autores como Pablo Ortúzar, Daniel Mansuy, Carlos Peña y Fernando Atria, intentando escrutar pistas y señales de lo que parecía estar sucediendo en Chile.

En lo personal, aquella preparación fue una especie de educación sentimental desde el punto de vista ideológico. No se trataba solo de entrenarme para ser un político preparado en caso de que fuera llamado a asumir funciones, sino de descubrir y definir quién era yo en el plano de las ideas. Era alguien de centroderecha, eso lo tenía claro. Pero ¿lo era porque comulgaba con ciertos principios básicos o porque los había heredado? ¿Cuáles eran mis convicciones más íntimas? Si antes me sentía más cercano al liberalismo clásico, que antepone los derechos naturales a cualquier otra consideración, aquellas lecturas y discusiones, más mi experiencia práctica en Futrono, hicieron que comenzara a sentirme muy seducido por las ideas de un liberalismo más social. En el fondo, fue la época donde terminé de aquilatar que el deber del Estado y sus instituciones no es solo resguardar los derechos fundamentales de los individuos, como la seguridad personal, el derecho de propiedad o las libertades económicas, tarea primera y esencial sin lugar a dudas. También hay una función niveladora de las oportunidades que resulta insustituible e imprescindible para el progreso y la cohesión social. La inexistencia de pisos o umbrales mínimos de subsistencia puede terminar siendo completamente lesivo para la dignidad humana. Y las desigualdades excesivas y las discriminaciones arbitrarias, basadas por ejemplo en la raza o el origen social, no solo son inmorales, sino que también terminan resultando contraproducentes para la propia sociedad, sobre todo por la pérdida de talentos y la frustración de los proyectos vitales de aquellos más desfavorecidos. El orden social, finalmente, se vuelve imposible cuando la distribución de los frutos del progreso se percibe como algo eminentemente injusto.

Intentamos generar masa crítica en torno a esas ideas organizando encuentros y seminarios de la mano de los centros de estudios y partidos de Chile Vamos. El foco era la búsqueda de un relato político que pudiese cohesionar a la centroderecha. Recuerdo uno de enero de 2015, realizado en conjunto con Res Publica, la Fundación Jaime Guzmán, Libertad y Desarrollo, el Instituto Libertad, Horizontal y la Fundación para el Progreso, cuyo nombre, "Nuestro Sentido de Justicia", daba claras orientaciones de su propósito. Participaron figuras tan disímiles como Axel Kaiser, Hugo Herrera, Lucía Santa Cruz, Ignacio Briones y Pablo Ortúzar. El cierre del encuentro lo realizaron conjuntamente los presidentes de los cuatro partidos de centroderecha:

Cristián Monckeberg (RN), Ernesto Silva (UDI), Francisca Correa (Evópoli) y Humberto de la Maza (PRI). Era una muestra del incipiente ánimo de la coalición, con más diversidad y densidad ideológica.

Obviamente el proceso fue lento y no siempre compartido. La interpretación dominante en la élite de la centroderecha resultó ser que la crisis de confianza del país tenía sus raíces en el debilitamiento de la economía, y que la situación se había agudizado con la llegada de la Nueva Mayoría al Gobierno. Para cierta dirigencia, la crispación social se debía sobre todo al debilitamiento de las oportunidades para la clase media, de la mano de la incapacidad del Estado para resolver algunos temas puntuales, como la seguridad ciudadana o la provisión de salud. Quien lo afirmó más abiertamente fue el director ejecutivo de Libertad y Desarrollo, Luis Larraín. A juicio suyo, el énfasis no debía ser la desigualdad sino el crecimiento económico[25]. Y si bien la desaceleración era un fenómeno real, que se había acentuado en los últimos años, como tesis central me parecía débil e incompleta.

Una tesis que yo suscribía la había escuchado tiempo atrás de boca de Harald Beyer, director ejecutivo del CEP y exministro de Educación de Piñera: "El problema en Chile es la clase media, que se siente frágil frente a las coyunturas de la vida". El problema, sostenía, era el diseño de nuestras políticas sociales, hiperfocalizadas en la población más vulnerable, especialmente en aquellos segmentos considerados de pobreza extrema. "No existe una única clase media", señalaba. Y apuntaba que en nuestro país teníamos amplios sectores medios que, pese a haber superado la pobreza, seguían muy expuestos a las fragilidades de la vejez, la enfermedad, el desempleo, el endeudamiento excesivo o la pérdida del empleo. Eran los jinetes del apocalipsis que podían devolverlos a la precariedad.

La explicación tenía mucho sentido, aunque todavía me parecía algo incompleta. En Chile había surgido una clase media amplia y diversa al alero del modelo económico imperante, que había progresado casi siempre en base a su propio empuje, en un contexto de crecimiento y amplia movilidad social. Ese mayor bienestar, fruto de una fuerte expansión del consumo y el crédito, había modificado la frontera de posibilidades vitales de los grupos medios, especialmente en el caso de las generaciones más jóvenes, que habían adquirido perspectivas muy diferentes a la de sus padres y abuelos. Esto había ocurrido en gran medida debido al mayor acceso a la educación superior, cuya matrícula había aumentado seis veces desde el retorno a la democracia. Las cohortes nacidas entre fines de los 80 e inicios de los 90 se habían vuelto más liberales, más independientes y más fragmentadas. No adherían de buenas a primeras, como las generaciones anteriores, a las instituciones y valores más decimonónicos de nuestro ordenamiento político y social. En consecuencia, el problema no parecía ser únicamente un fenómeno de raíz económica o material. Los cambios de las últimas décadas sin duda tenían que haber repercutido en términos culturales

---

25   Entrevista publicada en La Segunda, 25 de agosto 2015.

y valóricos. En el fondo, el problema parecía ser ante todo una cuestión de experiencias y sentido que probablemente no alcanzábamos a captar en su verdadera profundidad.

Por ello, si como sector queríamos construir una respuesta solvente frente dichos fenómenos, especialmente si pretendíamos regresar al gobierno, debíamos abocarnos a atender seriamente esa dimensión. Era quizás el asunto más importante de todos.

Fue de ahí, por supuesto, de donde surgió la prioridad que el programa de gobierno de Sebastián Piñera terminó concediendo a los temas de la clase media. Mi convicción era que necesitábamos elaborar una estrategia para recuperar la confianza ciudadana en el país y reencontrarnos en el progreso, dos cosas que se nos habían extraviado en los últimos años. Pero no buscábamos cualquier progreso. Nuestro norte sería avanzar en desarrollo humano, una medida más amplia e integral que el puro crecimiento económico, dotando a la clase media de seguridades y oportunidades en aquellos ámbitos más relevantes de la vida cotidiana. El programa debía hacerse cargo de sus temores y anhelos concretos, sobre la base de un conjunto de políticas públicas que denominamos Clase Media Protegida, orientadas a brindar un colchón de seguridad frente a la adversidad (vejez, enfermedad, desempleo), junto con un trampolín de oportunidades para favorecer la movilidad social (educación, trabajo, vivienda). El objetivo declarado era mostrar una centroderecha renovada que, manteniendo sus objetivos tradicionales de orden y crecimiento, incorporaba ahora un fuerte componente social.

El despliegue programático tendría además un horizonte claro: convertir a Chile en uno de los treinta países en el mundo con mayor desarrollo humano al año 2030, meta que estimábamos difícil pero realizable[26]. Lograrla nos permitiría alcanzar los niveles de vida de países como Estonia, Grecia, Portugal e Italia.

También intentaríamos imponer un tono distinto desde el punto de vista político. Era clave terminar con el pesimismo reinante, con esa idea oscura del Chile que emergió con el retorno al sistema democrático, que se basaba en un diagnóstico autoflagelante que asumía nuestra historia reciente como una suerte de trampa o engaño, donde campeaban los abusos e injusticias de toda índole, flagelos que únicamente podían ser corregidos mediante cambios refundacionales. Desde luego existían problemas e inequidades graves que corregir; por eso queríamos ser gobierno y para eso preparamos un programa. Pero en nuestro mandato desterraríamos las retroexcavadoras y retomaríamos la búsqueda de acuerdos y consensos amplios. Queríamos terminar con los maximalismos sin renunciar a nuestras convicciones, proponiendo un reformismo gradual pero sistemático.

---

26   De acuerdo al Programa para el Desarrollo de Naciones Unidas, en 2017 Chile ostentaba el lugar 43 a nivel global, según el Índice de Desarrollo Humano, merced a una puntuación de 0,847.

Mi convicción más profunda era que las democracias sólidas se fundan en la persuasión antes que en la imposición, reconociendo la legitimidad de las distintas nociones en juego, concepto que tomé prestado de Edgardo Boeninger, quien para muchos fue el principal arquitecto de la transición[27]. Era una forma de reconocer que la democracia liberal puede ser farragosa y poco estimulante, un arreglo que no conduce a un estado ideal de las cosas, pero que constituye la única forma realista para mejorar el mundo respetando las libertades y derechos fundamentales de las personas. Muchas de estas ideas estuvieron influenciadas por la lectura de *La sociedad abierta y sus enemigos*, del filósofo británico Karl Popper, un libro extraordinario que alcancé a terminar justo antes del inicio de la campaña y que marcó profundamente mi comprensión de la democracia. Nuestro programa debía alejarse de todo idealismo quimérico, huir de las promesas utópicas y, en cambio, apuntar a corregir progresivamente los problemas más acuciantes para la población. Podía sonar poco épico, demasiado "en la medida de lo posible", pero a mi entender era el camino correcto para robustecer nuestra democracia.

Las batallas de la campaña

Ni luego de la llegada de Paracas ni tampoco después, cuando el trabajo de todos los equipos apuntaba en una sola dirección, Piñera nos comunicó de manera formal la noticia de que sería candidato. Pero a comienzos del año 2017 todos sabíamos que era cosa de días, si es que no de horas, para que aquello ocurriera. Cualquier oportunidad para haberse bajado del barco a esas alturas ya había pasado.

El camino de regreso a La Moneda partió formalmente el martes 21 de marzo de 2017. El acto tuvo lugar al atardecer, en la Quinta Normal, con el Museo de Historia Natural magníficamente iluminado como telón de fondo, y contó con la participación de Chile Vamos casi en pleno. Los únicos ausentes fueron los militantes de Evópoli, que a esas alturas tenía un candidato propio, el exministro de Desarrollo Social Felipe Kast, y, por supuesto, el senador por Santiago Oriente Manuel José Ossandón, por lejos el más enconado adversario político de Piñera, incluyendo oficialismo y oposición, quien también aspiraba a competir en la primaria del sector.

El aforo programado para alrededor de mil personas se hizo estrecho. Con senadores, diputados, alcaldes, concejales, consejeros regionales y todo tipo de dirigencia, real o ficticia, además de los militantes y curiosos que se sumaron, el acto fue una señal clara de que, a diferencia de su primer mandato, en el segundo gobierno de Piñera los partidos tendrían ahora un rol relevante.

La organización estuvo impecable y fue una jornada muy al estilo de las convenciones políticas estadounidenses. El mérito correspondió a Magdalena Díaz, jefa de gabinete de Piñera, y Andrés Chadwick Costa, quien se había hecho cargo semanas antes del equipo creativo del comando. Si bien se barajaron otras opciones de loca-

---

27   A mayor abundamiento, vale la pena revisar el libro Nos fuimos quedando en silencio, de Daniel Mansuy.

ción, como los cerros San Cristóbal y Santa Lucía, el lugar escogido fue un acierto, ya que, junto con detalles como el uso de drones, el horario nocturno y la ubicación de la tarima al centro de los asistentes, logró quebrar distancias sin menoscabar la dignidad republicana del acto. Tampoco tuvimos muchos recursos y por eso tuvimos que multiplicarnos en las tareas más inverosímiles: Galli y yo estábamos a cargo de los accesos de calle Matucana, Carlos Ríos cuidaba los accesos de Avenida Portales, Isabel Plá quedó como jefa de piso del escenario principal, mientras que el periodista Juan José Bruna hacía solitarios malabares para contener a la prensa, que llegó masivamente. Contamos con videos de apoyo del escritor Mario Vargas Llosa y la activista venezolana Lilian Tintori, quienes destacaron el liderazgo de Piñera en la defensa de la democracia y los derechos humanos de la región. También aprovechamos de estrenar el *jingle* de la campaña, el eslogan y la gráfica, en medio de un ambiente de euforia y unidad poco común en la centroderecha. Había ambiente y mística. Era el comienzo de una carrera cuya meta estaba clara, pero que no alcanzábamos a divisar.

Los más impresionados por lejos fueron mis invitados estelares, Rosario y Gonzalo, mis hijos de 10 y 9 años, respectivamente. Los dos lograron colarse hasta el escenario principal. Tener un papá dedicado a la política, un oficio tan hermoso como brutal, no suele ser algo común, y ser parte de una campaña presidencial era una oportunidad única que quería vivir con ellos. Llevarlos conmigo a las distintas actividades de la campaña era una buena forma de hacerle trampa a la falta de tiempo libre para dedicarle a ellos, algo que se iría incrementando despiadadamente con el curso de los meses.

"Ante ustedes y todos mis compatriotas anuncio mi decisión de postular nuevamente a la Presidencia de la República", anunció Sebastián Piñera pasadas las nueve de la noche, en medio de aplausos y vítores. Su discurso, de doce páginas, combinaba los primeros esbozos del programa y duras críticas al gobierno de la Nueva Mayoría. Las prioridades definidas para su futuro gobierno fueron cinco: crecimiento y empleo, seguridad ciudadana, infancia y educación, salud y pensiones.

La primera valla que debíamos sortear eran las elecciones primarias de Chile Vamos, programadas para el 2 de julio, según habían acordado previamente los partidos de la coalición. Sin embargo, varios de la vieja guardia de la UDI y RN, al igual que algunos en Avanza Chile, se tentaron con la idea de bajarlas, lo que implicaba eliminar por secretaría a Felipe Kast y Manuel José Ossandón para ir directo a la primera vuelta, donde ya sabíamos que enfrentaríamos, por la derecha, al exdiputado gremialista José Antonio Kast.

¿Para qué ir a una refriega electoral innecesaria —se argumentaba— si todas las encuestas daban a Piñera ganando por lejos?[28]. Además, sería un ejercicio costoso en términos de recursos y duro en lo político. Ossandón había demostrado muchas veces que no tenía demasiados códigos. No había ninguna duda de que iría por la yugular del exmandatario. El caso de Felipe Kast era distinto. Su lote era cercano en lo personal y en lo político, ya que la mayor parte de Evópoli había participado del Gobierno de Sebastián Piñera. Sabíamos que actuarían con total *fair play*, mas no por ello dejarían de jugar sus cartas. En una elección nadie quiere perder. La experiencia me había enseñado que ningún político deja de soñar, aunque sepa de antemano que sus oportunidades son mínimas.

El asunto se zanjó haciendo primar la sensatez. Costó, pero salió. Haber desconocido las primarias habría dejado expuesta la candidatura a muy serios reparos. El hecho podría haber sido interpretado como un triunfo del matonaje y otra expresión más de las viejas prácticas de la derecha fáctica. En vísperas de que expirara en abril el plazo para inscribir la precandidatura, con Juan Francisco Galli y el presidente de RN, Cristián Monckeberg, nos jugamos decididamente por las primarias y preparamos un documento *ad hoc* para convencer al sector de sus ventajas. Nosotros las teníamos muy internalizadas. Y nos parecía un escándalo que muchos las subestimaran, no obstante estar claro que la Nueva Mayoría al otro lado estaba haciendo lo posible por evitarlas. De hecho, el senador independiente de izquierda Alejandro Guillier tuvo que darse una vuelta de carnero olímpica para seguir en carrera luego de asegurar que si no había primarias no sería candidato, mientras que el Frente Amplio comenzaba a desplegarse en torno a las candidaturas de la periodista Beatriz Sánchez y el sociólogo Alberto Mayol. Ello nos abría una cancha gigante para captar a un electorado de centro moderado e indeciso, que había quedado huérfano tras la renuncia electoral de la ex Concertación y la irrupción de una izquierda joven y radical, surgida de la movilización callejera y la crítica implacable a la transición democrática.

Las primarias serían una excelente oportunidad para probar nuestra capacidad de movilización en un contexto de incertidumbre. El voto voluntario, vigente desde 2012, junto con la nueva regulación de financiamiento de campañas, unido al redistritaje a nivel parlamentario y al voto de los chilenos en el extranjero, eran todos cambios inéditos en nuestra regulación electoral, que volvían muy impredecible la elección de noviembre. En consecuencia, resultaba de mínimo sentido común realizar un test previo, ya que nos permitía procesar las nuevas reglas y afinar la maquinaria electoral de cara a la elección definitiva.

Al final nunca supe cuánto influyó nuestro documento en la decisión definitiva. Piñera nunca nos hizo ningún comentario al respecto. Aun así, el 17 de abril salió a despejar las dudas luego de un encuentro con la disidente cubana Rosa María Payá. En ese momento Piñera expresó su decisión de competir por la nominación, así fuera que la Nueva Mayoría no realizara primarias. Lo que quiso decir es que al lado de acá las cosas tenían que hacerse bien, independientemente de las acciones u omisiones de la centroizquierda. Por supuesto, con Galli y Monckeberg quedamos felices y convencidos de que nuestro documento había hecho la diferencia.

La primera decisión relevante de cara a las primarias fue la constitución del comando. El organigrama quedó encabezado por Andrés Chadwick, como jefe de campaña, y un consejo estratégico, un *petit comité* a cargo de las decisiones políticas de mayor relevancia, donde además de Piñera y Chadwick participaban Alberto Espina, Cecilia Pérez, Nicolás Monckeberg, Magdalena Díaz y yo. Ese equipo se reuniría prácticamente a diario durante todo el curso de la contienda electoral.

Respecto de los ejes de la campaña, algunos ya los teníamos predefinidos. Enfatizaríamos que Piñera era el único expresidente en la papeleta, lo cual —pensábamos— sería un activo relevante ante la alta incertidumbre recogida por los estudios encargados por el comando. También reforzaríamos la idea de que nuestro candidato era el más centrista entre todos los aspirantes, en contraste con la creciente izquierdización de Guillier y la irrupción explosiva y radical del Frente Amplio. Además, potenciaríamos el rol de Cecilia Morel, especialmente en los temas sociales, dada su empatía con la calle y los altos índices que marcaba en las encuestas.

Asimismo, se constituyó un consejo político con los principales dirigentes de RN, la UDI y el PRI, en el que no participaría Piñera. Esta decisión me pareció del todo acertada, ya que ese tipo de instancias suele terminar transformándose en un muro de lamentos y recriminaciones, además de ser casi siempre la principal fuente de filtraciones y trascendidos a la prensa. En cuanto al día a día de la campaña, se designó a Juan Francisco Galli como administrador electoral, a Lucas Palacios como coordinador ejecutivo y a Andrea Balladares, expresidenta de las juventudes de RN, como encargada territorial del comando.

Otro asunto prioritario fue la redacción del programa de gobierno, responsabilidad que asumimos, ahora en forma oficial, con Susana Jiménez. Acepté el desafío con orgullo: para los que nos gustan las políticas públicas, la posibilidad de redactar un programa de gobierno que tiene altas opciones de ejecutarse es una suerte de sueño cumplido.

El equipo programático quedó compuesto por 20 comisiones y 54 subcomisiones, instancias en las que terminarían participando más de mil profesionales de diversos ámbitos. Fue una verdadera construcción colectiva: cada comisión debía elaborar un diagnóstico preciso de su área respectiva (idealmente, con cifras y datos duros), establecer metas específicas (no había nada que molestara más a Piñera que las vaguedades) y elaborar un conjunto de propuestas y medidas para el corto y el mediano plazo. En un gobierno de apenas cuatro años, el tiempo siempre apremia y es indispensable contar con resultados rápidos. Los avances los íbamos revisando en extensas y sucesivas sesiones de trabajo que se realizaban durante las tardes, típicamente tres por día, en las que casi siempre terminaba apareciendo y participando activamente el candidato, quien por lo general sabía más del tema que se estaba debatiendo que los propios integrantes de las comisiones, en su mayoría exautoridades y exfuncionarios de su gobierno.

Paulatinamente empezaron a surgir las primeras metas específicas (duplicar la tasa de crecimiento de la economía, crear 600 mil nuevos empleos, reducir en 25 puntos porcentuales la tasa de victimización y aumentar en un 40% las pensiones básicas), así como las primeras propuestas concretas (reformas tributaria y previsional, modernización de las policías, sala cuna universal, reforma al Sename y nueva ley de migraciones). Cada medida debía ser costeada, socializada con parlamentarios y organizaciones de la sociedad civil, traducida en términos legislativos y reglamentarios, y bajada en términos políticos y comunicacionales. Fueron meses de trabajo intenso y minucioso. Pese a la tensión y las exigencias propias de la campaña, nunca faltó el buen ánimo y la camaradería entre los integrantes de los distintos equipos. Esto es algo no tan evidente como podría parecer, si consideramos que varios se veían a sí mismos en un eventual gabinete de ministros o subsecretarios.

El trabajo programático tendría dos momentos. Habría una primera fase para la primaria que se traduciría en un manifiesto programático, que sería presentado al inscribir la candidatura para dicha elección[29]. El documento sintetizaría los ejes de la campaña, los principios inspiradores del programa y las medidas contempladas; el énfasis estaría puesto en dejar atrás la "cultura de la retroexcavadora" propiciada por el senador del PPD Jaime Quintana al inicio del Gobierno de la Nueva Mayoría[30]. Y dejaría claro que el nuestro sería un gobierno de diálogo y acuerdos, sin afanes refundacionales, y que actuaría con sentido de Estado "fortaleciendo lo bueno, perfeccionando lo regular y corrigiendo lo malo". Habría un sello reformista, pero con sentido de responsabilidad y gradualidad. Para ello, las propuestas se agruparon en torno a cuatro grandes ejes: un Chile con mayores libertades y progreso; un Chile justo y solidario; un Chile en paz y unido; y un Chile para vivir bien.

Obviamente las iniciativas más discutidas y comentadas eran aquellas que iban en franca colisión con las reformas introducidas por Bachelet. Nuestras normas tributarias serían procrecimiento y proinversión; nuestra propuesta previsional aumentaría

---

29   El documento fue presentado ante el Servel el 3 de mayo de 2017. Parte de los contenidos del manifiesto programático los habíamos anticipado en dos seminarios realizados por Avanza Chile el 6 y el 13 de enero, encuentros que sugerentemente denominamos "Diálogos de futuro: una sociedad solidaria y de mérito".

30   En una entrevista publicada por El Mercurio en marzo de 2014, el senador Quintana afirmó: "Nosotros no vamos a pasar una aplanadora, vamos a poner aquí una retroexcavadora, porque hay que destruir los cimientos anquilosados del modelo neoliberal de la dictadura".

fuertemente las pensiones básicas y respetaría la propiedad de los ahorros de los trabajadores; y la reforma educacional se enfocaría en la primera infancia y devolvería a los padres la posibilidad de elegir. Serían la antítesis de los cambios impulsados por la Nueva Mayoría. Adicionalmente, el manifiesto enfatizaba especialmente la protección del medio ambiente, el cuidado de las mascotas y animales domésticos, y la mejora de los espacios públicos y sistemas de transporte. Explícitamente buscábamos instalar la idea de que nuestro programa apuntaba, más que al crecimiento económico del país, a mejorar la calidad de vida de las familias chilenas.

El segundo momento del trabajo programático vendría después de las primarias. En esta etapa incorporaríamos a los equipos de los candidatos derrotados[31]; luego, daríamos a conocer las principales medidas del programa con todo el detalle correspondiente[32]. Esta secuencia finalizaría con la presentación oficial del texto definitivo en el mes de octubre. Allí buscaríamos también incorporar rostros que nos dieran mayor amplitud y transversalidad, pues si queríamos proyectar un relato distinto, teníamos que ser capaces de convocar más allá de nuestras fronteras naturales. Lo fuimos concretando paulatinamente con la incorporación de figuras independientes, como la filósofa e investigadora Sylvia Eyzaguirre, del CEP; el excontralor Ramiro Mendoza; el expresidente del Colegio Médico, Enrique Paris; y Antonio Walker, reconocido dirigente gremial del mundo del agro con fuertes raíces familiares en la DC. Tal como lo dije sin ambigüedades a *La Tercera* en septiembre en una de mis primeras entrevistas de campaña, apuntábamos a conquistar el centro político.

El programa de gobierno fue lanzado el 30 de octubre, a eso de las once de la mañana, en la ex Municipalidad de Lo Barnechea, ante alrededor de unos trescientos dirigentes y adherentes de Chile Vamos, bajo un cielo increíblemente azul. El documento, de 194 páginas y cuatro capítulos, contenía 745 propuestas que significaban un esfuerzo fiscal de 14 mil millones de dólares en un horizonte de ocho años[33]. Llevaba como título oficial *Construyamos tiempos mejores* e incluía una introducción de Mauricio Rojas y un prólogo del propio Piñera.

---

31   Después de la primaria de Chile Vamos a los equipos programáticos se incorporaron Ignacio Briones, Lorena Recabarren y Pablo Correa, por parte de Evópoli, y el alcalde de Puente Alto Germán Codina y Cristóbal Ruiz Tagle, por parte de los equipos de campaña de Manuel José Ossandón.

32   Las principales reformas presentadas durante la campaña fueron las siguientes: plan de transportes Tercer Milenio (13 de junio), agenda social y clase media protegida (25 de julio), pensiones (1 de agosto), educación (17 de agosto), salud (29 de agosto), plan económico (12 de septiembre) y plan de seguridad ciudadana (26 de septiembre).

33   El costo desglosado del programa, equivalente a 5,5% del PIB, consistía en los siguientes ítems: envejecimiento positivo y pensiones dignas (US$3 mil millones), agenda de desarrollo económico (US$2.800 millones), infraestructura y conectividad (US$2.000 millones), reformas en salud (US$1.500 millones), reformas en educación (US$1.500 millones), agenda agrícola (US$600 millones), deportes (US$500 millones) y ciencia, innovación y emprendimiento (US$400 millones).

El equipo organizador del lanzamiento tuvo la deferencia de permitirme decir unas palabras frente a la audiencia antes de que el candidato hiciera su intervención. Aquello me emocionó. Era un hito importante de la campaña y se me otorgaba el honor de abrir el acto. A mí, que hacía no mucho estaba a cargo de elaborar el plan de desarrollo comunal de una municipalidad pequeña como Futrono, y que jamás imaginé que un día tendría la responsabilidad de presentar un programa de gobierno que, dadas las circunstancias, tenía muchísimas posibilidades de ser implementado[34].

Trabajar ese programa fue una de las experiencias más gratificantes de mi vida. Me permitió plasmar buena parte de mis ideas en el texto, conocer e intercambiar opiniones con cientos de profesionales y expertos en políticas públicas, y aprender el trabajoso arte de construir consensos entre partes diversas que piensan distinto. Porque poner de acuerdo a los equipos programáticos de la UDI, RN, Evópoli y el PRI sin mayores polémicas ni grandes conflictos fue un hito no menor, considerando la historia de rivalidades y egos al interior de la centroderecha. Cada partido buscaba mostrar su influencia y peso en función de la cantidad de iniciativas emblemáticas que habían logrado incorporar al programa. Balancear esos delicados equilibrios fue una verdadera odisea.

Ejercer como coordinador programático de la campaña de Piñera tuvo consecuencias inesperadas que terminarían alterando el curso de los acontecimientos de mi vida. Casi sin darme cuenta, fui asumiendo un rol más público en el transcurso de la campaña, debido a que debí realizar vocerías y participar en múltiples debates en representación del comando, lo cual era especialmente promovido y alentado por Andrés Chadwick y Cristián Larroulet. Ambos pensaban que mi juventud y estilo algo informal permitirían refrescar las comunicaciones del comando, generalmente copada por vocerías de dirigentes políticos de larga trayectoria parlamentaria. De todo el lote, yo era el único independiente (dado que por prudencia nunca formalicé mi adhesión a Evópoli), el único sub-40 y sin ninguna presencia previa en cargos políticos o gubernamentales de primera línea. Fueron decenas de entrevistas escritas y televisivas que me empezaron a sacar del anonimato casi absoluto en el que había vivido hasta ese momento.

A partir de ahí, poco a poco, fui ganando seguridad y exponiéndome cada vez más a los medios, hasta transformarme en uno de los principales voceros de la campaña. En este, más que en cualquier otro plano, la necesidad manda. Finalmente, le hice a todo: programas de televisión abierta, matinales, entrevistas en los noticiarios de mediodía y centrales, enlaces en directo, paneles radiales, redes sociales y platafor-

---

34 Según la encuesta CEP del mes de julio, el 56% creía que Sebastián Piñera se impondría en las elecciones, seguido de lejos por Alejandro Guillier (7,8%) y Beatriz Sánchez (3,6%). Respecto a la intención de voto de primera vuelta, Piñera también encabezaba con distancia las preferencias (39,8%), seguido nuevamente por Guillier (18,1%) y Sánchez (17,9%). Ante una eventual segunda vuelta, Piñera se imponía cómodamente en todos los escenarios.

mas *online*... Todo servía para dar a conocer nuestras propuestas. Inevitablemente empezaron a aparecer perfiles sobre mi rol en la campaña que causaron emoción en mi familia y amigos y una rara sensación en mi fuero interno, que se debatía entre la adrenalina de la exposición pública y el pudor natural de alguien novato en esas lides.

"El nuevo guardián del piñerismo", fue el título de una nota a página completa publicada en *La Tercera* en abril de 2017, a poco de haber empezado la refriega electoral. En ella se relataba buena parte de mi biografía: el paso por Futrono, mis años como estudiante en la Universidad Católica y en la Universidad de Birmingham, mi afición por la música latinoamericana expresada en mi grupo Huellantú, mi cercanía con Evópoli y, sobre todo, los orígenes de mi relación con Piñera, que con el paso del tiempo se había vuelto estrecha. Habíamos aprendido a conocernos y a jugar casi de memoria. En total, habían sido casi siete años trabajando juntos en los que, para bien y para mal, tal como reseñaba la nota, me había ganado la confianza para "armar el programa, configurar los equipos y llevar adelante la nueva apuesta de Piñera".

Con el curso de los meses también me fui familiarizando con mis contrapartes de los demás comandos, con quienes me topaba casi semanalmente en los debates y foros radiales. Solíamos coincidir con los economistas Guillermo Larraín, que acudía en representación de la candidata de la DC Carolina Goic; Claudia Sanhueza, coordinadora programática de la representante del Frente Amplio Beatriz Sánchez; y, sobre todo, con Osvaldo Rosales, jefe programático de Alejandro Guillier. Pese a la intensidad de los intercambios, en general las discusiones respetaban el *fair play*.

El momento de mayor exposición durante la campaña fue el debate organizado por el programa *Tolerancia Cero* de Chilevisión, el domingo anterior a la segunda vuelta presidencial, entre Rosales y yo, los jefes programáticos de las dos candidaturas que peleaban el balotaje. Las encuestas que manejábamos mostraban hasta entonces un empate técnico entre Guillier y Piñera; cualquier error tenía el potencial de afectar la decisión de los electores. Por eso, me preparé como nunca; estudié como no lo hacía desde la universidad.

El programa, transmitido en horario estelar, nos ofrecía la oportunidad perfecta para evidenciar las inconsistencias y ambigüedades de la candidatura de Guillier. Las cifras fiscales de sus promesas de campaña simplemente no calzaban y varias de sus propuestas emblemáticas, como el fin del Crédito con Aval del Estado (CAE) o los cambios al sistema previsional, eran un enredo indescifrable, lo que me llevó a formular una serie de duras críticas que Osvaldo Rosales no pudo o no supo responder con precisión; todo, bajo la atenta mirada de los periodistas Fernando Paulsen, Mónica Rincón y Daniel Matamala, quienes estimulaban el pugilato debido al alto *rating online* que registraba el *people meter*. "Me di la pega de leer detalladamente el programa de Alejandro Guillier. Y lo digo con mucho respeto: es completamente infinanciable, insostenible —afirmé—. Creo que desde el retorno a la democracia debe ser el programa más irresponsable en términos fiscales", dije, decidido a tirarme con todo a la yugular de mi contrincante.

Mis cálculos eran simples: los compromisos de Guillier sumaban cinco puntos porcentuales del PIB, unos 12 mil o 13 mil millones de dólares anuales, es decir, poco más de 40 mil millones de dólares en el periodo completo, sin reforma tributaria ni fórmula alguna que permitiera allegar más recursos al fisco. Las cuentas no cuadraban por ningún lado. Los cálculos los había chequeado previamente con el economista del CEP Rodrigo Vergara, quien me prestó una ayuda invaluable durante toda la campaña. Rosales, a quien llegué a apreciar a lo largo de los debates, fue incapaz de resolver las inconsistencias planteadas. Aquello terminó reforzando la percepción de que la candidatura de Guillier era una aventura sin rigor ni seriedad.

Creo que mi desempeño en *Tolerancia Cero* marcó un antes y un después para mí. Fue, por decirlo así, mi punto de no retorno. Si antes era un rostro de segunda línea y asociado a las materias técnicas de la campaña, a partir de ese momento me transformé en alguien conocido para los medios: en el fondo, me convertí en un político. Lo supe inmediatamente al salir del programa, al revisar mi teléfono y ver la cantidad de mensajes que me habían llegado al WhatsApp. En ese estudio de televisión terminaba formalmente la etapa privada y anónima de mi vida, y comenzaba una nueva, más pública, expuesta y desprotegida.

La sufrida victoria

El 17 de diciembre de 2017, finalmente, Sebastián Piñera ganó la segunda vuelta presidencial con el 54,5% por ciento de las preferencias, contra el 45,4% de Alejandro Guillier. Fueron más de 600 mil votos de ventaja. Ganamos con holgura, sí, pero tras pasar un buen susto. El resultado de la primera vuelta, realizada un mes antes, significó un verdadero baldazo de agua fría y nos obligó a reformular la estrategia de cara al balotaje.

Pero en realidad los problemas habían comenzado antes, con los buenos resultados de la primaria realizada en julio. Allí obtuvimos una contundente e inobjetable victoria, con una participación que ni los más optimistas esperábamos[35]. Sin embargo, al triunfo se sumó el triunfalismo cuando comenzamos a revisar los sólidos números a nuestro favor que mostraban las encuestas para la elección de noviembre. ¿Era tan

---

35   Las elecciones primarias se realizaron el domingo 2 de julio. En el caso de Chile Vamos, Sebastián Piñera obtuvo el 58,3% de los votos, seguido por Manuel José Ossandón (26,2%) y Felipe Kast (15,4%). En total participaron 1,4 millones de electores, un 75% más que en 2013, pese a que el día coincidió con el partido entre Chile y Alemania, por la final de la Copa Confederaciones. Piñera se impuso en todas las regiones del país y en 26 de las 34 comunas metropolitanas. En el caso del Frente Amplio, participaron 327 mil electores, de los cuales un 67,6% optó por Beatriz Sánchez. Su contendor, Alberto Mayol, logró el 32,4% de los votos.

descabellado pensar en un triunfo en primera vuelta? Se instalaron, de pronto, unas expectativas desmedidas que no supimos (o no quisimos) contener[36]. En política los resultados siempre son contrastados con las expectativas, nunca con la realidad. Lo habíamos vivido y sufrido en nuestro propio mandato y nuevamente parecíamos tropezar con la misma piedra.

La fuerte frustración tras los resultados de la primera vuelta del 19 de noviembre, donde llegamos primeros, pero a lejanos 14 puntos de la mayoría absoluta, tuvo su máxima expresión durante la noche misma de la elección, en nuestro cuartel general, el Hotel Crowne Plaza, donde el ambiente era de funeral. Apenas fueron llegando los primeros cómputos —Carlos Ríos había montado un excelente sistema de proyecciones electorales— pudimos constatar que los resultados no eran ni cercanos a los esperados. Sebastián Piñera había alcanzado el 36,6% de los votos, seguido por Alejandro Guillier (22,7%), Beatriz Sánchez (20,3%), José Antonio Kast (7,9%) y Carolina Goic (5,8%). Habíamos ganado, pero producto de nuestras torpezas, parecíamos haber perdido. El exceso de confianza nos había pasado la cuenta. Guillier seguía vivo y había logrado pasar raspando a la segunda vuelta. Beatriz Sánchez era la gran sorpresa de la noche tras su excelente votación. También llamaba la atención la votación de José Antonio Kast, quien para alivio nuestro llegó rápidamente al hotel, acompañado de sus asesores Arturo Squella y Cristián Valenzuela, a entregar su apoyo incondicional a nuestra candidatura. Aun así, nada nos sacaba del estado de frustración en que nos habían dejado los pobres resultados. La derecha había sumado los mismos votos de siempre, algo por arriba del 40%. Ni más ni menos.

Quizás la expresión más patente de nuestra confusión anímica fue el forzado ambiente de triunfo que infructuosamente intentamos proyectar en el acto que organizamos en uno de los salones del Hotel Crowne Plaza, en el que se podía ver a un grupo de corpóreos que llamábamos *piñerines* realizando coreografías al ritmo del jingle de campaña —una reversión del clásico ochentero del Puma Rodríguez, "Agárrense de las manos"—, mientras la audiencia miraba atónita la kafkiana performance sobre el escenario.

Con todo, el pasmo duró apenas un par de días. Piñera, como si nada —tal cual había ocurrido tras Paracas—, comenzó a planificar el trabajo de cara al balotaje con una intensidad frenética, mientras nosotros aún seguíamos sobándonos las heridas. Esa actitud del candidato me hizo recordar el mito de que la mejor versión de Piñera aparece cuando las dificultades apremian. Rápidamente reformulamos los equipos de campaña, pulimos los mensajes y señales que entregábamos a la opinión pública

---

36   La encuesta CEP de septiembre de 2017, publicada apenas un mes antes de las elecciones generales, mostraba que en aquellos definidos como "votante probable", Sebastián Piñera obtendría el 44% de las preferencias, seguido por Alejandro Guillier (19%) y Beatriz Sánchez (8,5%). La cifra se empinaba hasta el 49%, si es que se excluían aquellos que no expresaban preferencia alguna. Esto instaló cierta impresión de que el triunfo en primera vuelta estaba al alcance de la mano, como demuestra un mensaje de WhatsApp enviado desde el comando a los adherentes de la campaña, que decía: "Estamos a muy poco de lograrlo. Súmate y ganaremos en primera vuelta".

y fortalecimos el despliegue territorial. En algún momento le planteamos a Piñera la necesidad de hacer algún debate o *brainstorming* para identificar los errores de la campaña, con el fin de consensuar un diagnóstico sobre lo que había ocurrido. Lo considerábamos esencial para lo que anunciaban los sondeos posteriores a la primera vuelta: un balotaje estrechísimo[37].

—Señores, no hay tiempo para lamentos —respondió.

A su tajante negativa le agregó tres nuevas directrices. Primero: una serie de órdenes que apuntaban a reforzar la candidatura. Yo quedaría a cargo de revisar y sumar propuestas de los demás candidatos, en particular de aquellas cuyo electorado parecía menos distante, como las de José Antonio Kast y Carolina Goic. Del primero tomamos algunos énfasis en seguridad ciudadana y de la segunda, la propuesta de impulsar una ley del cáncer. Magdalena Díaz y Jorge Selume —quien venía del equipo de Felipe Kast— estudiarían algunas campañas exitosas recientes, como la de Mauricio Macri en Argentina (2014) y la de Emmanuel Macron en Francia (2017), pensando sobre todo en la franja de segunda vuelta. Andrés Chadwick y Cecilia Pérez quedarían a cargo de reforzar el comando, incorporando en las vocerías a alcaldes y parlamentarios con "filo político" y buena "calle", como los ediles Cathy Barriga, Rodolfo Carter y Germán Codina, y los diputados Jaime Bellolio, Marcela Sabat, Paulina Núñez, Érika Olivera y Francisco Undurraga.

La nueva estrategia, en segundo lugar, consideraba una reestructuración completa del equipo territorial, que ahora quedaría a cargo de los exsubsecretarios Rodrigo Ubilla y Cristóbal Lira. El ambicioso objetivo era lograr una movilización masiva de adherentes y estructurar la mayor red de apoderados de la historia, al menos desde el plebiscito del *Sí* y el *No*, la que debía superar los 40 mil voluntarios si queríamos llegar a tener uno por mesa[38]. Para alcanzar un buen resultado era indispensable "tomarse la calle", algo que históricamente había sido patrimonio de la izquierda. Era tal el nivel de compromiso con el trabajo en terreno que pasamos varios días entregando volantes en los semáforos de Plaza Italia junto con Andrés Chadwick, Cecilia Pérez, Juan Francisco Galli, Isabel Plá y el resto del equipo de Avanza Chile. El mensaje era uno solo: nadie podía quedarse en la casa.

---

37   Según la encuesta Criteria Research tomada entre el 22 y 28 de noviembre, el 47% de los electores votaría por Sebastián Piñera, mientras que el 45% lo haría por Alejandro Guillier. Similarmente, la encuesta Cadem publicada el 27 de noviembre registraba un 39,8% de las preferencias para Piñera y un 37,3% para Guillier.

38   Finalmente se logró completar una red de 50 mil apoderados para la segunda vuelta presidencial. El analista Ascanio Cavallo calificó la hazaña como "La epopeya de los apoderados".

Por último, Piñera pidió enfocar la campaña especialmente en aquellos sectores donde parecíamos no estar llegando: la clase media y el mundo independiente. "Tenemos que abrir la cancha, salir a la calle, sumar ideas y gente", fue la instrucción directa, lo que nos llevó a multiplicar los esfuerzos hasta los límites más inverosímiles.

Uno de ellos fue el intento de conseguir el apoyo de Manuel José Ossandón, quien a lo largo de su carrera había obtenido resultados notables en varias de las comunas más populosas de Santiago, como Maipú, La Florida y especialmente Puente Alto, donde fue alcalde durante tres periodos con notable éxito. El esfuerzo se concretó mediante un almuerzo de "abuenamiento" entre el exmandatario y el senador por Santiago Oriente, quien asistió acompañado por el dirigente de RN Samuel Valenzuela y el cientista político Patricio Navia, quienes lo habían asesorado en las primarias. Por parte nuestra, además de Piñera, concurrimos Chadwick y yo. La reunión estuvo a punto de fracasar antes y durante en innumerables oportunidades, pese a que habíamos acordado previamente un guion para llegar a un entendimiento. Nosotros recogeríamos algunas propuestas emblemáticas de Ossandón —avanzaríamos en gratuidad a nivel técnico-profesional y anunciaríamos la extensión del Metro hacia el sector sur de la capital—, mientras que el exalcalde endosaría su apoyo a la campaña, lo que se daría a conocer públicamente tras la reunión.

La cita, realizada en Apoquindo 3000, partió sin grandes contratiempos hasta que Ossandón tomó la palabra. Apenas abrió la boca, comenzó a proferir una serie de sandeces, totalmente desproporcionadas, casi como si en la oficina hubiese medios de prensa que pudieran sacar titulares de sus dichos, rematando su intervención con la amenaza de que él sería el aval de los compromisos frente a la ciudadanía. "Si no me cumplen, me transformaré en el peor de los enemigos", amenazó. Creo que yo no habría sido capaz de tener la tranquilidad que tuvo Piñera para aguantar la diatriba durante tantos minutos. Pero Ossandón insistió y agotó la paciencia de Piñera. "Pero ¿quién se ha imaginado que es usted?", lo interrumpió con un tono brusco y golpeado que nunca antes le había escuchado. Ossandón, primero sorprendido y luego derechamente mosqueado, se paró y se fue de la sala seguido por Valenzuela y Navia, quienes lo atajaron justo en la caja de escala del edificio. Luego de largos minutos de discusión, lograron hacerlo regresar a la mesa, completamente mudo y con aire ausente. El resto de la reunión transcurrió sobre la base de conversaciones triviales y algún análisis político de Navia, como si el episodio no hubiese sucedido. Nunca supe qué conversaron en la escalera, aunque al día siguiente Ossandón, en su particular estilo, anunció su apoyo a Piñera e instó a los alcaldes a tomarse quince días de licencia para trabajar en la campaña.

Otro encuentro peculiar fue la invitación que me hicieron los jesuitas de la Comunidad Bellarmino, lugar al que asistí acompañado por Juan Francisco Galli en otro esfuerzo por conseguir apoyos improbables. Sabía que era un terreno poco fértil para encontrar adeptos, pero también conocía la fuerte influencia de la Compañía de Jesús en el plano intelectual y había escuchado hablar de los encuentros que mensualmente se realizaban en su sede ubicada en la calle Cienfuegos, donde se reunía la *crema y nata* de la congregación ignaciana. Ante medio centenar de sacerdotes, abrí los fuegos relatando los ejes centrales del programa: nuestra visión optimista de Chile, la idea de transitar desde el crecimiento económico al desarrollo humano, la importancia del diálogo, el reformismo responsable y la amistad cívica, y los principios subyacentes de todas nuestras reformas (libertad, justicia, progreso y solidaridad). Terminé mi exposición, convencido de que había tenido un éxito total. Como exestudiante de colegio de curas, conocía su lenguaje y pensé que no tendría dificultades para tratar con ellos. Además, me habían escuchado atentamente sin interrupciones de ningún tipo. Error total. Apenas comenzó la ronda de preguntas me bombardearon inmisericordemente: que no creían en el compromiso social de la derecha, que nuestro sector aún no superaba los dogmas del neoliberalismo, que pertenecíamos a una élite poco diversa socialmente proveniente de tres o cuatro universidades. Por más que intenté rebatir uno a uno sus puntos, no hubo forma de doblegarlos. Hacia el final de la velada, en la que compartimos un buen plato de carne con puré, un cura sentado a mi lado calladamente me dijo: "No se esfuerce más, mi amigo, si aquí son todos zurdos". Fue una verdadera esgrima intelectual que me exprimió hasta la última gota de energía y que tuvo secuelas. A la mañana siguiente desperté inmovilizado y con unos feroces dolores de espalda que se solucionaron con masajes de emergencia y una buena dosis de analgésicos. El frenético ritmo de la campaña golpeaba así, sin aviso y sin tiempo para recuperarse.

El esfuerzo desplegado durante esas cuatro semanas, más algunos errores no forzados de Alejandro Guillier, que incluyó un catálogo de frases para el bronce[39] y una paupérrima *performance* en el último debate de campaña, donde fue barrido por Piñera, finalmente dieron frutos. El domingo 17 de diciembre, a eso de las siete de la tarde, ya sabíamos los resultados de las votaciones, que los esperamos nuevamente en el piso 22 del Hotel Crowne Plaza, donde se había dispuesto una sala especialmente acondicionada para el candidato y su *petit comité*. A diferencia del espolonazo de la primera vuelta, ahora el triunfo había sido sorpresivamente amplio. Sebastián Piñera había alcanzado casi 3,8 millones de sufragios, un sorprendente aumento de 1,4 millones de votos respecto de la primera vuelta, lo que se tradujo en una diferencia de más de 600 mil votos y nueve puntos porcentuales respecto al candidato del oficialismo. Era una victoria aplastante. Ganamos en catorce de las dieciséis regiones y solo fuimos superados en Aysén y Magallanes, donde aún se recordaban los duros conflictos sociales que experimentamos en nuestro primer mandato. Más importante aún, Piñera quedaba con la marca de ser el tercer presidente más votado de la historia de Chile, solo superado por los 3,85 millones de votos que obtuvo Patricio Aylwin en 1989 y los 4 millones de Eduardo Frei en 1993. Era un triunfo claro, en el que la ciudadanía nos otorgaba plena legitimidad para poner en práctica nuestro programa.

---

39   La más recordada y polémica de las intervenciones fue la frase pronunciada en un acto en Concepción el 5 de diciembre, donde señaló: "Le meteremos la mano en el bolsillo a quienes concentran el ingreso, para que ayuden a hacer patria alguna vez", discurso que terminó con la emblemática frase asociada al Che Guevara "Hasta la victoria, siempre".

La segunda transición

Desde luego, me resulta más natural hablar del segundo gobierno de Sebastián Piñera en términos políticos que desde una perspectiva personal. Tengo respecto de esos años una enorme cantidad de imágenes contrastantes; aprendizajes, alegrías, ilusiones, desazones, certezas y dudas. No me es tan simple meterlo todo en una caja negra, revolverlo y constatar después qué es lo que quedó de toda esa experiencia. O, en realidad, qué es lo que terminó primando en mi memoria.

El regreso a La Moneda, como decía, tuvo caracteres triunfales. En segunda vuelta el presidente obtuvo una mayoría muy sólida. La centroderecha volvía al gobierno, por segunda vez en ocho años, lo que comprobaba que el triunfo del 2009 no había sido un accidente. La ciudadanía de nuevo confiaba en nosotros para dirigir el país, esta vez con un voto de confianza mucho más contundente y definido, a partir de un programa que comprometía ambiciosas reformas, especialmente en educación, salud, previsión, tributos, migración y seguridad pública.

La euforia fue perceptible en las celebraciones que cerraron la jornada electoral del 17 de diciembre. El acto principal tuvo lugar en el frontis del Hotel Crowne Plaza, a pocos metros de la Plaza Baquedano, y al escenario subió solo la familia del candidato. Piñera estaba exultante, pero nunca perdió de vista que iba a tener que gobernar sin mayorías parlamentarias[40] y, por lo mismo, sus palabras de esa noche fueron contenidas, exhortando al mundo político a construir grandes acuerdos nacionales. De hecho, esa misma noche invitó a alcanzarlos en los temas relacionados con la infancia, la seguridad pública, la salud, el crecimiento económico y la Araucanía, que eran las cinco áreas donde en principio pensábamos podía ser más fácil llegar a consensos. Eso significaba que dejaríamos tanto la reforma tributaria como la reforma previsional para un momento posterior, el segundo semestre del año posiblemente, porque respecto de estos puntos las divergencias en el mundo político eran mayores.

Creo que fue una buena estrategia negarme siempre, como jefe del grupo programático de la campaña, al diseño de un paquete de medidas para los cien primeros días de gobierno. ¿Por qué? Básicamente porque no sirven para nada. Corresponden a un juego muy improductivo, en particular en gobiernos sin mayorías parlamentarias. En último término, estas medidas se reducen a un forcejeo de bajísima calidad cívica, donde el Gobierno trata de sacar adelante sus compromisos a como dé lugar y la oposición deja las vísceras en el Congreso para impedir que el Ejecutivo se salga con la suya. En ese contexto, lo que le convenga o no convenga al país, lo que sirva o no al bien común, pasan a ser cuestiones anecdóticas.

---

40   Los resultados de la elección parlamentaria de noviembre habían otorgado a Chile Vamos menos de la mitad de los escaños en ambas cámaras: 72 de los 155 de la Cámara de Diputados, mientras que en el caso del Senado se alcanzaron 19 de 43 escaños.

Puede sonar raro, pero esa noche me sustraje de las celebraciones del comando. ¿Cansancio, desafección, malas relaciones? No, nada de eso, aunque igual estaba bastante exhausto. Me resté en realidad porque quería ver el acto como simple espectador, desde la calle, y también porque sentía que se nos venía encima una tremenda responsabilidad. Después de tantos meses de tensión, ciertamente me sobrevino un golpe de agotamiento físico y anímico. En medio de tanta alegría, me parecía que adonde uno dirigiera la mirada lo que se veía era una cancha complicada y difícil. Esa era la sensación con la que cerré el día y con que me fui a dormir esa madrugada. Las cosas, tal como yo las veía, no venían fáciles.

Luego de los días de Navidad y Año Nuevo, enero tuvo semanas intensas en términos de aprontes y cabildeos políticos. El Presidente había hecho explícita su decisión de conceder a los partidos del oficialismo mayor incidencia tanto en el gabinete como en el curso del gobierno. Esto desde luego alentó consciente o inconscientemente múltiples apetitos y expectativas en los partidos de Chile Vamos. En la cabeza del mandatario, sin embargo, el núcleo duro del gabinete era básicamente el mismo con el que había terminado su mandato anterior: Andrés Chadwick en Interior, Cristián Larroulet en la Segpres, Felipe Larraín en Hacienda y Cecilia Pérez como vocera. Ese esquema me permitía volver al Segundo Piso, algo que sin duda me acomodaba, pero que en términos políticos constituía un verdadero *déjà vu,* sobre el cual lloverían (justificadamente) las críticas. Porque, habiendo pasado cuatro largos años, ¿cómo era posible que volviéramos a gobernar con los mismos rostros, en exactamente los mismos puestos?

Fueron Andrés Chadwick y Cristián Larroulet quienes le sugirieron al mandatario que me colocara a cargo de la Segpres. No es que el esquema cambiara mucho, pero introducía al menos una cuota de novedad. La fórmula además ofrecía algunas ventajas. Era una cartera que conocía de sobra, mi nombramiento ayudaría a refrescar el comité político y, atendido que en el Parlamento se había producido una fuerte renovación generacional, sobre todo con el ingreso de diecisiete nuevos diputados del Frente Amplio, que se sumaban a los tres que ya tenían, contar con un ministro que todavía no llegaba a los cuarenta años podía contribuir a facilitar las cosas.

Al Presidente le convenció la jugada. Y le convenció todavía más cuando se enteró ahí mismo que, entre la primera y la segunda vuelta, había firmado mi ficha como militante de Evópoli, no obstante que mi adhesión a la colectividad se remontaba a sus orígenes como movimiento político[41]. Llevaba años participando informalmente, pagando cuotas de militante sin serlo, pero, por alguna razón, nunca había formalizado el vínculo. En ese momento sentí, sin embargo, que lo honesto era transpa-

---

41   La fundación de Evopoli como movimiento político ocurrió en diciembre de 2012. Entre los fundadores se encuentran Felipe Kast, Luciano Cruz Coke, Jorge Juan Sebastián Montes, Hernán Larraín, Ignacio Briones y Andrés Molina; todos, ex colaboradores de la primera administración de Sebastián Piñera.

rentar mis simpatías políticas. Piñera, aunque se sorprendió un poco con la noticia, vio que la propuesta le solucionaba de paso un problema: todos los partidos de la coalición quedarían representados en el comité político.

Desde luego, acepté el cargo de ministro. Sería absurdo negar el hecho de que entrar al gabinete estaba dentro de las posibilidades que había previsto. Era predecible luego de mi rol en la campaña. La única condición que puse, intransable desde mi perspectiva, fue que Claudio Alvarado me acompañase como mi subsecretario. Era por lejos nuestro mejor articulador en las negociaciones parlamentarias y había construido con él ya por varios años una estrecha relación y una gran amistad.

La generosidad con que Cristián Larroulet me instó a entrar al gabinete me volvió a dejar en deuda con él. Es cierto que un ministerio a menudo es más un presente griego que un verdadero premio. Es cierto también que quedar en tareas asesoras en el Segundo Piso es más cómodo que estar en la permanente vitrina ministerial. Pero sé que Cristián apoyó con fuerza mi designación no solo porque entrañaba un reconocimiento a mi gestión en Avanza Chile, sino también porque la consideraba mejor para el Gobierno. Hay que tener espíritu cívico para tener esa percepción incluso teniendo que posponerse, como él lo tuvo que hacer en esa oportunidad aceptando tomar la jefatura del Segundo Piso, lo que permitió encajar la última pieza del rompecabezas presidencial.

El resto del gabinete quedó estructurado en buena parte sobre la base de los mismos equipos programáticos de la campaña con los cuales había trabajado. Susana Jiménez asumiría en Energía, Isabel Plá en Mujer y Equidad de Género, José Ramón Valente iría a Economía, Alberto Espina a Defensa, Nicolás Monckeberg a Trabajo, Juan Andrés Fontaine a Obras Públicas, Emilio Santelices a Salud, Antonio Walker a Agricultura y Gloria Hutt a Transportes. Desde los partidos llegaban los expresidentes de RN Cristián Monckeberg, para asumir en Vivienda, y de la UDI, Hernán Larraín, para hacerse cargo de Justicia. Las grandes sorpresas del gabinete serían el excanciller Alfredo Moreno en Desarrollo Social, quien venía de liderar a los grandes empresarios agrupados en la Confederación de la Producción y el Comercio (CPC); Gerardo Varela, abogado y columnista que se había opuesto públicamente a la gratuidad universitaria, en Educación; y el escritor, exministro y exembajador en México Roberto Ampuero, que asumiría como canciller. Las demás designaciones fueron Marcela Cubillos (Medio Ambiente), Felipe Ward (Bienes Nacionales), Baldo Prokurica (Minería), Pauline Kantor (Deportes) y Alejandra Pérez (Cultura).

Naturalmente hubo cambios y ajustes de última hora. Quizás lo más extraño fue la dificultad para llenar el cupo en Desarrollo Social, desde mi punto de vista el ministerio más atractivo de todos y que en algún momento me sedujo como alternativa. No solo era una cartera importante para el relato del Gobierno, pues de ahí saldría buena parte de las principales medidas del programa relacionadas con el sello social que queríamos imprimirle a la nueva administración, como la agenda de infancia, las propuestas para la Araucanía y la creación de la red Clase Media Protegida. También se había comprometido el ingreso de esta cartera al comité político como miembro de derecho pleno, lo que le otorgaría estatus y visibilidad política a un ministerio típicamente sectorial. Es curioso que varios nombres de la lista corta se hayan ido cayendo a última hora, como Rodrigo Vergara, que por supuesto prefería Hacienda, dada su trayectoria, o Carolina Schmidt, a quien le habían propuesto preliminarmente la Cancillería, alternativa que la tuvo más que entusiasmada. Finalmente, el mandatario optó por Alfredo Moreno como solución de última instancia, aunque muchos analistas vieron en su nombramiento una sofisticada operación para instalar un delfín de cara al 2021.

También hubo una fuerte puja entre Emilio Santelices y Enrique Paris por el Ministerio de Salud. Ambos habían cumplido responsabilidades importantes en la campaña y ganó el primero en desmedro del segundo. En Educación, por su parte, ninguno de los que se perfilaba como ministeriable asumió la cartera, que fue el caso de los coordinadores programáticos del área, Raúl Figueroa y Sylvia Eyzaguirre. Al final el designado por Piñera fue el abogado Gerardo Varela, para sorpresa de todos, quien no provenía del mundo de la educación. La razón esgrimida fue su capacidad de trabajo y reconocida muñeca negociadora, algo que había demostrado con creces en el mundo privado pero que tendría que ratificar en un ambiente infinitamente más hostil. De todo el grupo, lejos la más emocionada con su designación fue Isabel Plá, toda una sorpresa en el Ministerio de la Mujer y Equidad de Género. Pese a ser militante y exvicepresidenta de la UDI, contaba con poco o nulo apoyo en su partido, siendo en realidad una carta propia que empujamos desde Avanza Chile, donde conocíamos de sobra sus capacidades y méritos para asumir el cargo.

En comparación al gabinete del 2010, este tenía más ministros militantes de partidos políticos (11 versus 8), era levemente más viejo (55 años promedio versus 49; yo era el único sub-40 del grupo), contaba con apenas una mujer adicional (7 versus 6, quedando otra vez lejos de la paridad), y nuevamente se imponían los abogados (10) y los egresados de la Universidad Católica (13). Es decir, algo mejor pero no mucho.

Mi convicción previa era que se necesitaría un gabinete mucho más político, de mucho Word y no tanto Excel, donde la excelencia técnica fuera de la mano con la capacidad política. Ciertamente había buenos nombres. El comité político, pese a la repetición de rostros, había demostrado sobradamente su oficio y jugaría de memoria. Por otra parte, varios de los nuevos titulares sectoriales, como Larraín en Justicia, Espina en Defensa, los Monckeberg en Trabajo y Vivienda, o Prokurica en Minería, eran líderes relevantes de sus partidos con destacada trayectoria parlamentaria. Mi principal aprensión era que no habíamos logrado dar con un elenco que fuese más representativo del Chile real. Había poca diversidad profesional y cultural, lo que me recordó mi encuentro con los jesuitas. Además, las mujeres y las regiones nuevamente quedaron subrepresentadas.

¿Quedé disconforme? En absoluto. ¿Era un buen gabinete? En términos generales, estaba más que bien. La pregunta que venía a continuación, no obstante, es por qué no pudimos ir un poco más allá para romper los moldes. ¿Qué estaba ocurriendo en la centroderecha que nos estaba faltando libertad, desde el momento en que una cosa estaba amarrada a la otra y esa otra encajaba a su vez con otra? ¿Por qué tan poca diversidad? ¿Por qué tanto nudo, tanto cuoteo encubierto y tanta trenza consabida que impedía experimentar, probar gente nueva, ser más creativos y darle espacio a los que nunca lo habían tenido? ¿Por qué nuestros rostros no reflejaban de modo más representativo al Chile real?

Aun hoy no tengo respuesta a estas preguntas. La política, porque es el arte de lo posible, siempre comporta una cuota de decepción. Mentiría sin embargo si dijera que esto me desanimó. Hubiera preferido, es verdad, un plantel con mayores novedades, más jugado desde una perspectiva social. De todas formas, el equipo me pareció apropiado, al menos para arrancar el nuevo gobierno.

Ese gabinete generó percepciones iniciales mixtas, aunque la recepción en la ciudadanía fue positiva. Según Cadem, el 52% de la población respaldaba al nuevo equipo de ministros[42]. Menos indulgentes fueron los titulares de los medios de comunicación. "Sensación de *déjà vu*", "Gabinete sin complejos", "Piñera apuesta por su círculo de hierro", "Gabinete esperable", fueron algunas de las calificaciones recibidas tras la presentación oficial del nuevo elenco ministerial . El acto se realizó el 23 de enero en el ex Congreso Nacional y al menos logró cuadrar a los partidos de Chile Vamos. Todos apoyaron con lealtad las designaciones. Los dardos opositores se concentraron básicamente en Isabel Plá, por las críticas que había hecho a la ley de aborto en tres causales, quien en todo caso logró superarlos a punta de perseverancia y talento; en Alfredo Moreno, por su rol como líder de la CPC, situación que pudo confrontar sin grandes inconvenientes; en Roberto Ampuero, por su poca experiencia en política exterior, aunque había sido embajador en México; y en Gerardo Varela, por su perfil frontal y poco amistoso con el *mainstream* educacional. Desde la izquierda, salvo excepciones puntuales, como el expresidente Ricardo Lagos y algunos líderes históricos de la Concertación, quienes plantearon que primero había que ver cómo actuábamos antes de emitir un juicio, la sentencia fue inapelable: este era un gabinete con el que no se podría llegar a acuerdos. Y aquella era justo la tarea que me correspondería cumplir a mí. Aun no entrábamos a la cancha y ya sonaban los tambores de guerra.

En mi caso, quizás por ser menos conocido o por las redes que previamente había cultivado, no tuve mayores cuestionamientos. El diputado frenteamplista Tomás Hirsch declaró a los medios que yo era "un hombre tremendamente juicioso, con capacidad de trabajo en equipo". No era mucho, pero era más que suficiente como punto de partida. Al menos de entrada, no parecían estar apuntando la artillería contra mí.

Tras la presentación del gabinete, lo más satisfactorio fue observar que algunos de los tonos y énfasis del programa de gobierno habían penetrado en el debate público. En menos de cinco días hubo dos comentarios editoriales de la prensa que destacaron el perfil social con que se estaba instalando el nuevo gobierno, en los que se

---

42   Encuesta Plaza Pública, Cadem del 29 de enero de 2018.

valoraba el énfasis puesto en la clase media y la idea de alcanzar un desarrollo integral. Quedaba en nuestras manos la responsabilidad de hacer valer esa promesa y de demostrar a qué habíamos venido.

Libreto perfecto

El cambio de mando discurrió sobria y correctamente. Valparaíso aportó un día acorde con las circunstancias, de cielos tan despejados como azules, y para nosotros, los nuevos ministros, tuvo su cuota de emoción compartir tribuna con los invitados extranjeros a la ceremonia: el rey Juan Carlos I de España y los presidentes Mauricio Macri de Argentina, Evo Morales de Bolivia, Pedro Pablo Kuczynski de Perú, Michel Temer de Brasil, Lenin Moreno de Ecuador y Enrique Peña Nieto de México. A diferencia del 2010, esta vez no hubo movimientos sísmicos ni réplicas telúricas, y ciertamente todos lo agradecimos.

Terminada la ceremonia en el Congreso Nacional de Valparaíso, había que dar señales nítidas respecto del rumbo que tomaríamos. La primera actividad oficial sería esa misma tarde en un centro del Sename en La Pintana, de regreso a la capital. La idea era mostrar que tendríamos ante todo un sello social y que los niños esta vez estarían "primeros en la fila", eslogan acuñado por Felipe Kast, que hicimos propio. Ese mismo día también se frenaría el indecoroso nombramiento como notario del exfiscal del Caso Caval, amarrado a última hora por la administración saliente, arreglín que había indignado a la opinión pública. Otra señal potente serían los cambios en el alto mando de Carabineros, luego de meses de escándalos y polémicas, que incluyeron un megafraude y la bochornosa Operación Huracán, hechos que afectaron dramáticamente los niveles de confianza ciudadana en la institución. La modernización policial comprometida en nuestro programa partiría de inmediato con el cambio de su máxima autoridad, principal responsable del declive en que se encontraba la institución, lo que trascendería apenas llegase el mandatario a La Moneda[43].

Los primeros aprontes del nuevo gobierno fueron ampliamente valorados por la opinión pública. *La Segunda* cerró la primera semana con una portada que decía "Libreto perfecto". El titular no era forzado ni tampoco casual.

En su primer discurso como gobernante, el Presidente perfiló su mandato como otro paso en el camino hacia el desarrollo. Antes de su intervención se proyectó un video que aludió al legado democrático y que incluyó frases de expresidentes, entre ellos, Lagos y Bachelet. Se buscaba explícitamente transmitir una idea de cambio con continuidad. Luego se refirió a los grandes acuerdos nacionales que se convocarían en los próximos días. El mensaje fue claro en sus propósitos: La Moneda volvería a ser un lugar de encuentro para los chilenos, la casa de todos, desde donde afrontaríamos

---

43   "Tenemos que hablar", le comentó Sebastián Piñera al general director de Carabineros, Bruno Villalobos, al llegar a La Moneda esa misma tarde, lo que fue calificado por los medios como todo un golpe de autoridad presidencial. Villalobos terminaría presentando su renuncia al día siguiente, 12 de marzo. Fue aceptada de manera inmediata.

unidos los desafíos del futuro. "Hoy debemos emprender una nueva transición hacia un Chile desarrollado, sin pobreza y con oportunidades para todos", fue la exhortación presidencial ante unas dos mil personas. A eso habíamos venido. A imprimirle un sello social al Gobierno y a respaldar las expectativas de progreso y movilidad de las familias chilenas. A iniciar una segunda transición —la primera había sido en los 90 tras la restauración democrática—, que nos permitiría superar siglos de atrasos y carencias. De fondo flameaba solemne la gran bandera chilena de la Plaza de la Constitución.

Todo fue planificado al detalle. El diseño contemplaba además una menor participación del mandatario en los asuntos cotidianos. Solo nos saldríamos de esa regla en los asuntos excepcionales, como el tema migratorio o el diferendo con Bolivia ante la Corte Internacional de Justicia de La Haya, cuyos alegatos comenzarían la semana siguiente. Por lo mismo, fue una instalación muy ordenada. La única disonancia la aportó el titular de Economía, José Ramón Valente, cuando acusó al Gobierno anterior de "mentirle a los chilenos". Es verdad que algunos ajustes a las cifras fiscales del año anterior diferían de las que el país presumía[44]. El tono de la acusación, no obstante, contrariaba el sello que buscábamos para este segundo mandato.

Nos habíamos propuesto fijar una mirada larga para abordar los grandes temas, sin descuidar, claro, los problemas reales de la gente, como los precios de los medicamentos, la seguridad de las fronteras en el norte, o la violencia y el terrorismo en la Araucanía, situaciones que abordamos de entrada con medidas administrativas e indicaciones a leyes ya en trámite en el Parlamento[45]. Incluso decisiones que podrían haber generado polémica, como el anuncio del ministro del Interior Andrés Chadwick de no impulsar el proyecto de nueva Constitución de Bachelet, no causaron mayor resistencia en la oposición, que en ese momento parecía completamente entregada ante el rotundo triunfo del Gobierno y el pésimo desempeño de los días finales de la administración anterior[46]. Aquello obviamente repercutió en la sensación térmica.

---

44   El día previo al cambio de mando, se conoció un acta del Consejo Fiscal Asesor del Ministerio de Hacienda que reveló que el déficit estructural de 2017 fue 2,1% del PIB, en vez del 1,7% informado previamente por la Dirección de Presupuestos, producto de ajustes metodológicos relacionados con el cálculo de los aportes fiscales de Codelco. Esta variación significó alrededor de mil millones de dólares menos de disponibilidad fiscal.

45   Durante los primeros dos meses de mandato se anunciaron medidas como el proceso extraordinario de regularización de migrantes junto con categorías especiales de visado para Haití y Venezuela, el aumento de la subvención a los organismos colaboradores del Sename, la imprescriptibilidad de los delitos sexuales contra menores de edad, la reducción del costo de los medicamentos mediante indicaciones a la Ley de Fármacos II, el despliegue de operativos policiales especiales en los sectores de mayor actividad delictual del país y el impulso de la Ley Antiterrorista, entre otras iniciativas.

46   El final del Gobierno de Bachelet estuvo marcado por la polémica del cierre del penal Punta Peuco, que no se pudo concretar debido a la negativa del ministro de Justicia, Jaime Campos, a firmar el decreto, a horas del cambio de mando.

Las encuestas de opinión pública rápidamente mostraron un alza en las percepciones ciudadanas sobre el rumbo del país, en línea con los índices de aprobación del Gobierno, que oscilaban entre el 50% y 60% de respaldo[47].

En lo personal, la primera tarea que me propuse como secretario general de la Presidencia fue amarrar una buena relación con los parlamentarios. Sin ser un novato en estos menesteres, sabía que ello no sería sencillo. Jamás había tenido un cargo de elección popular ni tampoco había trabajado directamente en el Congreso, aunque sí había ejercido como asesor legislativo por varios años, primero en Libertad y Desarrollo y después en Avanza Chile. Hasta cierto punto, si se quiere, era como un jugador de fútbol profesional que no ha pasado por las divisiones inferiores. Estaría bajo sospecha hasta que los resultados me liberaran de toda duda.

Por lo mismo, ese verano me preparé a conciencia. Comencé por formar un equipo apto. Al ser un ministerio esencialmente político, buena parte de los funcionarios de la Segpres estarían renunciados al momento de jurar como titular de la cartera. Necesitaba, pues, sumar gente probada y con experiencia. Al margen de Claudio Alvarado, requería un buen jefe de gabinete. Le ofrecí el cargo a Julio Isamit, exlíder de la revolución pingüina de 2006, quien a última hora se había quedado sin la Subsecretaría de Gobierno a raíz de una pataleta de RN, que exigió el cupo para un militante suyo. También era esencial contar con jefes de división comprometidos y competentes. Llevé entonces a la abogada Fernanda Garcés a la División Jurídica y al ingeniero Raimundo Garcés a la de Coordinación. Con ambos había trabajado en el Segundo Piso de Piñera 1. También llegaron Máximo Pavez, como jefe de la División de Relaciones Políticas, y Roberto Munita, como jefe de la División de Estudios. Los dos habían sido asesores legislativos de la UDI y RN, respectivamente. El equipo de prensa quedó integrado por tres periodistas: Eric Rojas, Paulina Prohaska y Renato Gaggero; todos, excelentes profesionales bien fogueados en la relación con los medios. En total, una veintena de personas para conducir un ministerio tan pequeño como estratégico.

Procuré llegar con trabajo adelantado. En las semanas del verano me dediqué a tender puentes con el mundo parlamentario, partiendo por Chile Vamos. No exagero si digo que me reuní con el 90% de sus principales figuras. Pero buena parte de mi tiempo también la dediqué a construir redes con la oposición moderada, especialmente con los diputados democratacristianos, quienes —pensaba yo— podrían cumplir un rol pivote en la próxima legislatura. Llamadas telefónicas, cafés, WhatsApp y una reservada comida en la casa de Matías Walker, quien asumiría como jefe de la bancada DC, fueron un buen punto de partida. "Hola, soy Gonzalo Blumel, a partir marzo asumiré como ministro Segpres", era el saludo con el que me presentaba a mis interlocutores. La mayoría de ellos se mostraban gratamente sorprendidos por el contacto directo con un futuro ministro. Alguna vez aproveché también de pedir recomendaciones para ejercer el cargo y un senador con casi tres décadas de expe-

---

47   Según la encuesta Cadem del 19 de marzo, el 71% consideraba que Chile iba por buen camino. Era una significativa alza de 27 puntos en apenas una semana.

riencia parlamentaria me dijo sin anestesia "nunca camines solo por los pasillos del Congreso, anda siempre rodeado de asesores". A juicio suyo, era fundamental para los nuevos ministros proyectar una imagen de poder. La disposición de los parlamentarios depende en gran medida del peso que le atribuyen al ministro.

Aunque la prensa me veía con cierta simpatía ("Aprendiz de constructor: el debut de Blumel en el Congreso", tituló *La Segunda* el día de mi estreno en el Congreso), la pista se me complicó luego del amplio acuerdo alcanzado por la oposición, desde la DC hasta el PC, que dejó la presidencia de la Cámara y el Senado en manos de Maya Fernández y Carlos Montes, dos socialistas de los duros. El pacto dispuso que la presidencia de las comisiones legislativas se iría rotando alternadamente los cuatro años. Esto les entregaba la llave para fijar tanto los temas como los tiempos de la discusión legislativa. Era una desventaja que ni siquiera vivimos en Piñera 1, donde al menos encabezamos la mesa y las comisiones de la cámara baja.

Aun así, no perdí la compostura ni la calma. "No habrá demolición de obra gruesa, será más bien un trabajo de artesanía", declaré ante la prensa apostada en el *hall* El Pensador del Congreso, después de mi debut en el Parlamento el martes 13 de marzo. Aquel día estuvo marcado por sucesivas reuniones con los presidentes de la Cámara y el Senado, las bancadas de Chile Vamos y algunos líderes opositores, como el jefe de los senadores socialistas Rabindranath Quinteros, quien me regaló un libro elaborado por su bancada cuyo título (*Una política pública procrecimiento y prodesarrollo*) no dejó de llamarme la atención por su poca ortodoxia. Las reuniones, en cualquier caso, fueron gratas y amenas. Todos manifestaron entusiasmo y óptima disposición a conversar.

El mismo día en que se conoció la noticia del pacto opositor en la Cámara, una carta pública de nueve parlamentarios frenteamplistas me invitó a conversar sobre algunas reformas contenidas en nuestro programa, puntualmente la de pensiones e infancia. Entre los firmantes estaban los diputados Tomás Hirsch y Miguel Crispi, con quienes yo había coincidido en distintos programas de radio. Demás está decir que fue una excelente señal para mí. Y no me extraña que al grupo le haya significado una fuerte recriminación de la recién llegada diputada por el distrito 12, la periodista Pamela Jiles, quien los motejó públicamente de "Blumel *lovers*". El apodo, supe de inmediato, por más que me causó alguna gracia, traería consecuencias. La incipiente apertura del sector más moderado del Frente Amplio sería sentida como una daga en la espalda por los más ultra de la coalición; para ellos, era pecado mortal cualquier diálogo con el Gobierno. Pese a eso, al día siguiente nos reunimos en la oficina de ministros del cuarto piso del Senado con algunos de los firmantes (Gabriel Boric del Movimiento Autonomista, Gael Yeomans de Izquierda Libertaria, Natalia Castillo y Pablo Vidal de Revolución Democrática). Aunque conversamos civilizadamente, no salió nada muy concreto. Fue de todos modos el primer encuentro formal que tuvo el Gobierno con el frenteamplismo, el cual más adelante daría algunos frutos.

Creo que el país valoró el espíritu unitario de esos primeros días. Valoró también, y lo digo al margen de cualquier jactancia, el estilo informal pero aplicado con que asumí el cargo.

Si bien la estrategia era construir acuerdos con la oposición, definimos partir siempre por Chile Vamos, tratando en lo posible de evitar las prácticas del llamado "pirquineo", que apura la aprobación de proyectos con votos individuales conseguidos muchas veces entre gallos y medianoche, lo que al final termina dañando la relación con aliados y adversarios. Primero teníamos que cuidar los 72 votos de nuestras bancadas, luego iríamos por los seis apoyos faltantes en la Cámara; o los tres que se requerían en el Senado para alcanzar la mayoría, donde contábamos con solo 19 de los 43 escaños. Idealmente, a partir de acuerdos institucionales con las fuerzas moderadas de la oposición: la DC, el PR y, quizás, con parte del PPD y del PS.

A través de los cinco acuerdos a los que convocó el presidente, nosotros también nos planteábamos otros tres cometidos adicionales que considerábamos muy relevantes: reducir los niveles de polarización que quedaron tras la campaña presidencial, facilitar la construcción de mayorías por la vía de ir sumando voluntades y, en último término, aterrizar las siempre volátiles expectativas, flanco que por nuestra historia convenía cuidar.

En esa línea, en nuestro mandato no habría espacio para refundaciones o retroexcavadoras. A diferencia de la estrategia legislativa del gobierno saliente, que apenas asumió retiró una docena de proyectos de ley[48], nosotros impulsaríamos iniciativas que fuesen compatibles con las ideas matrices de nuestro programa, como la reforma al Servicio Nacional de Menores o el nuevo Ministerio de Ciencias, aunque no fuesen de nuestra autoría. A las dos, de hecho, les pusimos urgencia a poco de haber asumido. También decidimos mantener en el Parlamento la propuesta constitucional de Bachelet, aunque sin urgencia, más que nada como una señal de buena voluntad, pese a que en Chile Vamos me manifestaron sus reparos por la decisión. Retirar el proyecto me parecía un gesto poco consistente con la estrategia que veníamos siguiendo y, en una de esas, más adelante necesitaríamos agua en la piscina para abordar el tema, el cual, pese a su pérdida de relevancia política, seguía con amplio apoyo en las encuestas[49].

---

48   Durante el inicio de la legislatura 2014-2018, la administración bacheletista retiró varias leyes impulsadas durante el primer mandato de Sebastián Piñera, como la reforma al gobierno corporativo de Enap, la Agencia de Políticas Públicas y la Agencia de Acreditación y Superintendencia de Educación Superior, entre otras iniciativas. En el caso de la legislatura 2018-2022, se retiraron únicamente dos iniciativas de la administración bacheletista: la reforma constitucional que creaba un consejo de ahorro colectivo en materia previsional y el aporte único a las víctimas de prisión política.

49   Según la encuesta Cadem del 12 de marzo de 2018, el 82% creía necesario contar con una nueva Constitución, mientras que el 61% lo consideraba un tema muy o bastante prioritario.

En suma, salvo incidentes menores, como el reclamo público de la presidenta de la UDI, Jacqueline van Rysselberghe, por mi receptividad a buscar una solución a la Ley de Identidad de Género[50], fue un aterrizaje relativamente suave y benigno en un Parlamento renovado como nunca. Solo en la Cámara convivían dieciséis partidos y tres coaliciones de distinto signo, lo que auguraba un nuevo ciclo político completamente distinto al que habíamos conocido hasta entonces[51].

Avanzando a buen paso

Al promediar el primer año de gobierno, la situación pintaba razonablemente bien: la calle estaba tranquila, la oposición seguía fuertemente fragmentada, Chile Vamos mantenía cohesión y disciplina, el Gobierno seguía al pie de la letra el guion preestablecido y la economía y las encuestas se mantenían encumbradas.

Coyunturas siempre complejas, como el Día del Joven Combatiente o las marchas estudiantiles, que nos golpearon fuerte en el anterior mandato, se mantuvieron apaciguadas en buena medida por la fuerte irrupción de la agenda de género durante el mes de mayo. La ola feminista, que enarboló todas sus banderas contra el machismo y la violencia contra las mujeres, significó masivas movilizaciones callejeras y la toma de decenas de colegios y universidades. La situación, pese a su complejidad, fue diestramente manejada por la ministra de la Mujer, Isabel Plá, quien literalmente se subió a la ola impulsando una batería de medidas que la encumbraron en las encuestas y desactivaron un foco que podría habernos costado más de un dolor de

---

50   Luego de un almuerzo que sostuve con los diputados de Evópoli, en el que se filtró imprudentemente un comentario mío sobre la posible incorporación de adolescentes en la Ley de Identidad de Género, la presidenta de la UDI afirmó a La Segunda que "el que aprueba las leyes es el Parlamento, no el Ejecutivo". Y agregó: "Más allá de la opinión que pueda tener un ministro, lo que prima en el Congreso es la opinión de los parlamentarios".

51   En el caso de los diputados, la legislatura 2018-2022 quedó compuesta por las siguientes bancadas: Chile Vamos, con 72 diputados provenientes de tres partidos "RN (36), UDI (30) y Evópoli (6)"; La Fuerza de la Mayoría, con 43 diputados provenientes de cuatro partidos "PS (19), PPD (8), PR (8) y PC (8)"; y el Frente Amplio, con 20 diputados de seis partidos "RD (10), PH (5), PI (1), PEV (1), Poder (1) y PL (2)"; el resto de los diputados provenían de la DC (14), el FRVS (4), el PRO (1) y uno independiente En el caso del Senado, por su parte, la primera mayoría relativa correspondió a Chile Vamos con 19 senadores "UDI (9), RN (8) y Evópoli (2)", seguida por La Fuerza de la Mayoría, con 17 senadores de tres partidos "PS (7), PPD (7) y tres independientes en cupo". Además, estaban los senadores de la DC (5), el Frente Amplio (1) y un independiente. Para más información, ver Fundación Jaime Guzmán, "Nuevo Congreso Nacional: el inicio de un nuevo ciclo político", Mirada Política, 1801, enero 2018.

cabeza[52]. La agenda desplegada por Isabel tuvo además la virtud de demostrar que causas poco identificadas con nuestro sector, como el feminismo, podían ser abordadas con solvencia desde las ideas de la centroderecha, sobre la base del respeto a la libertad y la igual dignidad de las personas.

Los primeros meses también mostraron a una oposición en pleno proceso de renovación de sus directivas[53], aun noqueada por la derrota electoral y fuertemente fragmentada. En el caso de los senadores, más cercanos a la tradición concertacionista, la rearticulación fue rápida y sin grandes fisuras; pero en el de los diputados las fuerzas se agruparon en torno a los sectores más proclives al diálogo (DC y PR), por un lado, que establecieron un bloque de coordinación conjunto para negociar las reformas con el Ejecutivo, y por otro, se juntaron aquellos más duros y confrontacionales (PS, PC y Frente Amplio). La principal estrategia de este bloque consistió en obstaculizar todo cuanto fuese posible la agenda legislativa del Gobierno e impulsar activamente acciones de fiscalización como interpelaciones, requerimientos ante Contraloría y acusaciones constitucionales[54].

Esta estrategia se desplegó por primera vez con toda su fuerza en el mes de mayo. El instrumento escogido fue una acusación constitucional en contra del ministro de Salud Emilio Santelices, producto de una serie de modificaciones introducidas al pro-

---

52   El 23 de mayo de 2018 el Presidente Sebastián Piñera y la ministra Isabel Plá anunciaron la Agenda de Equidad de Género, iniciativa compuesta por 12 medidas destinadas a erradicar toda forma de discriminación y abuso en contra de las mujeres. Las medidas incluyeron una reforma constitucional para establecer el deber del Estado de garantizar la plena igualdad entre hombres y mujeres, reformas legales a situaciones vigentes de discriminación, como la sociedad conyugal o la norma de segundas nupcias, nuevos protocolos para sancionar los abusos en la administración pública, y cambios a la Ley de Isapres y a las pensiones alimenticias, entre otras medidas.

53   Durante los primeros meses de mandato se renovaron las principales directivas opositoras. La presidencia de la DC fue asumida por el exdiputado Fuad Chahin, la del PPD por el ex Canciller de Bachelet 2, Heraldo Muñoz, y la del PR por el exministro de Justicia de Bachelet 1, Carlos Maldonado. En el PS se mantuvo otro ex ministro de Bachelet 1, Álvaro Elizalde.

54   Las primeras interpelaciones correspondieron a los ministros de Salud (2 de mayo) y Justicia (6 de junio). El PS adicionalmente presentó una serie de requerimientos ante la Contraloría, incluyendo uno en contra del Presidente de la República por el nombramiento de Pablo Piñera como embajador en Argentina (24 de abril) y otro en contra del ministro de Hacienda Felipe Larraín (8 de mayo), luego de un viaje que realizó a la Universidad de Harvard, en calidad de exalumno de esa casa de estudios, en el mes de abril.

tocolo de aborto en tres causales que habían sido objetadas por la Contraloría[55]. Si bien logramos desactivar el libelo en la Cámara con votos de la DC y de independientes[56], en buena medida por la contundente defensa realizada por el abogado democratacristiano Jorge Correa Sutil[57], las consecuencias no fueron irrelevantes. El daño político causado al titular de Salud fue significativo y la oposición tomó nota de aquello. Las acusaciones constitucionales podían herir en el ala a sus víctimas, más allá de sus posibilidades reales de ser aprobadas. Aun así, el episodio constituyó el primer triunfo legislativo de relevancia para el Gobierno.

En el frente interno, la relación con los partidos de Chile Vamos fue bastante pacífica durante los primeros meses, más allá de las tensiones propias de los periodos de instalación, momento en el que los partidos pujan fuerte por colocar a su gente. Adicionalmente, la renovación de las directivas partidarias se realizó sin mayores contratiempos ni grandes polémicas, algo que no suele ser la regla general. Mario Desbordes se impuso en RN, Jacqueline van Rysselberghe en la UDI y Hernán Larraín Matte en Evópoli. Mientras, en el Congreso las nuevas bancadas se estrenaron con disciplina y cohesión, lo que contribuyó a mejorar la percepción del sector en las encuestas: Chile Vamos quedó como la coalición política mejor evaluada (44%), seguida del Frente Amplio (30%) y más atrás por la ex Nueva Mayoría (27%)[58].

La economía también nos trajo buenas noticias. El Imacec de abril (5,9%) reflejó un mayor dinamismo asociado a la recuperación del empleo y sobre todo de la inversión, que volvió a crecer luego de cuatro años de sucesivo deterioro. La recuperación estaba apuntalada por una serie de medidas que implementamos apenas llegamos a La Moneda, como la Oficina de Gestión de Proyectos y la Oficina de Productividad del Ministerio de Economía, iniciativas que buscaban romper la inercia de la burocracia estatal para relacionarse con el sector privado. Sin embargo, lejos lo más rele-

---

55   El 10 de mayo de 2018 la Contraloría General de la República emitió un dictamen que ordenó dejar sin efecto el protocolo emitido por el Ministerio de Salud que regulaba la objeción de conciencia en la ley de aborto en tres causales, resolución emanada a partir de un requerimiento presentado por un grupo de parlamentarios de la oposición. A su vez, el 17 de mayo se presentó la acusación constitucional en contra del ministro de Salud Emilio Santelices, apenas dos meses después de asumida la nueva administración, por lejos el libelo más rápido para cualquier gobierno desde el retorno a la democracia.

56   La cuestión previa fue acogida por 84 votos contra 63, quedando la acusación constitucional como no presentada. Del total de los diputados de la DC, seis votaron a favor de acogerla: Jorge Sabag, Gabriel Silber, Joanna Pérez, Raúl Soto, Daniel Verdessi y Miguel Ángel Calisto. A ellos se sumó Pablo Lorenzini, quien en la votación se abstuvo.

57   Jorge Burgos, quien en un principio también formó parte de la defensa, se desistió tras las duras críticas que recibió de su partido luego de que se hiciese pública su decisión de asumir la defensa de Emilio Santelices.

58   Encuesta Plaza Pública, Cadem, 21 de mayo de 2018.

vante fueron las expectativas generadas por las reformas procrecimiento contenidas en nuestro programa, que apuntaban a recuperar la disciplina fiscal, potenciar el emprendimiento y corregir problemas heredados, sobre todo en el ámbito tributario.

Probablemente el aspecto más valorado de esos primeros meses fue la puesta en marcha de los cinco grandes acuerdos nacionales. A nosotros en la Segpres nos correspondió llevar la coordinación ejecutiva, lo que me permitió involucrarme directamente en la convocatoria y el desarrollo de las mesas. Las primeras mesas operativas fueron las de Infancia (2 de abril) y Seguridad Ciudadana (6 de abril), donde lo más llamativo fue la disposición a sumarse de algunos líderes frenteamplistas. Aquí resultó fundamental aquella reunión de marzo en la que habían mostrado interés en temas que calzaban con sus prioridades. "Te estoy llamando para cobrarte la palabra", le propuse sorpresivamente a Gabriel Boric a fines de marzo. Él me había manifestado su interés en colaborar con la reforma al Sename. El propósito era extender la invitación a la Mesa de Infancia a él y a la diputada RD Natalia Castillo. La señal de Boric sería muy relevante, ya que facilitaría o bloquearía las siguientes convocatorias. El PS ya había anunciado que se restaría de todas las instancias, argumentando en forma bastante espuria que las mesas buscaban sustituir el rol del Congreso. Y un acuerdo nacional sin buena parte del espectro político dejaba de ser un acuerdo nacional. "Ahí estaré", fue su respuesta inmediata. Me sorprendió, pues pensé que antes de comprometerse consultaría con su gente y sus orgánicas. No lo hizo y eso le costó algunas críticas de su propio sector. De todas formas, cumplió con su compromiso. Para mí, materializar ese tipo de vínculos era la única manera posible de lograr avances para el país.

Hacia fines de mayo todas las mesas convocadas por el Ejecutivo estaban en marcha. La Mesa de Seguridad Ciudadana, liderada por Andrés Chadwick, logró sumar al alcalde de Valparaíso, el frenteamplista Jorge Sharp, además del alcalde de Pudahuel, el socialista Johnny Carrasco, situación que dejó en muy mal pie al *panzer* del PS, el senador José Miguel Insulza, quien optó por acatar la negativa de la mesa de su partido pese a haber manifestado públicamente su interés por participar. En el caso de la Araucanía no hubo una mesa formal, sino que se realizaron rondas de diálogos y reuniones en terreno lideradas por el ministro de Desarrollo Social, Alfredo Moreno. Las últimas mesas en ponerse en marcha fueron las de Salud (11 de mayo) y Desarrollo Económico (17 de mayo), aunque en estas ya no hubo integrantes del Frente Amplio. La buena disposición se les había agotado.

El buen inicio se reflejó especialmente en la cuenta pública del 1 de junio, en la que el Presidente transmitió a la ciudadanía las principales prioridades del Gobierno. El mensaje fue escuchado y, lo más importante, valorado. Obtuvo un 61% de aprobación ciudadana, según la encuesta Cadem, estudio que además reveló que lo más valorado por las personas fueron las medidas procrecimiento, los anuncios en educación y la agenda de género.

"Lo que hizo el Presidente fue aterrizar los proyectos fundamentales del programa", declaré en la ronda de entrevistas que hice tras la cuenta pública, dando cuenta de que Piñera había planteado una misión ("Alcanzar el desarrollo integral"), un método ("Reformismo gradual mediante la búsqueda de consensos") y las prioridades centrales de su mandato ("Empleo y crecimiento, seguridad, salud, infancia y adultos mayores"). Puesto de otra manera, había transformado el programa de gobierno en un plan de gobierno. Eran cerca de cincuenta leyes, la mitad proyectos nuevos, que tendríamos que ingresar en los próximos meses. Con ello empezábamos a dejar atrás la exitosa instalación inicial enfocada en urgencias como el Sename, la migración o los cambios en Carabineros, que concitaron amplio apoyo y unidad, para empezar una ruta mucho más exigente y fatigosa, cuyo foco sería el corazón del programa.

Las primeras escaramuzas

Después de la cuenta pública, sin embargo, se produjo un notorio cambio de ánimo en la izquierda. Promediando el invierno, se inició una fuerte arremetida liderada por el presidente del Senado Carlos Montes, quien acusó la existencia de una "sequía legislativa" de parte del Gobierno, estrategia que ya había sido utilizada el 2010 por el entonces senador Andrés Zaldívar. Pese a que hacia fines de junio más del 60% de las comisiones se encontraban tramitando proyectos impulsados por el Ejecutivo, en virtud de las 45 urgencias legislativas que teníamos vigentes a esa fecha, las críticas arreciaron con dureza desde la oposición. Y apuntaron directamente hacia mí. "El ministro Segpres es el responsable de esta sequía legislativa [...] No lleva la gestión política de los proyectos", afirmó en una entrevista publicada por *El Mercurio* la senadora DC por Atacama Yasna Provoste[59].

Claramente me estaba jugando en contra la estrategia de avanzar en nuestro programa a partir de iniciativas radicadas en el Congreso, mociones parlamentarias o mensajes originados en gobiernos anteriores, como forma de facilitar la construcción de acuerdos transversales. La prensa hizo eco de la polémica levantando dañinas comparaciones respecto de los proyectos ingresados por los gobiernos de Piñera 1 y Bachelet 2, administración que se caracterizó por el frenesí legislativo de sus primeros meses, lo que en aquel entonces fue muy cuestionado por sus propios partidarios. De nada servía retrucar que ya habíamos logrado acuerdos relevantes en leyes tremendamente simbólicas, como el nuevo Ministerio de Ciencias o la imprescriptibilidad de los delitos sexuales contra los menores de edad, ni tampoco que ya habíamos ingresado varios proyectos importantes de nuestro programa, como la gratuidad para la educación técnico-profesional o el nuevo sistema de financiamiento para la educación superior, iniciativas completamente bloqueadas en la Comisión de Educación del Senado por Yasna Provoste, quien, para mala suerte nuestra, la presidía. El problema no era técnico ni racional, sino político. La izquierda había decidido pasar al ataque y yo era la víctima de turno.

---

59   Diario El Mercurio, 28 de junio de 2018.

Me estaban pulseando, especialmente los senadores, quienes —comenzaba a darme cuenta en persona— tenían maña y oficio de sobra. Me habían elegido de blanco, pero no me la iban a ganar con tanta facilidad. Inmediatamente salí a contragolpear acusándolos de obstruccionismo, lo que era fácilmente constatable. No había el más mínimo respeto por los tiempos de tramitación establecidos en las urgencias legislativas del Ejecutivo, lo que era una obligación según la Ley Orgánica del Congreso. Los presidentes de las comisiones, todos de oposición, hacían y deshacían las tablas a su antojo, abusando de sus facultades. Un ejemplo patente era lo ocurrido en la Comisión de Salud de la Cámara, donde habíamos dispuesto suma urgencia a la Ley de Fármacos en incontables ocasiones, lo que les daba un plazo de quince días para su despacho. Sin embargo, la tabla de la comisión se mantenía copada con otros proyectos, como la legalización de la *cannabis*, la regulación de la eutanasia y la prohibición de la objeción de conciencia institucional en la ley de aborto; todas, mociones parlamentarias de la izquierda sin ninguna urgencia legislativa. ¿De qué estábamos hablando, entonces?

El presidente Piñera se metió al baile y llamó al Congreso a hacer la pega, lo que por supuesto incendió la pradera. "A los que hablan de sequía legislativa, yo les digo: en primer lugar, pónganse a trabajar en los muchos proyectos que ya hemos enviado", señaló. Nos habían hecho pisar el palito llevándonos a su zona de confort. La presidenta de la Cámara de Diputados Maya Fernández (PS) respondió enviando una carta al mandatario en la que pedía respeto por la función de la corporación, misiva que casi le cuesta una censura de los parlamentarios de Chile Vamos. Tuvimos que salir rápidamente a desactivar esta iniciativa ya que solo hubiese contribuido a enardecer aún más los ánimos y, en cualquier caso, tampoco contábamos con los votos suficientes para removerla.

Además de la presunta sequía legislativa, la oposición también empezó a reclamar la existencia de "letra chica", desprolijidades técnicas y retrasos en las indicaciones, puras falacias que apuntaban únicamente a torpedear la marcha del Gobierno. El objetivo era claro: la oposición había entendido que su mejor trinchera era el Congreso, lugar desde el cual podían trabar nuestra agenda e imponer sus términos. Desde ahí visibilizarían sus prioridades y empañarían las nuestras. Pronto comenzaron a impulsar una serie de propuestas, algunas de dudosa constitucionalidad, como la flexibilización de jornada laboral, la creación de una empresa estatal del litio o las cuotas de género para el sector privado, las cuales fueron poniendo en tabla en forma progresiva abusando de sus mayorías.

Nosotros, por cierto, también contribuimos con algunos traspiés completamente evitables, como el rechazo del proyecto de salario mínimo —nuestra primera gran derrota legislativa— o la imposibilidad de contener mociones parlamentarias como la Ley de la Jibia, proyecto que nos causaría intensos dolores de cabeza en los siguientes meses. En el caso del salario mínimo fuimos estrepitosamente vapuleados por la oposición, que rechazó el veto presidencial enviado por el mandatario, hecho inédito en las últimas décadas, y pese a contar con un acuerdo inicial con diputados de la DC y el PR[60]. El error fue habernos confiado en que la oposición no se atrevería a dejar sin reajuste a los trabajadores más vulnerables —reajuste que, además, era el doble en términos reales que los otorgados por Bachelet—, lo que nos llevó a ser algo inflexibles en las negociaciones previas. Nos confiamos en que, como siempre sucedía en las negociaciones del salario mínimo, al final cederían. Cuando se rechazó el veto en la Cámara de Diputados no hubo celebración alguna por parte de los vencedores, solo un apagado murmullo de asombro por lo ocurrido.

El *impasse* se solucionó una semana después, luego de un protocolo de acuerdo alcanzado con los integrantes de la Comisión de Hacienda del Senado, Jorge Pizarro (DC) y Ricardo Lagos Weber (PPD), episodio en el cual Chadwick mostró toda su muñeca política, dejándonos a los tres ministros negociadores en el más completo ridículo. La situación fue recogida por una nota de *La Tercera* que se refirió a nosotros como "el ausente, el ansioso y el novato", debido a que el titular de Hacienda, Felipe Larraín, había faltado a la sesión clave por acudir a un seminario en Concepción, mientras que el de Trabajo, Nicolás Monckeberg, parecía un caballo desbocado a la hora de negociar (demás está decir quién era el novato).

La ofensiva opositora empezó a menguar hacia el fin del invierno, tras el ingreso de una batería de nuevos proyectos, como la Ley de Trabajo a Distancia, la Sala Cuna Universal, el Servicio de Protección a la Niñez y el nuevo Sistema de Financiamiento de la Defensa Nacional. A esa altura ya teníamos más de 65 proyectos con urgencias vigentes. La crítica cambió. Ya no se hablaba de "sequía" legislativa sino de "*urgentitis*". Ahora lo que se alegaba era la excesiva carga de trabajo legislativo.

En cualquier caso, el resultado de la arremetida no fue inocuo en lo personal. Había resistido, es cierto, aunque igual quedé algo averiado en términos políticos tras semanas de polémicas estériles, en las que la oposición logró instalar hábilmente al titular de Interior como el interlocutor más efectivo de La Moneda. Si yo no era capaz de revertir la situación en los siguientes meses, políticamente para mí podía terminar siendo letal. El episodio me hizo ver que al arco opositor que teníamos enfrente le daba lo mismo dispararle a un ministro duro y combativo, o a otro con el cual supuestamente podían dialogar. A los dos intentarían cortarles la cabeza por igual.

Sin embargo, el tema más relevante era otro. La oposición nos había demostrado que desde el Congreso podían causarnos problemas. Habían encontrado una fórmula para sobrellevar, bajo una engañosa pantalla unitaria, la enorme fragmenta-

---

60   El veto presidencial, enviado luego de que el Congreso despachara la iniciativa, siguiendo una propuesta impulsada por senadores de oposición que introducía cambios al proyecto, establecía un mecanismo de reajuste plurianual que aumentaba el guarismo a $286.000 en agosto de 2018, $301.000 en agosto de 2019, más un alza del 2,5% real en marzo de 2020 si el crecimiento de la economía se mantenía entre 2% y 4%. El veto fue rechazado el 28 de agosto de 2018 en la Cámara de Diputados, por 55 votos a favor y 64 votos en contra. Fue la primera vez desde 1990 en que se dejó sin reajuste el salario mínimo.

ción política e ideológica de sus filas. Era el único espacio, la única trinchera, donde podían ponerse acuerdo en algo e imponernos sus términos, sus temas y sus tiempos. Teníamos pocas herramientas para evitarlo, salvo nuestra capacidad de persuadir y lograr acuerdos. Valparaíso se había convertido en un campo de batalla donde podían hacernos frente con eficacia.

Jugando con fuego

Aunque aún no lo podíamos ver con total claridad, ese campo de batalla, a la vez real y simbólico, reflejaba algo mucho más profundo en cuanto a las limitaciones de nuestro sistema político. Sin darnos cuenta, comenzábamos a empinarnos por riesgosos acantilados institucionales que pronto amenazarían con desbarrancarnos.

Desde que la oposición descubrió que podía arrinconar al Gobierno con cualquier pretexto en el Parlamento, incluso forzando o torciendo las reglas del juego, el país entró, si no a un nuevo ciclo político, sí a una etapa de altísima conflictividad democrática e institucional. Cuando hay un gobierno que no tiene mayoría parlamentaria —lo que ha constituido la regla general en nuestra historia republicana—, la racionalidad del sistema político supondría que entonces tanto el Ejecutivo como el Legislativo debiesen allanarse a lograr acuerdos para que el país siga funcionando y progresando. Así ocurrió durante la década de los 90 y buena parte de los 2000, ya que, hasta la reforma constitucional del 2005 que terminó con los senadores designados, ningún gobierno contó con mayorías parlamentarias para imponer unilateralmente su agenda. Aun así, hubo capacidad para concordar reformas de envergadura, como los cambios tributarios y laborales de Patricio Aylwin, la jornada escolar completa de Eduardo Frei, el Plan AUGE de Ricardo Lagos o la reforma previsional de Michelle Bachelet. Fueron, sin embargo, precisamente esos acuerdos lo que más satanizó la nueva izquierda encarnada en el Frente Amplio, arrastrando tras de sí a la vieja izquierda concertacionista, que de la noche a la mañana abjuró de su legado y se avergonzó de su obra.

Ciertamente, y en contra de lo que piensan muchos analistas y expertos, mi percepción es que el sistema político nunca se atascó por completo. Ni siquiera en los peores momentos. Supimos sortear la crisis de los pingüinos el 2006, la del Transantiago el 2007 o la de los estudiantes universitarios el 2011, aunque esta última con varios trastabillones. Pero gobernar, presentar proyectos de ley, sondear a las bancadas parlamentarias, buscar fórmulas para que las iniciativas fueran saliendo del Congreso, se volvieron tareas cada vez más difíciles y ripiosas.

Y lo que sí ocurrió a consecuencia de todo esto, es que se fue instalando de manera muy transversal la idea de que el sistema político había dejado de servir tanto a las expectativas como a las urgencias de la ciudadanía. Reformas indispensables, como los cambios al sistema previsional, a las isapres o a las policías quedaron empantanadas por años en las distintas comisiones legislativas del Congreso. Hasta temas angustiosos y dramáticos, como la protección de la infancia vulnerable, más allá de declaraciones altisonantes y lacrimosas de parte de las autoridades de turno, naufragaron irremediablemente en las telarañas de la indolencia legislativa.

Al final nada de esto fue gratis porque se tradujo en un acelerado desprestigio de la función política. El *rating* de la Cámara, del Senado, de los partidos, de las dirigencias políticas, llegó a niveles vergonzosos y cuesta entender que no se haya sabido reaccionar a tiempo. Cuesta entender que ni siquiera se tuviera la intención de reaccionar.

Por el contrario, el bloqueo y la polarización del sistema político fueron la tónica predominante ya en el primer mandato de Sebastián Piñera, periodo en el que la relación entre el Ejecutivo y el Parlamento fue derechamente traumática, luego de que la mayoría opositora se atrincherase en posiciones obstruccionistas que en el fondo le negaban a la centroderecha la posibilidad de gobernar. A partir de ese momento, algo se quebró. Reglas básicas de la democracia, como el reconocimiento de la legitimidad de los adversarios políticos o el respeto irrestricto por las normas institucionales, dejaron de percibirse como límites infranqueables.

Ahora bien, para ser a la vez ecuánimes y rigurosos, hay que reconocer que este fenómeno, el de la embestida parlamentaria sobre el sistema político, las ansias de cogobierno o, más recientemente, el parlamentarismo de facto, no comenzaron con Piñera 1 ni mucho menos. Fue algo progresivo y paulatino, que se acumuló durante muchos años. ¿Cuándo comenzó? ¿Qué lo gatilló? No lo tengo claro. Fue quizás luego de que la figura de Pinochet comenzara a disolverse en el tiempo. Mientras vivió, gústenos o no, el sistema se mantuvo alineado en torno a ciertos ejes ordenadores, tanto en la izquierda como en la derecha. Cuando Pinochet desaparece, dichos ejes evidentemente empezaron a debilitarse. También influyeron los cambios al sistema electoral introducidos por Bachelet 2, reforma que exacerbó la polarización política, la fragmentación y el discolaje, acentuando en varios grados los problemas de gobernabilidad. Y no es descartable que haber acortado el periodo presidencial de seis a cuatro años sin posibilidad de reelección inmediata, otra consecuencia de la reforma constitucional del 2005, haya terminado acelerando las fuerzas centrífugas del sistema político. A fin de cuentas, el principal eje ordenador ha sido siempre la autoridad presidencial y dicho cambio indudablemente contribuyó a debilitarla.

A mediados de 2018 no lo sabíamos con certeza, pero esas placas tectónicas estaban juntando fuerza bajo el sistema político, esperando la chispa que desatase el fuego. Lo que estaba por verse era la magnitud del incendio.

Tomando un poco de aire

Septiembre de 2018 nos encontró razonablemente bien parados tras los seis primeros meses de gobierno. En lo personal, disfruté mucho participando de los ritos republicanos de Fiestas Patrias, incluyendo la foto oficial del gabinete en La Moneda, el

Te Deum ecuménico de la Catedral, la gala oficial en el Teatro Municipal y la Parada Militar en la elipse del Parque O'Higgins, que solo había visto por televisión. Además de las jornadas electorales, donde podemos depositar nuestro voto en las urnas y elegir a nuestras autoridades, y de los partidos de la selección chilena, donde por noventa minutos es posible dejar de lado hasta las diferencias más profundas, vivir como ministro de Estado los ritos republicanos es lo más cercano que uno tiene de comulgar con los misterios de la chilenidad. Fue un relajo y una tregua del fragor político del día a día.

A esas alturas, me había adaptado a mi vida de ministro y mi rutina ya se había vuelto bastante regular. Se podría decir que me resultaba hasta grata. Los lunes eran los días más intensos en términos políticos. Partían a primera hora con la reunión del comité político con el Presidente en el comedor presidencial, donde el mandatario llegaba como una locomotora a todo vapor, cargado de encargos y prioridades acumuladas durante el fin de semana. Luego bajábamos al Salón Entre Patios del Ministerio del Interior a la reunión con Chile Vamos, para terminar en mi oficina con los jefes de bancada de la coalición en la coordinación legislativa semanal. Los martes, miércoles y buena parte de los jueves los pasaba en la sede del Congreso en Valparaíso. Por lo general las mañanas las dedicaba a las sesiones de sala de la Cámara, las tardes eran equivalentes en el Senado, mientras que las noches las dejaba para reuniones y comidas de coordinación política con parlamentarios oficialistas y de oposición, por lo general en dupla con algún otro ministro o con mi collera de siempre, Claudio Alvarado. Era bastante común terminar esas jornadas cerca de la medianoche, regresando a la casa por una Ruta 68 semivacía, acompañado por Eduardo, mi chofer, y Cristián, mi escolta, quienes me esperaban pacientemente hasta finalizar el último compromiso. La mayor parte de las veces me quedaba profundamente dormido antes de subir por la avenida José Santos Ossa y despertaba recién en el túnel de la Costanera Norte al llegar a la capital. Sin importar a la hora que llegara a casa, al día siguiente siempre intentaba estar con mi mejor cara para ir a dejar a mis hijos al colegio. Era mi momento especial con ellos y, por muy poco que hubiera dormido algunas veces, era un privilegio al cual no estaba dispuesto a renunciar.

A la llegada de la primavera ya se habían desplegado todas las mesas de los acuerdos nacionales, con dos de ellas, Infancia y Seguridad Ciudadana, arribando a buen puerto mediante informes de consenso suscritos por la totalidad de sus integrantes[61].

---

61   La Mesa de Infancia entregó su informe 30 de mayo de 2018. Este incluyó 94 medidas de consenso, entre las que destacaban la creación de una nueva institucionalidad para la infancia, una nueva ley de adopciones e iniciativas en salud mental. En el caso de la Mesa de Seguridad, el 19 de julio se presentó un informe de consenso con 150 medidas relacionadas con la modernización de las policías, el control de las armas de fuego, la modernización del sistema de Inteligencia del Estado, la persecución penal y los municipios. En el caso del Acuerdo de Paz por la Araucanía, el 24 de septiembre se presentaron 110 medidas concretas luego de cuatro rondas de Diálogos por la Paz y más de cien encuentros con actores locales. La Mesa de Salud, a su vez, concluyó su informe en agosto. Fue firmado por todos los integrantes, pero nunca fue presentado públicamente debido al conflicto generado por el nombramiento del subsecretario de Redes Asistenciales Luis Castillo, que significó airados reclamos de la DC y del resto de la oposición. Por último, la Mesa de Desarrollo Integral entregó sus propuestas de

En el campo legislativo contábamos con una nutrida agenda en el Congreso, que se potenció con el ingreso de la reforma tributaria y previsional, presentadas en agosto y octubre, respectivamente.

La primera revertía buena parte de las modificaciones introducidas por Bachelet durante su segundo mandato: simplificaba los procesos tributarios, estimulaba la inversión y dotaba al sistema de mayor equidad horizontal, algo tan sencillo como que dos personas que ganan lo mismo, una por rentas del capital y la otra por rentas del trabajo, soporten la misma carga. La reforma había logrado concitar el apoyo de la Multigremial de Emprendedores, la Conapyme y el Colegio de Contadores, entre otras organizaciones gremiales, y también incorporaba beneficios para las pequeñas y medianas empresas, la clase media, la Araucanía y las zonas extremas. Además, consideraba por primera vez una nueva institucionalidad tipo *ombudsman* que denominamos Defensor del Contribuyente.

En el caso de la reforma previsional, el proyecto fue presentado por el Presidente en un solemne acto realizado en el Patio de los Naranjos de La Moneda. Me correspondió firmarlo con los ministros de Hacienda, Trabajo y Desarrollo Social. Tal como lo habíamos comprometido, establecía un aumento gradual del 40% en el monto de las pensiones solidarias, creaba un seguro de dependencia para los adultos mayores no valentes, junto con un nuevo pilar solidario para las mujeres y la clase media, e introducía un aumento de la tasa de cotización de cuatro puntos porcentuales de cargo de los empleadores, beneficios que en régimen llegarían a cerca de 2,2 millones de adultos mayores y que costarían al fisco nada menos que 3.500 millones de dólares.

Ambas eran reformas de envergadura que se hacían cargo de nuestras principales promesas de campaña, lo que naturalmente cambió el eje y el tono de la discusión. A partir de ese momento el debate político empezó a girar en torno a la tramitación legislativa de las iniciativas, que fueron miradas desde un primer momento con abierta hostilidad por la oposición.

La primavera en todo caso nos brindó un "veranito de San Juan", con pleno control de la agenda, alto apoyo en las encuestas, buenas cifras económicas y un éxito descomunal en la Corte Internacional de La Haya, que descartó cualquier obligación chilena de negociar con Bolivia un acceso soberano al océano Pacífico. El mandatario aprovechó de potenciar su agenda con viajes al extranjero que resultaron todo un éxito, como la cumbre anual de Naciones Unidas, una lúcida gira europea y la participación en el G20 de Argentina, donde sostuvo reuniones bilaterales con sus pares Emmanuel Macron de Francia, Shinzo Abe de Japón, Narendra Modi de India y Theresa May del Reino Unido.

---

consenso el 5 de noviembre, en torno a nueve ejes relacionados con inversión, inserción internacional, modernización del Estado, productividad, desarrollo del mercado de capitales, empleos de calidad, competencia y protección de los consumidores, emprendimiento y pymes, y reducción de pobreza y protección de la clase media.

Pese a un accidentado ajuste de gabinete realizado en agosto, que significó la salida de Alejandra Pérez de Cultura y de Gerardo Varela de Educación[62], el apoyo al Ejecutivo y al equipo ministerial seguía siendo elevado. Según un estudio especial de Cadem, el respaldo al Presidente promediaba 54% en sus seis primeros meses, y lo más valorado eran el acuerdo por la infancia y las nuevas políticas migratorias. En mi caso, acumulaba un conocimiento no tan elevado (44%) pero contaba con altos índices de apoyo (63%), el cuarto en el gabinete tras la ministra de la Mujer Isabel Plá (74%), el canciller Roberto Ampuero (69%) y el ministro de Defensa Alberto Espina (65%). Números más que buenos, considerando que los cargos políticos son por lejos los menos vistosos y, sobre todo, luego de la dura arremetida que debí soportar por la "sequía legislativa". Por lo mismo, aproveché el *momentum* para salir de la trinchera y avanzar en otros asuntos menos farragosos.

La modernización del Estado siempre fue una de mis obsesiones más personales y quise convertirla en un tema prioritario de mi gestión. Quizás por las luces que me habían entregado algunas lecturas como las de Michael Barber[63] o Yuval Noah Harari[64], o por mi afición a la historia, o simplemente por mi experiencia como funcionario público, tenía claro que era urgente impulsar transformaciones estructurales en nuestras obsoletas instituciones estatales, embarcándolas de lleno en la revolución de los datos y de la inteligencia artificial. En poco más de un siglo habíamos pasado de cinco ministerios y dos o tres servicios públicos, a 24 ministerios, 30 subsecretarías y más de 50 servicios públicos. Inevitablemente esta explosión de la burocracia generó inflexibilidades, descoordinaciones y serios problemas de adaptación entre los distintos organismos del Estado, situación que se agrava producto de las restricciones propias del derecho público, que permite hacer solo aquello que está expresamente permitido y no aquello que no está prohibido. Si quería realizar un aporte significativo como ministro, este iba a ser mi tema.

Mis años como funcionario municipal me permitieron conocer de cerca el drama que significa la obsolescencia del Estado, que suele organizarse en función de sí mismo y no de las necesidades de las personas. Los trámites burocráticos, la falta de empatía y, no pocas veces, los abusos de los funcionarios me frustraban enormemente. Recordaba las filas de adultos mayores bajo el frío y la lluvia sureña esperando pacientemente el pago de sus pensiones, cuando dicho trámite podía resolverse con una

---

62   Pese a sus buenas intenciones, Varela se saboteó a sí mismo con su incontinencia verbal y algunas declaraciones desafortunadas. Su reemplazo gatilló el primer cambio de gabinete del Gobierno, ocurrido el 9 de agosto de 2018. Este significó el traslado de Marcela Cubillos a Educación, la llegada de Carolina Schmidt a Medio Ambiente y el arribo de Mauricio Rojas a Cultura. Rojas tuvo que dejar el cargo prontamente debido a una polémica producida tras conocerse unas alusiones críticas suyas al Museo de la Memoria. Fue reemplazado, el 13 de agosto, por Consuelo Valdés.

63   Destacado académico e investigador británico, exdirector de la Delivery Unit (2001-2005) del Primer Ministro Británico Tony Blair.

64   Destacado historiador y escritor israelí, autor de libros como Sapiens: De animales a dioses (2011), Homo Deus: Breve historia del mañana (2015) y 21 Lecciones para el Siglo XXI (2018).

simple transferencia electrónica a las cuentas personales del Banco Estado. Cada año el Estado emite cerca de 75 millones de certificados anuales en más de 3.700 trámites, que tomaban en promedio dos horas cada uno, y que le quitaban decenas de millones de horas de legítimo descanso a las personas.

Liderar la Agenda de Modernización del Estado, lanzada en el invierno de 2018, fue una de mis mayores satisfacciones como ministro. Quedar a cargo del tema me costó algo de *lobby* con el Presidente y un cierto malestar de Hacienda, que también lo quería bajo su alero. El hito de partida fue en junio, con la presentación del Consejo de Modernización del Estado, instancia asesora que creamos y que fue liderada por el excontralor Ramiro Mendoza. El propósito era triple: impulsaríamos un Estado con cero papeles y cero filas, tarea encargada a la División de Gobierno Digital; un Estado innovador y eficiente, que nunca más le pediría a nadie un certificado que hubiese emitido el propio Estado; y un Estado transparente, con datos abiertos, acceso a la información y severas normas anticorrupción. En definitiva, un Estado que además de hacer el bien lo hiciese bien, con mejores servicios para la ciudadanía y mayores niveles de confianza en sus reparticiones públicas.

El esfuerzo de tradujo posteriormente en una serie de proyectos presentados al Congreso, como la Ley de Transformación Digital del Estado (junio), la Ley de Integridad Pública (julio) y la Ley de Transparencia 2.0 (agosto)[65]. Los proyectos fueron complementados con diversas iniciativas relacionadas con la digitalización del Estado, como la Clave Única, la Comisaría Virtual y el Hospital Digital, innovaciones que fueron consolidando una agenda poco vistosa en términos políticos, pero muy importante en términos morales[66]. El Estado, para buena parte de los chilenos, es la única posibilidad de mejorar sus condiciones de vida. Aquello lo pude constar en primera persona en mis años en Futrono y ciertamente no lo había olvidado.

Aula Segura, una dura batalla

El único asunto realmente insalvable de mi situación, hasta ese momento, seguía siendo la desconfianza endémica que me tenía la presidenta de la UDI, Jacqueline van Rysselberghe. Me había acusado de querer "correr el cerco hacia la izquierda" a raíz del acuerdo alcanzado en la Ley de Identidad de Género, norma que habíamos viabilizado mediante un texto completamente razonable que, dicho sea de paso,

---

65   La Ley de Transformación Digital del Estado fue despachada con amplio apoyo en septiembre de 2019, tras el acuerdo alcanzado en la comisión mixta luego de 14 meses de tramitación en el Congreso. La Ley de Transparencia 2.0 fue aprobada por la Cámara de Diputados en marzo de 2020, encontrándose actualmente en el Senado. La Ley de Integridad Pública fue aprobada en general por la Comisión de Gobierno del Senado en septiembre de 2018, manteniéndose sin mayor movimiento desde entonces.

66   Todas estas iniciativas más adelante resultarían fundamentales para enfrentar el Covid-19, especialmente la Clave Única y la Comisaría Virtual, plataformas que fueron la base de las medidas adoptadas durante la pandemia.

nos evitó otra dolorosa derrota legislativa como la del salario mínimo[67]. La senadora por Biobío tampoco me perdonaba la cercanía personal y política con parte de su "disidencia", integrada por los diputados Jaime Bellolio, Javier Macaya y Guillermo Ramírez, con quienes nos conocíamos desde los años en que habíamos coincidido en el programa Jóvenes al Servicio de Chile. A pesar de todo, mi relación con el resto de Chile Vamos gozaba de buena salud y, en el caso de la oposición, se había ido normalizando, en buena medida gracias a la exitosa tramitación de la Ley Aula Segura, que fue un gran triunfo legislativo para el Gobierno y a la vez me validó como contraparte con los principales líderes del Senado. Sin embargo, como contrapartida, me significó una ruptura sin vuelta atrás con la ministra Marcela Cubillos.

Todo comenzó durante una sesión del Senado, cuando se me acercaron Yasna Provoste y Jaime Quintana para buscar un acuerdo en relación al proyecto, que generaba rechazo en la oposición pese a contar con un respaldo amplísimo en las encuestas[68]. El texto proponía una serie de mecanismos para fortalecer las facultades disciplinarias de los directivos escolares, tema que se había tomado la agenda luego de la violenta irrupción de los "overoles blancos" en algunos establecimientos como el Instituto Nacional y el INBA, es decir, estudiantes radicalizados en su mayoría pertenecientes a los liceos emblemáticos de Santiago, que realizaban regularmente disturbios y ataques incendiarios en la vía pública, y que se habían transformado en un grave problema de seguridad pública[69]. La conversación que tuve con los senadores fue captada por un medio de prensa, lo cual desató una profunda molestia en la titular de Educación.

"Quiero saber si el Gobierno me va a quitar el piso con el proyecto", me reclamó airada Cubillos por teléfono luego de enterarse del contenido de la nota, protesta que tuve que aguantar como un chaparrón de mala onda en el pasillo del departamento del histórico dirigente de la DC Genaro Arriagada, con quien nos veníamos reuniendo, junto a Andrés Chadwick, en busca de puntos de acuerdo para nuestras reformas estructurales. Por más que le intenté explicar que la iniciativa era un proyecto emblemático que queríamos aprobar a toda costa y que mi rol como Segpres era mantener una relación fluida con los parlamentarios, no pudo entender que yo no tenía cómo evitar que se me acercaran los parlamentarios opositores en las

---

67   La iniciativa era una moción parlamentaria que venía tramitándose desde 2013, siendo rechazada en su último trámite a fines del segundo mandato de Bachelet. Luego de meses de tramitación en la comisión mixta, se alcanzó un acuerdo para incorporar a los adolescentes de entre 14 y 18 años, previa autorización de los padres; el consenso fue liderado por el ministro de Justicia y expresidente de la UDI, Hernán Larraín. La norma fue aprobada en el Senado el 4 de septiembre por 26 votos a favor y 14 en contra. Contó con solo cuatro de los 19 votos de Chile Vamos. En la Cámara, por su parte, fue aprobada el 12 de septiembre por 95 votos a favor y 46 en contra, y recibió el apoyo de 20 de los 72 votos de Chile Vamos.

68   Según la encuesta Cadem publicada el 29 de octubre, el apoyo al proyecto llegaba al 77%.

69   En lo que iba del año se habían acumulado 78 ataques con 759 bombas molotov en siete liceos de Santiago, con 31 adultos y 217 menores de edad detenidos, según los registros policiales.

sesiones de sala. Y que, por el contrario, mi deber era precisamente cultivar esos vínculos. No hubo caso. "Si esta va a ser la tónica, mañana le entregas mi carta de renuncia al Presidente", fue el cierre de la conversación. Era la primera vez desde que había asumido el cargo que me ocurría una situación así. Hasta ese momento venía manteniendo una excelente relación con todos los integrantes del gabinete. Al revés: todos apreciaban mucho el apoyo legislativo que les brindábamos desde la Segpres.

Con el paso de los días la situación solo empeoró. Desde el punto de vista político, la oposición se fue endureciendo en contra del proyecto y, desde el punto de vista personal, los roces con Cubillos, lejos de atenuarse, aumentaron. Cubillos además trató de meter una cuña en mi amistad con Claudio Alvarado, con quien ella había coincidido en la bancada de diputados de la UDI, pues lo involucró activamente en la tramitación del proyecto dejándome a mí completamente apartado. Él sí podía intervenir, yo no. Claudio, como siempre, actuó con absoluta lealtad y me mantuvo al tanto de todo lo que iba sucediendo.

El clímax se produjo el 23 de octubre, luego de que la Comisión de Educación del Senado, liderada por Yasna Provoste, aprobara el proyecto, pero introduciéndole tantos cambios que lo desnaturalizaron por completo. Hasta el nombre fue modificado. En vez de "Aula Segura" pasó a llamarse "Proyecto de ley que fortalece las facultades de los directores de los establecimientos educaciones en materias de convivencia escolar". Nuevamente los senadores opositores habían impuesto su mayoría, doblándole la mano al Ejecutivo, tal como había ocurrido con el salario mínimo.

En la reunión de coordinación que sostuvimos con nuestros parlamentarios al final de esa jornada para evaluar los cursos de acción, Cubillos ni siquiera me dirigió la palabra. Nos encaminábamos a un desastre político de proporciones. El proyecto sería aprobado en los términos de la oposición al día siguiente, el Gobierno fracasaría nuevamente con una de sus iniciativas emblemáticas y el responsable, indudablemente, sería la Segpres por no haber conseguido los votos suficientes. Con el paso de los meses había aprendido que los éxitos legislativos por lo general eran del resto, mientras que las derrotas siempre eran mías.

A la mañana siguiente partí a primera hora a Valparaíso. "Claudio, me voy al Congreso", le avisé a Alvarado. Algo teníamos que hacer, aunque no sabía exactamente qué. No podíamos dejar caer la iniciativa. Pese a haber sido excluido de las negociaciones por la propia titular del proyecto, mi deber era hacer lo posible para que fuese aprobado en nuestros términos. El punto se había vuelto demasiado emblemático y estaba concitando toda la atención de la prensa. Quedaba una última oportunidad antes de que se consumara el desastre, ya que el proyecto tenía que pasar por la Comisión de Hacienda, donde había cultivado buenas relaciones con sus integrantes, especialmente con Ricardo Lagos Weber (PPD), quien presidía la instancia. Claudio, por su parte, había trabajado un posible texto de consenso con los asesores de los parlamentarios de oposición. Teníamos que jugarnos la última ficha.

En la carretera, aproveché de conversar telefónicamente con varios senadores, como José Miguel Insulza y Juan Pablo Letelier (PS). Había ánimo de solucionar el *impasse*. A eso del mediodía nos reunimos reservadamente con los integrantes de la Comisión de Hacienda. Por el lado nuestro, Claudio Alvarado y yo; por el de ellos, Lagos Weber,

Letelier y Jorge Pizarro (DC). Era la última posibilidad de alcanzar un entendimiento. Luego de escuchar duras recriminaciones durante largos 20 minutos, entendí que en el fondo lo único que querían era lograr un acuerdo. La iniciativa era popular y necesaria, y no querían pagar el costo de derribarla. El endurecimiento opositor, se notaba en sus palabras, se debía en buena medida a la fuerte arremetida comunicacional del Gobierno, que los tenía contra las cuerdas frente a la opinión pública. El Presidente los había empujado hasta el límite al afirmar en sus redes sociales que la oposición tendría que decidir si estaban de parte de las comunidades educativas o de los "overoles blancos". Lo más insólito, reclamaban, era que nadie nunca les había propuesto en serio buscar un entendimiento. "Hasta cuándo nos van a pegar", fue el sentido reclamo de Lagos Weber. Miré de reojo a Claudio. "Hay que dejar que se desahoguen", me escribió reservadamente por el WhatsApp.

Dicho y hecho. Luego de descargar las tensiones, logramos consensuar en términos generales una indicación sustitutiva a partir del texto que había trabajado sigilosamente Claudio con los asesores legislativos de la oposición. Los dos o tres puntos finales los cerramos en una conversación de última hora que sostuvimos a puertas cerradas Letelier y yo, en la sala de ministros del cuarto piso del Senado, mientras Claudio se aseguraba de que no aparecieran periodistas ni mucho menos la titular de Educación. Si se sabía de mi participación en el trato, probablemente todo se habría ido al diablo.

Finalmente, ante la sorpresa de nuestras bancadas y de toda la prensa, el texto fue aprobado en el Senado cerca de la medianoche por 33 votos a favor y solo uno en contra. Aprendimos algo: si queríamos ganar, también tendríamos que aprender a perder, favoreciendo a los moderados en desmedro de los más extremos. En esta ocasión lo habíamos logrado. No teníamos mayorías en el Congreso y mi deber como secretario general de la Presidencia era convertir en leyes los proyectos del Ejecutivo. No podíamos ir a punta de gallitos con la oposición únicamente con el fin de dar luchas simbólicas. En un juego de suma cero, teníamos mucho más que perder. El deber del Gobierno era materializar su agenda.

La aprobación del proyecto fue todo un punto político para el Gobierno, que el Presidente reconoció con deferencia, recibiéndonos a mí y a Marcela Cubillos en su oficina a la mañana siguiente. La cita finalizó irónicamente con un punto de prensa conjunto en La Moneda, donde ambos salimos a valorar el desenlace de la teleserie legislativa. Habíamos logrado salir airosos de una gran batalla política, lo que nos daría aire para enfrentar el último trimestre del año, que venía cargado de discusiones relevantes en el Congreso. Nos apróntabamos a entrar en tierra derecha en la discusión tributaria y previsional, iniciativas que evidentemente no contarían con un 80% de apoyo en las encuestas, como Aula Segura.

Pero antes debíamos superar un desafío más inmediato: la tramitación de la Ley de Presupuestos, valla siempre compleja que para nuestra sorpresa saltamos sin grandes contratiempos, quizás impulsados por el viento de cola con que veníamos, mediante un amplio acuerdo que incluyó hasta el Frente Amplio y que permitió despachar en forma unánime el texto de la Comisión Mixta de Presupuesto. "Se aprecia un cambio en el clima político y empiezan a quedar atrás las voces más obstructivas", declaré con optimismo ese fin de semana en una entrevista en *La Tercera*[70]. Los sectores más constructivos de la oposición parecían estar abriéndose a la búsqueda de acuerdos. Las cosas empezaban a encaminarse en la dirección correcta.

Sin embargo, todo se derrumbaría apenas un par de días después, durante las votaciones en particular de la Ley de Presupuestos en la Cámara de Diputados. El proceso, hasta ese momento, transcurría en la más absoluta calma. Pero desde la Araucanía nos llegó, el 14 de noviembre de 2018, una inquietante noticia que convulsionaría completamente el escenario: había muerto un joven comunero mapuche en medio de un confuso incidente con Carabineros. Su nombre, supimos después, era Camilo Catrillanca.

Ondas expansivas

El lamentable suceso, una tragedia por donde se le mire[71], tuvo un impacto profundo en la agenda del Gobierno. En primer lugar, hizo volar por los aires el Plan Araucanía, que venía avanzando a buen paso en la búsqueda de consensos para alcanzar la paz en la región. Las tratativas lideradas por Alfredo Moreno volvieron a fojas cero, lo que fue públicamente reconocido por el propio titular de Desarrollo Social ("hechos como estos hacen más difíciles las cosas"). Se produjo además un rebrote casi automático de la violencia, hasta ese momento relativamente contenida, réplicas que a diferencia de otras ocasiones vinieron con ondas expansivas de una intensidad inusitada. Como era esperable, hubo ataques incendiarios en varios sectores de la Araucanía y Biobío, como Quidico, Cañete y Ercilla, pero también se produjeron protestas en distintas ciudades del país, como Concepción, Viña del Mar, Valparaíso, siendo el epicentro de las manifestaciones la Plaza Baquedano de Santiago, donde se registraron barricadas, saqueos, quema de vehículos y buses del transporte público, y algunos sorpresivos y furiosos ataques a las estaciones del Metro.

La situación se vio agravada por las confusas versiones iniciales de Carabineros, replicadas por algunas autoridades de gobierno, que dieron cuenta de un supuesto ataque armado a los efectivos que participaron del operativo, versión que posteriormente demostró ser falsa luego de que aparecieran los registros audiovisuales de los integrantes de la patrulla policial —en un primer momento se había negado su existencia—, hecho que causó un golpe brutal a la confianza en la institución, que venía recién reponiéndose del impacto producido por el fraude del Alto Mando y la Operación Huracán.

---

70   Diario La Tercera, 11 de noviembre de 2018.

71   El hecho ocurrió el mismo 14 de noviembre de 2018, luego de una denuncia de un robo
      de vehículos en la localidad de Ercilla. El incidente, nunca aclarado del todo, derivó en
      el ingreso de efectivos del GOPE de Carabineros a la comunidad indígena Temucuicui,
      operativo que terminó con la muerte del joven comunero mapuche producto de disparos de los efectivos policiales.

Desde el punto de vista político, también hubo consecuencias profundas. Por una parte, nos significó perder el control de la agenda, que veníamos manejando con bastante solvencia luego de los acuerdos alcanzados con Aula Segura y la Ley de Presupuestos. Adicionalmente, pese a todas las medidas que adoptamos, desde la solicitud de un fiscal especial para investigar los hechos, la presentación de tres querellas criminales, la renuncia del intendente de la Araucanía Luis Mayol, la baja de todos los efectivos policiales involucrados[72], hasta la polémica salida del general director de Carabineros Hermes Soto[73] luego de que se filtraran los videos de las cámaras que portaban los funcionarios que participaron en el operativo, el episodio causó un desgaste importante en el ministro del Interior y Seguridad Pública, Andrés Chadwick, a quien la oposición buscó responsabilizar políticamente por los sucesos. Primero, mediante una interpelación que se concretó el 11 de diciembre, que pudo sortear sin mayores zozobras, y luego a través de una acusación constitucional que logramos frustrar tras arduas gestiones con las bancadas de la DC y el PR. Formalmente el argumento opositor para salir del paso fue que se crearía una "mesa técnico-jurídica" para estudiar los fundamentos del libelo, instancia que presentaría sus resultados en marzo al regreso del receso legislativo. El anuncio, realizado a mediados de enero, nos daba tiempo suficiente para diluir la arremetida durante el verano, aunque también significaba prolongar la debilidad política de Chadwick a la espera de que se zanjara el asunto, lo que me dejaría bastante solo en las negociaciones que llevábamos con la oposición.

En resumen, una tragedia por donde se le mire, cuyas esquirlas fueron más que profundas: el diálogo con las comunidades indígenas quedó completamente fracturado, la confianza ciudadana en Carabineros nuevamente se desplomó y la conducción política del Gobierno sufrió un remezón de inciertas consecuencias.

Aunque quizás lo más inquietante fue el estallido vandálico que se produjo en la Araucanía y en el resto del país, particularmente en el centro de Santiago, fenómeno tan intenso como abrupto. Obviamente nunca se nos pasó por la cabeza que ese espiral transitorio de violencia podía constituir el anticipo de algo mucho más permanente.

---

72   El 18 de noviembre se informó la baja de cuatro efectivos policiales que participaron del operativo, además del general jefe de zona de La Araucanía, Mauro Victoriano, y el coronel prefecto de fuerzas especiales de la región, Iván Contreras.

73   El 20 de diciembre el Presidente de la República debió forzar la renuncia del General Director de Carabineros luego de que este se negase a presentarla voluntariamente. En vista de ello, siguiendo una facultad incorporada en la Constitución durante las reformas del 2005, hubo que convocar a una sesión extraordinaria del Congreso con el propósito de informar de dicha solicitud, hecho inédito desde el retorno a la democracia, ya que el texto constitucional obligaba a ejercer la facultad mediante un decreto fundado que debía ser visto por el Parlamento y la Contraloría. El reemplazo de Hermes Soto significaría la baja de otros 10 generales, asumiendo Mario Rozas como General Director de Carabineros.

La función debe continuar

La llegada del receso legislativo nos dio un poco de aire para intentar amarrar algunos acuerdos que permitieran aprobar nuestras reformas principales. Llevábamos meses cocinándolas a fuego lento a través de una serie de conversaciones que veníamos sosteniendo con la dirigencia democratacristiana. Mi primer acercamiento había sido justo hacía un año, antes de ingresar al gabinete, en un café veraniego que nos tomamos con Matías Walker al frente de Apoquindo 3000. Sabía que para avanzar con nuestro programa tendríamos que generar confianzas mutuas con la DC, que estimaba podía cumplir un rol pivote durante la legislatura que se avecinaba. El siguiente encuentro fue una comida en la casa del propio Walker, pocos días antes del cambio de mando, a la que asistí acompañado por Claudio Alvarado. En aquel encuentro también participaron Gabriel Silber, Fuad Chahin y Gabriel Ascencio, chilote al igual que Claudio, detalle que más adelante sería de enorme utilidad para fortalecer las confianzas.

Estos aprontes informales dieron fruto apenas llegamos al gobierno. El primero fue una invitación formal a almorzar con la bancada de diputados de la DC a la semana siguiente de asumir en la Segpres, que nos permitió constatar que había por lo menos seis o siete parlamentarios que parecían más dispuestos al diálogo. Esa impresión fue ratificada por Matías Walker, quien aseguró a los medios que la cita mostraba "a todas luces" una disposición para llegar a acuerdos. Otro hito relevante fue el proyecto de resolución impulsado por la DC que llamaba a la Cámara de Diputados a acoger institucionalmente el llamado a los acuerdos nacionales planteado por el Presidente de la República, iniciativa que fue aprobada con votos oficialistas, DC, PPD, PR e independientes[74]. Si bien era un hecho simbólico, la votación sirvió para tener un primer mapeo del comportamiento de los parlamentarios. En adelante tendríamos dos oposiciones, una más abierta y dispuesta a negociar, otra más impenetrable y confrontacional.

Naturalmente no nos cerraríamos a buscar acuerdos únicamente con la DC. A poco de llegar, fui sumando almuerzos con las bancadas parlamentarias del PPD, el PR, el PS e incluso el PC. Pero evidentemente existía una decisión estratégica en la DC de diferenciarse del resto de la izquierda. Querían actuar de puente en la construcción de acuerdos, recuperando su histórico sitial como fuerza de centro, identidad que había quedado deslavada tras la traumática experiencia de la Nueva Mayoría. En la propia Junta Nacional de enero de 2018 habían definido que serían una oposición "democrática, fiscalizadora y propositiva"[75], lo que se acentuó luego de que asumiera la directiva encabezada por el exdiputado por la Araucanía Fuad Chahin, el mismo que nos causó más de un dolor de cabeza en el primer mandato, cosa que además le encantaba recordarnos.

---

74   La iniciativa fue aprobada el 21 de marzo de 2018 por 77 votos a favor y 6 en contra. El resto fueron abstenciones.

75   Voto Político, Junta Nacional DC, enero 2018.

Estos acercamientos incipientes se fueron consolidando de manera más institucional luego de una serie de reuniones privadas con el presidente de la DC y líderes históricos del partido. El primer encuentro fue en la casa de Genaro Arriagada, ex secretario ejecutivo del Comando del *No* y exministro de la Segpres de Eduardo Frei Ruiz Tagle, cita a la que acudimos con Andrés Chadwick, quien tenía una extensa red de contactos en ese mundo. El propósito era doble: la DC buscaba cumplir un rol moderador atenuando nuestras propuestas, nosotros buscábamos sentar las bases para que fueran viables. Con el tiempo las reuniones fueron cambiando de horario (podían ser al desayuno, a media mañana o durante una comida); de sede (en más de una ocasión me tocó poner la casa); y de concurrencia (dependiendo del tema tratado, se sumaban dirigentes como Alejandro Foxley, Jorge Burgos, Ignacio Walker). Pero siempre se mantuvo un común denominador: la estricta reserva. Cualquier filtración hubiese abortado las tratativas en el acto.

Desde la DC también hubo gestos públicos que fueron ayudando a consolidar la relación. Uno fue la invitación a exponer en un foro de Cieplan en mayo de 2018 en el que participaron destacados economistas, como el propio Foxley, René Cortázar, Patricio Meller y Manuel Marfán. Allí tuvieron la gentileza de hacer pública la foto del encuentro, algo que en general nunca permitían ya que estos eran expresamente privados. La política está hecha de estos detalles.

Mucho más adelante tendrían otro gesto tremendamente significativo, con ocasión de un seminario de Cieplan y Flacso, organizado a modo de homenaje de Edgardo Boeninger, a quien había leído profusamente antes de llegar a la Segpres. Aquel encuentro fue una suerte de cumbre concertacionista encabezada por el expresidente Ricardo Lagos, con un panel de expositores al que fui invitado junto con los exministros Enrique Correa, Mariana Aylwin y René Cortázar. A la salida, Alejandro Foxley, un servidor público de aquellos que hoy se echan de menos, se atrevió a declarar que "veía algo del legado de Boeninger en Blumel"[76]. Fue una exageración del porte de una catedral que de todos modos agradecí, por lo que transmitía entre líneas.

Todos esos hitos afianzaron un vínculo que paulatinamente se fue traduciendo en votos en el Congreso. Varios de nuestros proyectos pudimos sacarlos de la Cámara gracias al apoyo de la DC, como la ley de subvenciones del Sename o la ley de migraciones, iniciativas que no habrían visto la luz sin los votos de la Falange. Desde el PS hasta el PC votaban invariablemente en contra de nuestras iniciativas, arrastrando muchas veces a los parlamentarios PPD, radicales e incluso a aquellos más de izquierda de la DC, como Víctor Torres o Mario Venegas (aunque este último nos dio el voto decisivo para aprobar Aula Segura en la Cámara).

En el último trimestre de 2018 aceleramos las gestiones legislativas a través de reuniones públicas con parlamentarios y dirigentes de la DC, lo que daba cuenta del interés de ambas partes por arribar a buen puerto. Aquello fue recogido por una nota de prensa titulada "Las reservadas gestiones entre La Moneda y la DC para un

---

76   La Segunda, 8 de octubre de 2019.

pacto económico y social"[77]. En ese periodo precisamente pasaron por mi oficina del Patio de Las Camelias el presidente de la DC, Fuad Chain, y parlamentarios como Ximena Rincón, Carolina Goic, Pablo Lorenzini, Raúl Soto y Gabriel Silber, ratificando que la "reserva" era más bien algo figurado.

Aunque públicamente se mostraban críticos de nuestras reformas ("Así como están, son inviables", afirmaría el timonel de la DC luego de una reunión en La Moneda), en privado avanzaban las gestiones para lograr acuerdos entre los equipos técnicos. Hubo un avance significativo luego de una reservada reunión que sostuvimos en la oficina de Fuad Chahin, en la que estuvieron Claudio Alvarado y el jefe de los diputados Gabriel Ascencio, y donde acordamos avanzar con cinco reformas específicas. Las bendecidas fueron la tributaria, la previsional, la reforma al Sename, la gratuidad en la educación parvularia y la ley de migraciones.

La estrategia de acercamientos progresivos fue refrendada mediante una serie de gestos a la DC en el ámbito legislativo. Uno de ellos fue el envío al Congreso de la Ley del Cáncer, compromiso de campaña que tenía especial importancia para Carolina Goic, pues ella había superado la enfermedad y había visibilizado una realidad que viven en silencio y sin ayuda del Estado cientos de miles de chilenos. También fue importante el acuerdo logrado en la Ley de Imprescriptibilidad, cuya autoría correspondía a Ximena Rincón. Alvarado por su parte se dedicó a cultivar buenas redes con diputados falangistas como Miguel Ángel Calisto, Daniel Berdessi y Joanna Pérez. En todo caso, teníamos que ir midiendo con cuidado cada paso que dábamos, ya que el exceso de cariño podía terminar siendo perjudicial. "La DC ha jugado un rol moderador en la búsqueda de acuerdos", declaré en una entrevista que di a *El Mercurio* a fines de enero[78], ratificando los avances en la relación con la Falange, que había algunas veces soportado turbulencias como el nombramiento del subsecretario de Redes Asistenciales Luis Castillo, quien fue fuertemente objetado por la DC producto de su vinculación con el caso Frei Montalva, tensión que afortunadamente no pasó a mayores.

En todo caso, la hora de la verdad seguía siendo marzo de 2019, cuando se iniciaran las votaciones de las reformas emblemáticas al regreso del receso legislativo.

El temido segundo año

Aunque lo sabíamos difícil, queríamos que el 2019 fuera el año de las reformas estructurales del programa. "*Winter is coming*", nos había anticipado el director de Plaza Pública de Cadem, Roberto Izikson, en un consejo de gabinete realizado en Quillota, en alusión a la regla que indicaba que los segundos años solían ser los más difíciles en el mandato. Le había pasado a Lagos con el Caso MOP-Gate, a Bachelet 1 con el Transantiago, a Piñera 1 con las manifestaciones estudiantiles y a Bachelet 2 con el Caso Caval. Y no había razón para creer que esta vez sería distinto. Aun así, nos

---

77   Diario El Mercurio, 25 de noviembre de 2018.

78   Diario El Mercurio, 27 de enero de 2019.

habíamos propuesto lograr la aprobación de la tributaria y la previsional, que venían arrastrando una fatigosa tramitación en la Cámara de Diputados luego de meses sin siquiera avanzar en la idea de legislar.

Adicionalmente, a partir de marzo sería reforzada la seguridad ciudadana, con nuevas leyes y medidas para mejorar la prevención del delito y la persecución penal, agrupadas en el plan Calle Segura[79]. Otras áreas reforzadas serían la economía y el empleo, que habían comenzado a mostrar signos de debilidad desde fines de 2018. Por último, la gran apuesta del año sería el lanzamiento de la Red de Clase Media Protegida, la promesa más emblemática de nuestro programa y mi gran esperanza en lo personal.

Quien volvió recargado de las vacaciones fue el presidente Piñera. A fines de marzo inició una ronda de reuniones personales con los presidentes de los partidos de oposición, a fin de buscar consensos relevantes en torno a las prioridades gubernamentales. Lo hizo con la mejor de las intenciones, aunque en realidad terminó acentuando la percepción de debilidad del comité político, idea que se instaló durante el verano tras las esquirlas generadas por el Caso Catrillanca.

En mi caso, el regreso me encontró relativamente cómodo en el cargo. Las circunstancias me obligaron a asumir un rol mucho más político, tanto respecto de Chile Vamos como de la oposición. En marzo me reuní con las comisiones políticas de la UDI, RN y Evópoli en sus propias sedes partidarias, preparando el terreno para el año que sería el de la consolidación de las reformas. Pese a los sombríos pronósticos, me sentía con ánimo y empoderado para enfrentar un año que consideraba decisivo.

Mi relación con la oposición también se había hecho más fluida. Un curioso reportaje de *La Segunda*[80] instó a los dieciséis jefes de bancada del Congreso a que me pusieran una nota de 1 a 7 tras un año de conducción legislativa. Era casi como en un examen frente a una comisión de profesores. El promedio que me dieron fue 5,7. La oposición me puso un 5,1 y las bancadas oficialistas me dieron un 6,8. Eran notas más que positivas para la siempre áspera política (y en mis tiempos en la Escuela de Ingeniería me hubiesen dejado más que contento). Parlamentarios opositores como José Pérez (PR) y Adriana Muñoz (PPD) me calificaron con un 6,0. La cuña más llamativa fue la del líder de los diputados socialistas, tal vez la bancada más combativa del Parlamento: "Su alta capacidad de mantener el diálogo favorece el trabajo legislativo […] el ministro permite la aprobación y el mejoramiento de los proyectos", fue el comentario del diputado por Arauco, Manuel Monsalve, uno con talento político,

---

79   A partir de marzo se realizaron una serie de anuncios en el ámbito de la seguridad ciudadana. El más relevante fue la reforma al control preventivo de identidad, cuyo principal cambio consistía en la incorporación de los menores de edad entre 14 y 18 años en la normativa. Asimismo, en el mes de mayo se anunciaron medidas como la creación de la Comisaria Virtual, la televiligancia con drones y la instalación de pórticos de seguridad, medidas que fueron agrupados en el plan Calle Segura.

80   Diario La Segunda, 25 de enero de 2019.

que me concedió una nota de 5,5. Ese tipo de reportajes periodísticos no dejan de tener algo frívolo, pero la política hace suyos todos estos mensajes y los codifica en un lenguaje propio. La señal era clara: me había ganado un lugar como interlocutor para buscar los acuerdos que tanto anhelábamos.

También contábamos en la Segpres con el reconocimiento de los colegas del gabinete, quienes recurrían a nosotros cada vez con mayor frecuencia para preparar las estrategias legislativas de sus carteras. Nos aprontábamos para nuevas y arduas batallas legislativas, como la reforma a las isapres (objetos de deseo para la oposición), el proyecto de modernización del Código del Trabajo (tema siempre espinoso) y la reforma al control preventivo de identidad (que sacaba ronchas en la izquierda). Eran, todos, temas que prometían desatar las pasiones en el Congreso.

En esos días, algo que me llenaba de satisfacción era haber repuesto los Diálogos en La Moneda, instancia de reflexión en la que invitábamos a destacados intelectuales de Chile y el extranjero, como Mario Vargas Llosa, John Tomasi y Francis Fukuyama, para conversar en primera persona con funcionarios y autoridades gubernamentales. El más entretenido de todos los encuentros fue el que realizamos con los astrónomos y premios nacionales de Ciencia José Maza y María Teresa Ruiz, a propósito del eclipse total de sol de julio, en un Salón Montt-Varas completamente repleto, exposición que coincidió con mi cumpleaños número 41. En medio de tanta refriega, esas sesiones eran un verdadero bálsamo que me permitían mantenerme fresco intelectualmente. Igual que las invitaciones que solía recibir para participar en seminarios y presentaciones de libros, un esfuerzo extra que realizaba feliz, pero que me exigían estar constantemente leyendo y nutriéndome de ideas.

Por lejos, la ocasión más memorable fue el lanzamiento de la *Historia política de Chile, 1810-2010* en el ex Congreso Nacional, compilado de 1.500 páginas y 56 autores, editada por la Universidad Adolfo Ibáñez y el Fondo de Cultura Económica. En aquella presentación tuve el honor de compartir la testera con los premios nacionales de Historia Iván Jaksic y Sol Serrano, quien además me dedicó un inolvidable cumplido luego de exponer algunas reflexiones sobre los cuatro tomos de la colección.

No dejó de sorprenderme cuando en marzo aparecí como el ministro mejor evaluado del gabinete, con un 79% de aprobación, según la encuesta Criteria. Verme reconocido por encima de algunos políticos con mayor trayectoria, a quienes admiraba humana y profesionalmente, me permitió constatar que el trabajo bien hecho estaba rindiendo frutos concretos. El reconocimiento de los sondeos suele minimizarse en público, pero en privado genera mucha satisfacción. Por lo demás, es el único barómetro real que uno tiene para saber si se está entendiendo lo que uno intenta hacer en el día a día. Lo sentí como un espaldarazo para lo que venía.

Las buenas noticias continuaron durante el otoño, puesto que finalmente logramos destrabar nuestras iniciativas emblemáticas luego de arduas negociaciones con la DC. El primer hito fue la aprobación de la idea de legislar de la reforma tributaria en la Comisión de Hacienda de la Cámara, tras ocho meses de retrasos y dilaciones por parte de la oposición. La votación la ganamos en abril, mediante un acuerdo de última hora que amarramos con Fuad Chahin en una reservada oficina del Congreso. Chahin es bravo para negociar, pero también firme para cumplir. La aventura nos valió el explícito reconocimiento de varios en Chile Vamos que hasta entonces pensaban que era mejor desistir del proyecto.

Quien mejor interpretó el episodio fue el columnista Joe Black en un artículo dominical titulado "Blumel, Einstein y el Agujero Negro". Además de reírse de mis prematuras canas, recogió un punto que para mí era clave para el devenir del Gobierno: no podíamos rendirnos ni tampoco permitir que la DC se rindiese ante la izquierda más dura. "Cuando muchos en el Ejecutivo y el oficialismo tiraron la toalla y dieron por perdida la posibilidad de aprobar la reforma tributaria, Blumel siguió en la lucha, no perdió la fe, y conversó una y otra vez con la DC. Porque sabía que, si se rendía, el agujero negro en que se convirtió el sector más de la izquierda se tragaría todo [...] la posibilidad de llegar a acuerdo sobre cualquier cosa, y la posibilidad de la DC de ser una fuerza política independiente del PC y el Frente Amplio"[81]. Ese era el verdadero *quid* del asunto. Eso era en realidad lo que nos estábamos jugando. Nuestra capacidad de gobernar. La demostración de que el sistema político, con todas sus imperfecciones, podía seguir funcionando.

La aprobación de la idea de legislar de la reforma tributaria produjo una profunda fractura entre la DC y sus exsocios de la izquierda. "Hay un quiebre en el espíritu de acuerdos", reclamó Manuel Monsalve, luego de la votación. A partir de ese momento, la DC empezó a moverse con mayor libertad. Eso nos permitió aprobar la idea de legislar de la reforma previsional en mayo, luego de alcanzar otro nuevo acuerdo, también con el timonel falangista Fuad Chahin, quien sumó esta vez a la mesa de negociaciones al jefe de bancada de los diputados Gabriel Ascencio y al integrante de la Comisión de Trabajo, Raúl Soto[82]. Soto, en todo caso, desconoció posteriormente el trato, cerrado un par de días antes con un fuerte apretón de manos al finalizar una cena que organizamos en el Café Turri de Valparaíso, a la cual fuimos con Felipe Larraín, Nicolás Monckeberg y Claudio Alvarado.

La aprobación de la reforma previsional tuvo lugar en una sesión tumultuosa en la que abundaron improperios desde las tribunas y descalificaciones entre los parlamentarios. El cruce más intenso fue el de los diputados Ascencio y Soto. Ambos se recriminaron mutuamente en sus intervenciones pese a que apenas un par de días antes se habían felicitado por el acuerdo. Lo más duro fue escuchar los insultos a los

---

81   Diario El Mercurio, 14 de abril de 2019.

82   La idea de legislar de la reforma previsional se aprobó el jueves 16 de mayo por 84 votos a favor, 64 en contra y dos abstenciones, luego de que fuese rechazada en la Comisión de Trabajo de la Cámara de Diputados con el voto en contra del diputado de la DC Raúl Soto. Para revertir la situación se comprometió un protocolo de acuerdo con la bancada de diputados de la DC, el cual incluyó la creación de un ente público para administrar los 4 puntos adicionales de cotización y el adelanto de la vigencia de los beneficios del pilar solidario, entre otras materias.

parlamentarios falangistas por parte de sus propios colegas, quienes les gritaban "traidores" y "vendidos" durante sus discursos, mientras caían monedas lanzadas desde las tribunas de la Cámara.

Con todo, la DC mantuvo la tendencia a moverse con autonomía, estrategia que empezó a contagiar al resto de la centroizquierda. Ejemplo de ello fueron algunas votaciones favorables en la reforma previsional, que obtuvo respaldos del socialista Gastón Saavedra y del PPD Tucapel Jiménez en puntos específicos, lo que causó controversia con las diputadas Karol Cariola (PC) y Gael Yeomans (Frente Amplio), también integrantes de la Comisión de Trabajo.

Poco tiempo después, en junio, logramos concordar otro protocolo de acuerdo para despachar la reforma tributaria de la Cámara de Diputados[83]. El documento contó además con el apoyo de organizaciones de pymes, emprendedores y adultos mayores. Su firma se realizó una helada mañana de domingo en el Ministerio de Hacienda, instancia a la que se sumó sorpresivamente el Presidente de la República. Su presencia causó evidente incomodidad en los firmantes de la DC, Fuad Chahin, Gabriel Ascencio y Pablo Lorenzini; este último, de hecho, se retiró de la sala visiblemente molesto. Aun así, se cumplió a cabalidad la palabra empeñada y finalmente la reforma tributaria fue despachada en forma íntegra durante el mes de septiembre.

Winter is coming?

Pese a los avances legislativos, a mediados de año se produjo una disminución considerable en el apoyo en las encuestas. Algunos errores no forzados, como la polémica por los medidores inteligentes o la gira presidencial a China[84], junto con la caída en las expectativas económicas y un gabinete con evidentes signos de desgaste, fueron haciendo mella en la marcha del Gobierno.

El Presidente intentó revertir la situación, primero con la cuenta pública y luego con un cambio de gabinete.

---

83   El protocolo de acuerdo fue firmado el 23 de junio de 2019. Entre los puntos se consideró un plazo de treinta días para despachar el proyecto de la Cámara, la integración del sistema tributario en un 100%, la simplificación del régimen para todas las pymes, beneficios para los adultos mayores mediante exenciones en el pago contribuciones y recursos para las regiones, entre otros compromisos.

84   Durante el mes de abril el mandatario realizó una extensa gira por Asia que incluyó visitas a Corea del Sur y China, lugar en el que se produjo una intensa polémica por la presencia de los hijos del Presidente en una reunión con empresarios tecnológicos en la ciudad de Shenzhen. El hecho fue llevado a Contraloría por parlamentarios de oposición, que argumentaron una vulneración del principio de probidad por parte del Jefe de Estado. El 25 de mayo el ente fiscalizador emitiría un dictamen descartando cualquier tipo de irregularidad.

El principal hito del discurso del 1 de junio de 2019 fue el llamado del mandatario a un sexto acuerdo nacional enfocado en la modernización de las instituciones del Estado, tarea que quedó en manos del ministro del Interior Andrés Chadwick. El desafío más complejo sería intentar consensuar una reforma al Tribunal Constitucional, el cual, pese a haber sido ampliamente modificado tras las reformas constitucionales del 2005, seguía siendo una espina en la garganta para la centroizquierda. Fueron en total sesenta anuncios[85], con una alta sintonía de 27 puntos en el *rating online* gracias al inédito cambio de horario que convenimos con la mesa del Senado, lo que transformó el mensaje presidencial en la primera cuenta pública nocturna de la historia. La innovación permitió aumentar de 34% a 65% el conocimiento del discurso, revirtiendo una tendencia a la baja que se prolongaba ya por seis años. Las encuestas posteriores mostraron además que el 61% lo consideró bueno o muy bueno, lo que repercutió positivamente en la aprobación presidencial, aunque por un periodo breve[86].

Fue un discurso austero en anuncios en el que el mandatario buscó contener las expectativas, reconociendo que los "tiempos mejores" parecían estar volviéndose "tiempos difíciles", tanto por factores externos, como la desatada guerra comercial entre China y Estados Unidos, como por factores internos, en donde predominaban la polarización y el obstruccionismo parlamentario. Si bien hubo algunos golpes de más a la oposición, además de una alusión equívoca respecto de la administración de los ahorros previsionales que nos movió un poco el piso con la DC, porque contrariaba lo que habíamos acordado, la cuenta en general tuvo un tono convocante, como buscando recuperar el sentido original de nuestro programa de gobierno.

Sin embargo, el buen ambiente generado tras la cuenta pública se diluyó a los pocos días. El primer tropezón se produjo por algunas escaramuzas al interior de Chile Vamos, lideradas por el presidente de Renovación Nacional Mario Desbordes. A pesar de los acuerdos logrados con la DC, Desbordes pidió públicamente descartar la reintegración tributaria, el corazón de la reforma, en el fondo molesto por los anuncios relacionados con la reducción del número de parlamentarios, medida que sin duda afectaría a su bancada, la más numerosa de todo el Congreso. Y aunque no se reconocía abiertamente, también empezaba a causar molestia el rol gravitante que venía cumpliendo la DC en las negociaciones con el Gobierno. "No podemos darle la gobernabilidad a quienes perdieron", reclamaba en privado el timonel de RN. La UDI,

---

85 Los principales anuncios estuvieron enfocados en las obras de inversión pública, destacando un nuevo Plan de Infraestructura por 20 mil millones de dólares, que incorporaba la extensión del nuevo sistema de transportes RED a las regiones; la construcción de trenes al aeropuerto de Santiago, a Melipilla y Tiltil; 17 mil nuevos kilómetros de rutas; un nuevo plan de aeropuertos; e inversiones en puertos, entre otras obras de infraestructura. También consideraba el Plan de Descarbonización de la Matriz Energética y la Estrategia de Desarrollo Verde.

86 "Encuesta Especial: Evaluación Cuenta Pública", Cadem, 1 de junio de 2019. De acuerdo a los datos publicados por Cadem, tras la cuenta presidencial la aprobación al mandatario subió de 33% a 39%.

por su parte, también comenzó a inquietarse luego de que el exdiputado gremialista José Antonio Kast anunciara tras la cuenta pública la creación de un nuevo referente político, el Partido Republicano, lo que le traería competencia por la derecha, hecho que naturalmente los obligaría a endurecer posiciones para no descuidar ese flanco.

El segundo temblor lo produjo, paradójicamente, el cambio de gabinete que realizamos dos semanas después del mensaje presidencial, cuyo propósito era fortalecer al Gobierno y a la coalición. El ajuste significó la salida de los titulares de Salud, Emilio Santelices; de Economía, José Ramón Valente; y de Energía, Susana Jiménez. Los tres venían haciendo un buen trabajo, pese a algunos desaciertos comunicacionales. Otro que tuvo que dejar su cargo fue el canciller Roberto Ampuero, cuestionado permanentemente por la izquierda, que no le perdonaba su calidad de converso, de haber transitado desde una juventud revolucionaria hasta las posiciones más liberales que adoptó después. En reemplazo asumieron figuras probadas, como Jaime Mañalich (Salud), un viejo conocido del Presidente; Juan Andrés Fontaine, quien fue trasladado a Economía para dejar su espacio en Obras Públicas a Alfredo Moreno, quien había perdido fuelle luego del Caso Catrillanca; y Juan Carlos Jobet (Energía) y Teodoro Ribera (Relaciones Exteriores), dos hombres de confianza del mandatario que habían sido ministros durante el primer mandato. La última incorporación fue la del independiente y ex DC Sebastián Sichel, quien pasó de la vicepresidencia ejecutiva de Corfo a Desarrollo Social con el patrocinio de Andrés Chadwick, su principal promotor.

El objetivo de las modificaciones era reforzar la conducción del comité político y despejar cualquier duda sobre su continuidad. En paralelo, apuntalar al equipo económico que estaba empujando el Plan Chile en Marcha, iniciativa llamada a revertir la inquietante caída de las expectativas. Para mala suerte, los cambios ministeriales fueron anunciados el mismo día en que se conoció la encuesta CEP de junio, que mostró un fuerte retroceso en la aprobación presidencial, solo comparable a los peores momentos del primer mandato, lo que abría un flanco de debilidad política, además de perspectivas poco alentadoras en materia económica[87].

Las cosas no salieron bien. Fallamos en la oportunidad del ajuste y la gente, en rigor, no entendió el sentido de la reestructuración del gabinete. Adicionalmente, la decisión causó una pequeña tormenta con la UDI, partido que resintió la pérdida de Desarrollo Social a manos de alguien foráneo a la coalición, como Sichel. Tampoco les gustó la mayor presencia relativa de RN en el gabinete, que sumó a figuras como Ribera, Mañalich y Jobet[88]. La molestia gremialista se hizo sentir de inmediato, en términos que parecieron más una rabieta que un reclamo formal dotado de contenido político. Jacqueline van Rysselberghe no solo se ausentó de la ceremonia

---

87   Según la encuesta CEP de junio de 2019, la aprobación presidencial alcanzó el 25%, 12 puntos menos que en la medición anterior. Asimismo, el 61% de los encuestados consideraba que el país estaba estancado y el 15%, en decadencia.

88   En estricto rigor, tanto Mañalich como Jobet eran independientes, aunque históricamente habían sido más cercanos a la tienda de Antonio Varas.

misma, sino que le ordenó al secretario general del partido, Jorge Fuentes, retirarse del Salón Montt Varas pocos minutos antes de iniciarse el acto. Adicionalmente, el partido decidió congelar relaciones con La Moneda restándose de los comités políticos de los lunes. En privado varios cuestionaban un supuesto "premio" a RN producto de los pataleos públicos de Desbordes. Tal como lo consignó un editorial de *La Tercera*, el cambio de gabinete dejó la sensación de ser una oportunidad perdida.

Un hecho que enrareció todavía más el clima político fue la proliferación de mociones parlamentarias abiertamente inconstitucionales desde los sectores más duros de la izquierda, todo un desafío a las potestades del presidencialismo, que tiene iniciativa exclusiva en materia de gasto, tributos o prestaciones sociales. Fueron los primeros avisos concretos de la subversión que vendría después por parte de la mayoría opositora del Poder Legislativo. Proyectos para declarar nula la Ley de Pesca, crear un nuevo *royalty* a la minería, establecer un sistema previsional de reparto o rebajar la jornada laboral a 40 horas —medida que ya había sido declarada inadmisible el 2017— fueron poniéndose en tabla cada vez con mayor asiduidad en un claro abuso de las mayorías parlamentarias, lo que empezó a tensar la cuerda del ambiente político.

Un informe que elaboramos en la Segpres estableció un catastro de diecisiete proyectos inadmisibles en trámite en el Congreso, lo que no solo causaba preocupación por la vulneración sistemática de las disposiciones constitucionales vigentes. Lo más preocupante eran las señales de populismo y desborde institucional que empezaban a predominar en el Parlamento, fiebre que contagió a algunos en Chile Vamos, quienes poco a poco comenzaron a coquetear con el popular proyecto de reducción de la jornada laboral a 40 horas impulsado por las diputadas comunistas Camila Vallejo y Karol Cariola. Más allá de sus méritos, ese tipo de iniciativas constituía la vía más corta para terminar haciendo añicos el Estado de derecho. Por lo mismo, intentamos atajarla de varias maneras. Primero amenazamos con enviar el proyecto al Tribunal Constitucional (ya había sido declarada inadmisible en la legislatura anterior por la mesa de la Cámara de Diputados, que en ese entonces se encontraba liderada por parlamentarios de izquierda). Después presentamos una incomprensible propuesta de jornada laboral flexible, que la prensa motejó como el proyecto de las "41 horas". La iniciativa desató justificadas críticas en nuestros parlamentarios, ya que era imposible explicarla en simple ante la ciudadanía producto de la enorme cantidad de restricciones y excepciones que contenía. La temida y letal "letra chica". A partir de entonces, la bola de nieve no paró de crecer.

El invierno asomó con otras polémicas que exacerbaron los ánimos, como las declaraciones de la vocera Cecilia Pérez confrontando al PS por sus vínculos con el narcotráfico luego de que se conocieran las redes del exalcalde de San Ramón Miguel Ángel Aguilera con los grupos narcos de su comuna, situación que llevó a los socialistas a congelar su relación con el Gobierno. Esto significó una inédita prohibición general a subsecretarios y asesores ministeriales de acceder a las comisiones parlamentarias, lo que complicó aún más la tramitación de nuestra agenda legislativa. La retaliación llegó a tal punto que los socialistas se organizaron en turnos para recorrer comisión por comisión, cual comisarios soviéticos, con el propósito de velar por el cumplimiento de la decisión. El veto legislativo se extendió por casi un mes y fue respaldado por el conjunto de la oposición como muestra de solidaridad. Así estaban las cosas.

En el plano legislativo, el mayor debate se produjo tras el rechazo de la idea de legislar en el proyecto Admisión Justa, norma promovida por Marcela Cubillos que introducía una serie de correcciones al engorroso sistema único de admisión escolar implementado por Bachelet[89]. La iniciativa logró unir, ahora muy resueltamente, a toda la oposición en nuestra contra. Para consumar el desquite, a las pocas semanas ingresaron una acusación constitucional en contra de la propia Cubillos, tan infundada como revanchista, y firmada desde la DC hasta el PC, lo que obviamente caldeó aún más los ánimos[90].

El invierno también pareció venir de la mano de una lenta pero persistente rearticulación de la calle. El primer ruido relevante fue el paro indefinido protagonizado por el Colegio de Profesores, que se extendió por casi dos meses y concluyó gracias a la intervención de Claudio Alvarado, quien negoció directamente con el presidente del gremio, Mario Aguilar. El segundo ruido fue el fracaso de la consulta impulsada por el Ministerio de Desarrollo Social para introducir cambios a la Ley Indígena, iniciativa que generó una ola de protestas violentas que terminaron haciendo naufragar el proceso, que finalmente debió ser suspendido. Ese fracaso fue además una campanada de alerta respecto de la evolución del conflicto mapuche, que poco a poco empezaba a salirse de control. También aparecieron movilizaciones de corte ambientalista en protesta por las denominadas zonas de sacrificio. El caso más crítico era el de Quintero, en la Región de Valparaíso, donde se habían detectado graves emanaciones tóxicas justo un año atrás, pero también hubo ruido en otras zonas, como Coronel, Tocopilla, Mejillones y Huasco, que coincidieron con los llamados a oponerse al TPP-11, el gran acuerdo comercial con los países del Pacífico que venía impulsándose desde la época de Bachelet.

En agosto aparecieron llamados a protestar de los estudiantes secundarios, sin un petitorio específico, pero con una consigna abiertamente combativa ("Todas las luchas"). En septiembre hubo un llamado a una jornada de protesta nacional convocada por distintas organizaciones, entre ellas la CUT, No+AFP, las federaciones estudiantiles, los gremios de la salud y movimientos ambientalistas bajo el lema "Nos cansamos, nos unimos", movilización que, en todo caso, no pasó a mayores.

Aun así, las Fiestas Patrias de 2019 devolvieron la calma tradicional de septiembre, y tras ellas, pareció soplar un nuevo aire primaveral para el Gobierno. En el frente económico retornó el optimismo tras conocerse el Imacec de agosto (3,7%), lo que trajo

---

89   El día 9 de julio la Cámara de Diputados rechazó dicho proyecto por 80 votos en contra y 68 a favor.

90   El libelo acusatorio, compuesto por cinco capítulos, fue presentado el 5 de septiembre de 2019.

un importante alivio luego de largos meses con resultados débiles. En ese contexto ocurrió la gira presidencial a Estados Unidos de fines de septiembre. En ella, el mandatario lideró varios encuentros relacionados con la lucha contra la crisis climática, lo que le valió recibir el premio Global Citizen Award 2019 del Atlantic Council junto al primer ministro de Países Bajos, Mark Rutte, el filántropo Brian Grazer y el rapero y fundador del grupo Black Eyed Peas, will.i.am. Era un buen anticipo de cara a la COP25, el hito más preciado de todos, la cumbre medioambiental que se realizaría en Santiago a fines de año.

En términos políticos, sin embargo, el hecho de mayor relevancia fue el fracaso de la acusación constitucional en contra de Marcela Cubillos. Fue un triunfo de ribetes épicos. El libelo fue un extraño momento en lo personal, que tuvo tanto de dulce como de agraz. De dulce, porque otra vez demostramos capacidad para frenar una ofensiva opositora que, de haberse aprobado, habría causado un enorme daño político al Gobierno. La ministra no había cometido ninguna infracción constitucional y, en realidad, la única razón por la que la estaban acusando era por intentar introducir cambios a las reformas educacionales de Bachelet, algo completamente legítimo desde el punto de vista político. Todas las medidas que estábamos impulsando estaban en nuestro programa de gobierno, el mismo que había sido respaldado por el 55% del electorado hacía menos de dos años, como bien lo recordó el abogado defensor de Cubillos en su exposición en el hemiciclo.

La acusación, con todo, también tuvo bastante de agraz. Nuevamente fui excluido por la titular de Educación de todas las instancias de coordinación de la defensa, lo que me dejaba en una situación imposible. En primer lugar, porque mi deber como ministro responsable de los asuntos legislativos era evitar que la acusación prosperase; pero, en segundo lugar, porque si ello ocurría, tendría que asumir la responsabilidad política de la derrota. Como dije antes, cuando faltaban los votos la culpa era siempre de la Segpres. Además, la unidad de la oposición podía arrastrar hacia los extremos a los sectores más moderados, poniendo en riesgo la viabilidad de nuestras reformas más emblemáticas. Lo mencionó explícitamente el presidente del PC Guillermo Tellier: el éxito de la acusación era la primera "prueba de fuego" para ver si, al fin, la oposición podía ponerse de acuerdo en algo. Por ello, no me quedó otra alternativa que volver a operar en el más absoluto sigilo, dejando a Claudio Alvarado a cargo de la coordinación con el Mineduc.

Fueron semanas de conversaciones y cabildeos con los parlamentarios más cercanos de la oposición. El cuadro no pintaba sencillo. Como me lo explicó Matías Walker en un café dominical que nos tomamos antes del Te Deum evangélico, la figura de Cubillos exacerbaba los ánimos en la centroizquierda, por lo que no era fácil conseguir los votos. Al menos, me prometió estudiar en conciencia los fundamentos del libelo.

En la previa logramos amarrar una docena de votos, entre rechazos, abstenciones y una que otra ausencia, lo que nos daba cierta holgura para enfrentar la votación. Nuestra regla de oro con Claudio era que, para ir seguros, teníamos que contar con un "margen de seguridad" que fuese a lo menos el doble de los votos requeridos. Según nuestras cuentas, llegaríamos con lo justo. Teníamos que conseguir a lo menos seis votos para evitar el triunfo opositor.

El día de la votación las cosas comenzaron a enredarse, especialmente después de que se rechazara la "cuestión previa", un pequeño triunfo opositor que permitió pasar al fondo de la acusación. Literalmente tuvimos que poner marcación personal a varios parlamentarios que, pese a comprometernos el voto, parecían estar tentados a cambiar su decisión. El matonaje y la presión de la izquierda sobre los más moderados fue feroz, casi física, al punto que intentaron forzar la asistencia de Tucapel Jiménez, quien estaba con licencia médica producto de una delicada situación de salud. Por suerte, el asunto no prosperó.

Finalmente, tras diez horas de sesión, a eso de las 20 horas, el tablero de la Cámara marcó el fracaso de la acusación: 73 votos a favor, 77 en contra y 2 abstenciones. Habíamos zafado apenas con dos votos de la DC (Matías Walker y Jorge Sabag), más cinco independientes (René Alinco, Pedro Velásquez, Karim Bianchi, Patricio Rosas y Pepe Auth). Inmediatamente hubo vítores y aplausos de los parlamentarios oficialistas, junto con duras recriminaciones en el caso de la oposición. "Esto, sin duda, puede marcar el fin del pacto administrativo de la Cámara", sentenció la diputada frenteamplista Maite Orsini, amenazando la continuidad del diputado de la DC Iván Flores como presidente de la Cámara, quien, en todo caso, había votado a favor de la acusación. De la misma forma, el diputado del PS Jaime Naranjo anunció que, si Pepe Auth no renunciaba a su cargo de vicepresidente, presentaría la censura de la mesa. La funa *twittera* tampoco se hizo esperar. Al poco rato empezaron a aparecer publicaciones digitales con los rostros de quienes habían votado en contra de la acusación.

En la testera abundaron los abrazos y congratulaciones por parte de las bancadas de Chile Vamos, felices por haberle propinado otra dura derrota a la oposición. En mi teléfono apareció en el acto un mensaje de WhatsApp del Presidente con efusivas felicitaciones por el éxito legislativo. De quien nunca recibí un agradecimiento fue de Marcela Cubillos, quien luego de la sesión partió a celebrar junto a su equipo más cercano. En todo caso, tampoco tenía cómo saber las gestiones realizadas. Nunca las hicimos trascender. Lo único importante era el resultado. Nuevamente habíamos evitado ser tragados por el "agujero negro" de la izquierda más dura.

Igual era frustrante, una vergüenza en realidad, que con tantos desafíos por delante hubiésemos dedicado semanas y semanas de esfuerzo legislativo a una torva maniobra política, en vez de discutir sobre educación, salud o pensiones, solo porque a la oposición no le gustaba la ministra y porque tampoco les gustaba el programa de gobierno. ¿Es para estos propósitos que existe el expediente de las acusaciones constitucionales? Obviamente no, al menos en un régimen presidencialista. Pero así estaban las cosas en ese momento. Cualquier oportunidad era aprovechada para infligir el máximo de daño al Gobierno.

Como quiera que sea, el fracaso del libelo, además de desatar fuertes reproches en la oposición, fortaleció la conducción legislativa del Gobierno. Esa misma semana logramos avances relevantes en una decena de proyectos de ley, varios de ellos bien simbólicos como el control preventivo de identidad, la modernización de las policías y la sala cuna universal. Nuestro calendario indicaba que pronto tendríamos despachadas las principales iniciativas del programa. Quizás en noviembre podríamos aprobar la reforma de pensiones y en diciembre haríamos lo propio con la reforma tributaria. Los años 2020 y 2021 serían años electorales, por lo que el foco estaría en otra parte. El momento en que el Gobierno se jugaba su legado venía ahora.

La primavera parecía despuntar en buena forma. Después de un largo invierno empezaban a aparecer "brotes verdes", como lo tituló en portada un medio de prensa en los primeros días de octubre[91]. Los peores meses del año parecían ir quedando atrás, aunque en lo personal prefería ser prudente, lo que se reflejó en una entrevista que di en esos mismos días, en la que me consultaron si sentía que los últimos éxitos del Gobierno podían marcar un punto de inflexión. "El ánimo podría cambiar de la misma forma que mejoró [...] ojalá no pase", respondí con cautela, sin saber muy bien por qué[92].

Cuando lo dije, no tenía la menor idea de lo que venía.

---

91   Diario La Segunda, 3 de octubre de 2019.

92   Diario El Mercurio, 4 de octubre de 2019.

El 18 de octubre

El 18 de octubre comenzó como cualquier otro día. A primera hora, corriendo como siempre para alcanzar a llevar a los niños al colegio. En la tarde teníamos planificado partir a Viña del Mar con Paulina a celebrar nuestros quince años de matrimonio. La jornada estaba bastante cargada de cosas, pero en general pintaba bien.

Rumbo a La Moneda por la Costanera Norte, aproveché de revisar la agenda en mi teléfono. Como todos los viernes, la principal tarea del día sería realizar el balance legislativo semanal junto al equipo del ministerio. Era nuestro rito sagrado para cerrar la semana: revisión de minutas, café y tostadas con palta. Había sido una buena semana, exigente, pero productiva. Lo más polémico, la reforma al control preventivo de identidad, se zanjó de buena manera luego de dos extenuantes jornadas de debate en la sala de la Cámara de Diputados. La norma fue aprobada por un margen más amplio del esperado, luego de intensas negociaciones con la Democracia Cristiana y el Partido Radical[93]. En el Senado, por otra parte, habíamos alcanzado un buen acuerdo con la oposición para agilizar la nueva ley de control de armas, tema que se había tomado la agenda pública luego de la trágica muerte de un pequeño de apenas nueve meses en la comuna de La Pintana a raíz de una "bala loca". La cámara alta también estaba siendo testigo de los primeros aprontes del debate por la reforma tributaria, discusión que, según preveíamos, sería igual de álgida, si no más, que en la Cámara de Diputados.

El resumen matutino de noticias preparado por el equipo de la División de Estudios de la Segpres consignaba diversas noticias de interés, como los avances en los preparativos de las cumbres de la COP25 y la APEC, que traerían a Santiago a los principales líderes mundiales en cosa de semanas. Se rumoreaba que Donald Trump y Xi Jinping podrían firmar en Chile la esperada tregua de la guerra comercial que venían sosteniendo Estados Unidos y China. También era tema el abierto conflicto entre la Corte Suprema y el Tribunal Constitucional por un fallo de la tercera sala del máximo tribunal, que estableció que las sentencias del TC podían ser revisadas por la vía del recurso de protección, cambio no menor en la aplicación de la justicia constitucional. Otro asunto relevante era el debate sobre el retiro de fondos previsionales en el caso de los enfermos terminales de salud, idea que, si bien podía hacer cierto sentido, arriesgaba abrir una compuerta para empezar a drenar los ahorros para las jubilaciones.

Por esos días también llegaban noticias preocupantes desde Ecuador, debido a las duras protestas ocurridas entre el 2 y el 13 de octubre, en rechazo de un decreto gubernamental que eliminó el subsidio a los combustibles y que motivó una serie de

---

93   La reforma al control preventivo de identidad, que incluyó una rebaja en la edad de aplicación de la norma de 18 a 16 años, fue aprobada por la Cámara de Diputados el miércoles 16 de octubre por 87 votos a favor y 58 en contra.

violentas jornadas convocadas inicialmente por la Confederación de Nacionalidades Indígenas. Las revueltas dejaron como saldo más de mil civiles heridos, cerca de cuatrocientos policías lesionados y una decena de personas fallecidas en los enfrentamientos. Me había tocado compartir con el presidente Lenin Moreno en la cumbre de Prosur en Santiago. Era un tipo afable y sencillo, que lograba imponer su presencia desde su silla de ruedas, y que tenía la particular gracia de haber sido vicepresidente de Rafael Correa para luego transformarse en su enemigo jurado. Me costaba imaginarlo a él en medio de asonadas que habían tenido de todo: toque de queda, violencia desbordada, militares en las calles e incluso un cambio provisional de la sede de gobierno, desde Quito a Guayaquil. Me parecían acontecimientos inimaginables acá en Chile.

En todo caso, el tema de la semana consignado por la División de Estudios eran las protestas en las principales estaciones del Metro de Santiago, las que había seguido a la distancia desde las oficinas del Congreso en Valparaíso. "Continúan las evasiones masivas", titulaba una de las notas reseñadas por el informe noticioso de Segpres. Según el reporte, el día anterior había sido la octava jornada consecutiva de manifestaciones estudiantiles, convocadas a través de las redes sociales debido al alza de 30 pesos en la tarifa decretada por el Panel de Expertos del Transporte Público, aumento que se había hecho efectivo el domingo 6 de octubre[94]. Si bien no era la primera vez que el Metro de Santiago enfrentaba este tipo de situaciones, la simultaneidad, masividad y violencia de las manifestaciones en esta ocasión describían un fenómeno nuevo y llamativo. Durante el jueves 17 de octubre una quincena de estaciones debió cerrar sus accesos producto de los incidentes causados por las protestas, registrándose evasiones masivas, daños en los torniquetes y puertas de ingreso, destrucción de mobiliario, enfrentamientos con los guardias e incluso la activación del freno de emergencia de un tren en plena marcha. La situación estaba resultando tremendamente difícil de controlar para la policía, ya que se trataba mayoritariamente de escolares que irrumpían en las distintas estaciones, superando ampliamente en número y agilidad a los encargados de resguardar la seguridad, causando el caos y el descontrol en los ingresos de la red de transporte subterráneo que se preciaba de ser la más más moderna y eficiente de Latinoamérica.

Las manifestaciones estudiantiles no eran algo nuevo en el país. Chile ya había vivido la "crisis de los pingüinos" el 2006 durante el primer mandato de la presidenta Bachelet y también el presidente Piñera, en su primer mandato, tuvo lo suyo con las manifestaciones universitarias del 2011. Con una novedad, eso sí: fue entonces cuando apareció por primera vez el fenómeno de los "encapuchados", grupo de choque cuyo principal propósito era causar destrozos y enfrentarse violentamente con la policía al alero de las protestas. En los últimos meses quienes habían hecho su estreno fueron los "overoles blancos", colectivos muy bien organizados y coordinados que comenzaron a tomarse colegios emblemáticos, como el Liceo de Aplicación o el Instituto Nacional, con niveles de audacia y violencia nunca vistos hasta entonces. Los cánticos

---

94   Resolución Exenta 2.733 del Ministerio de Transportes y Telecomunicaciones del 1 de octubre de 2019.

y gritos de protesta iniciales fueron derivando hacia agresiones físicas a profesores y directivos escolares, que luego dieron paso a enfrentamientos ya mucho más temerarios con la policía, por lo general mediante el uso masivo de bombas molotov y objetos contundentes.

El uso de la violencia con fines políticos tampoco era algo ajeno a nuestra historia democrática. Sin embargo, desde 1990 a la fecha se había vuelto un fenómeno de carácter más bien esporádico y puntual. Uno de los consensos fundamentales de la posdictadura fue la deslegitimación de la violencia como método de acción política. Mientras gobernó la Concertación, la centroderecha siempre respaldó a las autoridades en el uso de sus facultades legales para contenerla. Ese consenso comenzó a resquebrajarse luego del triunfo de Sebastián Piñera el 2010, lo que fue particularmente elocuente durante las protestas estudiantiles, momento en el que la centroizquierda pareció abdicar frente a la calle. La negativa por parte del presidente del Senado, Guido Girardi, a desalojar la sede del ex Congreso Nacional, que había sido tomada violentamente por grupos de manifestantes en octubre de 2011, fue quizás el episodio más revelador y decepcionante en este sentido.

Con el curso de los años, la tolerancia frente a estos hechos había venido creciendo en sectores de la izquierda, especialmente en el Frente Amplio y el Partido Comunista, quienes al final siempre terminaban justificándolos. Ya fuese en La Araucanía, en las marchas estudiantiles o en los liceos emblemáticos, donde la violencia se había empinado hasta niveles irracionales —en septiembre de 2018 un grupo de profesores del Instituto Nacional había sido rociado con bencina por un grupo de overoles blancos—, siempre había una razón, una causa o una reivindicación explicativa que impedía condenas tajantes y definitivas. Las protestas que se venían produciendo en el Metro tampoco eran la excepción.

"Saludamos y extendemos nuestro reconocimiento a las y los estudiantes secundarios y al movimiento estudiantil en general, quienes han logrado instalar con audacia la necesaria lucha contra las alzas", era el encabezado de un comunicado publicado por las Juventudes Comunistas a propósito de las evasiones masivas, en el que se agregaba como corolario una invitación expresa a "la movilización social, la protesta y la desobediencia colectiva"[95].

Mientras ingresaba a La Moneda por el acceso subterráneo de Agustinas, intenté despejar las sombrías sensaciones que me producían las noticias del Metro, que evocaban inequívocamente las manifestaciones estudiantiles del 2011, enfocándome más que nada en la agenda de ese día. Durante la mañana tenía varias actividades comprometidas, partiendo por un encuentro con el extenista y medallista olímpico Fernando González, uno de los grandes ídolos del deporte nacional, con quien había jugado tenis hacía algunos meses producto de una humorada de mi equipo de prensa. González vendría a La Moneda con cerca de una treintena de alumnos de su fundación como parte de una actividad organizada por el programa Tenis para Chile.

---

95   Nota de Radio Biobío, 17 de octubre de 2019.

El encuentro fue un bálsamo en medio del fragor de la semana. La sorpresa y alegría de los chicos fue total. Conocer los patios y salones de La Moneda siempre es toda una experiencia, y los jóvenes la vivieron con tanta curiosidad como satisfacción. Durante el recorrido por las oficinas del segundo piso, incluso, se llevaron la sorpresa de ver al Presidente de la República en persona, quien no dudó en darse unos minutos para hacer de guía turístico del grupo mientras visitábamos algunos de los más emblemáticos salones del palacio presidencial. Si algo motivaba al mandatario era recorrer los distintos rincones relatando anécdotas relacionadas con sus históricos espacios. La Galería de los Presidentes, la sala de Consejo de Gabinete, el comedor presidencial o el Salón Azul, en donde siempre hacía referencia al imponente escritorio del presidente Balmaceda, formaban parte del relato habitual del mandatario.

"¿A quién le gustaría ser Presidente", consultó en el Salón Rojo durante la parada final del tour. Luego de un momento de bulliciosa algarabía, en el que todos los niños apuntaron a una pequeña sindicada como la aplicada del grupo, el mandatario la miró detenidamente para luego agregar una frase: "Piénselo bien, es algo muy difícil". Luego de eso, se retiró raudamente a su oficina por la puerta lateral que da al comedor presidencial.

Terminada la visita me dirigí al Salón Montt Varas, donde tendría un encuentro con funcionarios jóvenes de distintos ministerios y servicios públicos. Era una instancia que realizábamos regularmente con el propósito de estimular el debate intelectual al interior del Gobierno. En esta ocasión yo era el orador principal y el tema escogido fue la democracia y sus instituciones, materia que hace rato me venía preocupando. En el programa de gobierno habíamos dedicado un capítulo entero a reformas institucionales y desde mi llegada a la Segpres me había enfocado en impulsar la agenda de modernización del Estado. Pero claramente no bastaba. La salud de la democracia a nivel global hacía rato que presentaba problemas. Según Freedom House, ya acumulábamos más de una década de retrocesos, por lo que me parecía indispensable avanzar en reformas que mejoraran la calidad y la confianza en nuestras instituciones públicas. Chile parecía estar bastante consolidado luego de casi tres décadas ininterrumpidas de gobiernos democráticos de distinto signo, pero no dejaba de ser inquietante la persistente caída de la confianza en las principales instituciones políticas, así como la polarización y fragmentación del sistema político, tendencia que se venía arrastrando desde mediados de los 2000. A ello se agregaba la creciente conflictividad social y territorial de los últimos años, situación que venía siendo documentada por distintos centros de estudio e instancias académicas.

La charla transcurrió sin grandes novedades. La mayoría de las preguntas se refirieron a la situación política del país, a la relación con la oposición y a la proyección del Gobierno. Mis respuestas, en general, dieron cuenta sincera de lo que estábamos viviendo: un momento exigente, caracterizado por altos niveles de tensión política, marcado por una caída importante aunque no grave del apoyo en las encuestas, pero que, sin embargo, permitía apreciar ciertos avances en la agenda gubernamental. Habíamos logrado sendos acuerdos con la Democracia Cristiana para viabilizar la reforma tributaria y previsional, la economía mostraba señales de estar recuperándose, propinamos una dura derrota a la oposición con el rechazo de la última acusación constitucional, lo que, para variar, los tenía ofuscados y divididos, y nos preparábamos para ser sede de la APEC y la COP25, lo que pondría a Chile en el centro de la atención mundial. El cuadro no era sencillo, pero permitía proyectar el panorama con cauto optimismo.

Hacia el final de la charla se alzó una mano pidiendo la palabra. Desde el fondo del salón surgió una pregunta que cambió drásticamente el ánimo y tono de la conversación:

—Ministro, ¿qué opina de las manifestaciones en el metro?

Nuevamente aparecía la sombra de las protestas, como una nube oscura y amenazante que se negaba a disiparse. Presentía que era un tema de contornos inquietantes, cuya evolución era impredecible. El día anterior había sido extraordinariamente violento. Sin embargo, confiaba, o quería confiar, en que el fin de semana traería algo de calma. Y pensaba —o anhelaba, en realidad— que los magullones y cicatrices de los sucesivos conflictos que habíamos atravesado en ambas administraciones nos brindarían alguna capacidad para enfrentar este nuevo desafío. Magallanes, Aysén, Freirina, el conflicto estudiantil, la crisis ambiental en Quintero —supuse—, no habían pasado en vano.

—No es sencillo el tema —respondí con algo de voluntarismo—. Son escolares protestando, pero los conflictos de los últimos años nos han dado la capacidad para enfrentar este tipo de situaciones.

No sabía que justo en ese momento estaba saltando la chispa que encendería el polvorín.

La hora cero

Al regresar a mi oficina me encontré con mi equipo de prensa mirando estupefactos las imágenes transmitidas por la televisión. Los noticieros mostraban una y otra vez una sucesión de incidentes y desmanes en el Metro, de un calibre muy distinto al de los días anteriores. Puertas de acceso arrancadas de cuajo, torniquetes hechos trizas, pantallas LED de los andenes lanzadas a las líneas electrificadas del tren subterráneo. Estaban destrozando las estaciones.

En ese mismo instante supe que algo había cambiado. No sabía exactamente qué. Tuve una sensación indeterminada, una especie de presagio que señalaba un camino sin retorno, un viaje hacia un rumbo nuevo y desconocido.

Eran casi las dos de la tarde.

Mientras comentábamos las impactantes imágenes, sentí vibrar el teléfono móvil en el bolsillo de mi pantalón. Lo había silenciado durante la charla. Al mirar la pantalla apareció el nombre de la llamada entrante: el diputado Gabriel Boric.

A diferencia de otros parlamentarios de izquierda, Boric no era de aquellos que llamaban solo para jactarse de sus contactos con el Gobierno. Por lo mismo, intuí que su llamada tenía sentido de urgencia. Si bien nuestra relación no era especialmente cercana, hasta ese momento había sido franca y muy cívica. Y, a diferencia de varios en su generación, parecía no cargar con la tranca endémica del frenteamplismo, que les dificultaba relacionarse con cualquiera que fuese ajeno a su tribu.

"Gonzalo, lo que está pasando es serio". Con un tono de voz que denotaba cierta angustia, Boric me hizo un pormenorizado análisis de lo que estaba ocurriendo en el Metro. "En esto no está el Frente Amplio, ni siquiera somos capaces de dimensionarlo", fue la sincera reflexión del exlíder de la FECH a propósito de los graves episodios que los noticieros de media tarde repetían incesantemente. Me hizo ver que había estado en miles de protestas en sus tiempos de dirigente estudiantil y que conocía perfectamente la dinámica de esas situaciones. Cómo operaban, cuáles eran sus ritmos y cuáles sus lógicas. Pero me dijo: "Aquí hay algo nuevo, mucho más fuerte y violento".

La llamada solo vino a confirmar las sensaciones que comenzaban a apoderarse de todos nosotros. Era como si se aproximara un huracán. Una catástrofe apocalíptica que arrasaría con todo y ante la cual no habría escapatoria posible.

Poco antes de las tres de la tarde empezaron a cerrarse las distintas líneas del Metro. El caos en las estaciones estaba haciendo imposible el funcionamiento de la red de transporte subterráneo. Primero se suspendieron las operaciones de las líneas 1 y 2. Un par de horas después se debieron cerrar todas las estaciones de la línea 6. Alrededor de las siete de la tarde dejaron de prestar servicio las líneas 3, 4 y 4a. Minutos después se anunciaría el cierre completo de la red, que transporta a diario a más de dos millones de usuarios.

Los canales de televisión transmitieron en directo el colapso de la ciudad. Pese al refuerzo de los buses de superficie dispuesto por Transantiago, y a una serie de medidas excepcionales adoptadas por la autoridad, el caos vial en la ciudad fue total. En un momento la plataforma Google Maps mostraba prácticamente todas las calles y avenidas de Santiago en rojo, dando cuenta de la aguda congestión experimentada con el transcurso de las horas.

Las noticias informaban de una masa anónima y frustrada de hombres y mujeres, niños y ancianos, chilenos y migrantes, intentando regresar a sus hogares bajo un calor primaveral que a ratos se tornaba sofocante —la temperatura esa tarde llegó a los 26 grados—, luchando por encontrar un espacio en cualquier forma o modo del transporte de superficie, que a media tarde lucía paraderos, buses, taxis y colectivos totalmente colapsados. La mayor parte de los capitalinos tuvo que resignarse a la buena voluntad de los automovilistas o simplemente a caminar por largas horas. Una pesadilla total.

Durante la tarde las protestas fueron subiendo peligrosamente de voltaje. A las manifestaciones en el Metro se sumaron disturbios, barricadas y saqueos en distintos puntos de la ciudad: la Alameda, Puente Alto y Estación Central. La violencia y el descontrol comenzaron progresivamente a apoderarse de Santiago.

En La Moneda se sucedieron una serie de reuniones de emergencia para seguir la contingencia y evaluar cursos de acción. A eso de las 19 horas salieron los titulares del Ministerio del Interior, Transportes y Metro a realizar un punto de prensa, condenando los hechos y anunciando la presentación de querellas por Ley de Seguridad Interior del Estado contra los responsables de los ataques. "Son momentos de definiciones, de tomar opciones. Llamo a los compatriotas a unirnos contra la violencia y vandalismo. A que trabajemos juntos por la tranquilidad y el orden público. Las diferencias deben ser resueltas por los caminos de la paz", fueron las declaraciones de Andrés Chadwick desde el Patio de los Naranjos, secundado por la ministra Gloria Hutt y Louis de Grange.

El palacio de gobierno y el barrio cívico se fueron vaciando, ya que los ministerios y servicios autorizaron el retorno anticipado de los funcionarios públicos a sus hogares. Con el colapso del sistema de transportes de la capital, no había otra opción posible. En la Segpres tuvimos que organizar turnos y apelar pacientemente a Uber y Cabify, cuyas tarifas se habían elevado exponencialmente a raíz de la altísima demanda, para poder garantizar el regreso seguro a casa de los cerca de trescientos funcionarios de palacio. Con el caer la noche el silencio se fue apoderando de La Moneda. A eso de las nueve de la noche el imponente edificio lucía silencioso, solitario y oscuro.

Desde mi oficina, siempre acompañado por Claudio Alvarado, seguí con un dejo de impotencia el curso de los acontecimientos. Era poco y nada lo que podía hacer frente a lo que estaba ocurriendo, salvo tratar de contener el temor que empezaba a instalarse en nuestros parlamentarios. Las redes sociales amplificaban hasta el infinito la resonancia de los hechos, lo que agudizaba la angustia de los *chats* y redes de WhatsApp, donde se compartían imágenes y audios que testimoniaban el dramatismo de los eventos. Evidentemente los recursos policiales del Estado para contener el orden público, que en ese entonces apenas superaban el millar, habían sido desbordados. Y el desbande, en vez de disminuir, solo iba en aumento.

Mientras revisaba la avalancha de mensajes que inundaba mi teléfono, apareció una imagen en el grupo que compartía con mi equipo de prensa. Era una fotografía del presidente Piñera en un restaurante del sector oriente de la capital. Supuse que era *fake news*. O quizás un error. A esa hora abundaban las noticias falsas. Seguramente, pensé, esta era otra más de las tantas que circulaban por las redes sociales.

Al poco rato se confirmó la noticia. El infortunio, el mal cálculo o la fatalidad hicieron que se ausentara unos momentos de La Moneda por una celebración familiar. Alguien le sacó una foto y la publicó en redes sociales. Y el asunto prendió. Me pareció, literalmente, un ensañamiento del destino. Porque a Piñera se le pueden criticar muchas cosas, salvo su sentido del deber. En todos los años que llevábamos juntos, siempre era el primero en llegar y el último en partir. El que más trabajaba y el que menos descansaba. Como en la reconstrucción tras el terremoto de 2010. Como en el rescate de los mineros. Y en esta noche de horror, todo eso se puso en tela de juicio.

A las diez de la noche la conmoción fue total. La televisión comenzó a transmitir en directo el incendio del edificio corporativo de Enel, en la esquina de Santa Rosa con Alonso de Ovalle en pleno centro de Santiago, siniestro que evocaba dramáticamente las imágenes de las Torres Gemelas ardiendo en Manhattan luego de los ataques terroristas de 2001. A pesar de las catastróficas evidencias, era difícil dar crédito a lo que estaban mostrando los noticiarios. Si bien posteriormente se supo que lo que se quemó fue una escalera de servicio instalada provisoriamente a raíz de unas reparaciones, en ese momento desconocíamos el calibre del siniestro. No sabíamos si había gente al interior del edificio, si lo que ardía eran unos pisos o la torre completa. No sabíamos nada. Y temíamos lo peor.

Los saqueos, barricadas e incendios se multiplicaron por doquier. Una veintena de buses del Transantiago fueron quemados. Dos supermercados Líder fueron saqueados en Santa Rosa y Departamental, mientras que el emblemático local de Telepizza de Plaza Baquedano terminó completamente incendiado. Igual que el Banco de Chile de la Alameda con Ramón Corvalán, el monumento a los Mártires de Carabineros y la Facultad de Odontología de la Universidad Mayor, todos ubicados en lugares neurálgicos de la capital. Los bloqueos del tránsito también alcanzaron a las autopistas interurbanas y a las carreteras de acceso a Santiago, como la Ruta 5 Sur y la Ruta 78. Santiago se había transformado literalmente en la ciudad de la furia.

Para empeorar las cosas, al rato empezaron a aparecer numerosas imágenes y videos que daban cuenta de múltiples ataques a la red del Metro. Turbas organizadas con bombas molotov y elementos incendiarios se congregaron en torno a diversas estaciones, desatando una ola de terror y fuego sobre la columna vertebral del sistema de transporte capitalino, el principal orgullo de la ciudad. Más de la mitad de las estaciones sufrieron ataques y daños, y alrededor de una veintena fueron afectadas por las llamas. La Granja, Protectora de la Infancia, Trinidad, Elisa Correa, entre otras, quedaron totalmente inutilizadas[96].

---

96   De acuerdo al balance oficial del Metro del día 19 de octubre de 2019, de las 136 estaciones de la red, 77 resultaron con daños: seis fueron completamente incendiadas (Los Quillayes, San José de la Estrella, Trinidad, Protectora de la Infancia, Elisa Correa y La Granja), 14 fueron parcialmente incendiadas (San Pablo, República, Vespucio Norte, Macul, San Ramón, Santa Julia, Gruta de Lourdes, Barrancas, Las Parcelas, Pedrero, Cumming, San Joaquín, Pudahuel, Laguna Sur) y 58 terminaron con múltiples destrozos. La estimación preliminar de los daños ascendió a 200 millones de dólares.

Los minutos siguientes fueron puro vértigo. En el segundo piso del palacio presidencial se volvieron a suceder frenéticas reuniones y contactos telefónicos entre el Presidente (ya de regreso en La Moneda), los ministros del comité político (que nos reunimos con el mandatario), las autoridades policiales y los dirigentes de Chile Vamos. El diagnóstico era lapidario. Carabineros no tenía ninguna posibilidad de controlar los desmanes. No daban abasto ante la masividad e intensidad de los desórdenes. Estaban completamente superados. No había más contingente ni capacidades operativas para restablecer el orden público en el corto plazo. Tampoco lo habría por la mañana del día siguiente. "No hay más", era el mensaje que invariablemente llegaba desde el alto mando policial.

Cerca de las once de la noche sonó el teléfono en mi oficina. Era el Presidente, para solicitarme una sola cosa: "Asegúrese con la Contraloría un trámite expedito de los decretos".

Piñera había resuelto decretar estado de excepción constitucional por grave conmoción del orden público, algo inédito desde el retorno a la democracia. El nivel de violencia y desbande callejero hacía imposible cualquier otra alternativa. La mantención del orden público es una obligación formal del jefe de Estado y, ante la evidente incapacidad de las fuerzas de orden y seguridad para restablecerlo, no cabía otra posibilidad que echar mano a las herramientas contempladas en la propia carta magna. No hacer nada era permitir que la ciudad terminase siendo completamente arrasada.

A las 12:15 de la noche del sábado 19 de octubre se decretó el estado de excepción constitucional de emergencia para la provincia de Santiago y Chacabuco y las comunas de Puente Alto y San Bernardo[97], lo que fue anunciado por el propio presidente Piñera desde la sala de prensa de La Moneda luego de reunirse con los ministros de Interior Andrés Chadwick, de Defensa Alberto Espina, la vocera Cecilia Pérez, el subsecretario de Interior Rodrigo Ubilla y la intendenta metropolitana Karla Rubilar. El general de división del Ejército Javier Iturriaga fue designado como jefe de plaza. Era el mismo oficial que había estado a cargo del estado de catástrofe del Maule luego de los gigantescos incendios forestales del 2017.

"El objetivo de este estado de emergencia es muy simple: asegurar el orden público, asegurar la tranquilidad de los habitantes de Santiago, proteger los bienes tanto públicos como privados y, por sobre todo, garantizar los derechos de todos y cada uno de nuestros compatriotas", declaró el mandatario en un punto de prensa que fue transmitido en directo por todos los canales de televisión. Piñera también señaló que en los próximos días convocaría a un "diálogo transversal" para aliviar la situación producida por el alza del transporte de 30 pesos, que surgía como la causa inmediata de las violentas reacciones de la calle.

---

97   Diario Oficial, CVE 1671764, Decreto 472 del 18 de octubre de 2019.

A eso de las tres de la madrugada inicié el regreso a casa. Serían apenas unas horas de descanso porque ese sábado nos reuniríamos a primera hora en La Moneda con el Presidente y el comité político. Pese a que resultaba algo más demoroso, le pedí a Cristián, mi escolta, que regresáramos "por arriba", es decir, que no nos fuéramos por el túnel de la Costanera Norte. Mientras nos desplazábamos por la Alameda Bernardo O'Higgins, pude apreciar en directo el estado de las cosas. A esa hora ya se había iniciado el despliegue de las patrullas militares por las calles de Santiago, las que se estaban instalando en distintos puntos con carros blindados y camiones.

Pese a ser viernes por la noche, la ciudad estaba totalmente replegada, vacía y silenciosa. El ruido y las luces habían sido desplazados por las sombras y la oscuridad, que se quebraban únicamente por el sonido de alguna sirena lejana o una que otra barricada todavía humeante. Era como una película de terror urbano. Con ese telón de fondo era imposible no sentirse abrumado por una sensación de fracaso infinito. Una sensación sombría y hostil, sostenida sobre la imagen de una ciudad en llamas. Una pesadilla que no sabíamos si concluiría con las luces del amanecer.

El balance de ese viernes negro fue devastador. No solo por los heridos, los incendios, los saqueos y el vandalismo. Fue demoledor también por otros dos conceptos: porque medio país, en una masiva fuga hacia la insensatez para la cual todavía no encuentro explicación, hizo vista gorda de la violencia y, además, porque el Estado chileno, en términos prácticos, no pudo o no supo responder con eficacia frente a lo que estaba ocurriendo. En más de un sentido, ese día nos desfondamos.

El descenso a los infiernos

La resaca de la mañana siguiente fue desgarradora. Durante el regreso a La Moneda pude comprobar los efectos de la jornada de furia. Barricadas que aún no se extinguían, comercios saqueados, estaciones de metro incendiadas y una Alameda arrasada era lo que primero saltaba a la vista en ese despertar brutal. Imágenes diurnas de una feroz pesadilla nocturna que aún no se había disipado, y que venían acompañadas de un penetrante olor a quemado que se impregnaba con fuerza en los distintos rincones de la ciudad.

Según los registros policiales, ampliamente difundidos por los informes matutinos de canales de televisión y radios, 308 personas resultaron detenidas y 156 carabineros terminaron lesionados. Pese al despliegue de más de 500 militares en las calles de Santiago, las cosas estaban lejos de tranquilizarse. Twitter, Facebook e Instagram daban cuenta de decenas de nuevas convocatorias a manifestaciones y protestas para ese sábado, programadas tanto en Santiago como en distintas regiones del país. Los llamados ya no eran solo a protestar contra el alza de los treinta pesos. A esa consigna se unían ahora las pensiones, la salud, los sueldos, los abusos, las élites, el modelo. En cosa de horas pasamos de un hecho puntual —el costo del transporte público— a una verdadera explosión en contra de todo el orden establecido.

Paradojalmente, no fui capaz de encontrar ningún llamado a manifestarse en contra de la violencia extrema, en contra del vandalismo desatado, en contra de la irracional ola de caos y fuego que asoló la capital. Salvo un par de airados cibernautas, no di con ninguna convocatoria para protestar en contra del desbande callejero y el pillaje de la jornada anterior.

A las 9:00 de la mañana nos reunimos con el Presidente y el comité político. El balance era dramático. Al casi centenar de hechos graves que se habían producido, había que sumar la paralización de la red de transporte público de Santiago y el masivo cierre del comercio capitalino, temeroso de que se mantuvieran los saqueos y hechos vandálicos durante la jornada. Pero lejos lo más complejo era el desconcierto que la situación estaba produciendo. La información era poca y confusa. Era difícil tener un diagnóstico preciso y no contábamos con un plan u hoja de ruta para navegar la tormenta, para la cual ninguna administración podría haber estado preparada.

En el comedor presidencial, donde nos reunimos el mandatario, Andrés Chadwick, Cecilia Pérez, Cristián Larroulet y yo, abundaban las minutas, telefonazos y reportes noticiosos de última hora, que solo incrementaban nuestra impotencia frente a la magnitud de los hechos. El Presidente, que en los momentos de alta tensión suele sacar su mejor versión, se mostraba ofuscado e inquieto. La crispación se acrecentaba con el enjambre de asesores que entraba y salía sin cesar.

Con todo, empezamos a esbozar algunos cursos de acción para enfrentar la emergencia. Lo primero que nos pidió el mandatario, práctico hasta el extremo, fue elaborar un catastro completo de los daños y un plan de contingencia para hacer funcionar la ciudad en el más breve plazo, que había quedado en estado de semiparálisis tras los sucesos de la jornada anterior. Era sábado, no había sistema de transporte ni comercio y era imperioso restablecer alguna normalidad para el día lunes, cuando la ciudad volviese a su rutina habitual. Teníamos poco más de 36 horas para hacer funcionar el Metro y recuperar al menos alguna movilidad. En segundo lugar, pidió una evaluación rápida sobre el efecto de congelar el alza de la tarifa del transporte público. Era evidente que, si queríamos apagar el incendio, no había otra opción que dejar sin efecto el infausto decreto. Asimismo, nos pidió a mí y a Cristián, es decir, a la Segpres y al Segundo Piso, delinear un plan de medidas para paliar el alza en el costo de la vida, factor que parecía estar golpeando a buena parte de la población, como lo reflejaba la masividad de las protestas. Además del transporte, había que mirar lo que estaba pasando con los servicios básicos, los sueldos, las pensiones, la salud. El asunto, a juzgar por la intensidad de las manifestaciones, era mucho más profundo que lo que inicialmente podíamos haber supuesto, por lo que cualquier medida o anuncio al respecto debía evaluarse en forma integral. Parecía no ser solo un problema del transporte público, sino una cañería más profunda y desconocida, que reventó con la fuerza de un volcán. Por último, el Presidente nos pidió a Andrés Chadwick y a mí iniciar los sondeos para concretar el diálogo nacional anunciado la noche anterior en la cadena nacional.

Para ello partiríamos convocando a una serie de reuniones sucesivas con los poderes del Estado, Chile Vamos y la oposición, proceso que después iríamos extendiendo a las organizaciones de la sociedad civil, en línea con los diálogos nacionales impulsados por el presidente francés Emmanuel Macron tras la crisis de los "chalecos amarillos" de fines del 2018. "Veamos cuánto ánimo hay en los grupos más moderados de la oposición para venir a conversar a La Moneda", fue la instrucción final del Presidente. Sus palabras eran un reflejo de la poca esperanza que teníamos en la reacción opositora. Las llamas no solo habían incendiado la ciudad, también habían radicalizado los ánimos en la centroizquierda, en el Frente Amplio y, especialmente, en el Partido Comunista, colectividad que apareció esa misma tarde pidiendo la salida de Piñera. "Lo mejor sería que renunciara y llamara a nuevas elecciones ahora", declaró abiertamente su mandamás, Guillermo Tellier, quien no demoró un momento en transparentar la posición de los comunistas frente a la crisis. Su objetivo era la caída del Presidente.

En el caso de la centroizquierda, los timoneles de la DC Fuad Chahin, del PPD Heraldo Muñoz y del PS Álvaro Elizalde, también fijaron condiciones para conversar con La Moneda: revocar el alza de la tarifa del metro, poner fin al estado de excepción y abrirse a una agenda social amplia de cambios. Apertura, ciertamente, pero con condiciones.

Hacia el término de la reunión con el mandatario surgieron otras dos ideas por parte del equipo de asesores presidenciales: convocar a La Moneda a parlamentarios y alcaldes oficialistas como muestra de apoyo al Gobierno, actividad que quedó programada para ese mismo día a la hora de almuerzo, y organizar brigadas de autoridades y funcionarios gubernamentales para cooperar en la limpieza de las estaciones del Metro más afectadas por los desmanes, iniciativa que contaba hasta con un *hashtag* para las redes sociales y que se concretaría el domingo a primera hora. La primera idea me generó algunas dudas. Una reunión con los propios sin contar con una hoja de ruta precisa podía terminar jugándonos en contra. La segunda propuesta me pareció decididamente una torpeza.

Durante el comité político no hablamos mayormente de temas de seguridad y orden público. Eso vendría a continuación, en otra reunión, en la que participarían el mandatario, los ministros de Interior y Defensa, además del jefe de la Defensa, general Javier Iturriaga, con quien alcancé a cruzarme a la salida del Salón Rojo, donde esperaba pacientemente junto a un nutrido equipo de asesores. Mientras bajaba a mis oficinas por las escaleras de piedra del Patio de Las Camelias, no dejaba de agradecer mentalmente que ese tema imposible estuviese fuera de mis responsabilidades.

Si bien la mañana había comenzado en relativa calma en comparación a cómo había terminado la noche anterior, al mediodía los ánimos volvieron a caldearse. La tensión se podía sentir en el aire, resultaba casi palpable. Era evidente que las cosas no pintaban bien. Poco a poco empezaron a congregarse en distintos puntos de Santiago y de las principales capitales regionales grupos de manifestantes protestando contra la presencia de los militares en las calles. A diferencia del 2010, cuando los uniformados lograron con su sola presencia imponer el orden y controlar exitosamente los desmanes generados tras el terremoto del 27 de febrero, en esta ocasión su presencia parecía enervar aún más las cosas. Si en el 2010 la gente aplaudió el despliegue de las Fuerzas Armadas, ahora había críticas e insultos amparadas con oportunismo por dirigentes del PC y el Frente Amplio, como Daniel Jadue o Gabriel Boric, quienes fueron captados en vivo por los noticieros increpando a los efectivos militares y policiales, que a esas horas ya se encontraban plenamente desplegados por el estado de emergencia.

En términos políticos tampoco hubo grandes avances. En los múltiples contactos que sostuve durante la mañana pude constatar que se había instalado un temor paralizante en casi todo el espectro. La mayoría entendía la necesidad de un diálogo amplio, pero más allá de declaraciones genéricas, nadie se atrevía a tomar la iniciativa. Al menos logramos concertar la reunión con los representantes de los poderes del Estado para el domingo, gestión que me había encomendado encarecidamente el Presidente, y que esperábamos constituyera el primer paso hacia un diálogo amplio y republicano. A la cita asistirían los titulares de la Corte Suprema Haroldo Brito, de la Cámara de Diputados Iván Flores y del Senado Jaime Quintana. En cualquier caso, desde la oposición supeditaban cualquier conversación al retiro de los militares, condición casi imposible en el corto plazo considerando el recrudecimiento de la violencia que se estaba produciendo.

En Chile Vamos las cosas tampoco andaban mucho mejor. Lo pudimos comprobar durante el tenso encuentro que sostuvimos con los parlamentarios de la coalición en el comedor presidencial, donde fue imposible fijar siquiera consensos básicos para enfrentar la crisis. Por una parte, mayoritariamente desde el mundo de la UDI, llamaban al Gobierno a "reprimir con energía", frase que había sido patentada por el senador PS José Miguel Insulza y que le costaría funas virtuales y físicas de parte de militantes de su propio partido. No podía haber diálogo ni acuerdo alguno mientras no se restaurase el orden en las calles. Por otro lado, fundamentalmente desde el mundo RN, la mirada era mucho más autoflagelante. Nos pidieron hacernos cargo del malestar, reconocer los problemas estructurales del modelo económico y materializar una dadivosa agenda en pensiones, salud y sueldos como requisito básico para recuperar la paz social. Dicho contrapunto se reflejó elocuentemente en un duro intercambio entre Manuel José Ossandón y Marcela Cubillos, quien cuestionó, en su estilo, el estado de crítica permanente del senador por Santiago. Ossandón había acusado a través de los medios al gobierno de desconexión y falta de calle. "Es tiempo de ser leales", le reclamó entonces la titular de Educación, sacando aplausos espontáneos entre los asistentes, ayudando a cerrar filas en el oficialismo, que transitaba entre el miedo y la desesperación tras los sucesos del día anterior. Ossandón, en todo caso, resintió el golpe y no volvió a emitir ningún comentario más en el resto de la reunión.

Las protestas no disminuyeron durante la jornada, a pesar de la presencia militar. Por el contrario, aumentaron de manera exponencial con el transcurso de las horas, extendiéndose a distintas regiones del país. Las turbas nuevamente se congregaron con inusitada violencia. En la Región Metropolitana hubo saqueos a comercios, supermercados, bodegas y centros de distribución, además de múltiples interrupciones de tránsito y ataques incendiarios a buses del Transantiago y estaciones del Metro, varias de las cuales ya habían sido quemadas durante el viernes, como Elisa Correa de la Línea 4 en la comuna de Puente Alto[98], lo cual obligó nuevamente a suspender los servicios de transporte urbano. En la Región de Valparaíso hubo saqueos, barricadas y ataques a edificios públicos y privados, siendo los supermercados y el comercio los sectores que más sufrieron con la ola vandálica. La postal más triste fue el incendio del histórico edificio de *El Mercurio de Valparaíso*, construcción patrimonial que terminó completamente consumida por el fuego y con destrozos inauditos. En Biobío hubo desmanes en diversos lugares de importancia, como el edificio de la Corte de Apelaciones, la sede regional de la PDI y la Compin. La misma situación se observó en Coquimbo, San Antonio, Rancagua, Copiapó, Puerto Montt, Antofagasta y Talca.

Sin embargo, lo más doloroso del día fue constatar que en la jornada se habían registrado personas fallecidas, lo que no había ocurrido el viernes[99]. El hecho me golpeó fuerte. Una cosa era estar inmerso en medio de una crisis feroz, otra muy distinta era asimilar que esta podía significar la pérdida de vidas humanas. En momentos como ese se cruzan por la cabeza muchos pensamientos difíciles, angustiosos, inquietantes. Uno piensa en las familias, en la agudización del conflicto, en sus inciertas consecuencias. Fue como descender un peldaño más hacia los abismos... y lo peor tal vez ni siquiera había llegado.

El balance final del día terminaría dando cuenta de un total de 108 eventos graves en todo el país, 16 más que los registrados durante el viernes, todo transmitido en tiempo real por los canales de televisión, los que dejaron de lado su habitual programación miscelánea de los sábados para dar paso a una cobertura noticiosa permanente y en tiempo real de las manifestaciones. Con el curso de los días, esto se volvería una constante que profundizaría la sensación de crisis total.

---

98   La actualización del reporte de daños de Metro del día 20 de octubre dio cuenta de que, de las 136 estaciones de la red, 80 resultaron con daños: 11 fueron completamente incendiadas, 11 fueron parcialmente incendiadas y 58 terminaron con múltiples destrozos. Adicionalmente, 6 trenes fueron vandalizados, de los cuales 3 fueron quemados. La estimación de daños aumentó a 300 millones de dólares.

99   Durante el fin de semana fallecieron 11 personas en el contexto del estallido social, la mayoría en saqueos e incendios: hubo dos víctimas fatales en un siniestro producido en un supermercado en San Bernardo, otras cinco personas fallecieron en circunstancias similares en Renca; lo mismo, un ciudadano peruano en un supermercado Líder de Matucana y otras dos personas en un local Construmart en La Pintana. Caso aparte fue el de dos personas fallecidas el domingo 20 de octubre producto de la acción de efectivos militares en las ciudades de Coquimbo y La Serena. Posteriormente, al cumplirse un año del inicio de la crisis social, el INDH informaría un total de cinco querellas por personas fallecidas producto de la acción de agentes del Estado.

Mi jornada nuevamente finalizó en la oficina presidencial. Acompañados de una televisión muda como telón de fondo, que registraba una y otra vez las imágenes de los disturbios, nos volvimos a reunir con el comité político para evaluar los caminos a caminos a seguir. El sábado había resultado más duro que el viernes y nada hacía presagiar que el domingo mejorarían las cosas. Luego de un intenso debate, finalmente el mandatario comunicó en un punto de prensa, transmitido prácticamente en cadena nacional, que se dejaría sin efecto el alza en el costo del transporte público, lo que se tramitaría mediante una ley exprés, junto con la convocatoria a una "mesa de diálogo" amplia y transversal, con el fin de acoger propuestas de distintos sectores. También informó la decisión de extender el estado de emergencia a las regiones de Valparaíso[100] y Biobío[101], las que quedarían a cargo de los contralmirantes Juan Andrés de la Maza y Carlos Huber, respectivamente.

Por su parte, el general Iturriaga anunció la implementación del toque de queda en Santiago, entre las 22:00 y las 07:00 de la mañana, hecho inédito para Chile en más de tres décadas, ratificando que el descenso a los infiernos se mantenía inalterable.

Pasos para adelante, pasos para atrás

"Claudio, ¿dónde estás? Tenemos que partir de inmediato a Valparaíso". La llamada telefónica a Claudio Alvarado fue la primera del domingo en la mañana. Habíamos logrado concertar con la Cámara de Diputados una sesión extraordinaria para tramitar en tiempo récord la ley que dejaba sin efecto el alza de la tarifa en el Metro. Aunque el proyecto no era de mi cartera —debido a su naturaleza, correspondía que lo tramitara Transportes o Hacienda—, sabía que tendría que asumir esa tarea. La presencia de los titulares de esos ministerios podía fácilmente encender alguna polémica. A Gloria Hutt se le atribuía responsabilidad —injustamente, según mi parecer— en el alza de la tarifa del pasaje, decisión que en realidad había pasado por una resolución del Panel de Expertos, entidad completamente autónoma del Gobierno. A Felipe Larraín, por su parte, la oposición y las redes sociales le cobraban la cuenta por una antigua frase relacionada con el costo de la vida, que en todo caso no había tenido nada que ver con el alza de la tarifa del Metro. De todas formas, daba lo mismo. Ante la emergencia tendría que partir al Congreso en representación del Ejecutivo, en un momento de máxima tensión. Sería la primera sesión parlamentaria tras el inicio de la crisis.

Llegar no fue sencillo. Si bien la carretera estaba vacía, los cortes y barricadas en la ruta hacían difícil el tránsito, lo que tenía tremendamente nerviosos a mi conductor y a mi escolta policial. Ambos estaban preocupados por mi seguridad personal. Con

---

100   Diario Oficial, CVE 1671777, Decreto 473 del 19 de octubre de 2019, que declara estado de excepción constitucional de emergencia en la Región de Valparaíso, con la excepción de Isla de Pascua y la comuna de Juan Fernández.

101   Diario Oficial, CVE 1671780, Decreto 474 del 19 de octubre de 2019, que declara estado de excepción constitucional de emergencia en la provincia de Concepción, Región del Biobío.

ellos habíamos compartido cientos de horas en la carretera, íbamos a lo menos dos a tres veces por semana al Congreso, solían traerme de regreso hecho un bulto, tarde en la noche, o incluso de madrugada luego de las agotadoras sesiones de la Ley de Presupuestos, lo que había fraguado una relación de confianza y aprecio recíproco que se había consolidado con el paso del tiempo. Nunca en el año y medio que llevábamos juntos los había visto tan tensos y silenciosos. Durante el viaje no hablaron una sola palabra, no hubo ningún comentario de contingencia o política. Toda su atención estaba concentrada en aquellos puntos que consideraban de mayor riesgo, como los cruces y pasarelas aledañas a las zonas urbanas, donde se veían barricadas humeantes y grupos dispersos de manifestantes en actitud vigilante.

Pese a todo, logramos llegar sin grandes inconvenientes al edificio del Congreso. En la entrada la prensa nos esperaba expectante. Era la primera vez desde el 18 de octubre —habían pasado solo dos días, pero la sensación era de semanas— que alguien del gabinete aparecía afuera de La Moneda. "Estamos ingresando el proyecto de ley que deja sin efecto el alza de las tarifas. Esta es la hora de que la política empiece a construir respuestas para superar esta grave crisis", declaré a mi llegada, con más voluntarismo que otra cosa. Estaba claro que la jornada no sería tranquila.

En Valparaíso el ambiente era irrespirable. No solo por los gases lacrimógenos que se colaban por los distintos rincones de la sede del Poder Legislativo. Algo había cambiado. En cosa de días, era otro Congreso. Del clásico ambiente de pasillo cordial y republicano no quedaba nada. Había una disposición anímica radicalmente distinta, impregnada de desconfianza y hostilidad. No pocos parlamentarios de izquierda, especialmente en la bancada comunista, parecían estar poseídos por una suerte de espíritu de revolución. No hacían el más mínimo empeño en disimular la rabia y el desprecio que los embriagaba. Era claro que ya no nos veían como adversarios, sino derechamente como enemigos. Era cosa de reconocerlo en sus miradas. Algunos como Daniel Núñez, diputado del PC por la región de Coquimbo, con quien solía mantener una relación fluida y respetuosa, parecían ser otras personas. No eran ni la sombra de quienes habían sido hasta hace un par de días.

Los parlamentarios de Chile Vamos, por el contrario, en su mayoría estaban dominados por la angustia. Lo pude comprobar en una improvisada reunión en la oficina de ministros aledaña al hemiciclo, previo al inicio de la sesión de la sala, instancia a la que acudió espontáneamente una quincena de parlamentarios del bloque. "Nos van a destruir por completo", alegó desencajada la diputada de RN Marcela Sabat, reclamando que debíamos ceder inmediatamente a las demandas sociales o arriesgábamos ser arrasados por la revuelta callejera.

En esos momentos estuve solo. Me acompañaban únicamente Constanza Castillo y Max Pavez, dos asesores del ministerio. Y salvo el director de presupuestos, Rodrigo Cerda, casi no había autoridades ni funcionarios de gobierno en Valparaíso. A la mayor parte les recomendamos no trasladarse al Congreso por razones de seguridad, y mi compañero de mil batallas, Claudio Alvarado, no había logrado conseguir ningún pasaje que pudiese traerlo de regreso desde Chiloé, a donde solía trasladarse los fines de semana para estar con su familia. Los vuelos nacionales estaban en su mayoría suspendidos desde el inicio de la crisis[102].

La sesión de la Comisión de Hacienda fue completamente caótica. Si bien al interior de la sala se hizo algún esfuerzo por mantener cierta normalidad en la tramitación del proyecto de ley, desde el exterior llegaban incesantemente los gritos y estruendos de los enfrentamientos entre la policía y los manifestantes, que se habían congregado a las afueras del edificio, sobre todo en la Avenida Pedro Montt, donde se estaban produciendo violentos choques con los carabineros a cargo del resguardo de la sede del Congreso. Esos incidentes tensionaban aún más el ambiente, ya caldeado con las ácidas intervenciones de los parlamentarios de izquierda, que no tenían otro propósito que denostar al Gobierno e increpar al Presidente de la República.

A tanto llegó el caos al interior de la comisión que en algún minuto empezaron a sonar unos timbres de emergencia ensordecedores —nunca los había escuchado, ni siquiera sabía que existían—, que supuestamente servían para indicar que debíamos hacer abandono del recinto. Según los funcionarios de seguridad de la Cámara, los manifestantes habían traspasado los anillos de seguridad que rodeaban al Congreso y había un riesgo real de que el edificio, literalmente, cayera en poder de la turba. Lo bueno fue que la alarma sirvió para agilizar la tramitación del proyecto, que fue despachado en cosa de minutos, y en forma unánime, por la Comisión de Hacienda.

En la sala de la Cámara de Diputados el escenario no fue muy distinto. La sesión se inició con un minuto de silencio por las personas fallecidas en los últimos dos días, en medio de un ambiente fuertemente tensionado. Si bien en un comienzo los discursos apelaron mayoritariamente a la unidad y a la búsqueda de acuerdos[103] —lo que fue explícito en algunas intervenciones iniciales, como las de Jaime Bellolio (UDI), Francisco Undurraga (Evópoli), Matías Walker (DC) o Raúl Leiva (PS)—, al poco andar comenzaron los espolonazos del Frente Amplio y el Partido Comunista.

El primero en abrir los fuegos fue el diputado Giorgio Jackson (RD). "Mientras sigan militarizadas las calles, no votaremos este proyecto y los sucesivos", advirtió. Luego vino la diputada Natalia Castillo (RD), quien dejó en claro por dónde iban los tiros de la izquierda: "Ya no se trata de 30 pesos, sino de 30 años de un sistema que oprime". El diputado Félix González (Partido Ecologista) no tuvo problemas en transparentar su posición con más histeria que vehemencia: "No quiero votar este proyecto [...] Yo, hoy, prefiero estar en la calle. ¡Me voy a la calle!". Esa era la tónica general de las bancadas frenteamplistas, lo que hasta cierto punto sinceraba el poco aprecio que sentían por las fórmulas de la democracia representativa.

---

102   Durante el domingo 20 de octubre Latam anunció la cancelación de 119 vuelos, mientras que Sky suspendió 30 y Jet Smart, otros 12.

103   Ver historia de la Ley 21.184, que "faculta al Presidente de la República para dejar sin efecto o limitar un alza de tarifas en el transporte público de pasajeros".

A tal grado llegó el nivel de descomposición del debate que los diputados del PC, con una lógica rigurosamente marxista que apuntaba a radicalizar el conflicto, se retiraron del hemiciclo a modo de protesta contra el Ejecutivo, obviamente sin votar el proyecto. "Es un acto de desobediencia civil y de rebeldía frente a lo que está pasando", transparentó con brutal sinceridad Daniel Núñez, quien además ejercía como jefe de bancada de los comunistas.

La realidad estaba resultando más deprimente de lo imaginable. "Esto no lo habíamos visto nunca", me comentó apesadumbrado uno de los funcionarios más antiguos de la Cámara con quien solía conversar durante las largas pausas entre las sesiones. Ciertamente, hacía rato que el Congreso había dejado de ser un foro republicano ideal, en particular la Cámara de Diputados. Los últimos meses habían sido ásperos, poco gratificantes, en exceso performáticos, aunque habían permitido mantener en rangos razonables el debate democrático. Eso al menos era lo que me parecía tras los acuerdos alcanzados con los sectores moderados de la Cámara, como ocurrió con la Ley de Migraciones, el nuevo Sename, la reforma previsional o el proyecto tributario, iniciativas que habíamos logrado viabilizar en el transcurso del año[104]. Era impactante pensar que la misma cámara, con los mismos 155 parlamentarios, en cuestión de días se había transformado en una verdadera trinchera, donde muchos dejaron de vernos como adversarios. Ahora éramos enemigos. Y, por lo tanto, tenían que apabullarnos.

En ese contexto llegó mi turno para intervenir en la sala. Absolutamente solo en la testera, apenas premunido de un par de apuntes y con buena parte del hemiciclo en abierta hostilidad, tuve que respirar profundamente dos o tres veces antes de iniciar mi discurso, para poder bajar las pulsaciones y mantener cierta templanza. Es una técnica que aprendí en mis años de músico aficionado, cuando el miedo escénico me carcomía antes de salir a tocar. Tenía que lograr bajar los decibeles e intentar poner paños fríos. Mi única expectativa sensata era cerrar razonablemente el debate y aprobar el proyecto. Cualquier traspié o frase mal dicha podía hacer saltar una chispa que terminase incendiando la pradera. Y a estas alturas lo único urgente era neutralizar el daño provocado por el alza de las tarifas del transporte público. Por lo mismo, partí reconociendo la profundidad de la crisis, asumiendo que lo que estábamos discutiendo era apenas un primer paso, cuyo propósito era abrir un diálogo para avanzar en la construcción de acuerdos. "Tenemos que trabajar juntos para construir mejores respuestas", fue el llamado que hice ante una Cámara expectante, silenciosa, alerta.

---

104   La nueva Ley de Migraciones fue aprobada en general el 16 de enero de 2019, con 147 votos a favor, uno en contra y una abstención. El Servicio de Protección de la Niñez fue aprobado en general el 24 de enero de 2019 por 127 votos a favor, uno en contra y una abstención. La reforma previsional fue aprobada en general el 16 de mayo de 2019 por 84 votos a favor, 62 en contra y dos abstenciones, mientras que la reforma tributaria fue aprobada en general el 22 de agosto de 2019 por 84 votos a favor y 60 en contra.

La intervención terminó a los cinco minutos con uno que otro aplauso tímido. Estaba claro que no pasaría a los anales de la República, pero al menos sirvió para poner la cara, bajar las tensiones, cerrar el debate y dar paso a la votación, permitiendo que el proyecto fuese aprobado en tiempo récord por casi la totalidad de la sala, salvo un par de abstenciones simbólicas[105]. Esto nos brindó un respiro momentáneo en medio del descalabro en que nos encontrábamos.

En Santiago, mientras tanto, se sucedió una serie de reuniones, siendo la más significativa el encuentro del presidente Piñera con los titulares de los otros poderes del Estado, convocada para las dos de la tarde en La Moneda. Para el Gobierno era una instancia clave. Permitiría mostrar una imagen de unidad nacional frente al país. En nuestro diseño, cualquier salida al estallido social, como ya se le empezaba a denominar en los medios de prensa, pasaba por construir un acuerdo político amplio con mirada de Estado. Dada la envergadura de la crisis, era imperioso contar con la colaboración del resto de los poderes públicos. El Ejecutivo, por cierto, debía liderar, pero era indispensable sumar a otros actores políticos, institucionales y también sociales.

Coordinar la reunión no estuvo exento de problemas y regateos. Iván Flores, titular de la cámara baja, se mostraba reticente a concurrir a La Moneda. Haroldo Brito, presidente de la Corte Suprema, no dudó en sumarse apenas le transmití la invitación presidencial ("Cuente con ello, ministro"). Jaime Quintana, cabeza del Senado, también se mostró inmediatamente dispuesto: "Eso sí, Gonzalo, tendrás que ayudarme a conseguir un vuelo porque acá están todos suspendidos", me dijo. Tuvimos que improvisar un puente aéreo con Carabineros para lograr traerlo a tiempo desde Temuco, lugar donde residía.

Piñera luego nos comentaría que la reunión se desarrolló en buenos términos. Durante aproximadamente una hora les expuso el estado de situación del país, realizándoles un recuento del impacto generado por la ola de violencia, cuyos daños acumulados se estimaban ya en 450 millones de dólares. El listado era deprimente: saqueos e incendios en las principales ciudades del país, ataques vandálicos a la infraestructura crítica, especialmente en los sistemas de energía y transporte, dificultades severas en las cadenas de suministros, protestas que no daban tregua y una policía crecientemente cuestionada e incapaz de responder frente a los desmanes producidos. "Por eso los he llamado, necesitamos su colaboración". Del Poder Legislativo, continuó Piñera, se necesitaba agilidad en la tramitación de leyes relacionadas con la contingencia, así como altura de miras para evitar exacerbar el delicado cuadro político y social. En el caso del Poder Judicial, lo fundamental era lograr una

---

105   Ver Boletín 13.010. El 20 de octubre fue aprobado por la Cámara de Diputados por 103 votos a favor, uno en contra (René Alinco) y una abstención (Marisela Santibáñez), mientras que el 21 de octubre el proyecto fue ratificado por el Senado por 39 votos a favor y ninguno en contra, aunque el senador Alejandro Navarro asistió a la sesión e intervino, y se retiró de la sala sin votarlo.

expedita administración de las causas asociadas a la crisis, tanto en lo relacionado con los delitos producidos durante las manifestaciones como en las denuncias por abusos policiales.

Sin embargo, más allá de las tradicionales palabras de buena crianza que se dan en este tipo de citas, no hubo compromisos claros ni definiciones muy concretas a la salida de la reunión, lo que generó un balance más bien agridulce del encuentro. Quizás lo único que se sacó en claro fue la necesidad de ampliar la agenda social impulsada por el Gobierno, exigencia que hizo la oposición a través del presidente del Senado como condición para pactar una posible salida negociada a la crisis. Entre los principales puntos considerados estaba reestructurar la reforma previsional, congelar el alza de las tarifas de otros servicios básicos, hacer una reforma en salud y, cómo no, renunciar a la reintegración tributaria, que era hasta ese momento la piedra de tope en cualquier negociación política con la oposición. En todo caso, la cita sirvió al menos para descomprimir un poco el ambiente y tender puentes con los sectores moderados de la centroizquierda que, a diferencia del Frente Amplio y el PC, mostraban apertura al diálogo. "No cabe otro camino más que colaborar [...] Restarse hubiese sido profundizar la crisis", declaró a la salida Jaime Quintana, uno de los pocos en la izquierda que parecía entender la gravedad del momento que estábamos viviendo.

En resumen, el domingo fue un día de contrastes. Pudimos dejar atrás el *shock* inicial y comenzamos a tomar la iniciativa. Hubo vocerías, múltiples reuniones y un ánimo algo más intencionado. Dimos pasos concretos con la aprobación del proyecto que dejaba sin efecto el alza de la tarifa del transporte público; lo mismo, con la reunión con los poderes del Estado. Pero también hubo retrocesos significativos. Durante la jornada pudimos constatar que teníamos un Congreso en estado de erupción volcánica, donde claramente había sectores de izquierda dura con ánimo de ruptura y resueltamente lanzados a la estrategia de forzar la caída del Presidente. La coalición de gobierno, por otra parte, estaba presa de la incertidumbre y el temor y empezaba a mostrar ciertas fisuras respecto al camino a seguir. Y nuestra agenda de reformas, en los hechos, había quedado completamente fuera de juego.

Pero lo más complejo nuevamente fue la violencia. Lejos de amainar, la verdad es que solo seguía creciendo. El vandalismo había recrudecido por tercer día consecutivo. Si el viernes habíamos tenido alrededor de 90 episodios graves de orden público, el domingo habían aumentado a 350. El balance nuevamente fue desolador: el fin de semana se cerraba con personas fallecidas, la mayor parte en medio de los disturbios, y cientos de heridos, civiles y uniformados; las clases en los colegios y universidades tuvieron que ser suspendidas[106]; el sistema de transporte público

---

106   De las 52 comunas de la RM, 48 decidieron suspender las clases escolares debido a la crisis social.

quedó, en la práctica, paralizado[107]; los daños a la infraestructura pública y privada eran incalculables; el comercio se mantenía semicerrado a raíz de la furia callejera[108]; y el estado de excepción se había extendido a 11 regiones, abarcando casi todo el territorio nacional.

La situación seguía siendo muy adversa e impredecible.

Una guerra que no fue tal

El lunes por la mañana las redes sociales amanecieron totalmente convulsionadas. ¿La razón? Durante la noche habían comenzado a viralizarse unas declaraciones del Presidente de la República, emitidas luego de una reunión sostenida con los mandos militares en la Comandancia en Jefe de la Guarnición de la Región Metropolitana. "Estamos en guerra contra un enemigo poderoso e implacable, que no respeta a nada ni a nadie", declaró el mandatario pasadas las diez de la noche desde el edificio del Ejército de calle Zenteno, lugar en el que se había reunido con los jefes de Inteligencia de las Fuerzas Armadas, desatando una tormenta de proporciones luego de sus dichos.

"Irresponsabilidad", "imprudencia" e "inaceptables", fueron los calificativos más suaves emitidos por los líderes de la oposición

Sin duda, la frase había sido un error que, por lo demás, contradecía la estrategia que veníamos siguiendo, definida por el propio Presidente, basada en la búsqueda de un diálogo transversal que permitiese superar la crisis. Si queríamos proyectar una imagen de unidad nacional, la idea de una confrontación bélica ayudaba poco y nada. Aunque conociendo de cerca al mandatario, sabía que no había sido esa su intención. Y si bien sé que nunca podré convencer a sus adversarios (tampoco es mi intención), la realidad es más pedestre: la cuña era una de sus muletillas habituales. Piñera solía usar la metáfora de la guerra para todas las causas habidas y por haber, al punto de volverla casi inocua. De hecho, en los últimos años le había declarado la guerra al narcotráfico, al cambio climático, a la pobreza y a cuantos males se le hubieran puesto por delante. Me había tocado escuchar la frase reiteradamente en

---

107   Producto de los ataques a las estaciones del tren subterráneo de la capital, Metro decidió suspender las operaciones en todas las líneas salvo la 1, que operó parcialmente. Durante el lunes 21 se mantuvieron cerradas las líneas 2, 3, 4, 4A, 5 y 6.

108   Al cierre del domingo 20, se contabilizaban 250 cajeros automáticos destruidos, 227 supermercados saqueados o destrozados, 122 farmacias con daños y 25 malls afectados.

la campaña. Tiempo después él mismo reconocería su naturaleza genérica[109]. Más aún, interpretada con buena fe (algo imposible en el contexto en el que estábamos), era evidente que aludía a los hechos vandálicos, principalmente saqueos e incendios, que estaban asolando las principales ciudades del país[110]. Pero, como era de esperar, esas explicaciones no convencieron a nadie. Los contactos telefónicos para apaciguar la tormenta fueron totalmente infructuosos. "Piden unidad nacional y luego declaran la guerra", me reclamó airado a través del celular un parlamentario de centroizquierda. La alusión había enardecido el ambiente, dotando de una nueva épica a las protestas callejeras, que empezaron otra vez a convocarse durante las primeras horas del lunes. Había surgido además un nuevo lema que se expandió con la velocidad del rayo por las redes sociales (#NoEstamosEnGuerra), demostrando el poder de los algoritmos y los *bots* que, a punta de tendencias y *hashtags,* buena parte originados desde el extranjero, podían torcer la realidad hasta límites insospechados[111].

De todos modos, igual teníamos que apagar el incendio. Si no se contenía rápidamente, podía terminar arrasando con todo. El PC —era que no— aprovechó el episodio para volver a la carga con la renuncia del mandatario. "El Presidente @sebastianpinera no solo perdió el control político del país, perdió los estribos de su propia persona. #PiñeraRenuncia", posteó en sus redes sociales la diputada comunista Karol Cariola pocos minutos después de la cuña presidencial.

---

109   El 19 de julio de 2021, el propio Sebastián Piñera explicaría ante la fiscal Claudia Perivancich, en el contexto de las investigaciones del Ministerio Público por eventuales delitos de violaciones de derechos humanos cometidos durante el estallido social, que su expresión era "una frase retórica, no literal, que ocupo con mucha frecuencia. Suelo decir que estamos en guerra contra el covid, contra el narcotráfico, contra la pobreza, procurando así identificar males que hay que combatir". Y agregó: "Yo me estaba refiriendo a la violencia y destrucción y no, por cierto, a los manifestantes. De hecho, en esa misma declaración hago un reconocimiento y valoración del derecho de la manifestación pacífica de los ciudadanos".

110   La frase exacta usada por el mandatario fue la siguiente: "Quiero hablarles a todos mis compatriotas que hoy día están recogidos en sus casas. Estamos en guerra contra un enemigo poderoso, implacable, que no respeta a nada ni a nadie, que está dispuesto a usar la violencia y la delincuencia sin ningún límite, incluso cuando significa pérdidas de vidas humanas. Que está dispuesto a quemar nuestros hospitales, nuestras estaciones del Metro, nuestros supermercados, con el único propósito de producir el mayor daño posible a todos los chilenos [ ] Hoy no es tiempo de ambigüedades. Llamo a todos mis compatriotas a unirnos en esta lucha contra la violencia, contra la delincuencia". Luego concluyó: "Termino diciendo que comprendo perfectamente bien a aquellos que protestan, a aquellos que se manifiestan porque tienen carencias, porque tiene privaciones, porque sienten que no les hemos entregado lo que corresponde y comprometo el mayor esfuerzo de nuestro gobierno".

111   Por esos días circuló un reservado informe del Departamento de Estado norteamericano, alertando sobre la inusual y masiva presencia de cuentas de redes sociales provenientes desde otros países, con alta actividad de contenidos asociados a la crisis social, en su gran mayoría totalmente adversos al Gobierno.

Buena parte de la mañana la pasamos con Claudio Alvarado, ya retornado a Santiago, y Jorge Selume, director de la Secretaría de Comunicaciones del Gobierno, tratando de encontrar una vía de escape para salir de la polémica. O el propio Piñera se desdecía o alguien tendría que salir a hacerlo. "Tiene que ser rápido", concluyó Claudio, siempre pragmático en los momentos difíciles. "O lo paramos ahora o no lo paramos más", agregó Selume, quien estaba totalmente apabullado con las impresionantes réplicas comunicacionales y políticas del episodio. Contradecir al Presidente era malo; pero no hacerlo, podía ser peor.

Sorprendentemente el globo se pinchó desde el lugar menos pensado de todos. "Yo no estoy en guerra con nadie, soy un hombre feliz", fueron las inesperadas declaraciones del general Javier Iturriaga, esa mañana, durante un punto de prensa convocado para informar el balance de la jornada, palabras que tuvieron un efecto casi inmediato. La tensión bajó con la misma velocidad con que había subido, logrando desactivar la tormenta desatada. Apenas mis asesores de prensa me mostraron en las pantallas de sus teléfonos las declaraciones del jefe de plaza de la Región Metropolitana, respiré aliviado. Si el responsable militar del orden público, designado para tales menesteres por el propio Presidente de la República, desmentía la idea de un conflicto bélico, entonces era evidente que el Gobierno tampoco estaba en guerra con nadie.

Una cosa era una frase mal dicha; otra, atribuirnos una intención que no teníamos. Al instante intuí que las declaraciones de Iturriaga sacarían ronchas en los duros del Gobierno, pero daba lo mismo. El general había mostrado más oficio y sentido de oportunidad para salir jugando que todos nosotros juntos. La intervención, pensada o no, significó en lo inmediato algunos reclamos desde los equipos de comunicaciones de palacio, que lo obligaron a precisar (en parte) sus declaraciones iniciales[112], aunque tiempo después el mismísimo Presidente terminaría nombrándolo comandante en jefe del Ejército, quizás como reconocimiento a la prudencia demostrada en los momentos más críticos[113].

Durante la tarde el propio mandatario saldría a matizar sus dichos, poniéndole paños fríos a la idea de que estábamos en medio de una guerra: "Sé que a veces he hablado duro [...] Compréndanme, compatriotas, lo hago porque me indigna ver el daño y el dolor que esta delincuencia provoca". Adicionalmente, el jefe de Estado anunció que

---

112   Durante la tarde del 21 de octubre el general Javier Iturriaga declararía: "Finalmente quisiera señalar que no corresponde especular sobre una frase que yo dije en la mañana. En mis palabras nunca hubo una doble intención a lo que señaló el Presidente de la República. Muy por el contrario, comprendo perfectamente mi cargo y la autoridad máxima que representa el Presidente".

113   El 3 de noviembre de 2021, el presidente Sebastián Piñera designó al general Javier Iturriaga como comandante en jefe del Ejército, en reemplazo del general Ricardo Martínez. Durante la presentación el mandatario afirmó que "tanto en el terreno estrictamente militar como cuando el Ejército y las Fuerzas Armadas prestan servicio a la ciudadanía, ha demostrado sus capacidades, su carácter, su prudencia".

convocaría para el día siguiente a los líderes de la oposición: "Mañana me reuniré con los presidentes de los partidos políticos, de Gobierno y oposición, para poder explorar y ojalá avanzar hacia un acuerdo social".

La jornada del lunes terminó con una disminución en los hechos de violencia[114]. Por primera vez había un cambio de tendencia, aunque la noche estaba lejos de quedar atrás.

La difícil ruta hacia adelante

Promediando la semana, ya teníamos cierta claridad respecto de los pasos siguientes. Lo primero era proponer una agenda de reformas que se hiciese cargo de las demandas surgidas al alero de las manifestaciones, de la mano con un diálogo amplio y transversal que nos permitiese canalizar por la vía institucional el descontento ciudadano. Lo más urgente era ponerle quilla, o más bien timón, a la convulsión que estábamos viviendo. Pero, en segundo lugar, a esas alturas resultaba evidente que tendríamos que introducir modificaciones en la tripulación del buque gubernamental. Habría que realizar un cambio de gabinete profundo, quizás el más radical de ambos gobiernos. Necesitábamos descomprimir la presión e indudablemente un cambio ministerial era la mejor manera de hacerlo. Liderazgos distintos, capaces de navegar en medio de la tormenta, pero sobre todo de empatizar con el momento que estábamos viviendo. Era la chance para tener un segundo aire. O al menos ganar algo de tiempo.

Hubo dos señales claras respecto de la necesidad de renovar al gabinete. La primera fue la escasa o nula presencia pública de los jefes ministeriales tras el inicio del estallido social. Salvo honrosas excepciones, no hubo pautas, puntos de prensa ni vocerías significativas durante los primeros días de la crisis. El gabinete se quedó en silencio, golpeado por la crudeza de los acontecimientos, lo que resultaba letal para las aspiraciones de encauzar el conflicto. El silencio es la antítesis de la política, cuyo rol principal es interpretar, conducir y proponer cursos de acción frente a la realidad, por torcida que esta sea. Quizás la única excepción fue la intendenta de Santiago, Karla Rubilar, quien desde el primer momento impuso carácter y sintonía en sus apariciones públicas ayudando a llenar el vacío generado. Pero, claro, ella no era parte del gabinete, era la intendenta de Santiago, rol importante, pero de segundo orden en términos de importancia política.

La segunda señal fue la sesión especial realizada por la Cámara de Diputados el miércoles 23 de octubre, convocada con el propósito de informar las medidas tomadas por el Gobierno relacionadas con el control del orden público, donde la izquierda trató con una virulencia nunca antes vista al jefe de gabinete, Andrés Chadwick, descargando en la figura del ministro del Interior toda la odiosidad y furia acumuladas a partir del 18 de octubre. Al dar cuenta de la sesión, la prensa habló de "empujo-

---

114   Según al recuento policial, el lunes 21 de octubre se registraron 255 alteraciones graves del orden público, casi cien menos que en el día anterior.

nes, insultos y descontrol". Fue una batahola infernal. Esperábamos una sesión difícil, intensa, cargada de críticas y acusaciones furibundas, pero nunca imaginamos el nivel de odiosidad que podía llegar a alcanzar la izquierda más radical, especialmente el Frente Amplio y el Partido Comunista, con la complicidad activa de sus asesores legislativos, quienes se apostaron especialmente en los pasillos del Congreso para hostigarnos, y con la complicidad pasiva de buena parte de la prensa, que se sumó con entusiasmo a la trifulca, azuzándola como si fueran los líderes de una barra brava.

La sesión partió en relativa calma pese a los abucheos e insultos con que nos recibieron al llegar al hemiciclo. Con Claudio Alvarado nos sentamos junto a Andrés Chadwick en la testera, donde nos acompañaban Pablo Celedón y María José Gómez, ambos asesores del jefe de Interior. Lo que hizo saltar los tapones fue una insólita noticia que llegó desde la capital y que se compartió en cosa de segundos en los WhatsApp opositores: el descubrimiento de un supuesto centro de torturas a cargo de la policía, en la comisaría de la estación Baquedano del Metro. La denuncia, desde luego, resultó ser totalmente falsa tras la investigación judicial[115], pero en ese momento fue avalada por los dirigentes del FA y el PC, en buena medida debido a unas ambiguas declaraciones del director del INDH a Radio Cooperativa durante las primeras horas de la mañana[116].

"INDH denuncia torturas, sí, torturas en la Estación Baquedano. Simplemente inaceptable. El Ministro del Interior @andreschadwickp debe renunciar hoy", fue el irresponsable posteo que hizo la ex candidata presidencial del Frente Amplio, Beatriz Sánchez, pocos minutos después de iniciada la sesión especial, comentario que fue compartido en más de 1.700 ocasiones y que contó con más de 14 mil *likes*.

A partir de ese momento la convulsión en la Cámara de Diputados fue total. Las graderías se poblaron velozmente de asesores legislativos de las bancadas de izquierda, que empezaron a insultar con virulencia a Chadwick y a todos quienes estábamos apostados en la testera del hemiciclo. Eran insultos furibundos y odiosos, paga-

---

115   El 20 de junio de 2020 la Fiscalía Oriente decretó el sobreseimiento de la causa iniciada en 2018, descartándose los hechos denunciados, que fueron investigados por la PDI. "Lo cierto es que no solamente no se logró acreditar esos hechos [la tortura], sino que muy por el contrario se descartaron. En primer lugar, por la presencia de los mismos jueces que se constituyeron en el lugar. La Fiscalía también se constituyó en el lugar. Se logró desacreditar versiones que daban cuenta de la existencia de amarras y de sangre en el interior del recinto. Lo que, unido a una orden de investigar emanada de la Brigada de Derechos Humanos de la Policía de Investigaciones, todo ello en su conjunto, así como también la inexistencia de denuncias de personas que hayan sido precisamente las víctimas, se logró totalmente desacreditar y descartar la existencia de este centro de tortura al interior de la 60 Comisaría de Carabineros en Metro Baquedano", declaró el persecutor de la Fiscalía Metropolitana Oriente, Álvaro Pérez.

116   Dijo Sergio Micco: "Hay ocho querellas, que hoy aumentaron a 20. Yo creo que en las próximas horas van a aumentar. Hay un recurso de amparo constitucional porque en una comisaría los tratos inhumanos, crueles y degradantes eran inaceptables".

dos además con recursos fiscales a fin de mes. "¡Asesinos!", "¡Tienen las manos con sangre!", "¡Acusación constitucional ahora!", "!Torturadores!"... Un libreto coreado, voceado y gritado con el mismo arrebato de las barras bravas. Los tibios esfuerzos del presidente de la Cámara por poner orden resultaron infructuosos. Tal vez esa era la idea, que la pasáramos mal. En cosa de segundos, la situación se descontroló.

El clímax se produjo cuando un grupo de diputadas de izquierda, encabezadas por Pamela Jiles, se acercó a la testera para encarar al titular de Interior enarbolando unos papeles que daban cuenta del número de personas fallecidas y lesionadas desde el inicio de la crisis. La situación llevó a un grupo de parlamentarias de Chile Vamos —Marcela Sabat, Érika Olivera, Paulina Núñez, Camila Flores y Virginia Troncoso— a encararlas de vuelta con el propósito de arrebatarles los papeles. A continuación, se produjo un duro altercado que más parecía una gresca callejera que un foro de discusión cívica. Las interpelaciones e insultos dieron paso después a los empujones y manotazos. Esto iba camino a una batalla descomunal.

"Iván, esto no puedes permitirlo, tienes que pararlo ya", le grité impulsivamente al presidente de la Cámara, quien había perdido completamente el control de la situación, mientras el secretario general de la corporación, Miguel Landeros, intentaba separar el amago de pugilato que se estaba desarrollando entre las legisladoras. "Por favor, les pido por tercera vez, déjenme hablar", reclamaba inútilmente Iván Flores desde la testera.

La sesión tuvo que ser suspendida. La Cámara de Diputados se había transformado en una réplica a escala de los enfrentamientos que se estaban produciendo en las calles. La mitad de los presentes contemplaba atónita la situación y la otra mitad participaba de la refriega. La posibilidad de que se produjera un enfrentamiento violento entre los bandos en algún momento pareció bastante cierta. O sacábamos de ahí al ministro del Interior o la cosa podía terminar realmente mal. Acorralados por los iracundos asesores legislativos del Frente Amplio y los comunistas, y a punta de empellones y pechazos, logramos extraerlo del hemiciclo a duras penas. Chadwick, con justa razón, se veía visiblemente afectado. Los mismos pasillos, salas y rincones que lo habían cobijado durante sus treinta años como parlamentario se habían convertido en un campo minado para él. Toda la entropía acumulada en los últimos días se había descargado furiosa e injustamente sobre su figura.

La sesión mostró la desmesura de la izquierda y la enorme debilidad en que nos encontrábamos como gobierno. De no introducir un cambio sustantivo en el gabinete ministerial, que permitiese recuperar solvencia comunicacional y capacidad de interlocución política, quedaríamos atrapados por fuerzas centrífugas que podían terminar despedazándonos.

La debilidad política del gabinete y el Gobierno volvió a quedar en evidencia luego de la convocatoria del Presidente a los partidos políticos, encuentro que fue programado para el martes a la hora de almuerzo. La apuesta era arriesgada. El mandatario realizó una invitación abierta por los medios, sin tener preacordados los términos del encuentro ni los resultados esperados. No pocos en La Moneda tenían el recuerdo de lo ocurrido en el 2011, cuando la oposición literalmente plantó a Piñera minutos antes de una reunión, dejando al Gobierno a merced de las manifestaciones estudiantiles. Si volvía a pasar lo mismo, ahora que la situación era mucho más frágil, el costo podía ser significativamente mayor. En esta ocasión las hordas eran más furiosas, más difusas, sin cabezas definidas ni liderazgos visibles.

Nuevamente me tocó negociar con los presidentes de los partidos opositores su asistencia al encuentro. La DC, el PR y el PPD no pusieron mayores inconvenientes. "Si invita el Presidente de la República, uno no se puede negar", me respondió al teléfono Heraldo Muñoz. El excanciller por lo general nos ponía las cosas difíciles, pero esta vez no se perdió. Más escurridizo fue el líder de los socialistas, Álvaro Elizalde. Comprometió su asistencia, aunque insistiéndome en la necesidad de asegurar la presencia del Frente Amplio. "A lo menos, tiene que estar RD", me planteó como requisito *sine qua non*, asegurándome que tenía una presión brutal desde sus bases. No me extrañó la condición que puso: el complejo del PS frente a la izquierda radicalizada, que se había propuesto borrarlo del mapa, ya era del todo evidente. Los frenteamplistas, por su parte, exigieron que la invitación a la oposición fuera amplia y sin exclusiones. "¿Van a invitar al PC?", fue la pregunta que me hizo por teléfono la presidenta de Revolución Democrática, Catalina Pérez, mientras regresaba por la Ruta 68 desde Valparaíso, donde había tenido que asistir a una sesión especial del Senado el lunes por la tarde. "Por supuesto, están todos invitados", le aseguré de inmediato, sabiendo que no había casi ninguna posibilidad de que los comunistas accedieran a concurrir a La Moneda a reunirse con Piñera. Ellos querían derribarlo, no entablar un diálogo con él.

Entre las peticiones que surgieron durante las negociaciones estuvo la exigencia de que la puesta en escena fuese totalmente sobria. Nada de fotos pomposas ni imágenes edulcoradas. "No puede ser con mantel", me comentó uno de los timoneles opositores, aterrado ante la idea de un escarnio público en las redes sociales por el solo hecho de aparecerse por La Moneda. Evidentemente nunca estuvo en nuestros planes organizar un banquete ni nada parecido; sabíamos que cualquier imagen errónea podía terminar transformándose en una fatalidad. Austeridad, ante todo.

Elizalde y Pérez finalmente me confirmaron su asistencia; sin embargo, el martes por la mañana no hubo forma de contactarlos. Las llamadas telefónicas de La Moneda dejaron de ser atendidas y los mensajes por WhatsApp quedaron en "visto". Inmediatamente supe que las cosas no caminarían bien. Cuando un dirigente político deja de responder el teléfono, significa que hay un problema serio. La reunión había generado expectativas en la prensa y desde los medios empezó a trascender que la oposición se había restado. El objetivo de la cita era discutir medidas para encauzar el estallido social. Si un sector importante de la izquierda había decidido no participar, el objetivo central quedaba trunco. Sería un buen testimonio, pero no mucho más. La señal que nos mandaban era nítida: en el grueso de la izquierda había poco o nada de ánimo para intentar consensuar una agenda común para enfrentar la crisis. El camino largo era el de los acuerdos. El corto, que el Presidente cayera. Y no había que ser muy sagaz para saber quiénes estaban por uno o por otro.

A la reunión concurrieron Fuad Chahin por la DC, Carlos Maldonado por el PR y Heraldo Muñoz por el PPD, además de los presidentes de Chile Vamos. El resto de la oposición decidió marginarse. Posteriormente supe que el PS desistió a última hora luego de que RD les informara que no irían debido a una supuesta exclusión del PC, cosa que no era cierta porque, pese a las reticencias en los sectores más duros del oficialismo, personalmente me aseguré de hacer llegar la invitación al timonel de los comunistas, Guillermo Tellier, quien se excusó sin mayores explicaciones ("me llegó muy tarde la invitación", fue su lacónica respuesta).

El episodio en todo caso empezó a revelar algo que cobraría fuerza con el curso de los días. Cualquier acuerdo que apuntara a encaminar la crisis requeriría de un espectro amplio del arco político. A diferencia de la estrategia con que llegamos al gobierno, en esta ocasión no nos bastaría con la DC. Había que pensar fórmulas para sumar a la centroizquierda, lo que en vista de los hechos requeriría sumar a lo menos a los moderados del Frente Amplio. Y ello no sería sencillo.

Los socialistas hacía rato habían tomado una definición estratégica fundamental, que se había acentuado fuertemente luego del inicio de la crisis social. No se sentarían en ninguna mesa de negociación siendo ellos la frontera final de la izquierda. El PS había dejado de mirar a sus aliados tradicionales, especialmente a la DC, para voltear su mirada a la izquierda dura, hacia el Frente Amplio y el PC, socios que en ese momento les parecían más consistentes con su historia. Además, si era cierto el lema que sonaba en las protestas de que "No eran 30 pesos sino 30 años" —arenga que explicaba la revuelta callejera no por la subida del pasaje del Metro, sino por las políticas de mercado con las que gobernaron los gobiernos concertacionistas—, entonces no podían seguir girando en torno a las mismas alianzas de las últimas tres décadas. La Concertación tenía que terminar de morir y la fórmula del suicidio político les seducía más que cualquier otra.

La decisión opositora, en todo caso, no estuvo exenta de costos y les significó duras críticas en la opinión pública. "Es un error restarse de una cita con el Presidente", declaró el exmandatario Ricardo Lagos Escobar. Lagos había sido una temprana víctima del giro izquierdizante del PS en la elección presidencial del 2017, en el que su propio partido prefirió a un candidato ajeno a sus filas —Alejandro Guillier— antes que intentarlo de nuevo con él, con Lagos, sindicado por la nueva izquierda como el factótum del antiguo régimen.

La reunión con los partidos se inició con una sentida intervención del presidente Piñera, en la que les pidió ayuda para restablecer la paz social. Con todas sus letras y sin eufemismos. "Queremos escucharlos, nos interesan sus propuestas", concluyó el mandatario luego de una introducción de aproximadamente quince minutos. Luego tomó la palabra Heraldo Muñoz. Si bien partió reconociendo que era un deber asistir a La Moneda frente a una invitación presidencial, no demoró ni 30 segundos en empezar a encadenar una larga lista de cuestionamientos al Gobierno, seguido de un amplio petitorio de reformas relacionadas con las demandas sociales. "Necesitamos acordar una agenda de cambios", en la cual incorporaba todo tipo de medidas, desde controles a las tarifas de los servicios básicos, un aumento del sueldo mínimo, bandas de precios para los medicamentos, hasta un nuevo impuesto a los "super ricos". Ello fue secundado por el líder de la falange, Fuad Chahin, quien propuso establecer un nuevo pacto económico y social, al igual que el timonel de los radicales, Carlos Maldonado, quien en su estilo campechano señaló la importancia de concordar un programa de reformas concretas. Por último, todos nos plantearon la necesidad de reformular nuestras iniciativas más emblemáticas, eliminando la reintegración, en el caso de la tributaria, y separando el aumento del pilar solidario de la parte relativa a las AFP, en el caso de la previsional. Y, por supuesto, los tres coincidieron en la necesidad de avanzar hacia una nueva Constitución.

Luego fue el turno de los presidentes de Chile Vamos. Jacqueline van Rysselberghe fue enfática al señalar la necesidad de recuperar el orden público, descartando de plano abrir la puerta al debate constitucional. "La gente no quiere ir contra el sistema, quiere los beneficios del sistema", sentenció la timonel de la UDI. En el caso de los titulares de RN y Evópoli, Mario Desbordes y Hernán Larraín, coincidieron en la importancia de contar con un diagnóstico claro sobre la dimensión social de la crisis, reconociendo la necesidad de buscar una nueva agenda de reformas que sintonizara con las demandas ciudadanas que se estaban expresando en las calles. "Tal vez tendremos que ceder y traspasar algunas líneas rojas", advirtió Desbordes al finalizar su intervención.

El tono general de la reunión fue de respeto. Sin embargo, de improviso surgió una pregunta que generó un breve pero intenso silencio. "¿Cómo seguimos?", consultó Heraldo Muñoz al finalizar la primera ronda de intervenciones. Era precisamente el momento que yo no quería que llegara: el punto muerto que dejaría en suspenso la reunión. Era la parte del guion que aún no estaba escrita.

"Les pido que nos manden sus propuestas cuanto antes", respondió Piñera dando por finalizada la reunión. Con Andrés Chadwick nos miramos de reojo. Alguna idea fugaz se le había cruzado por la cabeza. Cual partida de ajedrez, los mandamases de la oposición habían movido sus fichas. Seguramente ahora vendría el turno del mandatario.

La reunión terminó con el Presidente agradeciéndoles la visita. Les aseguró que la mayor parte de sus propuestas serían recogidas. "Nos reuniremos en los próximos días", fueron sus palabras al cierre, retirándose raudamente a su oficina por la pesada puerta de doble hoja que separa el comedor presidencial de su despacho.

Luego de despedirnos en las escalinatas del palacio presidencial, me dirigí rápidamente a la oficina del mandatario, quien al verme me indicó una única instrucción. "¿Me tiene listas las propuestas que le pedí?". El Presidente se refería al paquete de reformas sociales que nos había encargado estudiar junto a los equipos del Segundo

Piso. Había resuelto anunciar esa misma noche una nueva agenda, sobre la base de los temas conversados en la reunión. Pensiones, salud, sueldos, tarifas: eran las materias que habíamos estado revisando en forma exprés y que, seguramente, el Presidente tenía pensado dar a conocer en las próximas horas. El dilema estaba claro: o tomábamos la iniciativa nosotros o seríamos obligados por las circunstancias.

Había decidido lo primero.

Dos pasos al frente

"Reconozco y pido perdón por esa falta de visión", fue la frase que marcó el punto de prensa en que el mandatario anunció la nueva agenda social. Con no poca solemnidad, y con más pausa de lo habitual en él, durante 17 minutos y 29 segundos fue anunciando una a una las medidas dispuestas por el Gobierno para hacerse cargo de la crisis iniciada cinco días atrás.

La negociación para implementar la agenda no fue sencilla. Necesitábamos medidas que se hicieran cargo de las principales demandas sociales, evitando la letra chica y la hiperfocalización, dos talones de Aquiles históricos de nuestras propuestas. El foco sin duda alguna debía estar puesto en salud, pensiones e ingresos, los tres temas que más aparecían en los estudios y *focus group* realizados por la Secom. El tiempo, además, apremiaba. Teníamos apenas un par de días para evaluar y diseñar el paquete de medidas, lograr el visto bueno de la Dirección de Presupuestos, siempre reticente a aumentar el gasto, y la venia de los ministerios sectoriales, que, si bien no habían aparecido mayormente en los últimos días, solían ser celosos cuando se trataba de iniciativas que afectaban a sus carteras.

Por lejos la iniciativa más trabada fue la creación del Ingreso Mínimo Garantizado para los trabajadores de rentas más bajas, idea que me parecía fundamental incorporar en el paquete de medidas. La propuesta, que establecía un piso asegurado de ingresos de 350 mil pesos para todos los trabajadores asalariados, tenía mucho sentido desde el punto de vista del diseño de políticas públicas. Estaba focalizada en aquellos con menores rentas, consideraba un beneficio decreciente en función de las remuneraciones (para no generar un desincentivo al empleo) y significaba un poderoso estímulo al empleo formal (algo más que deseable en un mercado laboral como el chileno, donde cerca de un tercio de los trabajos son informales y no tienen contrato ni prestaciones sociales). Sin embargo, hubo que transpirar sangre, sudor y lágrimas para lograr la venia del Ministerio de Hacienda. Esta llegó apenas unos minutos antes del punto de prensa presidencial, para lo cual fueron de especial ayuda los cálculos y simulaciones realizadas en tiempo récord por Víctor Martínez de la Segpres e Ignacio Parot del equipo del Segundo Piso, dos economistas jóvenes y tremendamente competentes que venían acompañándome desde mis tiempos como jefe de estudios de la Segpres. Sin ellos como contraparte, hubiese sido imposible hacerles contrapeso a los técnicos de Teatinos 120, siempre hábiles con los números, pero no siempre sensibles a los temas políticos.

La agenda social incorporaba además un aumento del 20% en las pensiones básicas, la creación de un seguro de salud contra las enfermedades catastróficas, la rebaja en el precio de los medicamentos, la creación de un mecanismo de estabilización de tarifas eléctricas, un alza de impuestos a los sectores de mayores ingresos y el fortalecimiento del Fondo Común Municipal. En su conjunto, estas iniciativas constituían casi un programa de gobierno 2.0 y significaban un desembolso fiscal de 1.200 millones de dólares. También se sumaron otras iniciativas de corte más político, como la reducción de las dietas parlamentarias, el límite a la reelección de diputados y senadores, y la rebaja de sueldos más altos del Estado, temas populares ante la opinión pública pero candentes con los parlamentarios.

Los anuncios eran importantes y recogían buena parte de las demandas que nos habían planteado los líderes de los partidos políticos, tanto de gobierno como de oposición. Adicionalmente, el tono presidencial había cambiado en forma radical. "Hemos recibido con claridad y humildad el mensaje que los chilenos nos han entregado", fue la frase que sintetizó el nuevo espíritu predominante. En el discurso se incorporó un explícito *mea culpa* respecto de la incapacidad de la clase política para resolver los temas fundamentales que le importan a la gente. "Los problemas se acumulaban desde hace muchas décadas y los distintos gobiernos no fuimos capaces de reconocer esta situación en toda su magnitud", señaló. En el fondo, lo que hizo el mandatario fue admitir que lo que había en la calle no era solo ruido y furia. Había algo más profundo, un malestar legítimo, que debíamos intentar comprender y canalizar. El anuncio de la agenda social fue el primer esfuerzo serio por ponerle quilla al estallido social.

La recepción que tuvo la agenda social no fue la gloria, pero al menos sirvió para apaciguar las pasiones. Fue un tanque de oxígeno en medio de un cuadro extremadamente agobiante, que amenazaba con desbordarse en cualquier momento. Desde Chile Vamos hubo un apoyo cerrado, pero en la oposición la reacción fue más tibia. "Piñera recogió gran parte de nuestras propuestas, sin duda es un avance", posteó al instante en sus redes sociales el presidente del Senado Jaime Quintana. Los radicales y los DC también mostraron apertura luego de los anuncios. "Hay cosas interesantes", declaró el timonel radical Carlos Maldonado. Fuad Chahin, por su parte, afirmó que las medidas eran "concretas y bien orientadas". Elizalde fue predeciblemente más frío: "Es un primer paso, aunque insuficiente". Algunos del Frente Amplio valoraron las medidas señalando que valía la pena mirarlas. "Yo no voy a salir a tirarlas por la borda, pero se requieren reformas más estructurales", planteó el diputado Gabriel Boric. Desde la izquierda de todos modos cuestionaron la ausencia de anuncios sobre el fin del toque de queda y la presencia de los militares en las calles, cosa que aún era totalmente prematura, como lo reconoció el propio Presidente, quien admitió la intención de levantar cuanto antes el estado de excepción constitucional, en la medida que hubiese seguridades suficientes sobre el resguardo del orden público, lo que de momento no estaba en absoluto asegurado.

Si bien los actos vandálicos habían bajado considerablemente en los últimos días[117], seguíamos en medio de un cuadro en extremo delicado. Al aumento progresivo de marchas y movilizaciones de diversa índole, la mayor parte pacíficas e inorgánicas, se sumaba una persistente ola de violencia, en el margen decreciente, que tenía casi a la totalidad del país con presencia de militares en las calles[118]. Las jornadas seguían transcurriendo entre manifestaciones matutinas cada vez más multitudinarias, y desórdenes y desmanes vespertinos porfiadamente regulares. En ciudades como Santiago, Valparaíso y Concepción, el toque de queda se había extendido desde las 18:00 hasta las 5:00 de la madrugada debido a los saqueos e incendios que no daban tregua, los que se concentraban preferentemente en pequeñas tiendas y comercios[119], aunque con el curso de los días la medida había comenzado a acotarse en su duración. El Metro de Santiago había retomado sus operaciones, pero solo de manera parcial[120]. Al promediar la semana también comenzaron a aparecer algunos llamados más formales a huelgas y protestas. "No trabajar, no comprar, no hacer trámites", fueron las instrucciones de la convocatoria a huelga general de una nueva plataforma denominada Unidad Social, conglomerado de organizaciones sindicales y sociales lideradas en su mayoría por dirigentes de la izquierda más ultra[121]. Esto auguraba pocas posibilidades de entablar un diálogo mínimamente fructífero, pero al menos permitía distinguir a quién se tenía al frente.

En resumen, el cuadro seguía siendo en extremo difícil, pero había ciertos visos de normalización. Sin embargo, aún faltaba dar un paso adicional. Quedaba por resolver la situación del gabinete. Si había un nuevo libreto, era evidente que se necesitaban nuevos intérpretes, más acordes con la nueva partitura. "Los anuncios que hizo el Presidente van en la dirección correcta —y permiten descomprimir una situación que estaba siendo asfixiante— pero servirán de poco en el mediano plazo si no son

---

117   Según los registros policiales, los eventos graves de orden público pasaron de 350 el domingo 20 de octubre, a 255 el lunes 21, a 169 el martes 22 y 126 el miércoles 23.

118   Al miércoles 23 de octubre, solo la Región de Aysén se encontraba fuera del estado de excepción constitucional.

119   Según un balance de la Cámara de Comercio de Santiago, hasta el martes 22 de octubre se contabilizaban 677 locales comerciales afectados por saqueos, daños estructurales e incendios. La Asociación de Supermercados de Chile, a su vez, cifró en un 28% los locales afectados por los desmanes, sobre un total de 1.371 recintos.

120   Hacia finales de la semana, la red de transporte subterráneo había logrado poner en marcha las líneas 1, 2, 3, 5 y 6. Sin embargo, solo 53 de las 136 estaciones que componen la red se encontraban activas.

121   El presidente del Colegio de Profesores, Mario Aguilar, era integrante del Partido Humanista, que es parte del Frente Amplio. En el caso de la CUT, la presidenta era Bárbara Figueroa, del PC, mientras que el presidente de la ANEF, José Pérez, es del PS. Por su parte, las dos principales federaciones universitarias estaban lideradas por dirigentes del Frente Amplio: Belén Larrondo (UC) y Emilia Schneider (Universidad de Chile).

seguidos de un profundo cambio en el discurso, además de la indispensable cirugía ministerial", afirmaba en esos días el columnista Daniel Mansuy con no poca razón. Aunque la ecuación no era nada sencilla de resolver.

Era conocida la reticencia de Piñera a introducir cambios en sus equipos de confianza, más si estos venían pauteados desde los "círculos rojos", denominación que le había escuchado alguna vez a un estrecho asesor de Mauricio Macri en alusión a quienes conforman los circuitos del poder establecido, es decir, partidos políticos, medios de comunicación y gremios empresariales[122]. La artillería de la oposición y de la prensa se concentraba especialmente en los cargos más cercanos al mandatario, el comité político y el equipo económico, varios de los cuales venían con él desde su primer gobierno. El caso más crítico era el de Andrés Chadwick, quien se había ganado la estima personal y política del mandatario, luego de acompañarlo desde la primera línea en los últimos diez años. Una década de confianza, forjada en dos campañas presidenciales y dos mandatos, lo había transformado en el hombre fuerte de su administración. Dejarlo partir era una decisión durísima.

Pero no existían muchas opciones. La realidad política era incontrarrestable. No había nadie mínimamente sensato que planteara la posibilidad de continuar adelante sin modificaciones al equipo ministerial. Sin embargo, a juzgar por el sinfín de recomendaciones que recabamos, el diseño resultaba bien poco claro. Armar un gabinete es como dirigir la selección de fútbol. Todos son entrenadores, todos saben cuál es la mejor formación. Pero nunca hay dos opiniones iguales. ¿Debía ser un elenco amplio y transversal, una suerte de gabinete de unidad nacional, o debía ser más representativo de Chile Vamos, de modo que sirviera para afianzar a la tribu? ¿Había que buscar figuras fogueadas y con experiencia o era mejor buscar rostros nuevos y empáticos, más acordes con el momento? ¿Debíamos hacer el cambio ahora o quizás convenía esperar un poco? No fuera a ser que termináramos quemando dos gabinetes en un lapso corto. ¿Los cambios debían ser estructurales, tocando el corazón del equipo ministerial, o quizás era mejor ser minimalistas, enfocándose en lo estrictamente necesario?

Eran muchas las preguntas y bien pocas las certezas. Quizás lo único que teníamos meridianamente claro —lo habíamos conversado varias veces durante nuestros viajes a Valparaíso con Claudio Alvarado— era que lo más efectivo en términos políticos era evitar el desangre por goteo. Era actuar justo al revés de 2011, durante la primera administración de Piñera, cuando el gabinete original (el de "los mejores", como se le llamó en el programa de gobierno, o el de "los gerentes", como le llamó la prensa), en su mayoría figuras independientes y de perfil más técnico, rápidamente empezó a mostrar fisuras que fueron siendo subsanadas de manera parcial, con retoques aco-

---

122   La relevancia y significado de los "círculos rojos" está bien relatada en el libro Cambiamos. Mauricio Macri Presidente, de Hernán Iglesias Illa (Sudamericana, 2016). Iglesias asesoró la campaña presidencial de Macri y tuve la oportunidad de conocerlo en un viaje relámpago que hicimos a Argentina con Sebastián Piñera en enero de 2016, para reunirnos con el entonces recién asumido mandatario trasandino.

tados según las circunstancias. Primero, en enero de 2011, con el ingreso de Andrés Allamand y Evelyn Matthei, y luego en julio del mismo año, con la incorporación de Andrés Chadwick y Pablo Longueira, fórmula que sepultó la idea original pero que no terminó de resolver todos los ripios evidenciados, porque Piñera decidió postergar mucho más allá de lo razonable los cambios en el corazón del equipo político, donde estaban las principales falencias de ese gabinete. No podíamos cometer el mismo error. Y menos en las circunstancias en las que estábamos viviendo.

Por lo mismo, si queríamos un cambio profundo y con sentido político, que abriera la posibilidad de tener un segundo aire, tendríamos que encontrar los nombres apropiados. Y, lejos, lo más difícil era encontrar el adecuado para Interior, el *primus inter pares* del gabinete. Tenía que ser de confianza del Presidente, con amplias redes en el oficialismo y en la oposición, y, sobre todo, con capacidad para articular acuerdos. Estábamos en medio de la peor crisis política en medio siglo y contar con habilidades negociadoras era un requisito fundamental. Y también, fuera quien fuera el que llegase, idealmente necesitábamos a alguien que representase algo distinto, menos de elite, más en sintonía con el momento que estábamos viviendo. Como había dicho la alcaldesa de Providencia Evelyn Matthei en una entrevista radial: necesitábamos "un gabinete con más calle"[123].

En el mundo de la opinología política había algunos consensos al respecto. El cambio tenía que ser extenso. Debía tocar al comité político y a buena parte del equipo económico. Si bien eso me afectaba directamente, sabía que la profundidad de la crisis exigía un movimiento mayor. Era impensable que los conductores políticos del gabinete, especialmente Interior, Segegob, Segpres y Hacienda, no asumiéramos alguna mínima cuota de responsabilidad frente a la crisis, pese a que en mi caso no había nadie pidiendo explícitamente mi cabeza. Por el contrario, una nota de *La Segunda* me había puesto en el primer lugar del *ranking* de los analistas en relación a quienes debían mantenerse en el equipo ministerial[124]. Pero si había que partir, tendría que hacerlo no más.

Por lo mismo, ya en los primeros días de la semana habíamos empezado a trabajar con Cristián Larroulet y Claudio Alvarado un diseño ministerial para proponerle al Presidente. Si lográbamos encajar las piezas de manera correcta, aumentarían las oportunidades de lograr un cambio de gabinete que diera con el tono requerido.

---

123   En una entrevista con el programa Mesa Central de Canal 13, Matthei afirmó que los integrantes del nuevo gabinete tenían que "ser gente que venga de la clase media, que ojalá se haya educado en la educación pública, que no sean todos de la Universidad Católica o de la Universidad de Chile, que no veraneen en Zapallar o en Pucón, gente que ojalá haya nacido en provincia. En el fondo, gente con mucha más calle".

124   Según una nota publicada por La Segunda el viernes 25 de octubre, en la que se consultaba a ocho analistas sobre la continuidad de los integrantes del gabinete, había 13 ministros que quedaban "fuera de capilla", es decir, que se "salvaban". La lista incluía a Isabel Plá (Mujer y Equidad de Género), Andrés Couve (Ciencia), Consuelo Valdés (Cultura), Juan Carlos Jobet (Energía) y también me consideraba a mí (Segpres).

La primera fórmula que tuvimos que descartar fue la de un gabinete de unidad nacional. Muchos imaginaban, o más bien soñaban, especialmente en la élite, con un gabinete transversal integrado por figuras de peso de la vieja centroizquierda concertacionista, como Jorge Correa Sutil, Jorge Burgos, Soledad Alvear, José Miguel Insulza, Mariana Aylwin o Felipe Harboe. La verdad es que no hubo ninguna posibilidad de lograrlo. Cada conversación o contacto con ese mundo, formal o informal, más allá de algunas palabras de buena crianza, terminó literalmente en un portazo. "Gonzalo, ni se te ocurra llevarte un DC a La Moneda, olvídense de cualquier colaboración si eso llega a suceder", fue la advertencia telefónica que me hizo Fuad Chahin ante los rumores de prensa que daban por cierta esta versión, dejándome en claro, además, que si aquello llegaba a concretarse sería considerado como una agresión. Más aún, el propio Chahin fue claro en señalar a los medios que si algún militante de la DC se sumaba al Gobierno "tendría que dejar de ser militante".

Descartada entonces la posibilidad de un elenco transversal, comenzamos a recopilar nombres propios para integrarse al gabinete. Uno en el que todos coincidíamos era Karla Rubilar, lejos la figura más destacada desde el inicio del estallido social. Sus dotes políticas y comunicacionales, su capacidad de empatizar y, no menos importante, su histórica cercanía con el Presidente, la hacían una candidata idónea para la vocería. Luego empezamos a buscar alternativas para incorporar al gabinete económico, echando mano a las listas de los equipos programáticos de la campaña presidencial. De ahí surgió un conjunto variopinto de nombres, como Klaus Schmidt-Hebbel, Rosanna Costa, Rodrigo Vergara e Ignacio Briones, todos altamente calificados para cualquiera de los cargos disponibles, Hacienda y Economía. En todo caso, al poco andar la lista se redujo a solo dos nombres, Costa y Briones, porque el resto optó por descartar cualquier posibilidad de sumarse al gabinete. En el caso del comité político, la duda principal era la profundidad del ajuste. Con Rubilar se despejaba la Secretaría General de Gobierno, pero nos quedaba pendiente definir la situación de la Segpres y, especialmente, Interior. "Gonzalo, no hay ninguna posibilidad de que el Presidente te mueva", fue la tajante observación tanto de Cristián como de Claudio cuando revisamos el estatus de mi cargo. En mi fuero interno tenía clara esa posibilidad, pero aun así me parecía que por lo menos correspondía abrir esa discusión.

Despejado el punto, pasamos al Ministerio del Interior, el gran quebradero de cabeza. La recopilación de nombres no nos llevó a nada muy original ni novedoso. Sabíamos que los candidatos idealmente debían ser militantes de RN o la UDI, los partidos eje de la coalición, de modo tal que aseguráramos el orden de las bancadas parlamentarias. Evópoli, además, al ser un partido nuevo y pequeño, no tenía mucho elenco, y el que tenía estaba casi todo en el Congreso. Y traernos a un parlamentario, en medio del cuadro en el que nos encontrábamos, donde prácticamente toda la institucionalidad estaba bajo sospecha, resultaba poco aconsejable. De ahí que, tras la primera revisión, la lista de candidatos terminó siendo bastante exigua. Los mejores nombres que encontramos eran todos de la casa, como el ministro de Justicia Hernán Larraín, un histórico de la UDI, y el canciller Teodoro Ribera, otro prohombre de RN. Ambos con experiencia, oficio y amplias redes políticas, pero con baja capacidad de sintonizar con el momento que estábamos viviendo. Eran, hasta cierto punto, fieles exponentes de la vieja guardia, representantes de los "30 años", lo que injustamente los pondría en entredicho apenas hubieran jurado.

También armamos una lista corta de nombres "fuera de la caja" para los ministerios sectoriales, como Sylvia Eyzaguirre, Ricardo Escobar, Francisco de la Maza, Rodrigo Jordán e, incluso, Mario Desbordes, quien sonó para el Ministerio del Trabajo. Por una u otra razón, sin embargo, todos se fueron cayendo. Con un país incendiado y al borde del colapso, la oferta de sumarse al gabinete resultaba en realidad bien poco tentadora.

"No está fácil esto", le comenté a Claudio y Cristián el viernes por la tarde, mientras revisamos la enésima lista de ministeriables de la semana. "Así como vamos, tendrás que asumir tú en Interior", me dispararon, medio en serio, medio en broma, mis dos antiguos jefes de la Secretaría General de la Presidencia. "Ni muerto", alcancé a responderles antes de levantarme para volver a mi oficina. Mientras caminaba por los pasillos de La Moneda intuí que cuadrar el círculo ministerial terminaría resultando un verdadero quebradero de cabezas.

"Todos hemos cambiado"

Las elucubraciones respecto del gabinete terminaron abruptamente el viernes 25 de octubre. A eso de las cinco de la tarde la televisión empezó a transmitir en directo una multitudinaria concentración de manifestantes en Plaza Baquedano, denominada a través de las redes sociales como "La Marcha Más Grande de la Historia". Y sin duda que lo parecía, por más que la experiencia indique que los cálculos de concurrencia en este tipo de actos suelen estar subsidiados por el entusiasmo de los convocantes. Con todo, las imágenes eran impactantes. Se había congregado una marea humana de contornos descomunales. Desde las grandes marchas del *Sí* y el *No* en la primavera de 1988 que no se veía algo similar, donde según las crónicas de la época se había juntado cerca de un millón de personas en el cierre de la campaña opositora a Pinochet. Pero lo más llamativo de todo era la total ausencia de banderas, lienzos o consignas ligadas a los partidos políticos u organizaciones de carácter más tradicional. De hecho, no se veía ningún convocante o grupo identificable. Por el contrario, lo que mostraba la televisión eran miles y miles de rostros, de todas las edades, clases sociales y orígenes, una multitudinaria concentración en el epicentro de la ciudad sin causa aparente alguna. O bien, con infinitas causas que podían resumirse en una sola palabra: cambio.

A diferencia de los días anteriores, en los que predominó la violencia y el vandalismo, lo que veíamos en las pantallas eran ciudadanos de a pie, hastiados del conflicto, pero también hartos del *statu quo*, llamándole la atención a la clase dirigente. Una muchedumbre mayoritariamente pacífica que se convocó por redes sociales, que se extendía por la Alameda hacia el poniente llegando hasta más allá del cerro Santa

Lucía, por el oriente subía por Providencia alcanzando hasta cerca de la calle Salvador, por el norte cubría la totalidad del puente Pío Nono y buena parte de avenida Santa María, y por el sur se prolongaba por Vicuña Mackenna una decena de cuadras.

Una suerte de mosaico humano multitudinario y anónimo, a medio camino entre la rabia y la esperanza, con consignas de distinto orden y entidad. Desde el veganismo al indigenismo, pasando por feministas, ciclistas, adultos mayores, animalistas, ambientalistas y barras bravas, todo recogido en directo por canales de televisión, radios y portales digitales, los cuales multiplicaban los despachos y notas en vivo desde el lugar de los acontecimientos. "Aquí no hay partidos políticos ni autoridades que seguir, somos simplemente gente", alcancé a escucharle a una mujer de edad indeterminada que estaba siendo entrevistada en un noticiero, mientras miraba absorto las imágenes de una pantalla colgada en las paredes de mi oficina ministerial.

Si bien me había tocado presenciar marchas multitudinarias desde La Moneda, como las protestas contra HidroAysén, las movilizaciones estudiantiles o las convocatorias feministas de los últimos dos años, nunca antes había visto nada parecido. Más allá de la impactante masividad[125], no había detrás ninguna organización formal, ni cabezas visibles, ni ideología reconocible. Además, un panorama similar se estaba repitiendo en varias ciudades del país: Arica, Copiapó, Coquimbo, Valparaíso, Rancagua, Talca, Concepción, Temuco, Valdivia, Chiloé, Punta Arenas.

A tanto llegó el impacto de la movilización que el propio presidente Piñera salió a reconocer en su cuenta de Twitter su significado. "Todos hemos escuchado el mensaje, todos hemos cambiado", publicó.

Había llegado la hora. O tomábamos la iniciativa o la marea callejera terminaría pasándonos por encima. Porque esa multitud, además de pedir un cambio en las pensiones, en la salud y en los sueldos, si no hacíamos algo pronto, profundo y radical, a la vuelta de la esquina estaría pidiendo que nos cambiaran a nosotros. Y, finalmente, como en Argentina el 2001, el grito podía terminar siendo uno solo: "¡Qué se vayan todos!". *Que se larguen los políticos, que se vaya a la mierda la democracia.* Era un momento único, que podía terminar siendo un momento terminal. O poníamos en marcha un plan para encauzar esa marea incontenible, o terminaríamos siendo arrasados por ella. Porque esa gente no se regresaría a sus casas a cambio de nada, a punta de militares y estados de excepción. A pura mano dura, reprimiendo con energía, como pedían algunos. Era claro que se necesitaría otra cosa. Esa multitud se había expresado, pidiendo cambios, pero también participación, más allá de las formas habituales de nuestra democracia representativa. Tendríamos que crear algo distinto.

---

125   Si bien la Intendenta de Santiago fijó la concurrencia en 1,2 millones de personas, según fuentes policiales la asistencia real fue del orden de las 700 mil.

"Ministro, lo llaman desde el Segundo Piso", me sacó de golpe de mis cavilaciones mi jefe de gabinete Julio Isamit, poniéndome a Cristián Larroulet al teléfono. Era la llamada que tanto esperaba. La que empezaba a poner en marcha la nueva etapa. Una mucho más definitiva.

—Gonzalo, el Presidente le ha pedido la renuncia a todos los ministros. Se va a hacer público muy pronto —dijo Larroulet—. Quiere total libertad para conformar un nuevo gabinete.

Ajustes finales

"Les he pedido a todos los ministros poner sus cargos a disposición para poder estructurar un nuevo gabinete", anunció el Presidente el sábado por la mañana en el Patio de los Naranjos. Todavía estaban frescas las imágenes de la concentración de la jornada anterior. Pero no solo habría un nuevo equipo ministerial. El mandatario también informó ante los medios que desde ese momento quedaba suspendido el toque de queda y que a partir del lunes dejaría de regir el estado de excepción constitucional. Es decir, desde la próxima semana tendríamos un nuevo gabinete, sin militares en las calles ni restricciones de ninguna especie. Sería la hora de la verdad para el Gobierno, pero también para quien asumiera en el Ministerio del Interior. Fuera quien fuera el elegido, sus primeras obligaciones serían tremendas. Tendría que asumir la conducción política del gabinete, liderar la búsqueda de un acuerdo para conducir la crisis más profunda que había sufrido el país desde la restauración democrática, hacerse cargo de contener la ola de violencia y recuperar el orden público. Y aún no teníamos un nombre.

Pese a ello, la decisión estaba tomada. El cambio de gabinete sería el lunes a mediodía. Saldrían Interior, Segegob, Hacienda, Economía y Trabajo, es decir, se renovaría casi la totalidad del equipo político y económico del Gobierno.

Respecto a quienes ingresarían al gabinete, el dibujo final contemplaba la llegada de la intendenta de Santiago, Karla Rubilar, a la vocería de gobierno; de la consejera del Banco Central, Rosanna Costa, al Ministerio de Hacienda; del decano de la Escuela de Gobierno de la Universidad Adolfo Ibáñez, Ignacio Briones, al Ministerio de Economía; y de la subsecretaria de Previsión Social, María José Zaldívar, al Ministerio del Trabajo. Andrés Chadwick y Felipe Larraín dejarían el Gobierno, mientras que Cecilia Pérez probablemente partiría a alguna cartera sectorial, menos expuesta, saliendo de la primera línea. Era el fin del "círculo de hierro" de Piñera, el gabinete Avanza Chile, como le llamaba la prensa, que venía acompañando al mandatario desde hace más de un lustro. Salvo por una excepción: yo. Me habían ratificado para seguir en Segpres.

Quedaba por resolver entonces la situación de Interior. Terminamos por zanjar el tema en la casa del Presidente el domingo por la noche. La escogida fue la alcaldesa de Providencia, Evelyn Matthei, militante UDI, figura emblemática del sector, exdiputada y exsenadora, cercana al Presidente, de reconocido carácter. Pese a ciertas idas y venidas en su relación con el mandatario, tenía un liderazgo probado y era considerada una piñerista de tomo y lomo. Además, sería la primera mujer en asumir un cargo que en más de doscientos años de historia siempre había sido ocupado por hombres.

A la salida de la residencia presidencial, a eso de las once de la noche, nos quedamos algunos minutos conversando con Cecilia Pérez, quien finalmente iría a Deportes, y con Cristián Larroulet, quien se mantendría a cargo del Segundo Piso. Fue un cigarro de desahogo, vicio esporádico que con toda razón había arremetido con más fuerza tras el estallido social, en una calle que lucía vacía y oscura, panorama que se interrumpía cada cierto tiempo con el sonido y las luces lejanas de algunos flashes periodísticos que hacían guardia a la distancia.

Los tres compartimos una sensación de alivio parecida. Había sido una semana difícil, terrible, pero algo habíamos avanzado. Ya contábamos con un paquete de reformas sociales y, lejos lo más importante, habíamos dado con el diseño del nuevo gabinete ministerial, sin tantos tira y afloja con el Presidente, que combinaba experiencia y renovación, y que, en menos de 24 horas, estaría dándole un reimpulso a la agenda gubernamental. Habíamos tocado fondo, pero habíamos sobrevivido. Y la semana que llegaba tenía que ser la del inicio del repunte.

"Nos vemos mañana, seguro será un mejor día", alcance a despedirme desde la ventana de mi auto, poco antes de la medianoche.

Al llegar a mi casa, Paulina todavía me estaba esperando despierta. Su cara delataba preocupación y angustia. Necesitaba saber qué estaba sucediendo. Qué me iba a pasar, o bien, qué nos iba a pasar. Los últimos días habían sido tan intensos que había tenido poco espacio, casi ninguno en realidad, para contarle con algo de detalle en lo que estábamos. "Ya pues, cuéntame la firme. Todos los canales están hablando del nuevo gabinete", me interrogó apenas entré a la pieza. Después de mirarla un segundo en silencio, me acerqué, me senté a su lado en el borde de la cama, le di un beso, luego un abrazo pausado, para cerrar con un solo comentario. "Tranquila, todo va a estar bien, seguimos adelante donde mismo".

Su suspiro de alivio fue inmediato. El temor de que me movieran a Interior, algo que venía rumoreándose en la prensa con cierta majadería, quedaba totalmente disipado. Yo tenía claro que esa posibilidad era bajísima. Sabía que el Presidente no me llevaría a Interior. Cada vez que alguien había puesto mi nombre sobre la mesa, su cara denotaba incredulidad. Aun así, durante la semana igual había movido mis fichas para reducir esa posibilidad a cero. No pocos creativos habían echado a correr mi nombre entre los periodistas por las más diversas razones. Algunos, mis más cercanos, porque me querían y pensaban que los tiempos que corrían eran para liderazgos jóvenes y nuevos. Otros, como en Evópoli, porque les tentaba la idea de que uno de los suyos llegara a la jefatura política del gabinete. Incluso algunos UDI, porque preferían cualquier cosa antes que ver a un RN en las oficinas de Interior.

Por mi parte, sabía que no había ninguna posibilidad de moverme a otro ministerio, menos a la jefatura del gabinete. Me sentía preparado y con ánimo para seguir en Segpres. A punta de costalazos, había aprendido a manejarme con el Parlamento, pero Interior era otra cosa. Para eso se requerían años de circo.

En cualquier caso, daba lo mismo. El punto estaba zanjado, como se lo expliqué algo sintéticamente a Paulina, mientras me iba quedando dormido. Seguiría en medio de la vorágine, pero desde un lugar relativamente seguro. Estaría en el corazón de las decisiones, pero no sería el responsable final de ellas. La Secretaría General de la Presidencia, luego de un año y medio, con altos y bajos, era terreno conocido. Desde ahí podría seguir aportando a la marcha del Gobierno y a la superación de la crisis, que era finalmente lo que me motivaba a mantenerme en el cargo.

Esa noche dormí profundamente. Estaba exhausto, pero extrañamente tranquilo.

"Sí, juro"

Al llegar a la mañana siguiente a La Moneda, la prensa estaba esperando expectante. Ya sabían que el cambio de gabinete sería a mediodía. En la oficina me esperaba mi equipo, angustiados por mi futuro, pero también por el de ellos. Cuando un ministro deja el cargo, la regla general exige que también lo hagan sus asesores más cercanos. El propio Claudio Alvarado, sin saber lo que estaba ocurriendo, se mostraba intrigado por mi semblante despreocupado.

"Tranquilidad, seguimos adelante", les dije al pasar mientras ingresaba a mi oficina, lo que desató una ola de abrazos y aplausos, a la que se sumaron Kelly y Claudia, las secretarias del gabinete, al igual que mi escolta y mi chofer ministerial.

A eso de las diez de la mañana decidí subir al segundo piso para chequear que todo estuviera marchando según lo planificado. Aunque *no news is good news*, de todos modos prefería asegurarme. En política, había aprendido, no existen certezas inamovibles.

Luego de saludar a Blanca y Sarita, las dos secretarias del Presidente, quienes me felicitaron efusivamente al verme llegar, porque ya sabían que seguiría en mi cargo, ingresé por una de las puertas laterales al comedor presidencial, donde se encontraba el mandatario, quien escribía totalmente concentrado algunas notas en su *block* con sus habituales lápices pasta negro y rojo, acompañado de Chadwick y Larroulet, quienes estaban silenciosos y pálidos. No volaba ni una mosca.

Al verme llegar el Presidente levantó por un segundo la cabeza. "Adelante, ministro", fue el saludo telegráfico que recibí; luego volvió sobre sus notas. "¿Pasa algo?", pregunté en voz baja apenas me senté en una de las sillas desocupadas del comedor. "Nos quedamos sin ministra del Interior", me dijo Larroulet. La noticia me dejó helado. Estábamos a menos de una hora y media de la ceremonia, la prensa ya había sido formalmente convocada al cambio de gabinete, el que se realizaría según los protocolos habituales en el Salón Montt-Varas, y el diseño que habíamos logrado trabajosamente cuajar se había desplomado a última hora. La explicación no era para nada clara. Ni Andrés ni Cristián tenían los detalles del asunto. "Razones personales", zanjó el Presidente, impaciente con tanto comentario soterrado.

Luego de algunos minutos en tenso silencio, Piñera nuevamente levantó su cabeza y lanzó la pregunta del millón. "¿Qué hacemos, señores?". Las opciones eran solo dos: postergar el cambio o seguir adelante con algún nombre de emergencia.

Tras unos minutos de deliberación, la conclusión fue unánime. No había espacio para postergarlo. Llevábamos 48 horas con un gabinete renunciado, había que poner urgentemente en marcha al Gobierno en esta nueva etapa y, para agregar más pelos a la sopa, ya se había levantado el estado de emergencia, lo que hacía imposible dilatar el nombramiento del nuevo ministro del Interior, primer responsable de la seguridad pública tras el término del estado de excepción constitucional.

"Presidente, Felipe Ward es un muy buen nombre para tomar Interior", planteó repentinamente Andrés Chadwick. Ward era UDI, relativamente joven, había sido jefe de bancada de los diputados gremialistas, estaba haciendo un buen trabajo como ministro de Bienes Nacionales y, si bien no era de ADN piñerista, se había ganado la confianza del mandatario durante la campaña presidencial, puesto que había colaborado activamente. Además, acotó Chadwick, era de total confianza de la presidenta de la UDI Jacqueline van Rysselberghe, lo que ayudaría en la siempre compleja relación de La Moneda con el gremialismo.

La propuesta, que contó con la inmediata adhesión de Larroulet, me pareció absolutamente inverosímil. Ward tenía habilidades políticas, venía exhibiendo un buen desempeño en una cartera eminentemente sectorial, pero bajo ningún punto de vista parecía apto para el cargo. Una cosa era hacerlo bien en un ministerio pequeño como Bienes Nacionales, otra era pilotar el buque insignia de la escuadra en medio de una tormenta. Cualquier error o paso en falso podía terminar siendo fatal. Se necesitaba otro tipo de redes, buena llegada con los propios y con los del frente, infinito oficio y, sobre todo, mucha templanza.

—¿Alguien tiene alguna objeción? —preguntó con impaciencia el Presidente—. Miren que no es el único cambio que tengo pensado.

Decidí callar. Estaba en franca minoría y sabía que si planteaba alguna objeción convincente había un riesgo no menor de que el bulto terminase cayendo encima mío. Tenía una duda mortal respecto de lo que estábamos decidiendo, pero no sería yo el responsable de ponerme la soga al cuello.

—Estamos entonces —cerró el debate el mandatario, mientras tachaba con lápiz rojo en su *block* el nombre de Evelyn Matthei, para anotar justo debajo el de Felipe Ward.

En reemplazo de este último asumiría Julio Isamit, mi jefe de gabinete, en la que terminaría siendo la única alegría de la mañana. Julio era un tipo extraordinario, culto, formado políticamente, con liderazgo, meritocrático, exalumno del Instituto Nacional. Había sido uno de los líderes de la Revolución Pingüina del 2006; estaba seguro de que haría un gran papel como ministro. Su nombramiento hasta cierto punto tenía algo reivindicativo, ya que en marzo de 2018 había sido bajado a última hora de la Subsecretaría General de Gobierno debido a las presiones de la mesa de RN, que exigía el cupo para uno de los suyos.

Pero esa no sería la única sorpresa. El Presidente también nos comentó que había decidido un cambio de última hora en el Ministerio de Hacienda. El designado sería finalmente Ignacio Briones, lo que permitiría introducir una mayor cuota de renovación al gabinete, evitando con ello sacar desde un ente autónomo como el Banco Central a una consejera en ejercicio como Rosanna Costa, lo que ciertamente causaría ruido. En Economía, en tanto, asumiría el actual subsecretario de Obras Públicas, Lucas Palacios, con quien habíamos hecho buenas migas durante la campaña presidencial de 2017.

A diferencia de la noche anterior, salí del comedor presidencial cargado de presagios sombríos. La llegada de Briones a Hacienda me parecía un acierto, más allá de los indudables méritos de Rosanna Costa, destacadísima economista a quien conocía desde hacía más de una década. Por primera vez tendríamos a un jefe de las finanzas públicas formado en Francia y no en Estados Unidos, lo que aportaría una mirada distinta, menos ortodoxa y más abierta a los cambios, algo esencial para los tiempos que corrían. También habíamos congeniado durante las primarias de 2017, ya que él lideraba los equipos programáticos de Felipe Kast mientras yo estaba a cargo de los de Sebastián Piñera, por lo que sabía que en Ignacio encontraría un buen *partner* en el nuevo gabinete.

Sin embargo, intuía que el diseño del equipo político no cuajaría por ningún lado. Era demasiado evidente que el perfil de Felipe Ward no encajaría. Y eso podía significar una sola cosa: el asunto más importante de todos, la jefatura política del gabinete, aún no estaba cerrado. Era solo cuestión de tiempo para que la estantería se derrumbara.

Poco antes del mediodía nos reunieron a todos los integrantes del gabinete en el Salón Amarillo. Los que seguíamos y los que se iban. Era la tercera ocasión en que me tocaba vivir un momento similar, tras los ajustes de agosto de 2018 y junio de 2019. Por lejos, sin embargo, esta era la situación más dramática. Por las circunstancias y por la profundidad de los cambios. Reemplazar simultáneamente a los encargados de la conducción política y económica del Gobierno, Interior y Hacienda, además de los titulares de la Segegob, Economía, Trabajo, Bienes Nacionales y Deportes, constituía un hecho inédito de nuestra historia reciente. Quizás el único momento relativamente comparable desde el retorno a la democracia fue cuando la presidenta Bachelet, al inicio del segundo año de su segundo mandato, le pidió en vivo y en directo la renuncia a todo su gabinete durante una entrevista televisiva realizada por el animador Mario Kreutzberger. En cualquier caso, la crisis que enfrentamos era infinitamente más profunda que la del 2015. En eso no había dos lecturas.

Los momentos previos al cambio de gabinete fueron una mezcla de emociones y sentimientos encontrados. Ministros y ministras con semblantes tensos, nerviosos, tristes, sin mucha información sobre lo que vendría en pocos minutos más. Algunos como Nicolás Monckeberg y Felipe Larraín, a quienes aprendí a estimar durante el curso del Gobierno, ya conocían su destino. En cosa de minutos dejarían de ser ministros, lo que parecían no terminar de asimilar. Uno que curiosamente se veía tranquilo, casi resignado, era Juan Andrés Fontaine. Sabía que su polémica frase respecto del alza de los pasajes del metro lo había sentenciado. Era una pérdida lamentable para el Gobierno, ya que venía cumpliendo una muy buena labor, primero en Obras Públicas y luego en Economía[126]. Había otros que derechamente no hacían mayor esfuerzo por esconder el alivio que les producía haber zafado del descabezamiento ministerial. Y no pocos parecían embargados por el agobio de saber que seguirían a cargo de sus carteras en medio de un país al borde de una revolución.

Faltando pocos minutos para las doce —la hora programada para la ceremonia—, nos formaron literalmente en una fila india para bajar al Salón Montt-Varas. Era parte de la ritualidad habitual en este tipo de actos. Desde el Salón Amarillo cruzamos los pasillos alfombrados de la Galería de los Presidentes, atravesándola de norte a sur bajo la mirada atenta de Aníbal Pinto, Pedro Aguirre Cerda, Eduardo Frei Montalva, Salvador Allende, Patricio Aylwin y el resto de los mandatarios que se aloja en esos corredores. El momento no dejaba de tener su cuota de simbolismo y tensión. Al fin y al cabo, estábamos literalmente desfilando bajo la mirada de nuestra historia republicana. Con sus luces y sombras, con sus miserias y epifanías.

Al llegar a la escalera de piedra que conduce al primer piso, justo por encima del Patio de los Naranjos, nos detuvimos durante unos breves momentos. Yo estaba en el cuarto lugar de la fila, posición estrictamente fijada según las reglas protocolares. Adelante tenía a Relaciones Exteriores, Defensa y Hacienda. Por detrás me seguían Economía y Justicia. Interior no se encontraba en la fila. En pocos minutos nos dividiríamos entre los que partían y los que seguían.

Repentinamente, desde el otro extremo del pasillo, traspasando el umbral que da al Salón Azul, apareció Juan José Bruna, jefe de prensa del mandatario. Casi en el acto se lanzó a la carrera al lugar en que nos tenían apostados. En cosa de segundos nos dio alcance. Literalmente sudaba la gota gorda. "Gonzalo, urgente, te llama el Presidente", dijo. Su voz angustiada delataba algo fuera de libreto.

---

126   Durante una entrevista televisiva con el canal de noticias CNN, el entonces ministro de Economía aseguró que el alza de los pasajes en el metro se compensaría con la reducción del mismo en los horarios valle, asegurando que quienes madrugasen se verían beneficiados con una tarifa más baja.

Nuevamente se me cruzó un presagio negro por la cabeza. Citarme de emergencia a la oficina presidencial, sacándome abruptamente de la fila, *ad portas* de iniciarse la ceremonia, no podía significar nada bueno. Esos 30 o 40 pasos que tuve que caminar desde la puerta de la escalera de piedra hasta el despacho del mandatario se me hicieron una eternidad. Al volver la vista atrás alcancé a ver que la hilera lentamente iniciaba el descenso hacia el Salón Montt-Varas. Nuevamente se ponían en movimiento, esta vez sin mí.

Al ingresar a la antesala de la oficina presidencial, espacio que normalmente ocupaban Blanca y Sarita, alcancé a ver al propio Piñera junto a Cecilia Morel, además de Andrés Chadwick, Cristián Larroulet, Magdalena Díaz, Felipe Ward y Juan Carlos Jobet. Todos me miraban fijamente. Nadie hablaba, reinaba un extraño silencio. Se suponía que previo al cambio de gabinete esa oficina debía ser un avispero, plagado de asesores y escoltas. No entendía nada.

—Gonzalo, usted va a ser el nuevo ministro del Interior —soltó de un latigazo Piñera, sin mayores preámbulos—. ¿Está dispuesto a asumir el desafío?

Si una bomba atómica hubiese explotado en ese momento en los patios de La Moneda, el impacto que hubiese sentido habría sido menor. Era como esas pesadillas en las que uno quiere despertar y no hay forma de conseguirlo. Faltaban no más de cinco minutos para el inicio de la ceremonia, los canales ya estaban transmitiendo en directo la previa, y me veía atrapado en el peor de todos los dilemas posibles. Asumir una responsabilidad inconmensurable, con todos los costos personales y políticos que aquello podía significar, o bien rechazar de plano la propuesta presidencial desconociendo las más elementales formas republicanas. Mil veces había escuchado eso de que "al Presidente no se le dice que no". Y creía a pie juntillas en aquella máxima.

Por un segundo giré la mirada a una ventana que daba hacia el Patio de Los Cañones, que a esa hora lucía despoblado, lo cual, por alguna razón, me pareció completamente inusual. Mientras tanto, una sensación pesada y espesa se fue progresivamente asentando sobre mis hombros. Mi cabeza literalmente quedó en blanco. De fondo escuchaba, como en tercer plano, explicaciones salpicadas sobre el desarrollo de los últimos acontecimientos.

¿Cómo era posible que esto estuviese ocurriendo? ¿Acaso no había hecho lo imposible por evitarlo? ¿Podía tratarse de una broma de pésimo gusto en el último minuto? Al fondo del patio alcancé a divisar a un funcionario cargado de carpetas, que poco después se perdió por las puertas que daban hacia Interior.

¿Qué había pasado? Al parecer, unos quince minutos antes del inicio de la ceremonia se había filtrado el nombramiento de Felipe Ward al diario *La Tercera*, que junto con dar el golpe noticioso en su plataforma web reprodujo unas antiguas y desafortunadas declaraciones suyas relacionadas con los derechos humanos[127]. Era, precisamente, uno de los flancos más delicados que estábamos enfrentando desde el inicio del estallido social. El Presidente, luego de discutirlo con Chadwick y Larroulet, decidió revertir la decisión. Esas declaraciones hacían imposible el nombramiento. Con ese registro no duraría ni cinco minutos en el cargo, la oposición no lo dejaría pasar. Ward no sería el nuevo jefe de gabinete, habría que buscar a alguien de emergencia. El tiempo apremiaba y no quedaba margen de maniobra.

Una primera alternativa evaluada por la improvisada *troika* fue nombrar al actual ministro de Energía Juan Carlos Jobet, quien había estado a cargo de Trabajo durante el primer mandato de Piñera. Conocía al derecho y al revés el ministerio, ya que había ejercido como jefe de gabinete en los tiempos de Rodrigo Hinzpeter. Además, era joven, hábil comunicacionalmente y talentoso políticamente. Parecía un perfil más que suficiente para salir del paso. Sin embargo, al poco andar cayeron en la cuenta, advertida por el propio involucrado, que antes de asumir en Energía había ejercido como presidente de una administradora de fondos de pensiones, lo que lo inhabilitaría frente a la opinión pública. Las AFP venían hace años siendo severamente cuestionadas desde diversos sectores y tras el 18 de octubre se habían transformado en el enemigo público número uno. Tener de ministro del Interior a un expresidente de AFP colisionaría violentamente con la consigna callejera del momento: No+AFP.

"Y si vamos con Blumel", propuso, según me dijeron, Cristián Larroulet. Fue la sugerencia que terminó por sentenciarme. También cumplía con el perfil requerido para salir del atolladero. Relativamente joven, de buena relación con el Parlamento, especialmente con la oposición, lejano a los círculos tradicionales de la política, sin vínculos empresariales, militante de un partido nuevo y liberal como Evópoli, y, lo más importante de todo, de total confianza del Presidente de la República luego de casi una década de trabajo conjunto. Había sido su jefe de asesores durante su primer mandato, director ejecutivo de su fundación Avanza Chile y, más recientemente, ministro Secretario General de la Presidencia.

—Juan José, por favor, vaya a buscarlo— dijo Piñera a Bruna. El mandatario rápidamente dio su venia.

Al volver la vista hacia el interior de la sala donde estábamos, nada había cambiado. Todos me miraban ansiosos esperando una respuesta. Ya estábamos retrasados para la ceremonia y la tensión en el ambiente se notaba en la respiración de los presentes. Sabía que si aceptaba el desafío —no exagero— cargaría con el peso por el resto de mis días. La profundidad de la crisis dejaría una huella indeleble en mi historia, en mi familia, en mis hijos. Las esquirlas serían inevitables. Sin embargo, pese a haber hecho todo lo posible por esquivarlo, igualmente me había caído el bulto encima. Por alguna misteriosa razón, el destino o el azar me estaban entregando la res-

---

127   El 5 de junio de 2013 el entonces diputado de la UDI Felipe Ward afirmó al diario The Clinic: "Los derechos humanos son una especie de cajero automático que usa la izquierda para sacar plata en un tema que no admite un doble discurso".

ponsabilidad de encabezar la conducción política del Gobierno en el momento más imposible de nuestra democracia, al menos desde septiembre del 73. Era evidente que yo no era el más preparado ni tenía toda la experiencia requerida. Pero era de los pocos en el Ejecutivo que contaba con la plena confianza del mandatario, no tenía pasivos personales que pudiesen ser motivo de sospecha, contaba con herramientas para empatizar y generar confianzas, tender puentes y buscar acuerdos, que era la misión más importante de todas dado el momento que estábamos viviendo. Llevaba un año y medio en eso, y tan mal no me había ido.

Por último, alguien tenía que hacerlo. Alguien tenía que quemarse. Y todas las opciones que habíamos intentado, por una u otra razón, se habían terminado cayendo. No había nadie más.

—¿Y qué me dice? —volvió a la carga, ansioso, el mandatario.

Nuevamente miré por la ventana hacia el patio, quizás buscando alguna vía posible de escape. Pero no la había.

—Sí, Presidente.

Inmediatamente aparecieron los aplausos, abrazos y, sobre todo, las caras de alivio. Se había resuelto el desaguisado. El plan seguía adelante. Uno a uno los presentes se fueron acercando para darme simultáneamente ánimo y condolencias. "Gracias, Gonzalo", fue el saludo casi maternal de Cecilia Morel, quizás la que más había resentido anímicamente la dureza de los últimos días. También aparecieron asesores e integrantes del gabinete presidencial, como Magdalena Díaz y Carola Valdés, ambas ex Avanza Chile, quienes me desearon buena suerte y mucha fuerza, que sin duda las iba a necesitar.

"Llama a la Paulina, te va a matar si se entera por la prensa", me gritó a la pasada Juan José Bruna, justo en el momento en que enfilábamos con la comitiva presidencial hacia el Salón Montt-Varas, momento en que caí en la cuenta de que todavía no le había contado la noticia ni a ella ni a nadie de mi familia. Simplemente no había tenido el tiempo. Mientras avanzábamos casi al trote hacia el lugar de la ceremonia, alcancé a tomar un segundo mi teléfono. Era la llamada que nunca hubiese querido hacerle, menos después de la conversación que habíamos tenido la noche anterior, donde le había asegurado que todo iba a estar bien, que todo seguiría igual. Era una llamada en la que le informaría que nos había cambiado la vida.

"Mi amor, no tengo mucho tiempo", fue la única introducción razonable que se me ocurrió, para luego agregar: "En un par de minutos voy a asumir como ministro del Interior, no me preguntes cómo sucedió". Del otro lado, primero silencio; luego, un suave y casi inaudible llanto. "Perdóname, no podía decir que no", le dije. No supe qué más decir. Llevábamos más de veinte años juntos, habíamos vivido casi de todo, idas y regresos, viajes, nacimientos, accidentes, escasez y abundancia, salud y enfermedad, pero nada se parecía a esto. Era como si estuviéramos viviendo vidas ajenas. "Tranquilo, amor, vamos a estar bien", me respondió serena luego de unos segundos, con una entereza impresionante que ya quisiese haber sentido.

Fue la única llamada que alcancé a realizar previo al cambio de gabinete. No pude avisar ni a mis hijos, quienes se enteraron minutos más tarde por los profesores del colegio, ni a mi madre, ni a mi padre (quien había sufrido un infarto hacía pocos días), ni a mis hermanos, ni a mis amigos, ni a mi equipo ministerial. No hubo tiempo.

Al ingresar al Montt-Varas alcancé a divisar algunos rostros conocidos que me miraban con extrañeza por mi llegada a destiempo. El salón estaba lleno de periodistas, cámaras, familiares y curiosos de ocasión. El resto del gabinete llevaba un buen rato ubicado en las tarimas correspondientes, cada uno en su ubicación respectiva. Por supuesto, me cayeron varias bromas encima por la impuntualidad. "Dónde andabas, no habrás querido escaparte", me preguntó Alberto Espina al verme llegar. Solo atiné a encogerme de hombros. Llevábamos cerca de media hora de retraso.

En cierto momento sonó el teléfono en mi bolsillo, que había olvidado dejar en modo avión. El nombre de Cristián Larroulet se iluminó en la pantalla del equipo. Alcancé a tener un segundo de ilusión. Quizás el Presidente se había retractado. Quizás había comprendido la insensatez que estaba por cometer. Me alejé un momento de la tarima hacia un costado del Montt-Varas para responder la llamada. "Gonzalo, la minuta que tienes en tu WhatsApp no es la versión oficial, por favor bórrala". No entendí nada. Estaba a segundos de saltar al vacío y Cristián me llamaba, sabiendo en lo que estaba, para comentarme algo de nula relevancia. Era de no creerlo.

Finalmente, el Presidente ingresó al salón para dar inicio a la ceremonia, un acto generalmente sobrio y republicano. Primero se leen los decretos de renuncia y nombramiento de las autoridades salientes y entrantes. Luego se toma el juramento o la promesa a los nuevos ministros.

Inmediatamente Rodrigo Ubilla, quien me comentaría tiempo después el chasco que significó tener que cambiar de urgencia los decretos correspondientes —hubo que corregir los nombres varias veces—, comenzó la lectura de los documentos respectivos. "Acéptese a contar de esta fecha la renuncia de ministros y ministras de Estado en las carteras que se indican...". En el tercer lugar del listado vino lo inesperado. "Acéptese la renuncia de don Gonzalo Blumel Mac-Iver en el Ministerio Secretaría General de la Presidencia...". La cara de Claudio Alvarado, que se encontraba junto a la subsecretaria de Salud Paula Daza entre el público asistente, se desfiguró. Al igual que la mayoría de los presentes, daba por hecho mi continuidad en la Segpres. Un murmullo sordo se alcanzó a escuchar al interior del salón. Algo fuera de libreto estaba ocurriendo.

Luego vino la lectura de los nombramientos, a cargo de Rodrigo Ubilla. "Nómbrese a contar de esta fecha como ministro de Estado en la cartera de Interior y Seguridad Pública a don Gonzalo Blumel Mac-Iver, quien por razones impostergables de buen servicio deberá asumir sus funciones...". Al instante, estalló un aplauso que interrumpió la lectura del decreto. Nuevamente palmoteos y saludos efusivos de varios colegas, deseándome parabienes y buena suerte. El más entusiasta, como siempre, fue Alberto Espina, quien estaba justo a mi lado en la tarima.

Tuve que dominar los nervios del momento respirando profundo, abstrayéndome del entorno y de cualquier elemento externo.

Finalmente, diez pasos exactos al frente, para ubicarme delante del mandatario, justo en el centro de la sala.

—¿Juráis o prometéis cumplir fielmente el cargo de ministro de Estado que se os ha conferido, conforme a la Constitución y las leyes? —preguntó el Presidente, moviendo ligeramente sus manos.

—Sí, juro, Presidente.

Estreché su palma y firmé el decreto. Ya no había vuelta atrás.

El acuerdo

Ingresé como a las 13 horas a mi nueva oficina en el Ministerio del Interior, cuando todavía no me había repuesto del mazazo emocional que me produjo el nombramiento. Ya en tiempo normales es fuerte asumir esta cartera, por más que sea el sueño inconfesado o explícito de muchos políticos. Pero que te caiga el cargo en la cabeza sin buscarlo, sin pedirlo, ni tampoco mucho tiempo para prepararlo, esa es otra historia.

A partir de ese momento, todo me empezó a parecer extraño. Oficinas que antes había frecuentado como invitado, corredores que había recorrido una y otra vez, lugares que para mí no tenían ningún misterio, de pronto adquirieron un aura distinta. Tenían otra luz y otro clima. Incluso te saludan distinto. Se te acercan con una suerte de etiqueta sobria, aunque inmemorial, tal vez porque ponerse el traje de ministro del Interior conlleva conectar con lo más profundo de nuestra historia. El Ministerio viene de muy antiguo, de cuando el país — tratando de encontrar su destino— estaba iniciando el ensayo del modelo federal en 1824. Por aquí pasaron figuras de enorme relevancia en la historia política del país: Manuel Montt, Antonio Varas, José Victorino Lastarria, José Manuel Balmaceda, Arturo Alessandri, Pedro Aguirre Cerda y mi tatarabuelo Enrique Mac-Iver, entre muchos otros. Era extraño además sentirme conectado con mi tatarabuelo materno por el lado menos pensado: el de un cargo político. A él le tocó asumirlo poco después de la guerra civil de 1891. A mí me correspondió hacerlo en medio de la mayor turbulencia política y social en casi medio siglo. En fin, el peso de la historia intimidaba. Las magnitudes de la urgencia del presente, en todo caso, no me dejaron demasiado tiempo para la reflexión.

Lo que ocupaba mi cabeza eran otros temas. En realidad, casi puras preguntas. ¿Cómo encauzar la crisis, y con quién, si esta no tenía rostros o representantes visibles? ¿Cómo encajar la recuperación del orden público, un deber urgente e ineludible, haciéndonos cargo de las críticas que estaban recibiendo las policías? Y quizás la pregunta más angustiante de todas: ¿cómo explicarle a Paulina y a mis hijos el salto al vacío que había dado, que estaba seguro significaría un gran trastorno en nuestras vidas? En nuestra casa las cosas iban a cambiar. Se acabarían los días de intimidad familiar. En adelante tendríamos un enorme dispositivo de seguridad. Es la regla general en el cargo, así ha sido siempre o, al menos, desde hace décadas. Probablemente, ni siquiera podría seguir llevando a los niños al colegio en las mañanas, al menos no como lo acostumbrábamos: en mi auto, solos, escuchando alguna canción de moda en la radio, a veces riendo, a veces discutiendo, pero siempre disfrutando de nuestra intimidad.

De hecho, al poco rato me llamó Paulina, que se había vuelto más temprano a la casa para preparar el terreno con nuestros hijos, para contarme que ya nos habían instalado una caseta de custodia policial a la entrada de nuestro pasaje, y que cerca

de una docena de funcionarios de Carabineros y la PDI estaban revisando los "estándares de seguridad" del sector donde vivíamos, el mismo en el que llevábamos casi
una década.

El cambio de casa en La Moneda tampoco me resultó sencillo. Me costó acostum-
brarme a mis nuevas instalaciones en el Ministerio del Interior. Había estado mil
veces en esa oficina, pero ahora que la observaba mejor, me pareció más pequeña y
mucho menos acogedora que la de Segpres. No había carpetas ni archivos ni nada
que delatara algo de vida o trajín. Una escenografía completamente inerte. El mobiliario incluía un anticuado sofá azul a un costado, una pequeña mesa de reuniones al
centro, un escritorio imponente al fondo y una vieja pintura de la Escuadra Nacional
en la cabecera: por lejos, lo más noble de la sala y un saludable recordatorio de que
en esa oficina uno estaba solamente de paso.

Lo primero que hice al llegar fue prender la televisión, con la expectativa de ver
comentarios y reacciones al cambio de gabinete. Necesitaba saber cómo se venía la
mano. Y lo único que encontré fueron imágenes de desmanes y saqueos, tal como
en los últimos días: comercios, bancos y farmacias atacadas una vez más por hordas
violentas, buses del transporte público incendiados, barricadas por doquier y, sobre
todo, una batalla campal entre la autodenominada "Primera Línea" y las fuerzas
policiales, que intentaban evitar ni más ni menos la toma de La Moneda por parte de
la turba[128]. En ese mismo momento noté que el humo de las bombas lacrimógenas
se colaba por todos lados hacia el interior del edificio. El reporte policial al final de la
jornada terminaría consignando 89 eventos graves en todo el país, uno de los peores
registros desde el inicio de la crisis. Lo sentí casi como una bienvenida de piedra para
el nuevo "hombre fuerte del gabinete", por usar la particular terminología que utilizó
la prensa para calificarme. Fue un primer baño de realidad.

La recepción del nuevo gabinete, en todo caso, no fue negativa. Un diario instaló la
idea de que llegaba "un estilo amable ante la crisis"[129]. ¿Era para tanto o tenía más
que ver con las expectativas y necesidades del país? Hubo palabras comedidas de
Chile Vamos y hasta el Frente Amplió publicó una carta firmada por los presidentes
de RD, Convergencia Social, Comunes, Humanistas y Liberales, llamando a "un diálogo transparente y abierto" de cara al país. El aterrizaje de Briones, Rubilar, Zaldívar, Palacios, junto con el mío a Interior, había permeado a la opinión pública como
el inicio de una nueva fase más abierta al diálogo. Éramos además el comité político
más joven de la historia, promediando 44 años, y el primero encabezado por ministros no militantes de los partidos grandes de la coalición de turno. Ignacio Briones
y yo éramos Evópoli, y Karla Rubilar y Sebastián Sichel eran independientes. Solo

---

128   Aquello sería ratificado tiempo después por el director ejecutivo del INDH, Sergio Micco,
quien aseguró que durante días hubo llamados a tomarse el palacio presidencial. "Lo
puedo afirmar porque yo estuve ahí, a dos estaciones de La Moneda", dijo. Ver El Mercurio, 24 de julio de 2022.

129   Diario La Segunda, 28 de octubre de 2019.

Felipe Ward tenía militancia UDI. El resto no pertenecíamos al tronco fundamental de la derecha. En algo no se exageró: éramos una "generación posdictadura", como lo señaló en su columna sabatina el analista Francisco José Covarrubias[130].

Solo aún en la oficina, comencé a definir mis primeros pasos. La prioridad más inmediata era agendar reuniones con el general director de Carabineros, Mario Rozas, con Héctor Espinoza, director de la PDI, y con Sergio Micco, director del INDH —las cabezas de las entidades más comprometidas con la crisis de orden público que estábamos viviendo—, citas que quedaron programadas para el día siguiente. También tiré algunas líneas iniciales para establecer pronto contacto con el mundo político. Obviamente acudí a Claudio Alvarado. Claudio a esas alturas seguía sin entender del todo qué diablos estaba haciendo yo en Interior, pero sabía tan bien como yo que era necesario discurrir una vía de salida a la crisis y que debía ser consensuada con todo el arco político. No había otra opción. Los puentes de diálogo con la oposición estaban completamente cortados y había que iniciar cuanto antes la tarea de reconstruirlos, como había quedado de manifiesto tras la menguada asistencia a la convocatoria realizada por el Presidente un par de días antes.

También era urgente cohesionar al gabinete. Los ministros estaban golpeados tras diez días caóticos y no tenían mucha claridad respecto del rumbo que seguiríamos. Una línea minoritaria pero influyente pedía mano dura y mayor firmeza. La mayoría, sin embargo, apostaba por un amplio acuerdo político, línea en la cual me acompañaban varios de los nuevos ministros, como Ignacio Briones y Karla Rubilar, junto con otros que venían de antes, como Hernán Larraín y Cristián Monckeberg.

Mi primer objetivo en ese sentido fue sentar a la mesa a todos los presidentes de partido a la brevedad, o al menos a la gran mayoría, ya que era más que evidente que el PC y buena parte del Frente Amplio no se sumarían a ningún esfuerzo de diálogo. Lo de ellos era radicalizar, no consensuar. Eso mismo me obligaba a ser muy serio y coherente. Había llegado a Interior precisamente por tener un perfil dialogante. Mis años en la Segpres me habían permitido ganarme la confianza de muchos en Chile Vamos y la centroizquierda, pero tenía que demostrarlo con resultados concretos en el corto plazo. Sin diálogo, no habría salida posible.

Las primeras conversaciones que sostuve revelaron una posible hoja de ruta a seguir: necesitaríamos concordar una agenda social *fast track* (la denominación era de Fuad Chahin) y un mecanismo de reforma constitucional, algo difícil de tragar para Chile Vamos. Desde la oposición fueron explícitos en señalar que no valía la pena desgastarse en hablar con todo el mundo. La clave estaba en "las duplas" fundamentales del Senado: Pizarro y Huenchumilla en la DC, Lagos Weber y Girardi en el PPD, y Montes y Elizalde en el PS. A ellos había que sumar al presidente del Senado, Jaime Quintana, y algunos senadores más proclives al diálogo, como Carolina Goic (DC), Ximena Rincón (DC) y Juan Pablo Letelier (PS). Algo así como los viejos tercios de la Concertación.

---

130   Diario El Mercurio, 29 de octubre de 2019.

Dentro de los contactos de los primeros días también estuvieron los alcaldes, que venían tomando gran protagonismo desde el 18 de octubre, pues en general se habían posicionado como los interlocutores del mundo político que mejor interpretaban lo que estaba ocurriendo en las calles. Tenían mucho que aportar, especialmente los ediles de comunas emblemáticas como Rodrigo Delgado de Estación Central, Felipe Alessandri de Santiago, Joaquín Lavín de Las Condes, Claudio Castro de Renca, Johnny Carrasco de Pudahuel y Evelyn Matthei de Providencia. De hecho, una de las primeras tareas fue encontrar un reemplazo para Karla Rubilar en la Intendencia y lo natural era que fuese un alcalde o alcaldesa que nos permitiese darle mayor relevancia al mundo local. Así ocurriría 48 horas después, cuando Felipe Guevara, vicepresidente de RN y alcalde de Lo Barnechea por tres periodos, recaló en la Intendencia Metropolitana.

Otra tarea que me parecía fundamental era destrabar la agenda social. La responsabilidad recayó en el ministro de Hacienda Ignacio Briones, con quien haríamos una dupla tremendamente afiatada en lo político y en lo personal. Los anuncios del Presidente de la semana anterior habían sido recibidos con escepticismo por la oposición. El argumento era simple: no habría agenda ni acuerdo posible mientras no se zanjara el destino de las reformas tributaria y previsional, que venían siendo motivo de polémica entre el oficialismo y la oposición durante más de un año. Resolver el puzle no era sencillo, ya que lo que pedía la centroizquierda en esencia desnaturalizaba el sentido mismo de las reformas. Es decir, significaba renunciar a parte importante de nuestro programa de gobierno.

Los primeros encuentros que sostuve como ministro se concretaron a partir del martes 29 de octubre. Fue impactante conocer de primera fuente el estado de precariedad de las policías, las debilidades de los sistemas de inteligencia, y la falta de recursos y medios disponibles para enfrentar la violencia y el descontrol callejero, que ya llevaban diez días. Según las cifras oficiales de Carabineros, iban más de 9.600 personas detenidas por hechos relacionados con estallido social. Al mismo tiempo, se registraban cerca de 900 funcionarios policiales lesionados, de los cuales 131 correspondían únicamente a la jornada anterior, que había sido extremadamente dura. El metro había tenido que suspender sus servicios debido a un amago de incendio en el acceso principal de la estación Baquedano. También se registraron cortes en las rutas 5 Norte y 5 Sur, y el incendio de un local comercial en Alameda con Santa Rosa, donde se quemaron sillones para hacer barricadas en el frontis de la Biblioteca Nacional.

No había solo insuficiencia de medios en las policías para enfrentar la emergencia. También teníamos un problema de obsolescencia de la legislación relacionada con el orden público[131]. Algunos hechos ni siquiera tenían tipificación penal, como era el

---

131   Las penas asociadas a esos delitos eran generalmente irrisorias, lo que impedía que fiscales y jueces pudiesen actuar con mayor eficacia en la persecución penal de aquellos casos más reiterados, como los saqueos, las barricadas y los ataques a las policías. De hecho, el Código Penal no contemplaba penas específicas para delitos como el saqueo, sino que lo tipificaba como robo en lugar no habitado, un delito que tenía penas bastante menores y que partían en los 61 días de presidio.

caso de la interrupción deliberada del tránsito en la vía pública, práctica de común ocurrencia por esos días, a la que se denominó "el que baila, pasa": se obligaba a los conductores a detenerse y realizar paso de baile para evitar agresiones de la turba, mientras todo era registrado y luego difundido en redes sociales.

Lejos, lo más inquietante para mí resultó ser la absoluta inexistencia de antecedentes de inteligencia que permitieran entender las causas y consecuencias del fenómeno delictual que se había desatado tras el estallido social. No sabíamos casi nada sobre quiénes estaban detrás de los incendios del Metro, ni de quiénes estaban organizado la violencia desatada en las últimas semanas, ni mucho menos de lo que podía esperarse hacia adelante. Estábamos completamente a oscuras, pagando una cuenta heredada de los gobiernos de la transición democrática, que siempre rehuyeron de este tema producto de las trancas del pasado.

Acomodando las piezas

Durante las primeras 48 horas no tuve un momento libre para dimensionar o recorrer el Ministerio del Interior. Algo lo conocía, pero no tenía mayor idea de los vericuetos y detalles de su sala de máquinas: su cultura interna, sus orgánicas, prácticas y liderazgos; eran asuntos que tendría que aprender a manejar en el camino. Pasar de la Segpres a Interior, el buque insignia de la escuadra ministerial, era un cambio sideral. La tripulación de la Segpres apenas superaba los trescientos funcionarios y ni siquiera tenía oficinas fuera de Santiago, mientras que en Interior contaría con más de 16 mil funcionarios distribuidos en todo el territorio nacional. No sería fácil ganarse a esta oficialidad ministerial. La percibía golpeada y poco dada a confiar en el nuevo capitán del barco.

La columna vertebral del ministerio es la Subsecretaría del Interior, por aquel entonces liderada por Rodrigo Ubilla. Su principal virtud era la experiencia y el temple. Era alguien políticamente curtido en el rigor. Había estado de subsecretario los cuatro años de Piñera 1, periodo en el que había enfrentado una infinidad de conflictos (Magallanes, Aysén, protestas estudiantiles, Freirina, Calama, Tocopilla, los pescadores de Chiloé y varios más). Sabía que era alguien con buen olfato electoral, lealtad con los propios, poca delicadeza en el trato y mano de hierro para manejar la subsecretaría. Un duro.

Nuestra relación previa era más bien escasa. Algo habíamos coincidido en la campaña presidencial: yo estaba a cargo de la parte programática y Rodrigo, del despliegue territorial, rol que asumió luego del pésimo resultado de la primera vuelta. Hizo su trabajo extraordinariamente bien. Junto a su equipo, logró construir la red de apoderados más grande de la historia de la centroderecha. Y desde el 2018 en adelante todos los temas políticos y estratégicos que involucraban a Segpres e Interior, que no son pocos, los llevaba conjuntamente con Claudio Alvarado, con quien hacía muy buenas migas.

En la primera reunión de trabajo que sostuvimos, el mismo día en que asumí, me anunció que dejaría el cargo a la brevedad. ¿Razones? Acumulación de cansancio y libertad para organizar mi equipo, argumentos más que atendibles. "Rodrigo, necesito tiempo para acomodar las piezas", le respondí sorprendido. Me parecía que cambiar de golpe a las principales autoridades ministeriales era una locura. Yo no tenía experiencia en el cargo y Rodrigo, por el contrario, acumulaba kilometraje. Y en Interior el recorrido es fundamental. Tanto así que en la historia reciente no habíamos tenido, al menos en mi recuerdo, un cambio conjunto de las dos máximas autoridades ministeriales. Lo necesitaba. Por lo mismo, le pedí que me diera un margen de tiempo. "Me estás pidiendo un imposible, déjame pensarlo un poco", fue la seca respuesta de Rodrigo Ubilla, muy en su estilo. Finalmente, postergó su salida para fines de diciembre, dándome cierto margen para organizar el reacomodo, gesto que aún agradezco.

En aquella reunión, Ubilla me resumió algunas cosas básicas de Interior. El gabinete ministerial estaba integrado por la periodista María José Gómez y el abogado Luis Hermosilla, ambos históricos colaboradores de Andrés Chadwick. La estratégica División de Gobierno Interior, que lidera a los intendentes y gobernadores, y que constituye la estructura política de los gobiernos, tenía como jefa a Andrea Balladares, expresidenta de la juventud de RN. Otros cargos relevantes (y sus titulares) eran la División de Gestión de las Policías (Cristóbal Caorsi), la División de Seguridad Pública (Pía Greene), la División Jurídica (Carlos Guazzini), el jefe del equipo legislativo (Pablo Celedón) y la División de Emergencias (Cristián Barra). Roles clave del ministerio también eran la Subsecretaría de Prevención del Delito, liderada por Katherine Martorell, y la de Desarrollo Regional, que estaba vacante pero que sería asumida a los pocos días por alguien de mi plena confianza.

Conocía a la gran mayoría del equipo de Interior, con varios habíamos coincidido en la campaña; sentía aprecio y respeto por cada uno de ellos y no me cabía ninguna duda de su compromiso con el servicio público. Lamentablemente, salvo honrosas excepciones, las relaciones rápidamente se fueron enfriando. Fue como si una suave brisa helada se hubiera colado progresivamente por los pasillos y oficinas del ministerio. Nunca supe muy bien qué pasó. Tuve más intuiciones que certezas. Probablemente no hubo una causa específica sino más bien una suma de sentimientos, que tenían que ver, creo, con la traumática salida de mi antecesor.

Con el paso de los días las señales fueron cada vez más evidentes. Filtraciones a la prensa, poca voluntad para entregar información a mi equipo más directo y, finalmente, una secuencia sucesiva de renuncias, algunas con publicidad, fueron la marca de la distancia que se fue instalando. Aquello se acrecentó luego de la acusación constitucional contra Andrés Chadwick, presentada por la oposición dos días después de mi llegada al ministerio.

Por lo mismo, me propuse armar un equipo dúctil —ágil, competente, resiliente— para las duras tareas que venían. El primero en sumarse fue Claudio Alvarado. Esto da cuenta de su compromiso y generosidad, pues teniendo todos los atributos para aceptar un cargo ministerial no dudó un segundo en venir conmigo a Interior como subsecretario de Desarrollo Regional. Su experiencia como alcalde, sus dieciséis años en el Parlamento y sus casi seis años como subsecretario de la Segpres lo dotaban de aptitudes para el diálogo y la búsqueda de acuerdos, fundamentales para nuestro momento. Pragmático, discreto y eficaz, era el colaborador que quería a mi lado. Su llegada fue una petición expresa que le hice, otra vez, al presidente Piñera.

Al equipo se sumaron Pablo Prieto, Andrés Sotomayor y Eduardo Riquelme: los tres, abogados con experiencia en la administración y buenas redes políticas (Pablo y Andrés, más fuertes en la UDI y Evópoli; Eduardo, en RN, donde había integrado la directiva). Y también el trío de prensa que me acompañaba en la Segpres —Erick, Margaret y Renato—, comprometidos y jugados como pocos, además de Juan Eduardo Vega, joven y capaz abogado maulino, y Pablo Galilea, exsubsecretario de Pesca y exdiputado RN, quien llegaría a asumir unos meses después en la estratégica división de Gobierno Interior. Más tarde se sumaría Juan Francisco Galli para una labor esencial: asumir la Subsecretaría de Interior en reemplazo de Rodrigo Ubilla, luego de haber pasado por Fuerzas Armadas y Segpres. Fue la segunda petición expresa que le hice al mandatario. Buen profesional —conocía de sobra el ministerio ya que se había desempeñado como asesor legislativo en Piñera 1— y mejor amigo, estuvo dispuesto a tomar uno de los cargos más complejos del Estado, un fierro caliente que nadie quería después del estallido social. Lo hizo por responsabilidad, pero sé que también lo hizo por lealtad. Y era esa clase de personas las que yo quería a mi lado.

El último acomodo, y el más importante de todos, fue el de la casa. En el caso de mis hijos, no hubo mayores problemas. El cambio lo tomaron con la naturalidad propia de su edad —11, 9 y 6 años en aquel entonces—, a lo sumo impresionados por la nueva y numerosa escolta del papá, con la que transamos que podría seguir llevándolos al colegio en mi auto personal, siempre y cuando fuese acompañado por uno de ellos en el mismo auto.

Para Paulina, sin duda fue más duro, sobre todo por la mayor exposición y por los rigores inmutables de la seguridad ministerial. Inmediatamente supo que nuestras vidas habían cambiado para siempre y, por lo mismo, su gran preocupación fue que los niños no sintieran el nuevo estatus. En lo que fuera posible, seguiríamos con nuestras rutinas. En su modo de enfrentar las cosas, lo que da cuenta de su temple, la procesión se lleva por dentro.

Los primeros avances

Por más que pasaban los días, ni la violencia en las calles ni la polarización en el ambiente aflojaban. Peor aún, no había indicio alguno de que la crisis se estuviese atenuando.

Consecuencia de aquello fue la decisión de suspender la COP y la APEC, dos cumbres internacionales de primer nivel que iban a poner a Chile en la primera plana internacional y que reunirían en Santiago, durante noviembre y diciembre, a los principales líderes mundiales. Fue una decisión durísima para el Gobierno, especialmente en el caso de la COP, donde el Presidente y la ministra de Medio Ambiente, Carolina Schmidt, se la habían jugado para traerla y organizarla en tiempo récord, luego de que Brasil desistiera de su organización. Pero no teníamos otra opción. La violencia en las calles hacía insostenible la implementación logística de ambos eventos. Y yo, como responsable de la seguridad pública, debí admitirle al Presidente que no podíamos garantizar el resguardo de las delegaciones ni un adecuado manejo del orden público. Habríamos expuesto a Chile a un papelón histórico. La decisión fue anunciada formalmente el día 30 de octubre.

El apoyo en las encuestas, a su vez, se hundió por debajo del 10%[132], niveles inéditos en nuestra historia política reciente, mientras que el diálogo político con la oposición seguía siendo casi inexistente. Sus principales dirigentes se negaban a sostener reuniones públicas en La Moneda, ya sea con el Presidente o con sus ministros. No querían ser vistos conversando con nadie del Gobierno por temor a "la calle" o las funas virtuales. Cuando aceptaban reunirse, pedían hacerlo fuera de La Moneda, por lo general en completa reserva. Algunos accedieron a venir a mis oficinas en Interior, pero pidieron ingresar por los accesos subterráneos del palacio. No se podía saber por ningún motivo que estaban en conversaciones con La Moneda.

No teníamos tampoco ningún puente o vínculo con los movimientos sociales de mayor representatividad, que, si bien no tenían control sobre "la calle", como ellos mismos lo reconocían, sí tenían cierta presencia en el debate público. Estos se habían venido agrupando en la Mesa de Unidad Social, colectivo de agrupaciones sindicales, estudiantiles y sociales donde predominaban mayoritariamente sectores de la izquierda dura, como la CUT, la ANEF, el Colegio de Profesores, la Confech, la Cones, el movimiento No+AFP y diversos colectivos vinculados a causas específicas, como los ciclistas, ecologistas, las agrupaciones feministas, grupos indigenistas y colectivos territoriales, en los cuales la centroderecha no tenía ninguna presencia.

Para empeorar el cuadro, el impacto de la crisis en la economía se hizo sentir de inmediato y con particular fuerza. El Imacec de octubre se contrajo un 3,4%, la peor caída mensual registrada en más de diez años. El dólar se elevó desde cerca de 700 pesos en octubre a más de 800 pesos en noviembre, récord histórico según las estadísticas del Banco Central, que en materia cambiaria se remontaban hasta 1960[133]. Y en los mercados se respiraba un nerviosismo gigantesco debido a la incertidum-

---

132   La encuesta CEP, medida principalmente en diciembre de 2019, registró un 6% de aprobación a la gestión presidencial.

133   Dichos registros serían posteriormente superados durante la pandemia y previo al plebiscito constitucional de 2022.

bre política y social. "Gonzalo, si no alcanzamos pronto un acuerdo podemos tener una corrida financiera", me advirtió apesadumbrado el ministro Briones a inicios de noviembre.

Todavía más: no pocos temían un efecto demostración luego de la renuncia del mandatario boliviano Evo Morales, quien debió dejar el cargo y huir del país a raíz de violentas protestas ante acusaciones de fraude electoral[134]. Algunos recordaban las similitudes de lo que estábamos viviendo con la "crisis del corralito" sucedida en Argentina, cuando tan solo 48 horas de manifestaciones populares terminaron botando al Gobierno de Fernando de la Rúa, que debió escapar de la Casa Rosada en helicóptero. Aunque Chile tiende a observarse como una excepción en el vecindario, muchos pensaban que esta vez no podríamos evitar el riesgo de contagio. Las instituciones democráticas tampoco tienen capacidad de resistencia infinita. Si no llegábamos pronto a un acuerdo, el país podía reventar en mil pedazos. Teníamos que actuar rápido.

El primer hito relevante fue la reunión que organizamos el 31 de octubre con los presidentes de los partidos políticos. En esta ocasión solo se restaron —cuándo no— el PC y algunas agrupaciones menores del Frente Amplio. La cita fue, literalmente, un parto de los montes. Para que el encuentro tuviera valor político debíamos ser capaces de sentar a la mesa al menos a la centroizquierda. Sabía que nunca contaría con el Partido Comunista: ellos estaban por la renuncia del Presidente, no por una salida democrática e institucional. En cambio, era indispensable contar con los sectores más moderados de la oposición y eso era especialmente difícil. El presidente del PS, Álvaro Elizalde, me reconoció que no tenía "piso" para acudir si no estaba RD; a su vez, la presidenta de RD, Catalina Pérez, nuevamente me insistió en que para ella era imposible asistir si no estaban todos los actores de la oposición, incluyendo los comunistas. O sea, un zapato chino.

Luego de frenéticas llamadas e intensas negociaciones que incluyeron, entre otras cosas, el no permitir el ingreso de la prensa al Salón Entrepatios, lugar donde se realizaría el encuentro (fue una condición de RD para confirmar su asistencia), logramos concordar los términos de la convocatoria, que coincidió con el feriado del Día de las Iglesias Evangélicas. A la reunión llegaron los timoneles de la Democracia Cristiana, el Partido por la Democracia, el Partido Radical, el Partido Socialista, el Partido Liberal, Revolución Democrática y el Frente Regionalista Verde Social. Por parte del Gobierno, me acompañaron los ministros Karla Rubilar, Felipe Ward, Ignacio Briones y María José Zaldívar.

---

134   El presidente boliviano Evo Morales presentó la renuncia a su cargo el 10 de noviembre de 2019, luego de tres semanas de intensas protestas y tras acusársele de haber corrompido las elecciones que lo reeligieron para un nuevo mandato, llevadas a cabo el 20 de octubre de 2018.

El guion de la reunión lo trabajamos detalladamente con el equipo. La puesta en escena —el orden de las intervenciones, los roles de los intervinientes y, sobre todo, el desenlace— fue preparado minuciosamente. El tiempo en la Segpres me había enseñado algunas claves para este tipo de encuentros. No podíamos llegar a improvisar. Lo principal era que nadie podía irse sintiéndose derrotado.

Al inicio de la cita la incomodidad de los líderes opositores era evidente. Abrí los fuegos sin preámbulos ni anécdotas. Lo primero que hice fue agradecer su presencia y reivindicar el diálogo como base de la política. Después reconocí que estábamos ante una severa crisis de orden público y de derechos humanos, sabiendo que este último punto podía hacer fracasar la reunión. En las últimas dos semanas se acumulaban 1.400 hechos graves de violencia callejera, 1.500 personas lesionadas entre civiles y uniformados, 20 personas fallecidas (presumiblemente, cinco por acciones asociadas a agentes del Estado), y si bien ya no estábamos bajo estado de excepción constitucional, el panorama seguía siendo delicado. Les reiteré además el compromiso del Gobierno con los derechos humanos y detallé la docena de medidas adoptadas para asegurar su resguardo. Finalicé mi intervención manifestándoles disposición a consensuar los temas de la agenda social, lo que incluía apertura para revisar el devenir de nuestras reformas más emblemáticas. "Queremos iniciar un diálogo político amplio para darle un cauce institucional a la crisis", concluí al cierre.

Después de eso vino un profundo silencio. Nadie dijo nada por un buen rato. El hielo solo se rompió con una ironía de Álvaro Elizalde, quien, junto con valorar la convocatoria, agradeció la disposición del Gobierno a revisar reformas que "ya estaban en la morgue", lo que sacó algunas risas y distendió el ambiente.

Habíamos sondeado el terreno. Sabíamos perfectamente qué nos pedirían y qué podíamos entregar. Para la centroizquierda era crucial que el Gobierno renunciara a los elementos centrales de sus reformas emblemáticas, las que en todo caso tenían un muy mal pronóstico en el Senado. En la cámara alta nos habían notificado que los acuerdos que habíamos alcanzado con la directiva de la DC, especialmente con su presidente Fuad Chahin, no tenían ningún valor vinculante, pese a que en el Senado se contaban cinco legisladores falangistas. Y sabía, además, luego de un año y medio compartiendo semana a semana con ellos en Valparaíso, que no teníamos ninguna posibilidad de dividirlos. La estrategia del "pirquineo" no surtía efecto en el Senado. Ahí siempre actuaban en bloque.

Las exposiciones opositoras aclararon en qué áreas había posibilidades de converger y en cuáles las distancias seguían siendo insalvables. Todos manifestaron disposición al diálogo, a pesar de que era notoria la desconfianza de algunos de ellos, como lo reconoció abiertamente Catalina Pérez. Respecto a lo previsional, todos coincidieron en que había agua en la piscina para avanzar con la reforma al pilar solidario; y sobre lo tributario también hubo coincidencias en que era factible consensuar medidas para las pymes, las regiones y los adultos mayores. Pero en cuanto a los temas más de fondo, quedó muy claro que ellos aspiraban a reformas estructurales que estaban fuera de nuestro horizonte de acción, como aumentar en forma agresiva la carga tributaria, fijar los precios de los remedios o avanzar a un sistema de jubilaciones basado en el reparto. También se salía de nuestro horizonte la insistencia de todos en el tema constitucional.

Al finalizar la reunión convenimos en que nos enviaran propuestas para poder empezar a trabajar los distintos temas conversados, salvo en lo relacionado con la Constitución, donde les dije expresamente que en eso teníamos "un punto de no acuerdo". Ahí nuestra posición era intentar convenir reformas profundas al texto vigente, mientras que la oposición pujaba unida por un texto por completo nuevo.

Como afuera la prensa esperaba ansiosa, cometimos un error básico, que nos pasó por querer ser buenos anfitriones y permitir que fueran ellos quienes entregaran las primeras versiones a los medios. Uno aprende con el tiempo que quien habla primero "clava la bandera", es decir, fija el relato comunicacional. Quienes lo hacen con posterioridad siempre terminan respondiendo a la primera versión de la historia, que es la que suele predominar. De todas formas, junto a Ignacio Briones y María José Zaldívar, ratificamos que les habíamos pedido propuestas concretas para consensuar la agenda social. Declaré, al final, que "el Gobierno no se cierra a ninguna reforma estructural". Sabía que, si queríamos avanzar, era necesario mostrarnos flexibles.

Al día siguiente —1 de noviembre, también feriado nacional— nos reunimos con los principales alcaldes de la Región Metropolitana, que venían ejerciendo un gran liderazgo desde el inicio de la crisis. El encuentro se desarrolló en la Intendencia Regional y contó con la asistencia de los jefes comunales de Santiago (Felipe Alessandri), Maipú (Cathy Barriga), Las Condes (Joaquín Lavín), Independencia (Gonzalo Durán), La Granja (Felipe Delpín), La Florida (Rodolfo Carter), Estación Central (Rodrigo Delgado) y Recoleta (Daniel Jadue), entre varios otros. Ahí el tono fue distinto al esperado. Suponíamos que habría un buen ambiente dado que el mundo de los alcaldes era menos ideologizado que el de las dirigencias políticas. Yo mismo venía del mundo municipal, por lo que esperaba despertarles algunas simpatías. Y el nuevo intendente, Felipe Guevara, era hasta hace poco colega de todos ellos. Sin embargo, algunos alcaldes de oposición aprovecharon la instancia para intentar conseguir atención mediática, como los de Cerro Navia y Talagante, a quienes no conocía, y que realizaron intervenciones particularmente virulentas. Después comprendí que buscaban su minuto de fama, ya que sigilosamente fueron grabados por sus asesores con sus teléfonos celulares, arengas que después fueron compartidas en las redes sociales con el único propósito de fustigarnos frente a sus barras bravas.

Aun así, la reunión sirvió para afinar el diagnóstico y seguir tejiendo redes. El solo hecho de poder sentarlos a la mesa ya era un avance. Más allá de algún oportunismo y no poco mesianismo, los jefes comunales tenían puntos que eran reales y que se hacía necesario atender. Las fuertes inequidades territoriales de nuestras ciudades, que se expresan en todo tipo de indicadores sociales, sanitarios, educacionales o urbanos, eran una herida abierta que laceraba nuestra pretendida modernidad. Los alcaldes nos reclamaron además que se sentían poco considerados por las autoridades centrales, independientemente del gobierno de turno, un sentimiento muy transversal que había conocido de cerca en Futrono, lo que no dejaba de tener una cuota de verdad.

La reunión concluyó, como siempre, con peticiones más domésticas e intervenciones simultáneas que nos desviaron del fondo del asunto. Igual logramos concretar una mesa de trabajo que lideraría el intendente y que, más adelante, sería de enorme provecho con la llegada del coronavirus a Chile. Pero en ese momento un escenario así —una crisis sanitaria— no estaba ni siquiera en nuestras imaginaciones y si entonces alguien me hubiera anunciado todo lo que vendría después, por supuesto lo habría mirado con espanto. Según el dicho de Lenin, hay décadas en las que no pasa nada y hay semanas donde pasan décadas. Nosotros estábamos en esas semanas, ocupados de enrielar a un Chile en el que todo parecía estar cambiando demasiado rápido y cada nuevo día el país que conocíamos se alejaba del país que creíamos conocer.

Tendiendo puentes

El frenético ritmo de reuniones del inicio continuó en encuentros con dirigentes de todo el espectro político. Era urgente acercar posiciones, especialmente en el tema constitucional, donde todavía nuestros planteamientos estaban muy alejados. Desde el oficialismo, algunos como Andrés Allamand me plantearon que el Gobierno no podía cerrarse a una nueva Constitución, siempre y cuando la discusión se diese en el Congreso. "Cualquier solución debe ser dentro del marco constitucional actual", me señaló Allamand. El senador Juan Antonio Coloma me recomendó no desviarnos ni un centímetro de las tres prioridades que estimaba fundamentales: orden público, agenda social y diálogo ciudadano. Había que ganar tiempo y esperar que ese mismo tiempo fuera diluyendo las dificultades. En Evópoli la postura era más pragmática. Lo conversamos varias veces en mi casa con los principales líderes del partido: el tema constitucional había que enfrentarlo, pues a la larga sería algo de lo cual no podríamos escapar.

Desde la centroizquierda más concertacionista, otros como José Joaquín Brunner proponían avanzar en un acuerdo transversal de gobernabilidad mediante mecanismos institucionales que permitieran consensuar lo esencial: un pacto constitucional, un rechazo sin ambigüedades a la violencia y un respeto absoluto de los derechos humanos. José Miguel Insulza, mucho más aterrizado, me hizo un mapeo de los nombres clave para alcanzar un acuerdo. En su gran mayoría, hombres. Y en su totalidad, senadores. Todo muy *old fashion*.

Genaro Arriagada, con quien habíamos congeniado de buena manera tendiendo puentes con la DC, me sugirió que separáramos el fondo (los contenidos) de lo formal (los procedimientos). Lo prioritario era lo segundo, pues lo primero podía esperar. La urgencia, según él, era concordar reglas razonables para un proceso de cambio constitucional ordenado. También me reuní en un par de oportunidades con Ricardo Lagos Escobar, a quien no conocía. Había tenido la oportunidad de escucharlo en directo en dos ocasiones: a fines de los 90, como candidato presidencial, en el campus San Joaquín de la Universidad Católica, y a fines del 2005, en Futrono, en el marco de una gira presidencial suya. Entonces yo tenía 27 años y él se empinaba por los 67, estaba cerca de terminar su periodo, contaba con un 70% de aprobación en las encuestas, y había movido cielo, mar y tierra para lograr una reforma general a la Constitución heredada de los tiempos de Pinochet, objetivo que alcanzó en septiembre de 2005 luego de un amplio acuerdo político con la oposición. Por lo mismo, su opinión sobre el asunto constitucional me parecía relevante, pues había enfrentado dilemas similares a los que estábamos viviendo, claro que sin ninguna clase de conmoción callejera.

Nuestra primera conversación ocurrió un viernes a última hora, en su sobrio departamento en Las Condes. "La crisis es ante todo una crisis de Estado", me advirtió. Su diagnóstico daba cuenta de un agotamiento generalizado de las instituciones, una suerte de metástasis política que invadía todos los intersticios del aparato estatal. El problema no era únicamente del Gobierno o del presidente Piñera. El virus de la desconfianza afectaba al Congreso, al Poder Judicial, a los órganos autónomos y, en general, a todas las instancias de representación formal. Por lo mismo, lo que se requería era convocar a los poderes del Estado, junto con la sociedad civil y el empresariado, para construir una respuesta conjunta frente a la crisis. "No van a poder solos. O se hace con todos, o no resultará", sentenció con su vehemencia habitual.

Marcos de entendimiento

A comienzos de noviembre la crisis seguía sin ceder. El poder de la calle estaba intacto, sobre todo los lunes y viernes, jornadas elegidas para las convocatorias más masivas. Dicha dinámica no solo era nociva para el orden público; sus efectos se traspasaron a la economía en forma acelerada. Los cálculos preliminares estimaban que la contracción de la economía en octubre significaría una pérdida de producción de 800 millones de dólares, incluyendo 150 millones de dólares de menor recaudación fiscal. Asimismo, los primeros datos registraban una fuerte caída en la recaudación del IVA; se hablaba de una cifra cercana al 25%. Había que considerar, además, daños en la infraestructura pública y privada por 2 mil a 3 mil millones de dólares, y un tipo de cambio al alza y en extremo volátil. Todo, con solo dos semanas de crisis. Debíamos atajarla ya o noviembre la convertiría en algo irreversible.

La situación nos obligó a acelerar los acercamientos con la oposición en busca de una salida política. Un hito en ese sentido fue la reunión que sostuvimos con los senadores en el comedor que compartían en el cuarto piso del Senado, la que se materializó el martes 5 de noviembre. Fue una especie de cumbre que concordamos con Jaime Quintana, quien me confesó que "nunca antes habíamos invitado a ministros de Estado a nuestra reunión de los martes". La idea era empezar a sondear el piso para eventuales acuerdos entre Gobierno y oposición. Acudí con Ignacio Briones y Claudio Alvarado, quienes se habían venido transformando en dos interlocutores esenciales para cualquier negociación política. Fueron dos horas en las cuales escuchamos encendidas arengas y decenas de propuestas por parte de cada uno de los veintitrés senadores presentes. Tras ello, como lo habíamos convenido antes, les anunciamos formalmente que habíamos decidido desechar la reintegración tributaria y separar la discusión previsional, cosa que ratificamos a la salida ante la prensa. "Si es necesario presentar una reforma acotada, tenemos esa disponibilidad", declaré. Eran sacrificios importantes para el Gobierno, que permitían destrabar la discusión y dar las señales de apertura para sentarlos a la mesa. En el tema constitucional, que fue planteado por todos los senadores opositores, preferimos guardarnos las cartas. Únicamente manifestamos disposición para evaluar opciones: por ejemplo, retomar el proyecto de la presidenta Bachelet, que aún dormía en el Congreso gracias a la decisión de no retirarlo, tomada cuando asumimos, en marzo de 2018.

Esa reunión fue el inicio de la etapa de los marcos de entendimiento, concepto acuñado por el senador Ricardo Lagos Weber con el objeto de evitar cualquier evocación a la política de los acuerdos de la transición. Todo lo que se asemejara a la lógica de los "30 años" producía tirria en el mundo de la centroizquierda, que sin vergüenza alguna renegaba de su propia historia. No habría mesas prelegislativas ni comisiones de expertos. Tampoco habría un único y gran acuerdo con "las manos en alto". Iríamos caso a caso despejando las diferencias, negociando directamente con las contrapartes correspondientes. De esta manera comenzamos a delinear una primera estrategia para darle cauce a la crisis. Partiríamos destrabando las reformas emblemáticas, que llevaban más de un año empantanadas en el Congreso, luego avanzaríamos todo lo posible con la agenda social, de forma de hacernos cargo de las demandas ciudadanas. Los temas prioritarios serían las pensiones y el costo de la vida. Ignacio Briones quedaría a cargo de esa parte. Lo único pendiente por resolver era el tema constitucional, pero eso lo mantendríamos en una cuerda separada que quedaría bajo mi responsabilidad. "Ahí tendremos que pactar las diferencias", propuse al finalizar la reunión, quedando al menos de acuerdo en que teníamos un desacuerdo.

La cita con los senadores dio frutos antes de lo que pensábamos. El viernes 8 de noviembre se concretaría el marco de entendimiento para la reforma tributaria, hito que nos permitió despachar la norma luego de quince meses de trabada discusión[135]; cuatro días después sería el turno del marco de entendimiento para la Ley de Presupuestos, acuerdo que nos permitió lograr una primera mejora de las pensiones[136]. Ambos avances permitieron además mostrar la extraordinaria muñeca política del titular de Hacienda, quien se transformaría en un *partner* fundamental

---

135   El marco de entendimiento tributario incorporó un conjunto de medidas de apoyo para las pymes a través de un régimen 100% integrado para empresas con ventas de hasta 75.000 UF y un régimen especial de transparencia, con un mecanismo simplificado que las exime del impuesto de primera categoría. También se incorporaron medidas sociales, como la rebaja de las contribuciones de las viviendas de adultos mayores, y se incrementó el impuesto global complementario a una tasa del 40%.

136   El marco de entendimiento de la Ley de Presupuestos 2020 incorporó un conjunto de medidas sociales, como el aumento del 20% de las Pensiones Básicas Solidarias y Aporte Básico Solidario, la rebaja del costo del transporte para los adultos mayores, el rediseño del Fondo Común Municipal y el financiamiento para la reconstrucción de las ciudades y la red de metro dañadas por el estallido social.

para los acuerdos posteriores. La materialización de los marcos de entendimiento, el primer logro del nuevo equipo ministerial, generó dos efectos virtuosos. El primero fue concretar varias de las medidas de la agenda social anunciada por el Presidente de la República el 23 de octubre, como el aumento de las pensiones solidarias, la rebaja del precio del transporte público para los adultos mayores y la creación de un fondo para la reconstrucción de la infraestructura destruida por el vandalismo. El segundo efecto quizás fue menos visible, pero extremadamente relevante. Los marcos de entendimiento nos permitieron encontrar un interlocutor dispuesto a negociar, una contraparte que después resultaría clave para negociar la clave más importante de todas, la reforma constitucional. Si hasta antes del estallido social habíamos priorizado la Cámara como principal contraparte negociadora, en adelante sería el Senado el que cumpliría esa función.

¿Un acuerdo constitucional?

El estreno del nuevo equipo ministerial había sido más que razonable y las señales internas, al menos, así lo indicaban: Andrés Allamand, jefe de los senadores de RN, destacó en el comité político de los lunes que habíamos tenido un buen debut; y María José Hoffman, subjefa de bancada de los diputados de la UDI, nos felicitó por el desempeño de las primeras semanas.

Con todo, aún seguíamos al debe en el orden público. De tener entre 100 a 200 eventos graves diarios durante octubre, habíamos bajado a un promedio cercano a los 30 episodios por jornada a comienzos de noviembre. Las convocatorias en redes sociales seguían siendo frecuentes pero su masividad había decrecido. No así la violencia, que persistía con la misma intensidad, a veces incluso ganando terreno, en medio de una inmensa mayoría de ciudadanos que intentaba seguir con su vida normal. Era cosa de todos los días: ataques a cuarteles policiales con bombas molotov y armas de fuego, barricadas con accidentes fatales, saqueos e incendios de grandes magnitudes, interrupciones recurrentes del tránsito vehicular, con la moda infame de "el que baila, pasa", que le podía tocar a cualquiera. Hasta el senador Ricardo Lagos Weber —me confidenció alguna vez, con resignado humor— tuvo que bailar, oculto tras un jockey en la Ruta 68, para poder continuar su regreso a Santiago desde Valparaíso. ¿Cuándo iba a parar esta insensatez? ¿Y cómo?

Fue durante esos largos y calurosos días cuando comencé a adquirir una convicción cada vez más profunda: la única manera que tendríamos para recuperar la paz social sería quitándoles la fuerza y la legitimidad a los sectores más radicalizados, aquellos que habían optado por la polarización y la violencia como instrumento de presión política. La apuesta en el corto plazo era hacer caer al Gobierno, pero a mediano plazo el que corría riesgo era el sistema democrático en su conjunto. Por eso, era indispensable fortalecer las lealtades democráticas. Necesitábamos urgentemente concordar un camino institucional que nos permitiese conducir ordenadamente la crisis mediante procedimientos y horizontes conocidos, con normas que concitaran una adhesión amplia y mayoritaria. Y ese acuerdo no podía tener otra expresión que un pacto constitucional. Era la única forma de conseguir que la centroizquierda no sucumbiera a la tentación rupturista de la izquierda más ultra, algo que, según me reconoció Carlos Montes, era un impulso creciente, aunque todavía marginal dentro de sus filas.

En segundo lugar, había también un asunto de realismo político. La oposición le puso presión al debate constitucional activando la tramitación legislativa de varias iniciativas que dormían hace años en el Congreso, como el proyecto de reforma al capítulo XV ingresado por la anterior administración[137]. Esta iniciativa habilitaba la convocatoria de una convención constitucional con el voto conforme de las dos terceras partes del Congreso, sin reglas o normas de procedimiento predeterminadas. Era literalmente una hoja en blanco, sin bordes ni contornos demasiado precisos. La discusión fue gatillada por la Comisión de Constitución de la Cámara, instancia a la que fui formalmente convocado para exponer la posición del Ejecutivo. Ellos podían fijar el tema y los ritmos del debate pues la materia no era de iniciativa exclusiva, y por lo tanto no teníamos cómo evitar que hicieran uso de sus mayorías y lo pusieran en tabla. "El Gobierno está abierto a participar del debate constitucional", dije con mi mejor cara de póker ante la comisión, dado que aún no habíamos consensuado una posición al interior del Ejecutivo ni mucho menos con Chile Vamos.

La sesión —realizada un martes por la tarde— despertó un alto interés periodístico. Por alguna razón se había instalado la idea de que haríamos una propuesta específica. Pero, junto con reconocer la importancia del debate y el interés en la materia de parte nuestra, traté de ganar tiempo invitándolos a formar grupos de trabajo con expertos constitucionalistas para estudiar alternativas que nos permitieran alcanzar algún grado de consenso.

La recepción de la comisión fue bastante crítica. "Decepcionante", "solución cupular noventera", "estrategia del avestruz", fueron algunos de los comentarios opositores tras mi intervención. No esperaba otra cosa, en todo caso, el objetivo únicamente era mostrar apertura y aplazar cualquier compromiso nuestro, para primero alinear a los propios en torno a una fórmula que pudiese ser compartida. El tema no era nada sencillo, por lo demás: no despertaba ninguna simpatía en nuestro sector y para muchos no solo era una concesión innecesaria, sino una "línea roja" que no debía cruzarse bajo ninguna circunstancia.

La excepción a la regla era el presidente de RN, Mario Desbordes, quien, según me confidenciaron desde la oposición, había comenzado a ofrecer los votos de su bancada para lograr un acuerdo constitucional al margen del Ejecutivo y de Chile Vamos. De haberse materializado un escenario así, hubiese significado un agudo cuadro de ingobernabilidad y una crisis terminal en el oficialismo. Por lo mismo, era indispensable ordenar y conducir el proceso antes de que termináramos desbarrancándonos producto de algún desmadre.

---

137   Boletín 11.173 sobre reforma constitucional al capítulo XV de la Constitución, ingresado por Michelle Bachelet al Congreso el 4 de abril de 2017.

El tercer punto para pensar en una salida constitucional a la crisis tenía que ver con un tema más de fondo. Las protestas gatilladas a partir del 18 de octubre habían desatado una ola irracional de violencia, que venía siendo estimulada desde algunos sectores con el propósito de forzar la caída del presidente Piñera. Eso era evidente. Pero no todo era oportunismo rupturista. También se habían producido masivas movilizaciones ciudadanas que expresaban el deseo de un cambio profundo, trasfondo del que debíamos hacernos cargo: una rabia contenida e inorgánica que explotó con la fuerza de un volcán demandando dignidad, igualdad en el trato y justicia social, acompañada de un hastío con la política y una desconfianza profunda hacia las instituciones. Era una suerte de fractura del pacto social, cuya reparación difícilmente podríamos realizar por partes en forma fragmentaria. Y eso, asumí, nos llevaría inevitablemente al camino constitucional. Abrirse era la única fórmula que me parecía viable, a esas alturas, para recomponer —de manera democrática, ordenada y sobre todo pacífica— la legitimidad de nuestras instituciones.

Era cosa de mirar nuestra propia historia: Chile no era inmune a los conflictos de gran envergadura y, con pasmosa regularidad, enfrentábamos crisis y revueltas de mediana o gran intensidad, que además conectaban con el pulso de la historia mundial. Y en cada una de ellas era posible encontrar rasgos comunes que las precedían: cambios significativos en la estructura social, un sistema político polarizado incapaz de dar cauce a los conflictos, un periodo posterior prolongado de inestabilidad o ruptura democrática, y un saldo final de profundas y dolorosas consecuencias.

Así fue en las crisis de los años 20 y en la del 73. Las dos fueron precedidas por cambios tectónicos del tejido social. La primera llegó de la mano del surgimiento del proletariado, la cuestión social y los primeros movimientos o partidos de fibra popular. La segunda, con el relajamiento del concepto de autoridad que trajo Mayo del 68, y con el surgimiento en Chile de una mesocracia vital y políticamente comprometida, que fue copando distintos espacios en la estructura social y económica a través de gremios, sindicatos y la administración pública. Ambos periodos estuvieron caracterizados, además, por fuertes enfrentamientos entre los poderes ejecutivo y legislativo, que derivaron en el fracaso rotundo de los mecanismos institucionales diseñados para resolver dichos conflictos. El resultado en ambos casos es conocido y dramático. El "ruido de sables" terminó con la república parlamentaria y la Constitución de 1833. Medio siglo después, el golpe de septiembre puso fin a la Unidad Popular y la Constitución de 1925. Y ambos eventos significaron la clausura de nuestro sistema democrático por periodos prolongados.

¿Era lo que nos estaba pasando ahora? ¿Estábamos inmersos en uno de esos terremotos políticos y sociales que, más o menos cada cuarenta años, cruzaban el tejido de nuestro país? La crisis del 2019, a mi modo de ver, reunía algunas características inquietantemente similares a las grandes crisis del pasado. Venía precedida del surgimiento de una nueva clase media mucho más amplia y diversa, que se había transformado en el sujeto dominante de la estructura social, y de un régimen político caracterizado en los últimos años por el bloqueo y la confrontación permanente, incapaz de conducir y procesar los principales anhelos y aspiraciones de la ciudadanía. En el fondo, un desajuste mayor entre capas tectónicas fracturadas, la sociedad y sus instituciones, que era necesario volver a encajar.

De las respuestas que pudiéramos construir en los próximos días dependería la evolución de los acontecimientos de los próximos años. De lo que hiciéramos dependería la posibilidad de torcer la historia y no repetir los errores del pasado.

El camino hacia una nueva Constitución

Me reuní también con los principales líderes de la UDI con la idea de acercar posiciones en torno al tema constitucional. Al encuentro, que se realizó en mi oficina, acudieron la presidenta del partido, Jacqueline van Rysselberghe, el senador Juan Antonio Coloma y el jefe de los diputados, Javier Macaya. Aunque mostraban cierta disposición a abordarlo, seguían insistiendo en que el problema era de otra índole. Lo fundamental, me señalaron, era impulsar medidas de corte social, apoyos para las pymes y bonos para los grupos vulnerables y la clase media. La propuesta estrella era la entrega de un "superbono" de un millón de pesos, idea defendida con entusiasmo por la timonel gremialista.

En RN, en tanto, su presidente Mario Desbordes me planteó la posibilidad de incorporar una cuarta urna en la elección municipal programada para octubre de 2020, que serviría para plebiscitar la idea de hacer una nueva Constitución. A ello, complementó, había que sumar un conjunto de medidas sociales de "alto impacto", como la condonación de la deuda de los morosos del CAE, un *royalty* a las utilidades de las AFP y la creación de un plan universal de salud, entre varias propuestas que, en honor a la verdad, conformaban un verdadero programa de gobierno.

Evópoli siempre mostró apertura al tema constitucional, era parte de su ADN fundacional. Fue el único partido de Chile Vamos que se había sumado a los encuentros autoconvocados durante el frustrado proceso constituyente de Bachelet. Su presidente, Hernán Larraín Matte, fue parte del Consejo de Observadores de ese proceso. Más aun, el programa de primarias de Felipe Kast del 2017 había incorporado una nueva Constitución redactada por el Congreso y sometida a la aprobación de la ciudadanía mediante un plebiscito de salida.

Hubo dos reuniones, sin embargo, que terminaron por convencerme de que era tiempo de avanzar. La primera fue un encuentro en mi oficina, el viernes 8 de noviembre, al que invité a los ministros de RN de mayor recorrido en el gabinete: Alberto Espina, Baldo Prokurica y Cristián Monckeberg. Todos alguna vez habían presidido el partido, contaban con amplia experiencia parlamentaria y acumulaban larga trayectoria política. Los tres representaban corrientes distintas al interior de su tribu. Baldo interpretaba el sentir más tradicional, Alberto, el del tronco histórico, y Cristián, el del ala más liberal. Por sus trayectorias y sensibilidades, cada uno tenía mi respeto. Sabía que estaban dispuestos a decirme libremente lo que pensaban. La idea era poder debatir una estrategia para salir de la crisis.

En general, había consenso en la lectura de la situación. Si bien venía mejorando, la efervescencia callejera seguía demasiado líquida y, además, en cosa de días enfrentaríamos una huelga general convocada por la Mesa de Unidad Social; cualquier chispa podía hacer saltar los tapones por los aires. También había consenso respecto de lo que se necesitaba con mayor urgencia: una hoja de ruta que fijara un punto de apoyo, para darle una trayectoria cierta y conocida a la crisis. Y ese punto de apoyo, coincidieron los tres, no podía ser otro que la discusión constitucional. "Llegó la hora de que el Gobierno lidere el tema", fue la conclusión unánime tras el análisis.

En aquel encuentro me enteré de que RN había conformado un grupo negociador paralelo —compuesto por Mario Desbordes, Andrés Allamand, Manuel José Ossandón y Paulina Núñez— cuyo propósito era intentar consensuar un acuerdo constitucional con la DC, repitiendo el *modus operandi* de las reformas políticas pactadas por Carlos Larraín durante 2012, iniciativa que causó gran controversia en la primera administración del presidente Piñera[138]. Si aquello se materializaba, el Gobierno quedaría completamente fuera de juego.

Los tres ministros me sugirieron apoyarme en los alcaldes, que venían desarrollando una consulta ciudadana que había logrado un amplio reconocimiento en la opinión pública. La consulta proponía un mecanismo de reforma basado en un congreso constituyente, con normas de quórum supramayoritarias (dos tercios o tres quintos) y un plebiscito ratificatorio de salida. El plazo, además, debía ser acotado: no mucho más de seis meses. "Y eso debieses plantearlo en forma pública y abierta, antes de que sea demasiado tarde", fue la recomendación de Alberto Espina, quien había participado activamente en las reformas constitucionales del 2005 desde la Comisión de Constitución del Senado.

En mi fuero interno esa convicción ya se había asentado. Me estremeció, sin embargo, constatar que tres colegas del gabinete coincidían en lo medular con lo que venía pensando. En apenas diez días, la evolución de los acontecimientos había cambiado la corriente política del país. No era solo una idea peregrina en mi cabeza.

La segunda reunión que maduró mis convicciones fue la que tuve con los dirigentes de la Unión Portuaria el sábado 9 de noviembre, en unas reservadas oficinas del Ministerio del Interior ubicadas fuera de La Moneda, en la calle Agustinas, cruzando la plaza de la Constitución. El lugar escogido no fue al azar. La Unión Portuaria era uno de los sindicatos más duros y temidos. Sus movilizaciones solían ser extensas y violentas. Tenían capacidad real para paralizar los puertos del país y causar severos

---

138   En enero de 2012 se dio a conocer un sorpresivo acuerdo entre las directivas de la DC y RN para introducir cambios al régimen político y electoral, avanzando hacia uno semipresidencial y un sistema electoral proporcional corregido.

trastornos en la cadena de abastecimiento, tal como lo demostraron en la huelga del 2013 que se prolongó por más de tres semanas. Por lo mismo, no podía saberse que estaban sosteniendo conversaciones con la máxima autoridad del gabinete, a pocos días de iniciarse una huelga general donde ellos esperaban tener un rol protagónico. La reunión no podía existir. De hecho, concretarla fue muy difícil. La desconfianza era enorme y llevarla a cabo solo fue posible tras varios días de contactos informales liderados por los subsecretarios Rodrigo Ubilla y Claudio Alvarado, quienes jugaban de memoria luego de seis años lidiando con múltiples conflictos en sus respectivas carteras.

Era importante entablar un diálogo directo con dirigentes del mundo social. Lo necesitábamos. Pero la reunión partió mal; pésimo, en realidad. Cada una de las intervenciones era una letanía de recriminaciones contra el Gobierno. El petitorio para solucionar la crisis era, además, infinito e inabarcable. Nueva Constitución, salario mínimo y pensión mínima de 500 mil pesos, negociación colectiva ramal, congelamiento del precio de los servicios básicos, derecho al transporte público... y así hasta el infinito. "Ustedes no entienden nada, no conocen al pueblo, no les interesa resolver el estallido", escuchaba. Estuve a punto de pararme y dejarlos hablando solos. El nivel de prejuicio y agresividad me resultaban intolerable. Había dedicado casi la totalidad de mi vida profesional al servicio público, renunciado a una carrera en el mundo privado y en la academia, y sacrificado los mejores años de mi vida familiar por las causas que creía correctas. Y, por más complejo que fuese el momento, no estaba de ánimo para soportar lecciones de superioridad moral.

Sin embargo, no me fui. Una oportuna intervención de Gloria Hutt, la única mujer presente en la reunión, quien conocía a varios de los dirigentes debido a su experiencia en el Ministerio de Transportes, nos templó. Su calma logró atenuar las pasiones justo cuando la reunión amenazaba con desbarrancarse. "Vamos, muchachos, es importante escucharnos", medió presurosa, logrando bajarles en dos cambios las revoluciones. Entonces se produjo un silencio breve que fue roto por uno de los dirigentes que parecía ser el de mayor edad. "Es que ustedes, ministro, no conversan con el mundo social", me señaló.

Pese a llevar poco más de diez días en Interior, hasta cierto punto me sentí interpelado. Los vínculos de la centroderecha con el mundo social solían ser débiles. Y después del estallido se habían vuelto completamente nulos. La gente había salido masivamente a la calle durante días y días, y no teníamos con quién conversar. Era la primera vez que nos sentábamos a la mesa con algunos de los líderes de las movilizaciones. La falta de profundidad nos había pasado la cuenta. Y vaya que estaba resultando cara.

En todo caso, ese déficit no era solo patrimonio de la centroderecha. En los últimos años se habían acrecentado en forma generalizada las brechas entre la ciudadanía y sus representantes. Como nunca, la desconfianza campeaba en todos los estratos y en contra de casi todas las instituciones. A juzgar por los estudios de opinión pública, los únicos que lograban escapar del virus de la desconfianza eran los bomberos, y no mucho más. Los partidos políticos, el Congreso, el Gobierno, los tribunales de justicia, los servicios públicos, la empresa privada, las iglesias, todos, sin excepción, éramos sujetos de sospecha.

Por lo mismo, cualquier camino de salida a la crisis debía hacerse cargo de este asunto. La ruta a seguir, fuese la constitucional u otra, tenía que ser capaz ante todo de recomponer las confianzas. Ninguna comisión de hombres buenos, mesa técnica o panel de expertos iba a contar con la legitimidad suficiente para lograr dicho propósito. Era evidente que se necesitaría un esquema nuevo, participativo, institucional y democrático, pero fundamentalmente nuevo.

En forma paralela, por su parte, el presidente Piñera también se fue convenciendo de que no podríamos evadir más el tema constitucional. La evolución fue gradual. Ya había planteado la necesidad de introducir cambios en la carta magna, primero, durante la presentación del libro *Propuestas constitucionales* del Centro de Estudios Públicos en agosto del 2016 y, posteriormente, en el mismo programa de gobierno, en el que se contemplaba un capítulo entero de reformas que denominamos "Modernización constitucional". Dicha propuesta innovaba en derechos y deberes constitucionales, en el régimen de gobierno, en la regulación de las autonomías constitucionales, en descentralización y en el reconocimiento de los pueblos indígenas; en general, cambios en el margen, nada muy estructural[139]. Aunque más recientemente, en la cuenta pública del 1 de junio, sí planteó una serie de reformas que requerirían cambios relevantes, sobre todo en el Tribunal Constitucional, el Poder Judicial, la Fiscalía, el Consejo de Defensa del Estado y la Contraloría.

Dicha convicción la reafirmó en una entrevista publicada el sábado 9 de noviembre, en la que detalló una serie de reformas que pensaba proponer al Parlamento. "Estamos preparando un proyecto de cambios a la Constitución", fue la fórmula ocupada por el mandatario para mostrar su apertura al debate, intentando girar el eje de la discusión desde los mecanismos hacia los contenidos[140]. Sin embargo, la recepción a la entrevista fue entre tibia a derechamente fría.

Si bien en Chile Vamos hubo una buena acogida a sus dichos, en la oposición los anuncios fueron catalogados de "insuficientes" y "tardíos", reacciones que llegaron rápidamente a través de las redes sociales. "Presidente, la ciudadanía no quiere más parches a la Constitución que fue impuesta por Pinochet", afirmó el vicepresidente del Senado, Alfonso de Urresti. El diputado Gabriel Boric no se quedó atrás: "El proceso constituyente ya partió y esto no se puede reducir a los límites del Congreso", señaló. En la DC, el PR y el PPD la mayoría rebatió al mandatario planteando que ya no servían los cambios parciales, lo que se necesitaba ahora era derechamente una nueva Constitución.

---

139   Programa de Gobierno 2018-2022: Construyamos Tiempos Mejores para Chile.

140   El Mercurio, 9 de noviembre de 2019.

Evidentemente la entrevista no había logrado el resultado deseado. El Presidente jugó sus fichas y encontró poca o nada de agua en la piscina. Pese a apuntar al tema de fondo, los contenidos constitucionales, no había logrado el objetivo de aunar voluntades en torno a un debate que solo seguía creciendo en intensidad. Pero si hay algo que reconocerle al Presidente es su capacidad de reaccionar ante las dificultades. Inmediatamente, con dos movimientos, decidió pasar a la ofensiva. El primero se concretó al día siguiente de la fallida entrevista, cuando le pedí que me autorizara a abrir una compuerta en una entrevista televisiva que daría en un par de horas más. Y así ocurrió. "El Gobierno se va a sumar a ese debate, proponiendo un mecanismo de cambio que pueda derivar incluso en una nueva Constitución", fue la frase convenida con el mandatario que usé dos horas después en el set de Canal 13 ante los sorprendidos conductores de Mesa Central, Iván Valenzuela y Constanza Santa María. En mi libreta de notas había anotado palabra por palabra la frase convenida con el Presidente. "¿Incluso una nueva Constitución?", fue la contrapregunta que recibí. "Así es", respondí sin dudarlo. Desde ese momento los acontecimientos comenzarían a acelerarse vertiginosamente.

El segundo movimiento del mandatario fue la convocatoria a una reunión extraordinaria del comité político ampliado de Chile Vamos, esa misma noche en su casa, para fijar una posición común frente al debate. Antes habíamos convenido ciertos criterios para un eventual mecanismo de cambio constitucional, que fueron delineados en otra reunión con el ministro de la Segpres, Felipe Ward, y los constitucionalistas Gastón Gómez y Sebastián Soto.

Ese fue el primer boceto que pusimos en un papel para avanzar hacia una nueva Constitución. La fórmula consistiría en un congreso constituyente, que sesionaría por un periodo de tiempo limitado, entre seis meses a un año, con quórums supramayoritarios (tres quintos) y un plebiscito de salida para ratificar la nueva carta magna. Poco a poco empezaba a tomar cuerpo la idea. Era un riesgo grande que significaba abrir una compuerta que podía no tener vuelta atrás.

La inusual reunión con Chile Vamos, por el horario, el lugar y la temática, había generado una enorme expectativa. El exterior de la casa presidencial estaba plagado de periodistas, ansiosos por una reacción o cuña. En el interior, en tanto, había una clara tensión que se expresaba sobre todo en los mandamases de Renovación Nacional y la UDI, quienes representaban las posiciones más opuestas de la coalición en este tema.

Luego de los saludos formales, el mandatario fue directamente al grano. "Necesitamos fijar una postura común en el tema constitucional, sobre la base de dos condiciones", señaló. Primera condición: el mecanismo debía ser completamente institucional, es decir, cualquier fórmula debía pasar por el Congreso. Y la segunda: un acuerdo en la materia debía ser suscrito por la totalidad de Chile Vamos, sin fisuras ni grietas. Era indispensable terminar con el desorden y preservar la unidad del sector. Debíamos actuar como bloque o simplemente nos iban a arrasar.

La mayor parte de los concurrentes se cuadró con la postura del mandatario, especialmente los dirigentes de Evópoli, Hernán Larraín y Felipe Kast, al igual que los de Renovación Nacional, Andrés Allamand y Mario Desbordes, quienes ya empezaban soterradamente a sostener un duro enfrentamiento por el liderazgo del partido. En la UDI la cosa era diametralmente opuesta. Pese a que algunos, como Javier Macaya, simpatizaron con el camino propuesto, su presidenta Jacqueline van Rysselberghe acusó que le habíamos hecho una encerrona. "Por ningún motivo voy a aceptar una asamblea o convención constituyente", exclamó furiosa la senadora por Biobío, quien telefoneó durante la reunión a dirigentes de su partido para asegurar el respaldo a su posición. Al parecer, temía que la encerrona también involucrara a parte del gremialismo.

Luego de dos horas de intenso debate, finalmente logramos acordar una posición común. Para asegurarnos que nadie cambiara la versión de los hechos, cada uno de los asistentes sacó un lápiz y un papel para tomar nota del consenso alcanzado. Los ejes del anuncio serían los siguientes: manifestaríamos nuestra voluntad para avanzar hacia una nueva Constitución, ratificaríamos que el poder constituyente quedaría radicado en el Parlamento, se establecerían normas y procedimientos especiales de participación ciudadana y el proceso concluiría con un plebiscito ratificatorio. Por último, también hubo acuerdo en exigir un rechazo amplio y transversal a la violencia como punto de partida para cualquier pacto constitucional. No habría acuerdo si no había simultáneamente un compromiso firme y explícito con la paz social.

Poco antes de despedirnos, alguien planteó la necesidad de definir a un negociador oficial. Con todo el trajín de la discusión habíamos olvidado resolver quién asumiría ese rol. Después de algunos minutos de debate, se concordó que yo, como ministro del Interior, asumiría la responsabilidad. La decisión fue respaldada por el Presidente y los demás asistentes de forma unánime.

La reunión concluyó pasadas las diez de la noche. Al salir, vi que la prensa esperaba a media cuadra de distancia. Los cien metros que nos separaban los caminé flanqueado por los cuatro presidentes de Chile Vamos. Era la señal de unidad que queríamos mostrarle al país. Las luces y los micrófonos se nos vinieron encima de golpe: "Hemos acordado el camino hacia una nueva Constitución", declaré ante una decena de cámaras. A mi espalda, mientras tanto, Van Rysselberghe y Desbordes no paraban de increparse en duros términos. La imagen de unidad tenía sus propias complicaciones en el plano personal. Ellos, simplemente, no se soportaban.

Pero daba igual. Estábamos viviendo un hecho histórico y tenía plena conciencia de ello. De su importancia y de su carga. Por primera vez la centroderecha se abría a discutir una nueva Constitución hecha en democracia, algo impensado tan solo 24 horas atrás. Aquello ocurrió la noche del domingo 10 de noviembre.

Lo que no sabía aún era el giro dramático que tomarían los acontecimientos en las próximas horas.

Aprontes preliminares

La mañana siguiente la dedicamos a tender puentes con el mundo político, expertos de la academia y líderes de la sociedad civil. Los medios especularon con el margen de acción que tendríamos para poder llegar a acuerdos en medio de un clima crispado y enrarecido por la violencia y las denuncias de abusos policiales que amenazaba con hacer fracasar cualquier opción de diálogo por lado y lado. Tendríamos que lograr vencer las resistencias de derechas e izquierdas.

Durante la tradicional reunión de los lunes con Chile Vamos en La Moneda, la presidenta de la UDI reclamó agriamente por las filtraciones periodísticas de la noche anterior y repitió nuevamente que la línea roja de su partido sería el mecanismo de cambio constitucional utilizado. "Todo dentro del Congreso, nada fuera de este", dijo. Pese a ello, en la reunión predominó un ambiente de efervescencia en torno a un eventual acuerdo, especialmente entre los dirigentes de Evópoli y RN, que estaban en contra de una asamblea constituyente, pero se mostraban abiertos a algo intermedio, como una convención constitucional.

En paralelo empezamos a tomar contacto con los principales líderes de la oposición, presidentes de partido y jefes de bancada. En los sondeos preliminares todos reconocieron que habíamos abierto una conversación que iba bien encaminada, aunque al mismo tiempo admitieron que las circunstancias hacían imposible no "pegarle" a la propuesta del Gobierno. Al menos por un rato. Para ellos, un congreso constituyente sin plebiscito previo era imposible de aceptar.

A media jornada tuve una reunión con integrantes del colectivo "Democracia es Diálogo", en la que participaron Javiera Parada, ex RD; Elisa Walker, DC; Claudio Castro, alcalde de Renca; Rolando Jiménez, del Movilh; Juan Enrique Pi, de Fundación Iguales; y Claudio Seebach, de Generadoras de Chile, con quien habíamos coincidido en la Segpres durante el primer mandato de Piñera. Fue una reunión positiva en la que todos valoraron el paso dado por el Gobierno, aunque con algunos matices. La nueva Constitución —nos plantearon— debía salir de un cuerpo colegiado mixto, compuesto por representantes del Congreso y ciudadanos electos. Según ellos, el Parlamento por sí solo no tendría legitimidad suficiente para impulsar el proceso.

Otra reunión relevante fue la que sostuvimos a media tarde con los jefes comunales de Estación Central, Rodrigo Delgado (UDI), y de Puente, Alto Germán Codina (RN), quienes lideraban las dos asociaciones de alcaldes más grandes del país, que venían empujando una consulta ciudadana que nos estaba metiendo mucha presión para avanzar en un acuerdo constitucional[141]. Les pedí un poco de tiempo para negociar con ciertos grados de libertad. La respuesta de los alcaldes fue tan simple como concisa: "Mándennos una propuesta".

Esa misma tarde convoqué a La Moneda a los destacados constitucionalistas Javier Couso, Patricio Zapata y Jorge Correa Sutil, quienes mantenían vínculos estrechos con la centroizquierda. El planteamiento fue concreto: necesitábamos ayuda con sus parlamentarios para contener las expectativas y racionalizar las propuestas. "Nos queda poco tiempo", les expliqué en un tono algo pesimista. La cartelera de protestas convocadas para la semana hacía presagiar jornadas tanto o más intensas que las que habíamos tenido la semana anterior. Todos coincidieron en que el órgano redactor del texto debía ser mixto, es decir, con parlamentarios y representantes electos por votación popular; que los acuerdos debían adoptarse con reglas preestablecidas y mayorías calificadas; y que, muy probablemente, habría que considerar un plebiscito de entrada.

Siguiendo la rigurosa lógica de la economía política del proceso, Zapata hizo una acotación importante: "El acuerdo pasa por sumar al PS, hay que ver bien cómo embarcarlos". Su razonamiento era en realidad de orden práctico. Cualquier acuerdo constitucional requería juntar dos tercios de los votos en el Congreso, es decir, 104 en la Cámara y 29 en el Senado, dadas las mayorías establecidas en la carta magna para introducirle reformas al texto vigente. Estábamos, entonces, a 32 votos de distancia en la Cámara y 10 votos en el Senado. Ni con todos los votos de la DC, el PR y el PPD nos alcanzaría. Habría que ver cómo embarcar a los socialistas, lo que probablemente exigiría encontrar alguna fracción del Frente Amplio disponible para sumarse. O iban ambos o no iría ninguno. Así lo indicaba la experiencia reciente.

Sebastián Soto, mi mano derecha en asuntos constitucionales, no pudo asistir a la cita porque le pedí que me ayudara con una breve minuta con los puntos intransables de la negociación. Antes de sentarnos formalmente a la mesa era necesario tener bien delimitadas las "líneas rojas", y Soto era una garantía en ese sentido. Nos conocíamos desde hacía una década, cuando coincidimos como asesores legislativos en Libertad y Desarrollo, y si bien era pragmático a la hora de negociar, ante todo se guiaba por lo que él mismo llamaba "la recta doctrina". Nuestras principales líneas rojas eran los quórums (mayorías calificadas, idealmente de 2/3), el mandato de la convención (evitar que se extralimitara en sus funciones, como ocurrió en Venezuela y Bolivia) y la plena vigencia de la Constitución actual durante el desarrollo del proceso.

---

141   La consulta finalmente se realizó el domingo 15 de diciembre y, de acuerdo con los resultados reportados por la Asociación Chilena de Municipalidades, contó con la participación de casi dos millones y medio de personas, de las cuales el 92,2% optó por una nueva Constitución y un 71,6%, por una convención constitucional como instancia para su elaboración.

La tarde finalizó con dos reuniones programadas en el ex Congreso Nacional. La primera con los integrantes de oposición de la Comisión de Constitución de la Cámara. La segunda, con su homóloga del Senado. El objetivo era definir los bordes y fijar criterios preliminares en torno a un posible acuerdo constitucional.

La reunión con los diputados, realizada durante un alto de la sesión legislativa que trataba precisamente sobre los mecanismos para avanzar hacia una nueva Constitución, fue tensa pero menos beligerante de lo esperado. Realizada a puertas cerradas y con un enjambre de periodistas transmitiendo en directo desde los pasillos, permitió al menos establecer con claridad los nudos del asunto: la realización de un plebiscito de entrada y la composición de una eventual convención constitucional. No nos dieron ni una oportunidad con la fórmula del congreso constituyente y yo fui enfático en señalares que tampoco habría espacio alguno para una asamblea constituyente. "Cero opción", les comenté luego de escuchar las propuestas. Sorprendentemente, el diputado Tomás Hirsch, uno de los duros del Parlamento, reconoció que la encrucijada en la que estábamos exigiría renuncias de lado y lado. "Aquí no nos servirá el avanzar sin transar", reconoció.

Los socialistas Leonardo Soto y Marcelo Díaz, dos sabuesos de la política, fueron mucho más prácticos. Me pidieron que el Gobierno les enviara una propuesta concreta para negociar. Para ellos la convención debía ser plebiscitada, 100% electa, con un plazo máximo de nueve meses y un quórum de decisión de tres quintos. Si bien me pareció que se pasaron algunos pueblos, tampoco parecíamos estar tan lejos. "Ministro, mándenos su propuesta y en dos horas la concordamos", resumió Soto, lo que fue matizado inmediatamente por Díaz: "Pongamos las dos alternativas, luego vemos si hay posibilidades de alcanzar un acuerdo". Como ambos me reconocerían más tarde, estaban cumpliendo roles de policía bueno y policía malo.

Al terminar, Matías Walker, representante de la DC y presidente de la comisión, propuso realizar un llamado conjunto a la salida de la reunión, idea que no prosperó. Había sido una buena reunión, pero no daba para tanto.

Después fui a la oficina de la presidencia del Senado, en el otro extremo del edificio, para reunirme con los senadores de oposición de la Comisión de Constitución. En el encuentro participaron Jaime Quintana (PPD), el anfitrión, Francisco Huenchumilla (DC), Felipe Harboe (PPD) y el socialista José Miguel Insulza, quien, si bien no integraba dicha comisión, asistía en reemplazo de Alfonso de Urresti. "Es que a Alfonso a veces se le arranca un poco la moto y a nuestro *panzer* le encantan los acuerdos", fue el argumento de Quintana para explicar el reemplazo.

Ahí la cosa caminó derechamente mejor. Acompañados de un reponedor café y un sabroso ave palta, apuntamos en nuestras libretas los puntos centrales para un potencial acuerdo: plebiscito de entrada, convención constitucional integrada por parlamentarios y convencionales electos (aspiraban a una composición mixta de

50/50), sistema electoral similar al de los diputados, quórum de tres quintos para adoptar acuerdos y plebiscito ratificatorio. Salvo en el primer punto, donde explicité el desacuerdo, el asunto parecía bien encaminado.

De esta forma terminaba la primera ronda de conversaciones oficiales para alcanzar un acuerdo constitucional. Cansado, pero con ánimo, abordé el auto fiscal en el estacionamiento del ex Congreso alrededor de las 23 horas. El centro de Santiago estaba completamente en silencio, cosa rara para los tiempos que corrían. No le di mayor importancia.

La noche más larga

La mañana siguiente partió con el pie derecho. A primera hora me reuní con nuestros representantes de la Comisión de Constitución del Senado, Rodrigo Galilea (RN) y Juan Antonio Coloma (UDI), quien reemplazó a Víctor Pérez, que no pudo llegar a La Moneda por cortes en la Ruta 68 que lo obligaron a refugiarse en una comisaría de la zona. A la cita también se sumó el abogado constitucionalista Gastón Gómez. Todos coincidieron en que las cosas iban bien encaminadas e hicieron algunas observaciones marginales a lo conversado con los senadores de la oposición, relacionadas básicamente con la composición de la convención (Gómez propuso seguir el modo irlandés: un tercio de parlamentarios y dos tercios de ciudadanos seleccionados aleatoriamente). Alguien acotó que era necesario pensar alguna fórmula atractiva de participación ciudadana, pero no se nos ocurrió nada muy creativo ni concreto.

Desde Valparaíso llegó otra buena noticia para seguir calentando los motores. Se había alcanzado un nuevo marco de entendimiento para aprobar la Ley de Presupuestos, en el que se incorporaron varias medidas de la agenda social que considerábamos relevantes para aplacar el conflicto, como el aumento de las pensiones básicas y la rebaja de las tarifas del transporte público para los adultos mayores.

La cosa pintaba bien: poco a poco, avanzábamos. Salvo por un detalle: ese día estaba programada la huelga general de la Mesa de Unidad Social. El calendario lo tenía marcado en rojo. Era martes 12 de noviembre. Su manifiesto fundacional, que venía de agosto de 2019, era claro en sus propósitos. "Una indignación, molestia y rabia recorre el país, al sentir que se acrecientan las injusticias, las desigualdades y la impunidad, y al observar que casi no hay sector de la sociedad que no esté afectado por la corrupción o por la crisis moral, que corroe a gran parte de las instituciones de la república", decía el texto, que se nutría en partes iguales del *Discurso sobre la crisis moral de la República* de Enrique Mac Iver y del *Manifiesto comunista* de Marx y Engels.

Entre sus demandas más relevantes estaban impulsar una asamblea constituyente, terminar con el sistema de pensiones, asegurar educación gratuita y reconocer a los pueblos originarios. Sus principales líderes, o los más reconocibles para la opinión pública, eran todos de izquierda dura. La multisindical era dirigida por Bárbara

Figueroa, del PC; José Pérez, del PS, estaba a cargo de la ANEF; y Mario Aguilar, del Partido Humanista, lideraba el Colegio de Profesores. Eran dirigentes con oficio y cierta habilidad de negociación, como lo había demostrado Aguilar en el paro del Colegio de Profesores de junio de ese año.

Si bien no era la primera huelga general que realizaba la Mesa desde el inicio de la crisis —era la tercera—, esta venía precedida de un inquietante instructivo difundido en redes sociales, en el que se llamaba a conseguir durante el día previo "los materiales que necesitemos", seguido de definiciones precisas para la jornada: no asistir al trabajo, no enviar a los niños al colegio, no realizar trámites ni compras. Además, se invitaba a la ciudadanía a participar desde primera hora en "actividades de agitación y propaganda", "cortes de ruta" e "interferencia del transporte público". El instructivo indicaba que a mediodía se debía acudir al centro de las ciudades para manifestarse y, al atardecer, debían desarrollarse acciones de protesta y cacerolazos.

Como ministro del Interior, tenía puesta toda mi atención en la ronda de negociaciones constitucionales en curso, pero como ministro de Seguridad Pública, estaba en permanente comunicación con Rodrigo Ubilla, los intendentes y las principales autoridades policiales del país, monitoreando el avance de las movilizaciones. Los informes de la mañana y del mediodía eran relativamente alentadores. Si bien se estaban desarrollando marchas de cierta convocatoria y cortes de ruta y barricadas, no había nada fuera de lo común teniendo en consideración los estándares post 18 de octubre. Sin embargo, a eso de las 17 horas, el panorama cambió rápida y dramáticamente. En cosa de minutos, en lo que parecía ser una minuciosa planificación, empezamos a recibir múltiples reportes desde todas las regiones del país que daban cuenta de un número cada vez mayor e inquietante de alteraciones al orden público. De las marchas y manifestaciones matutinas, que se desarrollaron en su mayoría sin grandes incidentes, pasamos a los saqueos, incendios, ataques a edificios públicos y fuertes y violentos enfrentamientos con la policía por parte de grupos de encapuchados. Hubo dos momentos críticos durante esa jornada de movilizaciones. El primero fue el ataque al Cuartel N°2 de la Escuela de Ingenieros Militares del Ejército en San Antonio, donde una turba de unas cien personas premunidas de piedras, fierros y bombas molotov derribó los accesos, ingresando al recinto y generando desmanes en los patios de la unidad. El hecho no pasó a mayores y pudo ser contenido luego de un rato por los efectivos militares, resultando una soldado conscripto herida de un proyectil en el rostro. Sin embargo, supuso un efecto simbólico no menor. La violencia estaba arreciando no solo en las calles: ahora los ataques iban dirigidos hacia aquellas instituciones y recintos que no solo detentaban el monopolio estatal de la fuerza, sino que además constituían el sostén final de la paz social y la democracia. ¿Si el Ejército sufría ataques de las turbas enardecidas, donde además se encontraban depósitos de armas y equipamientos militares, qué quedaba entonces para el resto? Puesto de otra manera, ¿qué quedaba en pie del Estado, y del Estado de derecho, si ahora eran las FF.AA. las que se veían sobrepasadas por la furia callejera?

Este no fue el único ataque contra unidades militares. Durante la jornada también hubo incidentes en el Regimiento 23 de Infantería de Copiapó. Horas más tarde, el Ejército sacó un comunicado advirtiendo que "frente a ataques a nuevas instalaciones militares en cualquier parte del país, estos serán respondidos adecuadamente en uso de la legítima defensa". Paso a paso, la crisis social escalaba hacia lugares desconocidos para la democracia chilena. Estábamos cada vez más cerca de un desenlace sangriento.

El segundo momento crítico fue el incendio de la Parroquia de la Veracruz del Barrio Lastarria, en pleno centro de Santiago. Transformada en una gran pira, ardió hasta consumirse por completo, siniestro que fue transmitido en vivo y en directo por todos los canales de televisión ante la mirada de autoridades, vecinos y televidentes, que contemplaban estupefactos las llamas y los gritos de celebración de los pirómanos atacantes del templo patrimonial. Es cierto que en esas semanas decenas de edificios públicos, estatuas y monumentos habían sufrido las iras del estallido social. Pero esto era distinto. Ante los ojos de millones de compatriotas ardía un edificio que, además de histórico, representaba para muchos una dimensión sagrada de sus vidas. Porque más allá del desprestigio que venía arrastrando la Iglesia católica por años de abusos y escándalos, ¿qué podía justificar un ataque tan violento e irracional a un lugar de culto comunitario, que expresaba la más profunda de todas las libertades, la creencia religiosa?

Algo nuevo se había quebrado durante esa tarde. Los límites de la violencia se habían vuelto sencillamente intolerables.

Con el correr de las horas empezamos a recibir una verdadera avalancha de reportes telefónicos y mensajes por WhatsApp de nuestras autoridades regionales. El país literalmente estaba sumido en el caos. Ello era ratificado por los parlamentarios de Chile Vamos, quienes nos llamaban angustiados pidiendo mayores recursos policiales para sus respectivas zonas, demanda que no teníamos cómo cumplir. No había más a lo que echar mano.

El transcurso de las horas se hizo cada vez más escalofriante. La Gobernación Provincial de Concepción fue completamente quemada. Aquel incendio afectó también las oficinas regionales de Bienes Nacionales y del Departamento de Extranjería, la tradicional galería Alessandri y una farmacia aledaña. Desde Antofagasta se reportó un ataque incendiario a la Intendencia Regional. En Santiago, la tradicional parrillada La Hacienda Gaucha, próxima a Plaza Italia, fue saqueada e incendiada. Esta situación se repetía a lo largo de todo el país en comercios, edificios públicos y diversas instalaciones. El descontrol alcanzó tal nivel que debimos implementar con la PDI un dispositivo para rescatar al embajador argentino Octavio Bordón desde su residencia oficial, ubicada a metros de la zona cero en Plaza Baquedano, ya que las turbas amenazaban con saquear y quemar la propiedad diplomática. El Congreso, a su vez, debió suspender sus sesiones y actividades tempranamente producto de los cortes en rutas y carreteras. Si albergábamos alguna ilusión de que la violencia iba en retirada, este día nos demostró en forma rotunda lo contrario.

El reporte final daría cuenta de 189 alteraciones graves del orden público, casi una decena por región, que incluían 95 saqueos, 20 ataques a cuarteles policiales y 27 incendios, el peor registro por lejos en mis dos semanas a cargo de Interior, solo superado por los días inmediatamente posteriores al estallido social. El balance oficial de Carabineros también señalaría que hubo más de mil personas detenidas y 347 policías y 62 civiles lesionados. Un desastre total. Era como volver a vivir la pesadilla del viernes negro del 18 de octubre.

A lo anterior se sumó una insólita e irresponsable declaración realizada durante la tarde por la totalidad de la oposición, desde la DC hasta el PC, que cayó como un balde de agua fría sobre las negociaciones constitucionales. La declaración, que buscaba dar cuenta de la unidad opositora, afirmaba que cualquier acuerdo constitucional debía ser sobre la base de una asamblea constituyente, cosa que era explícitamente rechazada por los principales dirigentes democratacristianos hasta hacía cosa de horas. Fue, en simple, un portazo al diálogo, pese a que desde la oposición seguían insistiendo que este se mantenía vigente. La asamblea constituyente —lo habíamos conversado la noche anterior— estaba mucho más allá de nuestras líneas rojas. Por lo mismo, significaba que las tratativas para una nueva Constitución habían quedado en un punto muerto. Ni ellos ni nosotros teníamos votos suficientes en el Congreso para avanzar unilateralmente hacia una salida política a la crisis, lo que nos dejaba en el peor de los mundos: acorralados por la violencia y sin vías de solución a la vista.

En medio de ese cuadro, alrededor de las 18 horas recibí una llamada del Presidente de la República, requiriendo antecedentes de los desmanes que se repetían una y otra vez, en una secuencia angustiosa e interminable, en las transmisiones de los canales de televisión, que habían interrumpido su programación habitual para ir en vivo con sus informativos y despachos en directo. Luego de informarle sobre el estado de la situación, me señaló que ya iba de regreso a La Moneda[142] y que quería reunirse conmigo, con Rodrigo Ubilla y con el ministro de Defensa, Alberto Espina. Antes de cortar la llamada me dio una última instrucción: "Ministro, tenga preparados los documentos para decretar un nuevo estado de excepción".

El impacto que me provocó la conversación debe haber sido notorio, a juzgar por la reacción de Claudio Alvarado, Rodrigo Ubilla y Karla Rubilar, con quienes estaba reunido en mi oficina de Interior al momento de tomar la llamada. Luego de un instante de sepulcral silencio, les informé la instrucción presidencial. Los tres coincidimos en que la decisión podía traer consecuencias insospechadas para el Gobierno, para el Presidente y para Chile.

---

142   A partir del 18 de octubre se activó un dispositivo especial de seguridad para el Presidente de la República, que incluía un retorno temprano del mandatario a su residencia para evitar riesgos vinculados a las protestas y hechos de violencia, que se reiteraban jornada tras jornada en torno al palacio presidencial. Dicho dispositivo se mantuvo activo durante los meses de octubre y noviembre. A contar de diciembre, cuando los hechos de violencia se redujeron drásticamente, se fue progresivamente flexibilizando.

Sacar a los militares nuevamente a la calle, luego de los ataques a las unidades militares y la dura advertencia del comunicado del Ejército, en medio de un momento tan convulsionado, cuando buscábamos ante todo una salida política al conflicto mediante un acuerdo constitucional, podía tener efectos irreversibles para nuestra convivencia democrática. Era sabido que el anterior estado de excepción había causado gran frustración en los mandos militares, debido a la evidente incapacidad demostrada para recuperar el orden público en los diez días que estuvieron a cargo de la situación. No cumplir con los objetivos dispuestos atentaba contra las lógicas más elementales de la preparación militar. Su formación era para la guerra; los deberes siempre debían ser alcanzados sin importar su precio.

Un nuevo estado de excepción definitivamente terminaría por enardecer los ánimos, escalando los niveles de violencia hasta límites insospechados, en línea con los deseos de los sectores más ultra. Su propósito era seguir agudizando las malditas contradicciones de siempre. Buscaban el todo o nada. Primero el Gobierno, luego las instituciones democráticas. Poner nuevamente a los militares a cargo de la seguridad pública empujaría las cosas inexorablemente en esa dirección, inhibiendo cualquier intento de diálogo institucional con los sectores moderados de la centroizquierda. Un nuevo estado de excepción terminaría por abortar la búsqueda de una salida política a la crisis social. Ningún acuerdo sería posible con los militares en la calle, como me lo habían ratificado desde la oposición.

Estábamos al borde del precipicio.

Con ese ánimo, pero decididos a realizar un último intento para cambiar el curso de las cosas, subimos al despacho presidencial con Rodrigo y Karla, donde nos esperaban Cristián Larroulet, Magdalena Diaz y Alberto Espina, quien ingresó a La Moneda flanqueado por sus edecanes militares, con ceño adusto y caminar levemente marcial, lo que tensionó aún más el ambiente.

El presidente Piñera llegó a eso de las 20 horas. Al ingresar a su despacho, sin mayores preámbulos nos informó que estaba evaluando decretar estado de emergencia y nos pidió opiniones. Tras un breve momento de silencio, Rubilar y Ubilla, como habíamos convenido, argumentaron en contra, señalando que los últimos reportes policiales indicaban que la situación estaba mucho más contenida, tal como me lo había confirmado pocos minutos atrás el general director de Carabineros, Mario Rozas. Sacar a los militares en esas circunstancias resultaría más efectista que efectivo. Alberto Espina, contrario a lo que presumimos, también planteó sus diferencias con la medida: "Los militares están entrenados para la guerra, no para las tareas policiales. Si salen, muy posiblemente tendremos enfrentamientos fatales". Mi postura fue enfática en contra de la decisión: "Con los militares no habrá ninguna posibilidad de concordar una salida política, será el fin de cualquier esfuerzo de diálogo". Cristián Larroulet abogó por una salida mixta: decretar estado de excepción, pero solo para el resguardo de la infraestructura crítica. Se trataba de dar una señal, pero siendo prudentes.

Fue una discusión tensa, difícil, en la que argumentábamos como si en eso se nos fuese la vida.

Repentinamente el Presidente interrumpió el debate. En tono enérgico y golpeado nos señaló que no podía eludir sus responsabilidades como jefe de Estado. "Asegurar el orden público no es una facultad, es una obligación constitucional", afirmó con vehemencia, agregando que la situación se había vuelto absolutamente intolerable. "Estos niveles de violencia no los podemos seguir permitiendo", zanjó la discusión, y a continuación lanzó una frase que me hizo sentir como si el tiempo se detuviera: "Ministro, tráigame los decretos por favor".

Ya no estábamos al borde del precipicio, comenzábamos a desbarrancarnos. Alcancé a imaginar por unos segundos esos decretos firmados, la toma de razón en Contraloría, el despliegue de los militares por las calles, el recrudecimiento de las protestas, la violencia, los enfrentamientos, los heridos y las muertes. Sobre todo, las muertes. La muerte de compatriotas y la muerte de nuestra democracia. Una vez más. Como en 1973. Sería el fracaso de Chile, pero también sería nuestro propio fracaso.

Sería una herida, una cicatriz, que perduraría por años. Por décadas. Tal vez por siempre.

En paralelo, el Presidente tomó contacto con los altos mandos de las Fuerzas Armadas para informarles que estaba evaluando decretar el estado de emergencia. Al otro lado del teléfono, el comandante en jefe del Ejército, general Ricardo Martínez, respondió que, si así se disponía, ellos desde luego estaban listos y dispuestos para desplegar sus unidades. La única salvedad planteada fue la de pedir precisión en las tareas encomendadas. "Necesitamos que se nos indique con claridad lo que se espera del Ejército en estas circunstancias", requirió. Aunque no lo dijo explícitamente, era evidente que estaba aludiendo a la inexistencia de reglas de uso de la fuerza que regularan con precisión los derechos y deberes militares en el control del orden público, lo que generaba un vacío que dificultaba el cumplimiento del mandato y, seguramente, constituía el principal motivo de preocupación de los mandos. La ambigüedad normativa podía traer consecuencias a futuro; era razonable contar con un mínimo de certezas para el cumplimiento de sus labores. "En cualquier caso, Presidente, vamos a cumplir lo que se disponga", fue el comentario final de Martínez.

No hubo, por consiguiente, ni una negativa ni un condicionamiento especial de los militares para cumplir con su deber, como se ha especulado entre muchos analistas políticos. Por el contrario, todo discurrió por vías estrictamente formales, sin negociaciones ni transacciones de orden fáctico.

Lo concreto, sin embargo, a estas alturas, es que parecía que ya no habría vuelta atrás. No sabía qué hacer.

"Presidente, deme espacio para una llamada antes de tomar la decisión final", fue mi último intento para torcer el destino. "¿A quién va a llamar?", me respondió el mandatario. "Al presidente del Senado", le dije. Y partí raudo al Salón Azul aferrado a mi teléfono, como si fuese nuestra última esperanza. Por alguna razón presentía que estábamos mucho más cerca de una salida política de lo que todos creíamos. Merecíamos esa apuesta final y debíamos agotarla.

Una vez afuera me comuniqué con Jaime Quintana, quien me respondió al instante. "Jaime, supongo que viste el desastre en las calles", le dije de entrada, advirtiéndole que estábamos evaluando decretar nuevamente un estado de excepción constitucional. "Sería más que justificado", le hice ver luego de resumir la secuencia de hechos ocurridos durante la tarde. "Gonzalo, con los militares en la calle... no hay ninguna posibilidad de que alcancemos un acuerdo", agregando con evidente angustia, "Por favor, no lo hagan". "Está bien, pero te advierto que se nos acabó el plazo", repliqué. "Tenemos 24 horas, máximo 48, para alcanzar un acuerdo. Es imposible resistir otra jornada como esta", advertí. A continuación, lo invité a mi casa ("Te espero en una hora"), encuentro al que me pidió sumar a Felipe Harboe, que presidía la Comisión de Constitución del Senado. Por mi parte, sumé a Claudio Alvarado, mi socio recurrente para estos efectos, no solo por su capacidad como articulador, sino porque sabía que en cualquier negociación política es mejor no estar en desventaja numérica. La siguiente llamada la realicé al propio Claudio. Le pedí que partiese a mi casa para hacer de anfitrión. "Puede que la cosa acá demore un poco", le advertí al cierre de la conversación. Presentía que podía estar cambiando el viento, pero que eso nos tomaría algo de tiempo.

"Cómo le fue", me preguntó escuetamente el mandatario al regresar a su despacho, ante la expectante mirada del resto de los presentes. Le comenté sobre mi conversación con Quintana y lo que habíamos acordado. En el fondo, imploraba por una última oportunidad.

En eso, se produjo un momento increíble. El Presidente nos pidió dejarlo a solas por un momento. Luego de unos minutos de silencio, que no sabría decir si fueron dos o diez, le escuchamos pedir su *block* Colón, su regla y sus lápices pasta de color negro y rojo. Había comenzado a redactar un texto que nadie conocía ni podía intuir de qué se trataba. A la distancia afiné la vista para intentar descifrar el contenido de lo que parecía ser un discurso. Luego de un rato vino una nueva e inesperada instrucción. "Gonzalo, Karla, ustedes me van a acompañar a un punto de prensa", ordenó. Fue la respuesta definitiva a todas nuestras preguntas. Ante la disyuntiva, feroz e inconmensurable, había optado por el camino del diálogo. Había decidido convocar a todas las fuerzas políticas a un acuerdo por la paz y la nueva Constitución.

Sabía que si fracasábamos en este último intento no habría más argumentos para evitar lo inevitable. Era literalmente la última oportunidad. "Usted mismo me lo dijo, ministro: tiene 24 o 48 horas, máximo", me advirtió el Presidente poco antes de levantarse para partir a la sala de prensa, como recordándome que la siguiente convocatoria estaba a la vuelta de la esquina. En apenas dos días más se cumpliría un año de la muerte de Camilo Catrillanca y todo indicaba que volveríamos a tener otra jornada de violencia. A menos que torciéramos el destino.

Las palabras del mandatario tuvieron la virtud de cambiarnos de golpe el estado de ánimo. Fue como devolvernos el alma al cuerpo. Un observador externo que se hubiese ausentado por tan solo unos minutos habría creído que se equivocaba de reunión. Era el mismo escenario y los mismos actores, pero con un guion completamente diferente. Incluso Sebastián Piñera, que minutos antes se mostraba cortante e impaciente, pareció recuperar el buen humor que lo caracteriza.

Llegamos a la sala de prensa a las 22:30, en medio de un ambiente que enorme tensión. Todo Chile estaba pegado a su televisor o teléfono esperando el desenlace de la jornada. La expectativa era una sola: el Presidente anunciaría el regreso de los militares a las calles.

Siete minutos, duró la cadena. Siete minutos que, parado a su lado, se me hicieron eternos. Mientras hablaba frente a las cámaras, mi cabeza estaba a mil revoluciones pensando cómo abrochar el acuerdo. La siguiente reunión, que se desarrollaría en mi casa a renglón seguido, sería probablemente la más importante de mi vida. Mientras tanto, una lluvia de flashes, cámaras, murmullos y miradas ansiosas acompañaron las 824 palabras del sorprendente discurso, que fue seguido en directo por millones de personas desde sus casas. Al rato sabríamos que la cadena se había transformado en una de las transmisiones televisivas de mayor *rating* de la historia de nuestro país[143].

"Llamo a todos mis compatriotas, a todos los chilenos y chilenas a unir nuestras voluntades, a unir nuestros corazones para lograr un acuerdo por la paz, por la justicia y por una nueva Constitución para Chile", dijo el mandatario. El destino nos había dado una segunda oportunidad, teníamos que aprovecharla a como diera lugar.

Ni bien el Presidente terminó de pronunciar el párrafo de cierre del discurso, salí disparado a mi casa, donde me esperaban hace ya largo rato Quintana, Harboe y Alvarado. Mi equipo de prensa me miró con desesperación, pero también con una leve y justificada molestia. No entendía nada de lo que estaba ocurriendo. Yo, para variar, había olvidado contarles en lo que estaba, cosa que por cierto les hacía más difícil su trabajo. Esta vez, sin embargo, no había tenido un minuto.

Mientras iba por las calles vacías del centro comencé a recibir una avalancha de mensajes y llamadas con comentarios al discurso del Presidente. La mitad transmitía alivio, la otra mitad reclamos airados. Desde los sectores moderados del oficialismo y de la oposición agradecían el llamado a un acuerdo. La izquierda dura, como siem-

---

143   En sus minutos finales, de acuerdo a las versiones de prensa, el discurso registró un rating de 60,8 puntos promedio, entre los cuatro canales principales de la televisión abierta.

pre, vociferaba en las redes sociales. "No dijo nada", era el reclamo indignado que más se repetía. Pero se equivocaban rotundamente. En lo poco, la verdad es que el Presidente dijo mucho. No había caído en el juego, no había seguido el guion impuesto y, con ello, habíamos evitado el enfrentamiento que perseguían.

Desde la derecha también recibí algunas recriminaciones. "No tienen derecho, son unos soberanos pelotudos", me reclamó furiosa al otro lado del teléfono la presidenta de la UDI, Jacqueline van Rysselberghe. Más allá de la rabieta y la mala educación, hasta cierto punto comprendía su frustración. Su región había sido especialmente golpeada por la violencia. Para ella —y para muchos más— lo que se necesitaba en ese momento no era precisamente una nueva Constitución.

En casa me esperaban, hace largo rato, los tres convocados. "Hoy, para todos los efectos prácticos, es 10 de septiembre de 1973. De nosotros depende que mañana no sea 11", les dije de entrada. Habían visto el discurso del Presidente en sus celulares desde el patio de mi casa. Sabían que la situación era gravísima y entendían que estábamos llegando al límite de la resistencia institucional del país. Si fallábamos en el intento, no habría una nueva oportunidad para concordar una salida política a la crisis. La violencia terminaría por desbordarnos. Como ellos mismos lo reconocieron, teníamos que llegar a un acuerdo esa misma noche. No teníamos otra opción. No hacerlo era arriesgar nuestra democracia. ¿En qué sentido o con qué consecuencias? Difícil saberlo. Aunque a juzgar por nuestra historia, y también por la experiencia en Latinoamérica, probablemente hacia un viraje anárquico o autoritario, de secuelas nefastas y duraderas.

Lo relevante es que las palabras de Piñera surtieron el efecto deseado. O más bien, aquello que no dijo, los silencios del mandatario, como lo describió la filósofa e investigadora del Centro de Estudios Públicos, Sylvia Eyzaguirre, en una columna de opinión publicada pocos días después. Como por arte de magia, apareció una voluntad que no había visto nunca antes en los casi veinte meses que llevaba como ministro. Tanto Quintana como Harboe me aseguraron que no se irían hasta concordar las bases de un acuerdo constitucional, pese a que pocas horas atrás la oposición en conjunto había desahuciado el diálogo con el Gobierno. Con Claudio nos mirábamos de reojo. No lo podíamos creer.

Tuvimos que hacer una breve pausa, ya que Jaime y Felipe tuvieron que apartarse un momento para atender en directo los requerimientos de la prensa, contactos que tomaron desde el mismo patio de mi casa; de haberse sabido en ese momento qué estaban haciendo, y dónde, sin duda habría provocado una gran controversia. La situación se había vuelto completamente inverosímil, pero no estaban los tiempos para exquisiteces.

Alrededor de las 23:30 de la noche, Claudio, mostrando todos sus años de circo, nos pidió que sacáramos nuestras libretas de notas para que cada uno escribiese los puntos fundamentales de lo que sería el acuerdo constitucional. "Así después nadie se hace el leso", aclaró.

De esta forma empezamos a discutir punto por punto las materias críticas a resolver. El mecanismo escogido sería una convención constitucional, no una asamblea constituyente; los delegados se elegirían replicando el sistema electoral de los diputados; el quórum para adoptar acuerdos sería de tres quintos; la composición sería mixta entre integrantes electos y parlamentarios en ejercicio; habría un plebiscito ratificatorio. También aventuramos un calendario tentativo: la elección de los delegados sería en el mes de julio, la puesta en marcha de la convención en septiembre y el plebiscito ratificatorio no más allá de noviembre de 2021, haciéndola coincidir, idealmente, con la primera vuelta presidencial de ese año.

Los únicos puntos que dejamos abiertos para el cierre de la negociación fueron la realización de un plebiscito de entrada, algo en lo que no estábamos de acuerdo, y la composición definitiva de la convención, ya que ellos querían más delegados electos que parlamentarios y nosotros justamente lo contrario. En el fondo, ambas partes apostamos a cerrar salomónicamente en una proporción de 50% para cada lado.

A eso de la una de la mañana, dimos por cerrada la negociación. Cansados pero confiados de que habíamos dado pasos sustantivos hacia un acuerdo.

Al despedirme solo atiné a decirle a Quintana: "Jaime, recuerda, tú te encargas de los tuyos, yo de los nuestros".

Primeros rayos de luz

Faltaba poco, pero todavía faltaba. La mañana del miércoles 13 de noviembre comenzó muy temprano, con una reunión por videoconferencia con los intendentes de todo el país. El panorama era desolador. Todas las grandes ciudades habían sufrido graves hechos de violencia, incluso algunas donde raramente teníamos incidentes, como Arica, Talca, Osorno o Coyhaique. La cara de todos los convocados a través de la pantalla, me pareció, revelaba cansancio, desconcierto y preocupación por los próximos días. Nada aseguraba que las cosas no evolucionaran para peor, especialmente en la macrozona sur del país, donde se esperaban incidentes con grupos de comuneros mapuches radicalizados.

Poco después le informé al Presidente los avances de las negociaciones, quien se mostró conforme con los puntos planteados, aunque volvió a recordarme los plazos comprometidos. Luego me comuniqué con los presidentes de los partidos y jefes de bancada de Chile Vamos, para ponerlos al día y sumarlos a la negociación. El éxito de las conversaciones requeriría un enorme esfuerzo de disciplina política en el oficialismo, razón por la que decidimos involucrarlos directamente. Dicho esfuerzo lo concentramos en los líderes de nuestros partidos: Mario Desbordes y Rodrigo Galilea por RN, Javier Macaya y Juan Antonio Coloma por la UDI, y Felipe Kast y Hernán Larraín por Evópoli. A los últimos dos les pedí en forma expresa que me representaran en las negociaciones que se realizarían en Valparaíso. "Sobre todo —les dije—, velen por el interés general". Mientras la UDI tenía muy poco entusiasmo, RN tenía demasiado.

Durante la jornada me mantuve en La Moneda monitoreando en tiempo real el avance de las negociaciones. Con Claudio evaluamos partir a Valparaíso, pero finalmente decidimos permanecer en Santiago. Si el Ejecutivo asumía un rol formal en el tira y afloja de ese acuerdo, iba a ser más difícil llegar a puerto. Los sectores más duros de la izquierda sin duda alguna intentarían torpedearlo por esa sola razón. Comprendían perfectamente que el éxito de las tratativas cancelaría de momento las posibilidades de hacer caer al Gobierno. Tan extraviados no andaban. Un acuerdo constitucional comprometería a las principales fuerzas políticas con la estabilidad institucional del país. El acuerdo, por lo tanto, para tener mejores chances, tenía que nacer de los propios partidos.

Por el lado de la centroizquierda se produjo un cambio de ánimo notable. El irresponsable comunicado de la jornada anterior había quedado en el olvido. "Oposición cambia de tono tras llamado de Piñera a la paz", fue el encabezado de una nota de prensa que reflejó el nuevo clima político[144]. Las réplicas al llamado presidencial en general fueron positivas. "Nadie puede imponer su fórmula, todos tenemos que estar dispuestos a ceder", planteó el diputado Matías Walker, mientras que los presidentes del PS y el PPD, Álvaro Elizalde y Heraldo Muñoz, valoraron públicamente la conversación política que se estaba produciendo. Desde el sector dialogante del Frente Amplio señalaron que, si la disposición iba en serio, tendrían que "recoger el guante", como expresó Gabriel Boric en sus redes sociales.

La movida del Presidente parecía estar dando resultado.

Al comenzar la tarde, Jaime Quintana me informó que había convocado al comedor del Senado a una reunión de todos los partidos con representación parlamentaria. El propósito: explorar formalmente un acuerdo en torno a los parámetros trazados la noche anterior en mi casa. "Vamos a iniciar un diálogo para intentar amarrarlo", me dijo. Antes de cortar, quedamos en seguir en contacto durante la tarde para ir monitoreando el asunto.

Las negociaciones se fueron sucediendo frenéticamente en el Congreso con avances y retrocesos recurrentes. Uno de los topes relevantes estaba siendo la composición de la Convención Constitucional, fórmula que había terminado imponiéndose a la opción de la asamblea y el congreso constituyente. Los socialistas abogaban por un 80% de representantes electos y un 20% de parlamentarios en ejercicio; el PPD proponía una relación de 60/40; la DC apostaba por una de 70/30; RN pretendía una de 50/50. La UDI, con el curso de las horas, también fue abriéndose a una fórmula mixta.

A esas alturas los únicos irreductibles seguían siendo los comunistas, quienes mantenían la misma línea intransigente y rupturista adoptada a partir del 18 de octubre. "Piñera o gobierna y da salida a plebiscito y a una asamblea constituyente, o renuncia", afirmó en sus redes sociales el presidente del PC, Guillermo Tellier, uno que no se aburría de pedir la salida del mandatario.

---

144   Diario La Tercera, 14 de noviembre de 2019.

La jornada concluyó en medio de una tensa calma y el compromiso de las partes de retomar las negociaciones durante el jueves. "Jaime, tenemos que cerrar el acuerdo sí o sí mañana, no hay más tiempo", fue el mensaje final que le envié al presidente del Senado. Las posibles réplicas del caso Catrillanca me hacían temer una regresión fatal.

El jueves fue aún más frenético que el día anterior. La sucesión de reuniones entre los dirigentes del oficialismo y la oposición fue infinita. Pese a las dificultades, sin embargo, se palpaba un ambiente distinto, entre otras cosas porque el tiempo se estaba acabando. Todos intuían que ya estábamos cerca, pero aún faltaba algo por zanjar. Para la izquierda, el plebiscito de entrada seguía siendo una condición *sine qua non* para subirse al acuerdo.

El momento fundamental y definitivo comenzaría a producirse alrededor de las 15 horas, luego de una serie de conversaciones e intercambios telefónicos. Uno de ellos fue con Gabriel Boric, quien me llamó para insistir en el tema del plebiscito de entrada. "Sin eso, el acuerdo corre un serio riesgo de caerse", fue su principal conclusión. Le pregunté si había disposición a conceder algo a cambio, dada la magnitud del planteamiento. "Ustedes nos están pidiendo que asumamos una derrota dolorosa de antemano", le expliqué, luego de escuchar sus argumentos.

A esas alturas lo que la izquierda proponía era que hubiese un plebiscito al inicio del proceso con dos papeletas específicas: una para preguntar por la nueva Constitución y otra para preguntar por el órgano redactor. Era evidente que un esquema de esa naturaleza terminaría siendo poco favorable para la centroderecha, donde había muy pocas simpatías por el tema constitucional. Tamaña concesión solo podía ser factible a cambio de algo equivalente: "Por ejemplo, un quórum de dos tercios para los acuerdos de la convención", dije. La respuesta de Boric no se dejó esperar. "Es demasiado, Gonzalo".

Le hice ver que no era algo descabellado, como lo demostraban los casos de Sudáfrica (1996), Bolivia (2009) y Túnez (2011), órganos constituyentes que funcionaron con quórum de dos tercios, antecedentes que casualmente tenía a la vista en la mesa de reuniones de mi oficina, pues estaban contenidos en un reporte sobre procesos constituyentes que me había hecho llegar la socióloga Marcela Ríos, del Programa de Naciones Unidas para el Desarrollo[145]. Ante su sorpresa, le mandé por WhatsApp un pantallazo con los párrafos subrayados que ratificaban el punto. "En una de esas, vuela", me comentó luego de revisarlo en detalle.

Inmediatamente tomé el teléfono para consultar la idea con Juan Antonio Coloma. El senador era mi cabeza de playa al interior de la UDI. Pese a ser de los duros, también era un pragmático a la hora de negociar; además, nos teníamos respeto político y aprecio personal. Sabía que él podría ser el "test ácido" de la propuesta que habíamos conversado con Gabriel Boric. Coloma era algo así como el guardián de

---

145   PNUD Chile, Mecanismos de cambio constitucional en el mundo (2015).

los principios del gremialismo, por lo tanto, si la fórmula funcionaba para él, la cosa andaría. "Gonzalo, por los dos tercios lo que sea, es lejos lo más importante", dijo. "Démosle entonces", le respondí.

La siguiente escena no la presencié, pero con el paso del tiempo se transformaría en parte de la leyenda política del acuerdo. Según trascendió posteriormente, Coloma y Boric coincidieron por casualidad en uno de los baños del ex Congreso Nacional en Santiago, lugar al que se habían trasladado las negociaciones. La conversación que se dio allí permitió acercar definitivamente las posiciones y zanjar las diferencias que aún subsistían. Habría plebiscito de entrada, aunque a cambio de subir el quórum de tres quintos a dos tercios, concesión impensada hasta ese momento, y en teoría una garantía de sensatez y moderación en el nuevo texto constitucional.

Se había destrabado el mecanismo. La apertura de la UDI al plebiscito de entrada terminó de ser ratificada por el diputado Jaime Bellolio, quien respaldó en forma abierta esta opción a través de sus redes sociales. "Si hacer un plebiscito es lo que nos separa de salvar a nuestro país, tenemos que estar dispuestos a hacerlo", afirmó en su cuenta de Twitter, acumulando más de cinco mil *likes*.

A partir de ese momento, las cosas fluyeron, pese a que aun persistían ciertas resistencias internas en Chile Vamos, como me lo comentaron por teléfono Harboe y Boric cerca de las cinco de la tarde. Pese a ello, el acuerdo era un asunto de tiempo, solo faltaba ponerse a redactar el texto definitivo. "Hay piso suficiente para avanzar", fue la conclusión a la que arribé luego de hablar con Quintana, en la enésima llamada de la tarde. A eso de las 18 horas, oficialismo y oposición acordaron que cada parte pusiese por escrito su versión del acuerdo, para terminar de pulir el asunto. En jerga boxeril, los púgiles irían a sus esquinas previo al *round* definitivo.

En La Moneda, en tanto, nos reunimos con el presidente Piñera para revisar los términos finales del acuerdo, que zanjamos mediante una conferencia telefónica con los negociadores de Chile Vamos que estaban en el ex Congreso. El grupo nos pidió ayuda para redactar un primer borrador del texto. El único que se mostraba contrario a los términos pactados era Andrés Allamand, quien insistía en que estábamos yendo demasiado rápido. Según su lógica, había que tensionar más el asunto para lograr una mejor negociación final, lo que a mi juicio era jugar con fuego. Desbordes zanjó el asunto representándole su jerarquía como presidente del partido. Donde manda capitán, no manda marinero. Por lo tanto, la decisión sería suya. Y en lo que a Evópoli respecta, el partido estaba adentro, al igual que la UDI, pese a las resistencias de Van Rysselberghe.

Cerca de las 20 horas las partes volvieron a reunirse para intercambiar los textos redactados con los términos del acuerdo, produciéndose un último momento de tensión que, en todo caso, sería rápidamente despejado. La propuesta de la oposición recogía los puntos convenidos, salvo por un "detalle": habían incorporado el plebiscito de entrada, pero con un quórum de tres quintos para la convención, desconociendo por completo lo conversado. El texto de Chile Vamos, por su parte, también ratificaba lo acordado, salvo por otro "detalle" no menor: si la convención no llegaba a acuerdo en alguna materia, seguiría rigiendo el texto vigente en ese punto, es decir, se incorporaba el quórum de dos tercios, pero se mantenía la Constitución actual como alternativa por defecto.

Como era de esperarse, ardió Troya por ambos costados. Mi teléfono se incendió al instante con furiosas llamadas. Desde Chile Vamos me recriminaron por haber confiado en mis contrapartes de la oposición. "Nunca debimos haberlo hecho", reclamaban indignados desde la UDI y RN. En la oposición tachaban de inaceptable la conducta de Chile Vamos. "Nos sentimos literalmente estafados", aseguró alguien. Harboe, Lagos Weber, Quintana, Walker: todos estaban furiosos.

Hubo que poner rápidamente paños fríos para evitar que el contratiempo pasara a mayores. Convenimos en que reescribieran los textos y volvieran a reunirse las partes, esta vez desde la buena fe y sin trucos de ninguna especie. Mientras tanto, un enjambre de cámaras y equipos de televisión abierta ya estaba transmitiendo en directo desde el ex Congreso el cierre de las negociaciones, poniéndole más adrenalina al momento.

Finalmente, la sangre no llegó al río. Luego de las correcciones correspondientes se pudo concordar un texto que fue trabajado a varias manos, aunque los principales aportes provinieron de la senadora Ena von Baer (UDI) y el diputado Miguel Crispi (RD), quienes trabajaron codo a codo en la redacción del documento definitivo. La tensa espera, que se prolongó más de la cuenta, generó un ambiente de ansiedad intensa en los salones de La Moneda. Mi oficina se había transformado en el centro de operaciones de Palacio. Hasta ahí llegaron Claudio Alvarado, Karla Rubilar y Felipe Ward, además de los integrantes de mi equipo ministerial; todos, esperando nerviosos el pronto desenlace de la telenovela constitucional.

Nuestros negociadores nos transmitieron unas últimas desavenencias antes de la firma oficial del acuerdo. Una de ellas fue el significado concreto de los dos tercios. Todos entendían que los acuerdos debían adoptarse por ese quórum, pero las discrepancias surgieron cuando se discutió el real alcance de la propuesta. ¿El texto completo se resolvería por dos tercios, como en el caso de Bolivia y Túnez, o la norma regiría artículo por artículo? Desde la izquierda también plantearon que había que incorporar normas especiales para los independientes, los pueblos originarios y de paridad de género. Al final se optó por no zanjarlos esa noche, ya que cada uno de esos puntos —todos complejos— podían trabar el cierre de las negociaciones. Dilatarlas más de la cuenta podía terminar significando el fracaso de todo lo alcanzado hasta ese momento.

El Partido Comunista intentó boicotear el acuerdo hasta el final. La diputada Karol Cariola acusó en sus redes que el acuerdo era un "arreglín", ya que el quórum de dos tercios terminaría transformando la convención en un "espejismo tramposo". La diputada Carmen Hertz, por su parte, posteó en su cuenta de Twitter que no era la oposición la que negociaba, sino la ex Concertación, que fraguaba un "arreglo impresentable". En la misma línea, Camila Vallejo aseguró que no serían parte de "cocinas".

Finalmente, pasada la medianoche me llamó Jaime Quintana para contarme que había salido humo blanco. "Hemos llegado a un acuerdo total, lo vamos a anunciar en los próximos minutos", me comentó con alivio y buen ánimo el presidente del Senado.

No aguanté más la emoción. Tuve que salir un segundo al patio de La Moneda a tomar un poco de aire y pensar. Pensar en lo mucho que había pasado. Hacer un recuento de las vertiginosas y dramáticas últimas 48 horas. Recordar que habíamos estado al borde del precipicio, y, de repente, casi de improviso, se nos había abierto una nueva oportunidad. Empezábamos a cerrar una puerta, la de las horas más aciagas de nuestra democracia, para abrir otra, inexplorada e incierta, que nos llevaría por un pasillo que sin duda sería estrecho. Escribiríamos una nueva carta magna que sería hija de estos tiempos recios. Opción que, pese a todo, significaba el triunfo de la democracia por sobre la revolución. Del diálogo por sobre la confrontación. La vía institucional en vez de la revuelta. Sería sin duda una vuelta larga, pero peor era no recorrerla.

Fue el primer momento de paz que sentí desde mi llegada a Interior.

A las 2:24 de la madrugada del viernes 15 de noviembre desde la Sala de Lectura del Congreso Nacional de Santiago, los presidentes de los partidos y jefes de bancada informaron al país del histórico acuerdo. La lectura del documento la realizó el presidente del Senado, Jaime Quintana, quien públicamente agradeció los esfuerzos del Gobierno representados "en la persona del ministro Blumel y el subsecretario Claudio Alvarado". Naturalmente, como estaba previsto de antemano, el acuerdo no fue suscrito por los comunistas ni por la facción más dura del Frente Amplio.

El documento de dos carillas y doce puntos fue titulado "Acuerdo por la Paz Social y la Nueva Constitución". En él se alude a la gravedad de la crisis social y política y, también, al llamado formulado por el presidente Sebastián Piñera, reconocimiento que con posterioridad sería sistemáticamente negado por la izquierda. A continuación, los firmantes del acuerdo comprometieron una salida institucional a la crisis, con el propósito de buscar la paz y la justicia social a través de un procedimiento "inobjetablemente democrático".

Luego se enumeran los doce puntos del acuerdo. El primero da cuenta del compromiso de los firmantes "con el restablecimiento de la paz y el orden público en Chile, y el total respeto de los derechos humanos y la institucionalidad democrática vigente". Posteriormente se describe el detalle del proceso constituyente concordado:

- Habría un plebiscito en el mes de abril sobre la base de dos preguntas: 1)¿Quiere usted una nueva Constitución? Apruebo o Rechazo, y 2) ¿Qué tipo de órgano debiese redactarla? Convención Mixta Constitucional o Convención Constitucional.

- El sistema electoral para los comicios de constituyentes correspondería al de los diputados, elección que se realizaría en octubre.

- El único objeto de la Convención sería la redacción de una propuesta constitucional, no pudiendo esta afectar las competencias y atribuciones de los demás órganos y poderes del Estado, ni tampoco alterar los quórums y procedimientos establecidos para su funcionamiento.

- El plazo máximo de funcionamiento de la Convención sería de doce meses.

- Por último, el proceso culminaría con un plebiscito ratificatorio con sufragio universal obligatorio, innovación que fue incorporada a último momento (y fue de las pocas disposiciones que no generaron mayores discusiones).

- Adicionalmente se dejó constancia de que se convocaría a una comisión técnica paritaria entre oficialismo y oposición, para la redacción de la reforma constitucional requerida para materializar el acuerdo.

Para la historia quedaría que el acuerdo finalmente fue suscrito por diez firmantes, nueve de los cuales eran presidentes de partido, desde la UDI hasta Comunes, siendo la última firma, casi al borde del texto, la del diputado Gabriel Boric Font, quien decidió suscribirlo en forma personal luego de que su partido optase por bajarse a última hora, tironeado por la arremetida de los comunistas[146].

Una vez terminada la lectura del documento, pasadas las tres y media de la madrugada, y luego de escuchar extensas alocuciones de todos los presidentes de partido, unos satisfechos, otros no tanto, fuimos a la sala de prensa de La Moneda a dar la versión oficial del Gobierno. "Esta es la hora de la buena política, del liderazgo, de la responsabilidad y del diálogo que construye acuerdos por el bien de Chile", declaré a los medios flanqueado por Felipe Ward y Karla Rubilar. Para el cierre agregué algo que quería creer en mi fuero interno. "Todos hemos escuchado, todos hemos aprendido".

---

146   El texto fue suscrito por Fuad Chahin, presidente de la DC; Álvaro Elizalde, del PS; Heraldo Muñoz, del PPD; Luis Felipe Ramos, del Partido Liberal; Catalina Pérez, de RD; Jacqueline van Rysselberghe, de la UDI; Mario Desbordes, de RN; Hernán Larraín Matte, de Evópoli; Javiera Toro, de Comunes; Carlos Maldonado, del PR; y Gabriel Boric, como persona natural.

Al llegar a mi casa, por primera vez en mucho tiempo pude dormir con total alivio. Se cerraba la noche en que, como lo titularía posteriormente la prensa, había triunfado la democracia. La verdad es que, como ministro del Interior, no volví a tener muchas noches como esa.

Las estelas del octubrismo

Si hay algo que los acontecimientos iniciados el 18 de octubre pusieron de manifiesto es que el Estado chileno no estaba preparado para enfrentar un levantamiento de esas proporciones e intensidad. Lo ocurrido demostró que no contábamos ni con los organismos ni con los medios para garantizar la plena vigencia del Estado de derecho. No estábamos preparados para contener la violencia. Tampoco para sancionarla. Y menos aún para anticiparla. Aunque quizás lo más grave, en función del coqueteo de buena parte de la sociedad con el desbande callejero, fue descubrir que no éramos una democracia tan fuerte ni con una conciencia cívica tan arraigada, al menos como lo suponíamos hasta ese momento[147]. Fue un periodo en el que estuvimos a merced del desvarío y la desmesura, en el que los límites conocidos parecieron desvanecerse bajo una borrachera nihilista y destructiva, etapa que con el paso del tiempo adquiriría nombre propio: *octubrismo*[148].

El acuerdo constitucional, es cierto, logró aquietar las aguas. Pero la verdad es que a fines del 2019 todavía estábamos lejos de haber recuperado niveles mínimos de normalidad. Los eventos graves relacionados con el orden público habían caído desde un promedio de 100 por día en octubre a cerca de 40 en noviembre. Fue un avance importante en términos objetivos, aunque en términos subjetivos seguía siendo muy insuficiente. En especial para nuestro sector, en donde la persistencia de la violencia resultaba intolerable. Y para el Gobierno, créanme, también lo era.

Nunca dejamos de tener conciencia de que el 18 de octubre había significado un grave deterioro de la capacidad del Estado para resguardar la seguridad en los espacios públicos. En cosa de semanas, las calles de las principales ciudades de Chile se volvieron tierra de nadie. Literalmente, ardieron bajo hordas furiosas que destruyeron todo lo que encontraron a su paso. El balance a mediados de noviembre era desolador. Más de la mitad de las estaciones del metro resultaron gravemente dañadas, de las cuales veintiuna fueron incendiadas. Cerca de mil buses de transporte público fueron vandalizados y alrededor de trescientos supermercados, saqueados.

---

147   Un buen ejemplo de aquello se puede apreciar en la encuesta del CEP de diciembre de 2019, tomada justo después del estallido social, en la que cerca del 40% justificaba la evasión del pago de transporte público como forma de protesta, mientras que casi un 20% lo hacía en el caso de las barricadas o destrozos (opciones siempre/casi siempre/a veces). A su vez, en la misma encuesta se observa que el 57% se oponía a que Carabineros usara la fuerza contra manifestantes violentos, cifra que aumentaba a 70% en el caso de las lacrimógenas, y a 81% en el caso de los perdigones de goma (opciones nunca/casi nunca).

148   Una buena descripción del fenómeno octubrista se puede encontrar en la columna del antropólogo Pablo Ortúzar "El Veneno Octubrista", publicada por La Tercera el 4 de septiembre de 2022. También vale la pena revisar la columna de José Joaquín Brunner "Octubrismo: entre la violencia y la política", publicada por El Líbero el 19 de octubre de 2022.

Otros trescientos establecimientos, entre bancos, farmacias, estaciones de servicios y edificios públicos, tuvieron daños o terminaron destruidos. Los ataques a cuarteles y funcionarios policiales se convirtieron en una práctica rutinaria. Comisarías en Peñalolén, Huechuraba, Padre Hurtado, Pudahuel y Puente Alto vivían asediadas por turbas premunidas de piedras, bombas caseras, fuegos artificiales y, con no poca frecuencia, armas de fuego. La violencia contra los funcionarios policiales era a toda hora y en todo momento, siendo uno de los episodios más impactantes y traumáticos el ataque con bombas molotov que sufrieron dos carabineras a inicios de noviembre, mientras intentaban contener a una muchedumbre enardecida en Plaza Italia, episodio que se viralizó a través de las redes sociales. La frustración y la rabia en los grupos de WhatsApp de los equipos de gobierno fue total. La imagen de las funcionarias envueltas por las llamas constituía el brutal reflejo de una violencia que estaba fuera de control, cuyo principal destinatario era Carabineros de Chile. En cosa de semanas, los muros de las principales ciudades de Chile se habían plagado de rayados alusivos al "Negro Matapacos"[149], el principal ícono de la revuelta, o a la sigla inglesa A.C.A.B. ("*All cops are bastards*"), lo que delataba la completa pérdida de respeto por la vida e integridad de los funcionarios policiales.

"Esta es una agresión salvaje, brutal y violenta contra dos mujeres que estaban cumpliendo con lo que les mandata la ley", declaré a la prensa a la salida del Hospital de Carabineros luego de visitar a María José y Abigail, de 25 y 20 años, respectivamente. Pese al *shock* causado por el criminal ataque del cual fueron víctimas —ambas sufrieron gravísimas quemaduras faciales—, ellas solo insistían en volver cuanto antes a sus labores de servicio. "Nuestros compañeros nos necesitan", fue lo que más me repitieron mientras las visitaba en el hospital institucional, mostrando un temple de carácter admirable. Aun así, resultaba deprimente constatar la irracionalidad del ataque contra estas dos jóvenes funcionarias. Quienes las atacaron, posiblemente jóvenes de edad similar, buscaron matarlas. Y si no murieron fue únicamente porque la rápida acción de sus colegas evitó lo peor. Pero el odio y la rabia se habían apoderado de la calle. Y las posibilidades de que algún evento desatara furias irreversibles estaba al alcance de una botella con bencina.

Impactante fue también el ataque que sufrió una patrulla de carabineros de Antofagasta, a la que intentaron quemar viva dentro de un furgón policial con bombas molotov lanzadas hacia el interior del vehículo. El episodio, ampliamente difundido por los medios, no pasó a mayores porque los tres funcionarios involucrados lograron escapar por la parte trasera del vehículo, pero mostró que la virulencia contra Carabineros era ya algo cotidiano. La virulencia estaba amparada, además, por representantes del mundo político, como el diputado comunista Hugo Gutiérrez, quien a los pocos minutos subió el video a sus redes sociales acompañado de la frase "Antofagasta la lleva".

---

149   Perro de pelaje negro y pañuelo rojo, que ganó notoriedad en las manifestaciones del 2011 por su actitud de amenaza permanente hacia los carabineros.

Pero quizás el momento más representativo de esa violencia contra Carabineros fue el incendio de su iglesia San Francisco de Borja, ubicada a un costado de la Alameda, en la calle Doctor Ramón Corvalán, durante los primeros días de enero. El templo, construido en 1876, tenía un profundo simbolismo para la institución. Ahí se realizaban las principales liturgias y se velaba a sus mártires. Era el lugar donde se realizaban los bautizos, matrimonios y oficios religiosos de las familias de los carabineros. Al día siguiente del siniestro, mientras visitaba los restos humeantes del templo, que además fue profanado por la turba con rayados y amenazas, pude constatar en primera persona el dolor que significaba para los integrantes de la policía. "Han quemado nuestra historia, ministro", comentó con desazón un integrante de la comitiva policial que me acompañó ese infausto sábado de verano.

Este tipo de hechos, que se repetía una y otra vez a lo largo del país, obviamente produjo un tremendo daño a la institución, pero sobre todo minó la autoestima y la moral de los 60 mil hombres y mujeres que componían la dotación de Carabineros de Chile. Así me lo reconoció llorando una joven integrante de las Fuerzas Especiales, que no debe haber tenido más de veinte años, durante un encuentro que sostuvimos con el presidente Piñera en la Escuela de Suboficiales en la comuna de Macul. Su desconsuelo quedó de manifiesto con una sola pregunta que no le supimos responder: "¿Por qué nos odian tanto?".

Era cierto que Carabineros acumulaba una serie de hechos graves que habían dañado la confianza en la institución, como el fraude orquestado por un grupo de altos oficiales, la Operación Huracán, el caso Catrillanca y ahora múltiples denuncias por abusos policiales en el marco de las protestas. Pero, por otro lado, también era cierto que, durante sus 93 años de vida, Carabineros había sido mayormente una institución querida y respetada, que formaba parte vital de nuestra historia, que le daba continuidad y presencia al Estado a lo largo del inmenso territorio nacional, que había entregado más de mil mártires al país, y que por mucho tiempo se volvió la institución más confiable y querida de todas. "Carabineros, un amigo en su camino" fue el lema que en su momento mejor resumió ese vínculo con la ciudadanía.

Las carencias de Carabineros

El cierre del año fue sin duda difícil, pero me sirvió para entender a cabalidad lo que estaba ocurriendo con Carabineros. Luego de mis primeros encuentros con el alto mando policial y, en especial, tras conversar con decenas de efectivos de las diversas comisarias y unidades policiales del país —los "carabineros de la calle", como se les suele decir—, pues me propuse visitar las comisarías con la mayor periodicidad posible, pude formarme un cuadro completo de los factores que nos estaban impidiendo avanzar en la recuperación del orden público.

En primer lugar, Carabineros no contaba con los medios mínimos para cumplir con sus labores. La mayor parte de su equipamiento estaba obsoleto o se había vuelto inservible tras el 18 de octubre. Desde todas las prefecturas del país nos reclamaban por las carencias del equipamiento disponible; la mayoría de los Tango Lima —los "guanacos", en jerga popular—, al igual que los Tango Romeo —los "zorrillos"—, tenían un par de décadas en el cuerpo y pasaban más tiempo en el taller de reparaciones que operando en las calles, situación que se había incrementado exponencialmente en los últimos meses.

Por supuesto que el ideal hubiera sido no tener que usarlos nunca, pero cuando hay una manifestación que se torna violenta la única forma de contener a la turba sin tener que recurrir a un enfrentamiento directo —algo que siempre se busca evitar, ya que resulta en extremo peligroso tanto para quienes se manifiestan como para los carabineros que intervienen— es recurriendo a estos medios disuasivos. En simple, si no hay agua o gases, solo queda la intervención cuerpo a cuerpo, lo que arriesga más violencia y situaciones que lamentar. Eso explica por qué tanto en Chile como en la mayoría de las policías del mundo estos medios forman parte de sus protocolos. Y es la razón también por la cual ninguno de los gobiernos de la Concertación o el de la Nueva Mayoría se propuso suprimirlos.

A tal punto llegaron las carencias en este ámbito que, en algún momento del verano, llegamos a tener casi todo el parque mecanizado en el taller de reparaciones. En Santiago, el epicentro de las manifestaciones, hubo un fin de semana en el que dispusimos de un solo lanzaguas. Sí, uno solo. Es decir, frente a dos eventos debíamos optar por cuál resguardar y cuál no, sin contar con que esa situación significaba dejar a La Moneda sin el mínimo de protección policial establecido en las reglas de seguridad del palacio presidencial. Para empeorar las cosas, hacia el término del verano un grupo de manifestantes logró quemar uno de los dos vehículos que quedaban disponibles en Santiago, reduciendo la capacidad operativa del parque policial a su mínima expresión.

Este tipo de limitaciones daba pie a otros problemas de orden más práctico. Si el parque vehicular ya era precario antes del 18 de octubre, después se volvió totalmente insuficiente debido a que buena parte quedó fuera de circulación fruto de los ataques de las turbas. Y sin vehículos suficientes, no había cómo transportar a los efectivos a los focos del vandalismo, lo que exacerbaba la falta de eficacia de la acción policial. Las carencias logísticas y operativas eran de todo tipo. El equipamiento, muchas veces, ni siquiera era el adecuado. Los escudos de protección, por ejemplo, no cubrían las zonas inferiores de los funcionarios de orden público, lo que les dejaba una enorme cantidad de lesiones en las zonas bajas del cuerpo. A eso había que sumar que las jornadas laborales en ocasiones se extendían por 18 o 20 horas, durante días sucesivos y sin mayores descansos, lo que produjo un aumento explosivo de licencias médicas por lesiones o estrés.

En el verano tuvimos que limitar —en algunos casos, incluso prohibir— las vacaciones del personal policial porque no dábamos abasto. Sabía que la medida era injusta, casi inhumana, porque habían hecho un esfuerzo titánico en los últimos meses. Pero no teníamos muchas alternativas. La situación era tan grave que, con el general Ricardo Yáñez, jefe de la Dirección Nacional de Orden y Seguridad, tuvimos que recurrir a nuestra máxima creatividad para cubrir los déficits, adelantando los egresos en las escuelas de formación policial, mandando a terreno a quienes estaban en la Academia Policial realizando sus cursos de perfeccionamiento, e incluso reincorporando a personal en retiro que ya había dejado la institución. El anuncio de esta última medida provocó en redes sociales una ola de memes entre simpáticos y canallescos.

El reflejo más evidente de la precariedad con que estábamos enfrentando el duro momento fue que nos vimos en la obligación de ampliar el contingente de Fuerzas Especiales —aquel que cuenta con la preparación y los medios para el manejo del orden público— desde 1.200 a más de 20.000 efectivos durante los días más álgidos de octubre y noviembre. En la práctica, todo el contingente policial disponible tuvo que salir a la calle, sin contar con la preparación ni el equipamiento adecuado, por efecto de circunstancias a la vez imposibles e impensadas. Con la violencia desbordada, no había otra opción.

Sin inteligencia

Otro aspecto que debimos asumir era que estábamos operando casi a ciegas, ya que nuestro sistema de inteligencia demostró su total inoperancia. Los informes de la Agencia Nacional de Inteligencia (ANI) no solo no previeron el 18 de octubre, sino que abundaban en generalidades y lugares comunes poco valiosos como insumos para anticipar los sucesos que nos golpeaban una y otra vez. Al final era más efectivo bucear en redes sociales que en los informes que recibíamos. Estos solo predecían lo evidente: los viernes de Plaza Baquedano, que se habían vuelto rutina, y ciertos hitos donde no había que ser mago para anticipar que tendríamos problemas. Como el caso del fútbol, donde el desarrollo de los partidos dependía del humor de las barras bravas, a tal punto que el campeonato nacional tuvo que cancelarse anticipadamente por la evidente incapacidad de Carabineros de brindar la más mínima protección policial a los encuentros, lo que curiosamente favoreció a los equipos grandes: la UC logró el bicampeonato, Colo-Colo clasificó a Copa Libertadores y la U zafó del descenso.

Mientras mayor era la masividad o visibilidad de los eventos, más grande era el riesgo de tener episodios de vandalismo. En eso no había ningún misterio. La mayor parte de las convocatorias eran hechas por las redes sociales con el objeto de impedir en todo lo posible el normal funcionamiento de las actividades. El fútbol, los conciertos, las carreteras, cualquier instancia era útil para hacer ver que el estallido seguía más vivo que nunca. Y la prueba más dura aún estaba por venir. Lo sabríamos pronto con el accidentado desarrollo de la Prueba de Selección Universitaria.

La inteligencia policial tampoco era un gran aporte para enfrentar las circunstancias que vivíamos. En el caso de la PDI, su fortaleza estaba en el conocimiento de las redes asociadas al crimen organizado, sobre todo al narcotráfico, que si bien tenía ciertos vínculos con los hechos de violencia posteriores al estallido, no era el actor protagónico de los desórdenes callejeros. Sus fuentes y sus informantes pertenecían al mundo criminal, relevante pero secundario en las protestas. En el caso de

Carabineros, sus sistemas de inteligencia habían sido desmantelados luego del Caso Huracán —aquel episodio en el que funcionarios policiales y de la fiscalía se confabularon para montar pruebas falsas en contra de comuneros mapuches—, por lo que no contaban con un sistema eficaz de fuentes abiertas o cerradas que nos permitiera anticipar los hechos o aumentar la efectividad del trabajo policial.

Una de las pruebas más evidentes de lo despistadas que estaban nuestras agencias de inteligencia fueron los reportes sobre la participación de agentes extranjeros durante el estallido social. Los análisis provenientes de las Fuerzas Armadas diferían en ciento ochenta grados de los análisis policiales. Mientras los primeros aseguraban la presencia de agentes foráneos, sin mediar pruebas sustantivas, los segundos descartaron completamente la injerencia foránea, cosa que además parecían ratificar los datos. Menos del 2 a 3% de los detenidos en las protestas correspondían a extranjeros, cifra muy inferior a la proporción de extranjeros residentes en el país.

Para Carabineros, pero especialmente para la PDI, el 18 de octubre era un producto completamente local, como me lo ratificaron en varias ocasiones. Lo poco que sabíamos era que en las manifestaciones participaban colectivos de composición heterogénea —estudiantes secundarios y universitarios, barristas, anarquistas y colectivos de ultraizquierda de diversa índole— coordinados en forma bastante inorgánica y difusa por grupos nostálgicos de la revolución —en general, exfrentistas, exlautaristas y exmiristas— que, como me lo reconoció un alto dirigente de centroizquierda, en la era concertacionista eran vistos como un producto anecdótico de la transición más que como una amenaza real para la democracia.

Lo que sí era un hecho de la causa es que con posterioridad al estallido social empezaron a constituirse una serie de entidades cuyo propósito era agudizar la protesta callejera, como la Coordinadora 18 de Octubre y Radio Plaza de la Dignidad, que llamaban sin cesar a caceroleos y jornadas de agitación a través de las redes sociales, de preferencia Instagram, Facebook, WhatsApp y Telegram. El corazón de la revuelta, como la denominaban, estaba sobre todo en la Región Metropolitana, pero también latía con fuerza en Valparaíso, Biobío y especialmente en la región de Antofagasta. En esta última había dos sectores, Cachimba del Agua y Bonilla, que demostraban ser de los más combativos del país. Mediante unos elaborados videos difundidos en las redes sociales, registraban sus enfrentamientos con Carabineros con una épica revolucionaria que discurría al ritmo del *hip hop*.

El festín de la impunidad

El punto que mayor desmoralización causaba en el aparato de seguridad pública era la falta de herramientas legales para combatir el vandalismo y los desórdenes públicos. Este tipo de delitos hasta antes del 18 de octubre eran más bien ocasionales y ocurrían solo un par de veces al año, por lo general en el Día del Joven Combatiente, el Día del Trabajo, el 11 de septiembre y no mucho más. Por lo mismo, no tenían tipificaciones precisas ni penas demasiado severas. Como me lo reconoció un joven funcionario policial de la subcomisaría de Padre Hurtado, tenía poco sentido intervenir si al día siguiente los detenidos serían nuevamente puestos en libertad, sin mayores sanciones por parte de los tribunales. Escuché algo similar, varias veces, en distintos lugares: "Ministro, me juego el pellejo deteniendo a los vándalos y al día siguiente el mismo cabro chico está en la barricada cagado de la risa".

El fondo del asunto era sencillo. Los delitos "hijos de la calle" —barricadas, cortes de ruta, saqueos, lanzamiento de objetos contundentes a las policías— no contaban con fórmulas efectivas de sanción. Alterar el orden público salía prácticamente gratis. Y eso generaba un doble efecto que resultaba muy pernicioso. Por una parte, no disuadía a quienes los cometían. Sabían que el costo de ser detenido por la policía era mínimo. Y, por otra, tampoco motivaba a Carabineros ni a fiscales a aprehenderlos ni a perseguirlos penalmente. El costo de hacerlo era mucho mayor que el beneficio asociado. Incluso los jueces, quienes históricamente han sido tildados de garantistas, tenían poco que hacer en estos casos. Las barricadas, por ejemplo, se consideraban como desórdenes menores debido a la baja pena estipulada (61 a 540 días de presidio), situación comprensible en otros tiempos mas no en los actuales, donde el perjuicio causado por este tipo de delitos estaba resultando muy costoso. Los grupos vandálicos habían logrado paralizar el país a punta de barricadas, tanto que los gremios del transporte venían amenazando con irse a paro debido a la inseguridad de las rutas, lo que no solo estaba produciendo riesgos de desabastecimiento en distintas localidades. Los cortes de caminos estaban costando vidas debido a los accidentes fatales que se estaban produciendo, como ocurrió con un conductor en Caldera, que murió en la Ruta 5 tras volcar su camión al no poder esquivar una barricada[150].

El caso de los saqueos era distinto. Estos comúnmente se tipificaban como robo en lugar no habitado y las penas no eran del todo bajas: presidio menor en sus grados medio a máximo (541 días a 5 años). Sin embargo, para su tipificación se requerían hechos concurrentes como el escalamiento, el uso de llaves falsas o la fractura de puertas, lo que raramente se configuraba en los saqueos posteriores al 18 de octubre. Eran solo turbas que asaltaban e incendiaban los comercios, a veces en forma coordinada, a veces en forma más espontánea. Otras acciones, como la interrupción de rutas, el lanzamiento de objetos contundentes en la vía pública o el obligar a los conductores vehiculares a detenerse y descender de sus vehículos, no tenían tipificación ni sanción alguna.

Estos factores, más las atenuantes propias del proceso penal, volvían irrelevante la acción penal del Estado. Los casos más graves recibían casi siempre cautelares irrisorias, como firma mensual o arresto domiciliario nocturno, lo que no solo dejaba

---

150   Hubo otros casos similares. En San Fernando, el 21 de octubre, falleció una persona y 16 resultaron heridas luego de un accidente de un bus de dos pisos causado por el intento del conductor de esquivar una barricada. En Calama, el 12 de noviembre, se produjo un atropello fatal debido al intento del conductor de un vehículo particular de atravesar una barricada interpuesta por manifestantes. En la salida sur de Arica ocurrió algo parecido el 21 de noviembre, falleciendo un menor de 13 años.

sin reproche penal este tipo de delitos, sino en la indefensión a millones de compatriotas que, o bien los contemplaban horrorizados, o bien sufrían en carne propia la acción impune de los grupos vandálicos que asolaban el país.

Un problema más profundo y complejo era la ambigüedad de diversos sectores frente a la violencia. Era el caso de parte importante de la academia, de la intelectualidad, de los medios, de la dirigencia sindical y de varios colegios profesionales. Esa laxitud, por decirlo eufemísticamente, era aún más grave en el caso de la izquierda más militante, donde el flirteo político e intelectual con el fenómeno revestía caracteres de franca complicidad. La violencia, en simple, se romantizó.

Las pruebas de aquello eran múltiples: nunca las condenas eran tajantes ("son acciones legítimas de desobediencia civil"); siempre había una justificación contextual ("es una respuesta a décadas de abuso"); no pocas veces el apoyo era explícito ("cómo quieren que no lo quememos todo"); y, como regla general, no se dejó jamás de socavar el trabajo policial ("ya no basta con reformar, llegó la hora de refundar")[151].

La prueba más palmaria de lo anterior fue que, a partir de octubre de 2019, el vandalismo callejero adquirió un nuevo estatus. Quienes fueron aprehendidos en ese contexto se transformaron, de un momento a otro, en "presos políticos de la revuelta", quizás la mayor expresión del desvarío octubrista que se apoderó de parte importante del arco político del país.

Reconstruyendo la ANI

Durante esos mismos días nos abocamos a la reconstrucción del sistema de Inteligencia. Chile nunca había tenido una institucionalidad adecuada en este frente. Los traumas heredados de la dictadura hicieron tal mella en las huestes concertacionistas que, salvo excepciones, nunca estuvieron dispuestas a montar un sistema moderno de inteligencia como el existente en las democracias avanzadas. Tenerlo es indispensable para protegerse de amenazas como el terrorismo, el crimen organizado o el cibercrimen, riesgos a los que evidentemente no estábamos inmunes.

El único esfuerzo atendible en democracia, además de La Oficina[152], fue la creación de la Agencia Nacional de Inteligencia (ANI), estructura insuficiente para lo que se necesitaba ahora.

---

151   Un buen recuento de declaraciones en redes sociales de dirigentes del FA y el PC se puede encontrar en una nota de La Tercera del 17 de octubre de 2022, titulada "Los tuits que emplazan a Carabineros y exautoridades que incomodan al Gobierno".

152   Unidad constituida por Patricio Aylwin luego del asesinato de Jaime Guzmán, en abril de 1991, para desarticular al Frente Patriótico Manuel Rodríguez Autónomo y al Movimiento Juvenil Lautaro, que tras el retorno a la democracia se negaron a abandonar la lucha armada.

La ANI, cuyos orígenes se remontaban a inicios del Gobierno de Lagos, se dedicaba más que nada a recopilar información de fuentes abiertas, sobre todo de redes sociales, y tenía una estructura pesada y burocrática, plagada de operadores políticos dejados por los distintos gobiernos de turno. Contaba con poco y nada en fuentes cerradas y tecnologías de punta, como uno podría haber esperado de una agencia del Estado dedicada a labores de inteligencia. Sus reportes, que había conocido durante Piñera 1, cuando encabezaba el Segundo Piso, por lo general alertaban puras vaguedades. Y, como quedó demostrado, sin un buen sistema de inteligencia estaríamos siempre a merced de grupos radicalizados, provenientes del extremismo político, el anarquismo, las barras bravas y la delincuencia organizada.

Aunque era de amplio consenso que se necesitaba una nueva ley de inteligencia —la iniciativa formó parte del Acuerdo Nacional por la Seguridad Pública de 2018— no podíamos quedar a merced de la burocracia legislativa para empezar a avanzar. El texto se encontraba en el Senado en su primer trámite constitucional, horneándose a fuego demasiado lento, y era evidente que en la Cámara de Diputados terminaría entrampado por las presiones del FA y el PC[153].

Una de las primeras medidas que propuse al Presidente fue renovar a fondo la cúpula de la ANI. Necesitábamos reestructurarla por completo, dotándola de gente capaz y tecnologías modernas para el trabajo de inteligencia. Sin embargo, el problema no era sencillo de resolver. Chile era un país donde, más allá de los riesgos habituales del crimen organizado, no se sabía de grandes amenazas a la seguridad pública. O al menos eso era lo que se creía, en forma algo voluntarista, hasta octubre de 2019. Descontando la dramática realidad de la Araucanía, se suponía que Chile era un país seguro. Por lo mismo, no contábamos con una comunidad de inteligencia robusta, como ocurre en los países desarrollados en los que amenazas internas, como el terrorismo, el cibercrimen y las mafias, al igual que las contingencias externas asociadas a los riesgos bélicos, configuran un paisaje cotidiano que exige el desarrollo de esas capacidades. En nuestro país, salvo uno que otro analista de ocasión, no teníamos demasiados expertos en la materia. En retrospectiva, todo esto resulta sorprendentemente ingenuo.

"Busca en la Armada y la PDI, son los únicos que saben de inteligencia", fue lo que me sugirieron varias personas a las que consulté en esos días. Dicho y hecho: poco después, nombramos a Gustavo Jordán a cargo de la ANI. Vicealmirante (R) y exdirector de inteligencia de la Armada, el nuevo director asumió con un mandato claro:

---

153   El boletín 12.234 que "Fortalece y Moderniza el Sistema de Inteligencia del Estado" introduce una seria de modificaciones a la ANI y al Sistema de Inteligencia del Estado (SIE). Dispone la creación de un Consejo Asesor de Inteligencia, establece el diseño de una Estrategia Nacional de Inteligencia, potencia las atribuciones del director de la ANI para requerir información, permite la posibilidad de reclutar agentes encubiertos propios, incorpora al SIE a las unidades de Gendarmería y Aduanas, así como a la Unidad de Análisis Financiero y al SII, entre otras materias. El proyecto fue ingresado al Congreso en noviembre de 2018; fue aprobado por el Senado en enero de 2020 y, desde entonces, se encuentra en trámite en la Cámara de Diputados.

modernizar en forma urgente la agencia, y dotarla de equipos y tecnologías apropiados para su función. Junto con Jordán se incorporaron figuras de experiencia y trayectoria, como Manuel Leiva, exdirector de Inteligencia de la PDI, y Alan Nettle, quien también había sido director de Inteligencia en la Armada.

Desde la primera reunión que tuve con Jordán, un hombre culto y reservado, me dejó claras las precariedades de la ANI. Una dotación pequeña, de 135 personas, poco preparada y obsoleta, con un presupuesto muy limitado, al punto de que tuve que hacer urgentes gestiones con el Ministerio de Hacienda para materializar un indispensable aumento de recursos, que se destinaron a tecnologías y a herramientas propias de la inteligencia como la *Deep Web*, *softwares* de geolocalización y reconocimiento facial[154]. Dentro del plan de reestructuración empezamos a mirar experiencias foráneas exitosas, como los casos del Reino Unido e Israel. En esto, más que inventar la rueda, necesitábamos saber cómo se hacía la pega. Y eso significaba, sobre todo, tener algunas certezas sobre quiénes estaban detrás de las protestas post 18 de octubre (¿barras bravas?, ¿anarquistas?, ¿subversivos?, ¿extranjeros?, ¿la suma de todas las anteriores?), entender sus motivaciones (¿políticas?, ¿sociales?, ¿filosóficas?) y anticipar sus próximos movimientos.

Lo que sabíamos hasta ese entonces brindaba muy pocas luces. De las 14 mil personas detenidas en los primeros meses de las protestas, alrededor de 500 eran extranjeras, cifra que, si bien llamaba la atención, representaba solo el 3,5% del total, menos de la mitad de la proporción de la población extranjera en Chile. Los registros indicaban también la presencia de algunos anarquistas (16 casos) y barristas (39 casos), quienes en su mayoría contaban con un amplio y nutrido prontuario de detenciones previo al estallido, por delitos de diversa consideración como hurtos menores, tráfico de drogas y desórdenes públicos. En suma, nada muy sustantivo como para ser concluyentes.

Por esos días también removimos al responsable del área de Inteligencia de Carabineros. Asumió la dirección del área el general Luigi Lopresti, oficial con amplia experiencia en el mundo de la Inteligencia policial, quien además contaba con cursos de especialización sobre crimen organizado y terrorismo en el FBI y en España.

Semanas más tarde, el Gobierno volvió a tomar conciencia de lo que significaba no tener un área de inteligencia completamente profesionalizada. Ocurrió luego de que trascendiera a la prensa un informe en base a *big data* preparado por una empresa

---

154   El presupuesto de gastos de la ANI aumentó un 15% en términos reales, pasando de 8.031 a 9.245 millones de pesos entre 2019 y 2020, siendo el mayor aumento los recursos destinados a programas informáticos: crecieron de 25 a 1.740 millones en ese periodo.

española, Alto Data Analytics, que identificó tráficos sospechosos a nivel de redes sociales en los días del estallido. Ese informe había llegado a la ANI a través de un contacto gestionado por el Grupo Quiñenco[155].

El reporte en cuestión analizaba las campañas de desinformación digital y de influencia en el marco de las protestas, a partir de la caracterización de cinco millones de autores únicos que habían generado más de 60 millones de comentarios, apuntando a grupos de influencia provenientes de fuera de Chile, venezolanos y rusos, además de ciertas comunidades o *influencers* de las redes sociales. Estos iban desde fanáticos del *K-Pop* a líderes deportivos, pasando por cantantes y actores. El informe también describía la actividad de "*bots* o usuarios con actividad anómala", identificando a más de 11 mil, en su mayoría cuentas creadas poscrisis, además de un sinfín de grupos de Telegram, WhatsApp y Facebook, varios localizados en el exterior, destinados fundamentalmente a estimular las protestas. El contenido evidenciaba que cerca del 20% de las interacciones contrarias al Gobierno estaban localizadas fuera del territorio nacional, con casos emblemáticos como el de la cadena estatal venezolana Telesur y el canal de televisión ruso Actualidad RT. Junto con ello, también se consignaba "el uso de algoritmos, con *bots* automatizados o humanos, y de otras técnicas para distribuir masiva e intencionalmente información engañosa a través de las redes sociales".

En fin, era un estudio que merecía alguna consideración. No parecía un despropósito ponerlo a disposición de la ANI. El problema fue que por esos mismos días arreciaba una polémica entre el Gobierno y el Ministerio Público, a raíz de unas declaraciones del fiscal Manuel Guerra, quien se permitió desmentir al Presidente Piñera respecto de una eventual injerencia extranjera en las jornadas de protesta.

Con ese telón de fondo, intenté zanjar el asunto durante un Consejo de Seguridad Pública que sostuvimos en el Ministerio del Interior, en el que por ley debía participar el fiscal nacional Jorge Abott, entregándole personalmente una copia del reporte. Pero no pasaron ni tres días cuando apareció íntegramente filtrado por *La Tercera*, medio que publicó una nota poniendo el foco en los aspectos más anecdóticos del documento, lo que generó un completo bochorno para el Gobierno.

Poco tiempo después también se conocería la forma en que el documento había llegado a manos de la ANI, y la controversia aumentó. No nos quedó más que publicar un comunicado desde la Subsecretaría del Interior, precisando la forma en que habíamos accedido al informe y reiterando que no había sido ni encargado ni financiado por el Gobierno de Chile. Un fiasco total.

---

155   Esta empresa, holding del grupo Luksic, lo había encargado luego de que sus oficinas fueran escenario de un frustrado atentado terrorista contra el exministro del Interior, Rodrigo Hinzpeter, en julio de 2019.

Visto a la distancia, sigo creyendo que era razonable entregar al Ministerio Público dicho informe, como complemento a las indagatorias que —quiero suponer— se venían realizando. No era gran cosa, pero aportaba algunos antecedentes que podían ser de interés, sobre todo en lo relacionado con las formas de coordinación de los grupos que venían promoviendo las protestas. Sin embargo, la tensión del momento nos hizo cometer errores completamente evitables, como el no haber reconocido desde un primer momento el origen del documento o el haber usado un lenguaje en extremo hiperbólico para describirlo, con el ánimo, básicamente, de contener las críticas que venían lloviendo sobre el Presidente debido la tesis de la injerencia extranjera. En rigor, esta tesis nunca terminó de cuajar, pese a que fue alimentada por informes de inteligencia provenientes de Defensa, que, más que contener datos precisos sobre los orígenes del estallido, por lo general especulaban de manera muy poco concluyente sobre el asunto[156].

El amargo episodio, sin embargo, nos dejó algunas lecciones. La principal fue la necesidad de ser prudentes, la virtud cardinal de la política. Era demasiado poco lo que sabíamos de las causas del estallido como para entusiasmarnos a la primera. Y, en cualquier caso, parecía ser un fenómeno de origen más endógeno que exógeno. A partir de ese momento la tesis de la injerencia extranjera fue perdiendo fuerza ante la falta de evidencia concluyente. En adelante, el foco de las investigaciones y de la acción penal del Estado se concentraría más que nada en la dimensión local del conflicto.

El *blooper* del informe *big data* también nos permitió constatar que la Fiscalía no sería un gran aliado para detener la crisis. El Ministerio Público parecía mucho más preocupado de sortear las críticas que de perseguir a los verdaderos responsables de los delitos cometidos. En el fondo, estábamos solos, con nula capacidad de Inteligencia, sin un diagnóstico fiable sobre los orígenes de la violencia, con Carabineros de Chile debilitado y con un ente persecutor que no parecía dispuesto a meter los pies al barro. Éramos un Estado sin cerebro ni músculo y con escasas manos para contener el descontrol.

---

156   El propio mandatario reconocería tiempo después, en su declaración del 19 de julio de 2021 ante la Fiscalía de Valparaíso en la causa por lesa humanidad, que el Ministerio de Defensa le había proporcionado antecedentes, en base a informes de la Unidad de Inteligencia del Ejército, sobre ciudadanos extranjeros que habrían hecho ingreso al país, "principalmente cubanos y venezolanos, que podrían haber participado en hechos de violencia". Ante la pregunta de si la información fue relevante en las decisiones adoptadas por el Gobierno, Piñera aseguró que "la única decisión adoptada fue poner dichos antecedentes a disposición del Ministerio Público", agregando para ello una motivación muy sencilla: "He aprendido a ser prudente con ese tipo de informes".

La ley antisaqueos

Junto con encender los motores del sistema de Inteligencia del Estado, nos abocamos a impulsar cambios legislativos para hacer más eficaz el trabajo del sistema
penal —policías, fiscales y jueces—, ampliamente superado por el desborde delictual
que trajo aparejado el estallido. Teníamos claro que nuestras normas tenían falencias evidentes que impedían o hacían poco efectiva la protección del orden público.
Ello nos llevó a priorizar tres iniciativas mediante el uso de urgencias legislativas: las
leyes antisaqueos, antiencapuchados y de protección de la infraestructura crítica. Al
poco andar, se transformaron en el epicentro del debate político, lo que generó una
cuña entre los sectores moderados de centroizquierda y la izquierda más dura, partiendo aguas al interior de la oposición.

En el fondo, buscábamos contar con normas más efectivas para el resguardo del
orden público, pero también sirvió para generar un debate respecto a la postura de
cada sector frente al vandalismo. Al votar las leyes había que tomar partido. O se
estaba a favor o se estaba en contra de la violencia. No había espacio para ambigüedades.

El primer *round* fue la ley antisaqueos, que en realidad consistía en un amplio catálogo de sanciones para quienes alteraran la paz pública mediante la violencia callejera. La norma no solo aumentaba las penas en el caso de los saqueos, sino que
también engrosaba las sanciones en los casos de barricadas, cortes de tránsito y lanzamiento de objetos contundentes en la vía pública, entre otros delitos. El objetivo
era dotar a policías y fiscales de un estatuto más eficaz para la persecución de estos
ilícitos. A esas alturas, las barricadas y cortes de ruta estaban haciendo casi imposible la libre circulación por las carreteras y ciudades. La gente, incluso quienes apoyaron el estallido al inicio, ya lo estaba comenzando a sentir. Solo entre noviembre y
diciembre se registraron más de 1.200 episodios a nivel nacional que causaron graves
trastornos, accidentes y problemas de abastecimiento que tenían a los transportistas
al borde del colapso.

La primera decisión estratégica, que a la postre resultó fundamental, fue presentar
la norma no como mensaje presidencial, sino como indicación a una moción parlamentaria transversal que venía tramitándose en la Cámara de Diputados[157]. No fue
fácil convencer al Presidente de esa movida, pues consideraba que con este procedimiento cedíamos el protagonismo, pero era lejos la alternativa más viable para sacar
adelante la ley. ¿Por qué? Cualquier texto presentado por el Ejecutivo que llevase la
firma del mandatario, por el solo hecho de llevarla, sería rechazado por el conjunto
de la oposición. En vez de dividirlos, terminaríamos uniéndolos.

---

157   Boletín 13.090, ingresado a trámite el 25 de noviembre de 2019 por los diputados Miguel
        Ángel Calisto (DC), Gonzalo Fuenzalida (RN), Marcela Sabat (RN), Gabriel Silber (DC) y
        Matías Walker (DC).

Presentar la norma como indicación tuvo un efecto inmediato. Fue aprobada con amplio consenso en la Comisión de Seguridad de la Cámara por nueve votos a favor y tres abstenciones, pasando a la sala a inicios de diciembre. El debate ahí fue muy intenso, no tanto entre el Gobierno y la izquierda, como era de suponer. El foco del conflicto se trasladó al interior del Frente Amplio, ya que, en un giro sorprendente, varios de sus parlamentarios votaron a favor de la idea de legislar. Esto causó una fuerte polémica con comunistas y frenteamplistas duros, quienes consideraban una herejía apoyar la norma.

Luego de un áspero debate la ley fue aprobada con 127 votos a favor, 7 en contra y 13 abstenciones, contando con apoyos transversales desde la DC al FA. La principal sorpresa fue el voto favorable de los diputados Gabriel Boric y Giorgio Jackson, dos emblemas de las protestas estudiantiles. Si bien ambos rechazaron varias normas específicas durante la discusión en particular, siendo la más debatida la que sancionaba las barricadas, que de todas formas se aprobó con 83 votos favorables, el punto estaba políticamente ganado. Pudimos despachar el texto con amplio respaldo y, de forma simultánea, abrir un fuerte conflicto al interior de la izquierda. Y mientras mayores eran sus conflictos, mayores eran nuestros alivios.

Por supuesto, la pasada de cuentas entre ellos luego de la votación fue cruenta. Los frenteamplistas que votaron a favor se dieron trescientas vueltas de carnero en las redes sociales para explicar su votación intentando aplacar las funas virtuales, cosa que por cierto no lograron. Las críticas en Twitter no se hicieron esperar, estimuladas en buena medida por Pamela Jiles y otros parlamentarios opositores al proyecto, quienes cuestionaron con dureza la votación. "Mientes y eres una mala persona", le disparó a Boric a través de las redes sociales. La presidenta de Comunes, Javiera Toro, reconoció que aprobar ese tipo de proyectos era algo grave, mientras que el Consejo Político Nacional de Revolución Democrática admitió que la votación constituía un error político, dejando sin piso a sus parlamentarios que habían apoyado el proyecto.

La conmoción en el Frente Amplio fue inmensa. Apenas 24 horas después de la votación, Boric y Jackson hicieron un sentido *mea culpa*, tipo purga estalinista, comprometiéndose a hacer todo lo posible por revertir en el Senado lo sucedido en la cámara baja. "Es necesario poder revisarse y hacer una autocrítica", fue el *harakiri* del diputado magallánico. "Nos equivocamos", lamentó compungido a su vez el diputado por Santiago. La presión de sus bases y de las redes sociales había sido demasiado para ellos.

Cerca de un mes después, el Senado despachó la ley antibarricadas con algunos cambios en el texto, pero preservando lo sustantivo. Incluso ciertos aspectos del proyecto fueron endurecidos, como el caso de las sanciones por saqueo en contexto de "calamidad pública o alteración del orden público", cuyas penas máximas privativas de libertad pasaron de cinco a diez años. La iniciativa fue aprobada con un amplio respaldo en la cámara alta. En la votación en general solo hubo dos votos en contra (Juan Ignacio Latorre y Alejandro Guillier) y dos abstenciones (Isabel Allende y Adriana Muñoz).

Finalmente, tres días después, la sala de la Cámara de Diputados despachó a ley el proyecto en el tercer trámite, ratificando el texto propuesto por el Senado y evitando de paso la temida comisión mixta con que nos había amenazado el Frente Amplio, con el propósito de entrampar la tramitación legislativa y enmendar su votación del primer trámite. La propuesta definitiva fue aprobada por escaso margen; otra vez fueron votos DC, radicales e independientes —catorce, para ser más específicos— los que permitieron dar curso a una norma que, en términos simbólicos, significó un importante triunfo político para el Gobierno, que se la había jugado por completo para aprobar esta iniciativa.

Una derrota, en cambio, no solo nos hubiera impedido contar con herramientas más eficaces para la sanción de este tipo de delitos. Lo que estaba en juego era una definición más de fondo respecto de lo que entendíamos por democracia. Aprobar la ley antibarricadas marcaba una clara línea divisoria entre lo que era permisible y lo que no. Era la validación de la violencia y la coacción como medios para ciertos fines o el reconocimiento de que hay fronteras que bajo ninguna circunstancia pueden ser traspasadas.

Es cierto que no pudimos sacar adelante toda la agenda de seguridad pública. Tanto la norma sobre protección de infraestructura crítica como la ley antiencapuchados, pese a avanzar en su tramitación, quedaron trabadas en distintas instancias legislativas[158]. En cualquier caso, logramos instalar un debate que para nosotros era crucial. Y al menos eso podíamos sentirlo como un pequeño triunfo. Porque, en definitiva, lo que se zanjó en el Congreso fue que no hay razón alguna que pueda justificar la violencia de parte de grupos particulares. Por más loable que sean los fines, quedó establecido que las reglas de la democracia no admiten los saqueos, el vandalismo ni el pillaje.

El asunto, de todos modos, no quedó allí. En un último intento y desesperado intento por enmendar su votación, el Frente Amplio anunció que recurriría al Tribunal Constitucional, alegando que la norma vulneraba ciertos derechos fundamentales, cosa que era, sobra decirlo, de una hipocresía total. Por una parte, cuestionaban el rol del TC, al cual acusaban cada vez que podían de actuar como tercera cámara, y por otra no dudaban en acudir a él cuando les convenía.

Sin embargo, en una jugada final logramos evitar el bloqueo por parte del Frente Amplio apurando los oficios promulgatorios con nuestra gente en Valparaíso. Las diligencias requirieron oficios, raudos vehículos fiscales, coordinaciones telefónicas,

---

158   La Ley de Protección de la Infraestructura Crítica (Boletín 13.086), fue aprobada por el Senado en enero de 2020 y después fue rechazada por la Cámara de Diputados en septiembre de 2020. Actualmente se encuentra en Comisión Mixta. La Ley Antiencapuchados (Boletín 12.894), correspondiente a una moción parlamentaria de los senadores Felipe Kast, Andrés Allamand, Felipe Harboe, José Miguel Insulza y Víctor Pérez, fue aprobada en su idea de legislar el 27 de noviembre por 22 votos a favor, 11 en contra y 2 abstenciones.

mensajes urgentes y múltiples timbres y firmas. Eso nos permitió enviar los decretos promulgatorios a Contraloría apenas tres horas después de la aprobación final del proyecto de ley, clausurando con ello la posibilidad de recurrir al Tribunal Constitucional, norma que al parecer los noveles frenteamplistas desconocían. Después acusaron que el trámite exprés, ya consumado totalmente dentro de la legalidad, era una jugada sucia por parte del Gobierno. "Niños", fue el comentario que me hizo Claudio Alvarado mientras caminábamos por el Patio de Los Cañones, con su clásica mueca irónica. "Niños", pensé yo, taimados e incapaces de encajar una derrota.

Derechos humanos

Apenas asumí en el Ministerio del Interior supe que, más allá de las urgencias y premuras, la crisis tenía tres dimensiones fundamentales —la política, la del orden público y la de los derechos humanos—, todas relacionadas entre sí, aunque cada una con sus propias complejidades.

Es decir, no solo sería el responsable de intentar consensuar una salida institucional. También tendría que encargarme de contener la ola vandálica que asolaba al país, junto con asegurar el pleno respeto por los derechos humanos en las actuaciones de las fuerzas policiales, que venían siendo cuestionadas desde distintos frentes en los diez días transcurridos desde el inicio del conflicto.

Era evidente que el tema se había vuelto un revulsivo que hacía aún más difícil la tarea de encauzar la crisis. El ambiente, ya crispado, estaba tensionado por denuncias de todo tipo, algunas muy plausibles y otras totalmente inverosímiles, lo que hacía que el asunto fuera muy complejo de calibrar. ¿Se había desatado una ola de violencia y vandalismo a partir del 18 de octubre? Sí, por supuesto, absolutamente[159]. El incendio y destrucción de la red del Metro de Santiago, los ataques incendiarios a edificios públicos, los saqueos en el comercio, los cortes de ruta, el ataque permanente a las fuerzas policiales[160], eran hechos indesmentibles que no tenían prece-

---

159   El 16 de diciembre de 2019 me tocó exponer la situación en la Comisión Investigadora sobre los actos vinculados al estado de emergencia. Los registros oficiales informados a la comisión dieron cuenta de 1.227 alteraciones graves de orden público ocurridas hasta el 28 de octubre, que dejaron 93 estaciones del Metro vandalizadas (25 quemadas total o parcialmente), 487 supermercados o centros comerciales saqueados, 28 buses del Transantiago quemados y otros 741 vandalizados, 12 municipalidades quemadas o saqueadas, 4 intendencias con destrozos; solo en la RM hubo más de 10 mil señaléticas o luminarias dañadas y 600 semáforos destruidos, 455 vehículos policiales dañados, 6.800 pymes afectadas por los hechos de violencia, y daños por destrucción y lucro cesante por 3 mil millones de dólares.

160   En relación a los ataques a las policías, de acuerdo al ordinario 179 de la Secretaría General de Carabineros del 19 de febrero de 2021, entre el 18 de octubre de 2019 y el 31 de marzo de 2020 Carabineros de Chile registró 19.284 eventos de orden público relacionados con el estallido social, contabilizándose 4.817 efectivos lesionados, 544 ataques a cuarteles policiales y 1.198 ataques a vehículos.

dente ni justificación alguna. ¿Podían las fuerzas de orden y seguridad, y por cierto el Gobierno, abstenerse de actuar frente a la marea destructiva? Desde mi punto de vista, por ningún motivo. En primer lugar, por razones morales. No era permisible dejar en la indefensión y el abandono a millones de ciudadanos frente a los graves hechos que estaban ocurriendo. Pero, en segundo lugar, también por razones legales. La Constitución, las leyes orgánicas de las policías y las del propio Ministerio del Interior obligan a proteger la vida y la integridad de las personas, estableciendo el deber de garantizar el orden público y la seguridad interior, así como el adecuado funcionamiento del Estado de derecho[161]. Actuar no era una opción, era ante todo un imperativo. Pues, como lo expresó con claridad el expresidente Ricardo Lagos en una entrevista a un medio extranjero en los días posteriores al estallido: "Ni el tránsito de la dictadura de Pinochet a la democracia vio los niveles de destrucción que hemos visto estos días"[162]. No haber actuado con esos elementos a la vista hubiese configurado un caso de notable abandono de deberes en que yo no estaba dispuesto a incurrir.

Ahora bien, ¿era posible justificar o relativizar las denuncias reportadas, no por las redes sociales o algunas figuras de izquierda —muchas de ellas falsas o *fake news*, como la insólita acusación sobre la existencia de un centro de torturas clandestino de Carabineros en la Estación Baquedano, validada en forma irresponsable por la excandidata presidencial del Frente Amplio, Beatriz Sánchez, que se demostró por completo falsa[163]—, sino por órganos oficiales del Estado, como la Fiscalía Nacional o el INDH? Por supuesto que no: habría sido impresentable. No podíamos no darles crédito. No obstante que el INDH siempre había sido mirado con desconfianza por algunos sectores de la derecha, era una entidad dirigida por un destacado militante democratacristiano, Sergio Micco, y operaba con un consejo plural para ratificar sus principales decisiones.

En esto nunca me perdí. Apenas asumí en Interior supe que tenía que abordar el tema con seriedad y rigor. Era tanto un deber legal como un imperativo ético. Las policías tenían que cumplir con sus obligaciones, pero observando en forma estricta las reglas de uso de la fuerza, recién actualizadas tras un acuerdo alcanzado entre el Estado de Chile y la Comisión Interamericana de Derechos Humanos a raíz de un antiguo caso de violencia policial[164].

---

161   Artículos 19, 24, 101 de la Constitución Política de la República; Ley 20.502, que crea el Ministerio de Interior y Seguridad Pública; Ley 18.961, Orgánica Constitucional de Carabineros; DL 2460, Orgánica de Policía de Investigaciones.

162   Diario El País, 26 de octubre.

163   La causa penal seguida tras la denuncia fue formalmente sobreseída por el 8º Juzgado de Garantía de Santiago el 15 de junio de 2020, luego de que el Ministerio Público descartara la existencia de dicho centro. El fiscal Álvaro Pérez afirmó que "no solamente no se logró acreditar esos hechos, sino que, muy por el contrario, se descartaron".

164   Con fecha 9 de marzo de 2018 el Estado de Chile firmó un Acuerdo de Cumplimiento de las Recomendaciones emitidas por la Comisión Interamericana de Derechos Humanos (CIDH) en el caso Edmundo Alex Lemun Saavedra vs. Chile, joven comunero mapuche

En mi fuero interno tenía la certeza de que lograr ese delicado equilibro era una tarea urgente. Aunque también sabía que la búsqueda de ese frágil punto medio desataría furias en ambos extremos del espectro político. El punto, en cualquier caso, era ineludible.

Por eso, le pedí a mi jefe de gabinete, Pablo Prieto, que coordinara reuniones con los titulares de Carabineros de Chile, la PDI y el INDH, las cuales se llevaron a cabo al día siguiente de haber arribado al ministerio. Tenía que conocer de primera fuente lo que estaba sucediendo, para poder evaluar con rapidez los cursos de acción a seguir.

La primera reunión fue con el general director de Carabineros, Mario Rozas, a quien no conocía mayormente, salvo saludos fugaces y una que otra palabra de buena crianza en los tiempos de Piñera 1, cuando él ejercía como edecán presidencial y yo me desempeñaba como jefe de asesores del Segundo Piso. Rozas, un general relativamente joven que había desarrollado la mayor parte de su carrera en el área de comunicaciones de la institución, había llegado a la comandancia casi de casualidad, luego de los sucesivos e inevitables cambios en el alto mando realizados el 2018, tras los graves escándalos del fraude, la Operación Huracán y el Caso Catrillanca.

La reunión fue informativa y sirvió para formarme un cuadro del estado de situación. A la fecha se acumulaban casi 900 efectivos lesionados y cerca de 10 mil personas detenidas, de los cuales 800 correspondían solo a la jornada anterior, la que, como lo mencioné, había sido muy violenta. Rozas también me informó que tenían poco más de 18 mil efectivos desplegados para el control del orden público. "Es todo lo que tenemos, ministro", señaló. También dijo que la situación estaba siendo muy exigida en algunas prefecturas como Antofagasta, Valparaíso, Concepción y Valdivia, por lo que me haría llegar un listado con ciertos requerimientos indispensables para el buen ejercicio de sus funciones, aunque lo que más penaba era la carencia de vehículos y medios de transporte. Por mi parte, le reiteré el apoyo del Gobierno para el cumplimiento de sus tareas, me comprometí a estudiar con detención sus requerimientos y le insistí en la importancia de que asegurase el estricto cumplimiento de los protocolos policiales. "Cuente con eso, ministro", terció al momento de despedirse.

Después me junté con Héctor Espinoza, director general de la Policía de Investigaciones. No lo conocía en absoluto. Sabía que había sido nombrado por la expresidenta Bachelet y que bajo su gestión había logrado encumbrar a la institución a sus máximos niveles en las encuestas, por sobre el 70% de aprobación. La reunión fue más distendida y se concentró en el diagnóstico de los disturbios y su relación con las bandas criminales y grupos narcos. "Por ahí va un poco la cosa, ministro",

---

que falleció el 2002 producto del disparo de un Carabinero en el contexto de la ocupación de un terreno en la comuna de Angol. Dentro de las Garantías de No Repetición se concordó aprobar un decreto presidencial sobre lineamientos generales sobre el uso de la fuerza policial, con "un mandato para la revisión de protocolos existentes en la materia a la luz de los estándares internacionales".

me comentó Espinoza, haciéndome hincapié en los atrasos en la llegada de ciertas herramientas tecnológicas que le habían comprometido desde el ministerio y que, aseguraba, serían clave para mejorar la eficacia del trabajo policial. También me hizo ver que revisarían con diligencia las investigaciones abiertas por derechos humanos. "Contamos con un equipo especial para ello", me aseguró al finalizar.

A continuación, vino el encuentro con la plana ejecutiva del INDH, encabezada por Sergio Micco, quien ya se había reunido la semana anterior con el Presidente de la República, donde adoptaron algunos primeros acuerdos[165]. En la reunión me acompañaron el ministro Hernán Larraín y la ministra de la Mujer y Equidad de Género, Isabel Plá, además de la subsecretaria Lorena Recabarren. A Sergio Micco no lo conocía. Creo que era la primera vez que me tocaba estar directamente con él. Puede que hubiésemos coincidido antes en alguna actividad académica en el Centro de Estudios del Desarrollo, *think tank* ligado a la DC, pero no tenía total certeza. Con el tiempo y la acumulación de sucesos de los últimos años, los recuerdos se volvían difusos. Conocía, por supuesto, su respetable trayectoria política y académica: activo dirigente estudiantil en la década de los 80, abogado y doctor en filosofía y autor de varios libros. Sabía que provenía de una vertiente más tradicional de la Democracia Cristiana, apegada al magisterio y a la doctrina social de la Iglesia católica. También que había asumido hace pocos meses como director del INDH en medio de fuertes tensiones y conflictos internos. Y sabía, o más bien intuía, que llevaba el cargo, en medio de un momento histórico, con un compromiso total con la causa de los derechos humanos, pero también con bastante serenidad y no poco coraje. Por ejemplo, cuando desató la furia de la izquierda radicalizada al afirmar en un programa televisivo que en Chile no se estaban cometiendo violaciones sistemáticas de derechos humanos tras el estallido social, y que quien dijera lo contrario "tenía que probarlo". Algo del todo evidente, ya que los delitos de lesa humanidad suponen, como lo señaló Micco en el mismo programa, una concertación entre distintas instituciones, donde se crean leyes y políticas públicas para violar los derechos humanos, lo que significaba asumir no solo una elaborada planificación gubernamental, sino también la anuencia por acción u omisión del Ministerio Público y el Poder Judicial[166].

El solo hecho de que se estuviese debatiendo el punto daba cuenta del nivel de polarización al que habíamos llegado. No pocos buscaban revivir momentos dolorosos y vergonzantes de nuestra historia reciente, estableciendo un paralelo entre la figura de un dictador y la de un Presidente democráticamente electo, equiparando las políticas sistemáticas de tortura, asesinato y desaparición forzosa de la DINA y la CNI en las décadas de los 70 y los 80, con los abusos policiales que se venían denun-

---

165   La reunión se realizó el miércoles 23 de octubre en el Palacio de La Moneda. Luego del encuentro, el Gobierno comprometió el "pleno acceso a todos los recintos hospitalarios y policiales" a los funcionarios y colaboradores del INDH.

166   De hecho, la postura de Sergio Micco fue ratificada pocos meses después, en marzo de 2020, por el presidente de la Corte Suprema, Guillermo Silva, quien en una entrevista en Radio T13 señaló: "No. Creo que ese concepto [violación sistemática de los derechos humanos] no se da. No se da en los hechos que estamos viviendo".

ciando, inaceptables, por cierto, pero bajo ningún punto de vista sistemáticos ni mucho menos institucionalizados. Cualquier persona con un mínimo de honestidad intelectual lo sabía.

La reunión con Micco y su equipo, quienes se presentaron con sus cortavientos amarillos distintivos, fue mucho más allá de los meros formalismos. Él fue enfático en afirmar que el INDH era de todos los chilenos, que la característica del consejo era su pluralismo y que la mayor parte de las decisiones las venían tomando por unanimidad, lo que daba cuenta del carácter no partisano de la institución. Manifestó también la preocupación del Instituto frente a los casos conocidos en los últimos diez días, exponiendo las principales denuncias, cifras y querellas presentadas, siendo las más recurrentes los abusos en los cuarteles policiales, los malos tratos y golpizas, y las lesiones causadas por el uso de lacrimógenos y perdigones, situaciones que estaban procesando con la máxima celeridad posible. "Nos preocupan sobre todo las personas heridas por armas de fuego, balas y perdigones", dijo, ante lo cual le pedí que me hiciera llegar urgentemente el detalle de todos los antecedentes que ellos manejaban, desglosados por región y unidades policiales, para poder mapear con precisión el origen de las denuncias y tomar las medidas correspondientes[167].

Micco también planteó que lo que ellos buscaban no era que Carabineros no actuara; entendían que no podían permitirse esos niveles de violencia, hechos que condenaban porque no servían a la causa de los derechos humanos y porque también constituían vulneraciones de garantías ciudadanas básicas. Lo que demandaban, en cambio, era el cumplimiento de los protocolos, que sabían recientemente actualizados porque habían sido parte del proceso de consulta de las nuevas reglas de uso de la fuerza, puestas en vigencia en marzo de 2019[168].

---

167   Según las cifras que disponían, en base a las denuncias recibidas o recopiladas por el Instituto, a la fecha iban más de mil personas heridas y 120 querellas presentadas. En un primer momento hasta se reportaron denuncias de personas presuntamente desaparecidas, que sumaban casi un centenar, lo que con posterioridad fue descartado por el propio Sergio Micco.

168   La normativa sobre uso de la fuerza se modificó en diciembre de 2018, mediante la publicación del DS 1.364, que estableció sus lineamientos generales, junto con un plazo de noventa días para actualizar la Circular de Uso de la Fuerza (2013) y la Orden General que Contenía Los Protocolos de Mantención de Orden Público (2014), estableciéndose además una obligación de reportar al Ministerio del Interior estadísticas sobre uso de la fuerza y episodios violentos, así como de actualizarlos cada cuatro años. Finalmente, en marzo de 2019 se publicó la Orden General 2.635 que estableció los nuevos protocolos de mantenimiento del orden público. Este texto contó con la participación del INDH y la Defensoría de la Niñez en su revisión, y estableció los principios básicos para el uso de la fuerza (legalidad, necesidad, proporcionalidad y responsabilidad). También fijó las etapas de intervención (disuasión, despeje, dispersión y detención) y los medios (carro lanzaguas, vehículo táctico de reacción, disuasivos químicos y escopetas antidisturbios).

Luego nos tocó intervenir a nosotros. El primero en hablar fue Hernán Larraín. Junto con compartir la preocupación por los casos descritos, informó sobre el desarrollo de las misiones internacionales de Human Rights Watch y el Alto Comisionado de los Derechos Humanos de Naciones Unidas, instituciones que habían sido invitadas a Chile por el Presidente de la República como forma de evidenciar la apertura y proactividad del Gobierno en la materia[169]. Ambos informes —comprometió— se conocerían en el curso de noviembre y diciembre. "Serán de gran relevancia para lo que viene", finalizó.

Por mi parte, les ratifiqué que para el Gobierno los derechos humanos constituían una "política de Estado", más allá de cualquier ideología, como la política exterior o de defensa. Señalé también que entendía que teníamos roles distintos, pero que, dadas las circunstancias, era imprescindible colaborar para abordar con urgencia y responsabilidad no solo las denuncias conocidas, sino también el marco general de las actuaciones policiales durante las manifestaciones. Comprometí instrucciones inmediatas y precisas sobre el estricto apego a los protocolos y el desarrollo de investigaciones frente a los casos conocidos. Tenía plena convicción de que la herida que se había abierto debía ser tratada rápidamente.

Por último, les pedí que nos ayudaran con algunas cosas más puntuales. "Sergio, necesito que el Instituto se sume al llamado al diálogo y a la paz social que venimos impulsando", le dije, reiterándoles la necesidad de ser responsables con las denuncias, ya que las *fake news* —en particular aquella sobre un supuesto centro de tortura en Baquedano— no solo causaban mucho daño, sino que además nos desviaban de lo que en verdad importaba.

Un plan para la contingencia (y también para el mediano plazo)

Sabía que el tema de los derechos humanos no sería sencillo, pero lo que correspondía era asumirlo con proactividad. La estrategia con que lo enfrentamos se basó en tres ejes fundamentales. El primero, consolidar y transparentar la información disponible, hasta ese momento dispersa, confusa y poco accesible, pese a los múltiples requerimientos enviados desde el Ministerio del Interior a las policías y al INDH desde el inicio de la crisis social[170]. Se hacía necesario cruzar los datos que surgían desde las distintas fuentes, como el Ministerio del Interior (Carabineros y PDI), el Ministerio de Salud (red asistencial) y el INDH, que tenía sus bases propias, para contar con información fidedigna y confiable, disponible para las autoridades, la ciuda-

---

169   Dichas invitaciones fueron cursadas con fecha 24 de octubre de 2019. Asimismo, se instruyó al Ministro de Justicia y Derechos Humanos para que se invitara en los mismos términos a la Comisión Interamericana de Derechos Humanos.

170   El entonces ministro del Interior, Andrés Chadwick, remitió los oficios ordinarios 32.816 el 22 de octubre de 2019, dirigido al INDH, 33.102 y 33.103 del 23 de octubre de 2019, dirigidos a Carabineros y la PDI, y 33.384 del 28 de octubre de 2019, dirigidos a las mismas instituciones, requiriendo información, antecedentes y querellas sobre personas lesionadas.

danía y los medios. Acordamos con dichas instituciones consolidar a diario los datos, de forma de tomar mejores y más ágiles decisiones, los que se publicaban a diario desde la Subsecretaría del Interior alrededor de las nueve de la mañana. El informe contenía un detallado balance de los principales hechos de violencia ocurridos, las personas heridas (civiles y carabineros) y los daños a la propiedad pública y privada; la fórmula sería tiempo después replicada por Salud y Justicia.

Era evidente que la política de total transparencia de la información era un arma de doble filo. La izquierda nos daría duro en el momento en que se empezaran a publicar datos de personas lesionadas por las fuerzas policiales, usando dichos antecedentes como argumento en contra nuestra, mientras que la derecha pondría el grito en el cielo ante cada alza en la estadística de los hechos diarios de violencia. Pero no era viable ocultar la información. La mejor forma de evidenciar el compromiso del Gobierno con los derechos humanos era siendo transparentes y sometiéndonos al escrutinio público, aunque eso nos jugara en contra.

Como lo señaló por esos días Ricardo Brodsky, exdirector del Museo de la Memoria y los Derechos Humanos, lo peor era cuando las autoridades negaban las denuncias. "Pero este no ha sido el caso y eso es positivo", puntualizó, agregando que bajo su perspectiva el Gobierno había sido proactivo en acoger las denuncias sobre violaciones de derechos humanos, facilitando el trabajo del INDH y de observadores internacionales[171].

Contar con información precisa y de calidad era además indispensable para combatir las decenas de *fake news* que circulaban por esos días. Un ejemplo vergonzoso fue la denuncia realizada por el Movimiento Salud en Resistencia, agrupación vinculada a colectivos de izquierda, que dio a conocer un informe que afirmaba que los carros lanzaguas contenían soda cáustica. La noticia fue replicada con la velocidad de un rayo por las redes sociales, los portales y, cómo no, por los parlamentarios y dirigentes de izquierda, que salieron en el acto a rasgar vestiduras sin verificar el rigor de las fuentes o la confiabilidad de los datos.

Una de las primeras fue la diputada del PC Karol Cariola, quien a los pocos minutos posteó en su cuenta de Twitter: "Hemos exigido a @gblumel que ejerza su control sobre Carabineros. Sin embargo, eso no sucede. Hoy se informa que en el agua del carro lanzaguas usan soda cáustica para quemar a los manifestantes. La responsabilidad no es solo del general Rozas, sino también de la autoridad civil que lo permite". Por su parte, el alcalde de Recoleta, Daniel Jadue, afirmó que "el uso de soda cáustica demuestra la clara intención de dañar a los manifestantes más que de disolver o disuadir. Habla de una actitud criminal del Gobierno y de Carabineros, reiterativa en las últimas semanas. @gblumel y @sebastianpinera deben responder". Giorgio Jackson no quiso esperar a que se verificaran los hechos y afirmó en Twitter que "el uso de soda cáustica para quemar a quienes nos hemos manifestado es criminal, hasta en tiempos de guerra". Aquellos dichos eran el oportunismo y la irresponsabi-

---

171   Diario El Mercurio, 31 de octubre de 2019.

lidad en su máxima expresión y causaban un daño inconmensurable. Para contrarrestarlo no bastaron ni la autodenuncia que le pedimos realizar a Carabineros ante el Ministerio Público, ni los informes conocidos a los pocos días, que no solo descartaron la denuncia, sino que evidenciaron la completa falta de rigor del "estudio" que generó la controversia[172], ni tampoco la declaración emitida por el propio Colegio de Químicos, que cuestionó en duros términos la metodología usada por el Movimiento Salud en Resistencia[173]. A pesar de todo esto, igualmente hubo gente que siguió creyendo que lo de la soda cáustica era cierto.

Tiempo después implementamos un equipo especial en Carabineros dedicado a desmentir *fake news* en tiempo real, mediante la cuenta de Twitter de la institución, de forma de frenar la bola de nieve antes de que se volviese imposible de atajar. La estrategia, aunque algo tardía, cumplió en parte su objetivo.

El segundo eje de nuestra estrategia respecto a los derechos humanos fue facilitar el funcionamiento de las instituciones encargadas de investigar y sancionar los eventuales abusos. Si se estaban cometiendo atropellos, lo que correspondía era que operara el Estado de derecho con su máxima eficacia. Ello nos llevó a adoptar un procedimiento precautorio estándar ante cada denuncia fundada o hecho grave conocido. Para partir, los funcionarios involucrados debían ser apartados de las labores operativas[174]. Además, cada hecho debía ser investigado por las instancias administrativas internas, de forma de establecer las sanciones correspondientes en los casos que lo

---

172   El 18 de diciembre Carabineros publicó un análisis técnico del informe del Movimiento Salud en Resistencia realizado por Labocar, cuestionando la metodología y los resultados presentados, señalando que "con respecto al muestreo, no es posible establecer origen y trazabilidad de las muestras analizadas", junto con agregar que el resultado de los análisis permitía □descartar la presencia de ácidos o bases fuertes en todas las muestras analizadas".

173   "Lamentamos profundamente la falta de rigurosidad en la elaboración del informe titulado "Determinación molecular y efectos fisicoquímicos", preparado por Francisca Leiva Monet, química molecular de un laboratorio independiente", señalaba el comunicado emitido por el Colegio de Químicos el 17 de diciembre de 2019, añadiendo que el estudio de la controversia no informaba el laboratorio a cargo del estudio, ni quien mandataba la realización de los análisis, ni el o los objetivos de estos de forma clara. También se cuestionaba que "no se muestran resultados experimentales, ni ninguna imagen de los test realizados; se presentan los efectos de las sustancias que posiblemente se encuentran en la muestra analizada; sin embargo, en ningún momento se presenta la metodología utilizada para el análisis de estas ni los espectros reales obtenidos; se utiliza tendenciosamente una gran cantidad de referencias, las cuales, en su gran mayoría, carecen de rigurosidad científica". Finalmente, el gremio invitaba "a informarse siempre de manera responsable, a chequear las fuentes y compartir de manera cuidadosa la información recibida".

174   Hubo algunos casos en los que se procedió en forma directa a la baja, como ocurrió con nueve funcionarios de la 20ª Comisaría de Puente Alto luego de que se difundiera un video de una golpiza propinada a un joven de 18 años, actuación a todas luces arbitraria e ilegal.

ameritaran. Por último, dichos antecedentes debían ser siempre remitidos al Ministerio Público para que este investigara los posibles delitos cometidos por los agentes del Estado.

Chile era —y es— una democracia en forma, con instituciones autónomas como la Fiscalía y los Tribunales de Justicia, por lo que nuestro deber era facilitar en cuanto fuese posible el funcionamiento oportuno de dichas instancias, lo cual se materializó desde los primeros días de la crisis a través de un conjunto de instrucciones[175]. Aquella disposición la ratificamos formalmente en una reunión que sostuvimos a fines de octubre, en el marco de una convocatoria extraordinaria realizada por el Ministerio de Justicia a la Comisión Coordinadora de la Reforma Procesal Penal[176]. Allí acordamos crear un grupo de trabajo, liderado por la Subsecretaría de Derechos Humanos, destinado a fortalecer el sistema de información y coordinación de las instituciones del sistema de justicia penal en el contexto de las movilizaciones sociales.

También hubo múltiples instancias de fiscalización política desde el Congreso, en las que procuré participar todo lo que me fue posible[177]. La rendición de cuentas es uno de los pilares centrales de la democracia moderna, lo que se vuelve aún más relevante en momentos de convulsión. Los contrapesos institucionales del Poder Legislativo, como las interpelaciones, las comisiones investigadoras o las sesiones especiales, muchas veces pueden resultar molestos para las autoridades sometidas a su control, pero son absolutamente necesarios para el buen gobierno. Aunque en ocasiones banalizan la política —las *performances* de Pamela Jiles o Florcita Motuda eran un ejemplo recurrente de aquello— y, por lo general, son bastante inconducentes, como ocurre con el 99% de las comisiones investigadoras, al menos permiten someter al poder político al escrutinio ciudadano. En todo caso, cada vez que concurrí quedé con la frustrante sensación estar siendo parte de un diálogo de sordos. El guion de la izquierda por lo general estaba predefinido, con independencia de los argumentos esgrimidos o de la verdad jurídica de los hechos.

El tercer eje de nuestro plan de derechos humanos fue la revisión de los protocolos policiales. Tal como lo había planteado Sergio Micco luego de nuestro primer encuentro, lo que correspondía era exigir su cumplimiento, en línea con lo señalado por la alta comisionada de derechos humanos de Naciones Unidas, Michelle Bachelet, quien afirmó en una entrevista concedida en noviembre a estudiantes en

---

175   Oficios ordinarios del Ministerio del Interior 33.101, 33.102, 33.103 y 33.104, con fecha 23 de octubre de 2019, y 33.237 y 33.238, con fecha 25 y 26 de octubre del mismo año.

176   Ver acta de sesión del día 30 de octubre de 2019.

177   Durante ese periodo asistí, entre otras instancias, a la Comisión de Derechos Humanos del Senado (4 de noviembre de 2019), la Comisión de Seguridad Ciudadana de la Cámara (6 de noviembre y 18 de diciembre), la Sesión Especial sobre la Crisis Social realizada por el Senado (3 de diciembre), la Comisión Especial Investigadora relativa a los Estados de Excepción (16 de diciembre) y la Sesión Especial por los episodios de violencia en la PSU realizada por la Cámara (22 de enero de 2020).

Inglaterra que, pese a que contábamos con "protocolos adecuados en términos de las normas internacionales sobre cómo se usa la fuerza", su impresión era que no estaban "siendo debidamente seguidos"[178].

Esta declaración, y lo que implicaba, nos llevó a adoptar una serie de medidas para asegurar su correcta aplicación, por lo general mediante oficios e instrucciones formales[179]. Tuvimos que recurrir a diversas fórmulas, como capacitaciones, reentrenamientos, fiscalizaciones, entre otras acciones, que se fueron materializando a matacaballo en las distintas unidades del país[180]. Con el paso de los días fuimos ampliándolas por medio de informes, planes de monitoreo en terreno y requerimientos adicionales de información[181]. También instruimos a Carabineros activar planes y programas de apoyo físico y sicológico para los efectivos que habían resultado lesionados en las protestas, lo que me parecía no solo una necesidad sino sobre todo un acto de humanidad.

Sin embargo, a partir de la segunda semana de noviembre tuvimos que modificar nuestra estrategia respecto a los protocolos luego de una serie de casos ocurridos durante esos días, como el del Liceo 7 Teresa Prats, donde un mayor de Carabineros hizo uso de su escopeta antidisturbios hiriendo a dos alumnas, o el caso del estudiante Gustavo Gatica, ocurrido la tarde del viernes 8 de noviembre en Plaza Baquedano, que le significó la pérdida de la visión en ambos ojos, hechos que hicieron evidente la necesidad de pasar a una segunda fase en este plano.

El domingo 10 de noviembre, en medio de las frenéticas negociaciones para concretar el acuerdo constitucional, convocamos a una reunión de emergencia con el alto mando policial para abordar los cuestionamientos al uso de la escopeta antidisturbios. Si bien desde la perspectiva legal su uso estaba plenamente respaldado, como se lo comenté por teléfono al Presidente mientras me dirigía a La Moneda, parecía del todo prudente introducir cambios a los protocolos.

---

178   Nota publicada por Radio Pauta del 21 de noviembre de 2019.

179   Ordinario 33.922 del 31 de octubre de 2019, del Ministerio del Interior al general director de Carabineros de Chile.

180   Ordinario 118 del 27 de noviembre de 2019, de la Dirección General de Carabineros de Chile.

181   A comienzos de noviembre se solicitó a Carabineros una serie de informes relacionados con los mecanismos usados para instruir al personal sobre el contenido de los protocolos. También se implementó un plan de monitoreo de las intervenciones policiales, para lo cual se dispuso que 250 instructores de derechos humanos de la propia institución se desplegaran en terreno durante las manifestaciones. Además, se requirió al INDH antecedentes específicos sobre civiles heridos, desglosados por unidad policial, de forma de determinar aquellas que concentraban un mayor número de denuncias. Para más detalle, ver ordinarios 34.138 del 4 de noviembre de 2019, del Ministerio del Interior al general director de Carabineros de Chile, y 34.233 del 5 de noviembre de 2019, del Ministerio del Interior al director del Instituto Nacional de Derechos Humanos

Al encuentro, programado para las cinco de la tarde, me acompañaron la ministra vocera de gobierno, Karla Rubilar, y el subsecretario de Interior, Rodrigo Ubilla. Por parte de Carabineros asistieron el general director, Mario Rozas, el director de orden y seguridad, Ricardo Yáñez, y varios integrantes del cuerpo de generales.

Fue una reunión difícil. De entrada, les manifestamos nuestra preocupación por los hechos conocidos en las últimas horas, que daban cuenta de que, pese a todas las medidas adoptadas, las denuncias por lesiones oculares atribuibles a balines policiales parecían no disminuir. La respuesta no se hizo esperar. Comprendían el punto, pero —argumentaron— su personal estaba siendo blanco de ataques extraordinariamente violentos (a la fecha, iban más de mil carabineros lesionados en las manifestaciones, varios con heridas de gravedad) que no solo ponían en riesgo la vida de los funcionarios o de la población civil, sino que justificaban, según su normativa, el uso de los medios disponibles. "Son las herramientas que el Estado ha puesto a nuestra disposición para resguardar la seguridad", sostuvieron.

Luego de una hora de discusión, a ratos tensa, se optó por introducir una serie de cambios al protocolo de la escopeta antidisturbios. El más importante fue elevar el uso de las escopetas desde el nivel cuatro al cinco; es decir, en adelante solo podrían ser usadas en aquellos casos más graves: riesgos inminentes o letales para el personal policial o la población civil. A contar de ese día, ya no podrían ser usadas frente a actos vandálicos que no supusieran un riesgo de vida. También se dispuso que los funcionarios que portasen escopeta en adelante deberían llevar consigo cámaras de video, de forma de poder chequear su correcto uso. Esto nos puso en un problema no menor, ya que en ese momento Carabineros no contaba con cámaras suficientes para todo el personal. Esto quería decir que mientras no adquiriéramos nuevos equipos, se usarían tantas escopetas como cámaras de video hubiese disponibles. Por último, quedamos en invitar a expertos de policías extranjeras —idealmente de Alemania, Francia e Inglaterra, donde las policías locales habían vivido en los últimos años cuestionamientos similares a los de la policía chilena— para revisar y modernizar los protocolos de acuerdo a las prácticas internacionales de avanzada.

"La situación que estamos viviendo desde el día 18 de octubre nos ha obligado a replantear este protocolo y hacer estos ajustes", declaró el general Mario Rozas a la salida de la reunión a los integrantes de "la copucha" —*mote* con el que se denomina a los periodistas acreditados en La Moneda—, quienes habían concurrido expectantes ante el inusitado encuentro dominical.

Para ganar tiempo, los cambios fueron implementados a través de una orden policial impartida a todas las unidades del país, lo que significó su inmediata aplicación. Sin embargo, aquello no era suficiente. Se necesitaban cambios más integrales. Por lo mismo, conformamos un equipo técnico especial para poner en marcha actualizaciones más de fondo a los protocolos respectivos[182], trabajo liderado por la Subsecre-

---

182   Ordinario 34.720 del 12 de noviembre de 2019, del Ministerio del Interior al general director de Carabineros de Chile.

taría de Interior, lo que se complementó con el reentrenamiento de los más de mil funcionarios habilitados para portar escopetas antidisturbios, el que fue realizado durante diciembre.

En todo caso, la controversia estuvo lejos de apaciguarse. A los pocos días se supo de un informe del Departamento de Ingeniería Mecánica de la Universidad de Chile que señalaba que los perdigones usados por Carabineros contenían solo un 20% de caucho, y que el 80% restante tenía compuestos como sílice, sulfatos de bario y plomo. Esta información resultaba contradictoria con los antecedentes que disponíamos a la fecha, que daban cuenta de que los perdigones, según la ficha técnica declarada por el proveedor, eran de goma tal como se establecía en los propios protocolos.

Las observaciones del informe nos parecieron desconcertantes. El propio texto reconocía que el análisis se había basado en solo dos muestras de proyectiles que se habrían obtenido de personas afectadas, sin ninguna contramuestra o análisis más representativo de los balines, lo que sembraba algún nivel de duda sobre el rigor científico del estudio. De hecho, no coincidía para nada con un estudio encargado al Labocar, que estableció que los cartuchos eran de goma, con discrepancias respecto a su composición inferiores al 1%. Los perdigones, además, llevaban años usándose: habían sido adquiridos con anterioridad a nuestro mandato, en su mayoría el 2017 durante el segundo gobierno de Bachelet. Esta era la primera noticia que teníamos respecto a dudas sobre su composición.

Asimismo, por precaución, y después de reunirnos otra vez con los generales Mario Rozas y Ricardo Yáñez, Carabineros suspendió el uso de las escopetas, a la espera de nuevos antecedentes, medida que se informó a la opinión pública la noche del martes 19 de noviembre. Solo se mantuvo el uso en aquellos casos en que, al igual que las armas de fuego, procediesen los supuestos de la legítima defensa.

Sabíamos que esta era una medida difícil, que sería resistida por la interna de Carabineros, cuyos hombres y mujeres sentían que se les estaba privando de un elemento vital para su seguridad, en un momento en que la violencia contra los funcionarios policiales parecía no amainar. A ello se sumaba el solapado rumor de que podíamos estar al borde una huelga de brazos caídos por parte de la tropa, situación inédita para Chile. Esto hubiese sido tan grave que, de haber resultado cierto, podría haber producido la caída del Gobierno, tal como había ocurrido en otros países de la región. El rumor en todo caso siempre me pareció infundado, además de mal intencionado. En mis visitas a las unidades policiales solo percibía compromiso y sentido del deber por parte de los efectivos, especialmente en el caso de las mujeres, que mostraban una entereza impresionante. Aun así, no dejó de llamarme la atención que justo después de la suspensión de las escopetas se "filtraran" insólitos audios y videos de parte de carabineros, como uno donde se aseguraba que tenían que abandonar las acciones por no contar con suficientes medios para actuar[183], u otro en que aparecían defendiéndose a piedrazo limpio de un grupo de vándalos, en grescas que parecían más propias de las barras bravas que de un cuerpo profesional de policía *ad portas* de su primer centenario.

De todas formas, decidimos seguir adelante con la medida, lo que causó cierto malestar entre los partidarios del Gobierno. Pero, como expliqué a varios de nuestros parlamentarios, con los antecedentes acumulados a la fecha no había otra opción. La suspensión se mantendría hasta contar con las certezas suficientes, lo que a la larga derivó en un nuevo protocolo y cambios sustantivos en la forma de uso de la escopeta antidisturbios[184], modificaciones que posteriormente serían avaladas por la Corte Suprema[185] y reconocidas por el Sistema de las Naciones Unidas en Chile mediante una carta oficial que recibimos muchos meses después[186].

Al margen de esos cambios hubo otras medidas complementarias, como la reestructuración de las Fuerzas Especiales, que en adelante pasaría a constituirse en una prefectura de orden público dependiente de las unidades territoriales, con el propósito de fortalecer su control y supervisión; la extensión de la Dirección de Derechos Humanos de Carabineros, que tenía oficinas solo en Santiago, Antofagasta y Temuco,

---

183   A fines de noviembre se difundió un audio en redes sociales en el que carabineros reconocen estar superados por los manifestantes. "En este minuto, en Quilpué, estamos siendo superados por los adversarios. Están con barricadas, con lanzamiento de molotov, piedras, de todo", se escucha en el registro. "Como la Corte de Apelaciones nos tiene prohibido usar escopetas, estamos siendo apoyados por la PDI. No tenemos gas, no tenemos absolutamente nada, pero estamos resistiendo. Nos retiramos del Belloto, estamos absolutamente superados, tengo carabineros lesionados. No estamos obligados a lo imposible, ya más no se puede", se escucha finalmente en el audio. Durante el 3 de enero, a su vez, se difundió un video de carabineros, en el sector de San Borja, en que se escuchaba a los uniformados decir que "no tenemos los medios, los implementos, (hay) personal lesionado, vamos a tener que entregar".

184   El 17 de julio de 2020 se publicó en el Diario Oficial el nuevo protocolo para mantención del orden público, que actualizó el protocolo 2.8 sobre empleo de escopeta antidisturbios. El nuevo reglamento establece un uso preferentemente defensivo, la obligación de portar videocámara, el deber de causar el menor daño posible, evitando disparos a la cabeza, rostro o torso, entre otros cambios. Asimismo, se cambiaron los cartuchos de 12 postas por otros menos lesivos de 3 postas.

185   Durante noviembre de 2019, distintas cortes del país, como las de Santiago, Valdivia, Valparaíso y Temuco, empezaron a fallar recursos presentados por diversas organizaciones con el propósito de suspender el uso de las escopetas antidisturbios. Estas solicitudes en su gran mayoría fueron rechazadas y la controversia sería zanjada finalmente por la Corte Suprema, que ratificó la legalidad de su uso. El 24 de febrero de 2021, la tercera sala de la Corte Suprema revocó una resolución de la Corte de Valparaíso que había prohibido el uso a todo evento, agregando que "se observa que se han dictado los protocolos que regulan el uso de la fuerza, conforme a los cuales los agentes policiales deben ajustar su acción, en los términos que para cada caso se detalla".

a todas las regiones del país; la obligación de portar cámaras corporales para todos los efectivos de orden público y no solo para quienes portasen escopetas; y la instalación de videocámaras al interior de las principales comisarías y unidades policiales del país; todas, medidas que fuimos implementando sobre la marcha[187].

El uso de medios tecnológicos audiovisuales surgió como un punto central en las asesorías que nos brindaron los expertos de las policías extranjeras, por varias razones: aseguraba el adecuado cumplimiento de los protocolos; inhibía la acción de los vándalos —el coraje de los violentistas era directamente proporcional a la capacidad de escudarse en el anonimato—; por último, constituía un medio de prueba frente a las denuncias recibidas, ya sea para verificarlas y sancionarlas, o para poder descartarlas. Como nos aseguró la delegación británica que nos visitó, la utilización de las cámaras producía una triada virtuosa: menos violencia de los vándalos, mayor control de los uniformados y más legitimidad de la policía.

Durante el verano aproveché de reunirme con algunos especialistas en derechos humanos, como Francisco Cox, uno de los pocos abogados chilenos autorizados para litigar en la Corte Penal Internacional de Justicia. Sus recomendaciones apuntaban en dos direcciones: evitar cualquier sombra de impunidad e introducir garantías de no repetición. Respecto al primer punto, nos sugirió presentar querellas en los casos más graves ("No bastan las querellas contra quienes resulten responsables"), indicación que canalizamos a través del Consejo de Defensa del Estado de forma de asegurar un uso objetivo y racional de la herramienta penal del Estado[188]. En relación al segundo punto, el mensaje era claro. Se necesitaba mucho más que una modernización de Carabineros. Era el momento de pensar en una reforma hecha y derecha.

---

186   Aquello fue expresado mediante una carta enviada a los ministros de Interior y Justicia, fechada el 23 de julio de 2020 y firmada por la coordinadora residente del Sistema de Naciones Unidas en Chile, Silvia Rucks. Allí se reconoce la actualización realizada al Protocolo 2.8 de Carabineros de Chile "Sobre Empleo de Escopeta Antidisturbios", publicada en el Diario Oficial el 17 de julio de 2020. "Los cambios introducidos avanzan en asegurar el respeto de los derechos de las personas y responden a algunas de las inquietudes que planteamos en la reunión celebrada el 12 de noviembre en el Palacio de la Moneda", señala la misiva.

187   Ordinario 36.009 del 22 de noviembre de 2019, del Ministerio del Interior al general director de Carabineros de Chile.

188   Para ello me reuní en diversas ocasiones con los titulares del CDE, los abogados María Eugenia Manaud y Juan Antonio Peribonio.

Los informes internacionales

Todas las medidas adoptadas en materia de derechos humanos las fuimos informando con regularidad a los distintos órganos del Estado, en particular al INDH[189]. El objetivo era ir dejando registro de las acciones implementadas, puesto que, pese a los esfuerzos desplegados, nada parecía ser suficiente. Las denuncias contabilizadas por el propio INDH cayeron fuertemente a partir de noviembre[190]. Sin embargo, como esa estadística no la hacían pública y solo se publicaban los casos acumulados, daba la impresión de que las cosas no mejoraban.

Esta impresión se vio reforzada luego de los informes de las misiones internacionales convocadas por el Gobierno, especialmente los de Human Rights Watch y de Naciones Unidas, que se conocieron durante el mes de noviembre. Estos reportes cuestionaron con dureza la actuación de Carabineros, consignando que se habían cometido graves violaciones de derechos humanos durante las manifestaciones sociales, aunque ninguno de los dos respaldó las acusaciones de ciertos sectores de la izquierda que planteaban la tesis de que las vulneraciones habían sido generalizadas y sistemáticas, lo cual, como se mencionó, había sido descartado por Sergio Micco en Canal 13[191]. Estas declaraciones le generaron a Micco un conflicto de proporciones con diversos colectivos de izquierda y con grupos radicalizados del propio INDH, que inmediatamente pidieron su renuncia.

En el caso de Human Rights Watch, entidad liderada en América Latina por José Miguel Vivanco, el informe fue hecho público el 26 de noviembre en los patios del INDH. Vivanco habló de un uso excesivo de la fuerza en las calles y abusos en las detenciones, ante lo cual hacía un llamado urgente a reformar Carabineros[192]. "Factores como el uso indiscriminado e indebido de armas y escopetas antidisturbios, abusos contra personas detenidas y sistemas de control interno deficientes facilitaron que se produjeran graves violaciones de los derechos de muchos chilenos", era la

---

189   Ordinario 136 del 3 de enero de 2020, del Ministerio del Interior al director del Instituto Nacional de Derechos Humanos.

190   Según los datos reportados por el INDH, las denuncias pasaron de 3.041 en octubre a 1.873 en noviembre, para luego caer a 962 en diciembre, 121 en enero, 70 en febrero y finalmente 46 en marzo.

191   El domingo 3 de noviembre de 2019, Sergio Micco declaró en el programa Mesa Central de Canal 13 que "conceptualmente, la violación sistemática de los derechos humanos supone una concertación entre distintas instituciones, donde se crean leyes o se hacen políticas públicas que directa o intencionalmente tienen el objetivo de violar los derechos humanos". Allí, Micco dijo a uno de los entrevistadores: "Si tú me preguntas a mí, como director del INDH, yo te diría que no (existió aquello), y que quien afirme lo contrario tiene que probarlo". Micco declaró, además, que en Chile se habían producido violaciones a los derechos humanos, pero respecto de si habían sido sistemáticas, señaló que "me atrevería a decir que no".

192   "Chile: Llamado urgente a una reforma policial tras las protestas", informe de HRW del 26 de noviembre de 2019.

conclusión de la misión de HRW. El informe recomendó una serie de modificaciones en los protocolos policiales: la instalación de cámaras de video en las unidades policiales, la suspensión del uso de perdigones y el reentrenamiento de los carabineros relacionados con el control de las manifestaciones, entre otras medidas. Varias de ellas, en todo caso, ya estaban siendo aplicadas.

Para nosotros, fue un informe más duro de lo esperado, en el que se reconocía una "situación de extrema gravedad en el orden público" que había significado "graves fallas de parte de integrantes de las fuerzas de orden y seguridad" en el cumplimiento de su mandato constitucional. No obstante, durante el punto de prensa realizado en el INDH, que se desarrolló bajo el bullicio de una marcha convocada por la Mesa de Unidad Social, Vivanco fue claro en señalar que en Chile había un Estado de derecho en el que funcionaba la justicia, haciendo hincapié en las precariedades del sistema de seguridad.

La respuesta oficial la dio a conocer la subsecretaria de Derechos Humanos, Lorena Recabarren, desde La Moneda. En resumen, el Gobierno valoraba el informe, reconocía la gravedad de las denuncias y acogía sus observaciones, comprometiéndose a crear un grupo transversal para llevar a cabo una reforma policial de fondo, junto con una instancia de seguimiento para la implementación de dichas recomendaciones[193].

Desde Valparaíso, reforcé el punto señalando a los medios que el informe de HRW, en el fondo, planteaba dos cosas. La primera era que efectivamente habíamos tenido situaciones graves que podían constituir violaciones a los derechos humanos, las cuales debían ser investigadas y sancionadas. La segunda, que había llegado el tiempo de poner en marcha una reforma profunda y estructural de Carabineros, que fuese más allá de la modernización que veníamos impulsando desde el 2018[194].

Este desafío fue tema central en los dos encuentros que sostuve con José Miguel Vivanco, el primero en noviembre en La Moneda, el segundo en enero mi casa. Ambos fueron muy útiles para ir delineando algunos puntos centrales de la futura reforma, como la necesidad de mejorar la formación de Carabineros o de potenciar

---

193   Dicha instancia se materializó el 22 de noviembre de 2019 mediante la creación del Comité Técnico Asesor en Derechos Humanos, liderado por el Ministerio de Justicia y Derechos Humanos. Para más antecedentes, ver el "Informe estado de avance sobre las medidas adoptadas en relación con las recomendaciones recibidas de organismos nacionales e internacionales de derechos humanos en el contexto de las protestas sociales de 2019", de agosto de 2020.

194   El proyecto de ley de modernización a las policías (Boletín 12.250), que formaba parte del Acuerdo Nacional por la Seguridad Pública, recogía, en todo caso, varias de las recomendaciones realizadas por los organismos nacionales e internacionales, como la obligación de observancia de los derechos humanos en las actuaciones policiales, la incorporación de mecanismos de control interno de conductas indebidas y la creación de canales de denuncia anónima de abusos policiales, entre otras.

el uso de medios audiovisuales en los recintos policiales y en las operaciones en terreno. Vivanco me recalcó la importancia de ir informando los cambios generados por la reforma, valorando, además, la apertura que habíamos mostrado frente a un tema tan espinoso. "La verdad es que pocos gobiernos nos han invitado a ser fiscalizados", me reconoció al despedirse.

Pocas semanas después se conocería el informe de la Oficina del Alto Comisionado de Derechos Humanos de Naciones Unidas, entidad liderada por la expresidenta Bachelet, misión con la que también me reuní durante noviembre mientras desarrollaba su labor. El reporte, en un tono similar al de HRW, consignaba la existencia de violaciones graves a los derechos humanos y realizaba un conjunto de recomendaciones relacionadas más que nada con Carabineros y el acceso a la justicia, aunque reconocía en forma explícita la extensa información recibida por parte del Gobierno y el acceso irrestricto a todos los lugares que se solicitó visitar[195]. Sin embargo, el reporte no estuvo exento de cierta polémica. En primer lugar, porque contenía algunas imprecisiones que debimos manifestar por escrito a la entidad mediante una nota oficial de la Cancillería[196]. Y, en segundo lugar, porque junto con las recomendaciones relativas a derechos humanos, se proponían medidas relacionadas con la paridad de género y la participación de los pueblos originarios en el proceso constituyente. Además, se sugería indagar sobre las "causas estructurales de las protestas", en particular aquellas que, relacionadas con los derechos económicos y sociales, tiñendo el reporte con aspectos que, pudiendo ser legítimos en el debate político, poco y nada tenían que ver con el alcance de la misión.

Asimismo, varias de las recomendaciones eran demasiado genéricas ("asegurar el derecho a reunión y expresión", "asegurar el deber del Estado de investigar las denuncias", "asegurar los recursos para el INDH y la Defensoría de la Niñez"), o bien, ya estaban implementadas ("poner fin de inmediato al uso de la escopeta antidisturbios", "asegurar la excepcionalidad del uso de lacrimógenos", "garantizar el uso de métodos no violentos antes de recurrir a armas menos letales").

De todas formas, no podíamos mirar para el techo, como si nada hubiese pasado. Las observaciones formuladas eran graves y, sobre todo, dolorosas. Nuestro deber era traducirlas en acciones concretas.

---

195   "Informe sobre la Misión a Chile, 30 de octubre-22 de noviembre de 2019", ACNUDH, diciembre de 2019.

196   El 13 de diciembre la Misión Permanente ante la Oficina de Naciones Unidas envió una nota oficial del Gobierno de Chile, detallando un conjunto de medidas implementadas tras el 18 de octubre, además de comentarios y precisiones al informe elaborado por el ACNUDH, respecto del número de personas fallecidas atribuibles a la acción de agentes del Estado, el número de personas con lesiones oculares, las referencias a supuestas ejecuciones extrajudiciales, detenciones arbitrarias, hostigamiento a líderes estudiantiles y restricciones a la libertad de prensa, entre otros.

La reforma a Carabineros

El mayor problema que encontramos para iniciar una reforma policial que restituyera el prestigio y la efectividad a Carabineros de Chile fue la poca disposición del mundo político para acompañarnos en ese esfuerzo. Si queríamos poner en marcha una reforma de fondo que fuese creíble, debíamos ser capaces de convocar a un grupo transversal de expertos, lo que no parecía ser algo sencillo luego de los cuestionamientos recogidos por los sucesivos informes internacionales. El senador Felipe Harboe, de hecho, me advirtió que ninguno de los expertos relacionados con la oposición trabajaría con nosotros. "No tienen ninguna gana de aparecer cerca del Gobierno en este momento". La alternativa que me propuso fue dejarlo en manos de la Comisión de Seguridad del Senado, instancia presidida por él, de forma de facilitar la presencia de académicos ligados a la centroizquierda. "No insistan en hacerlo ustedes", concluyó tajante.

Yo no podía aceptar algo así. Gobernar era un acto indelegable y frente a la historia lo único que quedaría era la respuesta política e institucional adoptada frente a los reproches al Estado en materia de derechos humanos. Haber dejado esa responsabilidad en manos del Congreso, cosa que algunos me recomendaron hacer para no enredarnos más con el tema, podría haber facilitado las cosas en el corto plazo, pero en el largo plazo hubiese sido visto como una omisión o inacción inexcusable. Era una responsabilidad intransferible.

Además, hubiese sido inconsistente con la trayectoria del presidente Piñera en materia de derechos humanos, quien siempre condenó las atrocidades cometidas por la dictadura de Pinochet, a diferencia de buena parte de la derecha. En su primer mandato, de hecho, causó una controversia de proporciones al acusar la existencia de "cómplices pasivos". Sé que muchos en el sector no le perdonan la frase. En lo personal, discrepo absolutamente. Me parece que pocas declaraciones del mandatario resistirán mejor el juicio de la historia.

Como gobernante, su agenda fue siempre clara y contundente. En su primer periodo se puso en marcha el INDH, se aprobó la Ley Antidiscriminación —más conocida como Ley Zamudio—[197], con gran reclamo del entonces presidente de RN, Carlos Larraín, y se envió al Congreso el proyecto que creaba la Subsecretaría de Derechos Humanos[198], que venía cumpliendo un rol muy relevante tras el 18 de octubre. En este segundo mandato habíamos aprobado —con no poca controversia— la Ley de

---

197   Ley 20.609.

198   Ley 20.885.

Identidad de Género[199], la ley que establecía el Mecanismo Nacional de la Convención contra la Tortura[200], y promulgado el Plan Nacional de Derechos Humanos, buscando hacer de este tema una política de Estado[201].

Es por eso que el día domingo 8 de diciembre, en el programa *Nuevo Pacto* de CNN-Chilevisión —al que llegué sobre la hora luego de acompañar a uno de mis hijos a una actividad escolar—, anuncié que durante la semana convocaríamos a un grupo cuya misión sería proponer una reforma de fondo a Carabineros, enfocada en la revisión de los protocolos de orden público y la formación en derechos humanos.

Para nosotros, estas dos dimensiones eran inseparables. No hay orden público posible si los derechos más básicos —la vida y la integridad de las personas— no son respetados; al mismo tiempo, no hay respeto a los derechos humanos cuando la violencia impone su ley. La violencia, aunque sea por una causa loable, privatiza los espacios comunes en manos del más fuerte, transforma la convivencia en la ley de la selva y hace de los ciudadanos instrumentos antes que fines. Es por ello que una democracia que protege los derechos humanos no puede tolerar la violencia. Toda sociedad necesita de normas que permitan vivir en paz. Y es el Estado quien debe hacer que prevalezcan estos límites, encontrando fórmulas que concilien el uso de su fuerza legítima con el resguardo de las garantías básicas de los ciudadanos.

En ese sentido, resultaba fundamental recuperar la legitimidad de Carabineros de Chile. Hablar de reforma y no de modernización, como habíamos hecho hasta ahora, sería duro para la institución, pero era un paso necesario para evitar su derrumbe. Impulsar una reforma de fondo era la última oportunidad que teníamos para iniciar un proceso de recuperación de las confianzas entre Carabineros y la ciudadanía, evitando de paso el infantilismo refundacional de la izquierda, que venía proponiendo terminar con la institución. Era un planteamiento de una hipocresía feroz, porque mientras de día criticaban a Carabineros, de noche, cuando arreciaban el vandalismo y los saqueos, no dudaban en realizar insistentes pedidos por refuerzos policiales, cosa que ocurría sobre todo con algunos alcaldes, como el de Valparaíso, Jorge Sharp, quien solía hacerme angustiosas llamadas nocturnas para pedir aumentos de dotación policial, mientras que en paralelo presentaba recursos contra Carabineros en los tribunales de justicia. O como el edil de Quilicura, Juan Carrasco, quien fue a La Moneda a solicitarme mayor apoyo luego de que las turbas le quemaran el *mall* de su comuna, a raíz de una denuncia falsa hecha por el propio edil[202]. Caso aparte

---

199   Ley 21.120.

200   Ley 21.154.

201   La iniciativa fue elaborada en 2017, a fines de la administración Bachelet, siendo promulgada el 9 de julio de 2019 por medio del DS 368.

202   El alcalde, a través de un comunicado hecho el 21 de noviembre de 2019, pidió al INDH investigar denuncias de tortura por parte de la PDI al interior del centro comercial. "No podemos permitir que se estén realizando violaciones de DDHH", afirmaba en el comunicado.

era el de Daniel Jadue, quien, junto con arremeter a punta de querellas contra la institución, no dudaba en pedir por oficio la creación de nuevas unidades policiales en Recoleta. Con el edil de Pudahuel, Johnny Carrasco, también tuve un encontrón público en medio de una ola de ataques que sufrió la 55ª Comisaría de su comuna en el mes de enero, producto del fallecimiento de un barrista de Colo-Colo, pero luego de conversar con franqueza terminamos reconciliándonos y realizando patrullajes nocturnos en forma conjunta.

La primera sesión del Consejo para la Reforma de Carabineros fue realizada el lunes 9 de diciembre. Pese a todo, logramos convocar a un grupo transversal de destacada trayectoria, requisito que consideraba indispensable para el éxito de la iniciativa. En la instancia participaron María Luisa Sepúlveda, de vasta trayectoria en derechos humanos; Hugo Dolmestch, exministro y expresidente de la Corte Suprema; Jorge Correa Sutil, que además de subsecretario de Interior había sido secretario ejecutivo de la Comisión Rettig; los exministros de Lagos y Bachelet, Javier Etcheberry y Jorge Burgos; los especialistas Franz Vanderschueren, de la Universidad Alberto Hurtado, Daniel Johnson, de Paz Ciudadana, y Catalina Mertz, de amplia experiencia en los temas de seguridad; Cristóbal Lira, alcalde de Lo Barnechea y ex subsecretario de Prevención del Delito; Marta Salcedo, coronel en retiro de Carabineros; además de Sergio Micco, del INDH, y Patricia Muñoz, de la Defensoría de la Niñez, quienes concurrieron en calidad de observadores del proceso. Luego de dos horas de reunión logramos algunos acuerdos, como la frecuencia de reuniones (dos tardes por semana) y el plazo para elaborar la propuesta (cincuenta días). El ritmo sería intenso, pero necesario.

Contrario a lo advertido por Felipe Harboe, no fue difícil sumar a los integrantes del consejo. Lejos, el más entusiasta fue Hugo Dolmestch, quien venía de dejar el Poder Judicial tras cuarenta años de carrera. De estilo campechano y bonachón, era considerado un juez especialista en la materia. Había sido además profesor de la Escuela de Carabineros y estaba feliz de poder colaborar en la instancia ("Un honor, Ministro, cuente conmigo"). Otra persona importante para llevar a buen puerto el trabajo del consejo fue María Luisa Sepúlveda, exintegrante del Comité Pro Paz, la Vicaría de la Solidaridad, y las comisiones Rettig y Valech. Al momento de convocarla, presidía el directorio del Museo de la Memoria. Cuando la llamé por teléfono, su respuesta me sorprendió por lo sincera: "Ministro, pero no sé nada de Carabineros". Ante ello, le respondí sin dudarlo, "pero sabes mucho de derechos humanos". "Perfecto, aceptó", replicó, pese a que era evidente que no le sería gratis sumarse[203].

---

203   Su decisión de incorporarse al consejo fue motivo de fuertes críticas desde los sectores más duros de la izquierda, en especial a través de las redes sociales. "Me decían que era una ingenua, pero yo ya estoy bastante vieja como para saber tener la libertad y saber en qué puedo colaborar o qué no", reconocería tiempo después en una entrevista a La Tercera. Ver entrevista de La Tercera Domingo 22 de marzo de 2020.

Las sesiones del consejo, que se extendieron durante los calurosos meses de diciembre y enero bajo una muy eficaz secretaría ejecutiva de Paz Ciudadana, fueron por lo general bastante cordiales, más allá de los extensos Power Points con múltiples diagnósticos que había que revisar, uno que otro exabrupto de Patricia Muñoz, y las interminables disquisiciones de Sergio Micco y Jorge Correa Sutil, ambos camaradas falangistas con amplia formación jurídica e intelectual, quienes solían trenzarse en discusiones interminables sobre lo que cada uno entendía por "formación" en derechos humanos. Para Correa Sutil, que había estado cinco años a cargo de las policías como subsecretario de Interior de Ricardo Lagos, lo relevante no era si los efectivos conocían o no los tratados específicos, sino la forma en que aplicaban los conocimientos en terreno. Para Micco, en cambio, filósofo de formación, lo primordial era la formación teórica de los funcionarios. En el fondo, era un duelo entre la teoría versus la práctica.

Finalmente, luego de 16 sesiones realizadas entre el 9 de diciembre de 2019 y el 31 de enero de 2020, que incluyeron reuniones con expertos nacionales y extranjeros, representantes de la academia, de organismos internacionales (como el Banco Interamericano de Desarrollo) y de policías extranjeras (de Alemania y Reino Unido), logramos consensuar por unanimidad una propuesta que, en seis capítulos y 76 páginas, formuló alrededor de 100 medidas concretas para incorporar en una reforma a Carabineros: 32 de corto plazo, orientadas al orden público y los derechos humanos, y 66 de largo plazo, enfocadas en la modernización institucional. Las medidas más relevantes sugeridas fueron la creación de un nuevo Ministerio de Seguridad Pública, separado de Interior, con el objetivo de consolidar el control civil sobre los cuerpos uniformados, y la elaboración de una nueva carrera policial, de cara a los requerimientos y criterios estratégicos establecidos por el Consejo[204].

En el fondo, el objetivo era contar con una policía más moderna, con mejor formación y mayores controles internos y externos, aunque basada en la rica tradición de Carabineros de Chile. Como lo resumieron bien los expertos británicos y alemanes que nos visitaron, una policía comunitaria más enfocada en acompañar a los ciudadanos (*"community engagement"*) que en enfrentarlos, en línea con lo que nos plantearon los expertos del BID en otra reunión de trabajo ("Si hay cambios en la sociedad, por qué la policía no habría de cambiar"). La recomendación de los alemanes fue más allá aún: "Humanicen a las policías".

Las propuestas también contemplaban medidas relacionadas con la transparencia, la rendición de cuentas y la incorporación de nuevas tecnologías y medios operativos. El informe, siguiendo en parte la experiencia de la Reforma Procesal Penal, propuso la creación de una unidad coordinadora de la reforma en el Ministerio del

---

204   Según el informe elaborado por el consejo, las características básicas que deben ser alcanzadas a través de la reforma deben hacer de Carabineros de Chile una policía sujeta a la tuición de la autoridad civil, con enfoque transversal de respeto a los derechos humanos en todo su quehacer, legitimada, transparente, moderna, eficiente y eficaz.

Interior, junto con un consejo consultivo permanente de naturaleza externa, idea que me pareció atendible teniendo en cuenta que la debilidad de este tipo de iniciativas, que significan cambios estructurales a las instituciones públicas, suele ser la gobernanza de los procesos, por lo general demasiado vulnerable a los vaivenes del debate político y la burocracia al interior del Estado.

La reunión final del Consejo, realizada el último viernes de enero, previo al receso estival, fue hasta cierto punto emocionante. Pese a las desconfianzas iniciales, a lo polarizado del ambiente, al deterioro institucional predominante y a lo acotado del plazo, se había logrado sacar adelante la tarea. Más importante aún, en medio de la caldera generada por el estallido social, habíamos mostrado que todavía era posible convocar a personas con visiones transversales e historias diversas, para trabajar con mirada de Estado en función del interés superior del país. En un tema que, por lo demás, era una verdadera papa caliente.

Al finalizar la sesión, sabiendo que no nos volveríamos a ver hasta varias semanas más, nos despedimos con una mezcla de extrañas sensaciones, entre la nostalgia y el deber cumplido. Sabíamos que en realidad era solo un "hasta pronto", ya que el plan era entregarle el informe al Presidente para que lo estudiara durante sus vacaciones de febrero, de forma de presentarlo de manera oficial al reinicio del año legislativo, en marzo, como se había planificado.

Verano caliente

Tanto por las caóticas condiciones en que se encontraba el país cuando asumí la cartera de Interior, como también por el azaroso contexto de mi nombramiento, si algo tenía claro al momento de iniciar mi gestión es que, al comienzo al menos, a cada día habría de corresponderle su propio afán. No digamos que el escenario era propicio para planificar o proyectar la acción de gobierno más allá de unos pocos días. Cada jornada aportaba un nuevo conflicto, un incidente, un embrollo o un problema inédito. Un navegante habría dicho que lo primero que había que hacer era estabilizar el bote. Después, solo una vez gobernada la nave, ver hacia dónde avanzar.

Establecido que era en los asuntos del orden público donde más urgentemente tenía que concentrarme —porque era en ellos donde más se notaba el colapso del Estado y era ahí desde donde el electorado de centroderecha más criticaba al Gobierno—, el desafío también era tener que gobernar en ese verano caldeado de tensiones políticas. Los partidos y el Parlamento habían acordado un mecanismo para darle al país, dentro del plazo aproximado de un año, una nueva Constitución. Pero entre tanto había muchas otras cosas que hacer, muchos otros acuerdos que alcanzar y tareas urgentes que realizar. También muchos culebrones, goles y gazapos que atajar, evitando que el país —y el Gobierno— colapsaran en el intertanto.

Un buen ejemplo de lo anterior fue la citación del Consejo de Seguridad Nacional (Cosena)[205], realizada a comienzos de noviembre luego de una jornada, para variar, muy violenta. En aquella ocasión, junto con presentar un amplio paquete de medidas para enfrentar la grave crisis de seguridad pública que estábamos viviendo[206], el presidente Piñera anunció —en forma sorpresiva— la convocatoria de dicha instancia. Tiene que haber estado muy abrumado para hacerlo. Se trata de un órgano de ingrata memoria —pues evocaba los primeros años de la transición, cuando el poder militar todavía no se supeditaba al poder civil—, no obstante haber sido ampliamente reformado tras los cambios constitucionales del 2005.

---

205   De acuerdo al artículo 106 de la Constitución, al Cosena le corresponde asesorar al Presidente de la República en materias de seguridad nacional, siendo presidido por el Jefe del Estado e integrado además por los presidentes del Senado, la Cámara de Diputados y la Corte Suprema, a los que se suman los comandantes en jefe de las Fuerzas Armadas, el general director de Carabineros y el contralor general de la República.

206   El día 7 de noviembre se anunció un paquete de 10 iniciativas que incluían medidas como una ley antisaqueos; un estatuto de protección a las policías; el impulso de las nuevas leyes de Inteligencia y de modernización de las policías; la creación de un equipo especial de abogados dependiente del Ministerio del Interior para tramitar las causas penales; la conformación de un equipo especial de la Fiscalía, Carabineros y la PDI, con el fin de mejorar el trabajo de inteligencia policial preventiva e investigativa; y el fortalecimiento de la capacidad de vigilancia aérea de las policías mediante cámaras y drones, entre otras.

Convocar al Cosena, en lo personal, no me convencía, aunque reconocía la necesidad de dar una señal pública contra la violencia. La jornada anterior había sido durísima, sobre todo en el eje Alameda-Providencia, que quedó hecho pedazos tras las protestas. Decenas de comercios terminaron saqueados. En el Costanera Center, los manifestantes reaccionaron furiosos porque Carabineros les bloqueó el acceso al *mall*. Durante cerca de un mes, este centro comercial fue uno de los grandes objetivos del vandalismo, pero nunca consiguieron pasar. La cuenta, esta vez, la terminó pagando la UDI. Su sede de la calle Suecia, ubicada a solo un par de cuadras, debió ser evacuada ante el riesgo de que una muchedumbre furiosa y frustrada la terminara incendiando, resultando de todas formas apedreada, rayada y arrasada por los delincuentes, que lograron llegar hasta las oficinas del segundo piso. La sede de RN, ubicada pocas cuadras más abajo, en la calle Antonio Varas, también fue atacada por manifestantes en tres ocasiones.

La convocatoria del Cosena —así lo interpreté— podía servir para comprometer más activamente a otras autoridades del Estado, que también tenían responsabilidades en la seguridad pública, como el Poder Judicial y el Ministerio Público, los cuales hasta ese momento mostraban una pasividad sorprendente. Sin embargo, resultaba evidente que su sola mención removería ansiedades del pasado, generando una reacción odiosa por parte de la oposición. Su utilidad, por lo tanto, me parecía a lo menos dudosa. Me costaba visualizar los retornos positivos de un hecho político en sí mismo —desde la reforma del 2005, solo había sesionado dos veces, la última en 2014, con motivo del fallo en La Haya del diferendo con Perú— que, sin duda alguna, agitaría el avispero. Aun así, el Presidente, como Jefe de Estado, estaba en todo su derecho de citarlo. Era una de sus facultades constitucionales para enfrentar la alarmante crisis de seguridad pública que estábamos viviendo.

Las reacciones políticas, como temía, fueron inmediatas y virulentas. El presidente del PS, Álvaro Elizalde, fustigó la decisión presidencial, al igual que el FA. El presidente del Senado, Jaime Quintana —uno de los que mantenía la sensatez en la oposición—, afirmó que solo asistiría por "responsabilidad del cargo", dejando clara su incomodidad frente a la convocatoria. En la DC fueron algo más cautos, aunque tampoco prestaron mucha ropa.

La reunión del Cosena fue programada para las 19 horas del 7 de noviembre en la sala de Consejo de Gabinete de La Moneda, en medio de un ambiente caldeado por las reacciones opositoras. Aunque Interior no era parte la instancia, me tocó participar como invitado junto al ministro de Defensa, Alberto Espina. El mandatario, haciendo uso de sus atribuciones, había decidido sumarnos.

El inicio de la sesión le correspondió al Presidente. Explicó, en primer lugar, que el sentido de la reunión era "lograr la mayor colaboración posible de los órganos del Estado que integraban el Consejo", frente a la "mayor crisis de la seguridad pública desde el retorno de la democracia". El mandatario, además, presentó un diagnóstico de la situación y planteó distintas solicitudes a las autoridades presentes, según el ámbito de sus atribuciones. Al Parlamento lo instó a legislar con urgencia los proyectos fundamentales, como la Ley de Inteligencia o la modernización de las policías; a la Fiscalía, a agilizar las indagatorias penales asociadas al estallido social, en especial las relacionadas con la quema de las estaciones del Metro; al Poder Judicial, a lograr la máxima diligencia en las causas que estaban siendo conocidas por los tribunales; a Carabineros, a actuar con eficacia frente a los desmanes pero guardando siempre el debido respeto por las garantías fundamentales de las personas; a las Fuerzas Armadas, a colaborar en las labores de inteligencia dentro del ámbito de sus facultades legales. Al contralor Jorge Bermúdez, en cambio, no le hizo planteamientos de relevancia.

Más allá de las esperables críticas vertidas por los titulares de la Cámara y el Senado, Iván Flores y Jaime Quintana, quienes manifestaron latamente sus reparos, el que en realidad sorprendió a todos con su intervención fue Jorge Bermúdez. Es cierto que con el contralor habíamos tenido diferencias relevantes en el pasado, pero en lo personal habíamos logrado mantener una relación fluida y me parecía alguien genuinamente comprometido con la función pública. Como ministro de la Segpres me correspondió llevar la relación institucional desde el Ejecutivo, y, es justo reconocerlo, fue particularmente deferente a la hora de tomar razón de los decretos de estado de excepción en la difícil noche del 18 de octubre. Por eso nunca imaginé ni la forma ni el fondo de lo que plantearía durante la sesión. En un tono metálico, casi golpeado, leyó punto por punto un documento en el cual dejaba de manifiesto sus reparos a la citación del Cosena. Su principal argumentación era que la convocatoria no se justificaba por no encontrarse comprometida la seguridad nacional, calificativo que, además de discutible en el fondo, excedía el ámbito de sus atribuciones en lo formal. Según la Constitución, el único responsable del orden público es el Presidente de la República y, a mi juicio, lo que hizo Bermúdez fue desafiar esa autoridad.

La reunión, tal como temía, no condujo a nada. Luego de la diatriba del contralor y de una poco sustanciosa intervención del presidente de la Corte Suprema, Haroldo Brito, fue el turno de los comandantes en jefe de las Fuerzas Armadas y de los directores de Carabineros y la PDI, quienes hablaron más que nada por cumplir.

En resumen, no hubo compromisos concretos ni, mucho menos, disposición alguna.

A la salida, tras casi dos horas de tensa reunión, me tocó poner la cara ante la prensa y responder a los cuestionamientos hechos por Flores y Quintana, quienes no perdieron la oportunidad de sacarnos la mugre. Ante un enjambre de periodistas, expliqué que el objetivo había sido solicitar la "máxima colaboración posible" para las urgentes tareas que debía enfrentar el Estado para "superar la crisis de seguridad pública". Fue una frase hecha que no convenció a nadie.

Regresé a mi casa a las 22:30 con la desagradable sensación de que habíamos dado un paso en falso. La única utilidad de la convocatoria fue constatar que estábamos completamente solos frente a la revuelta. No contábamos con la oposición. Tampoco con los otros órganos del Estado. Nadie se cruzaría contra la calle. Cada uno cuidaría su propio rancho.

La arremetida continúa

Aunque el acuerdo constitucional significó un alivio importante desde el punto de vista político y social, los nubarrones que teníamos al frente nunca se despejaron del todo. La izquierda venía manteniendo una implacable arremetida contra el Gobierno y, sobre todo, contra el Presidente, haciendo lo posible (y también lo imposible) por desestabilizarlo, ofensiva que se detuvo únicamente con la llegada del receso legislativo en febrero. O, más bien, entró en pausa. El objetivo último para el PC y los sectores más radicalizados del FA seguía siendo hacer caer al mandatario. Y el momento ideal para ello parecía ser marzo, el mes que todos anticipaban como el test definitivo. El imaginario opositor nunca se detuvo durante ese verano caliente. Marzo reflotaba las quimeras del "año decisivo" de épocas pretéritas: sería "la madre de todas las batallas"; "la tumba del neoliberalismo; "los ríos que fluyen en resistencia"; y cuanto fetiche escatológico suponía la izquierda dura.

Si bien la violencia callejera descendió fuerte entre fines de noviembre y principios de diciembre, los viernes de Plaza Italia se volvieron una insoportable rutina de desmadres, incendios y enfrentamientos con la policía por parte de grupos cada vez menos masivos, pero también con creciente poder de control, de matonaje y de fuego.

Y para empeorar las cosas, la relación de La Moneda con Chile Vamos, que fue fundamental para superar los peores momentos del estallido, empezaba a mostrar signos de un deterioro ya más estructural que episódico. Estaban irrumpiendo ahora los resentimientos. Era esperable. El acuerdo del 15 de noviembre dejó heridos en nuestro sector: para muchos, había sido una rendición forzada y aceptada solo a regañadientes. Así las cosas, era cuestión de tiempo que aparecieran cuentas por cobrar.

La primera señal de que la arremetida opositora iría en serio fue la acusación constitucional, presentada apenas unos días después del acuerdo de noviembre por un grupo de diputados comunistas y frenteamplistas, en contra del Presidente de la República. Fue de no creerlo. Como si el acuerdo no se hubiese firmado, el propósito no era otro que ponerle término por anticipado al mandato presidencial. El libelo fue presentado el 19 de noviembre y acusaba al mandatario de "haber comprometido gravemente el honor de la nación" y "haber infringido abiertamente la Constitución y las leyes", al permitir que las Fuerzas Armadas y de Orden vulneraran los derechos humanos de los manifestantes de manera general y sistemática. Por supuesto, la acusación era una infamia que carecía de fundamento. Ninguna de las misiones internacionales de derechos humanos invitadas por el Gobierno había ratificado esa delicada afirmación. Pero les daba lo mismo. Lo importante era forzar al máximo las cosas, aun sabiendo que no tendrían los votos suficientes para destituir al mandatario, ya que la norma constitucional exige un quórum de dos tercios del Senado para lograr su aprobación, mayoría que la oposición estaba lejos de alcanzar.

La acusación contra el presidente Piñera se sumaba a la presentada contra el ex titular de Interior Andrés Chadwick, ingresada al Congreso el 30 de octubre sobre la base de un escrito de 45 páginas que constaba de dos capítulos acusatorios[207].

Lo que buscaban ambos libelos era causarle un daño al Gobierno forzando un símil o parangón entre lo ocurrido en el estallido social y las violaciones a los derechos humanos en la dictadura. Era una comparación a todas luces absurda, pero que dotaba de cierta épica a los sectores más ultra. Lo importante no era la verdad jurídica de los hechos, sino el esfuerzo por reinterpretarlos a la luz de los intereses propios, ante lo cual no había límites formales. Si para ello resultaba necesario hacer un uso espurio de las herramientas constitucionales vigentes, qué va, no se harían mayor problema[208].

Con Claudio Alvarado acumulábamos una buena cantidad de millas en cuanto a acusaciones constitucionales. Habíamos enfrentado juntos los procesos de Emilio Santelices y Marcela Cubillos, además de una acusación en contra de tres ministros de la Corte Suprema[209], defensa que por razones de justicia y estabilidad institucional tomamos como si fuera propia. Por lo mismo, en esta ocasión sabíamos que la mano vendría más pesada.

Nuestros primeros acercamientos a los parlamentarios opositores nos dejaron sensaciones mixtas. La acusación contra el Presidente se veía un poco mejor aspectada que la dirigida a Chadwick, pero en ningún caso sería carrera corrida, como varios parlamentarios me lo hicieron sentir. Aunque sabían que no contarían con votos suficientes en el Senado, el solo hecho de aprobarla en la Cámara Baja sería un triunfo político relevante, porque a partir de ese momento el mandatario quedaba

---

207   El argumento principal de los diputados acusadores era que Chadwick, supuestamente, había "infringido la Constitución y las leyes al omitir adoptar medidas para detener las violaciones de derechos humanos durante la vigencia del estado de emergencia en el territorio nacional", junto con "haber comprometido gravemente el honor y la seguridad de la nación al participar de la declaración del estado de emergencia y haber afectado derechos no contemplados en dicho estado de excepcionalidad constitucional".

208   Quien lo había expresado con mayor crudeza algunos meses antes, en el marco de la acusación constitucional contra Marcela Cubillos, fue el abogado constitucionalista Francisco Zúñiga, vinculado al PS, al afirmar que las acusaciones habían sufrido una "mutación constitucional", dando a entender que ya no eran únicamente herramientas de sanción de ilícitos constitucionales. Con el paso del tiempo —argumentó— habrían devenido en instrumentos de control político de la autoridad, por lo que no les era exigible en su tramitación un debido proceso, como ocurría en el caso de los actos conocidos por los tribunales de justicia.

209   El 22 de agosto de 2018 un grupo de diputados de izquierda presentó una acusación constitucional por "notable abandono de deberes" en contra de tres jueces de la Corte Suprema: Hugo Dolmestch, Carlos Künsemüller y Manuel Antonio Valderrama, debido al otorgamiento de libertad condicional a siete exuniformados condenados por crímenes de derechos humanos. Finalmente, el 14 de septiembre el libelo fue rechazado por la Cámara de Diputados por 73 votos en contra y 64 a favor.

temporalmente inhabilitado para ejercer su cargo, a la espera de la decisión del Senado. En privado reconocían que el propósito era más que nada estirar el elástico e intentar sentar un precedente histórico (desde la Constitución de 1828, que incorporó formalmente esta atribución parlamentaria, solo cuatro mandatarios habían sido acusados)[210].

Respecto de la acusación contra Andrés Chadwick, el panorama se veía más sombrío. El texto había sido presentado a fines de octubre con toda una parafernalia mediática, y contaba con la firma de casi todos los jefes de bancada de la oposición, salvo la DC, aunque de todos modos llevaba estampada la firma del diputado Gabriel Silber, dando cuenta del apoyo implícito de la falange a la arremetida de sus colegas. La idea era dar una señal de unidad contundente, la misma que habían sido incapaces de entregar en los últimos años. Nos notificaban, de paso, que en esta ocasión, por más empeño que le pusiéramos, no encontraríamos a ningún disidente.

Para ellos la acusación contra Andrés era una oportunidad única para golpearnos con fuerza. Lo veían también como una instancia para redimirse ante sus bases y cohesionar sus filas. Aun cuando varios reconocían en *off* lo injusto de la situación, no encontramos a nadie que mostrara una mínima disposición para rechazarla. "Es que alguien tiene que asumir el costo político de la crisis", era el argumento que nos daban los moderados en la oposición. Desmarcarse de la manada esta vez les resultaba casi suicida.

Era tan baja la expectativa de lograr algo con los diputados, que la estrategia de la defensa de Chadwick apuntó directo al Senado, donde él tenía redes más consolidadas fruto de los años que pasó ahí. Las esperanzas estaban puestas en sus más cercanos en la centroizquierda: Jorge Pizarro, Felipe Harboe, Carolina Goic, Juan Pablo Letelier y José Miguel Insulza. Era un margen ínfimo, considerando que necesitábamos conseguir al menos tres de esos cinco votos opositores para lograr el fracaso de la acusación.

Si bien nunca nadie me lo dijo de frente, fue claro que a partir de ese momento comenzó a forjarse mi quiebre definitivo con la UDI. Era como esos temblores subterráneos, apenas perceptibles en la superficie, que van acumulando progresivamente energía hasta liberar un terremoto mayor. Andrés no era cualquier persona para el gremialismo. Era uno de sus fundadores, un discípulo directo de Jaime Guzmán, un líder histórico, uno de los cuatro "coroneles" de la Unión Demócrata Independiente. Había sido parlamentario por más de dos décadas, vocero de gobierno, ministro del Interior en dos ocasiones. Alguien no solo influyente, sino también querido y respetado por la militancia.

---

210   Los cuatro presidentes acusados constitucionalmente en nuestra historia fueron los siguientes: Manuel Montt (1868), Carlos Ibáñez del Campo, en su primer mandato (1931), Arturo Alessandri Palma (1939) y nuevamente Carlos Ibáñez del Campo, en su segundo mandato (1956). El único líbelo que prosperó fue contra Ibáñez en 1931, lo que ocurrió con posterioridad a dejar el cargo.

Yo también le tenía cariño. Respetaba su capacidad política, su prudencia, su templanza ante las dificultades, su capacidad de empatizar hasta con el más impensado interlocutor, y sus redes transversales en el oficialismo y la oposición. Era un *panzer* de la política con el que trabajé codo a codo por varios años, compartiendo casi a diario, en los que pude conocer su faceta más humana y su enorme talento político[211].

Nada de eso importó. En forma soterrada pero incesante comenzaron a esparcirse diversos rumores, nunca en *on*, que trascendían a los medios de prensa y circulaban en los entornos parlamentarios. Quizás el chisme más infame de todos era que habíamos pactado con la oposición dejar caer a Chadwick a cambio de salvar al Presidente, cosa que, aunque algunos en la oposición intentaron plantear, siempre descartamos de plano. El mismo Piñera, en una espontánea reacción que lo ennoblece, al enterarse de esta proposición, respondió textual: "Dígales que ante eso prefiero que voten a favor mi acusación".

También se decía *sotto voce* que yo no me la jugaba para evitar pagar los costos políticos de su defensa, lo que era absolutamente falso. Algunos llegaron incluso a criticar que no estuviese en la sala del Senado acompañando a Andrés el primero de los dos días en que se revisó la acusación, cuando la verdad es que no lo hicimos porque fue la misma defensa suya la que pidió que no asistieran los ministros con miras a no politizar el debate.

Para empeorar las cosas, durante la discusión en el Senado uno de los diputados acusadores, Gabriel Silber, enarboló un oficio que habíamos enviado a Carabineros a los pocos días de asumir en Interior exigiendo el cumplimiento de los protocolos, como testimonio de una eventual inacción del acusado frente a las denuncias conocidas, omitiendo, por supuesto, los cinco oficios enviados por Chadwick a las policías en los días previos, lo que fue interpretado como una jugada para salvar mi pellejo a cambio del suyo, hipótesis tan absurda como infame.

A partir de ese momento no hubo vuelta atrás. Los hechos se fueron distorsionando de tal manera que para el mundo del gremialismo llegó a ser evidente que lo habíamos entregado.

La verdad no tiene nada que ver con esa vileza. Con Claudio Alvarado nos jugamos a fondo por salvar a Andrés, aun sabiendo que la pelea sería feroz. Me reuní personalmente —en mi casa, en mis oficinas de La Moneda y Valparaíso— con cada uno de los senadores que habían mostrado cierta disposición a votar en contra. Extremamos todos los recursos disponibles para intentar desarticular la acusación. Sabíamos que Jorge Pizarro votaría en contra —él mismo me lo había ratificado— y esperábamos que Letelier e Insulza no se sumaran al coro acusador. El *panzer* socialista me lo había asegurado luego de una reservada reunión que sostuvimos en el ex Congreso.

---

211   Fueron siete años en total: un año en el comité político de Piñera 1 (2013), luego cuatro años en Avanza Chile (2014-2018) y finalmente un año y medio más en Piñera 2 (2018-2019).

Carola Goic desde un comienzo fue clara en advertirnos que le estábamos pidiendo un imposible, aunque otros mostraron mayor apertura. "No voy a votar en contra, pero tampoco lo haré a favor", me aseguró Felipe Harboe en la sala de ministros del cuarto piso del Senado, lo que nos permitió abrigar ciertas esperanzas. También hicimos el esfuerzo con Lagos Weber y Girardi, que nos habían acompañado en algunas votaciones complejas, pero esta vez nos dieron un portazo en la cara.

Todo fue infructuoso. La acusación fue aprobada por la Cámara de Diputados el 28 de noviembre[212], siendo luego ratificada por el Senado el miércoles 11 de diciembre. Ningún senador de oposición votó en contra. Ninguno[213]. Fue una victoria extraña, sin celebraciones ni aplausos. Era evidente la incomodidad que les causaba el libelo, cuyos contornos se asemejaban más a una *vendetta* política que a una instancia de control jurídico-constitucional.

El punto de prensa a la salida fue un momento triste para todos los que estábamos presentes. Chadwick, con la voz quebrada y los ojos vidriosos, realizó una sentida y emocionada defensa de su inocencia. A mí me tocó, a continuación, entregar la posición oficial del Gobierno. El ambiente era de funeral y mis gestos y tonos, sin duda, delataron el dolor que nos causó la derrota. Me rebelaba la injusticia del acto cometido contra Andrés, fue lo que más enfaticé en el punto de prensa. Pero también me dolía la cizaña que voces invisibles habían logrado sembrar en mi contra, a sabiendas de que no había buscado el puesto en Interior y que enfrentábamos uno de los momentos más delicados de nuestra historia democrática.

Nunca tuve certezas respecto del origen de los rumores, sí sospechas fundadas. Lo más probable es que hayan surgido desde el mismo entorno de Andrés, desde donde percibía señales que con el tiempo se fueron haciendo más nítidas. En la prensa, de hecho, especularon con la misma idea. Algunos llegaron a hablar de los "viudos de Chadwick", aunque para mí las motivaciones finales siempre quedarían en la esfera del misterio.

Como si la situación no fuera lo suficientemente difícil, aquel día *La Segunda* encabezó su portada con un titular incendiario: "Indignados con Blumel en la UDI". "Sería bueno que el ministro Blumel les aclare a los diputados sus gestiones por Chadwick", declaró el diputado Jaime Bellolio, uno de mis más cercanos en la UDI, amigo desde hacía años. Poco importaba que la noche anterior el mismo Andrés hubiese agradecido públicamente el apoyo brindado por el Gobierno, por el Presidente y por mí. El daño causado era ya irremediable, pese a que el mismo Bellolio y la diputada María

---

212   La acusación fue votada a favor por 79 diputados, mientras que 70 la rechazaron. No hubo ningún voto de oposición en contra. El único que no la votó a favor fue Jorge Sabag, de la DC, quien se abstuvo.

213   La acusación se aprobó por 23 votos a favor, todos de la oposición, y 18 en contra. El único que no la votó a favor fue Jorge Pizarro, quien se encontraba fuera del país.

José Hoffman vinieron a verme a La Moneda a los pocos días para dar por superado el *impasse*. Fue un acto de pantomima política que sirvió bien poco para recomponer la relación.

La izquierda contra el mandato democrático

No tuvimos mucho tiempo para digerir el golpe, ya que al día siguiente se votaba la acusación constitucional contra el Presidente de la República en la Cámara de Diputados. En este caso el panorama se veía más favorable, pero de todos modos era una situación de alta tensión. Mal que mal, lo que se buscaba era interrumpir el mandato democrático. Si bien no tenían los votos en el Senado, nuestro objetivo autoimpuesto era lograr el fracaso de la acusación durante la llamada Cuestión Previa, una facultad de la defensa en la que, a través de una votación inmediatamente anterior al fondo, se puede descartar el libelo si se estima que no este no cumple los requisitos formales que establece la Constitución. ¿Por qué queríamos eso? Porque, en caso de acogerse la cuestión previa, para la historia la acusación quedaría como no interpuesta. Esto, lo sabíamos, requeriría un esfuerzo monumental de persuasión entre los diputados, ya que muchos podían verse inclinados a descartarla como un gesto simbólico a cambio de rechazar el fondo del libelo. Y nosotros queríamos que la acusación muriera lo antes posible.

Por lo mismo, debimos multiplicar nuestros esfuerzos con Claudio, quien quedó a cargo de sondear a sus más cercanos —Miguel Ángel Calisto y Jorge Sabag, de la DC; Fernando Meza, del PR; y los independientes Pedro Velázquez y René Alinco—, mientras que yo quedé a cargo de los sondeos más institucionales, a través de los jefes de bancada y presidentes de partido. En general había buen ambiente para lograr que se cayera la acusación. Los líderes de los diputados del PS y del PPD, Manuel Monsalve y Ricardo Celis, días antes nos habían ratificado en privado que había poca convicción en sus bancadas para impulsar la acusación, admitiendo con cierta incomodidad que no era más que un arrebato de Revolución Democrática y el Frente Amplio. Según nos confidenciaron, el comité central del Partido Socialista había resuelto que se rechazaría la acusación, mientras que el PPD había decretado libertad de acción para sus diputados.

Esa conversación ocurrió a fines de noviembre, cuando todavía faltaban tres semanas para la crucial votación. La experiencia nos había enseñado que, a medida que se acortaban los plazos, la presión se volvía insostenible, lo que podía llevar a varios a desistirse de su decisión original. Los promotores de la acusación, en su mayoría comunistas y frenteamplistas, también harían lo suyo, marcando como sombras a los parlamentarios más dudosos. En consecuencia, necesitábamos contar con un "margen de seguridad" superior al de otras oportunidades.

Según nuestros cálculos, contábamos con unos quince diputados dispuestos a rechazar la acusación: cinco o seis democratacristianos, tres radicales, un par de socialistas y otros tantos independientes. Una estimación muy similar, proveniente de las propias bancadas opositoras, era la que manejaba la prensa. Pero, aun así, en los tiempos que corrían, nada podía darse por asegurado. La presión de las redes sociales, el temor a las funas e insultos y la presión de la izquierda el día mismo de la votación podían dar vuelta el tablero.

El día de la votación el debate partió relativamente tranquilo. Por supuesto, no faltaron las típicas intervenciones para la galería ni tampoco la correspondiente performance de Pamela Jiles, que ingresó a la sala encapuchada y con el puño en alto gritando "¡Fuera Piñera!". Pero más allá del circo, el panorama se veía cuesta arriba para la oposición. En algún momento hubo que suspender la sesión por falta de quórum, debido a la ausencia de más de cien diputados de la sala, todo mientras el abogado Juan Domingo Acosta hacía el alegato de la defensa del Presidente.

Sin embargo, el ambiente se fue caldeando a medida que se fue acercando la votación. Para peor, varios de los que dábamos por seguro empezaron a mandarnos señales de que se estaban enredando. En un momento, de hecho, dejaron de respondernos los recados y llamadas. Mala señal. Nuestros mensajes de WhatsApp quedaban todos "en visto". Unas dos horas antes de la votación, el margen de seguridad se redujo al mínimo, lo que nos hizo dudar de la posibilidad de ganar la cuestión previa. En ese escenario, el temor era envalentonar a los acusadores, apanicar a los moderados y desmoralizar a los nuestros. Y ahí el desenlace podía ser cualquier cosa.

Desde luego tomamos los recaudos habituales para estas instancias: aseguramos la presencia de nuestras bancadas en la sala, de forma de evitar cualquier imprevisto; acortamos los discursos de nuestros parlamentarios, ya que el tiempo nos jugaba en contra; y, por último, pusimos "puntos fijos" sobre los pocos parlamentarios de oposición que nos habían comprometido el voto, no solo para evitar que se contaminaran sino también para impedir que se largaran del Congreso. Claudio Alvarado decía siempre que en estos casos la "contención" es básica. Constanza Castillo y Máximo Pavez, ambos de la División de Relaciones Políticas de la Segpres, además de Pablo Prieto, mi jefe de gabinete, no le perdieron en ningún momento la pista a los honorables que les habíamos encomendado, bajándoles la tensión a punta de cafés, cigarrillos y conversaciones de pasillo.

El recuento que hicimos media hora antes de la votación en la oficina de ministros de la Cámara fue un balde de agua fría. Por primera vez Claudio se mostraba abatido, a raíz de la deserción de algunos diputados radicales. "Los radicales van a rechazar la cuestión previa", explicó apesadumbrado. "Entonces tenemos que hacer algo", le repliqué. Según su experiencia, no tenía sentido. Una vez que un diputado se da vuelta, es muy difícil poder revertirlo. Así y todo, tomé mi libreta y partí raudo a las oficinas de la bancada radical, ante la mirada atónita de mi equipo de prensa. El propósito era alcanzar a hablar con Fernando Meza y Carlos Abel Jarpa, que en un momento habían estado con nosotros y se nos estaban yendo. Ambos acumulaban una larga trayectoria parlamentaria y contaban con casi toda una vida de militancia en el radicalismo criollo. El primero, diputado por la provincia de Cautín, iba por su quinto periodo en el Congreso, mientras que el segundo, diputado por Ñuble, completaba el sexto.

Fue una conversación franca y cordial, en la que me recordaron que por mis venas corría sangre radical, ya que mi tatarabuelo, Enrique Mac-Iver, había sido uno de los fundadores del partido hacia fines del siglo XIX. Luego de diez minutos de preámbulos, les pedí derechamente que aprobaran la cuestión previa. Argumenté algo sencillo: nos unía el amor por la República, por nuestras instituciones democráticas y, más allá de las legítimas diferencias, la política tenía límites. Y uno de ellos, quizás el más relevante de todos, era el respeto por la duración del mandato presidencial. Cada vez que eso no había ocurrido, nos había costado demasiado caro, como en 1973, 1924 o 1891 (en el mundo radical la historia importa). "La democracia que tenemos, con sus luces y sombras, nos ha costado mucho construirla y ustedes saben cuánto duele perderla y cuánto cuesta recuperarla", les dije apelando a la nostalgia. "Por lo mismo, les pido que nos acompañen en la votación", concluí. Luego de pensarlo un instante, la respuesta de Carlos Abel me devolvió el alma al cuerpo: "Cuente con nosotros, ministro".

La emoción del momento no me permitió percatarme de que, tras las puertas de las oficinas radicales, había una mujer fotografiando con disimulo el momento de las despedidas. La mujer en cuestión resultó ser una estrecha asesora del diputado comunista Hugo Gutiérrez, quien al instante difundió las imágenes en las redes sociales acusándome de andar comprando votos de parlamentarios. El episodio derivó en la renuncia de Meza y Jarpa a su colectividad, luego de que el consejo general del PR solicitara la expulsión de ambos, días después de la votación. Fue una injusticia brutal de la cual todavía me siento responsable.

Finalmente, la cuestión previa fue aprobada por 79 votos a favor y 73 en contra, un margen estrecho pero suficiente para hacer fracasar la acusación contra el Presidente. Los votos provinieron, como siempre, de la DC (Miguel Ángel Calisto, Manuel Matta, Jorge Sabag y Matías Walker), del PR (Carlos Abel Jarpa y Fernando Meza), más algunos independientes como Pepe Auth y René Alinco, quienes fueron duramente insultados luego de la votación, tanto desde las tribunas de la Cámara como en las redes sociales. "Auth traidor", gritaba desaforadamente una mujer. "Fascista pagada con recursos fiscales", se defendió el vicepresidente de la Cámara desde la testera. Luego de la sesión, sabríamos que la mujer en cuestión era asesora del PC.

Al término de la votación hubo gritos y aplausos enfervorizados desde las bancadas de Chile Vamos. "Se siente, se siente, Piñera Presidente", se escuchó en la sala durante un buen rato, celebración que incluyó un amago de entonación del himno nacional de los diputados Andrés Molina y Camila Flores, mientras recibíamos epítetos de grueso calibre desde las tribunas del hemiciclo de parte de algunos asistentes y personeros ligados a las bancadas opositoras.

"Esperamos que esto marque una etapa distinta, que podamos crear un clima de entendimiento", declaré con alivio a la salida de la Cámara. Fue un desahogo tras semanas de tensiones, recriminaciones y derrotas. Habíamos logrado un triunfo muy, muy importante. Para el Gobierno y para el país. Fue un triunfo pírrico, es cierto. Nuestra democracia seguía de tumbo en tumbo. Lo importante, sin embargo, era que la izquierda había fracasado en su intento de destituir al Presidente, aunque había suficientes indicios como para sospechar que no sería el último.

Buenos aliados

Pese a los enormes desafíos que enfrentaba, nunca me sentí solo. Tuve buenos aliados en el Gobierno y la coalición. Gente con la que tenía confianza para intercambiar opiniones y articular estrategias. Además del presidente Piñera, con quien conversaba al menos una o dos veces por día sin necesidad de agendar una cita, en términos políticos mi primer núcleo de apoyo naturalmente era Evopoli. Apenas asumí implementamos un pequeño grupo de análisis político integrado por Hernán Larraín, Felipe Kast, Ignacio Briones y Jorge Selume. Con ellos hablaba casi a diario con el propósito de evaluar la agenda y fijar cursos de acción frente a la contingencia. Más allá de nuestra afinidad generacional y política, a todos nos animaba la idea de empujar un proyecto renovador de centroderecha y las decisiones siempre las evaluábamos siguiendo una regla de oro: nunca confundir lo que era mejor para el partido con lo que era mejor para el Gobierno.

Un frente de apoyo importante en la interna era el Segundo Piso, equipo que lideraba Cristián Larroulet. Más allá de diferencias puntuales con Cristián, por lo general compartíamos criterios y miradas. Era mucho más pragmático y abierto que lo que proyectaba, y a ambos nos guiaba la misma máxima: cuidar el proyecto colectivo por sobre los intereses particulares. En eso Cristián nunca transaba y la mejor prueba de aquello era la paciencia con que soportaba las críticas internas y ajenas sobre su rol en La Moneda, la mayor parte infundadas e injustas. "El Segundo Piso no debe existir hacia afuera", decía, para justificar su estoicismo. Siempre tuvo gran aguante para resistir ataques odiosos.

También hice buenas migas con varios ministros. Solía reunirme con ellos en grupos de afinidades específicas. Me gustaba juntarme con los ministros de Renovación Nacional (Alberto Espina, Baldo Prokurica y Cristián Monckeberg) dada la experiencia que habían tenido como parlamentarios y presidentes de partido. Otro grupo más UDI, donde siempre estaban Isabel Plá, Hernán Larraín y Alfredo Moreno, me entregaba buenos insumos para entenderme con el ala derecha de la coalición, no obstante que los tres en realidad respondían a un perfil más bien moderado dentro de ese sector.

En términos generacionales, las mayores afinidades las tuve con Juan Carlos Jobet (Energía), Lucas Palacios (Economía), Andrés Couve (Ciencia), María José Zaldívar (Trabajo) y Julio Isamit (Bienes Nacionales), quien pese a ser un conservador de tomo y lomo era cien por ciento incondicional. Con otros, que no respondían a un perfil determinado o preciso, como Jaime Mañalich (Salud), Teodoro Ribera (RR.EE.), Carolina Schmidt (Medio Ambiente), Gloria Hutt (Transportes) y Antonio Walker (Agricultura), también intercambiaba opiniones con frecuencia, en especial cuando los temas de Interior se cruzaban con sus carteras. Los cinco además tenían opinión política sobre casi todas las materias, por lo que trataba de compartir un café o una llamada telefónica con ellos cada vez que podía.

Respecto del comité político (Karla Rubilar, de Segegob; Felipe Ward, de Segpres; Sebastián Sichel, de Desarrollo Social; e Ignacio Briones, de Hacienda), si bien las cosas no fluían como con el equipo anterior, donde en verdad jugábamos de memoria, al menos pude instalar la costumbre de reunirnos los jueves a almorzar, rutina a la que se sumaban la jefa de gabinete del mandatario, Magdalena Díaz, y su jefa de prensa, Carla Munizaga. Esta práctica ayudó a preparar mejor el comité de los jueves por la tarde con el Presidente.

Chile Vamos era otra historia. La principal instancia de coordinación era la tradicional reunión de los lunes en La Moneda, cita a la que asistía el comité político junto con los presidentes de los partidos y los respectivos jefes de bancada. Sin embargo, la efectividad de la reunión era bien nula en términos políticos, ya que solía estar condicionada por las filtraciones que por norma se producían tras los encuentros, lo que hacía de la instancia un lugar bien poco propicio para la coordinación y el diseño de estrategias políticas. A lo sumo, servía como espacio informativo de los principales temas de la agenda, lo que teníamos que calibrar con mucho cuidado dado que hablar en esa mesa equivalía en la práctica a conversar directamente con los periodistas. Nunca pudimos mantener en reserva ningún tema que fuese de mínima relevancia.

En algún momento del verano realicé un esfuerzo por mejorar las relaciones entre los presidentes de los partidos, y entre ellos y el Gobierno, que venía con la resaca de las tensiones originadas durante el estallido social. El método escogido fue el menos original y más simple de todos: cenas de camaradería para compartir y distenderse. La idea era ir limando las asperezas y fortaleciendo las confianzas al alero de la buena mesa y una que otra copa de vino. La primera cita la realizamos en mi casa y el resultado fue extraordinario. Por primera vez en mucho tiempo pudimos compartir varias horas sin discusiones ni diferencias de ninguna especie. El ambiente fue especialmente grato ya que por alguna razón indescifrable todos los comensales se mostraron relajados. "Pareces de la UDI por lo bueno que te queda el asado", me bromeó al final de la velada Jaqueline Van Rysselberghe. Sin embargo, ya a la segunda sesión, ahora en la casa de Ignacio Briones, por lo demás un magnífico *chef* y un gran crítico gastronómico, todo se derrumbó. A la mañana siguiente la conversación venía filtrada en un matutino, lo que abortó para siempre el incipiente intento pacificador.

En realidad, lo que mejor me resultaba con los partidos era la relación directa con los liderazgos de las bancadas. El año y medio que estuve en Segpres viajando semana a semana a Valparaíso me había generado buenas redes. Los más cercanos, claro, eran mis correligionarios, en especial los diputados Francisco Undurraga, Andrés Molina y Luciano Cruz Coke. Con ellos trataba de almorzar cada vez que iba al Congreso. En el caso de la UDI me era muy valioso el apoyo de su expresidente Ernesto Silva, con quien me reunía con regularidad para hablar de política. También mantenía contacto permanente con los diputados Javier Macaya, Guillermo Ramírez y Patricio Melero. Con ellos conversaba con plena confianza, pese a las grietas provocadas por la acusación constitucional de Andrés Chadwick. RN tenía una bancada más caótica, sin liderazgos claros ni facciones muy precisas. De todos modos, la interlocución con los diputados Diego Paulsen, Andrés Longton y Paulina Núñez, además del senador Rodrigo Galilea, nunca me defraudó.

La relación con lo que denominábamos el "corazón del Gobierno", grupo informal integrado en su mayoría por subsecretarios, jefes de servicio y asesores ministeriales, estaba cruzada por tres rasgos comunes: todos nos identificábamos con la centroderecha, todos éramos coalicionistas y en su mayoría nos habíamos formado en el rigor del primer mandato del presidente Piñera. Era una red extendida al interior de la administración del Estado, donde cabían distintas militancias y posiciones ideológicas. Si bien uno de los representantes más destacados de este grupo, Sebastián Soto, abogado constitucionalista y asesor del Segundo Piso, suscribía sin ambigüedades posturas más conservadoras, la verdad es que su perfil no era muy distinto al de los subsecretarios Ignacio Guerrero (Economía), Juan José Ossa (Segpres) o Alejandra Candia (Evaluación Social), todos de tendencias liberales. Muy importante fueron también asesores del Segundo Piso, como Alejandra Schuster, Augusto Iglesias y Rafael Ariztía, y varios integrantes de mis equipos en Interior y Segpres, como la cientista político Constanza Castillo y los abogados Eduardo Riquelme, Pablo Prieto, Andrés Sotomayor, Max Pavez y Fernanda Garcés. Una generación notable de servidores públicos, algunos militantes, otros independientes, que me acompañó en la elaboración del programa de gobierno, que realizó buenos aportes durante la campaña presidencial y que soportó con entereza los peores momentos del estallido social. No solo fueron colaboradores calificados y de absoluta confianza. También fueron una leal reserva de afecto y apoyo para mí.

La Mesa de Unidad Social

Cuando a fines de noviembre la violencia en el país volvió a recrudecer, sentí que ya no podíamos dejar de tomar el toro por las astas. El rebrote se produjo tras un llamado a huelga general de la Mesa de Unidad Social, que produjo episodios feroces en varias ciudades del país. En esta ocasión, las imágenes de encapuchados realizando un asado en medio de una barricada en Antofagasta, al igual que las de una turba brindando con cervezas en los sillones playeros del Hotel Costa Real de La Serena, provocaron un impacto solo comparable a las jornadas más duras de octubre.

Aunque sus dirigentes señalaban rechazar la violencia, cada movilización que convocaban coincidía con los peores indicadores en materia de orden público. Las tres huelgas generales de noviembre habían sido los tres peores días del mes, similares en cantidad de eventos a los días más álgidos del estallido[214].

Por lo mismo, llevábamos varias semanas negociando una reunión con sus principales dirigentes. Reconocerlos como interlocutores válidos era una apuesta arriesgada, que causaba poca gracia en La Moneda, pero que podía bajar la presión de la calle, ya que los obligaría a subirse al carro institucional. Además, era inútil hacer como si no existiesen. Sus convocatorias nos estaban desangrando. "Deben tomar en cuenta a la Mesa de Unidad Social", era la recomendación unánime que nos llegaba desde el mundo de la centroizquierda, que en estos temas algo de experiencia tenía.

Materializar la reunión fue todo un trabajo de artesanía. Si bien ellos habían hecho llegar a La Moneda un petitorio con propuestas a través de una carta pública, no fue sino hasta mediar la quincena de noviembre cuando iniciamos los primeros contactos, muy informales y reservados al comienzo. Había que iniciar un diálogo: mientras eso no ocurriese, la calle no bajaría, al menos en forma significativa. Los contactos fueron liderados por Rodrigo Ubilla y Claudio Alvarado, quienes tenían vínculos con algunos dirigentes tras largos años de circo resolviendo conflictos de toda índole.

El punto que teníamos que destrabar era quién daba el primer paso. Según me informaron Rodrigo y Claudio, estaban dispuestos a iniciar un diálogo, pero no a tomar la iniciativa. El gobierno estaba casi en el piso y ellos, les comentaron a mis interlocutores, estaban cansados del ninguneo histórico de la élite política. Este era su momento. Si queríamos conversar, tendríamos que invitarlos. Más bien era yo quien tendría que hacerlo, lo que sin lugar a dudas irritaría a buena parte de Chile Vamos, pero, como lo habíamos convenido la semana anterior con el Presidente, era la única forma quitarle entropía al conflicto. La Mesa, o en realidad el Bloque Sindical, subgrupo conformado por agrupaciones como la CUT, la ANEF, el Colegio de Profesores o los gremios de la salud, había hecho propuestas que habían calado en la opinión pública, estaba organizando cabildos en distintas zonas del país, y tenía capacidad cierta de movilización callejera. Y también, a su manera, era algo más dialogante y menos extrema en sus posturas que el resto de los colectivos que la conformaban, en su gran mayoría mucho más radicalizados.

Concordamos que yo les enviaría una invitación formal para reunirnos, la que debía trascender convenientemente a la prensa la tarde del viernes 22 de noviembre, previo a las jornadas de movilización del 24 y 25. El texto, redactado por mi jefe de gabinete Pablo Prieto, un verdadero artista en los sutiles oficios del uso del lenguaje

---

214   Las tres peores jornadas, medidas por alteraciones graves de orden público (saqueos, incendios, ataques a instalaciones policiales, entre otras situaciones de gravedad), fueron el 12 de noviembre (189 casos), el 26 de noviembre (99 casos) y el 21 de noviembre (86 casos). El 18 y 19 de octubre se registraron 92 y 103 casos, respectivamente.

político, partía declarando que habíamos tomado conocimiento de los planteamientos del Bloque Sindical de Unidad Social, lo que resultaba indispensable para nuestros interlocutores, que buscaban un reconocimiento público respecto de su agenda.

La mañana del jueves 28 de noviembre, cuando cumplía justo un mes en el cargo, finalmente concurrieron a La Moneda encabezados por el presidente del Colegio de Profesores, Mario Aguilar (Partido Humanista), el presidente de la ANEF, José Pérez (PS), la presidenta de la CUT, Bárbara Figueroa (PC) y el líder del movimiento No+AFP, Luis Mesina. Venían ataviados con poleras y pañuelos caracterizados con múltiples y beligerantes consignas. Aguilar, en tanto, portaba un parche en su ojo izquierdo. Explicaría luego que era su forma de homenajear a quienes habían sufrido traumas oculares.

Como la tensión inicial era más que evidente, optamos unilateralmente por no dar acceso a la prensa. Tampoco servimos el desayuno que habíamos preparado para la ocasión, solo café y agua. El horno no estaba para bollos.

Al inicio de la reunión dirigí un breve saludo y les concedí la palabra. Queríamos escucharlo y conocer de primera fuente sus propuestas. En este tipo de encuentros lo mejor es permitir que la contraparte se descargue. Luego, cuando el nivel de energía es algo menos intenso, se pasa a una fase más conducente. El desgaste juega en favor de la sensatez. Las intervenciones, partiendo por la de Mario Aguilar, fueron duras. Contra la elite política, contra el Gobierno, contra Carabineros. No se guardó nada y él mismo filmó su intervención desde su celular para entregarla después a los medios. Las demás intervenciones -de Luis Mesina, muy calmo, de Bárbara Figueroa, muy conciliadora, y de José Pérez y un dirigente de los portuarios, ambos muy combativos- fueron menos histriónicas. Nada, sin embargo, que me desconcertara. Nada que no hubiera escuchado antes. Dos horas de discursos y petitorios, cargados de ácidas críticas y demandas maximalistas.

Al responder, lo primero que hice, luego de un breve momento de silencio, fue reconocerles que había sido un error esperar hasta el día 40 de la crisis social para poder conversar. Si este venía siendo el peor conflicto de las últimas tres décadas, resultaba inexplicable la tardanza. Era una suerte de *mea culpa*, en parte por razones estratégicas, pero también en buena parte por convicción. Las organizaciones sociales y sindicales la mayor parte del tiempo han sido consideradas por la autoridad de turno solo en la medida que sean funcionales a sus intereses. En el caso de la izquierda, a modo de legitimación frente al mundo popular, en el caso de la derecha, para tener a alguien a quien culpar. Negarlo era bastante hipócrita.

A continuación, cambiando el tono por uno mucho más enfático, les dije que no podía aceptar la idea, reiterada por varios, de que no nos interesaba escuchar a la gente. En el fondo, de que éramos un gobierno sin ninguna sensibilidad social. No podía concederles de entrada la superioridad moral de sus fines. "Al igual que ustedes, quiero un país con mayor justicia social", les reclamé algo molesto. Yo no los conocía, ellos no me conocían, las caricaturas no las podía permitir si queríamos iniciar un diálogo de buena fe.

Respecto a los derechos humanos, tema ultrasensible en el momento, les expliqué todo lo que veníamos haciendo, reconociendo que había situaciones que eran inaceptables que debían ser conocidas por la justicia. Pero que tampoco correspondía generalizar la crítica. Había sido una de nuestras principales preocupaciones desde el día uno y, por ello, veníamos tomando una serie de medidas. "¿Ustedes acaso creen que un gobierno que no respeta los DDHH invitaría por decisión propia a organismos internacionales a realizar una revisión exhaustiva de la situación?" Les recordé que ni China, ni Cuba, ni Nicaragua, ni Venezuela, ni Corea del Norte jamás permitirían algo así, todos regímenes de izquierda a los cuales varios de ellos les prendían velas.

Luego, en un giro en ciento ochenta grados, les pedí que se dieran no una pausa en las movilizaciones, lo que hubiese sido entre ingenuo e infructuoso, mas sí una oportunidad de conversar en serio. "Les quiero pedir que iniciemos un diálogo formal", agregando que necesitaba de su colaboración para sacar adelante la agenda social. "Pensiones, salud, los temas laborales, incluso la nueva Constitución, son temas en los que podemos avanzar". Por cierto, les expliqué, no íbamos a retirar nuestros proyectos de ley del Congreso ("eso sería abdicar de nuestras responsabilidades"), cosa que habían exigido en sus intervenciones, pero me comprometí a responderles formalmente su petitorio y, lo más importante, a encaminar las prioridades a través de un diálogo institucional entre las distintas organizaciones del Bloque Sindical y los ministerios sectoriales respectivos. Sabía que en eso tendría aliados en el gabinete, como la ministra del Trabajo María José Zaldívar y el ministro de Vivienda Cristián Monckeberg, ambos de gran manejo con las dirigencias gremiales.

Para mi sorpresa, no me tiraron los platos por la cabeza. Por el contrario, se generó un ambiente mucho más distendido. El cansancio efectivamente había hecho mella, lo que permitió cerrar el encuentro en medio de un clima bastante menos beligerante. El cambio de ánimo fue notorio, tanto que pudimos acordar lo que diríamos a la salida, lo que no era nada de fácil ("Es que cada uno tiene su barra brava", me reconocieron). Había además una enorme expectativa en los medios de prensa. Anotando cada uno en sus libretas de notas, llegamos a una frase de consenso ("hemos concordado iniciar un diálogo en torno a reformas sociales estructurales") que estimaban ganancia pura frente a sus bases (el Gobierno se abría a considerar su petitorio).

También concordamos salir públicamente condenando la violencia y el vandalismo, lo que a ellos les complicaba porque, por una parte, los enredaba con sus socios más radicalizados, pero por otra, tampoco querían aparecer vinculados al desbande de los últimos días, algo que les causaba serios problemas de legitimidad. De todas formas, accedieron, lo que fue ganancia pura para nosotros. Cada uno con lo suyo.

A la salida primó la cautela. Los dirigentes, si bien fueron críticos, cosa más que previsible, cumplieron en señalar que tenían disposición a dialogar con el Gobierno, cosa impensada hace un par de semanas. Todos insistieron en el retiro de nuestros proyectos de ley del Congreso. Con todo, Bárbara Figueroa declaró que nos habíamos comprometido a gestionar encuentros con las distintas carteras en torno al petitorio propuesto por el Bloque Sindical, abriendo la ventanita convenida. "Eso sí —advertía Aguilar— no habrá ninguna negociación de espaldas a la gente".

Por mi parte, flanqueado por Alvarado y Ubilla, valoré el encuentro y admití que habíamos tenido una buena reunión ("franca, a ratos dura"), repitiendo milimétricamente lo convenido minutos antes: "Hemos concordado iniciar un diálogo en torno a los ejes prioritarios de la agenda social".

¿Resultados? Nada de malos, en función de las expectativas. Habíamos logrado sentarlos a la mesa, habían condenado la violencia de los últimos días y, lo más importante de todo, no anunciaron nuevos paros ni movilizaciones cuando fueron requeridos sobre el punto, lo que sin duda nos daba un tremendo respiro.

Desde luego, el encuentro tuvo sus costos. No fue gratis para nosotros ni para ellos. La UDI salió al día siguiente con una declaración pública muy crítica, en la que me instaban a concentrarme en los temas de seguridad más que en las negociaciones políticas, molestos por el rol que había venido asumiendo en las últimas semanas en desmedro del ministro Segpres Felipe Ward. La carta de los diputados gremialistas, tan tosca como directa, pedía una sola cosa: "mano dura". En el fondo, les molestaba mi decisión de articular y tender puentes, cosa extraña considerando que un rol histórico del ministro del Interior ha sido siempre liderar la conducción política del Gobierno. "El ministro Blumel tiene que entender que tiene que estar más pendiente del orden público y menos de la Constitución", fue la sentencia del diputado por Coquimbo y vicepresidente de su partido Juan Manuel Fuenzalida, pidiéndome a continuación que no perdiera el tiempo reuniéndose con organizaciones "que no quieren la paz", en una abierta crítica a la reunión del día jueves.

En el caso de la Mesa de Unidad Social, el encuentro y las posteriores reuniones del Bloque Sindical con los titulares de Trabajo y Vivienda causaron un conflicto de proporciones en la orgánica interna. La Coordinadora Feminista 8M, integrante del colectivo, envió una carta semanas después haciendo ver que "la unidad en Unidad Social no había sido posible", abandonando la instancia con duras críticas a los últimos acercamientos, presión que derivó en que el mismo Bloque Sindical a los pocos días diese por finalizado el diálogo con el Gobierno. Pese a ello, siempre nos mantuvimos en contacto con sus principales líderes, reuniéndonos en forma reservada en dos ocasiones más, instancias que no produjeron mayores avances pero que, al menos, sirvieron para romper en algo las desconfianzas y evitar nuevos paros y movilizaciones[215].

---

215   Clave para ello fue haber permitido (por omisión) durante el mes de diciembre la instalación del "Campamento Dignidad" en la plaza Montt-Varas, frente al palacio de los Tribunales de Justicia, decisión que fue cuestionada por los sectores más duros del oficialismo pero que sirvió para descomprimir la presión por movilizaciones en las bases de la Mesa de Unidad Social. El campamento, compuesto por unas 15 carpas, se instaló el día 9 de diciembre y se "levantó" finalmente hacia fines de diciembre, sin mayores

A la distancia sigo creyendo que la decisión de sumar al diálogo a las organizaciones sociales fue una decisión correcta. No solo sirvió para aquietar las aguas, cosa que efectivamente ocurrió[216], sino que también nos permitió reconocer la legitimidad de un mundo que desde la centroderecha siempre se había mirado con desconfianza y suspicacia, en gran medida por la instrumentalización de la izquierda de los sindicatos y gremios del sector público, aunque también, hay que reconocerlo, por la poca diversidad y empatía del sector con ese mundo, lo que fue motivo de largas reflexiones con Rodrigo Ubilla y Claudio Alvarado durante esas jornadas, quienes siempre me reiteraban el punto.

Teníamos poco que perder y quizás bastante que ganar. Pese a la inflexibilidad de sus posiciones, a sus múltiples prejuicios, a lo injusto de sus críticas, al maximalismo de sus demandas, y también a cierta ambigüedad en torno a la violencia, el diálogo con el Bloque Sindical no fue tiempo perdido. La reunión en La Moneda no movió la aguja de manera drástica, pero al menos sirvió para tender puentes y avanzar algunos pasos en nuestro propósito central por esos días, que era reducir la violencia feroz engendrada por el estallido social, no solo por medio de la fuerza legal depositada en el Estado, sino que apelando ante todo a los valores distintivos de la democracia, que se funda, en primer término, en el respeto por las reglas establecidas y, en segundo término, en la capacidad de dialogar de las partes.

"¿Cómo estuvo la reunión?", fue la escueta pregunta que me hizo el Presidente tras el encuentro con la Mesa de Unidad Social.

"Bien, Presidente", le respondí.

---

conflictos ni contratiempos (salvo una gestión de emergencia que tuvimos que realizar en cierto momento para revertir una instrucción del intendente metropolitano Felipe Guevara quien, debido a que no estaba al tanto de los contactos con el Bloque Sindical, había ordenado desalojar el campamento mediante el uso de carros lanzaguas, lo que sin duda hubiese hecho arder Troya).

216   Según los registros policiales, los hechos graves de violencia vinculados a la crisis social pasaron de un promedio de 40 casos diarios en el mes de noviembre, a solo tres casos diarios durante el mes de diciembre, cifras que se mantuvieron estables durante el resto del verano.

Agenda post estallido

El fracaso de la acusación constitucional contra el presidente Piñera inclinó, al menos por unos pocos días, el tablero a nuestro favor. Le habíamos propinado una derrota política de proporciones a la oposición en el momento de mayor debilidad nuestra. Aun así, el escenario seguía estando muy revuelto, sobre todo para mí. Por una parte, tenía que intentar recomponer la relación con la UDI, que había quedado muy dañada tras la acusación contra Andrés Chadwick, como pude constatarlo en un almuerzo que sostuve con los diputados gremialistas en Valparaíso, pocos días después de la aprobación del libelo. "Lo hemos pasado pésimo", confesó con franqueza Memo Barros, uno de los históricos de la bancada, resumiendo un sentimiento muy extendido al interior de la UDI. Pese a que algunos cercanos, como Guillermo Ramírez y Patricio Melero, intentaron poner paños fríos, se hacía evidente que la relación estaba en el congelador. La mayoría sentía que habíamos dejado caer a Andrés, ante lo cual era poco lo que se podía hacer. Aunque tratara de explicarlo, no era un problema de argumentos, sino emocional.

La oposición, en forma desordenada y caótica, mantuvo la presión sobre el Presidente de la República, buscando una y otra vez vías para removerlo del cargo, iniciativas que por fortuna no prosperaron, más que nada por la enorme fragmentación de la izquierda. Aun así, la creatividad parlamentaria de la izquierda no tenía límites. El senador independiente por Antofagasta, Alejandro Guillier, que había caído en la irrelevancia política luego de su derrota en la presidencial, propuso convocar a elecciones presidenciales adelantadas.

A su vez, la bancada de diputados de la Federación Regionalista Verde Social, que era liderada por los exmilitantes de la DC Jaime Mulet y Alejandra Sepúlveda, y que en la práctica actuaba como una suerte de satélite camuflado del PC, pidió al Senado declarar la inhabilidad del Presidente argumentando un supuesto "comportamiento errático" luego del 18 de octubre; era un mecanismo contemplado en la Constitución, aunque solo para impedimentos inhabilitantes para el ejercicio de las funciones de la máxima autoridad del Estado[217]. La escaramuza no pasó a mayores ya que al no existir precedentes —la solicitud era algo inédito en nuestra historia republicana— logramos que se pidiera un informe a la Comisión de Constitución, Legislación, Justicia y Reglamento sobre la forma de aplicación de dicha prerrogativa, para de esta forma enviarla a dormir el sueño de los justos.

Sabíamos que este tipo de iniciativas difícilmente llegarían a puerto. El acuerdo constitucional no solo logró estabilizar al país. También significó un compromiso tácito entre el oficialismo y la centroizquierda de resguardar la estabilidad del orden institucional. El proceso constituyente no sería viable si se interrumpía el mandato presidencial. Sin embargo, el objetivo de estas arremetidas era otro. El propósito real era desmantelar la legitimidad política y moral del jefe de Estado, inhabilitándolo de facto para gobernar. Si no les resultó desbancarlo, era evidente entonces que

---

217   Artículo 53, numeral 7.

intentarían impedirle ejercer sus funciones. El objetivo de fondo era anular el poder del Ejecutivo para transferírselo al Parlamento, cuya mayoría estaba dominada por la oposición. No por nada, Jaime Quintana afirmó poco antes de dejar la presidencia del Senado que si Piñera quería seguir gobernando, debía pasar a segunda línea y aceptar un "parlamentarismo de facto"[218], palabras que lo sacaron de golpe de la pista más bien republicana en la que el senador se había manejado durante los aciagos días de noviembre.

Ese fue el contexto en el que tuvimos que implementar la agenda política, social y económica propuesta por el Gobierno como respuesta a la crisis de octubre.

En lo político, lo más inmediato fue concretar la reforma al capítulo XV de la Constitución, que posibilitaba jurídicamente el acuerdo del 15 de noviembre, cuestión que los partidos delegaron en una comisión técnica convocada especialmente para esos efectos[219]. Esta Comisión asumió la difícil tarea de transformar el acuerdo en una reforma que habilitase el proceso constituyente. Contra todo pronóstico, y luego de tres semanas de trabajo, la instancia logró un consenso pleno que se plasmó en un documento denominado "Propuesta de texto de reforma constitucional", en el que se definieron las reglas y plazos del proceso constituyente, incluyendo las normas para el plebiscito de entrada, las reglas de funcionamiento de una eventual convención constitucional, y los plazos y procedimientos para el plebiscito de salida, el cual, por primera vez desde las elecciones presidenciales de 2009, se realizaría con voto obligatorio.

Un aspecto central del acuerdo de la comisión técnica fue la delimitación de las competencias y atribuciones del órgano constituyente a través de una "cláusula de límites sustantivos básicos", como la definieron los propios constitucionalistas. Aquel punto, que no formaba parte del acuerdo original de noviembre, fue una ostensible mejora que facilitó el buen término de las negociaciones del organismo. Dicha cláusula incorporó puntos mínimos no modificables por la futura convención, como el carácter de república del Estado de Chile, el régimen democrático y el respeto a las sentencias ejecutoriadas y a los tratados internacionales ratificados y vigentes suscritos por Chile. Aquello fue reforzado con un innovador mecanismo de reclamación que le otorgó a la Corte Suprema la facultad de revisar eventuales vulneraciones de

---

218   Diario La Tercera, 13 de marzo de 2020.

219   La comisión estuvo integrada por 14 representantes de los partidos políticos firmantes del acuerdo del 15 de noviembre, siete del oficialismo y siete de la oposición: Isabel Aninat y José Francisco García (Evópoli); Arturo Fermandois y Ernesto Silva (UDI); Gastón Gómez y David Huina (RN); Sebastián Soto (independiente); Sebastián Aylwin (Comunes); Cristina Escudero (DC); Pamela Figueroa (PPD); Claudia Heiss (RD); Emilio Oñate (PR); Gabriel Osorio (PS), y Alejandra Zúñiga (Partido Liberal).

las reglas de procedimiento producidas durante el trabajo de la convención[220]. Dicho de otro modo, se establecieron garantías de fondo y procedimentales para evitar desviaciones del proceso al estilo de las asambleas de Venezuela y Bolivia. El poder constituyente, en este caso, sería derivado y no originario, con límites de forma y fondo para contener cualquier empeño refundacional.

Durante el trabajo de la comisión técnica me mantuve siempre encima de sus avances y retrocesos, tarea en la que conté con el inestimable apoyo de Sebastián Soto, quien se integró a la instancia como una suerte de cupo supranumerario en representación del Gobierno; fue el séptimo cupo del oficialismo, lo que permitió igualar el número de integrantes de la oposición.

Las primeras grietas internas relacionadas con el proceso constituyente aparecieron en la discusión de los escaños reservados para pueblos indígenas y en las normas de paridad de género, normas complementarias no contenidas en el acuerdo de noviembre que eran tan resistidas por la UDI como apoyadas por RN. A tanto llegaron las diferencias que en algún minuto tuve que intervenir convocando a reuniones de emergencia a los presidentes de Chile Vamos, primero en la sede del Congreso en Valparaíso y luego en mis oficinas de La Moneda. Esos desencuentros amenazaron con quebrar la mesa durante la primera semana de diciembre y, si no ocurrió, fue solo porque decidimos postergar la discusión de las normas complementarias, lo que permitió concluir de buena manera el trabajo de la comisión técnica. Sin embargo, el episodio fue un anticipo de lo que vendría más adelante.

Porque la verdad es que no era fácil cuadrar el círculo. Chile Vamos, y nuestro electorado, estaban profundamente divididos frente al proceso. Fue lo que se discutió en un encuentro que sostuvimos en la casa del presidente Piñera con los senadores oficialistas de la Comisión de Constitución, cita a la que asistieron Andrés Allamand, Felipe Kast y Juan Antonio Coloma. "¿Cómo vamos a enfrentar el proceso constituyente?", preguntó, complicado, el senador por el Maule. Si algo Coloma tiene de sobra es experiencia en temas políticos y electorales.

El plebiscito era un riesgo más que evidente para la unidad de la coalición. La izquierda estaría totalmente cohesionada en torno a la opción *Apruebo* en el plebiscito de entrada, mientras que nosotros nos iríamos progresivamente dividiendo entre las dos alternativas en juego, tal como ocurrió en la discusión de las normas complementarias, modificaciones legislativas promovidas por la oposición que introdujeron una cuña divisoria al interior de Chile Vamos, sobre todo en la bancada de RN, cuyos integrantes se mostraban dispuestos a negociar por fuera de la coalición.

---

220   El mecanismo en cuestión, recogido posteriormente en el artículo 136 de la Constitución, estableció la posibilidad de reclamar infracciones a las reglas de procedimiento de la Convención ante cinco ministros de la Corte Suprema, elegidos por sorteo por la misma Corte para cada cuestión planteada. Para su presentación se definió un respaldo mínimo de al menos un cuarto de los convencionales en ejercicio.

El Presidente, con no poco voluntarismo, definió que la mejor estrategia para enfrentar el proceso constituyente era pasando de los procedimientos a los contenidos, donde suponía que las brechas al interior de Chile Vamos serían mucho menores. "Ahí estaremos completamente unidos", preveía él. Lo que no divisaba, posiblemente, era que en esta ocasión los contenidos eran precisamente los procedimientos.

Durante esos meses también nos abocamos a concretar la agenda social surgida al calor del estallido. Si bien en este plano habíamos logrado avances relevantes, como el congelamiento de las tarifas de los servicios básicos y la rebaja del costo del transporte para los adultos mayores, el gran pendiente seguía siendo sacar adelante la reforma previsional, que pragmáticamente decidimos separar en dos partes para poder destrabar la discusión. Una parte, la "Ley corta", logramos despacharla mediante amplios consensos, lo que nos permitió llegar a Navidad con un aumento del 50% en el monto de las pensiones básicas, beneficio que alcanzaría en un principio a más de 300 mil adultos mayores y que se iría extendiendo hasta completar 1,5 millones de beneficiarios[221].

La otra parte, la verdadera reforma previsional, era la que buscaba aumentar las jubilaciones de los pensionados del sistema de AFP, es decir, de alrededor de 1,5 millones de adultos mayores, en su mayoría personas de clase media que, pese a haber cotizado durante gran parte de su vida laboral, accedían a tasas de reemplazo inferiores al 50% de sus últimos sueldos. El debate se nos había enredado por completo porque el foco de la discusión pasó de cómo aumentar las pensiones a qué hacer con las AFP. Estas venían siendo cuestionadas durante los últimos años y el movimiento del 18 de octubre las había convertido en uno de los principales enemigos a vencer.

Pese a ello, hacia fines de enero logramos ratificar el acuerdo alcanzado con la Democracia Cristiana previo al estallido, no sin antes incorporar nuevas indicaciones al proyecto, lo que nos permitió aprobar la reforma con algún margen en la Cámara de Diputados[222]. La iniciativa contemplaba un aumento del 6% en la tasa de cotización, del cual la mitad iría a ahorro adicional individual y la otra mitad a un nuevo sistema colectivo solidario administrado por el Estado, sacrilegio que los sectores más ortodoxos de la derecha miraron con estupor. Pero era el precio a pagar si queríamos lograr acuerdos. Nuestra posición negociadora tras el 18 de octubre no era en realidad la mejor. Además, en el Senado la historia sería otra. Ahí la oposición funcionaba como manada, con total independencia de los acuerdos alcanzados en la cámara baja, por lo que muy probablemente tendríamos que volver a fojas cero.

---

221   La Ley Corta de Pensiones contemplaba un aumento inmediato del 50% en los beneficios del Pilar Solidario para los mayores de 80 años, equivalente a 55.101 pesos adicionales; un 30% para aquellos entre los 75 y los 79 años; y un 25% para los menores de 75 años, lo que equivalía a 27.550 pesos. Estos montos se elevarían progresivamente hasta completar un aumento del 50% para todos los pensionados del Pilar Solidario en enero de 2022.

222   La norma fue aprobada en general con 82 votos a favor, 61 en contra y una abstención.

Un tercer foco para el Gobierno fue el reimpulso de la economía, que se desplomó tras los sucesos de octubre[223]. Esto nos llevó a preparar una agenda reactivadora pro-pymes[224], las más golpeadas por la violencia y los saqueos, y otra agenda antiabusos[225], que incluía diversas iniciativas para endurecer las sanciones frente a los delitos de cuello y corbata, como la colusión, el fraude tributario o el uso de información privilegiada. Estas conductas —con toda razón— sacaban chispas en la ciudadanía cada vez que aparecían nuevos casos en los medios de comunicación, y sin duda habían contribuido al clima social previo a la crisis. Era imperativo hacerse cargo ahora.

Coletazos del acuerdo de noviembre

"Tú único objetivo debe ser que el Presidente pueda terminar su mandato", me dijo Ernesto Ottone durante un café que compartimos a mediados de enero en su departamento, junto con Carlos Vergara, ambos exintegrantes del Segundo Piso del Gobierno de Ricardo Lagos. Según el sociólogo, era tal la gravedad de la situación que el solo hecho de poder terminar el periodo, objetivo que *a priori* me pareció algo modesto, debería considerarse un tremendo logro. Ellos también habían enfrentado una crisis de proporciones, la del Caso MOP-Gate, episodio que llevó a algunos analistas a conjeturar que quizás el primer presidente socialista desde el retorno a la democracia no podría concluir su mandato. Como me lo confidenció el mismo Ottone, su meta autoimpuesta fue que Lagos pudiese salir caminando por la puerta de La Moneda al finalizar su periodo. "La tuya también debe ir por ahí", me insistió luego de un rato, argumentando que la hecatombe del estallido social era de otros órdenes de magnitud en comparación a las crisis del sexenio de Lagos.

La relativa calma que trajo el verano, pues tanto la violencia callejera como la tensión política se redujeron en enero y febrero, me dejó espacio para ir tejiendo vínculos y conversaciones con diversos actores de la política y la sociedad civil. Había que consolidar lo avanzado a partir del acuerdo constitucional del 15 de noviembre, lo que requería sumar todas las voluntades posibles para seguir encauzando la salida de la crisis social y, sobre todo, prepararse para resistir marzo, mes que, según todos los analistas, sería la verdadera prueba de fuego para el Gobierno. Para muchos, el estallido solo se había tomado una pausa veraniega para regresar con más fuerza y energía en el mes de marzo.

---

223   El Imacec cayó por debajo del 3% en los meses de octubre y noviembre, los mayores retrocesos registrados desde la Crisis Subprime.

224   El plan Levanta tu Pyme fue presentado por el presidente Piñera el 5 de noviembre de 2019.

225   La Agenda Anti Abuso y por un Trato Digno y Justo fue presentada por el presidente Piñera el 9 de diciembre de 2019.

Sin embargo, primero teníamos que ser capaces de sortear el verano, lo que no resultaba tan trivial como algunos creían. Los veranos, aunque suelen ser escasos en actividad política, venían siendo hace rato pródigos en conflictos, como ocurrió en Piñera 1 con la crisis del gas en Magallanes, que fue el preludio de una avalancha de conflictos sociales que terminarían por despedazar la idea del "Gobierno de los mejores"[226], y como sucedió en Bachelet 2 con el Caso Caval, que hizo estallar en mil pedazos las utopías redentoras del Gobierno de la Nueva Mayoría.

Mi verano como ministro del Interior no estaría exento de este tipo de dificultades.

Algunas de las principales peleas y conflictos que debí enfrentar estuvieron al interior de nuestro sector, pues Chile Vamos se vio fuertemente tensionado por las derivadas del acuerdo constitucional. No pocos en la coalición recelaban, además, de la creciente influencia de la dupla de Evópoli que venía liderando la gestión política y económica del gabinete desde Interior y Hacienda, lo que se tradujo en un larvado cuestionamiento a la conducción del gobierno de parte de las principales figuras de la UDI y RN. Aunque por lo general estas críticas no se formulaban cara a cara, igualmente revoloteaban en el ambiente mediante trascendidos y filtraciones de prensa. De todas formas, hubo un par de excepciones a la regla.

"Resiste el asedio de Allamand" tituló en su portada el vespertino *La Segunda* el viernes 17 de enero, a partir de una nota con críticas del senador de RN a mi gestión en Interior. Era mi "nuevo mejor antagonista", según el diario. El principal reproche era una supuesta falta de "firmeza" para enfrentar los desmanes callejeros. Los cuestionamientos no tenían mucho asidero[227] ni tampoco contaban con gran apoyo entre sus correligionarios, tanto que el presidente de su propio partido aparecía quitándole el piso en la misma nota. De hecho, varios me confidenciaron que la arremetida respondía en realidad a su vieja y recurrente aspiración de llegar a la cartera que yo estaba ejerciendo. Aun así, esos embates no eran inocuos.

Antes, en diciembre, las críticas provinieron de la líder de los gremialistas, Jacqueline Van Rysselberghe, quien cuestionó con dureza al Gobierno luego de las votaciones sobre paridad de género para la Convención Constitucional —iniciativa que contó con el respaldo de seis diputados de Evópoli y once de RN— alegando, además,

---

226   El conflicto del gas en Magallanes se gatilló por una serie de protestas en enero de 2011, producto del alza de las tarifas del gas natural, que terminó significando la salida del titular de la cartera de Energía. Posteriormente se sucedió una serie de conflictos socioambientales, como las protestas por el proyecto hidroeléctrico HidroAysén (mayo de 2011), las movilizaciones estudiantiles (mayo de 2011) y los conflictos en Aysén (febrero de 2012), Freirina (mayo de 2012) y Tocopilla (agosto de 2013), entre otros.

227   La principal crítica esgrimida por Allamand era no haber presentado querellas por Ley de Seguridad del Estado luego del boicot a la PSU de enero de 2020 (tema tratado más adelante), afirmación que carecía de todo fundamento: se presentaron 16 querellas contra 34 personas producto de los desmanes, acciones que incluyeron la invocación de dicha ley.

que yo no había sido capaz de ordenar a los diputados de mi partido. Lo que omitía decir, eso sí, no era poco: apenas unos días antes había pedido por los medios que me desentendiera de las tareas legislativas en beneficio del ministro de la Secretaría General de la Presidencia, Felipe Ward, a quien veían menoscabado en sus funciones por el protagonismo político de mis primeras semanas en Interior. El episodio de la paridad de género llevó a la UDI a anunciar el 19 de diciembre el "congelamiento" de su relación con la coalición y a la presidenta de la UDI a hacerle un comentado desaire a los mandamases de RN y Evópoli, el que por cierto me incluyó, pasando frente a las cámaras instaladas en el Patio de Los Cañones sin siquiera dirigirnos la mirada, durante el acto de promulgación de la reforma constitucional que puso en marcha el proceso constituyente.

Tal como lo consignaba la prensa, eran los tiempos del "fuego amigo" desde Chile Vamos, o más bien, desde ciertos sectores de RN y la UDI, que desconfiaban de nuestra estrategia más dialogante para enfrentar la crisis y, sobre todo, de nuestra mayor apertura de cara al plebiscito constitucional, quizás la razón de fondo de las críticas. Estábamos *ad portas* de iniciar un periodo electoral que tensionaría al país, pero sobre todo a la coalición de gobierno, que enfrentaría dividida el referéndum. Si bien la base electoral parecía más inclinada al *Apruebo* según las encuestas[228], la mayor parte de la dirigencia de Chile Vamos había optado por el *Rechazo*, y un jefe de gabinete desalineado con la postura oficial podía estar empezando a resultar incómodo. No importaba que llevara tan solo tres meses en el cargo o que estuviéramos en medio de la contingencia más dura de las últimas décadas. *Business are business.*

La verdad es que la arremetida tampoco me quitaba el sueño, ya que contaba con buenos aliados entre los senadores, como Juan Antonio Coloma, Víctor Pérez y Rodrigo Galilea, además de buena parte de los diputados de la UDI y RN. En Evópoli el apoyo seguía siendo cien por ciento cerrado. También tenía cercanía con la alcaldesa de Providencia, Evelyn Matthei, quien me había respaldado con fuerza luego de mi llegada a Interior[229], y los alcaldes de Santiago y Estación Central, Felipe Alessandri y Rodrigo Delgado, con los que me reunía con frecuencia. Incluso contaba con algunos apoyos en las filas opositoras, como Felipe Harboe, quien señaló que las críticas no eran más que "pasadas de cuenta" entre los partidos de la coalición.

---

228   Según la encuesta Cadem del 6 de enero de 2020, entre el electorado que se definía de derecha la opción Apruebo obtenía un 49%, mientras que la opción Rechazo un 43%.

229   En entrevista con Radio Infinita del 30 de octubre de 2019, la alcaldesa de Providencia reconocería que se le había ofrecido el Ministerio del Interior, pero que prefirió descartarlo: "Creo que no era un buen nombre porque se requieren caras nuevas, frescas, que no tengan líos del pasado. Lo cual es complejo, porque en el Ministerio del Interior se necesita bastante experiencia y contactos". La alcaldesa agregaría a continuación: "Blumel tiene esas características. Y dos ventajas muy, muy grandes sobre mí. Uno, que es una cara amable, y yo claramente no, por decirlo suave. Tengo una fama, no sé por qué. Y segundo, él no es Matthei, su padre no estuvo en la Junta de Gobierno, digámoslo claro. Son cargas que tú puedes decir simbólicas, mi padre nunca fue acusado de nada, al contrario, pero al final son cargas y los simbolismos son importantes, te guste o no. Creo que era un muchísimo mejor nombre y creo que el Presidente acertó".

El suyo era un severo juicio a la frivolidad de los socios mayoritarios de Chile Vamos, más preocupados de las cuotas internas de poder que del frágil cuadro político y social que estábamos viviendo.

En cualquier caso, las rencillas y tensiones reflejaban algo que a esas alturas se había vuelto evidente. El gabinete había quedado descompensando, sin figuras representativas de los partidos mayoritarios de la coalición en el comité político, lo que era innegable. Si bien yo siempre había sido muy crítico del cuoteo, uno gobierna con realidades y no con deseos. Renovación Nacional no se sentía representando por Karla Rubilar, quien pese a ser exmilitante había arribado al gabinete en calidad de independiente. En el caso de la UDI la situación era distinta. Sentían como propio a Felipe Ward, ex jefe de bancada de los diputados gremialistas en la anterior legislatura y cercano a Jacqueline Van Rysselberghe, pero resentían su falta de influencia al interior del Gobierno. El otro ministro del comité político, Sebastián Sichel, no solo era independiente. Su pasado concertacionista generaba enormes desconfianzas en Chile Vamos.

Todo esto era, a fin de cuentas, completamente predecible. El cambio de gabinete del 28 de octubre había terminado resultando bastante improvisado y, como tal, era natural que a poco andar aparecieran las primeras grietas.

Ello nos llevó a intentar diversos esfuerzos por mejorar las relaciones al interior de Chile Vamos. Lo primero fue coordinar a los partidos respecto a las modificaciones al acuerdo constitucional que se venían tramitando en el Congreso, básicamente mociones parlamentarias sobre paridad de género, escaños reservados para los pueblos originarios y listas de independientes para la Convención Constitucional, cambios que venían causando controversia en la coalición. El tema se zanjó en una comida que realizamos en la casa del presidente Piñera el domingo 6 de enero con los timoneles de la UDI, RN y Evópoli, además de los senadores Andrés Allamand, Rodrigo Galilea, Juan Antonio Coloma, Ena Von Baer, Víctor Pérez y Felipe Kast, en donde convenimos los elementos básicos para enfrentar el debate.

Pese a la tensión inicial —las relaciones con la UDI aun seguían "congeladas"— en la reunión logramos acercar posturas fijando algunos criterios básicos. En el caso de la paridad de género, empujaríamos un proyecto propio en base a listas cerradas por distrito, diferente al mecanismo de corrección que empujaba la oposición. Respecto a los escaños reservados, nuestra propuesta sería sobre la base de una estricta proporcionalidad obtenida a partir de un padrón especial elaborado por la Corporación Nacional de Desarrollo Indígena, sin adicionar nuevos escaños a los 155 ya pactados en el acuerdo de noviembre. Y en lo relativo a los independientes, evaluaríamos algunas facilidades propuestas por la Cámara de Diputados, como la reducción del umbral para postular y la posibilidad de conformar listas propias.

Ninguna de las modificaciones al acuerdo constitucional había sido propuesta por el Ejecutivo. En realidad, eran iniciativas promovidas por la oposición que fueron contando progresivamente con el respaldo de parlamentarios díscolos de Chile Vamos a través de sucesivas mociones presentadas al Congreso[230], debido a la popularidad que estas exhibían en las encuestas[231]. Ello nos obligó a fijar una estrategia común para minimizar el daño, ya que la experiencia indicaba que cada vez que eran puestas en votación contaban con votos díscolos de Chile Vamos, por lo general provenientes de la bancada de diputados de RN. Aunar una postura al interior de la coalición permitiría al menos alcanzar cambios más razonables, evitando de paso nuevas polémicas y conflictos en el oficialismo (la cuenta de dicho desorden —lo sabríamos mucho más adelante— terminaría siendo elevada).

Hubo varios esfuerzos adicionales para mejorar las relaciones al interior de Chile Vamos. Uno que me ayudó en ese propósito fue Rodrigo Galilea, quien organizó un par de comidas con la bancada de senadores de Renovación Nacional, instancias que permitían mejorar las relaciones humanas y conocernos un poco más. Me parecieron Chahuán y Castro, los más lúdicos; Galilea y Pugh, los más reflexivos; García Ruminot y Prohens, los más serios; y Allamand, por lejos, el más político, el único que siempre parecía estar con la cabeza en otra parte; su terreno preferido, supongo, eran las asambleas partidarias antes que ese tipo de veladas.

También me reuní durante enero con los senadores de la UDI, pero ahí la cosa fue distinta. Resultaba evidente que aún no superaban el duelo por el Ministerio del Interior, que sentían como un feudo propio, aunque el relajo veraniego de todos modos fue descomprimiendo la situación. Esto permitió "descongelar" las relaciones tras el Consejo General de la colectividad, donde lanzaron una advertencia sobre el futuro del bloque: "Una alianza política solo tiene sentido si las proposiciones, opiniones y estrategias de los partidos que la integran se someten a los procedimientos necesarios para procurar una posición común". En este punto, qué duda cabe, el tiempo les terminaría dando la razón.

---

230   El Boletín 13.129 sobre escaños reservados, del 18 de diciembre de 2019, fue una moción de los diputados de RN Mario Desbordes, Gonzalo Fuenzalida, René Manuel García, Carlos Kuschel, Paulina Núñez, Diego Paulsen, Jorge Rathgeb y Sebastián Torrealba, mientras que el Boletín 13.130, del 18 de diciembre de 2019, que estableció la posibilidad de que los independientes fueran en listas, correspondió a una moción de los diputados de RN Ximena Ossandón, Sofía Cid, Catalina Del Real, Paulina Núñez, Marcela Sabat, José Miguel Castro, Mario Desbordes y Gonzalo Fuenzalida. Posteriormente se presentaría una propuesta transversal mediante el Boletín 13.790, ingresada el 4 de septiembre de 2020, moción de los diputados Pepe Auth, Gabriel Boric, Juan Luis Castro, Luciano Cruz-Coke, Carlos Jarpa, Andrés Longton, Fernando Meza, Víctor Torres, Francisco Undurraga y Matías Walker, que permitió reducir el patrocinio requerido para inscribir candidaturas independientes a un 0,2% de los electores de la última elección periódica de diputados. Finalmente, el Ejecutivo presentaría en marzo de 2021 el Boletín 14.065 para regular la franja electoral.

231   Según la encuesta de Cadem correspondiente a la tercera semana de diciembre, el 92% se manifestaba de acuerdo con que la Convención Constitucional tuviese igual representación de hombres y mujeres, el 89% dijo estar de acuerdo con cupos especiales para pueblos originarios y el 88% valoró la inclusión de personas independientes.

PSU y Festival de Viña del Mar

Para la ciudadanía, en todo caso, el gran tema del verano —que fue uno de los más calurosos desde que existe registro[232]— siguió siendo la persistencia de las protestas. Los viernes de Plaza Baquedano continuaban atrayendo muchedumbres, además de la "Primera Línea", que religiosamente se convocaba en la Alameda con Doctor Ramón Corvalán o en Vicuña Mackenna con Carabineros de Chile para enfrentarse a la policía. Si bien el poder de convocatoria venía menguando —aunque nunca bajaba de los 5 mil asistentes—, la violencia aparejada parecía no disminuir en la misma proporción.

Durante enero y febrero quemaron o saquearon iglesias, comercios, bibliotecas públicas y una buena cantidad de vehículos policiales. Pese a que en términos cuantitativos se observaban mejoras, la sensación térmica parecía indicar lo contrario. Había menos violencia en las calles, eso era un hecho objetivo[233], pero cada suceso grave nos hacía retroceder a fojas cero. Y hubo varios episodios que nos golpearon fuerte, pese al esfuerzo desplegado por las policías y a las nuevas estrategias de contención implementadas. El 31 de diciembre estuvieron a punto de derribar la estatua ecuestre del general Baquedano mediante sogas y herramientas, desatando la molestia de las Fuerzas Armadas y de amplios sectores de la ciudadanía. El 3 de enero quemaron la Iglesia Institucional de Carabineros, lo que fue un golpe al mentón para la institución. El 10 de enero le prendieron fuego a una locomotora en marcha del Ferrocarril de Antofagasta; el video con el tren en llamas se viralizó en las redes sociales, causando gran conmoción. El miércoles 31 de enero se gatilló una ola de violencia que se extendió por tres días, producto del fatal atropello de un barrista de Colo-Colo; estos hechos dejaron un saldo de cinco muertes en solo 72 horas y unas jornadas que fueron, por lejos, las más violentas del 2020[234]. El jueves 20 de febrero una turba intentó quemar la estación de metro Los Quillayes en La Florida, lo cual revivió la pesadilla de los incendios de octubre. El sábado 22 de febrero por la mañana, luego de un viernes inusualmente tranquilo en Plaza Baquedano, un grupo de encapuchados quemó el Café Literario de Providencia. Las imágenes de los libros quemados o vandalizados en un espacio de carácter público que servía como centro cultural a la comunidad, graficaban de manera elocuente el grado de barbaridad y estupidez al que nos enfrentábamos.

---

232   Según la Dirección Meteorológica de Chile, el verano del 2020 fue el más cálido desde 1950 en términos de temperatura máxima media, registrándose 31,5º C en diciembre y 31,3ºC en febrero.

233   Durante enero y febrero de 2020 se registraron en promedio tres a cuatro eventos graves por día. En octubre de 2019 esa cifra fue de 100, mientras que en noviembre fue de 40.

234   Las víctimas fatales fallecieron en el contexto de un robo de buses, un ataque a la subcomisaría de Padre Hurtado y el saqueo a una farmacia.

Pero por lejos los episodios más duros del verano, por su efecto concreto y simbólico, fueron las protestas ocurridas durante la Prueba de Selección Universitaria (PSU) y el Festival Internacional de la Canción de Viña del Mar. Primero, porque nos habíamos preparado para garantizar la seguridad de ambos eventos, y segundo, porque el daño causado por los violentistas fue gigantesco. En el caso de la PSU, los desmanes ocurridos en el exterior e interior de los recintos educacionales impidió rendir la prueba a cerca del 20% de los estudiantes. A ello se le sumó la filtración de la prueba de Historia, cuestión que obligó al Demre[235] a suspenderla. En total, fueron más de 200 mil jóvenes los que se vieron perjudicados por los incidentes, lo que nos obligó a programar hasta tres fechas para poder completar la PSU, hecho inédito en nuestra historia. En el caso de Viña del Mar, el daño fue de carácter más simbólico. El Festival era la fiesta nacional del verano —el país entero se preparaba para verlo—, y si bien los llamados a boicotear el certamen no lograron su propósito y el certamen se pudo completar de buena manera, las imágenes de encapuchados y vándalos asolando el centro de la Ciudad Jardín causaron gran impacto, especialmente en el caso del Hotel O'Higgins y la Automotora Cartoni, dos íconos de la ciudad que sufrieron la furia de las hordas callejeras.

Por cierto, en ambos casos cometimos errores. En la PSU realizamos una intensa planificación previa, que incluyó coordinaciones con el Demre, las intendencias regionales y las policías y, pese a los evidentes riesgos, no nos opusimos con suficiente fuerza a la exigencia de los rectores de no poner uniformados custodiando el interior de los recintos donde se rendiría la prueba —unos 700 en total—, flanco más que evidente considerando los llamados a boicotear el proceso promovido por la ACES y otras organizaciones estudiantiles, la mayor parte comprometidas con las consignas y el violentismo del 18 de octubre. En un acto de infinito voluntarismo e ingenuidad, las autoridades universitarias pidieron públicamente que no hubiera Carabineros cerca de los recintos para evitar provocar a los estudiantes. A lo más, debían estar en las inmediaciones de los establecimientos, por si acaso, rechazando cada una de las alternativas que les ofrecimos, como establecer controles perimetrales de acceso o disponer de funcionarios de la PDI de civil al interior de los recintos.

La exigencia no solo era irresponsable. Reflejaba además el deterioro institucional experimentado por el país a partir del 18 de octubre. Si los mismos rectores pedían que Carabineros de Chile no custodiara los recintos (y los funcionarios policiales no podían hacer ingreso sin una autorización previa de los responsables del proceso), pese a que los riesgos eran conocidos, qué podía esperarse del resto de la ciudadanía. La clase media estaba confundida, pero la elite lo estuvo mucho más. El deber de las autoridades universitarias era asegurar el derecho de los casi 300 mil jóvenes inscritos para rendir la prueba y sucumbieron frente a una minoría organizada que había anunciado por los medios que haría lo posible para hacer fracasar la PSU. Nuestro error fue no haber objetado tamaña estupidez, ciertamente por prudencia y respeto a la autonomía universitaria.

---

235   El Departamento de Evaluación, Medición y Registro Educacional (Demre) es el organismo a cargo del sistema de admisión para el ingreso a la educación superior.

El resultado fue un desastre. Entre el examen filtrado, las interrupciones en las salas de clases y los disturbios en los locales, hubo que suspender la prueba en 147 de los 729 locales. Fueron 202 mil los estudiantes que no pudieron completar la PSU, pese a los más de 5 mil policías desplegados para resguardar el proceso. Para empeorar el cuadro, el conflicto pegó fuerte al interior del Gobierno. Desde el Mineduc hicieron lo posible por traspasar la responsabilidad a Interior, por acción o por omisión. "No nos van a endosar a nosotros este fracaso", reclamaba airada la ministra de Educación, Marcela Cubillos, en el Salón Rojo de Presidencia luego de la debacle, algo que en todo caso nunca estuvo en nuestros planes.

"Se ha causado un daño muy grande a los estudiantes, a sus familias, al patrimonio público, al patrimonio privado y a la tranquilidad de los chilenos", salí a declarar a la prensa al finalizar la jornada, anunciando la presentación de querellas contra las 16 personas individualizadas por los desórdenes. En total se registraron 321 detenidos. También presentamos al Ministerio Público una denuncia por Ley de Seguridad del Estado contra el líder de la ACES, Víctor Chanfreau, quien no solo llamó por las redes a boicotear el proceso, sino que públicamente asumió la responsabilidad por el fracaso de la PSU, declarando *urbi et orbi* que lo habían advertido y que el desaguisado causado no era más que "una demostración de lo que somos capaces los estudiantes secundarios".

La prueba, realizada el 6 y 7 de enero, tuvo que ser reprogramada para el 27 y 28 de enero, aunque la de Historia fue definitivamente cancelada. La preparación para la segunda instancia fue aún más intensa, no podíamos volver a fallar. Tuvimos múltiples reuniones de coordinación en las oficinas de Interior con todos los actores involucrados. En el caso del Ministerio de Educación, el liderazgo lo asumió el subsecretario de Educación Superior, Juan Enrique Vargas, con quien revisamos hasta el más mínimo detalle. Hubo que cambiar recintos riesgosos, como las universidades, por otros más seguros y menos expuestos; eliminar a examinadores y jefes de local que incitaron los desmanes o que suspendieron con demasiada premura la prueba; suspender el tradicional reconocimiento de salas; y aumentar en varios grados las exigencias de seguridad en los recintos. También hubo un notable cambio de actitud por parte de los rectores y el Demre, que accedieron gustosos a todos los requerimientos de seguridad que les hicimos. En esta ocasión habría Carabineros en el entorno de los colegios realizando control perimetral y de acceso, al igual que uniformados de civil al interior de los recintos. Era tal el nivel de preocupación que el día anterior a la realización de la prueba fui de incógnito a varios locales acompañado por mi hija mayor, que no entendía un ápice del extraño paseo dominical al que la había llevado. Sospecho que no se divirtió mucho.

Finalmente, pese a que de todos modos hubo intentos de sabotaje, el proceso se desarrolló sin grandes contratiempos[236]. Por la mañana, en el caso de la prueba de Matemáticas, en el 96% de los locales se pudo completar, mientras que, por la tarde,

---

236   Según el reporte policial, hubo 75 detenciones, 24 de ellas por desórdenes.

en el caso de la de Lenguaje, se pudo rendir en el 100% de los establecimientos. Lo mismo ocurrió con la prueba de Ciencias al día siguiente, que pudo completarse en su totalidad[237].

Al término del proceso, en un punto de prensa realizado por los subsecretarios Galli y Vargas, y por Aldo Valle, vicepresidente ejecutivo del Consejo de Rectores de Universidades Chilenas (Cruch), abundaron las sonrisas de alivio. Aunque no se podía calificar como exitoso un proceso que había resultado tan traumático, al menos se había logrado el objetivo central: llevar a cabo la prueba de admisión a la educación superior, algo que en los días más álgidos del estallido llegó a ponerse en duda. Mientras los veía por televisión, en mi oficina, no dejó de llamarme la atención el efusivo reconocimiento del rector Valle, quien agradeció al Ministerio del Interior por haber prestado en todo momento un apoyo "de manera prudente, responsable, oportuna", al igual que a Carabineros porque había hecho una "contribución de servicio público" en los términos y formas convenidas. Era un reconocimiento tardío, pero valioso.

El caso del Festival de Viña fue totalmente distinto. Sabíamos que habría intentos de boicotear el certamen —los llamados en las redes sociales eran explícitos—, pero había una gran diferencia con la PSU: en vez de resguardar 700 recintos debíamos preocuparnos por uno solo, la Quinta Vergara, y en su interior habría 15 mil personas durante seis noches consecutivas. La planificación de la seguridad del evento comenzó en enero e incluyó una exitosa prueba piloto en el Festival del Olmué, que significó un amplio despliegue de recursos y medios policiales. El interior y los accesos a la Quinta estarían resguardados por la PDI, mientras que el exterior quedaría a cargo de Carabineros. Habría medidas inéditas: un doble anillo de seguridad, detectores de metales en las puertas de ingreso, drones de vigilancia e iluminación en los escarpados cerros aledaños al recinto, uno de los aspectos que más preocupaba a las autoridades policiales. "¿Se imagina, ministro, si los manifestantes ingresan a la fuerza rompiendo los controles de acceso o descolgándose desde los cerros hacia las galerías?", era la frase que sintetizaba los peores temores que rondaban por la cabeza de los mandos policiales, ya que cualquier incidente, con miles de personas eufóricas viendo a sus artistas favoritos, en un certamen que, según las estimaciones de Canal 13 y TVN, llegaría a más de 200 millones de personas en todo el mundo, podía terminar en un desastre, o peor aún, en una tragedia.

Sin embargo, las turbas no atacaron desde el interior ni desde los cerros, que se mantenían bajo una fuerte custodia. Los desmanes se iniciaron alrededor de las 18:30 y se concentraron en las plazas y calles aledañas del casco urbano de Viña del Mar, que estaban con resguardo policial totalmente insuficiente. ¿La razón? Un error de planificación hizo que todo el contingente de Carabineros se concentrara en la Quinta Vergara, el objetivo primario a defender, que además estaba rodeada de vallas papales que dificultaron el desplazamiento de los arietes de orden público a la zona de los

---

237   De todos modos hubo que agregar una tercera fecha, el 5 de febrero, para los rezagados finales (alrededor de 10 mil personas).

incidentes, facilitando la acción de los violentistas, que actuaron con particular saña contra el histórico Hotel O'Higgins, donde se hospedaban decenas de integrantes de los equipos festivaleros que tuvieron que ser evacuados de emergencia.

Fueron cerca de 800 manifestantes que confluyeron desde distintas ciudades y localidades del país, los cuales, al no poder impedir la realización del certamen, descargaron su furia contra el casco histórico viñamarino, transformando la Plaza Vergara y sus alrededores en un verdadero infierno. En contraste, las medidas de seguridad en el recinto permitieron que el ingreso de público y la noche de apertura, cuyo plato fuerte era Ricky Martin, pudiesen desarrollarse sin inconvenientes. "La noche de terror", como la calificó la prensa, terminó con 18 locales saqueados, 22 personas detenidas y 40 vehículos destruidos, varios en las inmediaciones del malogrado Hotel O'Higgins y otros tantos en la Automotora Cartoni —el epicentro de las imágenes más dantescas de la jornada—, donde grupos de encapuchados comenzaron a lanzar vehículos desde los ventanales del segundo piso del local.

En resumen, fue un verdadero desastre que se podría haber evitado. La furia presidencial se hizo sentir con fuerza al día siguiente, en la reunión de evaluación que sostuvimos a primera hora con las autoridades policiales. Piñera, que venía regresando de sus vacaciones, descargó toda su frustración acumulada, que a esas alturas era enorme, con la rabia de un volcán en plena erupción. Creo que pocas veces lo había visto tan molesto. No quedó títere con cabeza al finalizar la reunión. Por una razón u otra, todos recibimos un fuerte y merecido *raspacachos*.

Tras el encuentro partimos raudos con Juan Francisco Galli a Viña del Mar a supervisar en terreno la planificación de las jornadas restantes. La reunión con las autoridades de la jefatura de zona policial y el intendente regional fue dura. Todavía nos quedaban cinco noches festivaleras, no podíamos volver a fallar. Les hice ver lo mucho que estaba en juego. Ellos eran los representantes del Estado y debían hacer prevalecer su mandato legal y constitucional. Podía entender un fracaso frente a 50 mil manifestantes, como en los días más intensos del estallido social, pero no una derrota ante unos pocos vándalos.

Luego de la reunión salí al patio del cuartel policial para compartir un rato con los conductores de los carros policiales que se encontraban trabajando en diversas reparaciones a sus maltrechos vehículos. Me comentaron con algo de resignación cómo se venían sofisticando los métodos de los manifestantes para neutralizar la acción de Carabineros. Lo más llamativo eran unos *súper miguelitos*, tamaño XL, que me mostraron casi como reliquias sagradas: eran dispositivos especialmente elaborados para las protestas mediante perfiles de fierro soldado que tenían la capacidad de inutilizar los lanzaguas en cuestión de segundos.

El apriete de tuercas esta vez funcionó. Aunque en los días posteriores volvieron a llegar grupos con ánimo de boicotear el certamen —solo en la segunda jornada hubo más de 40 detenidos—, los cambios en el despliegue y las nuevas estrategias de disuasión, que obligaron a copar todo el centro urbano de Viña del Mar con efectivos, motoristas y vehículos policiales, lograron neutralizar la acción de los manifestantes sin mayores contratiempos, lo que tuvo como efecto aumentar mi frustración por el desastre de la primera noche.

Los coletazos de la violencia generada por el estallido social estuvieron rondándonos no solo con barricadas, bombas molotov y protestas callejeras, sino que también con formas más caramboleadas, pero igualmente complejas. Una de ellas fue la sistemática complicidad de sectores de la izquierda con los grupos promotores de la revuelta, como ellos mismos solían llamarla. El ejemplo más patente fue el homenaje que se realizó el 24 de enero, en el ex Congreso Nacional, a un grupo de jóvenes encapuchados de la "Primera Línea", en el marco del Foro Latinoamericano de Derechos Humanos. El encuentro fue organizado por el senador Alejandro Navarro, uno de los pocos defensores del régimen chavista que aún quedan en Chile. Las imágenes de encapuchados siendo recibidos como héroes en la sede capitalina del Parlamento se esparcieron como un reguero de pólvora, desatando una polémica de proporciones[238]. Las críticas a la actividad fueron transversales, más duras desde la derecha y algo más tibias desde la centroizquierda. Salvo Navarro, nadie salió a defender el evento.

"Es lamentable", fue lo primero que atiné a responder cuando fui consultado por el tema en el programa de TVN "Estado Nacional", agregando algo que a mi juicio resultaba demasiado evidente, pero que al parecer no todos venían compartiendo tras el estallido: "La democracia por definición es sin violencia, por lo que las capuchas y el Parlamento son obviamente incompatibles". Pero lo obvio no era tan obvio a estas alturas.

Un intendente en el banquillo

Otro momento crítico de ese verano fue la acusación constitucional en contra del intendente metropolitano Felipe Guevara. El argumento del libelo era bastante insólito, ya que cuestionaba la estrategia de copamiento preventivo dispuesta por Carabineros durante los viernes 20 y 27 de diciembre, que no era más que un despliegue muy masivo de personal y medios en el entorno de Plaza Baquedano. Esto, supuestamente, habría transgredido la Constitución al vulnerar el derecho a reunión, la libertad de expresión y el principio de legalidad. Era un fundamento bastante espurio, ya que el propósito del procedimiento no era impedir la reunión de los manifestantes, cosa que venía ocurriendo a diario desde el 18 de octubre, sino evitar el nihilismo destructivo que semana a semana se apoderaba del sector, situación que venía cau-

---

238   Luego de que Felipe Kast pidiera a la secretaria de la corporación un informe sobre eventuales vulneraciones al reglamento producto del "homenaje", Alejandro Navarro señalaría que no le reconocía calidad moral a la derecha para venir a juzgar un "evento internacional", a lo que Kast retrucó: "Usted es un caradura, porque no tiene moral ni ética de venir a hacer un foro de derechos humanos después de apoyar a un dictador". Kast se refería al conocido apoyo de Navarro al régimen de Nicolás Maduro.

sando un severo perjuicio en la calidad de vida de vecinos y comerciantes de los barrios San Borja, Lastarria, Bellavista y Vicuña Mackenna, con quienes me reuní en varias ocasiones.

Puesto de otra manera, estaban acusando al intendente por haber cumplido con sus obligaciones legales, siendo la primera la de resguardar el orden público, los bienes y la vida de las personas[239]. La democracia permite las manifestaciones, acepta todas las convicciones, pero no admite la violencia. Y esos eran los bienes jurídicos que buscábamos conciliar a través de la fuerza legítima del Estado, protegiendo a los vecinos e incluso a los mismos manifestantes de los violentistas que cada viernes llegaban a Plaza Baquedano. Por el contrario, lo que hubiese constituido una transgresión constitucional habría sido no haber hecho nada, a sabiendas de la violencia voraz que, con regularidad religiosa, se tomaba el corazón de la ciudad una y otra vez.

El problema no era tanto el libelo, como siempre, precario en argumentos, sino las consecuencias que podían desatarse en caso de ser aprobado. De prosperar, el efecto colateral más probable sería la total inhibición de las autoridades regionales en el cumplimiento de sus funciones relacionadas con la seguridad pública, por lo que no solo arriesgábamos la destitución del Intendente de la RM, sino que en el fondo nos estábamos jugando la posibilidad de seguir cautelando el orden público en los distintos territorios del país. Porque ¿quién en su sano juicio estaría dispuesto a seguir adoptando medidas si con ello se exponía no solo a la destitución, sino también a la inhabilitación para optar a cualquier cargo público durante cinco años? Para empeorar las cosas, desde el Frente Amplio anunciaron que también estaban considerando acusar a los jefes regionales de Antofagasta, Valparaíso y Valdivia por los mismos motivos esgrimidos contra Guevara.

El panorama era bien poco auspicioso. Primero, porque el libelo, a diferencia de los anteriores, fue suscrito por integrantes de todos los comités opositores[240], lo que hacía suponer que contaría con un fuerte respaldo en el conjunto de la oposición. En el caso de la DC, la acusación llevaba la firma de Gabriel Ascencio, un hueso duro de roer que ejercía un férreo liderazgo como jefe de bancada. Como me lo reconocería Claudio Alvarado, chilote al igual que Ascencio, la contienda sería dura. "Gabriel se la va a jugar con todo", fue la inmediata advertencia de Claudio, quien pese a estar

---

239   La LOC 19.175 sobre Gobierno y Administración Regional otorga al intendente la tuición exclusiva sobre el gobierno interior (Art. 1º), al igual que "velar por que en el territorio de su jurisdicción se respete la tranquilidad, orden público y resguardo de las personas y bienes" (Art. 2º, numeral b) y "requerir el auxilio de la fuerza pública en el territorio de su jurisdicción, en conformidad a la ley" (Art. 2º, numeral c).

240   El texto, ingresado el 2 de enero de 2020, fue suscrito por los diputados Karol Cariola (PC), Claudia Mix (Comunes), Catalina Pérez (RD), Gael Yeomans (Convergencia Social), Gabriel Ascencio (DC), Ricardo Celis (PPD), Tomás Hirsch (Partido Humanista), Amaro Labra (PC), Manuel Monsalve (PS) y Luis Rocafull (PS).

a cargo de la Subsecretaría de Desarrollo Regional seguía siendo mi principal colaborador en el ámbito político. Pincharle votos a la DC, en esta vuelta, sería una tarea titánica.

El otro aspecto que nos inquietaba era que la oposición requería con desesperación alguna muestra de unidad. La derrota en la acusación constitucional contra el presidente Piñera los había golpeado duro. En esta ocasión, era lo más seguro, irían por la revancha. Tenían una opción clara de poner al Gobierno contra las cuerdas, aún a costa de incumplir, una vez más, el acuerdo constitucional de noviembre, en el que los firmantes garantizaron su compromiso con "el restablecimiento de la paz y el orden público en Chile".

Como siempre, el plan consistía en robarle votos a la oposición logrando el rechazo del libelo en la Cámara, ya que la experiencia mostraba que cada vez que una acusación pasaba al Senado finalmente terminaba aprobándose, como había ocurrido con Yasna Provoste el 2008, con Harald Beyer el 2013 y con Andrés Chadwick el 2019. Igualmente optamos con Claudio por realizar algunos sondeos con senadores de oposición, para tomarle de antemano la temperatura al agua, ya que con los diputados la cosa estaba cerrada. "Traten de pararla abajo, no quiero tener que votarla", fue la sincera petición que me hicieron desde la bancada de senadores del PPD. El mensaje estaba claro.

El 23 de enero se votó la acusación en la Cámara de Diputados. Pese al intenso despliegue y a la muy buena defensa realizada por los abogados Cristián Muga y Rodrigo Ávila, quienes lograron como pocas veces la total atención de los honorables —no volaba una mosca en el hemiciclo durante la intervención de los defensores—, terminamos perdiendo por una nariz. Luego de casi diez horas de debate, el libelo se aprobó por 74 votos a favor, 71 en contra y una abstención, es decir, fallamos por apenas un voto. De haber dado vuelta uno de los positivos, habríamos obtenido el mismo número de votos favorables que rechazos y abstenciones, con lo que la acusación se hubiese caído. Aunque contábamos con el compromiso formal de un lote de parlamentarios de la DC, del PR y algunos independientes, la presión de la izquierda fue demasiado fuerte; esto hizo que varios no votaran por temor a funas y represalias. El diputado de la DC por el Maule, Pablo Lorenzini, que se abstuvo tanto en la comisión revisora de la acusación como en la cuestión previa, se fue de la sala sin emitir su voto. Desde la testera, donde estábamos con Claudio Alvarado y Karla Rubilar, vimos cómo otro falangista que nos había comprometido su apoyo, Manuel Antonio Matta, fue sacado casi a la fuerza de la sala apenas un par de minutos antes de la votación por Gabriel Ascencio, mostrándonos que esta vez iban con todo. Pepe Auth, uno que venía desmarcándose en sus votaciones de la izquierda más dura, en esta ocasión votó a favor. Solo nos acompañaron el independiente por Coquimbo Pedro Velázquez y el democratacristiano Jorge Sabag, a quien le decíamos "el último mohicano" porque era el único que sabíamos que siempre cumpliría con su palabra.

No esperábamos perder. Con Claudio mirábamos una y otra vez los tableros electrónicos que se encuentran sobre los accesos al hemiciclo, como buscando un error imperceptible en los recuentos que pudiese modificar el resultado. Los vítores y gritos de celebración de la oposición nos cayeron como un balde de agua fría. Ahora teníamos que tomar una decisión imposible: ir hasta el final, con el riesgo que significaba intentar algo que nunca había ocurrido hasta ahora —el rechazo del Senado a una acusación constitucional—, o convencer a Felipe Guevara de que renunciara para propiciar la caída de la acusación, pues varios senadores de la oposición nos plantearon que en ese escenario era posible votarla en contra, evitando con ello su inhabilitación por cinco años, fórmula que algunos consideraban una suerte de salida honrosa (o menos humillante) para el entuerto en que nos encontrábamos.

Al día siguiente nos reunimos a primera hora con Guevara, quien se encontraba ya suspendido en el cargo, y los abogados defensores. Luego de sopesar los pros y contras optamos por seguir adelante. Iríamos por el todo o nada. Lo que estaba en juego era demasiado importante. Teníamos la certeza de que no había cometido ningún ilícito constitucional. Pero también nos parecía importante defender las prerrogativas de las autoridades regionales, en especial aquellas relacionadas con el resguardo de la seguridad pública. Rendirnos podía terminar significando un precedente desastroso hacia el futuro, tal como lo expresé en una entrevista a Tele13 Radio, donde dejé en claro que íbamos a seguir la defensa en el Senado con toda la fuerza de nuestras convicciones, sabiendo en mi fuero interno que el camino escogido resultaba casi temerario: "El intendente ha actuado cumpliendo sus deberes y, por lo tanto, lo que corresponde es avanzar".

La estrategia para enfrentar la acusación en la cámara alta la basamos en dos ejes. El primero fue visibilizar las consecuencias de destituir a Guevara. La disyuntiva que pusimos sobre la mesa era simple: apoyar la acusación era debilitar el orden público. Quien estuviese a favor del libelo estaría siendo cómplice pasivo del vandalismo. El segundo eje consistió en apuntar a los cinco senadores de oposición que habían sido intendentes en los gobiernos de centroizquierda[241], apelando a su sentido de responsabilidad republicana y a un mínimo de coherencia política. Cada uno de ellos, en distintas circunstancias, obró de manera similar a Guevara. El copamiento preventivo era una estrategia policial que había sido implementada en muchísimas oportunidades en el pasado, como lo demostró la defensa, con ocasión de fechas emblemáticas —como el 11 de septiembre o el Día del Joven Combatiente—, partidos de fútbol —como los "superclásicos"— o conciertos de *rock* de alta convocatoria, situación que reconocían en privado y que complicaba a varios.

---

241 Rabindranath Quinteros (PS) había sido intendente por Los Lagos; Ximena Órdenes (PPD), por Aysén; Yasna Provoste (DC), por Atacama; Francisco Huenchumilla (DC), por la Araucanía, y Ximena Rincón (DC), por la RM. También habían ejercido como intendentes otros cinco de Chile Vamos: Rodrigo Galilea (RN) por el Maule, Luz Ebensperguer (UDI) por Tarapacá, José Durana (UDI) por Arica, Jacqueline Van Rysselberghe (UDI) por Biobío y Rafael Prohens (RN) por Atacama.

Finalmente, tras doce días de intensas gestiones y un amplio despliegue político, donde logramos trabajar en buena forma con Felipe Ward y Juan José Ossa, quien había asumido hace algunas semanas en la subsecretaría de la Secretaría General de la Presidencia en reemplazo de Juan Francisco Galli, la acusación se votó en el Senado el martes 4 de febrero, no alcanzando los 22 votos requeridos para su aprobación, lo que desató un mar de recriminaciones al interior de la oposición. "Deberán responder por su desfachatez", "Son la estafa y la traición", "Una vergüenza" y "Cómplices de la impunidad", fueron algunos de los furiosos mensajes descargados por los líderes comunistas y frenteamplistas a través de las redes sociales.

Las inasistencias de Ximena Rincón, Rabindranath Quinteros, José Miguel Insulza y Felipe Harboe, más las abstenciones de Carolina Goic y Jorge Pizarro, terminaron haciendo naufragar el libelo, que obtuvo solo 18 votos a favor, 15 en contra y dos abstenciones. No se había alcanzado la mayoría absoluta de los senadores en ejercicio. "Fue el triunfo del sentido común y la sensatez", declaré aliviado a la salida de la sesión, la última previo al receso legislativo de febrero. "Buen trabajo", me escribió de inmediato el presidente Piñera a mi cuenta de WhatsApp, inusualmente contento con el resultado. No hubiese sido trivial perder a un segundo colaborador producto de una acusación constitucional. El daño que causaban estas arremetidas opositoras no abarcaba solo el plano político; nadie imagina lo devastadoras que pueden ser en el plano personal.

En el caso de Guevara, como él mismo me lo confesó luego de la votación, fueron los días más duros de toda su vida como servidor público. Estar acusado, suspendido en el cargo y en el ojo del huracán durante semanas, es un desgaste difícil de asimilar. Durante mi tiempo en la Segpres y después en Interior, me tocó acompañar en muchas oportunidades a autoridades acusadas constitucionalmente y, aunque no se reconozca, hasta los más curtidos se resienten. Se requiere apoyo político, pero sobre todo mucha contención humana. Durante los dos gobiernos de Sebastián Piñera la oposición presentó en total diecinueve acusaciones en contra de diecisiete autoridades[242], tensionando al máximo el sistema en cada uno de esos procesos.

Por más que se argumente que el recurso ha venido mutando en una instancia de control político, el trasfondo asociado a las acusaciones —haber cometido un ilícito constitucional, ser destituido y quedar inhabilitado por cinco años de cualquier cargo o función pública— las ha terminado convirtiendo en un verdadero circo romano, donde no existe ponderación de argumentos ni deliberación racional alguna. Una

---

242   Durante el primer mandato fueron acusados Ximena Matas (Intendenta de Atacama), Nicolás Noman (Gobernador de Copiapó), Rodrigo Hinzpeter (Interior, en dos ocasiones) y Harald Beyer (Educación). En el segundo mandato fueron acusados Emilio Santelices (Salud), Marcela Cubillos (Educación), los ministros de la Corte Suprema Hugo Dolmestch, Carlos Künsemüller y Manuel Valderrama, Andrés Chadwick (Interior), Felipe Guevara (Intendente RM), Jaime Mañalich (Salud), Víctor Pérez (Interior), Raúl Figueroa (Educación), Andrés Allamand (Relaciones Exteriores), la ministra de la Corte de Apelaciones de Valparaíso Silvana Donoso, y el propio Sebastián Piñera, quien fue acusado en dos ocasiones durante su segundo mandato.

especie de *reality show* de la política, exacerbado por las redes sociales y los matinales, donde la gran mayoría de los parlamentarios, de derecha o de izquierda, dependiendo del lado de la historia en que se encuentren, aprovechan su minuto de gloria para despedazar a la víctima de turno. De justicia tiene poco y nada.

"¿En cuánto más volveremos por la próxima?", le pregunté medio distraído a Claudio Alvarado mientras regresábamos por una Ruta 68 cargada de veraneantes, que seguramente pensaban más en sus vacaciones que en política. "Pronto, pero no tanto", fue su respuesta medio en broma, medio en serio. Al menos tendríamos tres semanas de receso parlamentario, lo que auguraba algo de paz en el frente legislativo.

Marzo en el horizonte

Durante las vacaciones del presidente Piñera quedé a cargo de La Moneda acompañado de un nuevo "socio", el flamante subsecretario de Interior Juan Francisco Galli, quien llegó desde la subsecretaría de Segpres —antes había ejercido como subsecretario de Fuerzas Armadas— en reemplazo de Rodrigo Ubilla. Fue una petición expresa que le hice al mandatario. Buen abogado, dotado de un carácter alegre y litigioso, como buen descendiente de italianos, era una pieza clave para el engranaje que venía montando en el ministerio. Nuestros cuatro años juntos en Avanza Chile, donde solíamos discutir sobre lo humano y lo divino, habían forjado una sólida complicidad tanto en lo personal como en lo político, pese a las diferencias en la formación académica (jurídica versus ingenieril) y en la militancia (RN versus Evópoli). Con amplia experiencia en el Estado —él mismo se reía al recordarnos que tenía el récord de haber trabajado para tres presidentes, ya que había transitado por distintas reparticiones públicas en la época de Lagos, Bachelet 1 y Piñera 1—, fue uno de los redactores del capítulo de seguridad ciudadana de nuestro programa de Gobierno y, lo más importante, conocía el ministerio a fondo, pues se desempeñó como asesor legislativo durante tres años con Rodrigo Hinzpeter. No teníamos tiempo para aprendizajes ni mucho menos para improvisar. Nos urgía recibir gente fogueada como Galli.

Además, marzo se venía duro. El calendario de movilizaciones y protestas convocado en las redes era tan nutrido que solo imaginarlo nos dejaba exhaustos. Las fechas principales eran el Superlunes (2 de marzo), el Mochilazo Nacional de los estudiantes secundarios (4 y 5 de marzo), la Gran Marcha Feminista (8 de marzo), la Huelga General Feminista (9 de marzo), el aniversario de los dos años del Gobierno (11 de marzo), la marcha por el medio ambiente (15 de marzo), los cinco meses del estallido (18 de marzo), la gran movilización mapuche (20 de marzo), la marcha nacional por la vivienda (22 de marzo), el Día del Joven Combatiente (29 de marzo) y la marcha nacional No+AFP (31 marzo). ¡Uf!

Era tanta la presión que no pocos auguraban que la sobrevivencia del Gobierno dependía de la capacidad que tuviésemos para sortear marzo. La percepción instalada, muy amplificada por la prensa —sin sangre no hay noticia, dicen—, era que en marzo tendríamos el reventón final, situación aprovechada con inteligencia por los colectivos radicalizados que pululaban en las redes sociales, que buscaban polarizar al máximo la tensión ambiental. "Debemos preparar una gran huelga general y un plan de lucha hasta que caiga Piñera", era el llamado promovido desde el Movimiento Internacional de Trabajadores, agrupación de ultraizquierda que abiertamente apostaba por la vía insurreccional. "Será un 8M que se despliegue transversalmente desde todos los rincones, a nivel plurinacional y desde la articulación de todos los sectores sociales, para levantarnos en huelga y desobediencia civil", se leía en las conclusiones del II Encuentro Plurinacional de las que Luchan, colectivo de más de veinte organizaciones feministas cuyo objetivo principal era lograr el término anticipado del mandato presidencial. La Coordinadora 18 de Octubre, quizás la instancia más activa tras las protestas de Plaza Baquedano, difundió su propio calendario con jornadas de propaganda, marchas por la "libertad de lxs presxs de la revuelta" y semanas de agitación. Las barras bravas también se sumaron a los llamados. El grupo Antifascistas de la Garra Blanca lanzó una proclama *ad hoc*, "Sin soltar la calle, se viene marzo", convocando a la unión de trabajadores, mapuches, estudiantes, mujeres, ciclistas, LGBTI+, pensionados, organizaciones sociales, colocolinos e hinchas en general.

Los gremios históricos, como la ANEF, el Colegio de Profesores y la CUT — cómo no—, también se subieron al carro convocando a huelgas y movilizaciones mediante instructivos *ad hoc*, en los que invitaban a manifestarse con bocinazos, caceroleos y paralización de actividades.

Otro que hizo un llamado abiertamente insurreccional fue el exmirista Jaime Castillo Petruzzi[243]. Durante la promoción del libro *Chem Ka Rakiduam. Pensamiento y acción de la CAM*, actividad realizada en enero junto al líder histórico del movimiento, Héctor Llaitul, planteó que no habría solución posible si es que no se hacía "colapsar la columna vertebral de la defensa del Estado, que son las Fuerzas Armadas y la policía", amenazando con un marzo que sería más contundente que todo lo vivido hasta ahora. Esto nos obligó a querellarnos por Ley de Seguridad del Estado.

En resumen, las señales eran evidentes. No tendríamos respiro, pero tampoco excusas. Si el 18 de octubre de 2019 nadie lo había anticipado, marzo de 2020 estaba más que anunciado. Teníamos que prepararnos a todo vapor para mejorar la capacidad de respuesta del Estado frente a la violencia y las intentonas rupturistas.

Durante el verano trabajamos un plan de seguridad especial para marzo, cuyo principal objetivo era recuperar las capacidades de Carabineros, convencidos de que no habría mejora alguna si no lográbamos recuperar la confianza en la institución, pero también de que la confianza en el trabajo policial pasaba en gran medida por lograr mejores resultados que los obtenidos hasta ahora. Estos objetivos solo serían posibles si, además de perseverar en la indispensable reforma policial que habíamos

---

243   Exmirista y exintegrante del grupo subversivo peruano Túpac Amaru, que en 2001 fue condenado a 23 años de prisión por el delito de terrorismo.

puesto en marcha, avanzábamos con una radical modernización de los medios, tecnologías y estrategias policiales que nos permitiese recuperar la eficacia y la autoestima institucional, completamente extraviada en los últimos meses.

Lo primero que hicimos fue una cuidadosa planificación, que revisamos una y mil veces en extensas bilaterales con el Presidente, los equipos del Segundo Piso, la Secom y las principales autoridades policiales. Nada podía quedar al azar. Para cada evento preparamos un minucioso plan de trabajo con los principales antecedentes de cada hito (quiénes convocaban, dónde serían las convocatorias, qué había ocurrido en años anteriores), las acciones comprometidas para cada fecha (estrategia y medidas específicas) y el plan comunicacional involucrado (antes, durante y después)[244].

La planificación de marzo también contempló un trabajo especial para enfrentar los eventos recurrentes que no habíamos podido resolver, como los desórdenes en la "zona cero" (así había empezado a denominarse al barrio residencial aledaño a la Plaza Baquedano) y en los cascos históricos de las principales capitales regionales del país, los ataques a los cuarteles policiales (que venían disminuyendo pero que aún no lográbamos erradicar) y las deficiencias en los procedimientos de detención de los violentistas, ante la evidencia de que las estrategias de dispersión aplicadas hasta entonces venían resultando un fracaso. Si queríamos hacer retroceder el vandalismo, debíamos mejorar la eficiencia de las aprehensiones y la eficacia de las investigaciones policiales. La nueva ley antisaqueos y antibarricadas estaba permitiendo una mayor efectividad de la acción penal, logrando que casi dos tercios de los imputados quedara con medidas cautelares, lo que ayudaba a reducir la sensación de impunidad imperante desde octubre.

Las nuevas tácticas contempladas por Carabineros requirieron del apoyo del OS7 y el OS9 para la obtención de medios probatorios[245], a través de cámaras corporales, drones y televigilancia, además del despliegue focalizado de arietes de respuesta rápida para los focos más violentos y una intervención especializada en las zonas de mayor complejidad, como el polígono conformado por la Alameda y las calles

---

244   Un buen ejemplo de ello fue la planificación del 8M en el marco del Día Internacional de la Mujer, en el cual se definieron las cuestiones operativas al detalle (la marcha sería custodiada por 1.700 uniformadas, solo habría oficiales mujeres y las unidades de orden público se mantendrían en una segunda línea para la contingencia), al igual que los protocolos comunicacionales (las vocerías previas quedarían en manos de las subsecretarias de Prevención del Delito, Katherine Martorell, y de Mujer y Equidad de Género, Carolina Cuevas, mientras que el día de la convocatoria se concentrarían en el mando policial responsable del operativo, encabezado por la general Berta Robles Fernández). La estrategia era mostrar que tendríamos "mujeres cuidando mujeres", de forma de mantener el espíritu de la convocatoria, aunque asegurando el resguardo de manifestantes, transeúntes, vecinos y locatarios de los sectores por donde pasaría la marcha.

245   Departamento de Drogas y Estupefacientes y de Investigaciones de Organizaciones Criminales, respectivamente.

Doctor Ramón Corvalán y Carabineros de Chile, donde los ataques de la llamada Primera Línea a las policías con bombas molotov, perdigones y objetos contundentes eran pan de cada día. Aquella estrategia la complementamos con un trabajo de integración comunitaria con las juntas de vecinos, organizaciones sociales y clubes deportivos de la zona cero.

El respiro del verano nos permitió estudiar miles de manifestaciones ocurridas a partir de octubre. Solo en la Región Metropolitana se desarrollaron más de 600 hasta febrero, las que se concentraron en comunas tan disímiles como Providencia (134), Puente Alto (72), Ñuñoa (46), Santiago (37), La Florida (27) y Las Condes (24), las cuales convocaron en total a 2,8 millones de participantes. Prácticamente no había comuna en la capital que no hubiese tenido manifestaciones, pero la experiencia indicaba que en algunas se concentraban con mayor regularidad. Conocer esos patrones era de vital importancia para planificar el despliegue operativo de las policías.

En todo caso, nada de lo planificado iba a resultar efectivo si es que no resolvíamos una de las carencias históricas de Carabineros, dramáticamente agudizada tras el estallido, que era la precariedad de su material rodante —patrullas policiales, vehículos de transporte, vehículos tácticos de reacción y carros lanzaguas—, la mayor parte inutilizado o inmovilizado en los últimos meses. De las casi 6 mil patrullas policiales que conformaban el parque automotor de Carabineros, casi la mitad estaba fuera de servicio, ya sea por los daños sufridos durante el estallido social o bien por la insoportable burocracia de los procesos internos de reparación y mantenimiento. En el caso de los lanzaguas, ni siquiera llegábamos a uno por región; de hecho, en febrero estuvimos varios días sin ninguno disponible en la Región Metropolitana. Los vehículos tácticos de reacción estaban hechos una miseria y no teníamos vehículos de transporte suficientes para el traslado del contingente policial, lo que imposibilitaba el despliegue de los equipos de respuesta rápida, algo que era muy demandado por los alcaldes cuando recrudecía la violencia.

Resultaba bien poco estimulante tener que destinar una cantidad no menor de recursos para estos menesteres, pero era indispensable para mejorar la eficacia del trabajo policial, más aún ante el nutrido calendario de protestas y movilizaciones que teníamos en el horizonte. Contar con un parque vehicular en cantidad suficiente, moderno y funcional no solo mejoraría la respuesta de Carabineros; también mejoraría la seguridad de los efectivos y de los propios manifestantes, muchas veces puesta en riesgo por la carencia de medios apropiados para las intervenciones en terreno.

Luego de semanas indagando con proveedores nacionales y extranjeros, en una silenciosa y eficaz labor de la Subsecretaría de Interior, logramos recuperar gran parte del parque vehicular de patrullas de Carabineros, e incorporar cerca de cincuenta nuevos furgones para transporte de personal marca Fiat Ducato y Ford Transit, doce nuevos vehículos tácticos Plasan Sandcat y quince nuevos lanzaguas provenientes de orígenes tan impensados como Turquía (Nurol-Séneca), Austria (Rosenbauer), China (BeiBen) y EE.UU. (Rosenbauer). Estas adquisiciones fueron destinadas en su gran mayoría a paliar la merma de la flota institucional en regiones.

Otro de los cambios relevantes de cara a marzo fue la implementación de nuevos protocolos de intervención policial en el caso de las protestas violentas. En adelante, los medios mecanizados (lanzagases y lanzaguas) quedarían como recursos de apoyo de última instancia. La prioridad sería el despliegue de equipos de contención rápida compuestos por escuadras de seguridad y aprehensores, en línea con las recomendaciones y sugerencias que nos habían formulado los expertos alemanes e ingleses que nos visitaron durante el verano. En lo posible, se buscaría evitar el enfrentamiento directo de los manifestantes con los carros policiales de mayor tamaño, lo que muchas veces, más que lograr dispersarlos, terminaba produciendo el efecto contrario. El nuevo protocolo establecía, además, fórmulas previas de comunicación y advertencia mediante una "policía de diálogo", buscando aislar a los violentistas de los manifestantes pacíficos.

Una tarea prioritaria que nos encomendó el Presidente fue la preparación de planes especiales para proteger la infraestructura crítica, incluyendo el Metro, la cadena de abastecimiento de alimentos y los servicios básicos de telecomunicaciones, agua potable, electricidad y gas. Una de las lecciones del estallido social fue la constatación de la precariedad del Estado en este frente, lo cual quedó demostrado el 18 de octubre de 2019, cuando no había ni siquiera un catastro mínimo con la infraestructura crítica del país. Era una carencia que no podía volver a repetirse en marzo.

Lo último fue la sala especial de monitoreo 24/7 que implementamos en el ala sur poniente de La Moneda, a un costado de las oficinas de la División Jurídica de la Segpres, instalaciones que pasaron con éxito la marcha blanca durante el Superlunes del 2 de marzo, en la cual disponíamos de pantallas y computadores conectados en tiempo real a los drones y cámaras de televigilancia de Carabineros, a las plataformas de los ministerios y servicios públicos, a los canales de televisión, radios y portales web, pero sobre todo a las redes sociales, las que informaban con mayor precisión y velocidad que cualquier fuente convencional. Si teníamos un estallido de proporciones al regreso del verano, información veraz y confiable no nos faltaría.

En resumen, hicimos todo lo que estuvo a nuestro alcance para estar bien preparados para marzo. Lo que nos sugirieron, lo que aprendimos, lo que se nos ocurrió en el camino. Esta vez no nos iban a pillar desprevenidos. Solo quedaba esperar.

El convidado de piedra

La llegada de marzo volvió a acelerar las cosas, tanto en la calle como en la política. Si bien los sucesivos llamados a protestas tuvieron algún poder de convocatoria, estos no pasaron a mayores, manteniéndose lejos de los niveles de octubre y noviembre, tanto en cantidad como en intensidad de eventos. Fechas emblemáticas como el Superlunes y el retorno a clases transcurrieron con dificultades, pero sin grandes conmociones. La prueba fuego del 8M, la fecha para la cual más nos preparamos, tanto por la temática como por la masividad de la convocatoria, fue superada sin contratiempos. Pese a la elevada asistencia —la intendencia estimó una concurrencia superior a las 150 mil personas[246]—, a los chocantes insultos contra las funcionarias de Carabineros que resguardaban la marcha ("¡puta, maraca, pero nunca paca!", "¡la paca jalera no es mi compañera!") y a una que otra escaramuza entre grupos de encapuchados y la policía en las esquinas de Alameda con Morandé y Teatinos, que monitoreamos con Juan Francisco Galli desde los techos de La Moneda, las nuevas estrategias policiales parecían estar dando resultados.

El intenso trabajo del verano comenzaba a notarse. Carabineros estaba respondiendo mejor a las exigencias del orden público, mostrando mayor efectividad en sus actuaciones, especialmente en la capacidad de neutralizar los desórdenes callejeros y lograr detenciones en flagrancia. Más importante fue que las denuncias en contra de Carabineros siguieran disminuyendo, pasando de 121 casos en enero a 70 en febrero, para luego bajar a 46 casos en marzo[247]. No obstante, en los hechos graves de violencia callejera hubo un rebote: pasaron de un promedio de tres a siete casos por día entre febrero y marzo, aunque de todos modos estaban lejos de los 100 casos diarios de octubre y los 40 de noviembre.

Otro hecho que evidenció la recuperación de Carabineros fue un exitoso operativo en los alrededores de Plaza Baquedano que terminó con la detención de 62 integrantes de la Primera Línea, en base a un copamiento envolvente impecablemente ejecutado por cerca de 100 efectivos policiales. Este episodio demostró que la nueva estrategia, basada en el despliegue de contingente "de a pie" y en la detención focalizada de personas sorprendidas en flagrancia —en general, por lanzamiento de molotovs u objetos contundentes contra la policía— estaba empezando a dar resultados. El uso de drones y cámaras de seguridad permitió, además, obtener las pruebas suficientes para acreditar los delitos frente a los tribunales.

---

246   La organización de la marcha, por su parte, cifró la asistencia en 2 millones de personas.

247   Corresponde a información tentativa del INDH publicada el 24 de marzo. Las cifras consideran aquellas denuncias recibidas por correo, presencialmente, telefónicamente y levantadas en terreno (centros de salud, unidades policiales, recintos penitenciarios y manifestaciones).

Esta estrategia no solo nos permitía hacer un uso más eficaz de las herramientas legales disponibles. También servía para caracterizar mejor a los integrantes de la Primera Línea. La mayoría eran hombres (97%), varios pertenecían a las barras bravas (18% a Colo-Colo y 7% a la Universidad de Chile) y una buena parte ni siquiera alcanzaba la mayoría de edad (36%). De los 44 individuos que fueron formalizados por los hechos, 13 contaban con antecedentes policiales, cinco eran extranjeros y cinco registraban detenciones anteriores en el marco del estallido social. Uno de ellos, un sujeto de 41 años, había sido detenido veintiuna veces y contaba con cinco causas penales, incluyendo una por homicidio, una por violencia intrafamiliar y otra por porte de arma blanca, además de antecedentes por lesiones a terceros y riñas públicas. Aquello confirmaba algo que hace rato venía siendo evidente: el octubrismo y la delincuencia estaban más que hermanados.

El episodio tuvo cierta cuota de polémica ya que, si bien el 7º Juzgado de Garantía determinó que todas las detenciones habían sido legales, respaldando el actuar de Carabineros, solo uno de los detenidos quedó en prisión preventiva, pese a la gravedad de los delitos y a la evidencia aportada por los abogados del Ministerio del Interior. La mayoría de ellos quedó apenas con firma bimensual. Como lo señaló un conocido penalista de la plaza, fue algo así como un "tan tan y para la casa", debido a la decisión del Ministerio Público de no pedir cautelares más gravosas[248]. Dadas las circunstancias, el tribunal podría haber establecido arresto domiciliario nocturno o al menos la prohibición de acercarse a Plaza Baquedano, haciéndoles algo más difícil su reincorporación a la Primera Línea. Pero no fue así.

La decisión del tribunal causó un intenso debate, y no era para menos. Reunirse semanalmente para realizar destrozos, alterar el orden público, impedir el libre tránsito, saquear e incendiar comercios, y atacar a la policía con objetos contundentes, resorteras, perdigones y bombas molotov, no tenía mayores consecuencias. La señal que se enviaba era delicada y como Ministerio del Interior no podíamos permitirla. Ello nos llevó a presentar un recurso ante la Corte de Apelaciones de Santiago que permitió revertir la decisión del tribunal de garantía, fijando prisión preventiva para los 28 adultos formalizados, mientras que los 16 menores de edad quedaron bajo la sujeción del Servicio Nacional de Menores (Sename). Tanto o más importante que la sentencia fueron los fundamentos de la resolución de la Corte, que reconoció la "existencia de una alteración de la tranquilidad y seguridad de la población" y ratificó que los imputados "fueron detenidos en el momento mismo de ocurrencia de los eventos", lo que, a juicio del tribunal, vulneraba las garantías constitucionales del resto de la población en los términos previstos por la Ley Antibarricadas. Por esta razón, resultaba procedente revocar la decisión del 7º Juzgado de Garantía. El fallo también consignó que la privación de libertad resultaba indispensable para la seguridad de la sociedad.

---

248   El Ministerio Público solicitó prisión preventiva únicamente para uno de los 27 imputados mayores de edad, quien tenía antecedentes penales.

Al fin, una señal de sensatez. La resolución de la Corte de Apelaciones era nítida en señalar que la protesta violenta era un acto delincuencial, no una forma de expresión legítima, y que vulneraba los derechos de la población. "Las señales tienen que ser claras. Este fallo pone un poco de sensatez y sentido común", declaré aliviado desde el Patio de los Naranjos en un punto de prensa convocado para la ocasión. Luego de meses de trastornos, empezaba a primar la racionalidad. A pesar de que gran parte de los imputados se dieron a la fuga después de la resolución de primera instancia y de que solo doce de los veintiocho adultos fueron localizados en las primeras 48 horas —confirmando, así, el razonamiento de la Corte de Apelaciones para revocar la decisión de primera instancia—, el punto político estaba ganado.

Estos avances coincidieron con una nueva arremetida de Andrés Allamand en mi contra. El senador no se arrugaba para torpedear los esfuerzos desplegados durante el verano ("Estamos disconformes con la manera en que el Gobierno ha abordado el tema del orden público"), buscando representar un sentimiento bastante arraigado en los partidarios del *Rechazo*, opción que el senador por la RM pretendía liderar. El episodio produjo una pequeña controversia con algunos militantes de Evópoli, quienes salieron con fuerza a defenderme, aunque también generó un inesperado espaldarazo de la bancada de diputados de la UDI, la cual me invitó a almorzar en Valparaíso en señal de respaldo. Hasta su presidenta, en un gesto inusual, me brindó su "más absoluto apoyo".

La actividad política también se revitalizó durante los primeros días de marzo, que partieron con un llamado del presidente Piñera a concretar un acuerdo nacional contra la violencia. La invitación, como era de esperar, no tuvo ninguna acogida en las directivas opositoras, aunque provocó la publicación de una carta titulada "Es tiempo de un acuerdo nacional", firmada por 231 figuras ligadas a la centroizquierda, entre ellos exministros, parlamentarios y militantes históricos de la Concertación, como Enrique Correa, Mariana Aylwin, Jorge Burgos, José Joaquín Brunner, Juan Gabriel Valdés, Soledad Alvear, Ignacio Walker, Osvaldo Puccio, José Miguel Insulza, Adriana Delpiano, Felipe Harboe, Pepe Auth y Agustín Squella, entre otros.

"Ya hay demasiado odio y desconfianza, es hora de ponerle fin y evitar un lacerante enfrentamiento", manifestaba con preocupación la misiva, proponiendo un pacto en torno a tres ejes: la agenda social, el orden público y la recuperación de la economía. Mi primera reacción fue acoger el llamado con entusiasmo. Sentía que las decenas de conversaciones, contactos y cafés sostenidos durante el verano, que incluían a varios de los firmantes de la carta, comenzaban a dar resultado. Y si bien la propuesta no cristalizó en nada muy concreto, sobre todo por la ácida recepción que tuvo entre los parlamentarios socialistas, fue el puntapié inicial de un estado anímico distinto que se apoderaría del país en las próximas semanas, aunque en ese momento ni siquiera lo sospechábamos.

Mientras desde la centroizquierda llamaban a construir acuerdos, el líder del Partido Republicano, José Antonio Kast, se declaraba formalmente opositor al Gobierno, sincerando una posición que se había exacerbado en los últimos meses, sobre todo tras el acuerdo del 15 de noviembre. Para los republicanos, el itinerario constitucional significaba la "destrucción de las bases de la institucionalidad". Para mí, por el contrario, era la única vía democrática disponible para salvaguardarla.

Dentro de lo anecdótico del mes estuvo una insólita *fake news* que empezó a circular por las redes sociales. "Ministro chileno es investigado por el Departamento de Estado de Estados Unidos por recibir fondos en cuenta *offshore*", titulaba una nota publicada por el sitio web argentino *El Canillita Digital*. La información, supuestamente basada en un reportaje de EFE, daba cuenta de indagaciones por un supuesto soborno que yo habría recibido del Gobierno ruso para favorecer la suspensión de la APEC. La nota también sostenía que mantenía vínculos con fuerzas chavistas con el propósito de debilitar a la fuerza pública. No solo eso. Aseguraba que yo había detenido la compra de equipamiento para las policías y que se creía que continuaría ejecutando acciones contrarias a las funciones de Interior con el propósito de "forzar una salida anticipada del Gobierno". El reportaje finalizaba dando cuenta de una inminente orden de captura internacional.

Pese a que la información fue desmentida tanto por EFE como por la Embajada de Estados Unidos, el episodio no dejó de prender una luz de alerta en mi cabeza. Alguien estaba impulsando una campaña de desprestigio en mi contra en las redes sociales, siguiendo la tónica de las campañas norteamericanas al estilo de QAnon, basada en inverosímiles teorías conspirativas que en el margen causaban daño. Contribuían a ratificar los prejuicios de quienes eran más críticos de mi gestión, profundizando la animadversión de los sectores más extremos de la derecha[249]. La nota fue replicada por múltiples cuentas falsas de Twitter, desatando una ola de comentarios que no sé si hacían reír o llorar con sus estupideces ("Tenía toda la pinta de infiltrado", "Esto podría explicar muchas cosas", "Todo calza", "Políticos populistas globalistas ONU", "Ojalá intervenga EE.UU. para hacer mierda a estos comunistas").

Un momento importante, por su simbolismo, fue el 11 de marzo, día en que no solo se cumplía la mitad del mandato presidencial de nuestro Gobierno. También coincidía con los treinta años del retorno a la democracia, hito que el presidente Piñera quiso conmemorar con un gran acto republicano en La Moneda. Por supuesto, no funcionó. Nadie de la oposición estuvo dispuesto a asistir, salvo el exsubsecretario de Interior de Patricio Aylwin, Belisario Velasco, el único que aceptó la invitación al palacio presidencial. "Soy demócrata y soy republicano", fue la estoica explicación de quien, además, fuera titular de Interior con Michelle Bachelet.

Durante esos días tuvimos algunas bajas importantes en el gabinete. La primera en dejar el buque fue Marcela Cubillos, quien renunció el 28 de febrero cansada de esperar que el Presidente la moviera del Ministerio de Educación, cuestión que venía planteándole con insistencia desde hacía varios meses. Su aspiración era Desarro-

---

249   Un buen ejemplo fue la publicación de una usuaria anónima de Twitter, llamada Patriota Republicana, quien escribió en su cuenta que "cuando el río suena, es porque piedras lleva".

llo Social, ya que, además de ser una cartera mucho menos turbulenta que Educación, permitía formar parte del comité político, una vieja aspiración de Cubillos. Su objetivo era doble: escapar del infierno que se suponía sería el Mineduc luego del retorno a clases e incidir con mayor fuerza en el rumbo del Gobierno. Pese a nuestras desavenencias, la idea en principio no me parecía mala, ya que permitía sumar al comité político a una figura más identificada con la derecha tradicional, contrapesando la excesiva influencia con que había quedado Evópoli tras el cambio de gabinete de octubre, cosa que le comenté al mandatario en varias oportunidades. Sin embargo, no hubo caso. Con la llegada de marzo se cumplió el plazo autoimpuesto por Cubillos, gatillándose su renuncia, la que en cierto modo fue a lo Sinatra: a su manera. Advertía en *on* que partía "para participar activamente de los debates que se vienen", lo que equivalía a sumarse a la campaña del *Rechazo*, mientras que en *off* transmitía que su salida era sobre todo por las diferencias que tenía con el rumbo político seguido por La Moneda, responsabilidad que me atribuía debido a mi tendencia a privilegiar la búsqueda de acuerdos, tal como quedó consignado en los reporteos de la prensa. Era una reencarnación más de la vieja pugna entre "halcones" y "palomas".

El reemplazo de Marcela Cubillos fue el subsecretario Raúl Figueroa, nombramiento que me alegró. Abogado de profesión y conocedor a fondo de los temas educacionales, tenía todas las aptitudes y merecimientos para encabezar el ministerio. Dotado de un carácter dialogante, era considerado un técnico más que un político. Su nombramiento contrastaba con el estilo confrontacional de su antecesora, fórmula que poco aportó a lo que realmente importaba, que era mejorar la calidad de la educación. Habíamos trabajado juntos el programa de gobierno; su llegada abría una oportunidad para retomar la agenda sectorial, diluida tras los sucesivos conflictos de los últimos años.

Una baja mucho más inesperada y sensible fue la de la ministra de la Mujer, Isabel Plá, quien presentó su renuncia indeclinable al gabinete el 13 de marzo, cansada de los insultos, funas y agresiones tuiteras tras el estallido social. Por más que intenté hacerla recapacitar, no hubo caso. Las críticas de los movimientos feministas, sumado al *bullying* de las redes sociales y las amenazas de muerte, fueron demasiado. Había llegado al límite de sus fuerzas. Su salida me dolió además en lo personal, ya que perdía a una de mis principales *partners* del gabinete. Llevábamos casi diez años trabajando codo a codo. Isabel había hecho una tremenda pega como ministra de la Mujer. Fue en extremo hábil para sobreponerse a las injustas críticas que recibió en un comienzo, que le cuestionaban su militancia UDI y su postura antiaborto, siendo capaz de impulsar una nutrida agenda ministerial que constituyó uno de los principales activos del Gobierno durante el primer año y medio de mandato. Fue así como se transformó en algún momento en la mejor evaluada del gabinete, con índices de aprobación superiores al 70%, reconocimiento más que merecido.

La salida de Isabel Plá, la segunda baja ministerial en apenas dos semanas, llevó a varios a especular respecto de un posible cambio de gabinete que permitiese fortalecer la presencia de los partidos grandes de Chile Vamos, RN y la UDI, quienes esperaban el curso de los acontecimientos con los colmillos afilados. Todavía no se conformaban con el ajuste de octubre y esperaban más cabezas en la piedra sacrificial. Sin embargo, todo estaba por cambiar. Una noticia trastocaría los planes del país entero: el 3 de marzo de 2020 se confirmó la llegada del coronavirus a Chile.

La pandemia

Un pediatra de Talca de 33 años, que venía regresando de su luna de miel en el sudeste asiático, se convertía en el "paciente cero" de la pandemia en el territorio nacional, desatando la preocupación de las autoridades de salud que estimaban en cerca de 350 las personas que habían estado en contacto con el médico maulino. Luego de semanas de especulaciones sobre la llegada del virus, aparecido el 31 de diciembre anterior en la localidad china de Wuhan, Chile se aprestaba para enfrentar la peor crisis sanitaria en un siglo, en medio de dramáticas imágenes que mostraban el colapso de las redes asistenciales de Italia y España, postales infernales que se repetían una y otra vez en los noticieros de la televisión.

La llegada de la pandemia fue como esas pesadillas en las que uno no logra despertar: no salíamos de una y ya estábamos en otra. Los contornos del fenómeno en ese momento eran totalmente inciertos y la cohesión social del país era mínima. Como me lo dijo en su momento Jaime Mañalich: la clave no era saber cuándo llegaría el virus, sino cuánto nos iba a pegar y qué podíamos hacer para amortiguar el impacto.

En eso, hay que reconocerlo, el presidente Piñera fue visionario. Tal como en el terremoto de 2010 y en el rescate de los 33 mineros, la emergencia una vez más hizo aparecer la mejor versión del mandatario, esa que planifica, exige y organiza con una meticulosidad insuperable. Mientras yo sudaba la gota gorda durante el verano trabajando en los aprontes para pasar marzo, el mandatario concentró sus energías en prepararnos para la llegada del coronavirus, cosa que nos comentaba casi con entusiasmo en los comités políticos veraniegos. Era como que le hubiera vuelto el alma al cuerpo. Estudió a fondo todos los informes publicados por la OMS y el mundo académico, pidió diversos reportes a las autoridades del Ministerio de Salud, conversó con expertos de Chile y el extranjero y, por supuesto, realizó todas las bilaterales posibles. Venía un tsunami sanitario en camino a Chile, sabíamos que la ola nos golpearía y teníamos que prepararnos.

Así, el 28 de enero se presentó el primer plan de contingencia, mientras que el 8 de febrero se decretó la alerta sanitaria[250], que otorgaba facultades extraordinarias (y draconianas) al Minsal por el plazo de un año por una "emergencia de importancia

---

250 Posteriormente, se actualizó la alerta sanitaria mediante el decreto 6, del 7 de marzo de 2020.

internacional"[251]. Y el 3 de marzo, junto con la llegada del primer caso, se presentó el Plan de Acción frente al Coronavirus, lo que permitió activar una serie de coordinaciones y medidas que incluyeron la creación de un fondo especial de 220 mil millones de pesos para la adquisición masiva de insumos médicos, la puesta en marcha de una serie de protocolos sanitarios, y la conformación de un comité interministerial compuesto por Salud, Educación, Interior, Transporte, Defensa y Relaciones Exteriores.

A partir de ese momento, los hechos se sucedieron en forma vertiginosa. En pocas semanas pasamos del temor a la calle a estar todos encerrados en nuestros hogares.

El 14 de marzo el Ministerio de Salud informó que Chile se encontraba en la fase 3 de la pandemia, lo que significaba que los casos ya no eran trazables. Había comenzado la transmisión comunitaria. Ese día además se decretó la primera cuarentena por coronavirus en la comuna de Caleta Tortel, y el primer cierre de un colegio producto de un brote en el Saint George, lo que produjo un efecto dominó en el resto del país. De un momento a otro, todos los alcaldes comenzaron a pedir el cierre de *malls*, colegios, cines, estadios o cualquier espacio que significara una aglomeración.

Algunos ediles, en forma unilateral, como el alcalde de La Florida, Rodolfo Carter, anunciaron a los medios que sus escuelas municipales no abrirían a partir del día lunes 16 de marzo, pese a no contar con las facultades legales para decretarlo. A las pocas horas, alcaldes de todos los colores políticos se plegaron a la medida, en lo que fue el primer encontrón fuerte de Jaime Mañalich con los jefes comunales: él no quería suspender de improviso el funcionamiento de los establecimientos ya que no solo cumplían un rol pedagógico. También servían de guarderías, brindaban alimentación a millones de estudiantes y, desde un punto de vista sanitario, cumplían un rol crucial en las campañas de vacunación contra la influenza. Cerrarlas de un día para otro iba a causar un descalabro desde el punto de vista educacional, social y sanitario.

Me vi en la obligación de involucrarme. Si bien no era un tema de mi cartera, puesto que el problema era en realidad de Educación y Salud, no podíamos partir la pandemia con una rebelión de los alcaldes, quienes venían envalentonados tras el protagónico rol asumido en el estallido social. La solución fue convocar a un grupo de alcaldes de la Región Metropolitana a una reunión dominical de emergencia en La Moneda, para buscar una salida consensuada al conflicto. Tras dos horas de intenso debate acordamos un salomónico cierre temporal por catorce días, el que luego del plazo sería reevaluado en función de la evolución de la pandemia, fórmula que nos permitió salir jugando ante la opinión pública. Los alcaldes no revertían su decisión y el Gobierno evitaba un conflicto mayor con los líderes comunales.

---

251   El decreto establecía, entre otras cosas, la posibilidad de establecer cuarentenas y barreras sanitarias, ordenar el uso obligatorio de mascarillas y disponer de las adquisiciones, contrataciones y distribución de los productos farmacéuticos existentes en el país.

En paralelo, tuvimos que adoptar un conjunto de medidas adicionales, como la extensión de la vigencia de las cédulas de identidad para aquellas que fueran caducando, la prohibición de las reuniones de los clubes de adultos mayores, la restricción de las visitas en las cárceles y la conmutación de las penas a los reclusos adultos mayores, el teletrabajo en las oficinas públicas y la prohibición de todos los eventos públicos. Esto significó, entre otras cosas, la suspensión del campeonato profesional de fútbol, el festival Lollapalooza y la tradicional Fidae. Nuevamente, la vida que hasta entonces considerábamos normal, de pronto se veía amenazada.

El 18 de marzo se cerraron las fronteras en todo el territorio y se decretó por primera vez estado de catástrofe a nivel nacional por noventa días, estableciéndose el cierre de centros comerciales, con excepción de algunos servicios esenciales como los supermercados, las farmacias, los centros de salud, los bancos y las tiendas de construcción para el hogar.

Era como una película que avanzaba a ritmo vertiginoso, en base a un guion cada vez más incierto. Todo cambiaba demasiado rápido.

El 19 de marzo presentamos el Plan Económico de Emergencia para la Pandemia, que incluía un conjunto de bonos y subsidios de apoyo para las familias y las pymes. La ceremonia fue encabezada por el Presidente y el ministro de Hacienda junto al resto del gabinete económico en el Patio de Las Camelias. "Atravesaremos por un periodo difícil, pero la emergencia pasará. Volveremos a trabajar, volveremos a producir y seremos capaces de volver a levantarnos de esta crisis como tantas veces lo hemos hecho en nuestro país", dijo al cierre de su discurso Ignacio Briones, quien comenzaba a evidenciar un notable talante político en sus intervenciones públicas. Aquel fue uno de los últimos actos presenciales que se realizó en La Moneda según las normas anteriores al covid.

El anuncio tuvo una positiva acogida en el mundo empresarial y, para mi sorpresa, también fue valorado por la oposición, lo que indicaba el cambio de ánimo que se estaba produciendo. El plan consideraba un paquete de medidas especiales para amortiguar los efectos de la pandemia por más de 11 mil millones de dólares (4,7% del PIB). Las medidas eran de diverso orden: contemplaba el uso del 2% constitucional destinado a emergencias para suplementar el presupuesto del sistema de salud; la tramitación de leyes exprés para proteger los ingresos de los trabajadores; un bono especial para dos millones de personas; la creación de un fondo solidario de 100 millones de dólares destinado a apoyar a los trabajadores informales; varios alivios tributarios; medidas de liquidez y la capitalización de Banco Estado por 500 millones de dólares para darle facilidades a las pymes.

Ese mismo día por la tarde nos reunimos de urgencia con los presidentes de la UDI, RN y Evópoli, para fijar una posición común respecto del plebiscito constitucional. Ya estaba claro que no podría realizarse en la fecha planificada, pues para el mes de abril se pronosticaba un altísimo nivel de contagios. Con celeridad coincidimos en que todo el calendario electoral debía atrasarse para fines de año y que la mejor forma de concretar el cambio era apelando a los mismos que habían suscrito el acuerdo del 15 de noviembre. Luego de conversar con la nueva presidenta del Senado, Adriana Muñoz, a quien llamé por encargo del Presidente para pedirle que gestionara la modificación, se anunció la postergación del plebiscito constitucional para el 25 de octubre, lo que tuvo como efecto colateral la postergación de las elecciones de concejales, alcaldes, gobernadores regionales y convencionales constituyentes para abril de 2021.

El sábado 21 de marzo fue otra fecha que quedó marcada en el calendario. Esa tarde nos enteramos de la primera persona fallecida en el país por covid, una mujer de 82 años de Renca que se contagió en un almuerzo familiar. Su deceso y las circunstancias del contagio terminaron por desatar la sicosis. No hubo alcalde o parlamentario, de izquierda o derecha, que no saliera a pedir el cierre de sus ciudades. Al día siguiente se estableció el primer toque de queda nacional —desde las 22 horas hasta las 5 de la madrugada— y a los pocos días, el 26 de marzo, se iniciaron las primeras cuarentenas masivas en las comunas de Santiago, Independencia, Ñuñoa, Providencia, Las Condes, Lo Barnechea y Vitacura.

En adelante los esfuerzos se multiplicarían no solo para contener la pandemia, sino también para poder resistirla. El virus se había diseminado y era un hecho que nos iba a golpear con fuerza. Teníamos que construir, en un plazo breve, capacidades suficientes para aguantar los embates del covid. La principal obsesión fue la ampliación de la infraestructura hospitalaria para evitar el colapso de la red y el temido dilema de la "última cama" —tener que privilegiar la asistencia a una persona por sobre otra al carecer de medios suficientes. Esto requería, según las proyecciones de los especialistas, multiplicar al menos por dos el número de camas críticas y por tres el de ventiladores mecánicos[252], meta que en el corto plazo parecía muy difícil de asegurar. Como lo afirmó Jaime Mañalich ante los medios, nos estábamos preparando para tener en un mismo momento hasta 100 mil enfermos, *peak* que según las estimaciones llegaría en junio, y que podía significar 15 mil personas en cuidados intensivos y 4 mil con ventilación mecánica. El problema era que todos los países estaban en lo mismo; la prensa denominó al fenómeno como "la guerra por los ventiladores".

Ahí nuevamente apareció el mejor Piñera. Desplegando al máximo su capacidad de gestión, sus contactos internacionales y su infatigable ritmo de trabajo —y secundado por Jaime Mañalich y el subsecretario de Redes Asistenciales, Arturo Zúñiga—, en pocas semanas se logró concretar la ansiada ampliación de la red sanitaria, echando mano a diversas medidas como la reconversión de camas intermedias a unidades de cuidados intensivos, la habilitación de recintos de las Fuerzas Armadas, la inauguración anticipada de hospitales —como el de Padre Las Casas o el Félix Bulnes— y la importación masiva de ventiladores mecánicos.

---

252   De acuerdo a una nota de CIPER del 31 de marzo de 2020, el número de ventiladores disponibles a esa fecha ascendía a 1.229 unidades, cifra que debía ampliarse a cerca de 3 mil hacia mediados de mayo.

La creatividad no tenía límites, cualquier recurso servía. Un ejemplo de ello fue la habilitación del buque de la Armada *Sargento Aldea*, el cual fue transformado en un verdadero hospital flotante. La FACH, por su parte, equipó un avión C-130 como clínica aérea, para facilitar los traslados de pacientes críticos de las regiones más saturadas hacia aquellas con mayor disponibilidad de camas. Cada nueva medida producía un enorme impacto mediático. Los noticiarios de televisión y las radios volvieron a transmitir en modo 24x7, tal como en octubre y noviembre de 2019.

Todo ello lo fuimos revisando en una nueva instancia de coordinación, el Comité de Crisis Covid, el que era presidido por el presidente Piñera. Empezamos a realizar reuniones sagradamente cada mañana a las 8:30, sábados y domingos incluidos, en las que participaban las principales autoridades de Salud, Interior, Defensa y Ciencia. La tabla de trabajo era sencilla. Primero revisábamos los datos y proyecciones de la pandemia. Luego, el avance de las medidas dispuestas, en especial el número de camas críticas y ventiladores disponibles. Y, finalmente, la implementación de las cuarentenas, responsabilidad que recaía en los jefes de plaza y las policías debido al estado de catástrofe que regía por la pandemia.

Las reuniones matutinas eran exigentes, a ratos duras. El Presidente no perdonaba errores en los números ni divagaciones excesivas. Su método era simple: estábamos enfrentando una emergencia sanitaria sin precedentes, necesitábamos recopilar la mejor información disponible. El tiempo no era nuestro aliado y debíamos montar un sistema de gestión de la pandemia que fuese eficaz en la toma de decisiones. Las demoras y equivocaciones podían tener costos inconmensurables, tal como en el terremoto de 2010 o en el rescate de los mineros, salvo por un par de detalles. El adversario que teníamos al frente en esta ocasión era un completo desconocido y el efecto se haría sentir no sobre un grupo de personas o un conjunto de regiones del país. El coronavirus era una amenaza real para cada uno de los 18 millones de chilenos y extranjeros residentes en el territorio nacional. Ese era el peso que sentíamos al sentarnos en el comedor presidencial cada mañana. Nos enfrentábamos a un terreno inexplorado. La gente estaba asustada y, para empeorar las cosas, la confianza en las instituciones estaba pulverizada tras el estallido social.

Mover a la burocracia estatal con la agilidad que requería la pandemia era quizás la principal dificultad que teníamos. En pocos días tuvimos que adaptar la red hospitalaria, lo que se facilitó enormemente con la integración de la infraestructura pública y privada[253], y planificar e implementar aduanas, cordones y cuarentenas comunales, medidas que representaron un esfuerzo de fiscalización gigantesco, ya que solo en la RM hubo que desplegar más de 32 mil efectivos de las Fuerzas Armadas, Carabineros y la PDI para verificar su cumplimiento.

---

253   El 1 de abril del 2020 se publicó en el Diario Oficial la resolución exenta 156. Esta estableció la coordinación de la red pública y privada de salud por parte de la Subsecretaría de Redes Asistenciales, que incorporó a los prestadores privados a la red de los Servicios de Salud.

También hubo que reorganizar el sistema educativo de 3,9 millones de estudiantes desde el modo presencial al telemático (la alternativa era perder el año escolar), asegurar la continuidad de los servicios públicos organizando dotaciones de emergencia (no podíamos dejar de pagar las pensiones ni de distribuir los alimentos de Junaeb), y generar las condiciones para que el sector privado pudiese seguir funcionando en aquellos ámbitos esenciales, como la cadena logística, el comercio de bienes básicos o los servicios de luz y agua potable (con o sin encierro, las personas tenían que seguir viviendo).

Fueron cientos de decisiones en pocos días que empezaron a generar fricciones y roces con algunos actores, como los alcaldes y el Colegio Médico, quienes se fueron transformando en nuestros principales antagonistas. Sin duda el estilo de Mañalich, directo y confrontacional, contribuyó a tensionar el ambiente. Jaime, en pocas semanas, se peleó con todo el mundo. Alcaldes, parlamentarios, ministros, dirigentes gremiales; hasta directores de colegios sufrieron sus arrebatos. Como él mismo me lo comentó en diversas oportunidades, no tenía tiempo para preocuparse de "detalles". Pero muchas autoridades y dirigentes gremiales fueron víctimas de la ansiedad y de un cierto afán de protagonismo. El mejor ejemplo de ello fue el centro de estudios Espacio Público, liderado por el economista Eduardo Engel y el abogado Diego Pardow, que de la noche a la mañana devino en reserva moral y técnica de la gestión sanitaria del país.

Otros confrontaban a Mañalich porque tenían su propia agenda, como el alcalde comunista de Recoleta, Daniel Jadue, o la presidenta del Colegio Médico, Izkia Siches, vinculada al Frente Amplio. Hacer fracasar la gestión de la pandemia era una nueva oportunidad que se le abría a la izquierda dura para derribar al Gobierno de Sebastián Piñera.

La Mesa Social Covid

De este modo, evitar los conflictos innecesarios y fortalecer la unidad en torno a la conducción de la pandemia se transformó en un objetivo vital. Esa oportunidad llegó el viernes 20 de marzo en la tarde, luego de una reunión que sostuvimos en Interior con algunos alcaldes de la Asociación de Municipios de Chile. El propósito del encuentro era mejorar las relaciones entre los jefes comunales y el titular de Salud, quien, como nunca, parecía dispuesto a aceptar la ayuda. "Ministro, usted es un muy buen conductor, pero a veces le faltaba tratar mejor a los pasajeros", fue la analogía usada por el alcalde de Estación Central, Rodrigo Delgado, para ilustrar el punto. Mañalich, aceptando la crítica, propuso crear una instancia permanente de coordinación, cosa que resultaba bastante llamativa conociendo su carácter. "Una mesa —eso sí— liderada por Interior", agregó a continuación, luego de lo cual tomó sus cosas e hizo abandono de la reunión. Todo muy en su estilo: él creaba los conflictos, otros los solucionaban.

En cualquier caso, la propuesta de Mañalich era una tremenda oportunidad. Una mesa de coordinación no solo nos permitiría apaciguar los espíritus. Sobre todo, nos daría la posibilidad de volver a hacer de La Moneda un espacio de encuentro republicano, algo que se había perdido por completo a partir del 18 de octubre. Si hacíamos las cosas bien, recuperaríamos la capacidad de convocar, lo que resultaba esencial para el manejo de la pandemia. No solo necesitábamos tomar las medidas correctas, también teníamos que recuperar las confianzas. La cohesión social, o la falta de ella, podía hacer toda la diferencia.

Esa misma tarde me puse manos a la obra. Luego de discutirlo un rato con mi equipo, le llevé la propuesta al Presidente, quien la aceptó de inmediato. Definimos que la instancia no sería simplemente decorativa. Sumaríamos a ella a quienes venían cumpliendo un rol clave ante la opinión pública. Para construir confianza, teníamos que traer a la mesa a quienes la producían: alcaldes, rectores y expertos. Teléfono en mano, fui llamando uno por uno a quienes integrarían el grupo. Todos accedieron sin dudarlo un momento. De las universidades, estarían los rectores de la Universidad de Chile, Ennio Vivaldi, y de la Universidad Católica, Ignacio Sánchez. De los alcaldes vendrían los titulares de las tres grandes asociaciones: José Miguel Arellano (Padre Hurtado) representando a la Asociación de Municipios de Chile; Cristián Balmaceda (Pirque), a la Asociación de Municipios Rurales; y Germán Codina (Puente Alto), a la Asociación Chilena de Municipalidades, la más antigua y tradicional de todas. También sumamos a Carmen Castillo, ex ministra de Salud de Michelle Bachelet, y a Fernando Leanes, de la Organización Panamericana de la Salud. Por último, del Colegio Médico, incluimos a su anterior presidente, Enrique Paris, con quien había trabajado de muy buena forma en los grupos programáticos de la campaña presidencial, y a su actual titular, Izkia Siches, quien a esas alturas se había convertido en la principal antagonista pública de Mañalich. "Si me tratan bien, me porto bien", me advirtió desde el otro lado del teléfono, no sin dejar de reclamarme por la presencia de Paris, a quien percibía como una amenaza en su disputa por el protagonismo del gremio médico.

La primera reunión de la Mesa Social Covid quedó convocada para el domingo 22 de marzo. Se realizaría en Salón Entrepatios del Ministerio del Interior, lo que no dejaba de ser simbólico, ya que sesionaría en el corazón de La Moneda. El mismo lugar donde se realizaba la tradicional reunión con los partidos los días lunes y, en general, las reuniones políticas de mayor importancia.

El encuentro se inició a las 11 de la mañana con gran interés periodístico. Los medios esperaban un posible *round* entre el titular del Minsal y la presidenta del Colegio Médico. Por parte del Gobierno estaríamos Jaime Mañalich, Andrés Couve, Claudio Alvarado, Paula Daza, Arturo Zúñiga y yo. Sumándonos todos, éramos un total de quince participantes. En contra de lo esperado, la reunión fluyó de la mejor manera. Codina, quien pese su militancia RN se había transformado en uno de los más duros detractores de Mañalich, no solo pidió perdón por el tono y los calificativos de los últimos días, sino que además se puso a disposición de la mesa. El rector de la PUC, Ignacio Sánchez, ofreció a la universidad para cualquier requerimiento de la mesa. El rector Vivaldi, para no ser menos, ofreció los laboratorios de la Universidad de Chile para aumentar la capacidad de testeos PCR. Carmen Castillo, a quien no conocía, me pareció todo un hallazgo. Llegó premunida de buenas ideas, planteadas con formas y maneras que denotaban buena disposición. Hasta Izkia Siches parecía estar en el tono correcto. "Hacía falta un espacio como este", planteó la siempre combativa presidenta de los médicos.

Algo común a todas las intervenciones fue la necesidad de acelerar el cierre de las comunas y ciudades del país. Quienes más insistieron en el punto fueron los alcaldes. El primer acuerdo fue ir avanzando a partir de "cuarentenas progresivas" en función de la evolución de los indicadores sanitarios, estrategia que nos permitió contener la presión de los ediles por una cuarentena nacional, tal como había ocurrido en Argentina de una manera tan improvisada como poco eficaz.

Las cuarentenas progresivas, explicamos en la reunión, tendrían cuatro fases. La primera, voluntaria, consistiría en recomendarle a la gente que se quedase en sus casas, manteniendo las máximas medidas de distanciamiento social, de la mano con el cierre de todos aquellos establecimientos no esenciales. La segunda fase contemplaría la instalación de aduanas sanitarias interregionales, ya operativas en ocho de las dieciséis regiones del país, en las que se realizarían controles médicos a los viajeros para proteger esas zonas de posibles contagiados. La tercera sería la implementación de cordones sanitarios, para impedir la entrada o salida de un barrio, comuna o región, como los que ya estaban operando en Caleta Tortel, Isla de Pascua y las fronteras del país. El cuarto y último nivel serían las cuarentenas totales, es decir, el encierro forzado de todos los habitantes de un determinado territorio. Todo ello significaría un esfuerzo gigantesco de coordinación y fiscalización, ya que teníamos que ser capaces de montar en pocos días un sistema de permisos, salvoconductos y controles para asegurar un efectivo cumplimiento de las medidas, el cual logramos implementar en tiempo récord a través de la plataforma Comisaría Virtual de Carabineros. Las ciudades y las comunas del país tenían que seguir siendo abastecidas, alimentadas y suministradas de todos los bienes y servicios esenciales, ejercicio para nada trivial. Había un enorme riesgo de generar un colapso si es que aplicábamos de golpe la estrategia de *lockdown* promovida por los alcaldes, parlamentarios y el Colegio Médico. El desafío logístico era mayúsculo.

Al terminar la sesión salimos juntos al patio de La Moneda a hacer el punto de prensa. Todos estuvieron de acuerdo en que era valioso dar una señal de unidad al país. En mi fuero interno sabía que esa foto valía oro. Ayudaría a bajar las pasiones y fortalecería la conducción de la pandemia, lo que era bueno para la gente y mejor para el Gobierno. En un momento como el que estábamos, luego de cinco meses de agudos conflictos y en medio de una feroz crisis política y social, haber constituido la mesa en el propio palacio de gobierno era un hito que hasta hacía pocas semanas hubiera resultado impensable.

Informamos a la prensa del acuerdo de sesionar dos veces por semana, realizar audiencias públicas y trabajar en aras de un triple objetivo. La mesa serviría como instancia para recoger opiniones, sumar propuestas y mejorar las coordinaciones por medio de una vocería única. "Una sola voz, para darle certezas y seguridades a la gente", sinteticé en el punto de prensa. Muy sorprendente fue la declaración de Izkia Siches, quien afirmó que "de este desafío salimos unidos: si le va mal al Gobierno, nos va mal a todos". Tenía toda la razón.

"La Moneda logra bajar la tensión con los alcaldes", tituló la prensa luego de la primera sesión de la Mesa Social Covid. Como lo resumió Karla Rubilar en su vocería, la cita permitió bajar las revoluciones, ánimo que suponíamos que perduraría por algunas semanas. Gestionar adecuadamente la pandemia era un deber moral, pero también una oportunidad para unir al país luego de meses de divisiones profundas. Y ello requería reducir las fricciones y mantener ciertos niveles de colaboración entre las distintas autoridades de gobierno, los municipios, la academia, el mundo empresarial, los medios de comunicación y, sobre todo, los gremios de la salud.

El avance del virus obligó a ir cerrando ciudades y comunas a lo largo del país. Las medidas tomadas fueron una radiografía de cómo el virus iba viajando. En pocas semanas entraron en cuarentena las comunas del sector céntrico y oriente de la capital, además de Ñuble, Temuco, Padre Las Casas, Chillán, Osorno y Punta Arenas[254]. Las ciudades empezaron a mostrar imágenes similares a las que antes habían llegado de las capitales europeas, con calles y plazas desiertas por efecto de las medidas obligatorias de aislamiento, tal como si estuviéramos en medio de una película hollywoodense de contornos apocalípticos. A tanto llegó el impacto del encierro que hasta la fauna nativa se animó a aventurarse por la ciudad, como un puma que fue avistado de madrugada vagando por más de tres horas en las silenciosas calles de Providencia y Ñuñoa. El animal, un precioso ejemplar macho de 35 kilos que causó sensación en las redes sociales, fue capturado por el SAG para ser liberado después en su hábitat cordillerano.

Pero, más allá de lo anecdótico, para muchos chilenos el virus comenzaría a transformarse en una verdadera calamidad. El encierro forzado, el temor a los contagios, la enfermedad misma o, peor aún, la pérdida de seres queridos, serían pronto parte de un paisaje cotidiano que arruinaría la convivencia y, en muchos casos, la vida de millones de familias.

---

254   El 26 de marzo se decretó la cuarentena en Las Condes, Vitacura, Ñuñoa, Lo Barnechea, Providencia, Santiago, Independencia y Ñuñoa. El 28 de marzo, en Temuco y Padre Las Casas; el 30, en Chillán y Osorno; el 31, en Punta Arenas; el 7 de abril, en Puente Alto, y el 28 de abril, en La Pintana, San Ramón, Estación Central, Angol y Victoria. En mayo, finalmente, se decretó cuarentena general para todo el Gran Santiago.

El cambio de ánimo producido por la pandemia tuvo al menos una virtud: la de aplacar la violencia en las calles. El Día del Joven Combatiente, por ejemplo, que se preveía muy violento, terminó siendo mucho menos intenso de lo esperado[255]. Como por arte de magia, las protestas se desvanecieron. Algunas orgánicas, como la Mesa de Unidad de Social y la Alianza entre Grupos de Primera Línea de Plaza Dignidad, propusieron suspender las manifestaciones masivas.

El mundo político también pareció cambiar de *switch* en cosa de días. "Ofrecemos toda nuestra colaboración, pues tenemos que defender a las familias ante una posible pandemia social", afirmó el presidente del PS, Álvaro Elizalde. En paralelo apareció una nueva carta de exfiguras de la Concertación, llamando a fortalecer y empoderar a las autoridades políticas y sanitarias[256]. El país había entrado de pleno en "modo covid".

En terreno con los "carabineros de a pie"

Para Carabineros, la llegada del coronavirus significó asumir responsabilidades adicionales a sus funciones regulares. Si octubre de 2019 les había exigido un esfuerzo descomunal para contener la feroz ola de violencia que se desató en el país, marzo de 2020 los obligó a desdoblarse hasta la extenuación debido a la necesidad de resguardar el cumplimiento de las medidas impuestas por la pandemia. Mientras la gente se quedaba en su casa protegiéndose de los contagios, la gran mayoría de los funcionarios policiales tuvo que salir a la calle a colaborar con las tareas propias de la emergencia. Pese a los evidentes riesgos que aquello implicaba, nunca los vi inhibirse de cumplir con sus nuevas obligaciones.

Por el contrario, me pareció que asumían el desafío con entusiasmo, motivados por la oportunidad de dejar por un rato las ingratas labores del orden público. El covid les había devuelto la posibilidad de volcarse al servicio de la ciudadanía, asistiendo a la comunidad de diversas formas durante esos duros meses. Desde llevarles comida y medicamentos a quienes no podían hacerlo por cuenta propia, a disponer del Orfeón de Carabineros para realizar veladas musicales en poblaciones y villas. Incluso los "guanacos" fueron reacondicionados para utilizar su chorro a presión como sanitizador de emergencia en varias ciudades del país.

---

255   De acuerdo a Carabineros, la jornada del 29 de marzo de 2020 dejó siete policías heridos, 488 detenidos e incidentes en diversas comunas como San Bernardo y Peñalolén. Sin perjuicio de ello, la propia policía calificó los incidentes como "aislados".

256   La misiva fue firmada por 162 personas, entre ellos varios exministros y parlamentarios de la Concertación, como Soledad Alvear, Gutenberg Martínez, Fulvio Rossi, Patricio Walker, José Joaquín Brunner, Mariana Aylwin y Carlos Figueroa. Ver El Mercurio, 29 de marzo de 2020.

Todo esto ocurría mientras en paralelo avanzábamos con la implementación de las recomendaciones del Consejo para la Reforma de Carabineros, medidas que, si bien en un comienzo produjeron algo de fricción, a estas alturas ya contaban con el pleno respaldo del alto mando.

Esos meses los aproveché para adentrarme en profundidad en los rigores del trabajo policial, reforzando los patrullajes nocturnos y las visitas a las unidades policiales, rutina que venía realizando hacía ya un rato. Era una forma de mostrarles reciprocidad por los esfuerzos desplegados, lo que además me permitió conocer las intimidades de sus labores, algo que consideraba de especial utilidad en el marco de la reforma a Carabineros. Para mí era muy importante poder evaluar en terreno la forma en que desarrollaban sus actividades. Pero también era relevante contribuir a levantarles la moral y el ánimo, que se había ido a piso después de octubre.

La rutina de esas jornadas nocturnas era casi siempre la misma. Partía típicamente cerca de las diez de la noche en alguna comisaria escogida especialmente para la ocasión —tratábamos de visitar aquellas que se habían visto más expuestas durante el estallido social—, con una reunión con los funcionarios de la unidad respectiva —los "carabineros de a pie", como se autodenominaban—, donde conversábamos sobre los desafíos y dificultades que ellos mismos identificaban. Por lo general me acompañaba el subsecretario Juan Francisco Galli y alguna autoridad policial de la zona. El formato más común era en torno a una mesa estilo "Té Club"[257], acompañados de café, té y galletas, salvo la noche de mi cumpleaños, que transcurrió un domingo de mayo en La Legua, ocasión en la que me sorprendieron con una torta para festejar. Al inicio siempre se mostraban más formales y cohibidos, más cuando revisábamos las estadísticas policiales, las que eran presentadas por el comisario a cargo de cada unidad. Para la mayoría de ellos, era la primera vez en que tenían al frente a un ministro de Estado, distancia que intentaba romper aplicando la regla del "minuto de confianza", espacio en el que los instaba a transmitirme "la verdad de la milanesa". Poco a poco comenzaban a soltarse relatándome anécdotas, una que otra idea para mejorar el trabajo policial y, sobre todo, los dolores acumulados tras el 18 de octubre. Venían atravesando un periodo duro, casi traumático, que había sido muy costoso en lo humano y en lo profesional. Aun así, siempre me pareció apreciar vocación de servicio y voluntad de superar las falencias. El principal anhelo en cada una de las comisarías que visité era recomponer las relaciones con la comunidad. "Históricamente hemos sido parte de los barrios donde trabajamos", me comentó acongojado un suboficial de la comisaría de Peñalolén, a la cual, sin embargo, ni siquiera la pandemia le había dado tregua porque la violencia en el sector aún persistía.

En todo caso, los cambios introducidos en los últimos meses —más que nada, los nuevos protocolos de orden público—, junto con el nuevo rol asumido por la policía durante la emergencia sanitaria, parecían estar empezando a surtir efecto. Tampoco

---

257   Referencia a un tradicional spot publicitario de una marca de té chileno, en el que se mostraba una mesa alargada que permitía la participación de muchos comensales.

es que se hubiese pasado del odio del estallido al amor en los tiempos del virus, pero paulatinamente empezó a mejorar su imagen. Aquello se notaba en la calle —había mucho menos odiosidad contra los funcionarios policiales— y se reflejaba en las encuestas. Se produjo un claro repunte en la valoración de la institución: si en febrero la aprobación a Carabineros había retrocedido hasta un mínimo histórico del 34%, en junio se recuperó hasta alcanzar un 54%, cifra similar a los registros previos al estallido[258]. Eso los tenía esperanzados respecto de las decisiones que se venían tomando, y a mí, en lo personal, me producía la tranquilidad de saber que íbamos avanzando por el camino correcto. Carabineros es una gran reserva de civismo, amor a la patria e integridad en el seno de la sociedad chilena. El espiral de deterioro de su imagen pública constituía en sí mismo un riesgo para la democracia, ya que la institución cumple un rol único y fundamental en la protección de los ciudadanos y el resguardo del Estado de derecho. En última instancia, son los garantes de la paz social. Si Carabineros no puede cumplir de buena manera con sus vitales funciones, ya sea por falta de eficacia o de legitimidad, la sociedad se rige por la ley de la selva, donde solo pierden los más débiles.

Luego de revisar las cifras y estadísticas de los cuadrantes policiales, que en general mostraban un fuerte descenso de los delitos de mayor connotación social, salvo en el caso de los homicidios, lo que se asociaba a las bandas narcos por la menor disponibilidad de drogas debido al cierre de las fronteras, la siguiente actividad era salir a patrullar por las poblaciones aledañas a cada comisaría. Fueron decenas de horas recorriendo calles y barrios en distintas comunas, como Puente Alto, San Bernardo, San Joaquín, Pudahuel, Quilicura, El Bosque, Estación Central, Renca y Santiago Centro. Aquellas rondas mantenían a mis anfitriones en un prolongado estado de nervios —solían obligarme a portar chaleco antibalas y casco—, que se exacerbaba cuando visitábamos sectores conflictivos, como La Legua o El Castillo, donde el paso de nuestra comitiva producía miradas desconfiadas y uno que otro saludo poco amistoso de los vecinos. De todas formas, las rondas solían resultar bastante tranquilas, más allá de algunas barricadas esporádicas y el haber tenido en cierta ocasión que auxiliar a una pareja de enamorados a remolcar su auto con el carro blindado Plasan SandCat que acompañaba la comitiva, ya que además de incumplir el toque de queda pandémico se habían quedado atrapados en el fango de los barriales aledaños al cerro de Renca.

Una visita muy enriquecedora fue la que realizamos a la Comisaría 66º de Bajos de Mena, unidad dirigida por la mayor Angélica Navarro. Allí nos relató con crudeza las fuertes precariedades que les había significado la "contingencia social" —como denominaban a las protestas callejeras del 18 de octubre—, lo que se reflejaba en el número de vehículos policiales disponibles. De los nueve radiopatrullas con que contaban —de una cifra óptima de dieciséis—, dos estaban en *panne* por desgaste técnico y otras cuatro terminaron averiadas durante el estallido. Aquello perjudicaba el

---

258   Según la serie de encuestas de Plaza Pública de Cadem, el mínimo histórico de aprobación a Carabineros se alcanzaría en febrero de 2020 (34%). Al momento de dejar del Ministerio de Interior en julio de 2020, la aprobación llegaría hasta un 61%.

trabajo de la comisaría, ya que mandarlos en moto o a pie a cumplir con los procedimientos policiales era arriesgarlos a agresiones o derechamente a recibir un balazo. "Cuando realizamos una detención, sale toda la población a quitarnos al detenido", nos explicó la mayor. De todas formas, se le veía contenta con los resultados de su trabajo, en especial con la relación que había venido construyendo con vecinas y dirigentas de la zona a través de grupos de WhatsApp que usaban para evitar episodios de violencia intrafamiliar y de género. Este tipo de denuncias se había incrementado en forma significativa desde el inicio de la pandemia.

Quien también me impresionó por su sinceridad fue el comandante Luis Silva, jefe de la 20ª Comisaría de Puente Alto, quien reconoció que la misión de la unidad fracasó durante el estallido social. "Se cometieron muchos errores, los carabineros tenemos que saber pedir disculpas", admitió con entereza durante una reunión en la que nos relataron los duros pormenores de los últimos meses, sobre todo por los constantes enfrentamientos entre el personal de la comisaría y grupos de manifestantes. Las hostilidades habían disminuido, pero no habían cesado. El comandante había asumido de emergencia luego del descabezamiento de la unidad tras una brutal golpiza a un joven, ocurrida a fines de enero, incidente que significó la baja inmediata de dos oficiales y cinco carabineros. Su principal orgullo, nos relató emocionado, eran las decisiones adoptadas para mejorar los vínculos con el entorno, desde la forma de realizar los procedimientos hasta volver a pintar las fachadas exteriores de la comisaría, que había sufrido los rigores de la violencia callejera con expresiva elocuencia. "Tenemos que recomponer las relaciones con la comunidad", asumía con valor.

Una regla de oro que impusimos en los patrullajes era invitar a los alcaldes anfitriones de las comunas que visitábamos. Los únicos que se animaron a acompañarnos fueron los ediles de Pudahuel, Johnny Carrasco, y de Renca, Claudio Castro. El resto siempre se excusó por razones inesperadas o de "fuerza mayor". Las visitas a las unidades policiales también nos llevaron a algunas regiones. En marzo estuve en Concepción reunido con las unidades de control de orden público de esa zona policial, donde aproveché de reunirme con la sargento segundo Alexandra Brandau, quien fue atacada a piedrazos por una turba durante un operativo en el Palacio de Tribunales de la ciudad. En abril me tocó estar en Temuco encabezando la reunión de seguridad de la macrozona sur, mientras que en mayo estuve en Antofagasta para la cita correspondiente a la macrozona norte. En todo caso, las visitas a las regiones siempre transcurrían con más prisa de lo deseado, sin la posibilidad de mantener "minutos de confianza" con los "carabineros de a pie", por lejos el momento donde más aprendía del carácter y compromiso de los funcionarios policiales.

Las jornadas patrullando terminaban a eso de las una o dos de la madrugada, en medio del silencio absoluto impuesto por la pandemia, como si cada población y barrio estuviese hibernando a la espera de retomar la anhelada rutina de las vidas.

Ruidos otoñales

Con la llegada del otoño el foco de la agenda se concentró en las consecuencias sanitarias y sociales de la pandemia, que empezaban a sentirse con fuerza en distintos frentes. Las salas de urgencias y servicios críticos hospitalarios se saturaron en las regiones más golpeadas por el avance del coronavirus, situación que comenzó a tornarse dramática en algunas regiones, como Antofagasta, Magallanes y la RM[259], donde hubo que implementar medidas especiales para evitar el colapso de la red de salud: adquisición y reconversión de ventiladores, postergación de cirugías y traslado aéreo de los casos más graves. Esta última medida causaba gran impacto en la opinión pública, a causa del impresionante despliegue realizado en los aviones de la FACH.

Asimismo, la economía rápidamente resintió el impacto del covid. El Imacec de marzo de 2020 cayó un 3,5%, mientras que en abril se desplomó, retrocediendo un inédito 14,1%. Era una cifra sin precedentes en los registros del Banco Central, superior a caídas históricas como la de la Crisis Asiática de fines de los noventa, la Crisis Subprime en el primer mandato de Bachelet o los meses posteriores al terremoto del 27 de febrero de 2010. El golpe al mercado laboral también fue fuerte, según los reportes del Instituto Nacional de Estadísticas. La tasa de desempleo pasó del 7,8% previo a la pandemia, a un *peak* de 13,1% en junio de 2020. Es decir, los coletazos del virus destruyeron más de dos millones de empleos en apenas cuatro meses[260].

El deterioro de las cifras sanitarias, económicas y sociales, lamentablemente, echó a perder el incipiente espíritu unitario surgido tras el arribo del coronavirus. Un reflejo de ello fue el episodio de la "nueva normalidad". El concepto lo acuñamos a mediados de abril, luego de un periodo de breve estabilidad en los contagios diarios, que se mantuvieron en torno a los mil casos por día durante la mayor parte del mes. La idea era transmitir que, con los resguardos del caso, podíamos adaptar la forma de organizarnos, trabajar y convivir al "modo covid". La situación parecía estar bajo control con la estrategia de las cuarentenas progresivas. Pasada la primera etapa de la pandemia, los nuevos contagios habían alcanzado una suerte de meseta.

Sin embargo, el panorama comenzó a cambiar en mayo. De 2 mil contagios diarios pasamos a más de 6 mil en junio, lo que hizo estallar en pedazos la "nueva normalidad", desatándose una avalancha de críticas y cuestionamientos a la estrategia

---

259   De acuerdo a la Sociedad Chilena de Medicina Interna, al 30 de abril de 2020 la ocupación promedio nacional de las unidades críticas alcanzaba el 66%, encabezada por Antofagasta y Magallanes con un 85% y 83% respectivamente, mientras que en la RM ascendía al 72%. Sin embargo, un mes después, el 31 de mayo de 2020, el promedio nacional de ocupación llegó al 88%, encabezada por la RM con un 98%, Antofagasta (89%), O'Higgins (87%) y Valparaíso (86%).

260   Según las cifras oficiales del INE, el número de ocupados en el país pasó de 9.063.374 personas previo a la pandemia (diciembre-febrero de 2020) a 7.033.193 personas durante el peak de ella (mayo-julio 2020).

sanitaria implementada por el Gobierno, lo que además obligó a extender los confinamientos a casi todo el territorio nacional. El 13 de mayo se decretó por primera vez cuarentena total para la ciudad de Santiago, lo que produjo el encierro en sus hogares de casi 8,7 millones de personas. Sin duda, la medida contribuyó en forma significativa a caldear los ánimos.

El empeoramiento de las cifras sanitarias activó una fuerte ofensiva de la izquierda en contra del Gobierno y, en particular, en contra del ministro Jaime Mañalich. A punta de querellas penales y odiosas campañas en las redes sociales, empezaron a hostigarlo con virulencia. Un ejemplo de ello fue la publicación que las Juventudes Comunistas hicieron circular durante abril, en la que difundieron imágenes de Mañalich junto a la leyenda "asesino con delantal", en un claro e irresponsable esfuerzo por incitar una campaña de odio en contra del ministro de Salud, a quien, huelga decirlo, le exigían la renuncia. En junio, el alcalde comunista Daniel Jadue se querelló contra Sebastián Piñera, Jaime Mañalich, Paula Daza y Arturo Zúñiga, por cuasidelito de homicidio y denegación de auxilio a personas fallecidas de la comuna de Recoleta. Suena inverosímil, pero a algunos no les importó hacer el ridículo o usar la muerte de personas con fines políticos si llevaban agua para su propio molino.

Era como un *déjà vu*. La pandemia sería el nuevo campo de batalla para atacar al Gobierno. Una repetición calcada de la estrategia seguida por el PC y la izquierda más dura a partir del 18 de octubre, basada en la deslegitimación moral de sus oponentes, el *todo vale*, una fórmula que se iría acentuando con el paso de los meses[261].

En forma casi simultánea reaparecieron las protestas, aunque de manera distinta a las de octubre. Esta vez no se produjeron en Plaza Baquedano o sus alrededores. Ahora eran más bien grupos pequeños en diferentes comunas de la capital, que recordaban a los piqueteros argentinos, reclamando por las carencias generadas por el encierro forzado. Las protestas, en su mayoría caceroleos e interrupciones de tránsito que se concentraron en la zona sur de Santiago, en general no pasaron a mayores.

Sin embargo, hubo casos puntuales en que fueron muy violentas. De la nada surgían grupos perfectamente organizados que en cosa minutos encendían barricadas e iniciaban enfrentamientos con Carabineros. Si bien la situación derivada de la pandemia era objetivamente difícil —el encierro estaba golpeando los bolsillos de la gente—, no dejaba de ser llamativa la conexión entre los sectores donde se produ-

---

261   Un buen ejemplo fueron las declaraciones de la presidenta del Colegio Médico Izkia Siches al programa de conversación La Cosa Nostra, en marzo de 2021 ("estamos en guerra campal con el gobierno", "me saco fotos con todos los infelices", "este es el peor gobierno que le ha tocado a la medicina en Chile"). Otro ejemplo notable corresponde a Cristóbal Cuadrado (RD), quien en mayo de 2021 tildó de "manejo criminal" la implementación del Pase de Movilidad, momento en que se desempeñaba como secretario técnico del Colegio Médico. Posteriormente, como subsecretario de Salud Pública del Gobierno de Gabriel Boric, señalaría que era una "herramienta importante".

cían estas protestas y la influencia del PC y la ultraizquierda en dichos barrios. Tanto así que algunos ediles reconocían que quienes las estaban convocando ni siquiera eran de sus comunas. "No son de aquí, ministro", me comentó en una oportunidad la alcaldesa democratacristiana de La Pintana Claudia Pizarro, admitiendo no solo su sorpresa frente a los episodios, sino su sospecha respecto de quienes estaban detrás de estos incidentes.

La fórmula era la misma de siempre. Protestas, barricadas, cortes de tránsito, aparición de Carabineros, enfrentamientos, matinales, redes sociales, denuncias de abusos policiales y, cómo no, un eslogan único para la refriega ("Tenemos hambre"). Luego de eso, una ola de críticas al Gobierno, espoleada con entusiasmo por los parlamentarios del PC y del FA.

A pesar de ello, el resultado no fue el mismo de antes, por tres razones fundamentales. Primero, por la mejor respuesta policial. Los cambios en la estrategia de Carabineros eran notorios. Varias de las protestas fueron resueltas sin mayores problemas por la policía luego de una mediación dialogada en la que siempre se privilegiaba la presencia de oficiales mujeres, por su mayor capacidad de empatizar con la comunidad. Estas situaciones fueron varias veces captadas por las transmisiones televisivas de los noticieros, que solían colgarse en directo durante el transcurso de estos incidentes. El 18 de octubre nos había enseñado que, tan importante como implementar una buena intervención policial, era realizar una comunicación apropiada de los hechos.

En segundo lugar, si bien eran reales las dificultades que muchas familias estaban viviendo por la pandemia, también era innegable que el Estado estaba desplegando una amplia batería de ayudas sociales, en forma directa o a través de los municipios. En un principio, quizás en forma algo lenta y burocrática, pero de manera sistemática y progresiva a través de beneficios en las cuentas de los servicios básicos[262], subsidios de protección al empleo[263], entrega de bonos[264] y transferencias directas[265], y, en lo que fue tal vez la principal obsesión del Presidente, un masivo programa de

---

262   El 27 de marzo de 2020 se anunció una serie de facilidades en el pago de las cuentas de luz y agua, incluyendo la suspensión de los cortes por no pago, la postergación de los pagos y la entrega de internet gratuito para el 40% más vulnerable de la población.

263   El 1 de abril de 2020 se promulgó la ley 21.227 que facilitó el acceso a las prestaciones del seguro de desempleo para subsidiar la reducción de la jornada laboral hasta en un 50%, la suspensión de los contratos de trabajo y otros beneficios similares, iniciativa que significó la inyección de recursos fiscales al Fondo Solidario del Seguro de Cesantía por 2 mil millones de dólares.

264   El 17 de abril de 2020 se dio inicio el pago del Bono Covid, transferencia directa de 50 mil pesos por carga familiar para 2,7 millones de beneficiarios.

265   La ley 21.230, sobre el ingreso familiar de emergencia, un programa de transferencias directas para alrededor de dos millones de hogares, fue publicada el 16 de mayo de 2020. El primer pago fue realizado el 23 de mayo de 2020.

distribución de cajas de alimentos que significó la entrega de 2,5 millones de unidades en apenas un par de semanas[266], esfuerzo que constituyó un desafío logístico de marca mayor pero que se logró cumplir de buena manera.

Y en tercer lugar, porque en esta ocasión salimos en el acto a enfrentar a la izquierda. "Esto no es el 18 de octubre", acusé en una entrevista radial, denunciando el vergonzoso aprovechamiento que estaban realizando. "Usar el sufrimiento de la gente me parece repudiable", dije algo enrabiado al cierre de la entrevista, con una dosis de guata mucho mayor que el promedio de mis entrevistas. Sin embargo, la estrategia funcionó. Acto seguido salieron a responder desde el PC y el FA. Los primeros con una declaración de su bancada de diputados en donde se victimizaban frente a las críticas ("Las palabras del ministro del Interior son injustas y lejanas a la realidad"), mientras que los segundos se defendieron a través de sus cuentas de Twitter, instando al Gobierno a mejorar las ayudas sociales por la pandemia. Eran respuestas más bien defensivas, que denotaban que, a diferencia de otras veces, habían resentido el golpe.

El ánimo predominante tampoco los acompañó en esta ocasión. Desde los medios de comunicación y las redes sociales les llovieron críticas por su actitud beligerante, pero en particular por su frivolidad. Era incomprensible estimular la protesta callejera en medio de una pandemia. El encierro había exacerbado la angustia y el miedo. Lo que menos quería la gente era ver a los políticos enfrascados en peleas inútiles y conflictos de barras bravas. Por el contrario, lo que pagaba era la colaboración, mantener un espíritu dialogante y proponer soluciones.

Además, una casualidad terminó por inhibirlos. El análisis de las imágenes que realizamos mostró que en medio de las protestas había personas deliberadamente llamando a realizar actos de violencia, como Eduardo Leiva Atero, personaje vinculado al PC y al Frente Patriótico Manuel Rodríguez, quien en forma algo ingenua publicó una serie de mensajes en sus redes sociales. "Esta huevada no la para nadie. Todos contra Sadi Melo, todos contra la Claudia Pizarro, todos contra los políticos corruptos", proclamaba a cara descubierta desde el lugar mismo de los hechos, dando cuenta de que las protestas tenían como objeto no solo perjudicar al Gobierno, sino también a los líderes comunales de El Bosque y La Pintana, militantes del PS y la DC; esto tuvo el efecto colateral de que los partidos de la Concertación no le prestaran ni la más mínima atención a esos incidentes. El episodio fue rápidamente viralizado en las redes sociales por el diputado de la UDI Juan Antonio Coloma, lo que terminó por desinflar la arremetida.

---

266   El 18 de mayo de 2020 se puso en marcha el programa Alimentos para Chile, iniciativa que contempló la entrega de 2,5 millones de cajas de alimentos. La logística incluyó un trabajo coordinado con intendencias, gobernaciones, municipios, las Fuerzas Armadas, Carabineros y la Onemi. En julio se anunció una segunda etapa del programa, con 3 millones de cajas a entregar.

Pero era claro que los humores estaban cambiando. Un reflejo de aquello fue la actitud cada vez más confrontacional de Izkia Siches en la Mesa Social Covid, quien aprovechaba cada oportunidad que tenía para criticar a Mañalich, dando muestras de la confusión de roles que estaba experimentando. Porque una cosa era escuchar e incorporar visiones diversas y otra muy distinta, e inaceptable, era aspirar al cogobierno sanitario, cosa a la que parecía aspirar la líder del gremio médico. Diluir o compartir el mando sanitario no solo era ilegal —las normas que rigen al sector público son muy estrictas respecto de las responsabilidades administrativas—, sino que podía significar el fracaso de la gestión de la pandemia, que requería sobre todo eficacia y agilidad en la toma de decisiones.

Cada vez más, las sesiones de la mesa se fueron transformando en un monólogo de Siches, quien llegaba a cada reunión premunida de un extenso petitorio de medidas que debíamos acoger en su totalidad. No había términos medios. Como ello no siempre ocurría, la tensión se fue acumulando, lo que en la práctica significó el inicio de un desagradable periodo de enfrentamientos públicos entre el Gobierno y el Colegio Médico, carga que tuve que asumir en subsidio debido a la magra asistencia de los equipos del Minsal a las sesiones de la Mesa Social, quienes con razón perdieron la paciencia al poco andar. No estaban los tiempos para polémicas inútiles ni, mucho menos, frivolidades.

Un episodio que evidenció la tensión reinante fue la renuncia de Enrique Paris, molesto por unas declaraciones de Izkia Siches acusando a la instancia de ser "más bien cosmética". "Esas declaraciones no corresponden, son una falta de respeto", reclamó enfáticamente el expresidente del Colegio Médico, exigiéndole explicaciones por sus dichos. Siches, por supuesto, no se quedó callada, retrucándole que ella no tenía claro en representación de quién participaba en la mesa. El ninguneo gratuito terminó por irritar a Paris, que anunció en el acto su renuncia a la mesa, desconectándose en el acto de la sesión telemática. El hecho causó una enorme incomodidad entre los integrantes de la reunión; la mayoría pidió terminar con las críticas públicas y las descalificaciones. Varios me pidieron, además, gestionar el regreso de Paris, para evitar que escalase la situación. Luego de una conversación más calmada con él, este optó por revertir su decisión. Pero era claro que la espuma estaba subiendo.

La polémica, era que no, fue recogida por la prensa. "El duro *round* entre Izkia Siches y Enrique Paris que obligó a la mediación de Blumel", tituló un portal de noticias. Sin embargo, más allá de lo anecdótico (que no lo era, pues el país nos estaba observando), el episodio sirvió para constatar que en adelante la estrategia de algunos actores, como el Colegio Médico, sería la confrontación pura y dura. Esto se ratificaría a las pocas semanas, luego de que Izkia Siches, tras una reunión privada que sostuvimos en mi oficina —en un inútil esfuerzo que realicé para bajarle los decibeles a su enfrentamiento con Mañalich—, saliese a incendiar la pradera desde el mismísimo palacio presidencial. "Yo no sé en qué país viven las autoridades de Salud", declaró desde el patio de Los Cañones ante la estupefacta mirada de asesores ministeriales y encargados de prensa. "Yo necesito un cambio en la forma de gobernar esta pandemia", exclamó. La confusión de roles era total.

Nosotros también cometimos algunos autogoles. Como tantas otras veces, caímos presa de cierto triunfalismo luego de las primeras cifras de la pandemia, lo que nos llevó a tomar algunas decisiones precipitadas, como el "Plan de Retorno Gradual de los Funcionarios Públicos" que intentamos empujar durante abril. La medida —que buscaba la continuidad de los servicios esenciales del Estado— era bienintencionada, pero fue poco socializada con los gremios. A los pocos días debimos retractarnos tras una ola de críticas lideradas por la ANEF, las cuales fueron respaldadas por el consejo asesor del propio Minsal.

Un autogol incomprensible fue la *selfie* que se sacó el Presidente en la Plaza Baquedano, tras detener su comitiva y bajarse para posar ante la cámara de su celular. Cuando mi equipo de prensa me mostró las imágenes de Piñera en la plaza, pensé que era una broma o uno de los infinitos memes que circulaban por las redes sociales. Para mi espanto, la imagen era real. Me lo confirmó el propio mandatario, a quien llamé para salir de la duda. No podía creerlo. Ni siquiera podía concebir las razones que lo habían llevado a realizar un acto así. Más encima, con medio Santiago encerrado por cuarentena, y luego de meses de protestas que nos tuvieron al borde del colapso institucional. Justo ahora, además, que teníamos una posibilidad única de ir recomponiendo un clima de amistad cívica. Tal como se lo expresé al teléfono, la fotografía era una provocación que podía revertir buena parte de lo avanzado. Las críticas contra el mandatario no se hicieron esperar. Desde José Antonio Kast hasta Karol Cariola, las reacciones se multiplicaron con furia. Pese a que tuvo la hidalguía de salir a reconocer su error vía Twitter, el daño ya estaba causado.

Con el curso de los meses también fueron reapareciendo las disputas políticas entre el Gobierno y Chile Vamos, y entre el oficialismo y la oposición. Varios episodios reflejaron el renovado ánimo de fronda. Uno de ellos, que generó alta tensión entre Chile Vamos y el Gobierno, se produjo durante la discusión del proyecto que buscaba conmutar la pena de los adultos mayores privados de libertad en situación de riesgo por el covid. La iniciativa, aprobada en el mes abril[267], desató una fuerte molestia en sectores de la UDI y RN debido a la exclusión de personas condenadas por delitos graves, como lesa humanidad, medida que afectaba a los militares en retiro recluidos en la cárcel de Punta Peuco. Otra propuesta que crispó los ánimos fue la norma que buscaba rebajar la dieta a los diputados y senadores, moción parlamentaria respaldada por el Gobierno tras el estallido social y que pretendía ajustar las remuneraciones de los congresistas a niveles más acordes con los estándares internacionales. El proyecto, si bien de la boca para afuera era defendido por todos, a puertas cerradas era objeto de duras recriminaciones, ya que tocaba el bolsillo de los parlamentarios. Como me lo advirtió alguna vez Claudio Alvarado, ahí sí que era mejor no meterse. Las rebajas propuestas iban desde montos simbólicos hasta un 50% de la dieta, lo que causaba escozor entre las bancadas del oficialismo y la oposición, pues veían cómo la iniciativa avanzaba sin que nadie hiciese nada por detenerla. Y la res-

---

267   La Ley 21.228, que concede un indulto general conmutativo a causa de la enfermedad covid-19 en Chile, fue promulgada el día 16 de abril de 2020.

ponsabilidad de ello, argumentaban los parlamentarios era, cómo no, del Gobierno, pese a que la iniciativa era de autoría de los propios congresistas. Era, literalmente, lo que se llama sacar las castañas con la mano del gato.

Un asunto que volvió a generar ruido, y que arrasaría con todo más adelante, fueron las mociones inconstitucionales promovidas por la oposición, que reaparecieron en gloria y majestad. Estas iniciativas invadían sin pudor las atribuciones exclusivas del Presidente de la República. Eso significó instalar en el seno del Congreso Nacional una suerte de máquina de defraudación institucional. La pandemia motivó a varios congresistas a presentar distintas alternativas de este tipo, aunque con una diferencia. Para salvar el punto de la admisibilidad recurrieron a una triquiñuela: las formularon como reformas constitucionales. El argumento era tan básico como tramposo: ¿cómo iba a ser inconstitucional una reforma constitucional? Apelando a esa máxima, entonces podrían secuestrar buena parte de las atribuciones del Ejecutivo. De esta forma, empezaron a proliferar varios proyectos que encendieron las alarmas, como uno de la diputada Alejandra Sepúlveda que permitía el retiro de los fondos previsionales durante la emergencia sanitaria, y otro del senador Alejandro Navarro, que derogaba el decreto ley 3.500 que regulaba el sistema previsional para reemplazarlo por un nuevo sistema solidario de reparto, moción copatrocinada por Yasna Provoste (DC), Juan Ignacio Latorre (RD) y Alfonso de Urresti (PS). Las iniciativas poco a poco comenzaron a avanzar en su tramitación legislativa, primero bajo un tímido silencio, pero luego, bajo el estruendo de los tambores de guerra.

A todo lo anterior había que añadir una serie de conflictos de variada intensidad con diversos actores, como los alcaldes, los gremios del sector público, la prensa y los matinales. Y, por supuesto, la Araucanía, que luego de meses de relativa calma comenzó a encenderse mediante huelgas de hambre, cortes de carreteras, usurpaciones de predios y ataques incendiarios a transportistas y faenas forestales.

Como lo reconocería el propio Jaime Mañalich, en una entrevista más política que sanitaria que dio por esos días, estaba claro que la crisis sanitaria no había logrado recomponer del todo la cohesión social en el país, al menos como uno lo hubiese esperado. Tampoco había logrado pacificar los espíritus en la oposición, que parecía seguir con ánimo de veleta. Y en el oficialismo, estaba por verse cuánto había calado el nuevo estado de las cosas.

Halcones y palomas

"UDI levanta a Sichel y Ward como los halcones del Gobierno tras triunfo en ley de Ingreso Familiar". De esa manera tituló un portal electrónico el desenlace de la tramitación del proyecto de ley que creó el Ingreso Familiar de Emergencia (IFE), iniciativa promulgada el 14 de mayo, a poco más de dos meses del primer caso confirmado de coronavirus en el país. El proyecto establecía una serie de transferencias monetarias, por un plazo de tres meses, para dos millones de hogares con ingresos informales[268]. Este segmento de la población había sido fuertemente golpeado por la pandemia y no caía bajo la cobertura de la ley de protección de empleo aprobada en abril.

La tramitación de la iniciativa fue extremadamente compleja. La oposición optó por mantenerse en una línea dura, cuestionando tanto los montos contemplados como la trayectoria decreciente de los beneficios. En Chile Vamos, los reclamos tuvieron que ver más bien con la estrategia negociadora del Gobierno. Los diputados de la UDI, recelosos de eventuales acuerdos de última hora con la oposición —lo que ya había ocurrido en marzo con la tramitación del Bono Covid, situación que produjo una fuerte molestia en la bancada gremialista—, nos advirtieron que no aceptarían ninguna concesión en esta ocasión.

Siendo comprensible la molestia parlamentaria —era efectivo que en algunos proyectos los habíamos dejado *offside* con la oposición—, la rigidez de las posiciones nos puso en un zapato chino. No teníamos mayoría ni en la Cámara ni en el Senado. No negociar era una posibilidad en el caso del IFE, ya que votarlo en contra resultaba demasiado impopular, pero arriesgaba la frágil relación que veníamos construyendo con los sectores dialogantes de la centroizquierda, sobre todo con los senadores, que nos habían respaldado en varias ocasiones a partir del 18 de octubre, diferenciándose de los sectores más duros del Frente Amplio y el PC. Así habíamos logrado sacar adelante el acuerdo constitucional de noviembre, algunas normas de la agenda de seguridad, como la ley antibarricadas y antisaqueos, y de la agenda social, como el ingreso mínimo garantizado. Y a partir del arribo de la pandemia, varias de las leyes exprés aprobadas habían contado con la colaboración del mundo moderado de la oposición. Negociando, habíamos evitado que fuesen tragados por el "agujero negro" de la izquierda más dura.

Pero el problema no era solo un asunto de contar con los votos, también había un problema de diseño estratégico. El país y la democracia chilena estaban sumidos en la peor crisis institucional de su historia reciente y la pandemia no la había resuelto. Solo la había puesto en pausa. La debilidad del Gobierno seguía siendo manifiesta. Polarizar el ambiente, como algunos pretendían, en medio de una crisis sanitaria sin precedentes, no me parecía una buena idea. Nadie planta combate cuando las fuerzas escasean. Además, era cosa de mirar lo que estaba ocurriendo en otras latitudes. En gran parte del mundo las democracias estaban enfrentando severas dificultades

---

268   La ley 21.230, publicada en el Diario Oficial el 16 de mayo de 2020, estableció un ingreso de emergencia decreciente por tres meses, con un monto de 65 mil pesos por integrante en el primer mes (para un grupo familiar de cuatro personas), 55 mil el segundo y 45 mil el tercero. El costo total de la iniciativa era de 800 millones de dólares.

derivadas de la pandemia. Países como Colombia, Ecuador, Perú, Argentina, Brasil, Francia, España, entre otros, estaban viviendo turbulencias exacerbadas por los efectos del coronavirus[269].

Esta disyuntiva se hizo patente durante la tramitación del IFE, momento en el que se produjo una diferencia importante al interior del comité político. Por una parte, los ministros de la Segpres y de Desarrollo Social, Felipe Ward y Sebastián Sichel, apostaban por confrontar a la oposición sacándola al pizarrón. Ignacio Briones y yo, siempre secundados por Claudio Alvarado, éramos de la postura de buscar un acuerdo más amplio, lo que además no parecía estar tan lejos (desde la oposición la principal solicitud era ampliar el monto del beneficio desde 65 mil pesos a 80 mil). Era evidente que la pandemia no se iba a acabar en tres meses, por lo que a la vuelta de la esquina tendríamos que volver a pedirle votos a la oposición para extender las ayudas sociales o para aprobar cualquier otra norma exprés necesaria para enfrentar la contingencia. Pero, más importante, era altamente probable que en el futuro cercano necesitáramos sus votos para frenar alguna nueva intentona rupturista del FA y el PC. La estabilidad institucional dependía en buena medida de la disposición de la centroizquierda a respetar los marcos institucionales, que desde el 18 de octubre amenazaban con desbordarse.

El Presidente, que si fuese boxeador sería un fajador, de aquellos que privilegia el intercambio de golpes antes que el estudio minucioso, al final se decidió por la estrategia confrontacional. Luego de semanas de tensas negociaciones en las que la oposición aprobó el proyecto en general, pero rechazó los artículos relativos a los montos de los beneficios, debimos decidir si buscar un acuerdo para viabilizar la tramitación de la iniciativa o, por el contrario, insistíamos con nuestra propuesta original mediante un veto presidencial. Consensuar o imponer. "Presidente, no hay ninguna posibilidad de que la oposición le rechace las 65 lucas del IFE", fue el argumento esgrimido por Sebastián Sichel. El argumento terminó por convencerlo de enviar el veto sin negociar.

Y así fue. Logramos sacarlo adelante a las patadas y a los combos. El veto fue aprobado con los votos favorables de Chile Vamos y la abstención de la mayor parte de la oposición[270], que masticó la rabia de la derrota legislativa. Fue, según la prensa, un triunfo del Gobierno. Una victoria que en mi fuero interno me pareció cien por ciento

---

269   Según The Economist, el Global Democracy Index registró una caída sin precedentes durante 2020 debido más que nada a las restricciones impuestas por la pandemia, llegando a su menor nivel (5,37) desde que se inició su medición. El índice evalúa a 167 países en cinco indicadores: procesos electorales, pluralismo, funcionamiento del gobierno, cultura democrática y libertades civiles. Chile fue ubicado en el lugar 17 con 8,28 puntos, calificando como democracia plena y siendo solo superado en la región por Uruguay, que fue calificado en el lugar 15 con 8,61 puntos.

270   Si bien en la Cámara de Diputados contó con un apoyo amplio, salvo en el caso del PC y el FA, que se abstuvieron, en el Senado el veto fue aprobado con 19 votos a favor y 23 abstenciones, luego de una segunda votación para alcanzar el quórum necesario.

pírrica. Los nuestros, claro, quedaron felices. Habíamos derrotado a la oposición sin concederles nada, pero era evidente que más temprano que tarde nos cobrarían esa cuenta. "Se les agotó la línea de crédito", "No vuelvan a pedirnos que nos inmolemos por ustedes", "Nos damos por notificados de que cambió la relación", fueron algunos mensajes que recibí en WhatsApp de parte de los más cercanos de la centroizquierda. Era claro que no sería fácil volver a contar con quienes venían mostrando mayor apertura, como Lagos Weber, Harboe, Pizarro, Goic y Letelier.

La UDI, aprovechándose del pánico, declaró como triunfadores a Ward y Sichel, los halcones, quienes se habían impuesto a Blumel y Briones, las palomas. Por fin habían triunfado las "convicciones" por sobre el estilo "dialogante". La movida, que tenía por objetivo neutralizar a la dupla Evópoli de Interior y Hacienda, estableciendo un contrapeso UDI encabezado por los ministros Segpres y Desarrollo Social, terminó por alinear estratégicamente a Sebastián Sichel con el gremialismo, pese a que hasta hace pocos meses era uno de los integrantes del gabinete más resistidos por la UDI, quienes desconfiaban de su pasado democratacristiano. "Eres un kamikaze", le dijo entre risas Jaqueline van Rysselberghe luego de la negociación del IFE, satisfecha por la forma en que se habían llevado las cosas. En lo personal, no le asigné mayor relevancia al episodio, pero quedaba claro que no solo desde el gremialismo querían levantar el punto. Resultaba bastante evidente que el contrapunto estaba siendo también alimentado desde algunas oficinas ministeriales de La Moneda, que veían una oportunidad para tomar mayor protagonismo en las discusiones que estaban por venir. A costa, claro, de la cohesión del comité político, algo que no había ocurrido nunca en los dos años que llevábamos de gobierno.

El daño colateral de no haber consensuado el IFE se sintió a los pocos días, cuando se hizo notorio que la implementación de los pagos enfrentaba serias dificultades. El Ministerio de Desarrollo Social no contaba con registros actualizados para realizar los pagos en forma expedita, más que nada por la obsolescencia de las bases de datos del Estado y la burocracia propia de los servicios públicos. La insuficiencia de los apoyos estatales y lo engorroso del proceso de postulación desató una lluvia de críticas. Los matinales se hicieron un picnic exponiendo los dramas de decenas de chilenos que no estaban accediendo a las ayudas, situaciones que fueron aprovechadas por los alcaldes y parlamentarios de oposición para despedazarnos por la "hiperfocalización" de las ayudas y la arbitrariedad de las exclusiones[271]. "Engorroso, lento y con letra chica", fue la dura evaluación del senador Carlos Montes, uno de los más molestos con la tramitación del IFE, fórmula que fue repetida con rigor religioso por el resto de la oposición.

---

271   El IFE se diseñó para el 60% de la población más vulnerable, según el Registro Social de Hogares (RSH), cuya fuente de ingresos fuera mayoritariamente informal. El criterio de selección de beneficiarios fue por medio del Indicador Socioeconómico de Emergencia, instrumento basado en el RSH.

Aquella percepción se vio reforzada por la encuesta Cadem publicada a fines de junio, que advertía que el 68% de la población declaraba haber tenido disminuciones importantes de ingresos en los últimos meses. La cifra contrastaba con el 35% de la población que declaraba estar recibiendo apoyos monetarios del Estado, un 18% a través de la ley de protección del empleo y un 17% a través del IFE. La encuesta causó inquietud al interior del Gobierno, ya que se encontraba bastante por debajo de nuestras estimaciones iniciales, sembrando dudas sobre el alcance de las ayudas estatales.

Una de las consecuencias no buscadas de todo este asunto fue la polémica que se armó por una desafortunada foto que le sacaron a los ministros de Desarrollo Social, Segpres y Hacienda, en la que aparecían celebrando con cierta efusión la aprobación del proyecto en la testera de la Cámara. Nuevamente, las imágenes. La oposición nos cobraría carísimo la cuenta de esa escena apenas surgieron las primeras evidencias de los problemas con el pago del IFE. Se dieron un festín en las redes sociales. Eso, en todo caso, era muy injusto con Ignacio Briones, quien siempre estuvo por mejorar y consensuar las ayudas estatales más que por transformarlas en armas arrojadizas. "Nada comparado a la alegría de tres ministros celebrando no haber cedido un peso más a un IFE de $65 mil", fue el irónico posteo en redes sociales del diputado DC Matías Walker, uno de los que por lo general solía apoyarnos en el Congreso, graficando las heridas que dejó la tramitación del proyecto.

En busca de un nuevo acuerdo

El rápido empeoramiento de las cifras sanitarias, junto con las esquirlas provocadas por el IFE, produjo un notorio cambio de ánimo en la discusión pública. El clima colaborativo de inicios de la pandemia empezaba a disiparse con la llegada del invierno, que golpeó duro.

Pese a la recuperación del apoyo presidencial en las encuestas —durante mayo la aprobación se empinó a niveles cercanos al 30%, cifra impensada en los meses del estallido social— estaba claro que se avecinaban tiempos recios. El clima bélico de la calle y de la izquierda dura se había mantenido contenido más que nada por el golpe emocional que había producido la llegada del coronavirus a Chile. Pasado el primer impacto, resultaba evidente que las fuerzas disruptivas del 18 de octubre se asomarían de nuevo. Sobre todo, si la situación del covid empeoraba. Los problemas sanitarios, sociales y económicos serían responsabilidad del modelo neoliberal y, cómo no, del gobierno que lo representaba.

Con todo lo injusto que esto resultaba, aquello era un dato de la causa. Teníamos que hacer cuanto fuese posible por extender el ánimo de unidad que habíamos tenido en marzo y abril. A medida que se acercase el término del otoño, el cuadro se iría volviendo más amenazante. El invierno solía ser un periodo difícil para los gobiernos y esta vez nos pillaría encuarentenados, con millones de compatriotas sin trabajo y con una economía desplomándose como piedra.

Quien captó el punto fue el presidente Piñera, quien luego de la refriega del IFE adoptó una actitud mucho más conciliadora, notando la necesidad de ordenar tanto el frente externo como el interno. Una primera señal de esta renovada disposición fue la reunión que sostuvo por videoconferencia con los expresidentes Frei, Lagos y Bachelet, a mediados de mayo, en un esfuerzo por darle una mirada de Estado a la conducción de la pandemia. Pocos días después, durante el anuncio de un nuevo paquete de ayudas sociales para las familias, volvió a hacer avances en ese sentido. "Es tiempo de grandeza y no de pequeñez, de colaboración y no de enfrentamientos", fue el llamado presidencial realizado en cadena nacional la noche del domingo 17 de mayo, discurso en el que el mandatario, como nunca, aceptó una serie de correcciones y sugerencias al texto para reforzar el tono más republicano. "Hoy los necesitamos a todos", remató en su intervención.

Con rapidez, recogimos el guante con Ignacio Briones convocando a una reunión con los presidentes de los partidos de Chile Vamos, quienes se mostraron abiertos a buscar acuerdos relacionados con la pandemia, siempre y cuando partiéramos primero consensuando las posiciones al interior de la coalición. En paralelo, algunos dirigentes de oposición, como Fuad Chahin, José Miguel Insulza y Heraldo Muñoz, se sumaron a la idea de impulsar un pacto amplio, aunque sus propuestas disparaban para todos lados, desde lo previsional a lo tributario. En el fondo, pretendían impulsar un verdadero programa de gobierno sin haber ganado las elecciones. Para nosotros, en cambio, lo central y lo realista era enfocarnos en la pandemia y sus consecuencias. No era mucho, pero era más que suficiente.

El PC, como ya era la tónica, nos pegó un portazo. "No estamos disponibles para un acuerdo mientras La Moneda no rectifique", fue la predecible reacción de Guillermo Tellier.

Desde la academia y la sociedad civil también surgieron propuestas que fueron llevando agua a la piscina. La más relevante fue la que lideró el Colegio Médico, que convocó a un grupo de economistas —Andrea Repetto, Claudia Martínez, Claudia Sanhueza, José de Gregorio, Sebastián Edwards y Rodrigo Valdés, entre otros—, quienes propusieron utilizar el saldo del Fondo de Estabilización Económico y Social (12 mil millones de dólares o el 5% del PIB), como marco de referencia para definir el gasto necesario para los próximos 18 meses por encima de la regla fiscal. El documento proponía además una serie de medidas para enfrentar los efectos inmediatos de la pandemia y apuntalar la posterior recuperación económica[272]. "Todo indica que los programas actuales no son suficientes y que habrá que desarrollar nuevas

---

272   "Política Fiscal y Apoyo a las Familias en la Pandemia", documento de trabajo del Colegio Médico (mayo de 2020). Para los trabajadores formales se propuso mantener los subsidios en forma decreciente con cargo al Seguro de Cesantía, con una tasa de reemplazo del 60%. Para los trabajadores informales, la propuesta fue un bono mensual de 300 mil pesos para hogares de cuatro personas, para el 80% más vulnerable de la población.

estrategias de gasto público que ayuden a reducir las dificultades económicas que afectan a la población", rezaba el documento que, pese a la velada crítica, tuvo buena acogida al interior del Ministerio de Hacienda.

"Ignacio, ¿qué te pareció la propuesta de los economistas'", le consulté a mi colega de Hacienda apenas supe del documento, testeando la posibilidad de encontrar un punto de partida para un eventual acuerdo. A primera vista me parecía una tonelada de recursos públicos que él jamás se abriría a gastar. "Si este fuera el punto de llegada, lo firmo en el acto", fue la sorpresiva respuesta de Briones, quien no solo venía mostrando muñeca política, sino que también importantes dosis de pragmatismo, atributo poco habitual en los inquilinos de Teatinos 120.

De inmediato bosquejamos una propuesta. Si queríamos convencer al Presidente de llamar a un nuevo acuerdo nacional para enfrentar la pandemia y romper del espíritu de fronda que se estaba instalando, debíamos delinearle una fórmula convincente que lo animara a embarcarse. La primera idea que anotamos era que el acuerdo debía ser inicialmente convocado por el mandatario. La pretensión de algunos en la oposición de dejarlo fuera en esta vuelta era inaceptable. Sin embargo, para que las cosas resultaran debíamos lograr que él delegara las negociaciones. Llevarlas fuera de La Moneda reduciría el riesgo de una confrontación política. Por último, era indispensable acotar bien los términos de un eventual acuerdo. Al frente querían negociar un amplio pacto económico y social, mientras que nosotros lo que buscábamos era consensuar un marco general para enfrentar la emergencia sanitaria. Por ello, los temas incorporados fueron solo tres: el marco fiscal, las ayudas estatales para enfrentar los efectos de la crisis económica y las medidas reactivadoras pospandemia.

Intercambiamos decenas de minutas entre nosotros, pero también con parlamentarios de Chile Vamos. Era clave que se comprometieran con la idea. También tuvimos infinitas conversaciones telefónicas con los principales líderes de la centroizquierda, con el objetivo de que no nos pegaran un portazo en la cara. La primera reacción tenía que ser positiva. Finalmente, el domingo 24 de mayo por la noche, le hicimos entrega al Presidente de una minuta que sintetizaba las bases del acuerdo. El documento lo trabajamos al detalle con Ignacio Briones y Claudio Alvarado, quien también fue parte del diseño de la propuesta. La pega estaba hecha, solo quedaba esperar.

La incertidumbre duró poco. El mandatario nos informó en el comité político del día siguiente que estaba pensando convocar a un nuevo acuerdo nacional, enfocado en la pandemia y la recuperación económica. Se había convencido, pese a las dudas de los frondistas de siempre. Mi primera reacción fue comentarle que para que esto funcionara teníamos que hacer que Chile Vamos se sintiera parte del proceso. Tenerlos adentro haría toda la diferencia. Dicho y hecho: a la media hora estábamos todos sentados en el Salón Entrepatios de Interior, en la tradicional reunión de los lunes con los partidos de la coalición, escuchando al propio Presidente explicar los alcances del nuevo acuerdo nacional.

Pasado el mediodía, el mandatario salió al patio de La Moneda a anunciar la convocatoria, acompañado de todo el comité político, imagen que diluiría cualquier atisbo de diferencias internas. Esta vez no habría halcones ni palomas, seríamos un solo equipo. "Hacemos un llamado a todos los que quieran colaborar y dialogar, para encontrar los acuerdos que nos permitan avanzar en los siguientes campos", anunció el mandatario, enumerando las materias que serían parte de las tratativas: la protección de la salud y la vida, la protección social de las familias, el resguardo de los empleos, los sueldos y las empresas, la reactivación económica y el marco fiscal de las medidas. También se incorporó un calendario de recuperación de los equilibrios fiscales. Luego del anuncio, el Presidente definió las responsabilidades de cada uno. Yo estaría a cargo de las gestiones políticas, Ignacio Briones del ámbito económico y Sebastián Sichel de las medidas de corte social.

La convocatoria tuvo una acogida más que positiva. Por una parte, recibió el respaldo de quienes estaban dudosos en Chile Vamos, ya que el formato propuesto descartaba la idea —con Mario Desbordes como promotor principal— de avanzar en un pacto amplio, que corría el riesgo de transformarse en una discusión sin orillas ni límites. "Hay espacios para acuerdos", "Es lógico que podamos tener consensos" y "Es una oportunidad para terminar con las controversias inconducentes", fueron las primeras reacciones de los senadores Coloma, Galilea y Allamand, este último siempre reacio a cualquier esfuerzo de entendimiento con la oposición. La centroizquierda reaccionó con más cautela, pero con frases de buena crianza: "Yo tomo el llamado a la unidad" y "Me alegro de que el Gobierno, por lo menos en el discurso, se abra a tener una estrategia de Estado", retrucaron Ricardo Lagos Weber y Fuad Chahin. Incluso el Frente Amplio mostró apertura para concurrir al diálogo.

A continuación, nos pusimos manos a la obra. Ignacio empezaría a delinear un equipo de economistas para trabajar las propuestas al alero de la Comisión de Hacienda del Senado, instancia en la que solían fluir las cosas, mientras que yo quedaría a cargo de la convocatoria a los partidos, donde por lo general el asunto solía ser más farragoso. La idea sería partir definiendo el mandato político del proceso con los jefes de los partidos, para luego delegar la construcción del acuerdo en un grupo más bien de corte técnico, en línea con el *modus operandi* del acuerdo del 15 de noviembre. Parecía algo simple en el papel, pero era complejo en la realidad. Teníamos que mover bien las piezas si no queríamos terminar sentados solamente con los partidos de gobierno y la Democracia Cristiana, los únicos que nunca se restaban de dialogar. Un escenario como ese tendría poco valor político, como lo habían demostrado los acuerdos tributario y previsional alcanzados con la directiva de la falange el 2019. Para viabilizar el acuerdo teníamos que ser capaces de sumar al PPD y al PS, lo que una vez más requeriría sumar al menos a Revolución Democrática. La experiencia mostraba que los socialistas solo se subían al carro cuando alguien del Frente Amplio también concurría. Solo así tendríamos músculo suficiente para lograr un acuerdo realmente robusto y transversal.

Luego de largas negociaciones con los partidos de la oposición, y múltiples tira y afloja en los que ayudó como nunca Álvaro Elizalde, convenimos en dar el puntapié inicial el viernes 29 de mayo. "Hemos manifestado nuestra voluntad de participar en un diálogo", declaró el titular de los socialistas, lo que fue de gran ayuda para sumar al resto de los timoneles. Nos reuniríamos telemáticamente los presidentes de los partidos con los ministros a cargo de la negociación para fijar el marco del proceso. Luego de ello, la posta la tomaría Hacienda, mediante una comisión conformada por los expertos de los partidos y los parlamentarios respectivos. Por razones estéticas, desde la oposición nos plantearon que el diálogo debía ser primero político y luego técnico. El plazo máximo para alcanzar un acuerdo sería de un mes.

La reunión partió cargada de escepticismo. Asistieron al encuentro los presidentes de los partidos de Chile Vamos, además de los líderes de la DC, el PPD, el PS y RD. El resto de la izquierda, como siempre, se restó de la cita. Por parte del Gobierno, estaríamos los tres ministros negociadores, cada uno desde su oficina debido al protocolo sanitario. Para mi sorpresa, pocos minutos antes del inicio apareció de improviso en mi oficina Sebastián Sichel. Para evitar malas interpretaciones, convoqué de urgencia a La Moneda a Ignacio Briones. Si íbamos a estar en forma presencial, lo mejor era que apareciéramos los tres juntos.

La reunión transcurrió sin mayores contratiempos y según el guion acordado. El único momento de tensión se produjo luego de que Heraldo Muñoz y Catalina Pérez criticaran con dureza a Jaime Mañalich pidiendo su salida del Ministerio de Salud, tema completamente ajeno a la tabla de la convocatoria. Tanto nosotros como los presidentes de Chile Vamos les hicimos ver que esos cuestionamientos eran un chantaje inaceptable. Así sería imposible iniciar el diálogo para un acuerdo nacional. Sin embargo, la calma volvió rápido. En este tipo de negociaciones a veces es necesario mostrarse los dientes para botar las tensiones, pero si el guion está bien trabajado, por lo general es posible llegar a buen puerto a pesar de los ripios que suelen aparecer en el camino.

Así fue. Tras dos horas de reunión, tal como lo habíamos planificado, salió humo blanco. Acordamos darnos dos semanas de plazo para tener las propuestas en torno a los temas planteados por el Presidente. También se recogerían propuestas de la sociedad civil, las que serían recopiladas a través de la Mesa Social Covid. El trabajo sería coordinado por Hacienda junto a un grupo de técnicos y parlamentarios que actuarían en representación de los partidos. Mi pega en los próximos quince días sería contener cualquier asomo de conflicto, limar asperezas y facilitar el diálogo. Luego de viabilizarlo políticamente, la posta le correspondería a Ignacio Briones.

Las negociaciones del acuerdo nos hicieron ver al Presidente y a mí que teníamos que ordenar cuanto antes el frente interno, que venía desestibado desde el cambio de gabinete de octubre. Los partidos grandes de Chile Vamos seguían sin asimilar su menor presencia en el comité político, resintiendo la influencia de Evópoli en la conducción gubernamental, la cual consideraban excesiva. Renovación Nacional fue explícito en este punto, reclamando por los diarios que las negociaciones del acuerdo habían quedado en manos de dos ministros de Evópoli y un independiente, sin representantes del partido. La UDI, por su lado, seguía sin poder hacer las paces con su poca influencia en el comité político. Si bien tenían a uno de los suyos adentro —Felipe Ward—, consideraban que su incidencia era más bien escasa, pese a ser el responsable de la agenda legislativa. Y aunque no lo decían en público, seguían sin aceptar la pérdida del Ministerio del Interior.

Los últimos meses habían sido algo más tranquilos con Chile Vamos, pero no era descartable que al primer apretón saltaran los tapones. Teníamos que ajustar el gabinete si queríamos llegar al invierno con la maquinaria bien aceitada; el cambio lo veníamos conversando desde marzo con el mandatario, pero se había postergado debido a la pandemia. El dilema a resolver era simple: debíamos reforzar la presencia de RN y la UDI en el comité político si queríamos ordenar la relación con la coalición. Se venían debates legislativos difíciles y estábamos en medio de negociaciones para un nuevo acuerdo nacional. Necesitábamos poner a los jugadores más aptos en la cancha.

Luego de semanas discutiendo sobre el punto, finalmente el Presidente resolvió ajustar las piezas del puzle incorporando al comité político a Cristián Monckeberg por RN, quien pasó de Vivienda a Desarrollo Social, y a Claudio Alvarado por la UDI, quien ascendió de la Subdere a la Segpres. El cambio me quedaba como anillo al dedo. Con Monckeberg habíamos construido una muy buena relación desde los tiempos de Avanza Chile, facilitada por algunos amigos en común, como Eduardo Riquelme. Con Alvarado, ni hablar. Era mi *partner*, la persona en la que más confiaba en el Gobierno. Ambos tenían una dilatada trayectoria: sumaban en conjunto siete periodos legislativos en el cuerpo. Cristián, además, había sido presidente de RN durante dos mandatos, mientras que Claudio era por lejos quien tenía mejores redes en el Congreso. Y el *upgrade*, en su caso, me parecía más que merecido. Era un justo reconocimiento a sus enormes talentos políticos. Con ellos, suponíamos, podríamos lograr mayor ductilidad en el manejo de la agenda legislativa y, en teoría, alcanzar cierta disciplina en la siempre díscola bancada de Renovación Nacional. La presencia de Monckeberg serviría además para hacerle contrapeso a Desbordes, quien venía intensificando sus enfrentamientos con La Moneda en las últimas semanas.

Los damnificados fueron Sebastián Sichel, quien pasó a la presidencia de Banco Estado, y Felipe Ward, quien asumió en el Ministerio de Vivienda. Aunque nunca es grato ser sacado de una cartera ministerial, ambos quedarían bien posicionados. Sichel iría a un cargo importante al que sin duda le sacaría trote comunicacional. Ward, en cambio, dejaría una cartera poco lucida como Segpres, donde se vive todo el rato en la cuerda floja y sujeto a los avatares de la discusión legislativa, y en la cual no había podido consolidarse, para pasar a un ministerio donde solo se reparten buenas noticias.

En jerga de economistas, parecía ser un cambio *pareto óptimo*: el conjunto quedaría mejor y nadie estaría peor. Sin embargo, hubo algo que no alcanzamos a visualizar bien, un error de cálculo en relación a la UDI, partido que a esas alturas se sentía más cercano a Sebastián Sichel que a Felipe Ward. El cambio, en consecuencia, generó satisfacciones en RN pero airados reclamos en el gremialismo, sobre todo por la salida del titular de Desarrollo Social, lo que estaba fuera de nuestro cálculos, porque el diseño original consideraba el traslado de Sichel a Vivienda, quien había demostrado buenas aptitudes comunicacionales en su cartera, a costa de la salida de Felipe Ward del gabinete. Sin embargo, con la intención de privilegiar la relación con la UDI y evitar cualquier conflicto, optamos por mantener a Ward en desmedro de Sichel, quien de esta manera pasaría a Banco Estado. Craso error. "Si el problema era la composición del comité político, se podría haber integrado a Vivienda", declararía poco después el diputado UDI Jaime Bellolio, dando cuenta de la molestia incubada en las filas del gremialismo.

Paradojalmente el cambió consolidó la percepción de que Evópoli aumentaba aún más su influencia, ya que tanto Monckeberg como Alvarado eran percibidos como cercanos a mí. En el gremialismo estimaron que quienes dejaban el comité político eran los únicos ministros que le hacían algún contrapeso a la dupla que Blumel-Briones. Según esta mirada, salían los halcones y se quedaban las palomas.

Sichel además fue muy hábil para victimizarse frente a los medios, instalando la idea de que su salida se debía a que era el ministro mejor evaluado según las encuestas, lo que venía eclipsando a los titulares de Interior y Hacienda, cosa que no podía estar más alejada de la realidad. En el cambio no hubo ninguna consideración de índole personal. Para el Presidente, esas variables jamás formaban parte de la ecuación. En mi caso, si bien había mantenido una relación más bien fría con Ward, quien resentía mi cercanía con los principales líderes del Congreso, con Sichel no tuve mayores problemas. Congeniábamos en términos ideológicos y generacionales. Es más: simpatizaba con su historia biográfica y su enfoque social de la política. Incluso habíamos estado en su casa compartiendo durante el verano. La razón de fondo fue netamente política. Necesitábamos fortalecer la cohesión con los partidos de Chile Vamos. Y, junto con ello, se hacía necesario terminar con las incipientes grietas que venían apareciendo al interior del comité político, producidas por la ansiedad comunicacional de los ministros salientes. Estaba claro que ambos tenían cierta reticencia a jugar en equipo, habían forzado la idea de que en el comité político había dos almas, y no dudaban en llevar agua para su molino cada vez que se presentaba la oportunidad, a punta de filtraciones, trascendidos de prensa y operaciones políticas de escaso vuelo. Cargábamos con una crisis social y sanitaria de proporciones inconmensurables, no podíamos permitirnos fisuras ni frivolidades.

Pero ninguno se iría para la casa. El Presidente los apreciaba y seguirían formando parte del equipo desde distintas posiciones, que a primera vista parecían ser más gratas que las que dejaban.

La prensa y los partidos de Chile Vamos se sorprendieron por completo con el cambio de gabinete, que se concretó la helada mañana del jueves 4 de junio. En un hecho inédito, nadie lo anticipó ni se filtró a la prensa. La ceremonia, realizada por primera vez en la historia al aire libre debido a la emergencia sanitaria, no estuvo exenta de polémicas, como cuando nos cruzamos con Sebastián Sichel en la escalera del Patio de los Naranjos que da a las oficinas del Segundo Piso, él bajando y yo subiendo, en un encuentro totalmente fortuito. La ceremonia ya había concluido y por alguna razón decidí subir al despacho presidencial. La imagen fue profusamente difundida por los canales de televisión como una supuesta muestra de las tensiones acumuladas al interior del gabinete. El encuentro, que duró apenas unos segundos, tuvo mucho más de incómoda sorpresa que de refriega pendenciera. "Tenemos que hablar", fue mi breve comentario al pasar. "Sí", fue la lacónica respuesta de Sichel, quien no podía evitar traslucir el impacto que le había producido la decisión presidencial.

Al día siguiente le envíe un mensaje por WhatsApp invitándolo a tomarnos un café. Nunca recibí su respuesta.

El final de un duro

Otro que resintió la llegada del invierno fue Jaime Mañalich, quien empezó a acusar el desgaste acumulado por la pandemia. Sus conflictos ya no eran solo con la prensa, los alcaldes o la oposición. También empezó a acumular roces con otros ministros, como el titular de Ciencias, Andrés Couve, y la vocera, Karla Rubilar. En el fondo, no toleraba que se le metieran en su rancho. Si había algo que el titular de Salud no estaba dispuesto a compartir era el bastón de mando. Con el primero las peleas fueron por el acceso a los datos de la pandemia, tema que venía generando un intenso debate con la comunidad científica. Andrés, un científico de lujo y una persona de primera, tuvo que resistir duros embates de Jaime debido a su mayor apertura a compartir información. Con Rubilar, pese a ser bastante cercanos —Mañalich era el padrino de uno de sus hijos—, los conflictos tuvieron más que ver con el manejo comunicacional de la crisis sanitaria y la implementación de algunas cuarentenas comunales, como las de Antofagasta y Valparaíso, cuyas autoridades presionaban sin cesar por el decreto de aislamiento.

A tanto escaló la polémica en el último caso que tuve que salir a poner paños fríos. "Están trabajando unidos", declaré con cara de póker a la prensa, que se solazaba con los trascendidos que emanaban de la Secretaría General de Gobierno. En todo caso, la controversia sirvió para fijar una línea roja al interior del gabinete respecto al mando de la pandemia, algo que me parecía intransable. "Lo que corresponde es cuadrarse detrás de la autoridad sanitaria", zanjé.

Porque más allá de su intransigencia y de sus constantes polémicas, Mañalich había logrado estructurar una rápida respuesta sanitaria frente al covid, que en medio de la incertidumbre reinante había resultado fundamental para evitar el colapso de nuestro sistema de salud. A diferencia de lo que vivieron países tan disimiles como Italia, España, Ecuador o Estados Unidos, Chile estaba logrando escapar del temido dilema de la "última cama" mediante una eficaz gestión de testeos, camas críticas y ventiladores, lo que permitió robustecer en tiempo récord la capacidad hospitalaria. En Chile ningún enfermo se había quedado sin atención y eso era en buena parte mérito de Jaime Mañalich, a costa de un enorme esfuerzo personal y familiar. Desde la llegada del coronavirus no había dejado ningún día de trabajar, no contaba con aliados en quien apoyarse, actuaba siempre como un lobo estepario y enfrentaba sus días más aciagos en solitario, ya que su señora, aquejada de una delicada enfermedad, se había mudado de su departamento para evitar el riesgo de contagiarse.

El hecho puntual que gatilló la salida de Jaime Mañalich del gabinete fueron los cuestionamientos generados por los cambios metodológicos en el conteo de fallecidos[273], situación que se agudizó luego de que un reportaje de Ciper revelara ciertas discrepancias entre los registros del Departamento de Estadísticas del Minsal y los reportes oficiales del propio ministerio. Sin embargo, su salida comenzó a gestarse un par de semanas antes. El Presidente en varias ocasiones me comentó que Mañalich quería partir; de hecho, en al menos dos o tres oportunidades había presentado la renuncia. Se daba cuenta de que su figura estaba generando demasiados anticuerpos, lo que complicaba la gestión de la pandemia. Cada vez que ello ocurría, el mandatario le pedía un tiempo. Tanto que ni siquiera lo consideró en el cambio de gabinete del 4 de junio. No quería dejarlo partir.

Pero esta vez parecía haber llegado a un punto de no retorno. Un par de días antes de su renuncia recibí una llamada del propio Mañalich, quien me hizo una pregunta simple, aunque extraña para el carácter que le conocía: "Gonzalo, ¿cómo lo haces para resistir tanto?". La pregunta me dejó pensando. En teoría, él era el duro. "Supongo que son las convicciones, Jaime", fue la respuesta más sincera que se me ocurrió en ese momento, aunque la verdad es que ni siquiera había tenido mucho tiempo para meditarlo. En todo caso, le hice ver que tenía que tener paciencia, que no podía rendirse, que estábamos en lo peor de la tormenta. "Este es tu propio 18 de octubre —le dije—, pero a diferencia del estallido social, las cosas tienen que mejorar". Las medidas sanitarias, asumía, en algún momento harían efecto. Pronto tendría que salir el sol.

No hubo caso. La renuncia se concretó el sábado 13 de junio. En su reemplazo asumió el doctor Enrique Paris, quien saltó sin dudarlo desde la Mesa Social al Ministerio de Salud. La salida de Mañalich fue un verdadero funeral vikingo. El Segundo Piso le organizó un punto de prensa en solitario desde el patio de Los Cañones, privilegio bastante inédito para los cánones de palacio. "He llegado personalmente al convencimiento de que esta nueva etapa de la lucha contra el coronavirus requiere un nuevo liderazgo", declaraba con solemnidad el ahora exministro de Salud.

En los WhatsApp del oficialismo abundaron los lamentos. La culpa, como siempre, era del Gobierno, por no haberlo defendido con suficiente fuerza de los ataques arteros de la izquierda. Una vez más —nos reclamaban injustamente—, habíamos cedido. Como los protocolos covid permitían la presencia de un reducido número de

---

273   Durante el mes de junio, junto con reportar los casos fallecidos con PCR positivo, también se incorporaron los casos probables sin PCR confirmado. Aquello fue recogido por algunos medios de prensa con gran escándalo.

personas en las actividades presenciales, fui el único ministro que lo acompañó en sus últimos momentos. Mañalich, en su estilo, quería salir solo, evitando el asedio de la prensa, a la que nunca soportó. Insistí en acompañarlo. Había sido un buen compañero durante los días duros del estallido, era lo menos que podía hacer. Caminamos silenciosos por los pasillos subterráneos de La Moneda.

Nos despedimos en la puerta de Agustinas, bajo la Plaza de la Constitución, que lucía solitaria debido a la cuarentena metropolitana. Tuve plena conciencia de estar despidiéndome de un ministro con el cual tanto el Gobierno como el país quedaban con una deuda enorme[274].

---

274   Chile a, la postre, sería el país de Sudamérica con la menor tasa estimada de exceso de mortalidad por COVID-19 durante la pandemia, con 108,2 casos por cada 100 mil habitantes, según un estudio del Institute for Health Metrics and Evaluation (IHME) de la Universidad de Washington ("Estimating excess mortality due to the COVID-19 pandemic: a systematic analysis of COVID-19-related mortality, 2020–21"), en el que se analizaron datos de 191 países y que fue publicado por la revista The Lancet. Chile quedó mejor posicionado que Uruguay (155,4), Argentina (166,8), Brasil (186,9), Colombia (201,2), Ecuador (333,4), Perú (528,6), o Bolivia (734,9), incluso por sobre varios países desarrollados como Alemania (120,5), Francia (124,2), Grecia (127,1), Países Bajos (140), Estados Unidos (179,3) o España (186,7). Dicho resultado, según los especialistas, se debió a la fortaleza del sistema sanitario chileno y a las altas tasas de vacunación contra el Covid, con más del 90% de la población objetivo mayor de 18 años protegida con los esquemas de vacunación implementados los años 2020 y 2021.

El camino de regreso

Si el sábado de la despedida de Jaime Mañalich fue un día de lamentos, por esos extraños contrastes que tiene la política, el domingo —14 de junio de 2020— fue un día de satisfacciones. Luego de dos arduas semanas de trabajo logramos un pleno consenso en torno al acuerdo convocado por el Presidente de la República para las ayudas fiscales durante la emergencia sanitaria. Hubo corcoveos en el proceso. En la oposición no comulgaban para nada con la idea de incorporar a los técnicos en las discusiones; también tuvimos que lamentar algunas bajas de última hora, como la del diputado Giorgio Jackson, que se retiró del equipo negociador cuando ya había salido humo blanco. Lo importante, en cualquier caso, es que arribamos a puerto el sábado 13 de junio cerca de la medianoche.

En los días previos el debate se había centrado en el monto global de recursos comprometidos para el acuerdo. El Ministerio de Hacienda había fijado, de manera estratégica, un marco presupuestario de 10 mil millones de dólares por 24 meses, cifra inferior a la propuesta por el Colegio Médico. Esto, como lo esperábamos, tensionó las relaciones en la mesa y llevó a varios a amenazar con salirse de la instancia. Una de las cosas que había aprendido era que estos ritos requieren de este tipo de vaivenes: apretar y soltar; quitar para luego dar. Es la forma que permite a todos sentir que ganaron algo y a nadie presumir que se quedó con todo. Luego de algunos días de tira y afloja, finalmente Hacienda se abrió a aumentar los recursos disponibles a 12 mil millones de dólares. Y todos quedaron felices con el resultado en ese aspecto.

Sin embargo, la piedra que dividió las aguas fue el monto del nuevo Ingreso Familiar de Emergencia, el IFE 2.0, considerado el aspecto medular del acuerdo. La traumática negociación del primer IFE fijó el guarismo en 65 mil pesos mensuales por beneficiario. La propuesta del Colegio Médico estimaba que el monto de las ayudas debía ascender a 300 mil pesos mensuales para un hogar compuesto por cuatro integrantes, es decir, unos 75 mil pesos por persona. Desde la oposición pidieron elevar dicho monto a 114 mil pesos mensuales, lo que nos dejaba totalmente fuera del marco presupuestario comprometido. Luego de extensas negociaciones, en las que cumplieron un rol clave los nuevos ministros Alvarado y Monckeberg, se fijó de manera preliminar una nueva cifra en un rango intermedio, la que todavía no permitía cerrar el acuerdo. Los senadores Jorge Pizarro y Ricardo Lagos Weber se mostraban más llanos a abrocharlo, mientras que Carlos Montes y Giorgio Jackson se mantenían en una posición más intransigente.

"Gonzalo, la oposición está diciendo que cierra el acuerdo en \$100 mil", me comentó Ignacio Briones cerca de las once de la noche del sábado 13, preocupado porque el Presidente había autorizado un monto inferior como tope de la negociación, en un rango entre los 80 mil y 90 mil pesos. Estábamos a centímetros de cerrar un gran acuerdo que —suponíamos— nos permitiría navegar con mayor tranquilidad las turbulentas corrientes de la pandemia. Si cerrábamos, tendríamos los recursos y las herramientas para afrontar con un amplio consenso, y hasta por dos años, las secuelas sociales y económicas del covid. No había dónde perderse.

Luego de reunirnos esa misma noche telemáticamente con los negociadores del oficialismo, donde además de los ministros de Hacienda, Segpres y Desarrollo Social participaron los senadores Coloma (UDI) y García Ruminot (RN) —en calidad de representantes de Chile Vamos—, resolvimos tomar la propuesta de la oposición. Era una concesión final que todos estuvieron de acuerdo en aceptar. Me preocupé, eso sí, que aquello fuese explicitado por cada uno de los participantes, de forma de evitar cualquier problema o reclamo posterior. Si cerrábamos, teníamos que estar todos adentro. Tal como en el 15 de noviembre.

En todo caso, quedaba un punto no menor. "Quién le dice al Presidente", planteó Ignacio Briones poco antes de cerrar la sesión de Zoom. Ya era cerca de la medianoche, nadie quería hacer esa llamada telefónica. Todos se quedaron en silencio, mirándome fijo a través de la pantalla. "Cuando lleguemos con el acuerdo firmado ni se va a fijar en el detalle", afirmé con total convicción, desatando las carcajadas de los comensales, cansados pero contentos de cerrar exitosamente las cruciales negociaciones. Si bien mi comentario había sido en tono de broma, no dejaba de tener asidero. Lo habíamos conversado muchas veces con Claudio Alvarado en nuestra época en la Segpres, donde semana a semana nos tocaba negociar todo tipo de iniciativas legislativas. Piñera podía ser duro en ocasiones, pero la satisfacción de llegar a acuerdos le hacía olvidar los "detalles" de nuestras negociaciones, en la medida que la transgresión de las "líneas rojas" no fuese una herejía total. Y 10 mil pesos de diferencia en el segundo IFE no parecía serlo. Además —lo habíamos aprendido con el tiempo— le encantaban los acuerdos. "Mejor es pedir perdón que pedir permiso", me comentó muerto de la risa Claudio al finalizar la jornada.

Dicho y hecho. Al día siguiente el Presidente no reparó en el "detalle". El acuerdo fue presentado con pompa por el propio mandatario el domingo 14 de junio a media mañana, junto con los signatarios del texto, varios de ellos en modo telemático. "Este acuerdo es para la gente y reivindica el valor de la buena política", declaró satisfecho el mandatario en medio del Patio de Los Cañones, que apenas 24 horas antes había sido escenario de la dramática partida de Jaime Mañalich.

El acuerdo, que significaría trece proyectos de ley y nueve medidas administrativas, pasó a denominarse "Marco de Entendimiento para Plan de Emergencia para la Protección de los Ingresos de las Familias y la Reactivación Económica y del Empleo". Sí, un nombre demasiado largo para memorizarlo a la primera, pero es lo que había. La propuesta contempló un programa de gasto fiscal por 12 mil millones de dólares por hasta 24 meses, mediante la creación de un fondo extrapresupuestario ("Fondo Covid") a través del cual se ejecutarían las medidas para la emergencia sanitaria y la reactivación económica. Entre las principales iniciativas se estipuló la creación de un Ingreso Familiar de Emergencia 2.0, el mejoramiento de la Ley de Protección del Empleo, incentivos a la contratación de trabajadores, medidas de apoyo para las pymes, y planes de inversión pública para el 2020 y el 2021, a través de los ministerios de Obras Públicas y Vivienda, además de incentivos tributarios y medidas de fomento a la inversión privada.

El hecho fue catalogado no solo como un triunfo de la buena política, sino que también fue valorado como una victoria del Gobierno. El nuevo equipo ministerial había sorteado de buena manera su primera prueba. Luego de semanas de conflictos, en apenas catorce días habíamos tenido tres cambios de gabinete[275], y en medio del recrudecimiento de la pandemia, que tenía confinadas a 10 millones de personas en todo el país, el Gobierno podía anotarse un éxito importante. Para nosotros era una bocanada de aire que nos permitía seguir adelante.

Sin embargo, la paz duró poco. Demasiado poco. La primera señal de alerta fue el avance de una moción parlamentaria que pretendía extender el permiso posnatal debido a la emergencia sanitaria, firmada por parlamentarios del oficialismo y la oposición. Esta iniciativa, además de ser inconstitucional por corresponder a materias de seguridad social —facultad exclusiva del Presidente de la República—, violaba flagrantemente los términos del marco de entendimiento recién pactado. La admisibilidad del proyecto fue rechazada por el Senado, pero solo contó con cuatro votos negativos por parte de la oposición. Aquello fue una primera luz amarilla respecto a la real disposición de la oposición de respetar el acuerdo. Y no solo de la oposición. El proyecto venía siendo promovido por parlamentarios de Renovación Nacional, lo que nos ratificó que navegar la pandemia, aún con un marco de entendimiento en la mano, sería más turbulento de lo que pensábamos.

"En ninguna parte nos pidieron que renunciáramos al posnatal", "Son cosas distintas", "Eso nunca estuvo en el acuerdo", declararon los presidentes de la DC y el PPD respecto de la controversia causada por la iniciativa parlamentaria, pese a ser signatarios del acuerdo.

Poco a poco iría quedando claro que la oposición no iba a limitarse a los términos fijados en el acuerdo, ni que tampoco se iba a cohibir por los límites institucionales que ordenaban nuestra convivencia democrática. Quien llevó más lejos el punto fue la presidenta de la cámara alta, la senadora del PPD Adriana Muñoz, afirmando respecto del proyecto de posnatal que prefería "cometer un sacrilegio con la Constitución y ser destituida que pasar por sobre una demanda urgente de las madres".

"En democracia lo que corresponde es lealtad a las reglas. Impulsar leyes inadmisibles solo la deteriora. El fin no justifica los medios", respondí en medio de la controversia, intentando hacer un contrapunto con la presidenta del Senado.

---

275   La consciencia del tiempo es relativa, y aunque parecía que había pasado mucha agua bajo el puente, los hechos hablan por sí solos: el 4 de junio dejaron el gabinete Sebastián Sichel y Felipe Ward; el 9, la ministra de la Mujer, Macarena Santelices; y el 13, Jaime Mañalich. Es decir, cuatro ministros en apenas nueve días.

Pero el gallito estaba lanzado. Y probablemente nosotros cometimos algunos errores que favorecieron la arremetida opositora, como el no haber frenado otra iniciativa parlamentaria, abiertamente inadmisible, que prohibía el corte de los servicios básicos durante la pandemia[276]. Pese a que en la tramitación de dicha moción hicimos ver los vicios de inconstitucionalidad, al final desistimos de impugnar la norma ante el Tribunal Constitucional. La señal fue aplaudida por buena parte de Chile Vamos[277], pero a la vez fue percibida como un gesto de debilidad del Gobierno frente a la rebelión parlamentaria. El problema no era tanto el contenido de la norma —solo reiteraba lo que ya habíamos acordado en marzo con las propias compañías de servicios básicos—, sino los incentivos que esto generaba en las bancadas oficialistas.

Por una parte, estimulaba a los díscolos a seguir presentando iniciativas inconstitucionales, dada la posibilidad real de que no fuesen objetadas. Pero, por otra, el no objetarlas terminaba generando justificada molestia en los parlamentarios leales, quienes pagaban los costos de oponerse a iniciativas populares para la ciudadanía. "No nos pidan a nosotros que vayamos al sacrificio", era el reclamo más común que recibíamos. Los líderes de Chile Vamos a su vez nos exigían por la prensa ordenar el debate y frenar este tipo de iniciativas, pero no realizaban ningún esfuerzo por disciplinar a sus bancadas, ni mucho menos por imponer sanciones a los díscolos. Varios de los proyectos inconstitucionales habían contado con votos favorables del oficialismo. Algunos, de hecho, habían sido aprobados en forma casi unánime por Chile Vamos[278]. Uno de los que fomentaba este discolaje era el presidente de RN, Mario Desbordes, quien se justificaba en la necesidad de estar más enchufados "con lo que pasaba en la calle". Esta lógica nos empezó a atrapar en una dinámica perversa que terminaría siendo corrosiva para el Gobierno y la propia coalición.

Porque era esperable que la oposición hiciera lo posible por congraciarse con la opinión pública, aún a costa de desbordar la Constitución. Más, todavía, a partir del estallido social. Para una porción no menor de la izquierda chilena las reglas de la democracia siempre habían sido instrumentales para sus propósitos. El mejor ejemplo de aquello fue el periodo de la Unidad Popular, etapa en la que la plastici-

---

276   Ley 21.249, publicada en el Diario Oficial el 8 de agosto de 2020, que dispone, de manera excepcional, las medidas que indica en favor de los usuarios finales de servicios sanitarios, electricidad y gas de red.

277   Los diputados de RN Andrés Longton y Miguel Mellado declararon, respectivamente: "Me parece acertada la decisión" y "Yo agradezco al Gobierno que no haya ido al TC". El senador de la UDI Iván Moreira, por su parte, declaró: "El proyecto no era inadmisible". La propia presidenta de la UDI, Jacqueline Van Rysselberghe, señaló: "Fue una decisión compleja, y ante el riesgo de que el TC fallara en contra, creo que fue mejor no ir".

278   La norma que prohibía el corte de los servicios básicos (boletín 13.329-03) fue aprobada en general por la Cámara de Diputados el 15 de abril por 97 votos a favor, 6 abstenciones y solo un voto en contra. En el Senado la norma fue aprobada el 27 de mayo con 34 votos a favor y seis abstenciones.

dad de las normas constitucionales alcanzó su máxima expresión[279]. Adhesión a la democracia, sí, pero de la boca para afuera. Lo que ahora no resultaba admisible, en medio de tanta fragilidad política, era el desbande de los parlamentarios oficialistas. Nuestro sector históricamente había hecho del respeto por la Constitución una de sus principales banderas de lucha. Vulnerarla con nuestros votos era una irresponsabilidad mayor que podía terminar afectando la gobernabilidad. Si nos perforaban los umbrales legislativos más esenciales, en particular el quórum de dos tercios para las reformas constitucionales, que era la línea roja, se nos abriría una caja de pandora. El tema se tomó la agenda durante el mes junio.

Intentamos promover un reglamento interno para ordenar las bancadas de Chile Vamos, de manera de impedir que los parlamentarios presentaran o apoyaran leyes inconstitucionales. La propuesta, elaborada por Evópoli y respaldada por la UDI, establecía sanciones para quienes incumplieran la normativa. Sin embargo, fue rechazada de plano por Renovación Nacional, pese a que fue suscrita por el jefe de bancada de los senadores del partido, Rodrigo Galilea, lo que agitó las aguas al interior del oficialismo[280]. "La verdad es que esto se está usando para un *show* comunicacional", declaró Desbordes al momento conocerse la iniciativa.

Otra propuesta que evaluamos fue la de introducir cambios en el reglamento y la ley orgánica del Congreso, convocando a una comisión de expertos y exparlamentarios para que estudiaran fórmulas. La idea, anunciada por el propio presidente Piñera el 22 de junio, levantó tal polvareda que rápidamente tuvo que ser descartada. El problema de fondo era que la admisibilidad de los proyectos de ley según la normativa del Congreso era determinada por las propias cámaras —en eso eran absolutamente soberanas— y la mayoría opositora, a la que cada día se sumaban más parlamentarios de Chile Vamos, no dudaba en respaldar el avance de mociones inconstitucionales, como el proyecto de las 40 horas, la extensión del posnatal o la prohibición de corte de los servicios básicos. Un informe de la Secretaría de la Cámara de Diputados, elaborado a partir de una solicitud del diputado Marcelo Diaz (exsocialista), dio cuenta de que solo en los últimos dos meses se habían presentado diecinueve proyectos que podían calificarse como inconstitucionales, de los cuales cuatro correspondían a textos suscritos por parlamentarios de Chile Vamos. Era cosa de tiempo para que la situación terminara por desbordarse.

---

279   Un buen relato respecto de los desvaríos institucionales en que incurrió la izquierda se puede encontrar en el excelente libro de Joaquín Fermandois, La revolución inconclusa. La izquierda chilena y el gobierno de la Unidad Popular (2013).

280   La propuesta, denominada Comité de Revisión Constitucional, proponía la creación de una instancia compuesta por expertos en derecho constitucional, para determinar el apego a las normas constitucionales de las mociones promovidas o apoyadas por los parlamentarios. Si bien en un principio el documento contemplaba sanciones, finalmente esto fue descartado. La propuesta fue suscrita por 28 diputados de la UDI, 6 de RN y 6 de Evópoli.

La debacle del 10%

La chispa que encendió el fuego fue el proyecto de retiro de los fondos previsionales, que empezó a agarrar vuelo a medida que la crisis económica se iba profundizando. La caída del Imacec de mayo había sido durísima (15,3%) y se proyectaba que en junio también superaría los dos dígitos[281]. Durante el segundo trimestre del año el número de desocupados se empinó hasta alcanzar el millón de personas, lo que elevó la tasa de desempleo por sobre el 12%. A eso había que sumarle el millón de personas inactivas adicionales respecto de las cifras previas a la pandemia[282].

Si bien los proyectos de ley contemplados en el acuerdo comenzaron a ser tramitados con agilidad —el IFE 2.0 fue despachado por el Senado el 19 de junio—, la presión por nuevas ayudas sociales siguió aumentando. El jueves 23, la Cámara de Diputados aprobó una resolución que solicitaba el patrocinio al Ejecutivo a una moción parlamentaria que permitía el retiro de hasta 150 UF desde la cuenta individual de los afiliados, cumpliendo solo con dos condiciones: que se mantuviera vigente el estado de emergencia y que los fondos a la edad de jubilación fuesen insuficientes para financiar una pensión mayor a 25 UF. El proyecto, que prendió las primeras alertas al interior del Gobierno, fue aprobado por 84 votos a favor, entre los que se contaban siete votos oficialistas de la UDI, RN y Evópoli. La iniciativa fue rechazada solo por veinticinco legisladores.

El día después —24 de junio—, comenzó formalmente a tramitarse en la Comisión de Constitución de la Cámara de Diputados el retiro de fondos de las AFP. La iniciativa, un refundido de diversas mociones parlamentarias, venía siendo liderada por la diputada Pamela Jiles y buscaba modificar la Constitución para establecer un mecanismo excepcional de retiro de hasta un 10% de los ahorros previsionales, fijando topes mínimos y máximos que iban de un millón a 4,5 millones de pesos[283].

En el Gobierno salimos de inmediato a intentar contener la iniciativa. Por pura coincidencia, Karla Rubilar y yo estuvimos al día siguiente en los medios rebatiendo los fundamentos de la moción parlamentaria, cuya popularidad subía como la espuma. "Ayudar a las personas golpeadas por la pandemia con cargo a sus propios ahorros previsionales me parece injusto —expliqué— pues a quien le corresponde financiar los apoyos para las familias es al Estado", fue la infructuosa línea argumental a la que apelamos en los matinales de Mega y Canal 13. Pero el esfuerzo era inútil. Las pantallas de los canales de televisión mostraban sin cesar dramáticos testimonios de personas que no estaban recibiendo ayudas estatales. Jardineros, garzones y pelu-

---

281   Según el Banco Central, el Imacec de junio fue 12,4%.

282   Según el INE, durante el trimestre abril-junio de 2020 el número de personas desocupadas alcanzó las 994.130, mientras que las personas inactivas habituales llegaron a 5.490.033. La tasa de desocupación durante el trimestre promedió 12,2%.

283   Boletín refundido 13.501 del 20 de abril de 2020, 13.617 del 26 de junio de 2020 y 13.627 del 1 de julio de 2020.

queros sin acceso a ningún beneficio. Ni al IFE, ni a los fondos del seguro de cesantía, ni tampoco a las medidas de apoyo para las pymes. El diseño de las ayudas, basado en instrumentos formales como las declaraciones de renta del Servicio de Impuestos Internos o el Registro Social de Hogares del Ministerio de Desarrollo Social, parecía estar dejando fuera a un segmento no menor de la clase media, donde abundan los empleos informales o por cuenta propia que no cotizan ni declaran ingresos.

Hacia fines de junio, Mario Desbordes y Joaquín Lavín echaron a correr la bolita. "La bancada de diputados concuerda que retirar fondos es una opción, pero es la última opción", afirmó el presidente de Renovación Nacional en una entrevista radial, mientras que el alcalde de Las Condes afirmó que no había que cerrarse, pero que esto era una opción "final, final". Fue un golpe al mentón. Dos de los principales liderazgos de Chile Vamos —los más probables presidenciables de RN y la UDI— se habían abierto a la idea del retiro. La iniciativa contaba con un apoyo demoledor en todas las encuestas, superior al 70%[284]. Era un hecho: la estantería estaba empezando a crujir.

A contrarreloj empezamos a trabajar una propuesta de ayudas para la clase media. Con ella buscábamos subsanar los cuestionamientos respecto de la falta de apoyos para dichos sectores, dándole a nuestros parlamentarios más díscolos una salida razonable para descolgarse del retiro de fondos previsionales. De hecho, varias de las medidas fueron incorporadas a petición de las propias bancadas de RN y la UDI.

El paquete fue presentado en La Moneda por el presidente Piñera el domingo 5 de julio, con su propio *hashtag* para redes sociales: #ProtecciónClaseMedia. Este incluía un préstamo blando del Estado a tasa cero para cubrir hasta el 70% de la caída de ingresos, la postergación de los créditos hipotecarios, un aumento de los subsidios de arriendo y la ampliación del Crédito con Aval del Estado, medidas que fueron trabajadas a matacaballo por los ministerios de Hacienda y de Desarrollo Social. Serían 1.500 millones de dólares entre garantías y aportes directos, que beneficiarían a más de 600 mil hogares. Sin embargo, no fue suficiente. Desde la oposición calificaron las medidas como "más endeudamiento para la clase media", mientras que desde Chile Vamos, si bien las valoraron, no permitieron obtener un compromiso explícito de rechazar el retiro de fondos previsionales. De acuerdo a nuestros pronósticos, había cerca de quince parlamentarios de RN que estaban pensando apoyar el retiro de fondos, cifra que en el caso de la UDI se reducía a cuatro o cinco. En Evópoli estaban todos cuadrados en contra, salvo el diputado por la Araucanía Sebastián Álvarez, que estaba pensando abstenerse.

El proyecto de ley en cuestión, por ser una reforma constitucional, requería al menos de tres quintos de los diputados en ejercicio para ser aprobado en su idea de legislar, trámite que se conoce como la votación en general. Es decir, se necesitaban 93

---

284   Según un estudio de Data Influye realizado entre el 19 y 21 de junio de 2020, el 89% de los encuestados aprobaba el retiro de los fondos previsionales. Una encuesta de Cadem realizada entre el 1 y 3 de julio mostró un apoyo a la iniciativa del 83%.

votos para que la iniciativa siguiera su curso. Como la suma de la oposición —o de las oposiciones, en realidad— llegaba a los 83 votos, el Gobierno necesitaba que no se le fugaran más de nueve parlamentarios de Chile Vamos. Si lográbamos aquello, no se alcanzaría el quórum requerido y se rechazaría la idea de legislar, lo que además tendría como consecuencia, según la ley orgánica del Congreso, que no se podría volver a insistir en la misma iniciativa durante el plazo de un año.

En resumen, la votación en general sería el momento de la verdad. En términos legislativos, equivalía al todo o nada.

A partir de ese momento, iniciamos frenéticas gestiones para ordenar a las bancadas de Chile Vamos de cara a la crucial votación. El tema quedó a cargo de Hacienda y la Segpres, que ahora tenía al mando a Claudio Alvarado, por lejos el más indicado para intentar revertir un panorama que se preveía muy adverso. Desde Interior nos involucramos como si fuese un tema propio. Sabía que el costo de fracasar sería enorme y que el daño podía ser bastante irreversible en lo personal, pero estaba en disputa algo demasiado relevante. Había tres elementos cruciales, al menos, que se pondrían en juego durante la votación del proyecto. El primero: el respeto por nuestra institucionalidad. Dar curso a la iniciativa era invadir expresamente las atribuciones que la Constitución contemplaba para el Presidente. Romper atributos esenciales de nuestro ordenamiento republicano, como la iniciativa exclusiva en materia de seguridad social o de gasto fiscal, vulnerando flagrantemente el principio de la separación de poderes, causaría un daño enorme a la democracia. El precedente sería nefasto. Dar curso al proyecto era avanzar en un parlamentarismo de facto. Sería una suerte de cambio de régimen de gobierno sin mediar reforma constitucional alguna, tal como lo había sostenido hacía algunos meses sin ningún pudor Jaime Quintana, quien apenas dejó la presidencia del Senado volvió a ser el mismo personaje de la retroexcavadora[285].

En segundo lugar, la votación pondría a prueba la capacidad de La Moneda para dar conducción y gobernabilidad. La minoría oficialista, en teoría, era suficiente para detener el proyecto. Perder votaciones por mayoría simple frente a una oposición más numerosa siempre era una posibilidad, pero perderlas con votos propios en iniciativas de corte más estructural, como las reformas constitucionales, significaría el desorden total. El efecto demostración podía volverse brutal hacia adelante. No frenar el retiro nos dejaría sometidos a los vaivenes de la mayoría parlamentaria. Seríamos un barco a la deriva en medio de una tempestad, con la tripulación amotinada. Era un test definitivo para el nuevo comité político.

Un tercer aspecto que me empujaba a involucrarme en la discusión eran los efectos más de fondo que tendría la iniciativa sobre la calidad de nuestras políticas públicas. Aún con todo el cuestionamiento que significó el estallido social, esto seguía siendo uno de nuestros mayores patrimonios. A diferencia de la mayor parte de los

---

285   "Si Piñera quiere seguir gobernando debe pasar a segunda línea y aceptar un parlamentarismo de facto", dijo durante sus últimos días como presidente del Senado.

países de región —en especial Argentina, quizás el caso más dramático desde una perspectiva histórica—, Chile no había sucumbido al populismo. Aprobar la idea de legislar sería un primer paso en esa dirección. Drenar los ahorros previsionales para paliar las dificultades generadas por la pandemia, a punta de dudosas reformas constitucionales, era una medida injusta y regresiva. Injusta, porque la disminución en los ingresos de los hogares correspondía que fuese cubierta con recursos fiscales financiados con impuestos generales, como lo estábamos intentando realizar con las diversas ayudas sociales que veníamos desplegando desde marzo, y no con cargo a menores jubilaciones en el futuro. Llevábamos años intentando mejorar las pensiones y el retiro de fondos haría aún más compleja la tarea. Y regresiva, porque permitía retirar más a quienes tenían más. Quienes tenían menos —la gran mayoría de los chilenos—, no solo obtendrían menos, sino que con el retiro de fondos también vaciarían sus cuentas previsionales[286]. A ello había que sumarle los inevitables efectos inflacionarios de la medida, que podían terminar siendo muy dañinos para los grupos más vulnerables y la clase media.

Por lo mismo, no había ningún experto de peso a favor de la iniciativa. El *establishment* económico de los gobiernos de la Concertación y la Nueva Mayoría, de hecho, manifestó su desacuerdo con el proyecto. Rodrigo Valdés declaró que la herramienta que se estaba proponiendo era peligrosa. "Una vez que se abre una puerta así, dice la experiencia internacional, ya no se vuelve a cerrar", advirtió el exministro de Hacienda de Bachelet 2. Nicolás Eyzaguirre, exministro de Hacienda de Lagos y Bachelet 2, planteó que "los más beneficiados van a ser los que tienen relativamente mejor situación", apoyando la idea de los créditos blandos anunciada por el Gobierno. Un histórico del bacheletismo, Osvaldo Andrade, exministro del Trabajo, hizo ver que era un contrasentido solucionar los problemas de los trabajadores echando mano al ahorro de los mismos trabajadores. El extitular de Trabajo del Gobierno de Lagos, Ricardo Solari, declaró que el retiro significaba "garantizar pobreza a una enorme cantidad de gente". Desde la OCDE, organismo multilateral que casi nunca se matrícula con posiciones específicas en los debates más álgidos, el jefe de la unidad de pensiones, Pablo Antolín, señaló que utilizar los ahorros para la jubilación tenía "poca lógica", estimando una caída entre 2% y 9% en las futuras pensiones.

Aunque parecía una batalla perdida, estas opiniones nos obligaban a pelearla hasta el final.

Uno a uno fuimos revisando el listado de nombres de las bancadas de Chile Vamos, repasándolos directamente o a través de terceros. El propio presidente Piñera se involucró en las gestiones realizando llamadas telefónicas, pero el cuadro no pintaba

---

286   De acuerdo a un análisis de Ciedess, de la Cámara Chilena de la Construcción, basado en datos de la Superintendencia de Pensiones, con la aprobación de la iniciativa cerca de tres millones de cotizantes quedarían en condiciones de retirar todos sus ahorros previsionales. Ver "Tres millones de personas podrían sacar todo su ahorro previsional si se aprueba reforma", en El Mercurio, 8 de julio de 2020.

bien. Respuestas evasivas, compromisos demasiado vagos o teléfonos sin atender daban cuenta de que se avecinaba un descalabro. La reunión previa al inicio de las votaciones la sostuvimos en mi oficina un viernes por la tarde. Participaron los jefes de bancada de la UDI, María José Hoffman; de RN, Sebastián Torrealba; y de Evópoli, Luciano Cruz-Coke. Salvo este último, ninguno pudo comprometer los votos de su bancada.

El lunes 6 de julio la Comisión de Constitución aprobó la iniciativa por 7 votos contra 6, con toda la oposición a favor y el oficialismo en contra. Al menos Chile Vamos se había ordenado en la comisión, aunque eso no era garantía de nada en la sala, instancia donde finalmente se resolvería el destino de la iniciativa. Seguíamos pendiendo de un hilo. El proyecto fue puesto en la tabla de la Cámara de Diputados para el miércoles de esa semana.

El lado correcto de la historia

Era un hecho de la causa que mi relación con el gremialismo se había enredado en las últimas semanas. Si bien nunca había sido del todo fluida —y la salida de Andrés Chadwick del Gobierno marcó un antes y un después—, hasta hacía poco todavía me entendía mejor con la bancada parlamentaria de la UDI que con la de RN.

Quizás por motivos familiares —mis padres participaron activamente en los orígenes del partido— o por razones circunstanciales —en los años en que participé en el programa Jóvenes al Servicio de Chile, de la Fundación Jaime Guzmán, coincidí con varios líderes gremialistas—, me resultaba más sencillo trabajar con ellos. Eran más cohesionados, más directos para plantear las cosas, tenían una orgánica interna mucho más estructurada y cuando fijaban una posición por lo general la cumplían contra viento y marea. Podía haber desacuerdos entre ellos, pero actuaban como un colectivo. Si hay algo que también le reconocía a la UDI era la fuerza de sus convicciones y el coraje para asumir posiciones impopulares. Y en tiempos de populismo rampante, eso me parecía valioso.

Sin embargo, en el último mes y medio se fueron acumulando una serie episodios y rencores que terminaron por dañar irreversiblemente la relación con el Gobierno. Aquella fractura, la UDI no dudó en cargármela a mí.

La primera grieta fue la salida de Sebastián Sichel, quien se fue transformando en una figura relevante para el gremialismo. Era el "halcón" que necesitaban en La Moneda y, según ellos, había caído víctima de una oscura confabulación de los ministros de Evópoli. El hecho caló hondo al interior de sus filas, mucho más de lo que podríamos haber imaginado, y era evidente que más temprano que tarde pasarían esa factura.

Un segundo episodio, de contornos mucho menos glamorosos, fue el de la intendencia del Maule. El 1 de junio el intendente regional, Pablo Milad, exdirigente del club Curicó Unido, presentó su renuncia para postular a la presidencia de la Asociación

Nacional de Fútbol, lo que desató una frenética carrera por su sucesión. El cargo era muy apetecido por los partidos de Chile Vamos y la intendencia significaba acceder a recursos, influencias y prebendas. "En los temas del Maule, no perdono", fue la dura advertencia que me hizo el senador Juan Antonio Coloma, un cacique de la región, quizás el principal aliado con que contaba al interior de la UDI. El mensaje era claro. Si no nombrábamos a quien estaban proponiendo, no habría perdón ni olvido. "Juan Antonio, voy a evaluar en su mérito el nombre más apto para el cargo", fue mi respuesta. En la UDI sentían el Maule como un feudo propio. Entre ellos mismos se corría la broma de que hasta el portero de la intendencia estaba cuoteado. Lo importante no era la trayectoria ni las capacidades, sino copar los espacios de poder. Y la jefatura regional era, por lejos, la posición más importante que podían obtener.

Fueron varias semanas revisando las distintas opciones, en las que entrevisté personalmente a los dos candidatos más aptos según mi criterio: un UDI, Felipe Valdovinos, y un independiente pro Evópoli, Juan Eduardo Prieto. Al final le propuse al Presidente nombrar al segundo, quien me parecía cumplía mejor el perfil requerido para el cargo, decisión con la que Piñera coincidió. Prieto llevaba varios años a cargo de la Secretaría Regional Ministerial de Desarrollo Social, tenía buenas referencias, acumulaba amplia experiencia profesional y sumaba el respaldo de dos de los tres partidos de la coalición que contaban con representantes en el Maule. "¿Estás seguro de lo que vas a hacer?", me preguntó Coloma cuando lo llamé por teléfono para informarle de la decisión. Ante mi afirmativa, solo se limitó a responder con frialdad: "Okey. Tú sabes lo que eso significa".

No habían pasado ni 72 horas cuando apareció una entrevista de Coloma en la que, sin nombrarme, vertía severas críticas a mi rol como jefe del gabinete. "En el Gobierno he visto un plan económico ordenado, pero en lo político prima la confusión", fue el titular a página completa en *El Mercurio*, que buscaba instalar una odiosa cuña entre la conducción política y económica del Gobierno. La analogía no solo era maniquea. Además, era intelectualmente poco honesta. Ciertamente, la gestión de Ignacio Briones en Hacienda exhibía una notable solidez, pero en materia política no eran tiempos de normalidad. Navegábamos en medio de un estallido social y una pandemia sin precedentes que veníamos sorteando mediante sendos acuerdos políticos que permitieron estabilizar el buque. Y Coloma fue parte de ambos, tanto en noviembre de 2019 como en junio de 2020. Los habíamos trabajado juntos. En todo caso, yo sabía lo que significaba el mensaje que me mandaba por los diarios: había perdido el principal soporte con que contaba en la UDI. Era el costo de no haber cedido al cuoteo.

El quiebre definitivo se produjo luego de la aprobación de la Ley 21.238, que establecía el límite a la reelección de los parlamentarios y alcaldes. El texto fue despachado por el Congreso el 3 de junio por una mayoría transversal, tras catorce años de tramitación y una serie de controversias entre la Cámara y el Senado por la retroactividad de la norma. Su entrada en vigencia tendría un costo alto para los partidos de Chile Vamos: 47 alcaldes, 37 diputados y 13 senadores no podrían repostularse. De inmediato comenzó una fuerte presión de los partidos para que el Presidente vetara la ley, excluyendo a los alcaldes de la aplicación de la normativa. Pese a que la iniciativa había sido rabiosamente aplaudida en el salón de honor del Congreso cuando fue anunciada por Piñera en la cuenta presidencial de 2019, a que había sido aprobada con una amplísima mayoría tanto en la Cámara como en el Senado y a que la norma específica que incluyó a los alcaldes había contado con votos tanto de la UDI como de RN, ahora que surtiría efecto pretendían que el mandatario bloqueara su aplicación[287]. En el fondo, querían sacar las castañas con la mano del gato, y por motivaciones pedestres. Los municipios constituían en muchas ocasiones la piedra angular de las militancias comunales, ya que a través de los organigramas y presupuestos municipales se manejaban las redes y estructuras territoriales de los partidos. Limitar la reelección dañaría severamente el funcionamiento de sus bases, por lo que se hacía indispensable excluirlos de la norma, al menos por una única vez, para así poder amortiguar el impacto que les significaría. El veto presidencial les resolvería el dilema en que se habían metido con sus propios votos.

La decisión era dificilísima. Si bien no era un asunto de principios —limitar la reelección siempre me había parecido algo más bien de corte pragmático—, un veto presidencial sería interpretado como una afrenta a una decisión soberana del Congreso respaldada por una amplia mayoría, incluyendo a vastos sectores de la UDI y RN. La controversia entre poderes del Estado sería grande, en un momento donde primaba la anomia institucional. Además, no había verdaderos argumentos para excluir a los jefes comunales de la aplicación de la norma. Por el contrario, si tenía algún sentido limitar las reelecciones era precisamente en los cargos ejecutivos, como ocurría con la prohibición en el caso de los presidentes, donde el uso y abuso de las atribuciones y recursos del Estado suele resultar decisivo para favorecer a los incumbentes. La entrada en vigencia de la ley emparejaría la cancha fortaleciendo la competencia electoral, reduciendo los espacios para el clientelismo, la corrupción y las malas prácticas que campean en los municipios. Aquello era percibido por la ciudadanía, que brindaba un alto respaldo a la medida según las encuestas[288].

Además, el límite de la reelección no solo había sido anunciado por el mandatario en su mensaje presidencial del 1 de junio. También había sido comprometido en forma explícita en el programa de gobierno, iniciativa que habíamos incorporado dentro del capítulo de modernizaciones constitucionales. El veto sería, por tanto, una con-

---

287   La norma específica que estableció el límite a la reelección de parlamentarios, alcaldes y concejales fue aprobada por el Senado el 26 de mayo de 2020 por 35 votos a favor y solo 7 en contra, más una abstención. La totalidad de los senadores de RN y cuatro de la UDI respaldaron la iniciativa. La norma que establecía la retroactividad fue rechazada en el Senado por no alcanzar el quórum mínimo para su aprobación (26 votos). En la Cámara de Diputados, la norma específica fue aprobada el 3 de junio de 2020 por 136 votos a favor, 9 en contra y 7 abstenciones. En el caso de la bancada de la UDI, contó con 23 votos a favor, dos en contra y dos abstenciones. En el de la bancada de RN, hubo 31 votos a favor y 2 en contra. En Evópoli, los seis parlamentarios votaron a favor.

288   Según la encuesta Cadem del 8 de junio de 2020, un 71% estaba favor de establecer límites a la reelección de senadores, diputados, alcaldes y concejales, y un 84% se manifestaba estar a favor de su aplicación retroactiva.

tradicción flagrante con los compromisos adquiridos con la ciudadanía en la última elección presidencial. Sería una nueva reforma con "letra chica", en beneficio de las propias dirigencias, profundizando la brutal desconfianza de la gente con sus autoridades, lo que me parecía muy dañino para el momento que estábamos viviendo.

Por último, también había un problema de orden práctico. La aprobación del veto presidencial requería el voto de al menos 52 parlamentarios, disposición que, según nuestros recuentos, no existía. Los partidos nos estaban pidiendo inmolarnos para salvar a sus alcaldes y ni siquiera eran capaces de asegurar los votos. Mandar el veto y perderlo no solo hubiese sido una contradicción total, también hubiese significado exponernos a hacer el ridículo.

El Presidente, luego de consultarlo en el comité político, donde tampoco había unanimidad al respecto —Rubilar y Monckeberg eran partidarios de enviar el veto, mientras que el resto nos oponíamos—, planteó que lo consideraría solo si teníamos la certeza de contar con al menos 60 respaldos. Necesitábamos tener el "margen de seguridad". De inmediato realizamos las consultas con las bancadas, pero las respuestas fueron demasiado ambiguas. En RN, nos aseguraron, solo apoyarían el veto 25 de sus 36 parlamentarios. En la UDI, unos 26 o 27. En Evópoli, en tanto, estaban todos en contra de la medida. Limitar las reelecciones indefinidas era parte de las ideas fundacionales del partido, que venía apostando desde sus orígenes por terminar con las autoridades apernadas a sus cargos.

La conclusión fue tan rotunda como definitiva: los números no daban.

A partir de ese momento la presión de la UDI fue feroz. "La actitud de Evópoli es incomprensible, en este tema Blumel tiene que hacer un gesto", arremetió Jacqueline van Rysselberghe luego de que trascendiera que el partido no se sumaría al veto. "Que cuadre a sus parlamentarios, porque tienen los votos", le respondió, sin filtro, el presidente de Evopoli Hernán Larraín Matte.

La decisión final se adoptó la tarde del viernes 3 de julio, a poco de cumplirse el plazo para el envío del veto. Luego de hacer el recuento final de los respaldos, el panorama era bastante definitivo. No teníamos cómo asegurar los votos, salvo que diésemos vuelta a los diputados de Evópoli. "En la bancada están todos en contra del veto", fue el resumen de Larraín Matte cuando le consulté por el punto, ese mismo viernes en mi oficina. "Solo si resulta de vida o muerte podríamos intentar conseguir algunos votos", remató a continuación. Medité bien lo que iba a responderle; intuía que estaba tomando decisiones trascendentales. En política, uno es responsable tanto de sus acciones como de sus omisiones y debe estar dispuesto a pagar el costo de cada una de ellas. "No creo que sea necesario, aunque con seguridad me va a costar el cargo", le dije. Era mi conclusión tras evaluar los pros y contras de la encrucijada. Había escasas razones para estar a favor del veto y demasiadas para estar en contra.

A eso de las cuatro de la tarde me llamó el presidente Piñera. Sabía de qué se trataría la conversación. Como siempre, previo a una decisión relevante, el mandatario solía tomar la opinión de su equipo de confianza. La conversación telefónica no duró más de treinta segundos. Luego de resumirle el cuadro en que estábamos, le hice mi recomendación final. Tras pensarlo un momento, solo realizó un breve comentario: "Hay que saber escoger el lado correcto de la historia". Era la mejor opción, pero para mí sería un viaje sin retorno. Había cruzado el Rubicón. El costo de no vetar desataría la furia de la UDI, que en materia de rencores sabía ser implacable.

Pocos minutos después, acompañado de su comité político, el mandatario promulgaba la ley en medio de un atestado Patio de los Naranjos. En Renovación Nacional asumieron la decisión sin mayor dramatismo. En la UDI, en cambio, hicieron sentir de inmediato su molestia. Esta vez parecía ser más profunda y definitiva que en las ocasiones anteriores.

Aunque ellos habían promovido la norma, la habían votado a favor y no habían logrado juntar los votos para asegurar el veto, la culpa era nuestra. El responsable era "un gobierno sin convicciones que cedía a las presiones de la izquierda", como lo afirmó públicamente Van Rysselberghe luego de conocerse la noticia. En todo caso, la mayor presión que habíamos recibido provino de la propia UDI. "El problema es con la conducción política del Gobierno", insistió la senadora por el Biobío, en línea con la crítica de Coloma, ratificando que la retaliación gremialista tendría nombre y apellido: el mío. "Fue una decisión de Estado, pensando en el interés general de Chile por sobre cualquier interés particular", respondí sin profundizar mayormente. No tenía mucho sentido seguir escalando el tema.

El no envío del veto generó una reacción brutal en la UDI. La primera fue la salida de algunos alcaldes de los grupos de WhatsApp que tenían con el Presidente. La desafección con el Gobierno a partir de ese momento fue total. "La percepción de muchos diputados de la UDI es que nuestra lealtad no va a seguir siendo incondicional, se percibe falta de reciprocidad", anunció luego del episodio el vicepresidente de la colectividad, Juan Manuel Fuenzalida, parlamentario por la región Coquimbo y exintendente durante el primer gobierno de Piñera. "Blumel debería salir del cargo", fue la rabiosa reacción del alcalde de Colina, Mario Olavarría, quien quedaba impedido de repostularse luego de la promulgación de la norma. Para la interna gremialista, la autoría intelectual de la maniobra correspondía a Evópoli, mientras que la autoría material me la atribuían en forma exclusiva. ¿El propósito? Favorecer los intereses electorales del partido, argumento que no solo era falso. También demostraba la fobia de los incumbentes hacia la competencia electoral.

La venganza demoró apenas 48 horas en consumarse, a través de una declaración de la comisión política de la UDI convenientemente filtrada a la prensa. Si bien después señalarían que era solo un borrador, y aunque varios cercanos me comentaron que no concordaban con la idea de personalizar la crítica en mi contra, el misil ya había sido lanzando. El texto —mal redactado, con logo, sin fecha ni firma— era durísimo en su contenido. "Compartimos y respaldamos la opinión que ha expresado la presidenta y otras autoridades de la UDI respecto a la evidente falta de conducción política que se arrastra desde hace tiempo y que exhibe el ministro del Interior", era el párrafo que abría la "no declaración" de la comisión política. Ahí mismo supe que el daño causado era casi irreversible, pese a las decenas de mensajes de apoyo que recibí del gabinete y de las distintas bancadas parlamentarias. El presidente de RN, Mario Desbordes, con quien habíamos tenido diferencias importantes en las últimas semanas, salió por los medios manifestándome el apoyo de su partido, agregando que consideraba una irresponsabilidad de la coalición "estar sacando a un buen ministro". Evópoli, como siempre, me respaldó con lealtad. Incluso desde la oposición hubo mensajes de solidaridad frente a lo que estaba viviendo. "Resista el asedio de la UDI, compañero", me escribió el senador socialista por Valdivia, Alfonso de Urresti, con quien solía compartir recuerdos de mi paso por la región de Los Ríos.

El asuntó escaló. A los pocos días apareció una entrevista de Rodrigo Hinzpeter en *El Mercurio* en la que afirmaba que el ministro del Interior había sido una figura "un tanto ausente", sin vocación por el cargo, frase que me dejó a medio camino entre la rabia y la frustración. Con rabia, porque me podían acusar de muchas cosas, pero no de abstenerme de ejercer mis funciones. Estaba todos los días dando la cara, en el Parlamento o ante los medios, desviviéndome por sacar adelante las tareas del Gobierno. Nunca había evadido ninguna obligación o responsabilidad, por más ingrata que resultase, lo que en mi caso parecía ser la regla general. Y con frustración, porque la crítica provenía de alguien del riñón del piñerismo, que conocía los rigores del cargo —Hinzpeter había sido el hombre de confianza de Piñera y ministro del Interior durante su primer mandato—, que también había sufrido los embates de la UDI y que, por lo demás, en circunstancias mucho menos complejas había tenido un desempeño nada sobresaliente. Comenzaba a entender, de manera bastante amarga, aquella famosa frase atribuida a un joven Churchill que señala que en política los adversarios están enfrente, mientras que los enemigos, detrás.

"El dispar momento que enfrenta Blumel: entre el fuego amigo y la valoración en la oposición", tituló un portal electrónico, consignando el amargo momento que me estaba tocando enfrentar. A las críticas de la UDI se sumaban varios flancos adicionales, como la amenaza del retiro del 10% de los fondos previsionales, los conflictos en el oficialismo, el aumento de la violencia en la Araucanía o el estado de continua latencia del estallido social. "Le tengo gran respeto a Gonzalo Blumel (...) En mi calidad de excolega, solidarizo con él", declaró públicamente José Miguel Insulza, quien pese a su militancia socialista no dudó en brindarme su apoyo. "Realmente le ha tocado una época muy difícil", dijo con altura de miras el exministro del Interior de Lagos. Parecía entender mejor que nadie el trasfondo del asunto.

Las horas más amargas

El miércoles 8 de julio, día de la votación en general del retiro de fondos previsionales, realizamos un último esfuerzo con las bancadas oficialistas. A partir de las ocho de la mañana iniciamos una ronda de reuniones en el Ministerio de Hacienda, primero telemáticas desde Santiago, luego presenciales en Valparaíso. Con Evópoli no hubo mayores problemas: no habría ningún voto a favor. En el caso de RN pudimos dar vuelta a algunos, pero cerca de diez diputados seguían manteniendo su apoyo a la iniciativa, lo que nos dejaba en la cornisa. Pero fue luego de la reunión que sostuvimos con los diputados de la UDI cuando me di cuenta de que perderíamos. No solo porque nos confirmaron que tenían entre cuatro a cinco díscolos en su bancada —algo inédito en el gremialismo, que siempre se manejaba con disciplina férrea en las votaciones—, sino también porque habían transformado el proyecto del 10% en una pequeña *vendetta* contra el Gobierno.

"Deberían darnos las gracias por estar conversando con ustedes", dispararon al comienzo de la reunión, transformando la que sería una instancia de coordinación legislativa en una catarsis en la que salieron a flote todos los rencores acumulados. En la hora de mayor fragilidad, nos pasaron todas las cuentas. Intentamos explicarles que anunciaríamos nuevas medidas de apoyo para la clase media. Que se mejoraría el ingreso familiar de emergencia eliminando los requisitos de vulnerabilidad contemplados originalmente —solo sería necesario estar inscrito en el Registro Social de Hogares—, al igual que el préstamo solidario del Estado —sería en parte un subsidio y en parte un crédito blando contingente al ingreso—. Que también daríamos mayores facilidades para acceder a la postergación de las cuotas de los créditos hipotecarios y a los subsidios de arriendo. "¿Por qué tendríamos que creerles ahora?", nos respondieron con frialdad, pese a que nos comprometimos a entregarles las medidas por escrito, para que pudieran llevarse el crédito por las nuevas propuestas.

Aun así, durante el transcurso de la jornada a ratos pareció que podríamos lograr los votos necesarios para evitar la aprobación de la moción opositora. El pronóstico, eso sí, seguía siendo reservado. El fallo sería fotográfico. Desde La Moneda se involucró el propio presidente Piñera, enviando mensajes y realizando llamadas telefónicas a los diputados oficialistas más proclives a dar vuelta su voto. "Cuando llama el Presidente, no se le puede decir que no", era una vieja regla que se solía recordar en el Congreso.

Sin embargo, a medida que se fue acercando el momento de la votación aparecieron señales que nos hicieron volver al escenario más adverso. Varios parlamentarios oficialistas apagaron sus teléfonos para no tener que negarle el voto al Presidente. Otros se apresuraron a anticipar su decisión a través de los medios, para así quedar amarrados frente a la opinión pública. "Ya no me puedo desdecir", se excusó olímpicamente un parlamentario de RN. También hubo muchos que optaron por quedarse en sus distritos con tal de evadir el intenso cabildeo desplegado por los ministros presentes en el Congreso y por sus propios pares, quienes buscaban disciplinar —sin éxito— a sus correligionarios más díscolos. A este esfuerzo se sumó el expresidente de la UDI, Pablo Longueira, quien hizo circular una carta entre los diputados llamándolos al orden. "No están en cualquier partido político, entre popularidad y coherencia no hay dónde perderse", decía la misiva redactada por el histórico coronel gremialista. La jornada también tuvo momentos bizarros, como el desmayo del diputado de la UDI Cristhian Moreira, a quien —se suponía— habíamos logrado convencer de no apoyar el retiro. Pero el hombre se desvaneció en un pasillo del Congreso luego de que el diputado de RN Andrés Celis lo acusara frente a los medios de ceder

a las presiones del Gobierno. Para enredarlo todo, a media tarde Mario Desbordes
declaró que era legítimo si algún parlamentario decidía votar distinto al resto de la
bancada. "Aquí no hay órdenes de partido", sentenció el titular de RN, dándole el tiro
de gracia a nuestras opciones.

Luego de más de diez horas de intenso debate, el texto fue aprobado por 95 votos
a favor, 25 en contra y 31 abstenciones. Habíamos fallado por apenas tres votos, ya
que el diputado, Pepe Auth (ex PPD), en una admirable muestra de coraje, rechazó
la moción opositora, la que igualmente terminó siendo respaldada por nueve diputados RN y cuatro UDI; es decir, trece díscolos en total[289], margen suficiente para
que continuara su curso. De todas formas, por haber recibido algunas indicaciones
durante el debate en sala, la iniciativa debió regresar a la Comisión de Constitución
para su discusión en particular.

El golpe fue durísimo. La oposición celebró la victoria con ánimo futbolero. En el
oficialismo, la pasada de cuentas fue sin anestesia. La mayor parte de los dirigentes apuntó contra el Gobierno, pese a que habían sido los propios partidos los que
no habían logrado ordenar a sus bancadas. Como si fuese un colegio, la culpa era
del profesor, en ningún caso del alumno que no se preparó para la prueba. "Es
una derrota para el comité político", declaró Jaqueline van Rysselberghe, quien salió
veloz a exigir responsabilidades.

De regreso en Santiago nos reunimos en La Moneda con el Presidente para evaluar los cursos de acción a seguir. Habíamos perdido una batalla trascendental, pero
la guerra aún no había culminado. Todavía quedaba la discusión en particular en
la Cámara y toda la tramitación en el Senado, donde había alguna posibilidad —
mínima— de que primara la cordura. Piñera, pragmático como siempre, ya sacaba
cuentas para la siguiente estación. Como un boxeador que ha tenido un mal *round*
que lo ha dejado al borde del *nocaut*, pero que apuesta por un audaz contragolpe
en el siguiente turno.

Sin embargo, el golpe caló demasiado hondo y nos tiró a la lona. Así lo entendimos
todos en el comité político, por lo que luego de realizar un breve análisis sobre los
efectos políticos de la derrota, pusimos nuestros cargos a disposición del Presidente.
Un cambio de gabinete era la única posibilidad de saciar la sed de revancha de los
partidos, en particular de la UDI, lo que nos daría alguna chance de revertir el escenario en la votación en particular, para la que faltaba una semana, y evitar el vacia-
miento de los fondos de pensiones y un descalabro mayor al interior de la coalición
de gobierno. "Por ningún motivo. Ustedes son mi equipo. Y que no se hable más del
asunto", fue la tajante respuesta del mandatario, quien nos conminó a dar vuelta
la página y prepararnos para la siguiente batalla. Intentaríamos convencer a los

---

289   Por la UDI, votaron a favor del proyecto los diputados Cristhian Moreira, Pedro Pablo
Álvarez Salamanca, Virginia Troncoso y Celso Morales. Por RN, los diputados Andrés
Celis, Eduardo Durán, Ramón Galleguillos, Aracely Leuquén, Miguel Mellado, Érika Oli-
vera, Pablo Prieto, Hugo Rey y Leonidas Romero.

descolgados redoblando las gestiones y mejorando la oferta. Teníamos pocos días y debíamos movernos rápido. Bastaría con convencer a solo tres de los trece díscolos para lograr el rechazo del proyecto en la votación en particular. Si aquello ocurría, en el Senado partiríamos de cero. Y ahí podía pasar cualquier cosa. Nos quedaba todavía una pequeña ventana de oportunidad.

La primera decisión fue salir a reconocer la derrota. Era mejor asumir el impacto que negarlo. Pero junto con ello teníamos que dar un golpe de autoridad. El problema no era solo del Ejecutivo, también era de Chile Vamos. Si no nos ordenábamos, sería imposible ofrecer gobernabilidad para el resto del mandato. Habíamos perdido por nuestra incapacidad de persuadir a la coalición de hacer lo correcto, pero también por la inoperancia de los partidos para sostener su propia base parlamentaria. "La responsabilidad está en los partidos que permitieron esta derrota", fue el reconocimiento que hizo el diputado de Evópoli Francisco Undurraga, sentimiento que compartíamos en el Gobierno.

El jueves en la mañana el comité político salió a fijar la posición del Ejecutivo. En mi calidad de ministro del Interior, escoltado por mis compañeros de gabinete, admití que habíamos sufrido un "importante traspié", pero insistí en que el proceso legislativo recién se iniciaba. Intentaríamos revertir el panorama en la discusión en particular en la Cámara y, de no ser posible, haríamos un esfuerzo final en el Senado. "Debemos aprender a hacer mejor las cosas y a trabajar con más unidad", concluí al finalizar el punto de prensa. Luego, durante la tarde, anunciamos la suspensión de la tradicional reunión de los días lunes con Chile Vamos, en un esfuerzo por remecer el ambiente, cosa que, como era de esperar, gusto poco en la coalición, ya que traspasaba la presión desde La Moneda hacia los propios partidos. Habíamos decidido arriesgar un poco tirando el mantel, bajo la ilusión de que aun podíamos cambiar el curso de las cosas. Además, tenía bien poco sentido mantener una instancia de coordinación política en la que no se cumplían los compromisos adquiridos. La situación no daba para más.

Al día siguiente fui a Tele13 Radio a exponer la posición del Gobierno. La entrevista de Iván Valenzuela fue dura, un fiel reflejo de la situación en la que nos encontrábamos. Allí intenté pasar algunos mensajes. "Necesitamos coraje para defender lo que es correcto (...) no lo más popular ni lo que está en las redes sociales", argumenté de entrada, para luego agregar: "Quizás vamos a tener una coalición algo más chica, más acotada, pero con un trabajo más cohesionado y con mayor convicción". Las reacciones no se hicieron esperar, logrando unir en las críticas a Andrés Allamand y Mario Desbordes, hasta ese momento adversarios declarados por el control de RN, quienes salieron a cuestionar que siquiera se esbozara la idea de traspasar algún tipo de costo a quienes sucumbían al populismo y la demagogia. En todo caso, importaba poco. Sabía que estaba jugando mis descuentos.

La votación del 10% produjo una profunda fractura al interior de RN. "Si se aprueba con votos de RN, deja la mesa de la Cámara el diputado Diego Paulsen y hay catorce diputados que se van de la bancada", fue el mensaje enviado por el jefe de bancada

Sebastián Torrealba a sus propios parlamentarios, evidenciando el quiebre incubado en el corazón del partido. Si bien Paulsen no dejó la presidencia de la corporación, ocho parlamentarios de la tienda optaron por dejar la bancada ofuscados por lo ocurrido, y sobre todo molestos con la zigzagueante conducción de la colectividad. Tanto fue así que el propio Mario Desbordes tuvo que retroceder un poco, reconociendo que debieron haberse alineado.

El fin de semana fue de intensas tratativas, en busca de alinear los votos de la coalición. El Presidente, por su parte, se reunió por separado con las directivas oficialistas. En el caso nuestro, mantuvimos decenas de conversaciones con las bancadas parlamentarias con el propósito de irlas ordenando, responsabilidad que recayó especialmente en Cristián Monckeberg y Claudio Alvarado. Ellos se encargaron de repasar uno a uno a los diputados de la UDI y RN, respectivamente. El mensaje que nos enviaban desde los partidos era que, si mejorábamos las propuestas para la clase media, ellos podrían ordenar a sus bancadas.

A primera vista daba la impresión de que podríamos lograr nuestro objetivo, ya que varios de los parlamentarios que estuvieron a favor del retiro en la discusión en general habían deslizado que podían cambiar de postura en el debate en particular, en función de lo que ofreciese el Gobierno. Si aquello ocurría, si se rechazaban las normas específicas del texto, todo volvería a fojas cero. Lo que pasaría al Senado sería un cascarón vacío, una especie de obra de construcción sin sus planos de detalle, una norma sin los artículos necesarios para materializarse. "Nos vamos a desplegar para convencer a nuestros parlamentarios" y "Es importante que en particular se rechace", declararon luego de una reunión que sostuvimos el viernes por la tarde María José Hoffman, jefa de bancada de la UDI, y Karin Luck, subjefa de bancada de RN. La estrategia parecía estar resultando, tal como se lo planteamos al Presidente en la reunión de comité político del lunes 13 de julio, quien se mostró optimista con el curso que estaban tomando los acontecimientos.

Tan optimista, de hecho, que a media mañana convocó a los presidentes de partido y a los jefes de bancada a una reunión por Zoom para analizar los distintos escenarios relacionados con la votación en particular del retiro del 10%, es decir, el mismo día y a la misma hora que las suspendidas reuniones de coordinación con Chile Vamos. Salvo un pequeño detalle: los únicos que no habíamos sido convocados éramos los ministros del comité político. Era él y la coalición, sin filtros ni intermediarios. Cuando supe del encuentro, no lo podía creer; la misma reacción tuvieron mis compañeros del comité político. No habían pasado ni tres días y el propio Presidente revertía de facto la decisión tomada. Si la idea era traspasar la carga de la indisciplina oficialista a los partidos de la coalición, con la improvisada reunión quienes quedaríamos impugnados seríamos nosotros. Puesto de otra manera, quien terminaría por sepultar al comité político era el propio mandatario. La estrategia era, además, extraordinariamente riesgosa para Piñera, ya que, al eliminar los filtros intermedios, si todo resultaba bien, cosecharía los réditos de la maniobra, pero si fracasaba, pasaría a constituirse como uno de los bochornos presidenciales más sonados desde el retorno a la democracia.

Llamé por teléfono al Presidente para manifestarle mis reparos. "La reunión es un error gigantesco", le expliqué al mandatario, enumerándole las razones en que fundaba dicha convicción: se expondría innecesariamente, liquidaría a su comité político y reduciría las opciones de éxito. "Tiene que suspenderla", le pedí. Luego de un silencio en que procesó todo lo que le dije, su respuesta fue tan corta como lapidaria. "Me parece que exagera".

Mi frustración terminó de explotar luego de que *La Segunda* publicara en su portada la foto del encuentro. En la imagen se veía al mandatario sentado en solitario al medio del comedor presidencial, frente a una pantalla en la cual se hallaban telemáticamente reunidos los principales dirigentes de Chile Vamos. La reunión no solo se había concretado. Además, se habían divulgado las imágenes del encuentro, para que no quedara ninguna duda. Si lo primero era un error, lo segundo constituía un escarnio.

En el acto tomé el teléfono. Esta vez la llamada estaba dirigida a Cristián Larroulet, a quien le señalé que podía empezar a buscar mi reemplazante. "A partir del viernes yo no sigo", le dije. Podía soportar las furias de las redes sociales, las críticas permanentes de la oposición, los cuestionamientos incesantes del gremialismo, la insoportable presión de la prensa, la pedantería de los columnistas dominicales, hasta la decena de querellas que sectores ligados al PC habían puesto en mi contra, pero no tenía guata ni ánimo para seguir adelante si no contaba con el más elemental respaldo desde el interior de La Moneda.

Al día siguiente, en un último esfuerzo, el Presidente presentó un nuevo paquete de ayudas denominado "Plan Fortalecido de Protección de la Clase Media", que mejoraba lo propuesto la semana anterior. Ahora habría una transferencia directa o bono por 500 mil pesos que llegaría a 840 mil personas, y diversas mejoras a las iniciativas ya presentadas. El mandatario estiró todo lo que pudo el elástico de sus posibilidades para cuadrar los votos. Los anuncios recogían al detalle lo que nos habían pedido los partidos, por lo que ya no habría excusas para no rechazar el retiro de los fondos previsionales. Quizás consciente de los efectos de la foto del día anterior, en la ceremonia el mandatario aprovechó de respaldar a su comité político. "Está 100% comprometido no solamente con detectar los problemas, sino que con traer las soluciones [...] y cuenta con toda mi confianza".

Las medidas fueron valoradas al interior de la coalición, lo que renovó el optimismo a la hora de proyectar el resultado de la votación. Si bien la oposición desestimó los anuncios, como era de esperarse, parecía que alguna posibilidad existía de dar vuelta el tablero.

El miércoles 15 de julio, día de la votación en particular, la ciudad amaneció humeante y convulsionada luego de una dura noche de caceroleos, barricadas y saqueos. En la antesala de la decisión definitiva de la Cámara de Diputados reaparecieron con fuerza las protestas, siguiendo el llamado de las redes sociales que exigían aprobar el retiro de fondos previsionales. El balance policial que realizamos esa misma mañana desde el segundo piso del edificio institucional de calle Zenteno dio cuenta de dos buses quemados, 13 saqueos, 28 barricadas y 85 detenidos, la jornada más violenta desde el inicio de la pandemia. El hecho más grave de la noche, que monitoreamos en directo junto a Juan Francisco Galli desde un helicóptero de Carabineros que sobrevolaba la capital, fue la quema de una automotora en Estación Central que terminó con 27 vehículos destruidos.

"Lo de anoche fue un intento de amedrentar y alterar nuestro proceso democrático", declaré a primera hora ante los medios desde la central de monitoreo de Carabineros, sabiendo en mi fuero interno que aquello probablemente ya había ocurrido. Pese a que los conteos previos nos permitían vislumbrar un resultado favorable — varios parlamentarios que habían aprobado en la votación en general se habían comprometido a rechazar en esta ocasión—, la inusitada violencia nocturna, sin duda, terminaría por amilanar a quienes se mostraban más dudosos.

Aquella impresión terminaría por galvanizarse luego de que a media mañana, apenas un par de horas antes de la votación, aparecieran en nuestros teléfonos móviles declaraciones de Joaquín Lavín y Mario Desbordes abriendo la compuerta, cada uno a su manera, para avanzar con el retiro del 10%. El primero en abrir los fuegos fue el presidente de RN, quien declaró en una entrevista radial que no se cerraba al retiro, pese a las medidas anunciadas en la víspera. "No me cierro en un 100% (...) Yo me voy a abstener", fue la ambigua postura de Desbordes frente a la crucial votación, enviando una señal en extremo confusa a los diputados de su bancada. Al poco rato apareció Joaquín Lavín, criticando al plan de ayudas para la clase media. "Lo encuentro malo", fue el comentario del alcalde de Las Condes en un matinal de televisión, tirándole la cadena tanto a las lealtades políticas como al paquete diseñado a petición de los propios partidos para frenar el retiro de fondos.

Con Claudio Alvarado, Ignacio Briones y Cristián Monckeberg no lo podíamos creer. Mientras nos desplegábamos por los pasillos del Congreso intentando amarrar los votos faltantes, *ad portas* de la votación más importante de todas, los principales líderes de la UDI y RN nos daban la espalda, echando por tierra cualquier la posibilidad de brindar gobernabilidad y conducción por parte del Ejecutivo.

Finalmente, a eso de las dos de la tarde, y luego de cuatro horas de tenso debate transmitido en directo por los matinales de la televisión, terminó por consumarse nuestra derrota. Trece parlamentarios de Chile Vamos se volvieron a plegar a la oposición, permitiendo la aprobación definitiva del retiro de los fondos previsionales. Luego de la votación, que fue festejada por la oposición con aplausos, *ceacheís* y una surreal *performance* de Pamela Jiles en la sala de la Cámara[290], nos reunimos con el resto de los ministros presentes en una oficina de la vicepresidencia para lamernos las heridas y pasar juntos el trago amargo. El consenso era absoluto. Habíamos

---

360

experimentado un fracaso monumental. Pese a que varios revirtieron su voto de primera instancia —como los diputados Miguel Mellado (RN), Pablo Prieto (RN) y Celso Morales (UDI)—, con lo que hubiera bastado para rechazar el proyecto, hubo otros tres que, fuera de todo libreto, pasaron de la abstención a votarlo a favor: la diputada de la UDI por Magallanes, Sandra Amar; el también diputado de la UDI por La Florida y subjefe de bancada, Álvaro Carter; y el diputado de RN Jorge Durán, uno de los más cercanos a Mario Desbordes. Nuevamente habíamos perdido por tres votos.

Con ello terminaba de consolidarse nuestra peor derrota, pese a que aún quedaba toda la tramitación en el Senado, donde las cartas, en verdad, ya estaban jugadas. Chile Vamos no solo había dado los votos para aprobar una política pública nefasta, cuestionada por expertos de todos los colores políticos. La coalición, en el fondo, había optado por abandonar al Presidente de la República.

Camino a Santiago, mientras regresaba por la Ruta 68, empecé a delinear mentalmente distintas opciones para un nuevo gabinete. Sabía que había llegado el final.

Regreso a casa

Luego del deplorable espectáculo de Chile Vamos en el Parlamento vinieron, como en el relato de las vírgenes necias, las recriminaciones internas. En RN, por un lado, se profundizó el quiebre de los diputados: cerca de una decena abandonó el comité parlamentario tras la votación, molestos con el ambiguo liderazgo ejercido por el presidente de la colectividad. La situación fue reconocida por el jefe de bancada, Sebastián Torrealba: "Es incomprensible la votación, sobre todo porque había una agenda robusta para la clase media (...) Quizás algunos estamos equivocados sobre dónde estamos". Mucho más lejos fue la propia Pamela Jiles, quien "echó al agua" al titular de RN mediante un revelador posteo en sus redes sociales: "Mario Desbordes fue clave en la aprobación del 10%. Se aseguró que tuviéramos los votos, pero que además el Gobierno hiciera el mayor ofertón posible".

En la UDI también se armó una fuerte controversia debido a la decisión de la directiva de enviar los antecedentes del caso al Tribunal Supremo del partido, para evaluar posibles sanciones contra los parlamentarios que se habían plegado a la iniciativa, situación que terminó con los tres diputados renunciando a la militancia a los pocos días[291].

En Evópoli los cuestionamientos apuntaron a los socios de coalición, por no haber sido capaces de actuar con un mínimo de orden durante las votaciones. "Cada uno de los partidos debe iniciar una reflexión. Los presidentes de los partidos debemos asumir la responsabilidad por lo que ocurre en nuestras filas", fue el mensaje entre-

---

291   El 17 de julio, mediante un comunicado, los diputados Álvaro Cárter, Sandra Amar y
       Virginia Troncoso anunciaron la renuncia a su militancia.

gado a los medios por Hernán Larraín Matte, quien propuso a sus pares de RN y la UDI la opción de renunciar a sus cargos como fórmula para superar la crisis oficialista, lo que fue inmediatamente descartado por Desbordes y Van Rysselberghe.

En lo que sí hubo coincidencias entre la UDI y RN fue en la necesidad de sumar fuerzas para introducir un ajuste en el gabinete. Salvo honrosas excepciones, como la del presidente de la Cámara de Diputados, Diego Paulsen, quien fue explícito en señalar que no se podía cargar la derrota al comité político ("Es una derrota de los principios de los partidos"), el episodio de la votación era la excusa perfecta para forzar un cambio ministerial que permitiese instalar a figuras de los partidos grandes de la coalición. Ya había pasado el tiempo de la emergencia producida por el estallido social. Ahora correspondía que los socios mayoritarios de la coalición retomaran el control del gabinete.

En cualquier caso, tenía claro que lo único razonable que correspondía hacer era dar un paso al costado. Había llegado al Ministerio del Interior forzado por las circunstancias, con la única misión de estabilizar la crítica situación en que nos encontrábamos tras los sucesos del 18 de octubre. Aunque las condiciones que configuraron la crisis seguían todavía latentes —como los focos de violencia callejera que se resistían a apagarse, o la excesiva polarización del debate político—, el acuerdo constitucional del 15 de noviembre había dado un curso de salida al conflicto, proceso que se encontraba en plena marcha. Además, las mejoras en el accionar de Carabineros eran notorias, lo que permitía vislumbrar con mayor tranquilidad el devenir de la institución, algo que me parecía de la máxima importancia. Si a ello le sumábamos la consolidación de un conjunto de políticas sociales para atenuar los impactos de la pandemia, marco plasmado en el acuerdo de junio, y una cierta pacificación en la gobernanza de la crisis sanitaria durante las últimas semanas, era del todo evidente que el mayor riesgo radicaba en la falta de cohesión del propio oficialismo. Ahora que teníamos una frágil carta de navegación política, social y sanitaria, construida con esfuerzo espartano, no podíamos permitir que los vientos de fronda de la coalición siguieran torpedeando la conducción gubernamental.

Al margen del desenlace del retiro de fondos previsionales, cuya aprobación en el Senado asumía como un dato de la causa, teníamos que trabajar en un nuevo gabinete para una nueva etapa. Superada la emergencia de octubre, la orden del día era lograr niveles mínimos de cohesión entre el Gobierno y sus partidos, factor crítico para mantener la estabilidad institucional. Lo que no logró la Primera Línea, la oposición o las redes sociales, no podía terminar materializándose por la anarquía de Chile Vamos, que a estas alturas había perdido su razón de ser. Quién iba a pensar que esa unidad, por la que tanto trabajamos en la campaña y que tanto costó conseguir, iba a terminar hecha pedazos en la mitad del mandato. El eterno talón de Aquiles de la centroderecha.

Al día siguiente de la votación, con Claudio Alvarado empezamos a diseñar una propuesta coherente para presentarle al Presidente. La única forma de comprometer a los partidos más grandes de Chile Vamos era incorporándolos en el corazón del gabinete. Con sus mejores nombres y en las posiciones más relevantes. Si aquello funcionaba, perfecto. Quedaría demostrado que ellos tenían la razón. El problema habríamos sido nosotros, los actuales integrantes del comité político, incapaces de conducir a la coalición. Por el contrario, si el desorden oficialista persistía luego de los cambios, se develaría que el problema era de naturaleza más estructural. Serían los propios partidos quienes tendrían que explicar su pasmosa falta de responsabilidad para conducirse en las horas más complejas de la república.

Es extraña la sensación de trabajar en el diseño de un nuevo gabinete del cual sabía que no sería parte. Era como abocarse a los preparativos del funeral propio. Si llegaba a puerto, para lo cual debíamos dar con un diseño que tuviera sentido para el mandatario —quien se mostraba reacio a la idea de introducir cambios—, sería el término de toda una etapa de mi vida, a la que me había dedicado en cuerpo y alma durante los últimos quince años. En caso contrario, podría seguir en el gabinete, pero a costa de mantener las cosas como estaban. Peor, imposible.

En teoría, eran mis horas más amargas, como tituló *La Tercera* en una nota que salió por esos días. Los conflictos, los fracasos y, sobre todo, la pérdida de poder político debía resultarme, se supone, tremendamente doloroso. Pero, si las cosas funcionaban, podría volver a casa. A estar con mi familia. A retomar mi vida, mis lecturas y rutinas. Podría volver con la tranquilidad de haberlo dado todo en el momento más imposible de todos. Vaya paradoja.

Lo que sí tenía claro era que la salida tenía que ser limpia. No me iba a ir forzando las circunstancias ni dejando el bote a la deriva con una renuncia intempestiva. En mi concepción republicana, al Presidente no se le decía que no ni se le dejaba botado. El buque tenía que quedar bien estibado, con un capitán a cargo y una tripulación comprometida. No podía partir antes de completar la tarea.

Una vez más, dar con el diseño adecuado era una ecuación compleja. Había al menos tres elementos que complicaban las cosas. Un nuevo gabinete —en realidad, un nuevo comité político—, requería de personas con experiencia, validadas por los partidos y, sobre todo, reconocidas por el Presidente. De nada servía traer nuevos rostros al gabinete si estos no eran de la confianza del mandatario o no marcaban la pauta al interior de sus colectividades. A ello había que agregar un problema casi insoluble: nadie quería asumir en el Ministerio del Interior. Como alguien me lo comentó por esos días, era el trabajo menos atractivo del mundo. Asumir la jefatura del gabinete era exponerse a puros tragos amargos. Reyertas con la oposición, la ingratitud de los propios, una prensa voraz que no perdonaba el menor desliz, la carnicería de las redes sociales, la insoportable soberbia intelectual de los columnistas y editorialistas de los fines de semana. A eso había que agregar el riesgo cierto de enfrentar una andanada de acusaciones constitucionales y querellas penales al poco andar. Asumir en Interior no solo resultaba poco grato. Podía terminar siendo un acto sacrificial. Para alguien con trayectoria política, podía constituir su lápida en cosa de meses.

Luego de masticarlo a fondo, con Claudio Alvarado llegamos a dos o tres conclusiones preliminares. Para que el plan funcionase necesitábamos, en primer lugar, encontrar a alguien de la UDI dispuesto a asumir el cargo. Era la única forma de recuperar la disciplina histórica del gremialismo y sacarlos del estado de desafección en que se encontraban desde hacía meses. Dejar Interior en manos de RN no constituía prenda de garantía alguna, por el contrario, era puro riesgo. Las tensiones entre las facciones internas se habían agudizado enormemente, por lo que optar por cualquiera de ellos arriesgaba traspasar la ingobernabilidad del partido a La Moneda. Por lo mismo, la segunda conclusión era que necesitábamos sumar a representantes de los dos lotes predominantes en RN, el "desbordismo" y el "antidesbordismo". Las querellas internas entre ambos grupos estaban desatadas, exacerbadas por las tensiones de las opciones *Apruebo* y *Rechazo* del plebiscito constitucional, lo que venía causando mucho daño en la convivencia de Chile Vamos. Habría que sumar a un cacique de cada tribu para lograr algo de paz.

Por último, si queríamos transmitir un mensaje nítido respecto de las responsabilidades por los fracasos recientes y las obligaciones futuras, se hacía necesario modificar al comité político por completo. Uno o dos cambios puntuales diluirían el sentido del ajuste. Para que el mensaje fuese efectivo y no terminase con RN y la UDI endosando chapuceramente todas las culpas a la impericia gubernamental, debían salir militantes de los tres partidos. Al fin y al cabo, el fracaso del 10% se debió en esencia a la incapacidad de los partidos grandes para cuadrar sus votos. Evópoli había votado bien en ambas ocasiones. Es por ello que el diseño incluía la salida mía, junto con la de Cristián Monckeberg (RN) y la del propio Claudio Alvarado (UDI), quien no aceptó otra posibilidad que abandonar el gabinete. "El costo tiene que ser asumido por los tres partidos", me dijo. En el caso de Karla Rubilar, la propuesta consideraba su traslado desde la vocería a Desarrollo Social, donde su talante y trayectoria calzarían a la perfección.

De inmediato empezamos a apuntar en nuestras libretas los perfiles más apropiados para rellenar los cupos vacantes. En el caso de Interior, solo había tres nombres de la UDI que parecían cumplir con los requisitos mencionados: la alcaldesa de Providencia, Evelyn Matthei; el senador por el Maule, Juan Antonio Coloma; y el senador por Biobío, Víctor Pérez. Luego necesitábamos conseguir a alguien de la UDI y otro de RN para la vocería y la Segpres, ya que no tenía sentido introducir modificaciones en Hacienda. La jefatura de las finanzas públicas era un cargo que requería de cierta estabilidad, e Ignacio Briones venía cumpliendo un muy buen papel.

Como no era difícil anticipar, ni Coloma ni Matthei se mostraron dispuestos a tomar Interior. Era el cargo que nadie quería, una píldora envenenada. Quien sí quiso sumarse desde un primer momento al gabinete fue el diputado de la UDI Jaime Bellolio. Apenas lo sondeamos manifestó su más completa disponibilidad "para cualquier cargo" del comité político. Otro que hace rato buscaba llegar al gabinete era el senador de RN Andrés Allamand, quien cumplía con dos requisitos esenciales: era un hombre fuerte en su partido y, a la vez, el guaripola del "antidesbordismo". Claro que eso nos creaba un doble problema: debíamos encontrarle un ministerio apropiado para su trayectoria, el que no podía ser Interior. Su eterna tendencia al faccionalismo y una relación algo deteriorada con Piñera lo hacían poco apto para el cargo. Sin embargo, había un segundo óptimo que podía funcionar: el Ministerio de Relaciones Exteriores. El exintegrante de la patrulla juvenil nunca había ocultado su interés por llegar a la jefatura de la diplomacia. Claro que eso nos ponía encima otro dilema: qué hacer con el canciller Teodoro Rivera, quien venía cumpliendo un buen cometido. La salida que ideamos fue reubicarlo en la Segpres, donde calzaba a la perfección con el perfil requerido. Cumplía con el requisito de ser de RN y había sido varias veces parlamentario, por lo que conocía al detalle el tejemaneje del trabajo legislativo[292].

El otro problema que debíamos balancear con la llegada de Allamand a la Cancillería era qué hacer con el "desbordismo". La llegada del senador por la RM, férreo opositor del timonel de RN, podía terminar siendo contraproducente, ya que no generaría ningún *affectio societatis* en la interna del partido y, por el contrario, podía terminar profundizando el discolaje ante la ausencia de contrapesos. "¿Y si le proponemos al Presidente sumar al propio Desbordes al gabinete?", solté de improviso ante la atónita mirada de Claudio Alvarado. Pensó que era broma. ¿Reclutar para el Gobierno al mismo que nos había apuñalado con el retiro de los fondos previsionales? A mi juicio, los argumentos a favor eran múltiples. No solo contrapesaría la llegada de Allamand. También permitiría terminar con la errática conducción en el partido más grande de la coalición, al que podríamos alinear de mucho mejor forma con Cristián Monckeberg a la cabeza, quien a su vez podría dejar el gabinete por arriba asumiendo el liderazgo de su partido. Eso sí, no podíamos proponerle al Presidente que Desbordes arribara al comité político. Aquello hubiese sido pésimamente leído por el resto de la coalición. Pero había otras opciones razonables, como el Ministerio de Defensa, el cual, por sus características, obligaría al timonel de RN a ordenarse, lo que podía considerarse como un beneficio extra de la fórmula propuesta. Las Fuerzas Armadas no aceptarían tener un ministro dedicado a la política contingente. Los asuntos de la defensa nacional son considerados temas de Estado y desde siempre han permanecido al margen de variables partidarias.

Los argumentos eran bastante poderosos, cosa que Claudio terminó por reconocer, salvo por un detalle: "Sería una locura si acepta". Y tenía razón. Costaba creer que Desbordes pudiese estar dispuesto a abandonar el cargo que lo había encumbrado hasta alcanzar un liderazgo de nivel nacional, para asumir un ministerio vistoso desde una perspectiva institucional, pero irrelevante desde una perspectiva política. Además de Michelle Bachelet, nadie había logrado sobresalir desde las oficinas de la calle Zenteno. "Eso ya es asunto del Presidente, él sabrá cómo", le manifesté convencido.

---

292   Finalmente, el cargo terminaría siendo asumido por Cristián Monckeberg debido a que Teodoro Ribera no estuvo disponible para trasladarse a la Secretaría General de la Presidencia.

Solo faltaban dos "detalles" para terminar de cuadrar el círculo: dar con el nuevo ministro o ministra del Interior y encontrar el momento apropiado para planteárselo formalmente a Piñera. Una cosa era ponerle los cargos a disposición, otra proponerle un rediseño completo del comité político. Era conocida la poca simpatía del mandatario por los cambios en sus equipos más cercanos.

El segundo detalle fue mucho más sencillo de resolver. El miércoles 23 de julio fue despachado a ley el retiro de los fondos previsionales, un día después de ser aprobado por el Senado. La ratificación final de la iniciativa no solo fue contundente, sino que terminó por plegar a favor del proyecto a una enorme mayoría de parlamentarios de Chile Vamos, quienes no quisieron perderse el último *ticket* para entrar a la fiesta. Si en el primer trámite constitucional fueron 13 los diputados que aprobaron la iniciativa, en la votación final la cifra subió a 35, de los cuales 21 provinieron de RN y 15 de la UDI. En total fueron 116 votos a favor, lo que además terminó por despejar la disyuntiva respecto de requerir o no el proyecto ante el Tribunal Constitucional. La votación echó por tierra uno de los principales argumentos de inconstitucionalidad esgrimidos por los expertos, sobre si el quórum de votación debía ser por tres quintos (93 diputados) o dos tercios (104 diputados), asunto que después del masivo apoyo a la iniciativa terminó por volverse irrelevante. El otro factor para no recurrir ante el TC fue más bien de corte anímico. Los propios partidos de Chile Vamos nos pidieron no hacerlo para no seguir profundizando la agonía. Si perdíamos en el TC, la goleada se transformaría en masacre. Mejor asumir la derrota con hidalguía, promulgar la ley y dar vuelta la página. Y en política, una buena forma de dar vuelta la página es realizando un cambio de gabinete.

El primer "detalle" terminó por resolverse el viernes de esa semana. "Víctor está disponible", me comentó Claudio Alvarado mientras entraba intempestivamente a mi oficina, haciendo alusión a Víctor Pérez, un político de dilatada trayectoria, abogado, buen lector y mejor conversador, a quien había aprendido a conocer y respetar en los últimos dos años. Si bien pertenecía al ala dura de la UDI —sus inicios en política se remontaban a la alcaldía de Los Ángeles durante la época de Pinochet—, tenía redes transversales en el oficialismo y la oposición —no en vano, acumulaba tres décadas en el Parlamento— y, en términos generales, parecía ser serio y pragmático, dos características que bien combinadas en política pueden resultar virtuosas. Además, era cercano a la presidenta de su partido, lo que ayudaría a contener las embestidas gremialistas.

Dicho y hecho. Luego de revisar por última vez con Claudio Alvarado y Cristián Larroulet los detalles del plan, subí presuroso al despacho presidencial a exponerle la propuesta al mandatario, quien lucía extrañamente sereno, casi de buen humor, luego de la consumación de la derrota. "Pídase un cafecito, ministro", fue la invitación que me hizo el Presidente apenas me vio llegar, fórmula que solía usar cuando quería un rato de compañía, cosa que por lo general ocurría luego del almuerzo y previo a que se iniciara el tren de reuniones bilaterales que sostenía durante las tardes.

Mientras acomodaba los papeles de su escritorio en busca de su infaltable *block* Colón, minutos que se me hicieron interminables, repasé en mi cabeza una y otra vez los argumentos de la propuesta. Parecía ser el momento preciso para intentar convencerlo. No era un ajuste menor el que le iba a sugerir. En realidad, era una movida de fondo en la que el mandatario aparecería cediendo poder ante los partidos. Pero concretarla resultaba imprescindible. Era la única forma de que el Gobierno pudiese seguir adelante con una dosis mínima de solvencia política. Recomponer la relación con los partidos del oficialismo, lograr niveles básicos de coordinación con Chile Vamos, erradicar el discolaje, asegurar la gobernabilidad y, en el fondo, poder completar el periodo presidencial. El objetivo más difícil e importante de todos.

"Bueno, Gonzalo, dígame lo que me quiere plantear", dijo el Presidente, haciendo girar sorpresivamente una conversación hasta ese momento concentrada más bien en generalidades, como intentando anticiparse a lo que me traía entre manos. O, en realidad, en las notas manuscritas de mi enésima libreta de apuntes, la última que usaría como ministro. De golpe, solté todo. Los argumentos, los nombres, el *timing*. Quiénes teníamos que salir, quiénes tenían que entrar y por qué había que fortalecer la presencia de los partidos grandes de la coalición en desmedro de Evópoli, el socio minoritario. Desde el otro lado del escritorio presidencial, silencio, cavilaciones y, por supuesto, anotaciones en el *block*, escritas con lápiz negro y subrayadas en rojo. "Es el momento, Presidente", finalicé.

El prolongado silencio que se produjo se quebró con un solo comentario: "¿Está seguro?". Fue la única consulta del mandatario, quien parecía rumiar la idea una y otra vez, en forma lenta y meticulosa. "Absolutamente", le dije. Había dado todo lo que tenía en los últimos nueve meses y, pese a la paliza del 10%, las cosas estaban encaminadas. Tanto en el plano político como en el económico y sanitario había una hoja de ruta para enfrentar los nubarrones que, sin lugar a dudas, seguirían apareciendo en el horizonte. Pero teniendo una carta de navegación y una nueva plana mayor a cargo del buque, menos expuesta al estado de permanente amotinamiento de la tripulación, sabía que podríamos llegar a puerto. Pasando nuevas zozobras, maltrechos y averiados, pero con lo fundamental a salvo: nuestras instituciones, nuestra democracia y nuestra convivencia.

Mi trabajo había concluido. Ahora era el turno de otros.

Luego de media hora de conversación, salí de la oficina presidencial con la seguridad de saber que los hechos ya estaban consumados. Y con la tranquilidad de haber iniciado el regreso a casa.

Epílogo: La historia no ha terminado

Han pasado ya casi cuatro años desde el estallido de octubre del 2019. Es poco y es mucho tiempo a la vez. Poco, porque todo parece haber sido ayer. Mucho, porque son tantos los acontecimientos ocurridos, tantas las idas y venidas, que el de ahora parece otro país comparado al de entonces.

En el intertanto corrió mucha agua bajo el puente. Sebastián Piñera logró terminar su mandato, siempre bajo el fuerte acoso de la izquierda más ultra, que volvió a acusarlo constitucionalmente en octubre del 2021, libelo que no prosperó. Finalmente, el 11 de marzo del 2022 pudo salir caminando por sus propios pies de La Moneda, al término de su periodo constitucional. No hubo ruptura ni quiebres institucionales. La posta la tomó el líder frenteamplista Gabriel Boric, quien derrotó en segunda vuelta al exdiputado y fundador del Partido Republicano José Antonio Kast. Hoy gobierna, con no pocas dificultades, acompañado de dos coaliciones que cada día se soportan menos: Socialismo Democrático, liderada por el PS y el PPD, y Apruebo Dignidad, liderada por el FA y el PC. Y la gran ironía, y quizás el gran castigo en términos políticos, es que hoy gobiernan defendiendo lo que abjuraron en el pasado: con estados de excepción para proteger el orden público, respaldando a las policías, enviando militares a resguardar las fronteras, oponiéndose a los retiros de fondos previsionales, pregonando la responsabilidad fiscal, y un largo etcétera de severas incongruencias. Chile Vamos, por su parte, sigue existiendo como coalición aunque ahora forma parte de la oposición, espacio en el que debe convivir (y competir) con nuevas fuerzas políticas como el Partido de la Gente y el Partido Republicano. La discusión pública, a su vez, está dominada por los temas relacionados con la seguridad ciudadana y la economía, frentes que quedaron muy debilitados tras el estallido social y la pandemia.

Pero, por lejos, el hecho más trascendente de los últimos cuatro años fue el estrepitoso fracaso de la Convención Constitucional. El 4 de septiembre de 2022 su propuesta fue rechazada por el 62% de la ciudadanía, con una participación histórica que superó el 85%, cifra que no se veía desde el plebiscito de 1988. Chile dijo rotundamente no a los excesos, el refundacionalismo, la soberbia y el divisionismo. Pocos meses después, en diciembre del 2022, se alcanzó un amplio acuerdo en el Parlamento para iniciar un nuevo proceso que permita, ahora sí, arribar a una nueva Constitución. Finalmente, el 7 de mayo de 2023, la ciudadanía volvió a las urnas, esta vez para elegir a los integrantes del Consejo Constitucional, órgano responsable de redactar el nuevo texto[293]. Los resultados solo vinieron a confirmar el descalabro del desvarío octubrista: la elección fue ampliamente dominada por el Partido Republicano, el cual, en conjunto con un menguado Chile Vamos, alcanzó los 2/3 de los escaños en disputa,

---

293   El proceso de redacción del nuevo texto constitucional también contempla la participación de una Comisión Experta nombrada por el Congreso, integrada por 24 miembros, que inició su trabajo en el mes de marzo de 2023.

hecho inédito en la historia electoral del país. La reconfiguración del escenario político, de hecho, fue brutal. La izquierda más radicalizada, aun estando subsidiada por los votos del PS, alcanzó una magra representación que ni siquiera le permite vetar contenidos, mientras que la centroizquierda simplemente desapareció: no escogió a ningún representante[294]. Con todo, el proceso sigue adelante, siempre dentro de cauces institucionales, lo que habla bien del acervo democrático del país.

A la distancia, y pese a tanta marcha y contramarcha, sigo estando convencido de lo que el país ganó no "sacando a los militares a la calle" en noviembre del 2019. Creo que fue lo mejor en ese momento y fue además lo que hizo posible que los problemas se fueran resolviendo paso a paso. Me sigue pareciendo que la opción basada únicamente en el uso de la fuerza, que era la que estaban pidiendo a gritos los sectores más duros de la derecha, habría sido no solo un error, sino además una fatalidad histórica, porque nos habría encajonado, quizás por décadas, en un conflicto político tanto o más duradero que el golpe de 1973.

Es más: me siento orgulloso de haber contribuido a que Chile tomara el camino a los acuerdos. Pienso que al hacerlo logramos quebrar o torcerle la mano a esa oscura fatalidad de nuestra historia que entregaba al país, cada cuatro o cinco décadas, a convulsiones y rupturas traumáticas, de las cuales emergíamos más heridos que antes y con cicatrices aún mayores a los que ya teníamos. Esta secuencialidad nos hizo mucho daño como sociedad porque no solo nos sometió a la ley del péndulo. También nos colocó en la senda del eterno retorno, en la pista de los países que cada cierto tiempo se ven obligados a partir nuevamente de cero, lo cual es solo un decir, porque de cero nunca se vuelve a comenzar. La historia no se puede borrar y la mochila de resentimientos y frustraciones solo se va acumulando.

Dicho lo anterior, sin embargo, y haciendo todos los descuentos que cada cual juzgue procedentes o necesarios según sus propias perspectivas, creo que el proceso que Chile vivió es tan complejo que es preferible tratar de no dar juicios demasiado concluyentes o lapidarios sobre lo ocurrido. Me parece más sano tratar de mantener una cierta serenidad, una cierta apertura intelectual para tomar nota, por lado y lado, de los numerosos aprendizajes que nos está dejando la experiencia que hemos vivido.

Por lo mismo, solo me limitaré a señalar algunas reflexiones que me parece pertinente consignar:

---

294   El Partido Republicano obtuvo 23 escaños (35,41% de los votos); Chile Vamos alcanzó 11 escaños (21,07% de los votos); la izquierda, agrupada en la lista Unidad para Chile, alcanzó 16 escaños (28,59% de los votos); la centroizquierda, agrupada en la lista Todo por Chile (8,95% de los votos), y el Partido de la Gente (5,48% de los votos), no eligieron ningún representante. Finalmente, hubo un candidato electo por los pueblos indígenas mediante cupos reservados.

1. El camino que fijó el acuerdo del 15N no fue perfecto, obviamente. Hubo quizás una cuota de voluntarismo por parte nuestra creyendo que, al suscribirlo, toda la izquierda iba a jugarse, en términos genuinos y de buena fe, por la paz y la institucionalidad democrática. Sabemos que no fue así, puesto que hubo grupos que siguieron presionando en la calle para desestabilizar al Gobierno y acorralar a Piñera a como diera lugar, contando —y esto es lo peor— con la complicidad de quienes decían no querer amparar la violencia. ¿Fue hipocresía, fue ingenuidad, fue mala fe el doble estándar de estos sectores? Creo que hubo de todo: a veces fue duplicidad, a veces candor, a veces puro resentimiento, venganza o debilidad. El resultado, en la práctica, fue que respecto de muchos temas la izquierda radicalizada y cavernaria terminó pauteando y digitando a la izquierda moderada y democrática que, vaya a saber uno por qué, sea por sentimientos de culpa, sea por oportunismo político, sea por nostalgia, sea por una inexplicable miopía histórica, se avergonzó de un día para otro de su obra y de la transición política que, con éxito, había llevado a cabo en conjunto con la derecha. La cosa es que al final terminó renunciando a sus convicciones. Este, mucho más que los incendios y saqueos de las jornadas de octubre, fue el gran drama y la gran decepción en términos políticos que deja el 18-O. Ese comportamiento no hizo otra cosa que poner al desnudo la fragilidad del compromiso que al menos parte de la izquierda chilena dice tener con los valores democráticos. En los hechos, y este es un estigma del cual el sector como un todo deberá expurgarse en algún momento para su propia tranquilidad de conciencia, terminó echando más leños al fuego para un eventual triunfo del rupturismo y el desorden. Ya a fines de los 60 y comienzos de los años 70, la izquierda también había desertado de su confianza en la democracia. Fue cuando el PS aceptó todos los medios de lucha, incluyendo la vía armada. Sabemos que esa vez su desafección tuvo sobre nuestro sistema político efectos que fueron devastadores, sobre los cuales prefiero aquí no insistir.

2. La gran sombra, y quizás si también la peor descolocación, que deja la revuelta de fines del 2019 tiene que ver con la debilidad del Estado para contener, enfrentar y sancionar el vandalismo y la violencia. Creíamos ser un país fuerte y serio en este plano y la verdad es que éramos muy débiles. Creíamos ser un país de orden y lo cierto es que durante el estallido medio Chile cruzó sin ningún problema a la república del caos. Unos, los menos, porque siempre lo quisieron. Otros, los temblorosos militantes del "buenismo", porque lo creyeron necesario. Y algunos, los nostálgicos, para liberar sus ansias redentoras, puestas en pausa las últimas décadas. No importa: lo concreto es que cruzaron el Rubicón. Pero, reconocido lo anterior, quedan siempre muchas preguntas sin responder: ¿Quiénes estuvieron detrás de la violencia del 18-O? ¿Quiénes quemaron el metro? ¿Hubo mano negra, como tantas veces se ha planteado y, hasta el día de hoy, se sigue sospechando? ¿Hubo o no influencia extranjera en el estallido? Pareciera estar probado que a nivel de redes sociales la hubo,

al menos desde Rusia y Venezuela, fenómeno de alcances más globales documentado por el destacado analista internacional Moisés Naím en su último libro[295]. Sin embargo, la mayor parte del desaguisado probablemente fue local. E, independientemente de los orígenes, de sus autores y motivaciones, ¿cómo es posible que nuestros organismos de inteligencia, nuestros fiscales, nuestras redes de seguridad, hayan sido incapaces de detectarla? ¿Por qué no fuimos como Estado capaces de responder a la violencia y a la manipulación con un mínimo de efectividad? ¿Fue pura laxitud o más bien fue indolencia? No tengo respuesta a estas conjeturas. Tampoco una teoría que me ayude a explicar tanta fragilidad y tanta anomia institucional. Sé que aquello puede frustrar a quienes lean este libro. A mí por lo menos me frustra. Lo que sí tengo claro es que de aquí en adelante creo que tomaré mayor distancia respecto de mitos como el de la excepcionalidad chilena o de nuestro inquebrantable apego a los valores democráticos. No somos tan excepcionales como creíamos; es fácil que mostremos la hilacha y nos convirtamos en una comunidad de lobos feroces. Y mientras ello persista, seguirá siendo necesario robustecer nuestras instituciones encargadas de la seguridad pública. Eso no solo es necesario. Es además profundamente democrático. El primer deber del Estado es, y seguirá siendo, resguardar la vida, la integridad y los derechos de los ciudadanos. En eso tenemos tareas pendientes.

3. Chile históricamente solía considerarse un país seguro, al menos en términos comparados. Aquello cambió en forma drástica tras el 18-O. ¿Qué explica este fenómeno? ¿Es fruto de la casualidad? ¿Es algo que escapa de nuestro control? ¿Es acaso un giro inexorable del destino? Sinceramente, no lo creo. Por el contrario, pienso que es, en buena medida, consecuencia inevitable de haber puesto en duda los consensos más básicos respecto del uso de la fuerza legítima del Estado, delirio al que se sumó no solo la izquierda más ultra, sino que también parte de los medios de comunicación, la intelectualidad y la ciudadanía. Aquel desvarío no comenzó con el estallido social, pero se elevó hasta la irresponsabilidad más absoluta durante los días más álgidos de octubre y noviembre. Hundir a Carabineros, deshumanizar a los funcionarios policiales, relativizar la violencia, negar el rol del Estado en este frente y homenajear a las *primeras líneas*, no podía terminar siendo gratis. Los efectos hoy están a la vista. Y son desoladores. Las tasas de homicidio se han disparado, los niveles de violencia y desparpajo de las bandas y el crimen organizado parecen desatados, el terrorismo en la macrozona sur se muestra cada día más desinhibido, y los índice de temor por parte de la ciudadanía se encumbran a niveles récord. Es cierto que en estos casi cuatro años el clima de opinión ha cambiado. Cuando asumí en el Ministerio del Interior la aprobación ciudadana de Carabineros de Chile estaba en un mínimo histórico de 35%. Cuando me fui se había recuperado por sobre el 60%, algo de lo que me siento orgulloso. Y al momento de escribir

---

295   Moisés Naím, La revancha de los poderosos (2022).

estas líneas supera el 80%. Pero esto no es suficiente. El daño causado parece ser bastante estructural y modificar las tendencias en curso no será un asunto sencillo. En esto no hay atajos ni vueltas cortas. Tenemos un desafío largo al frente. Lo primero, y lo más urgente, será recomponer los acuerdos más elementales en torno a la seguridad pública. Necesitamos policías totalmente legitimadas, un sistema de inteligencia que funcione, un Ministerio Público cien por ciento comprometido, un Poder Judicial mucho más oportuno, y un sistema penal y penitenciario que sancione con eficacia pero también que rehabilite. En segundo término, urge contar con una dirigencia política a la altura de lo que se requiere, que se haga cargo de las reformas pendientes, que evite cualquier asomo de oportunismo, que aprenda las lecciones del caso, y que nunca más coquetee con el violentismo. En ese sentido, reconocer el desmadre que significó el desvarío octubrista, especialmente por parte de quienes lo propiciaron, sería un buen primer paso. Mientras eso no ocurra será difícil avanzar en serio. Aunque la verdad, albergo pocas esperanzas de que suceda. Ojalá me equivoque.

4. ¿Se salvó Sebastián Piñera por la pandemia? Es decir, ¿tenía alguna posibilidad de haber persistido en el Gobierno de no mediar la pandemia? Es una pregunta muy pertinente. Lo más probable es que, sin ella, el mes de marzo del 2020 hubiera sido muchísimo más duro de lo que fue. La emergencia sanitaria no hay duda de que ayudó al Presidente y al Gobierno, del mismo modo que la campana salva tanto al alumno que no tiene la menor idea de lo que le están preguntando como al boxeador que apenas está resistiendo contra las cuerdas el castigo que le están propinando. Sin embargo, también fue durante la crisis sanitaria cuando el Presidente más creció. El mismo Estado que se anduvo desplomando el 18-O se levantó en marzo del 2020 con unos niveles de eficiencia, preparación y responsabilidad que ya le conocíamos en situaciones críticas y que habrían sido muy distintos con otro mandatario a cargo. Curiosa transacción histórica: a su modo, la pandemia salvó a Piñera, pero a su modo también Piñera salvó al país de los peores flagelos de la pandemia.

5. Siguiendo el punto anterior, cabe entonces preguntarse por el recuento global de su segundo mandato. Me atrevo a aventurar que, con el paso del tiempo, tanto la evaluación ciudadana como el juicio histórico se irán matizando. Entre los haberes se contará la gestión de la crisis sanitaria y el haber evitado un quiebre que pudo ser dramático. Estuvimos, en efecto, muy cerca del abismo. Desde esa perspectiva, el principal mérito es haber logrado mantener la continuidad democrática e institucional del país, en medio de tanta fronda y de tantos baches en el camino, lo que se debió en gran medida a la convicción y a la tenacidad del Presidente. Cuesta encontrar un periodo equivalente en nuestra historia, marcado por un conflicto social de contornos insurreccionales, una pandemia implacable y una crisis económica en extremo aguda. Entre los pasivos quedará la debilidad política exhibida por la administración —aunque en

ello hay responsabilidades compartidas con Chile Vamos— y una cierta incapacidad —a estas alturas, ya crónica— para elaborar discursos persuasivos frente a la contingencia, lo que quedó especialmente de manifiesto durante la crisis de octubre. Sin embargo, hay otro punto que me parece relevante atender. A mi juicio, el principal pasivo es haber extraviado la bandera que nos llevó a ganar por segunda vez la presidencia. La campaña del 2017 logró transmitir una idea, cargada de contenido social, que justificaba por sí misma nuestro anhelo de ser gobierno. Veníamos a hacernos cargo de los temores y expectativas de la clase media chilena, esa que es hija de los *30 años*, con sus luces y sombras. Esa idea, ese relato, a medida que avanzó el mandato se fue diluyendo. ¿Por qué? Todavía no lo tengo claro. Quizás faltó convicción. O quizás solo fue quedándose atrapada en los fangos de la contingencia. La cosa es que con ello se nos fue extraviando el fondo político de nuestro programa. La gente dejó de comprender para qué estábamos gobernando y, al perderse ese punto de vista, la misma gente que nos apoyó en masa el 2017 salió también en masa a protestar en contra nuestra el 2019. Obviamente el estallido social fue mucho más que eso, pero no verlo me parece que linda con la miopía. Los gobiernos, en particular, y los proyectos políticos, en general, necesitan contar con discursos ordenadores que los doten de sentido si quieren tener grados mínimos de solvencia, más en tiempos de desorientación y desmesura. Creo fervientemente que, si la centroderecha quiere seguir siendo un proyecto con vocación de mayorías, debe perseverar una y otra vez en un relato de corte social, que conjugue el ideal del mérito con un ideal de justicia, dos banderas que, pienso, son las que mejor interpretan a la sociedad chilena (de hoy y de mañana).

6. El acuerdo del 15-N, con todos sus defectos o vacíos, contempló, a falta de uno, nada menos que cuatro fusibles o seguros para que la salida que se ofreciera al país pudiera interpretar efectivamente la voluntad soberana. Eran cuatro válvulas de escape para garantizar que las cosas se hicieran bien. El primer fusible es que tenía que haber un plebiscito de entrada al proceso de cambio constitucional; en función de este resguardo, si la mayoría desahuciaba el proceso al inicio, bueno, hasta ahí nomás llegaba. El segundo fusible o seguro estaba en que el único cometido de la Convención Constitucional era proponer al país una nueva carta fundamental; esto significaba que la Convención no podía arrogarse otros derechos, no podía ampliar o recortar la esfera de poder de las demás instituciones del Estado ni podía tampoco revestirse de los poderes de una asamblea constituyente. El tercer seguro estuvo puesto en que los acuerdos en la Convención Constitucional iban a tener que adoptarse por una mayoría de 2/3. ¿Quién hubiera podido anticipar que la centroderecha no iba a conseguir el tercio en la elección de convencionales? Y, claro, fue eso lo que ocurrió, con lo cual este seguro en la práctica no operó. Finalmente, el cuarto fusible era que tenía que existir un plebiscito de salida con voto obligatorio para aprobar el texto constitucional propuesto por la Convención al país. Como se sabe, este, que se suponía era

un simple trámite, fue el único de los cuatro seguros que funcionó y fue gracias a él que Chile frenó en seco el pasado 4 de septiembre de 2022 tanto al octubrismo como el proyecto refundacional del país contenido en la propuesta de la nueva carta fundamental que hizo la Convención.

7. Hubo variables que distorsionaron por completo la expresión de la voluntad ciudadana en la elección de los convencionales. Y en ello, como se relata en el libro, las responsabilidades son compartidas. La autoría intelectual sin duda pertenece a la izquierda. Pero en la derecha hubo tanto complicidades pasivas como activas. Las primeras corresponden a quienes no supimos o no pudimos frenar esos desvaríos cuando se discutieron en el Congreso. Las segundas atañen a quienes se sumaron irresponsablemente a causas que no eran las suyas. Vamos viendo. La primera gran distorsión fue la anómala cuota acordada para los escaños reservados de los pueblos originarios. Esta distorsión significó que en el padrón indígena se eligiera a los convencionales con cerca de 16 mil votos como promedio, en circunstancias que en la Región Metropolitana se requería un volumen de sufragios cinco veces superior. Semejante desajuste hizo ilusoria la premisa democrática que equipara a cada ciudadano con un voto. La segunda distorsión tuvo que ver con la imposición a fierrazos de una paridad de género que, siendo deseable, no debiera violar los principios básicos de la democracia. Existían mejores sistemas —como las listas cerradas mixtas— que podrían haber alcanzado el mismo objetivo sin meter la mano en la urna. El otro factor desequilibrante correspondió a la laxitud de las normas para la inscripción de listas independientes, muy consonante con la aversión que los partidos políticos generan por estos días, y que es lo que explica fenómenos tan particulares como el peso de la Lista del Pueblo dentro de la Convención Constitucional. Cuesta creer que en esta trampa hayan caído la mayor parte de los partidos políticos. Ahí debiésemos hacer un gran aprendizaje. Jugar con la representación democrática es jugar con fuego.

8. Lo sabíamos desde antes, pero con ocasión de los días turbulentos de octubre del 2019 volvió a comprobarse: en democracia, no es cierto que todo valga. Hay límites en la ética, en la decencia y en la buena fe que la acción política no debiera traspasar. Por ejemplo, no es presentable utilizar el mecanismo de las acusaciones constitucionales sin ninguna fundamentación jurídica, solo para hacer valer mayorías circunstanciales y generar problemas recurrentes a los gobiernos. En el mismo orden de ideas, es una infamia apoyar y alcahuetear los propósitos del violentismo con la única finalidad de llevar agua para el molino propio. Es una vergüenza que los dirigentes políticos pierdan la capacidad de discernir la moralidad tanto de los fines como de los medios de las acciones que impulsan en determinados momentos; el político que la pierda, mejor que se dedique a otra actividad limítrofe entre la astucia y la franca engañifa. Tenemos que recuperar los estándares. El FA, que ha reivindicado muchas veces su superioridad moral, no tuvo inconveniente alguno de

rebajarse al nivel de las peores prácticas que denunciaban con tal de infligir una derrota tras otra al Gobierno. En fin, como lo sabemos todos a partir de la experiencia de la actual administración, es una inmoralidad tener un discurso cuando eres oposición y un discurso completamente distinto cuando eres gobierno. Esta duplicidad se paga cara. Se paga con el desprestigio de la política. ¿Quién puede creerle al fantoche que dice un día A y al otro día Z solo porque le conviene? ¿Qué liderazgo político puede soportar estos niveles de incoherencia y contradicción? En fin, hay otra lección más: es una irresponsabilidad atacar, desfondar o desmantelar las instituciones existentes sin pensar ni siquiera por un minuto qué, cómo y cuándo podrás construir algo equiparable o mejor para reemplazarlas. Destruir es super fácil. Construir es lo que cuesta.

9. Los países tienen los gobiernos que se merecen y por eso mismo los ciudadanos tienen que hacerse responsables de la forma en que votan. Esto es sano recordarlo frente a un electorado tan propenso a dejarse arrastrar por las emociones. Hoy el péndulo está del otro lado. Pero ¿cuánto durará? Lo mismo que vale para la ciudadanía en su conjunto vale también para el tipo de oposición que hagas. ¿Merece la misma oposición un gobierno moderado de izquierda que un gobierno radicalizado y ultra? ¿Merece la misma oposición una centroderecha democrática y dialogante que una derecha militarista y dura? En función del tipo de oposición con que la mayoría parlamentaria de la época enfrentó al Gobierno de Piñera, se diría que a esa oposición, en la práctica, todo le dio lo mismo. Este rasgo fue el que ayudó a configurar la rigidez del sistema político. La oposición le negó al Gobierno la sal y el agua. Lo combatió por las buenas y sobre todo por las malas. No hizo ningún distingo. La misma izquierda ilustrada que a menudo, cuando diserta en los centros de estudio, se queja a veces con razón de los atavismos históricos de la derecha chilena, no hizo otra cosa que aplicar políticas de tierra arrasada cuando vio que una derecha moderada y abierta a los acuerdos llegaba al poder. Esta política de guerra no es sana en ninguna democracia. En esto la centroderecha actualmente es más evolucionada y ha dado pruebas de aquello: se desligó de sus taras del pasado, colaboró de buena fe con la transición democrática y, en el momento en que el edificio crujía, aportó sus votos para estabilizar, por ejemplo, al Gobierno del presidente Lagos durante los críticos días del MOP-Gate. La izquierda tendrá que hacerse responsable de haber debilitado hasta el límite a esa centroderecha cuando esta fue gobierno. Y no una, sino dos veces. Las consecuencias están a la vista: facilitaron el crecimiento de otra derecha, más dura y menos receptiva a los cambios, que puede perfectamente apropiarse de la hegemonía del sector. Desde la oposición, entonces, las fuerzas políticas también tienen alguna responsabilidad respecto del tipo de gobierno por el cual te estás jugando.

10. En las actuales circunstancias, Chile se ha vuelto un país casi ingobernable. Existe consenso entre las dirigencias políticas más responsables respecto de que, con el actual sistema electoral y con estos niveles de fragmentación en el Parlamento, el país no puede ser gobernando ni por la derecha ni por el centro ni por la izquierda. El efecto de la reforma electoral aprobada durante el segundo gobierno de la presidenta Bachelet tuvo efectos catastróficos sobre el sistema político. Lo atomizó, lo desordenó y lo banalizó. Aportó nuevos insumos para su sostenido descrédito. Por lo mismo, el país está frente a disyuntivas institucionales bien dramáticas. O corrige de raíz este problema o se entrega atado de pies y manos al populismo o a un escenario político imprevisible y caótico. Esta no es la única disfuncionalidad que tiene nuestro sistema político. Hay otras, aunque esta es una de las más importantes. El problema es que con la actual distribución de fuerzas parlamentarias es muy difícil que grupos incumbentes se resignen a desaparecer o a firmar el acta de su propia defunción, que es lo que tendrían que hacer. Sin embargo, tenemos una oportunidad porque, a partir de la discusión de las nuevas normas constitucionales, bien podría ser que en el nuevo Consejo Constitucional se fijen estándares electorales más exigentes que los actuales, primero, para reducir el número de colectividades políticas, segundo, para robustecer a los partidos y, tercero, para contener el fenómeno del discolaje. Si no, el país seguirá sin conducción y arrastrado por corrientes políticas circunstanciales que lo llevan, tal como hemos visto ahora último, de tumbo en tumbo.

11. A pesar de todos los problemas existentes en nuestra orgánica institucional, no todo está perdido. Todavía tenemos un sistema de partidos políticos con larga tradición que es viable —algo poco común en la región—, que interpreta al grueso de la población y que se basa no en puros intereses, no en puras emociones pasajeras, sino en tradiciones políticas y culturales más o menos profundas. Tenemos que cuidarlo y protegerlo. Todavía tenemos una clase política que, si bien deja mucho que desear, como quedó en claro durante el papelón de los retiros de fondos de las AFP, que puso de manifiesto lo peor de ella, en los momentos cruciales sabe reconocer dónde están los intereses del país y sabe honrar sus compromisos, como lo hizo a fines del 2019 con el acuerdo del 15-N y, más recientemente, con el acuerdo que viabilizó el mecanismo para lograr, ahora sí, una nueva carta fundamental. En esta oportunidad, tanto en el Senado como en la Cámara de Diputados se presentaron arriba de cien indicaciones para llenar de paja molida, de tributos a intereses sectoriales, de guiños al populismo y a la galería, los acuerdos básicos que los partidos habían suscrito dos o tres semanas antes. Pues bien, se rechazaron todos esos colgajos y eso habla bien de nuestra clase política.

12. Corresponde asignarle algún valor —cada cual dirá si mucho, algo o muy poco— a la continuidad que tuvo el proceso político chileno durante los últimos años. En lo personal, creo que es mucho. No hubo rupturas irre-

versibles, no hubo fracturas irreparables, el país tropezó, es cierto, pero nunca se vino abajo. Nadie tuvo que irse al exilio. Nadie llegó a la cárcel por sus ideas. Aunque estuvo sí muy tensionada, la cadena de la legalidad no se rompió. La estantería, al final, no se derrumbó. No es lo que todos querían, por supuesto, porque hubo gente que quiso derribar al Gobierno democrático. Hubo otros que soñaron con que Piñera renunciara y no faltaron los nostálgicos de siempre que se quedaron esperando el regreso de los uniformados al poder. Aducían las más extrañas razones: la magnitud de la manifestación del 25 de octubre; la abrupta impopularidad del Gobierno, como si estos asuntos tuvieran que manejarse en función de las encuestas; la necesidad de poner orden, a como diera lugar, y así muchas más. Ninguna de esas demandas encontró el menor asidero en la realidad. Y no obstante que el viento sopló lo bastante fuerte como para que el tallo se doblara, la planta resistió y al final no se quebró. Como quiera que sea, eso tiene un mérito. Es verdad que los desórdenes de los años 2019 y 2020 nos devolvieron a la triste realidad política de gran parte de América Latina. Sí, mostramos que éramos bien parecidos a muchos de nuestros vecinos. Pero, asimismo, bien diferentes. Esto no es Perú, que tiene una grieta social de dimensiones insondables y que, además de brechas políticas muy serias, tiene brechas regionales que hasta aquí parecen irreversibles. No es Venezuela, por mucho que su modelo aquí también haya alcanzado a tener algún *rating* en la izquierda dura. Del mismo modo, no es Bolivia, que ya se está acostumbrando a jugar cada tanto al todo o nada. No es tampoco Argentina, que tiene con el peronismo una conexión que está hecha de fatalidad, de vergüenza y de persistente frustración. En algún sentido, en algún modesto y plebeyo sentido, estamos mejor. Tenemos, por lo visto, mayor conciencia de nuestra propia fragilidad y ese es el primer paso para empezar a corregirla.

Para concluir...

Cuando abandoné el Gobierno el 28 de julio del 2020 la verdad es que partí a casa golpeado y profundamente dolido. Si bien en mi hogar me esperaba el cariño irrestricto de mi familia, la amorosa incondicionalidad de Paulina y la alegre compañía de mis niños, en mi cabeza también se escondían rabias y frustraciones que hasta el día de hoy me acompañan. Alguien me habló, por supuesto, de psicólogos y psiquiatras, pero fue como si escuchara que en algunas de las cadenas montañosas de Nepal hubiera un monasterio especializado en la sanación de casos como el mío. Las cosas, pienso, no iban por ahí.

Mis formas de negociar o manejarme con las honduras del alma —para bien o para mal— fueron bastante más rupestres. Consistieron en rumiar los recuerdos hasta el cansancio, en arrancarme a veces al sur profundo para estar solo, en leer todo cuanto tuve a mi alcance, en subir cerros hasta el límite de mis fuerzas, quizás si con la idea de hacerme literalmente pedazos para tratar de recomponerme de alguna manera después.

Tuve momentos muy oscuros. Es duro convertirse en la bestia negra del Gobierno después de haber sido el ministro mejor evaluado del gabinete. Es duro haber estado en la cima para luego caer a los abismos, solo porque tuviste la mala idea de ser leal a las obligaciones republicanas más fundamentales. No es fácil luego de haber tenido un desempeño más o menos honroso como ministro del Interior —eso lo juzgará cada quien— y de recibir al día siguiente de la renuncia cientos de felicitaciones y saludos, pasar a ser un ciudadano de pie con casi nada a lo cual aferrarse. Tampoco es fácil comenzar a sentir distancia e incluso exclusión por parte de círculos que en otro tiempo sentiste que eran los tuyos. Sí, lo entiendo. La vida continúa y nadie es indispensable. La experiencia, como quiera que sea, es un trance que cuesta sobrellevar.

Tuve por lo demás la idea, ya no sé si buena o mala, de postular a la Convención Constitucional. Mi partido, Evópoli, me ofreció el cupo por Santiago Centro y durante la campaña estuve entre los candidatos mejor aspectados, como suele decirse, a partir tanto de las encuestas, que me daban por electo con toda seguridad, como de las sensaciones térmicas que entregaba la calle. El nuevo costalazo fue de proporciones. Pese a tener más votos que varios candidatos electos, perdí. El sistema electoral —lo sabía de antemano— a veces hace esas jugarretas.

Bueno, aparte de arrastrar el poncho y subir cerros como un loco, este libro terminó siendo vital para volver a salir a flote. Lo comencé a escribir el 20 de agosto del 2020, tres semanas después de haber salido de La Moneda. En un principio, sin mucha claridad ni propósito. A lo sumo, para registrar unos cuantos hechos que me tocó vivir y evitar que el olvido los engullese. La relación más o menos detallada de como llegué al Gobierno y de cómo, estando en el Gobierno, llegué al Ministerio del Interior, me sirvió para poner orden en mi cabeza, para exorcizar fantasmas y para curar heridas. Me sirvió, muy importante, para dejar de verme como víctima, que es lo peor que a uno le puede suceder porque eso significa quedarse pegado en la autocompasión y en los momentos más oscuros del pasado.

Creo que comencé a levantar la cabeza a medida que lo fui escribiendo. La escritura también puede ser una instancia de sanación y me ayudó muchísimo. Me ayudó haciéndome ver verdades que eran, si se quiere, de cajón. Por ejemplo, a entender por qué acepté ser ministro del Interior cuando todo me decía que habría sido mucho mejor hacerle el quite. ¿Por qué lo hice, entonces? Bueno, muy simple: por lealtad con el Presidente y porque alguien tenía que hacerlo. Y como algún sentido de responsabilidad cívica tengo, como pensé que en el escenario en que estábamos, un carácter como el mío podía hacer una contribución para encontrar una salida pacífica a la crisis, bueno, me sentí capaz de hacer la tarea. Y cuando, meses después, sentí que en lo básico la había hecho, hablé con el Presidente y le pedí que comenzara la búsqueda de mi sucesor porque la misión ya estaba cumplida. ¿Podría haber seguido un tiempo más en el cargo? No me cabe duda que sí. Y ¿habría valido la pena que me quedara ese tiempo adicional? Aún tengo dudas, pero la verdad es que da lo mismo. La historia es como es. Y este libro solo busca relatarla.

Me encantaría que estas páginas se leyeran sobre todo como una profesión de fe en la política y en el sistema democrático. Me parece fundamental hacer los máximos esfuerzos que podamos para sanear el ejercicio de aquella y recuperar la credibilidad y la nobleza que debe tener este. El cometido es ineludible, en especial en tiempos en que el formato de la vieja democracia liberal está siendo cuestionado tanto con buenas como con malas razones. De partida, no veo otro modelo político capaz de reemplazarlo y, menos, de superarlo. Tenemos que persistir y mejorar todo lo que podamos ese formato. Soy un convencido de que la política exige racionalidad, capacidad técnica, ideales (quiero creer que los ideales no tienen nada que ver con las quimeras), intuición, buenos radares para conectar con la gente y con la historia, además de mucha, repito, mucha responsabilidad. Sin el respaldo de la responsabilidad, la política se vuelve como un girar y girar cheques sin fondo que en definitiva no conduce a otra cosa que a la bancarrota. De las arcas fiscales y de la democracia.

La política en la que creo tiene por supuesto nobleza y gran espíritu público. Pero no sé si tenga épica, no sé si se avenga muy bien con la imaginería adolescente de los héroes que salen en la mañana a derrotar dragones y vuelven por la noche a casa con la satisfacción de haber dado su merecido durante el día a los corruptos, a los explotadores y a los egoístas. Nunca me he tomado en serio estas simplificaciones. Es más: creo que tenemos que cuidarnos de ellas porque sus efectos en el largo plazo son siempre perniciosos.

La idea que tengo de la política es mucho menos glamorosa porque en lo básico consiste, manteniendo la lealtad a las convicciones propias, en tratar de poner de acuerdo en asuntos básicos a gente que piensa muy distinto. Siempre respetando las reglas del juego. Y siempre por medio de la persuasión, nunca bajo el yugo de la violencia. No es un trabajo del todo apasionante. De hecho, la política en la que creo es más bien fome. No se compara en términos de intensidad, por decir algo, con la que debió sentir Miguel Ángel cuando acabó el techo de la Capilla Sixtina, o Juana de Arco cuando salió a enfrentar a los ingleses, o Arturo Prat cuando decidió saltar sobre la cubierta del *Huáscar*.

Tales niveles de heroísmo y plenitud no son habituales en política. Y no lo son porque este es un oficio de logros incrementales, de mejoras pacientes y sostenidas. Las instituciones de la democracia y las políticas de gobierno van cambiando a partir de lo que ya tenemos y en la perspectiva de lo mucho que nos falta por conseguir. En este sentido, en el majestuoso sentido que le da Karl Popper, ese coloso del pensamiento liberal moderno, creo desde luego en el reformismo gradual. En ir apagando males concretos, más que proponiendo bienes utópicos. Desconfío de las refundaciones y de los idealismos absolutos. No me compran para nada —ni emocional ni intelectualmente— los proyectos revolucionarios, las rupturas de cuajo, las aplanadoras sobre todo cuanto existe. Al final, siempre terminan costando demasiadas voluntades, sueños y vidas. Y esa cuenta por lo general la pagan los más débiles.

Sí creo que tiene que ser demolido lo que está mal, desde luego, pero frente al espejismo de la demolición total del nihilista o de ese revolucionario convertido en una "máquina de matar", mi primera reacción es llamar a la policía o al manicomio, simplemente porque considero que nada bueno puede salir de ahí.

En esto, de nuevo, vuelvo a preferir la vuelta larga, que es la de la política, la buena política, la de la negociación paciente y los acuerdos amplios.

No es mucho. No es poco. Y, en cualquier caso, la historia nos ha enseñado que es el único camino que funciona.

Agradecimientos

Tal como lo advirtiese Roberto Bolaño, los libros no se terminan, simplemente se dejan. Por lo mismo, y aunque yo no sea escritor, le debo un especial agradecimiento a quienes me ayudaron a concebir este trabajo, pero sobre todo a quienes me animaron a dejarlo ir.

De partida, tengo una deuda grande con quienes revisaron el manuscrito. Sus comentarios, observaciones y correcciones fueron fundamentales para llegar a puerto. A riesgo de olvidar a más de alguien, agradezco a Renato Gaggero, Constanza Castillo, Sebastián Soto, Juan Francisco Galli, Eduardo Riquelme y Andrés Sotomayor, compañeros de ruta a quienes les debo tanto sus valiosos comentarios como una amistad a toda prueba.

Muchas gracias también a Monserrat Risco, quien me auxilió con sus múltiples saberes; a Juan Luis Ossa, por la generosidad que tuvo al entregarme precisiones históricas cada vez que se las pedí; a Fernanda Otero y Cecilia Guzmán, por estar siempre empujándome a completar la tarea; a Javier Álvarez, un *partner* impensado de ideas y proyectos, y a Ediciones UC, en especial a su directora, María Angélica Zegers, por su paciencia, consejos y soporte. Me hago además el deber de expresar un sentido reconocimiento al centro de estudios Horizontal por haberme dado el espacio para empezar a trabajar este texto.

Por otra parte, hay muchísima gente que me animó sin saberlo a terminar esta empresa. Aunque no lo sepan, mi deuda de gratitud con ellos será eterna.

Vaya una mención aparte para mis editores, Héctor Soto y Pablo Riquelme. Fueron horas y horas de conversaciones cargadas al café, la literatura, la vida y, por supuesto, la política, que no solo permitieron cuajar un texto mucho más afinado, sino que al final terminaron siendo la terapia pendiente que me permitió saldar de mejor manera las cuentas con el pasado.

Por último, lo más importante: quiero decir que me siento muy afortunado de tener la familia que tengo. Soy en este plano un privilegiado y, en primer lugar, quiero agradecer a mi mujer, Paulina, por su apoyo incombustible, por su paciencia infinita, por su infalibilidad en la detección de yerros, pero además por la agudeza de sus comentarios. A mis hijos les debo el tiempo robado, que fue demasiado, además de su amorosa incondicionalidad para soportar tantas idas y venidas en los últimos años. A mi madre, Leonor, le debo el cobijo permanente, al punto que buena parte del borrador lo escribí en su departamento, y a mi padre, Juan Enrique, le debo la pasión irreductible por la cosa pública, lo cual de una u otra manera me condujo hasta este libro.

Por supuesto, libero de antemano a quienes me apoyaron de toda responsabilidad por los errores y omisiones en que haya incurrido. En esto no hay más culpable que yo. En cambio, en las páginas donde eventualmente existan iluminaciones o aciertos, espero que ellos sepan reconocer el aporte que me brindaron junto al de muchas otras personas.